Avances recientes en
Ciencias Computacionales - CiComp 2016

Facultad de Ciencias (Ensenada)
Facultad de Ingeniería y Tecnología, Arquitectura y Diseño (Ensenada)
Facultad de Ingeniería (Mexicali)
Facultad de Ciencias Química e Ingeniería (Tijuana)
Facultad de Ciencias Administrativas y Sociales (Ensenada)

UNIVERSIDAD AUTÓNOMA DE BAJA CALIFORNIA

Dr. Juan Manuel Ocegueda Hernández
Rector

Dr. Alfonso Vega López
Secretario General

Dra. Blanca Rosa García Rivera
Vicerrectora Campus Ensenada

Dr. Ángel Norzagaray Norzagaray
Vicerrector Campus Mexicali

Dra. María Eugenia Pérez Morales
Vicerrectora Campus Tijuana

Dr. Hugo Edgardo Méndez Fierros
Secretario de Rectoría e Imagen Institucional

Avances recientes en Ciencias Computacionales - CiComp 2016
Evelio Martínez Martínez, José Ángel González Fraga, María Victoria Meza Kubo, Adrián Enciso Almanza, Everardo Gutiérrez López, Sergio Omar Infante Prieto, Omar Álvarez Xochihua, eds. Ensenada, Baja California: Universidad Autónoma de Baja California,
2016.

Editorial: CreateSpace
CreateSpace Independent Publishing Platform.
ISBN-10: 1540303969
ISBN-13: 978-1540303967

PRÓLOGO

A nombre del Comité Organizador, reciba una cordial bienvenida al Octavo Congreso Internacional en Ciencias Computacionales, CiComp 2016. Esta edición es parte de los festejos para la conmemoración del XXX aniversario de la fundación de la carrera de Licenciado en Ciencias Computacionales que se oferta en la Facultad de Ciencias de la Universidad Autónoma de Baja California (UABC).

CiComp es un foro para el entorno académico y productivo del noroeste del país, ofrece soluciones eficaces a las demandas de actualización tecnológica y es una ventana de exposición y discusión de los avances investigativos en donde se involucran estudiantes de los niveles superiores (universitario y posgrado) de las distintas ramas de las Ciencias Computacionales y en las Tecnologías de la Información.

En esta edición se recibieron un total de 124 artículos provenientes de varios Estados de la República Mexicana y 7 artículos internacionales, uno proveniente de Chile, uno de Brasil y cinco de Colombia. Después de una rigurosa evaluación, fueron aceptados 31 artículos para su presentación en modalidad oral y 32 artículos cortos para su presentación en modalidad cartel. Todos los trabajos fueron revisados en modalidad doble-ciego por un Comité de Programa Internacional, a quienes también agradecemos ampliamente su colaboración.

Los artículos y carteles presentados cubren diversas áreas de las Ciencias Computacionales, y son básicamente agrupados en las siguientes categorías principales: Cómputo Educativo, Ingeniería de Software, Procesamiento de Imágenes, Visión, Redes, Sistemas Distribuidos, Robótica, Aplicaciones Industriales, Cómputo Científico e Inteligencia Artificial.

En el Consorcio de Posgrado se presentaron nueve trabajos de estudiantes de Posgrado de diversas instituciones del país, estos trabajos seleccionados fueron evaluados por un panel de expertos.

Otra de las actividades destacadas fue el 3er. Taller de Tecnologías Emergentes en Educación (TTEE) 2016, coordinado por la Red Mexicana de Investigadores en Aprendizaje Móvil (ReMIAM).

A la par con la variedad de trabajos, tanto por el área de conocimiento dentro de las Ciencias Computacionales como por el lugar de origen, el intercambio de experiencias en este evento, se ve altamente fortalecido por la participación de siete conferencistas magistrales:

- Dr. Adolfo Guzmán Arenas del Instituto Politécnico Nacional, con la conferencia "Lo que en Computación nos depara el nuevo milenio".
- Susan Armstrong de la empresa Qualcomm Inc., Estados Unidos, con la conferencia "Internet of Things and Interoperability".
- David Ruiz de la empresa IBM de México, con la conferencia "Computación cognitiva".
- José Ignacio Castillo Velázquez, Consultor de TIC, Datacenter Dynamics, con la conferencia "La seguridad cibernética: Orígenes y tendencias".
- Rodolfo Ceseñan Solano, de Back Track Academy con la conferencia "Seguridad informática conceptos y pruebas de hackeo".
- Walter Rudametkin, de University of Lille, Francia, con la conferencia "Huella de navegador: un método para rastrearte sin uso de cookies".
- Carlos Toxtli Hernández de West Virginia University, Estados Unidos, con la conferencia "Programación del futuro, predicción a 10 años".

También se contó con el panel de discusión: *"El camino a la inserción laboral en TI"*. El panel orientó una discusión acerca de las competencias que deben desarrollar estudiantes, egresados y profesionistas de las carreras relacionadas con las Tecnologías de Información de manera que satisfagan las necesidades actuales de la industria. En esta mesa participaron directores y jefes de departamento en informática y tecnologías de Información de empresas de Tijuana y Mexicali: Ing. Sergio Colunga, CIO FAPSA; Ing. Gustavo Carreño, CIO Hermosillo y Asociados; Ing. Alberto Basurto, CIO Grupo Caliente; Lic. Mario Mora, COO Smart Mobility Enterprise de México y Lic. Jorge García, gerente de IBM.

El desarrollo de los Talleres tuvo una gran aceptación entre los asistentes, este año se impartieron trece tutoriales con diversas temáticas:

1. *Seguridad Ofensiva en Redes Locales,* impartido por Rodolfo Ceceña Solano de BackTrack Academy.
2. *Creando Soluciones con Beacons,* impartido por Gilberto Borrego Soto de Sahuaro Labs.
3. *Desarrollo de Aplicaciones móviles multiplaforma con PhoneGap,* impartido por Roberto A. Romero de BlueMeky.
4. *Procesamiento de imágenes en un procesador gráfico usando OpenCV,* impartido por Juan José Tapia Armenta de Citedi-IPN.
5. *Git en un día,* impartido por Pedro Martín del Campo.
6. *Desarrollo de Sitios Web con Jekyll sobre Github,* impartido por Walter Rudametkin de la Université de Lille, France.
7. *Desarrollo de videojuegos con UNITY,* impartido por Sergio Omar Infante Prieto de la FIAD-UABC.
8. *Desarrolla y vende tus proyectos con eCommerce,* impartido por Luis Monge de la FIAD-UABC.
9. *Desarrollo de aplicaciones móviles con iOS,* impartido por Alejandro González Sarabia .
10. *Desarrollo de Sitios Web con WordPress,* impartido por Felipe Cabada Arizmendi del ITSon
11. *Python como herramienta para cómputo científico,* impartido por Favio Medrano de CICESE
12. *PhotoShop,* impartido por Verónica Ortiz Pacheco y Alan Rogelio Villareal.
13. *Desarrollo de videojuegos sin código,* por William Paul Reynoso Álvarez.

CiComp no hubiera sido posible sin la dedicación y apoyo de un gran número de personas. En especial, agradecemos el apoyo de los siguientes directores ya que hicieron posible la nutrida asistencia al congreso: Dr. Juan Crisóstomo Tapia Mercado, Facultad de Ciencias; Dr. Juan Iván Nieto Hipólito, Facultad de Ingeniería, Arquitectura y Diseño (FIAD, Ensenada),; Dr. Luis Enrique Palafox Maestre, Facultad de Ingeniería y Ciencias Químicas (FCQI, Tijuana), y Dr. Daniel Hernández Balbuena, Facultad de Ingeniería (FI, Mexicali).

Agradecemos a todos aquellos que sometieron sus artículos a revisión, si no nos pudieron acompañar esta ocasión los esperamos en el próximo evento. De manera especial agradecemos a los miembros del Comité de Programa por las atentas y constructivas revisiones de los trabajos.

Agradecemos a todos los participantes del Comité de Organización de las diferentes Facultades, profesores, estudiantes y administrativos, quienes de gran manera hicieron posible este evento. Un reconocimiento y agradecimiento especial a la Universidad Autónoma de Baja California por el apoyo brindado en la realización de la presente edición de CiComp 2016.

Finalmente, agradecemos a todos los ponentes y asistentes al congreso por su comprometida participación, ya que son ustedes los que hicieron que ésta y las futuras emisiones de CiComp sean el foro más importante de la región en los diversos tópicos de las Tecnologías de la Información.

Ensenada, Baja California, noviembre de 2016

Evelio Martínez Martínez,
José Ángel González Fraga,
María Victoria Meza Kubo,
Adrián Enciso Almanza,
Everardo Gutiérrez López,
Sergio Omar Infante Prieto,
Omar Álvarez Xochihua.

CONTENIDO
Avances recientes en Ciencias Computacionles
CiComp 2016

Artículos técnicos presentados en modalidad de cartel

COMITÉ ORGANIZADOR

M.C. Evelio Martínez Martínez
Coordinador General

Dr. José Ángel González Fraga
Dra. Ma. Victoria Meza Kubo
Coordinación Académica

M.C. José Manuel Valencia Moreno
Dr. Ariel Quezada Pina
Coordinación de sesión de Carteles

M.C. Oscar Ricardo Osorio Cayetano
M.C. Sergio Infante Prieto
Dr. Omar Álvarez Xochihua
Coordinación de sesiones de Ponencias

MTIC. David Martínez Orzuna
Dr. Miguel Enrique Martinez Rosas
MI. José Lozano Risk
Dr. Manuel Moises Miranda
Dr. Christian Xavier Navarro Cota
Dr. Everardo Inzunza González
Moderadores de Ponencias

Dr. Eloísa García Canseco
Coordinación de Consorcio de Posgrado

Dr. Gabriel Alejandro López Morteo
**Coordinación del Taller de Tecnologías
Emergentes en Educación**

MTIC. Delia Esquer Meléndez
MTIC. Gerardo Tovar Ramos
Dr. Ariel Quezada Pina
Coordinación de Tutoriales

Dr. Everardo Gutiérrez López
Coordinación de Finanzas

Dr. Everardo Gutiérrez López
M.I. Adrián Enciso Almanza
Coordinación de Registro

MTRI. José Luis Ramírez Cuevas
Dr. Manuel Moises Miranda
Coordinación de Medios Audiovisuales

M.I. Adrián Enciso Almanza
**Coordinación de Difusión y Emisión de
Constancias**

Lic. Esther Bareño Domínguez
M.I. Adrián Enciso Almanza
Coordinación de Servicio Social

M.C. Luis Enrique Vizcarra Corral
M.C. Mónica Cristina Lam Mora
Dr. Juan Pablo García Vázquez
Coordinación de Estudiantes Foráneos

MTIC. Gerardo Tovar Ramos
MTRI. Javier Padilla Sánchez
Coordinación de Soporte Técnico

M.C. Evelio Martínez Martínez
Webmaster y difusión electrónica

COMITÉ DE PROGRAMA

Adolfo Esquivel	IPN-CITEDI	México
Adrian Enciso Almanza	Universidad Autónoma de Baja California	México
Adriana Yanez Rivas	Instituto Tecnologico de Puebla	México
Aglay González Pacheco Saldaña	Universidad Autónoma de Baja California	México
Alberto Leopoldo Moran Y Solares	Universidad Autónoma de Baja California	México
Alberto Ochoa	Universidad Autónoma de Ciudad Juárez	México
Alejandro González Sarabia	Universidad Autónoma de Baja California	México
Alfonso Alba Cadena	Universidad Autónoma de San Luis Potosí	México
Ana Lilia Sosa López	Instituto Tecnológico Superior de Centla	México
Ana Luisa Ramírez Roja	Universidad Autónoma del Estado de México	México
Ángel Gabriel Andrade Reátiga	Universidad Autónoma de Baja California	México
Antonio Diaz Tula	Universidad de São Paulo	Brasil
Antonio Rodriguez Diaz	Universidad Autónoma de Baja California	México
Ariel Quezada	Universidad Autónoma de Baja California	México
Arnulfo Alanis Garza	Instituto Tecnológico de Tijuana	México
Beatriz Angélica Toscano de la Torre	Universidad Autónoma de Nayarit	México
Brenda L. Flores Rios	Universidad Autónoma de Baja California	México
Carelia Gaxiola	Universidad Autónoma de Baja California	México
Carlos Alberto Flores Cortés	Universidad de Colima	México
Carlos Gómez Agis	Universidad Autónoma de Baja California	México
Carlos Gonzalez	Universidad Nacional Autónoma de México	México
Cecilia Curlango Rosas	Universidad Autónoma de Baja California	México
Claudia Pérez Martínez	Universidad Autónoma de Baja California	México
Consuelo Varinia García Mendoza	Instituto Politécnico Nacional	México
David Martinez	Universidad Autónoma de Baja California	México
David Tinoco Varela	Universidad Nacional Autónoma de México	México
Denisse Juárez Villarreal	CINVESTAV	México
Dora-Luz Flores	Universidad Autónoma de Baja California	México
Dulce González	Benemérita Universidad Autónoma de Puebla	México
Edgar Serna M.	Corporación Universitaria Remington	Colombia
Eduardo Antonio Murillo Bracamontes	Universidad Nacional Autónoma de México	México
Efrén García	Universidad Autónoma de Baja California-FIAD	México
Elías Rivera Custodio	Universidad Tecnológica Del Usumacinta	México
Elitania Jimenez Garcia	Universidad Autónoma de Baja California-FI-ENS	México
Eloisa García Canseco	Universidad Autónoma de Baja California	México
Emmanuelle Ruelas Gómez	Universidad Autónoma de Baja California	México
Erika M. Ramos Michel	Universidad de Colima	México
Evelio Martínez Martínez	Universidad Autónoma de Baja California	México
Everardo Gutierrez López	Universidad Autónoma de Baja California	México
Everardo Inzunza Gonzalez	Universidad Autónoma de Baja California	México
Everardo Santiago Ramirez	Universidad Autónoma de Baja California	México
Francisco Antonio Castillo Velasquez	Universidad Politécnica de Querétaro	México
Francisco E. Martínez Pérez	Universidad Autónoma de San Luis Potosí	México
Gabriel Alejandro López Morteo	Universidad Autónoma de Baja California	México
Gabriel Zepeda Martínez	Universidad Autónoma de Nayarit	México
Gerardo Lagunes	Instituto Tecnológico de Orizaba	México
Gilberto Borrego	Universidad Autónoma de Baja California	México
Guillermo Galaviz	Universidad Autónoma de Baja California	México
Guillermo Licea Sandoval	Universidad Autónoma de Baja California	México
Haydeé Meléndez	Universidad Autónoma de Baja California	México

Hector Perez-Meana	Instituto Politécnico Nacional	México
Hugo Hidalgo Silva	Centro de Investigación Científica y de Educación Superior de Ensenada	México
Humberto Cervantes De Avila	Universidad Autónoma de Baja California	México
Humberto Reyes-Cobián	Universidad ICEP	México
Humberto Rodriguez Lopez	Universidad Autónoma de Sinaloa	México
Isaac Alberto Aldave Rojas	Instituto Tecnológico Superior de Ciudad Serdán	México
J. Arturo Olvera-Lopez	Benemérita Universidad Autónoma de Puebla	México
Javier Aguilar Parra	Universidad Autónoma de Baja California	México
Javier Organista Sandoval	Universidad Autónoma de Baja California	México
Jesus Antonio Padilla Sanchez	Universidad Autónoma de Baja California	México
Jorge Flores Troncoso	Universidad Autónoma de Zacatecas	México
Jose Angel Gonzalez Fraga	Universidad Autónoma de Baja California	México
José L. Briseño	Centro de Investigación Científica y de Educación Superior de Ensenada	México
Jose Luis Cano Rosas	Instituto Politécnico Nacional	México
José Luis López Martínez	Universidad Autónoma de Yucatán	México
José Luis Ramírez Cuevas	IIDE-Universidad Autónoma de Baja California	México
Jose Manuel Valencia	Universidad Autónoma de Baja California	México
José María Montoya	CITEDI-IPN	México
Jose S. Murguia	Universidad Autónoma de San Luis Potosí	México
José Trinidad Guillen Bonilla	Universidad de Guadalajara	México
Juan Carlos Cuevas Tello	Universidad Autónoma de San Luis Potosí	México
Juan de Dios Sánchez López	Universidad Autónoma de Baja California	México
Juan Iván Nieto Hipólito	Universidad Autónoma de Baja California	México
uan José Tapia Armenta	CITEDI-IPN	México
Juan Manuel Ramirez Alcaraz	Universidad de Colima	México
Juan Pablo García Vázquez	Universidad Autónoma de Baja California	México
Juan Pedro Cardona Salas	Universidad Autónoma de Aguascalientes	México
Juan Raúl Arcadia Peña	Instituto Tecnológico de Tepic	México
Juan Sebastián González Sanabria	UPTC	Colombia
Kenia Picos	CITEDI-IPN	México
Leonardo Galicia Jiménez	Universidad Autónoma de Baja California	México
Leopoldo Zepeda	Instituto Tecnólogico de Culiacán	México
Lissethe Lamadrid	Universidad Autónoma de Baja California	México
Luis Carlos González Gurrola	Universidad Autónoma de Chihuahua	México
Luis Enrique Vizcarra Corral	Universidad Autónoma de Baja California	México
Luis Felipe Rodríguez Torres	Instituto Tecnólogico de Sonora	México
Luis Guillermo Martínez Mendez	Universidad Autónoma de Baja California	México
Luis Lujan-Vega	Instituto Tecnológico de Delicias/Universidad Autónoma de Chihuahua	México
Luz Evelia López Chico	Universidad Autónoma de Baja California	México
Mabel Vazquez Briseño	Universidad Autónoma de Baja California	México
Manuel Castañón Puga	Universidad Autónoma de Baja California	México
Manuel Torres	Instituto Tecnológico Superior de Centla	México
Maria Andrade Arechiga	Universidad de Colima	México
María Angélica Astorga Vargas	Universidad Autónoma de Baja California	
María de Lourdes Montes Torres	Universidad Autónoma de Nayarit	México
Maria Eugenia Cabello	Universidad de Colima	México
María Inés Legglew Cruz	Universidad Autónoma de Baja California	
Maria Victoria Meza Kubo	Universidad Autónoma de Baja California	México
Marisol Altamirano Cabrera	Instituto Tecnológico de Oaxaca	México
Miguel Enrique Martinez Rosas	Universidad Autónoma de Baja California	México
Mónica Adriana Carreño León	Universidad Autónoma de Baja California Sur	México
Mónica Lam Mora	Universidad Autónoma de Baja California	México
Natividad Cobarrubias Soto	Universidad Autónoma de Sinaloa	México
Norma Verónica Ramírez Pérez	Instituto Tecnológico de Celaya	México

Octavio García - Alarcón	IPN-CITEDI	México
Omar Alvarez Xochihua	Universidad Autónoma de Baja California	México
Pablo Mario Aguilar González	Google Inc.	México
Paul Tamayo-Serrano	Universidad Autónoma de Sinaloa	México
Pedro Damian Reyes	Universidad de Colima	México
Rafael Asorey Cacheda	Centro Universitario de la Defensa	España
Ramón Rene Palacio Cinco	Instituto Tecnológico de Sonora	México
Raul A. Romero Wells	Centro de Investigación Científica y de Educación Superior de Ensenada	México
Raymundo Buenrostro	Universidad Autónoma de Baja California	México
Ricardo Acosta Diaz	Universidad de Colima	México
Ricardo Becerra Pérez	Universidad Autónoma de Nayarit	México
Ricardo Osorio Cayetano	Universidad Autónoma de Baja California	México
Roberto Custodio Martínez	Instituto Tecnológico Superior de Centla	México
Salvador Macías-Elizarrarás	Universidad de Colima	México
Sandoval Bringas Jesús Andrés	Universidad Autónoma de Baja California Sur	México
Sandra E. Nava Muñoz	Universidad Autónoma de San Luis Potosí	México
Sara Sandoval Carrillo	Universidad de Colima	México
Saúl Martínez	Instituto Tecnológico de la Paz	México
Selene Solorza Calderón	Universidad Autónoma de Baja California	México
Sergio Ramses Razo Pelatos	Universidad Autónoma de Baja California	México
Ulises Orozco-Rosas	Instituto Politécnico Nacional	México
Ulises Tamayo	Universidad Autónoma de Baja California	México
Ulises Zaldivar	Universidad Autónoma de Sinaloa	México
Verónica Quintero Rosas	Instituto Tecnológico de Mexicali	México
Xiomara Zaldivar	Universidad Autónoma de Sinaloa	México

Conferencias Magistrales

Dr. Adolfo Guzmán Arenas

Instituto Politécnico Nacional (Campus López Mateos)
Académico de Honor de la Academia de Ingeniería (México)
IEEE Fellow.

Conferencia Magistral: Lo que en Computación nos depara el nuevo milenio.

RESUMEN

¿Qué va a pasar en computación e ingeniería de cómputo en los próximos cincuenta años? ¿A dónde estamos, a dónde vamos? Avances de la tecnología. Avances de la ciencia. Perspectiva mundial. (Es una ciencia muy joven. La mayoría de sus descubrimientos no se han hecho. No sabemos guardar la capacidad de cómputo. No sabemos medir los fenómenos que la Computación estudia). Avances en los procesadores. Organización de los datos. Minería de Datos. Programación con agentes. Internet. Avances en México. Wolfram Alpha. Estadísticas individuales. Visión por computadora.

CURRICULUM

El Dr. Adolfo Guzmán Arenas nació en Ixtaltepec, Oaxaca, México. Realizó sus estudios profesionales en la Escuela Superior de Ingeniería Mecánica y Eléctrica (ESIME) en el IPN. Sus estudios de Posgrado, tanto maestría como Doctorado los realizó en el Instituto Tecnológico de Massachusetts (MIT). Tiene una maestría en Ingeniería Eléctrica (Computación) (1967), y un Doctorado en Ciencias de la Computación (1968) en el área de la Computación, Inteligencia Artifical y Visión.

Es miembro de varias sociedades profesionales tales como la Association for Computing Machinery (ACM), Academia Mexicana de Ciencias (AMC),Asociación Mexicana de Ingenieros en Comunicaciones Eléctricas y Electrónica (AMICEE), Academia Nacional de Ingeniería (fundador), Colegio de Ingenieros en Comunicaciones y Electrónica (fundador), Colegio de Ingenieros Mecánicos y Electricistas (CIME), Consejo Consultivo de Ciencias (CCC), Institute of Electrical and Electronic Enginerers (IEEE senior member), New York Academy of Sciences (NYAS), Sistema Nacional de Investigadores (SNI, Nivel 3).

El Dr. Guzmán Arenas, ha recibido varios premios nacionales e internacionales, entre ellos: ACM Publications Board Member (ACm, 2003); Fellow of the ACM (ACM, 2002); The Marquis Who is Who in the World (2002); Premio Nacional de Ciencias en el campo Tecnología y Diseño (1996); Julio de 1994; Premio Nacional de Informática,

(Academia Mexicana de Informática, 1994); Miembro del Comité de Premiación, Premio KYOTO en Ciencia y Tecnología. Kyocera Co. Japón. Recientemente el Dr. Arenas es Académico de Honor de la Academía de Ingeniería (México).

Editor de revistas y colecciones de libros del Dr. Guzmán Arenas, destacan: New York City, miembro del Publications Board of the Association for Computing Machinery, que supervisa la publicación de más de 20 Journals del ACM, incluyendo su Biblioteca Digital (2003). Ciudad de México, Miembro del Comité Editorial de Ciencias, Fondo de Cultura Económica. Libros (2000). Ciudad de México, Editor Asociado, Ciencia, Academia Mexicana de Ciencias. Revista de divulgación (1999). Ciudad de México, Editor, Colección de Ciencia de Computación, Fondo de Cultura Económica (1997). Editor en Jefe, Computación y Sistemas, revista de computación de circulación nacional, arbitrada, para contribuciones originales, en inglés, portuguésy español. (1996-2002). Scottsdale, Arizona, Editor Asociado, Pattern recognition. Hasta la fecha (2003). Journal. Pergamon (1986). Delft, Editor asociado y miembro fundador del Journal of Parallel and Distributed Computing (1984). Editor asociado y miembro fundador de la Revista Pattern Recognition Letters. North Holland Publishing Co. Continúo hasta la fecha (2003). Amsterdam, Editor asociado y miembro fundador de la revista Journal of Geoprocessing (Geodata, Geosystems and Digital Mapping). Elsevier Publishing. (1978).

Susie Armstrong

Senior Vice President, Engineering, Qualcomm, San Diego, Ca. USA.

Conferencia Magistral: Internet of Things and Interoperability.

RESUMEN

A brief overview of the IoT (Internet of Things), different software platforms and standards that connect the components, and some of challenges the industry faces in making them interoperable.

CURRICULUM

Susan Armstrong tiene un grado de Bachelor Sciencie in Computer Science de California Polytecnic State University. Trabajó por 10 años en el Departamento de Desarrollo y en Centro de Investigación Webster de la Compañía Xerox, dónde tuvo una variedad de puestos en ingeniería de Software enfocados en protocolos de datos y sistemas operativos en redes de datos de alta velocidad.

En 1994 se une a la compañía Qualcomm, en San Diego, California, donde empezó a trabajar en GlobalStar y proyectos relacionados con las estación base de CDMA. Ella es pionera en llevar los protocolos de Internet a la industria de la telefonía celular, dando como resultado el primer celular con navegación de Internet en 1997. Desde entonces ha tenido varias posiciones laborales dentro de Qualcomm, tales como, Jefa de Ingenierái de Software en la división de chips para móviles. Jefa mundial de Ingeniería al Cliente, el grupo que integró y comercializó los productos de la compañía y otros dispositivos inalámbricos.

Recientemente, se integro al grupo de Asuntos Gubernmentales de Qualcomm, dónde brinda apoyo en ingeniería, propiedad intelectual, comercio, reforma migratoria, etc.

David Ruiz

Watson Group Executive, IBM de México

Conferencia Magistral: Computación Cognitiva.

CURRICULUM

David Ruiz es ingeniero industrial egresado de la Universitad Tecnológica de México. Además tiene un posgrado en Administración de Operaciones.

David fue Gerente de Territorio Core Accounts México en IBM (2005-2010). Fue lider de ventas Latinoamérica de Tivoli Storage en IBM (2010-2012). Gerente de Ventas Técnicas Cognos/Industry Solutions/Netezza de IBM (2012). David también ha sido gerente de Business Analytics en IBM de México, donde fue encargado de la estrategia comercial y soluciones.

Hoy en día, funge como Ejecutivo de la División Watson en IBM México, Director de Ventas de la unidad Watson para IBM de México. Responsable de diseñar la estrategia de #Cognitive.

M.C. José Ignacio Castillo Velázquez

IEEE Computer Society Distinguished Visitor Program - Speaker 2015-2017
Universidad Autónoma de la Ciudad de México

Conferencia Magistral: La seguridad cibernética: Orígenes y tendencias.

RESUMEN

Prácticamente hoy todos los servicios de salud, educación, financieros, transporte, gubernamentales, las relaciones laborales y sociales, entre otros tienen soporte en internet, sin embargo, pese a que la seguridad informática ha evolucionado hasta llegar a la seguridad cibernética dentro del espacio cibernético, el boom de la computación en la nube tiene como su gran inhibidor a la seguridad cibernética. Las amenazas al espacio cibernético comprometen los bienes virtuales y físicos de las personas y las organizaciones, siendo estos últimos los más vulnerables en términos de sus infraestructuras críticas, es decir, plantas eléctricas, refinerías, plantas de distribución de agua, sistemas de transporte, centros de datos, redes de comunicaciones de datos, cadena de suministro alimentario, etc. Por tanto, aquellos países que tienen la mayor parte de sus infraestructuras críticas conectadas a internet son más vulnerables incluyendo a los sistemas SCADA. También se abordan los ataques a la información, por robo o espionaje, y se plantea la seguridad embebida, la seguridad y la privacidad por diseño necesarias en toda industria en la era Post Snowden. Los participantes en esta conferencia podrán tener una vista panorámica respecto de la seguridad cibernética desde los puntos de vista académico e industrial y de cómo se integra la iniciativa de IEEE Cyber Security.

CURRICULUM

J. Ignacio Castillo ha trabajado por 19 años en las industrias de computación y telecomunicaciones [Datacenter Dynamics, RedUno-TELMEX, IFE, DICINET], así como en universidades públicas y privadas como profesor [UDEFA, UACM, BUAP, UPAEP, UTM]. Ha participado en más de 40 proyectos nacionales e internacionales como miembros o líder de equipo en posiciones tanto técnicas como de gestión. Castillo es Senior Member de IEEE. Participa en el comité ISO/IEC 27000 por parte del México. Como profesor ha dictado más de 100 cursos de grado y postgrado, ha escrito artículos para revistas y congresos, un libro, reportes técnicos; él es árbitro para revistas y congresos, ha organizado congresos y seminarios nacionales e internacionales. Ha ofrecido más de 60 conferencias magistrales, por invitación y seminarios; también escribió más de 100 artículos de divulgación en revistas y periódicos.

Desde 2008 Castillo es profesor tiempo completo en Electrónica y Telecomunicaciones de la Universidad Autónoma de la Ciudad de México. Recibió los grados de Lic. en Electrónica por la FCE (95) con mención honorífica y Maestro en Ciencias de la Electrónica por el CIDS ICUAP (98) ambos de la BUAP.

Rodolfo Ceseña Solano

BackTrack Academy

Conferencia Magistral: Seguridad informática conceptos y pruebas de hackeo

RESUMEN

Se abordarán conceptos sobre seguridad informática, se mencionarán algunas herramientas que se usan en las auditorias de seguridad informática y como usarlas.

CURRICULUM

Rodolfo nació en la ciudad de Ensenada en 1986. Es instructor Certificado de seguridad informática por la Secretaría de Educación Pública. Tiene más de 5 años como instructor de seguridad informática con un enfoque a los ataques a Sistemas Operativos Windows y Linux.

Ha impartido diversas conferencias en el tema de la seguridad, tanto nacionales como en el extranjero. Ha dado asesoriás a entidades de Gobierno y de la milicia, en diferentes países. Ha reportado vulnerabilidades a diferentes páginas de Internet (entre ellas www.telcel.com, www.officedepot.com.mx, etc.)

Ha desarrollado una investigación amplia y muy completa en como dejar completamente desprotegido y vulnerado de cualquier sistema operativo moderno de Microsoft Windows (Windows 7, Windows server 2018 y 2012, Windows 8), aunque el sistema se encuentre completamente actualizado y protegido.

Rodolfo ha impartido diversos cursos tales como: Network Pentesting, Web pentesting avanzado, Desarrollo de exploits en Windows y Linux, Ensamblador enfocado al Hacking, Creación de herramientas de hacking en Python, Ruby, Perl, BAsh, Ataque y aseguramiento en sistema operativos GNU/Linux.

Tiene un amplio manejo de los siguientes lenguages de programacion: ruby,python,bash,powershell,visual basic,c, c++, experto en Java,, java con base de datos, java enterprise edition, java estandar edition, ensamblador, mysql, javascript, php y html.

Walter Rudametkin

Associate Professor, University of Lille & INRIA
Rennes, France

Conferencia Magistral: Huella de navegador: un método para rastrearte sin uso de cookies

RESUMEN

La información que los sitios web pueden obtener a partir de tu configuración de PC, la cual se puede usar rastrearte en internet (sin usar cookies ni otros mecanismos como el IP). El conjunto de los atributos recuperados tiende a ser único como 95% del tiempo, por lo que le llaman "huella de navegador". También lo usan sitios como google o los bancos para verificar que seas la misma persona, la idea es que si tu fingerprintcambió quizás alguien se robó tu contraseña, por lo que proceden a una doble verificación.

CURRICULUM

El Dr. Walter Andrew Rudametkin Ivey es Licenciado en Ciencias Computacionales de la Facultad de Ciencias de la Universidad Autónoma de Baja California, en la Cd. de Ensenada, México (2001-2005). Tiene un grado de ingeniéro en informática y matemáticas aplicadas en Ecole Nationale Supérieure d'Informatique et de Mathématiques Appliquées de Grenoble (2004-2007). Tiene una maestría en Ciencias de la Computación por Université Joseph Fourier, Francia (2005-2007). Obtuvo su grado de PhD en Computer Software Engineering en Université Joseph Fourier (Grenoble I), Francia (2007-2013). Realizó sus estudios de Posdoctorado en INRIA en Rennes, Francia. Trabajó como ingeniero en el equipo de investigación y Desarrollo en Java Enterprise Middleware (2007-2011), también en Francia.

En la parte de la investigación, mucho de su trabajo se ha enfocado en la reconfiguración de sistemas en tiempo real. También está enfocado en el dinamismo en framworks basados en componentes centralizados como OSGi, iPOJO y Fractal. Recientemente ha estado trabajando en el diseño de aplicaciones Cloud para mejorar los cambios dinámicos para permitir auto-optimización.

Carlos Toxtli

Research Sholar
West Virginia University
Senior Full Stack Developer, Bot Developer, Master of technological innovation, CTO, CEO,
Entrepreneur, Freelancer

Conferencia Magistral: Programación del futuro, predicción a 10 años.

RESUMEN

Nadie nos dice qué aprender para crear la tecnología del futuro. Aquí explicaremos qué tecnologías serán la tendencia en los próximos 10 años, lo interesante es que muy pocas de ellas son conocidas y exploradas en la actualidad. El aporte sustancial de esta plática es que descubriremos cómo se programan y cuánto impacto va a tener cada una de ellas. Muchas veces es difícil darnos cuenta de ello si no sabemos de cuantas personas y de cuanto dinero estamos hablando.

CURRICULUM

ESTUDIOS
Carlos tiene una licenciatura en ingeniería de Software por la Universidad Autónoma de México (2002-2008), y una licenciatura en Ingeniería de Sistemas por la Universidad del Valle de México (2008-2011), tiene una maestría en Administración de Negocios (MBA) en la Universidad del Valle de México (2012-2013), una maestría en innovación y emprendimiento tecnológico por el Instituto Tecnológico y de Estudios Superiores de Monterrey (2013-2014).

TRABAJO
Ha laborado como desarrollador de Software en la Universidad Anahuac (2002-2003), ha trabajado como Webmaster en la Organización de las Naciones Unidas ONU (2011-2013). Trabajó como Technical Program Manager enGoogle, Inc., Google for Education (2014-2015). Es CTO y Co-fundador de Globalizer (2015-). Es cofundador de ComproPago (2013-). Es CTO de Holagus (2015-). Es Technical Solutions Specialist en Google Inc. (2015-). Ha sido misionero para apoyar comunidades de escasos recursos (2011-).

RECONOCIMIENTOS
-- First Prize Google Apps Developer Challenge. Google. Winner at Google Apps Developer Challenge World Contest http://www.google.com/events/gadc2012/winners/. February 2013.

-- First Prize Facebook World Hack. Facebook. First Prize at Facebook World Hack National Contest https://developers.facebook.com/blog/post/2012/08/08/facebook-developer-world-hack-2012/. August 2012.

-- EGEL Medal of excellence. Government. EGEL Medal of excellence as one of the most prominent professionals of the Country http://premio.ceneval.edu.mx/premio_egel/index.jsf. August 2012.

-- First Prize Intel App Latina. Intel. http://sg.com.mx/buzz/entrega-premios-concurso-innovacion-app-latina-2013#.Va5lNhN_PDI. November 2013.

-- First Proce Cisco Internet of Everything. Cisco. http://ioechallenge.com/. 2014

PUBLICACIONES
-- How the entrepreneur's brain works. TED. A complete analysis of how the entrepreneur's brain works. 2015.

-- Botsourcer: Crowdsourcing Volunteers for a Political Cause using Online Bots. ICA 2016, Fukuoka, Japan. 2016.

-- BotViz: Data Visualizations for Collaborations With Bots and Volunteers. http://dl.acm.org/citation.cfm?id=2869132. 2016.

-- Daemo: A Self- Governed Crowd Marketplace (Standford). UIST: ACM Symposium on User Interface Software and Technology, 2015.

-- Visualizing Targeted Audiences. COOP 2014, Nice, France.

-- A social crowd-controlled orchestra. ACM CSCW.

-- Nintendo Wii mote for Arm and Wrist Therapy in Stroke Survivors with Upper Extremity Hemipariesis. IWVR.

-- Mexicano desarrolla App ganadora para Google. El Financiero.

Actualmente Carlos es investigador en West Virginia University, en Morgantown, West Virginia, USA.

Artículos técnicos presentados en modalidad oral

CÓMPUTO EDUCATIVO E INGENIERÍA DE SOFTWARE

Revisión del Modelo Mentor-Aprendiz

Como estrategia para elevar el rendimiento en un curso introductorio de Programación

Alberto Pacheco-González

División de Estudios de Posgrado e Investigación

Instituto Tecnológico de Chihuahua

Chihuahua, México

alberto@acm.org

Resumen—La programación pone en juego competencias muy deseables dentro del perfil del profesionista de la era digital. Sin embargo, aprender a programar no es fácil, como lo refleja su alto índice de reprobación. El modelo mentor-aprendiz puesto en práctica en medicina y aviación, puede también ser útil para adiestrar en Computación. En este estudio preeliminar participó un grupo experimental con estudiantes de un curso introductorio de Programación, donde se estimó el impacto en su desempeño al aplicar tanto el aula invertida como la mentoría y la programación en vivo. Se detectaron mejoras notables y algunas limitaciones al momento de aplicar este modelo de adiestramiento. El grupo experimental que participó en el aula invertida obtuvo un índice de aprobación más alto, mejor calificación y un mejor desempeño ante los retos y ejercicios en las sesiones de programación en vivo. Según la encuesta de opinión, dichas estrategias tuvieron buena aceptación por parte de los participantes. Para verificar la escalabilidad de este modelo, se recomienda realizar más pruebas con varios mentores y más estudiantes.

Palabras Clave— *Introductory Programming; Challenge-based Learning; Apprenticeship Model; Live Coding; Flipped Classroom.*

I. INTRODUCCION

La economía de la sociedad digital demanda de manera creciente profesionistas con mejores competencias meta-cognitivas y digitales, tales como las que promueve la programación [1,2]. Sin embargo, aprender a programar no es sencillo [1-8]; la tasa de deserción y reprobación a nivel mundial es elevada, i.e. arriba del 30% [2-5]. Tras décadas de estudios sobre los factores que inciden en el nivel de aprovechamiento en los cursos de programación, aún no existe una respuesta contundente [3,7]. Sin embargo, algunos de los elementos que mayormente inciden son [2,5,6]: **a)** grupos pequeños (n<30); **b)** atmósfera intimidante o tolerante a preguntas/fallas; **c)** nivel de ansiedad/comfort; **d)** actitudes, prejuicios y grado de motivación; **e)** hábitos de estudio y factores (meta)cognitivos; **f)** seguimiento/evaluación; **g)** experiencia previa; **h)** dominio de las matemáticas; **i)** didáctica; **j)** grado de intervención/interacción humana durante el proceso de aprendizaje, entre otros. Cabe mencionar que según estos estudios, el lenguaje de programación no es un factor decisivo y que el índice de reprobación ha variado muy poco de 1979 a 2013 [2].

El presente estudio integra estrategias como el modelo mentor-aprendiz, la programación en vivo y el aula invertida para promover el apendizaje activo y basado en retos de la programación. El modelo mentor-aprendiz, i.e. *apprenticeship*, ha demostrado su eficacia en el adiestramiento de cirujanos en la medicina y pilotos en la aviación. Este modelo ya se aplicaba desde el siglo XVI para adiestrar en artes y oficios. A inicios del siglo XX es incorporado el sistema de residencias médicas por el Dr. Halsted, donde se adiestraban residentes conforme se atendían pacientes y realizaban cirugías [9]. Más recientemente, el modelo Zwisch propone cuatro etapas graduales de supervisión: mostrar y explicar, solución asistida, ayuda limitada y sin ayuda [10]. Si bien es cierto que el modelo mentor-aprendiz existe y se aplica desde hace tiempo, dicho modelo ha evolucionado con el tiempo. Para nuestro estudio, es de especial interés el método de Mentoría Extrema [3], i.e. *Extreme Apprenticeship (XA)*, caracterizado por su énfasis "extremo" en tres valores: aprender haciendo, la continua retroalimentación y el seguimiento personalizado.

Por su parte, la programación en vivo, i.e. *live coding*, puede definirse como el proceso de diseñar y desarrollar software en frente de una audiencia o clase [11]. A diferencia de una clase tradicional donde se describen ejemplos de código correcto y pre-elaborado, i.e. la solución, se definen y resuelven problemas completos destacando los conceptos, técnicas, estrategias y modelos mentales involucrados, i.e. el proceso. Finalmente, la práctica del aula invertida [1,12], i.e. *flipped classroom*, se distingue por anteceder la clase con actividades de auto-estudio soportadas por tecnologías y contenidos en línea, enfocando la sesión presencial hacia dinámicas más orientadas al diseño colaborativo, resolución de problemas, proyectos, discusiones y cuestionamientos.

II. ESTUDIO COMPARATIVO

A. Metodología

En el estudio participó un grupo de control y un grupo experimental, cada uno integrado por 7 estudiantes de un curso introductorio de Programación de tercer semestre de Ingeniería Industrial del Instituto Tecnológico de Chihuahua en la modalidad semi-presencial (una sesión presencial de 2 hrs/semana). Ambos grupos asisitieron a todas las sesiones de código en vivo y se les aplicó al final de la primera mitad del curso el mismo examen escrito que correspondió al 40% de su calificación. De forma voluntaria, aquellos alumnos que no se inscribieron al tutorial en-línea pasaron a forma parte del grupo de control y por tanto, no participaron en la dinámica del aula invertida. El período del estudio abarcó la primera mitad del curso (enero-abril del 2016), cuyos resultados intermedios fueron predictores válidos del rendimiento final del curso [5]. Los temas de programación abarcados fueron: **1)** introducción y elementos conceptuales; **2)** datos primitivos: constantes y variables; **3)** operadores y expresiones; **4)** decisiones, ciclos y funciones; **5)** arreglos y cadenas. Como hipótesis de trabajo se estableció que aquel estudiante que se prepara con lecciones tutoriales de autoestudio antes de las sesiones presenciales (grupo experimental), tendrá un mayor rendimiento (mayor número de respuestas correctas y participaciones éxitosas) al momento de resolver un problema bajo el protocolo de pensar en voz alta y practicando la programación en vivo, a diferencia de un alumno que no participó en dichas dinámicas (grupo de control). De esta forma el estudio pretende medir el efecto en el rendimiento del alumno al momento de aplicar una combinación determinada de estrategias didácticas para facilitar el aprendizaje activo, siguiendo la siguiente metodología: **1)** antes de cada sesión presencial, los alumnos del grupo experimental revisaron las lecciones y ejercicios de un tutorial en línea como parte del material de auto-estudio del aula invertida; **2)** en la sesión presencial frente a ambos grupos de control y experimental, el mentor resuelve ejercicios usando la técnica de código en vivo [11], pensar en voz alta [13] y usando ejercicios desarrollados gradualmente [8]. Durante la sesión, siguiendo el paradigma de adiestramiento quirúrgico como extensión del modelo mentor-aprendiz [9], los estudiantes son retados a resolver problemas cada vez mas complejos y reales de manera semi-autónoma y gradual, bajo la continua supervisión y con intervenciones cada vez más esporádicas del mentor-cirujano siguiendo de manera cercana las cuatro etapas de supervición de Zwisch y las etapas del modelo XA [3]: definición del problema, modelado, andamiaje (*scafolding*) y progresión (*fading*). También se procuró seguir algunos de los lineamientos del modelo XA, tales como: programar desde la primer sesión; tiempo corto de exposición con solo tópicos relevantes para aplicarse a la resolución de los problemas; el mentor evita dar soluciones y el aprendiz resuelve ejercicios bajo supervisión del mentor. Por cada ejercicio resuelto en vivo por el aprendiz se otorgó una puntuación adicional de 2-10 puntos según su grado de dificultad. Al final se aplicó un examén escrito y una encuesta. La calificación final se determinó como 40% del examén escrito, 30% tutoriales/ejercicios fuera de clase y 30% ejercicios en vivo.

B. Aula Invertida: Tutorial de Programación en Khan Academy

Como parte del material de auto-estudio del aula invertida, sólo los estudiantes del grupo experimental consultaron las lecciones de un curso tutorial disponible en la plataforma de Khan Academy (KA). El docente registró un grupo en la plataforma, donde los alumnos se inscribieron (fig. 1), para luego iniciar la consulta del tutorial de programación (`http://goo.gl/wTiShH`). Se invitó a que los alumnos ejercitarán por lo menos una hora efectiva a la semana como adiestramiento previo a la sesión presencial. Un ventaja del entorno KA, es que el docente puede revisar en cualquier momento el avance de cada alumno (fig. 1). Además, la plataforma KA aplica un esquema de ludificación, i.e. *gamification* [14], es decir, otorga puntos, *badges* y registra los minutos invertidos, mismos que reporta semanalmente al docente por correo electrónico, i.e. *learning analytics*.

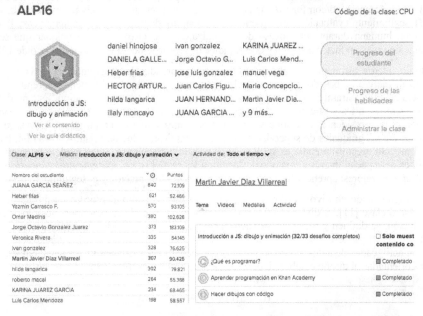

Fig. 1. Reporte en plataforma Khan Academy del progreso del estudiante (tiempo y puntuación). Al seleccionar un estudiante, se reporta su avance y desafíos resueltos (sección inferior derecha).

Además se elaboró un gráfico para visualizar el progreso del estudiante (fig. 2), cuya curva corresponde a la puntuación y el tiempo dedicado. El eje vertical es una escala logarítmica en minutos. Una recta traza el valor mínimo de 60 min/sem y otra recta el tiempo promedio, e.g. 102 min/sem del alumno en fig. 2. El gráfico incluye la posición del alumno, tiempo total, tiempo promedio, puntuación total y promedio, semanas activas. Al final se calcula un valor acumulado ponderado (ver link), e.g. Calif = 244/500.

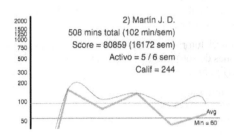

Fig. 2. Progreso de cada estudiante en KA actualizado semanalmente. Disponible en: *http://bit.ly/1WnGg8U*

Fig. 3. Ejemplo de un programa compartido por un aprendiz vía Twitter.

C. Sesiones de Código en Vivo

Usando el entorno de programación de KA (fig. 3), el docente-cirujano programa en vivo ante el grupo. Se inicia planteando el problema (padecimiento del paciente) y se involucra de manera activa a los aprendices en el análisis y la solución (diagnóstico y tratamiento) buscando aplicar el adiestramiento adquirido en la etapa de preparación del aula invertida. Se plantean problemas distintos al tutorial o libro de texto (paciente real) y el mentor reta al aprendiz a resolverlos siguiendo las cuatro etapas graduales de supervisión de Zwisch [10]. Los valores del modelo XA [3] se sintetizaron en una sola frase *"quién opera, aprende"*, es decir, si el docente da la solución, se pierde la oportunidad de aprender, por lo que se promueve el involucramiento gradual del aprendiz.

Durante la cirugía se aplica la técnica de *pensar en voz alta* [13], mientras los demás observan y hacen preguntas. La programación en vivo involucra elementos naturales de la programación real, tales como: aproximaciones sucesivas, errores, toma de decisiones, discusiones, etc. El mentor o aprendiz comparte su avance en plataforma KA, `gist.github.com` o Twitter (fig. 3) y turna de forma gradual la cirugía a otro aprendiz que intenta culminar alguna etapa del proceso, realizando su cirugía frente al grupo y pensando en voz alta. El proceso se repite hasta alcanzar el abordaje de tareas más complejas y culminar la cirugía. El código final de cada cirugía de un aprendiz se registra en un portafolio electrónico, e.g. en una libreta compartida en Evernote.

```
1 · var destello = function() {
2        return random(1) < 0.7;
3 };
4
5 var x=[], y=[];
6
7 · for (var i=0; i<200; i++) {
8        x[i] = round(random(400));
9        y[i] = round(random(400));
10 }
11
12 · var draw = function() {
13        background(0);
14        strokeWeight(4);
15 ·      for (var i=0; i<x.length; i++) {
16 ·          if ( destello() ) {
17                 stroke(247, random(255), 0);
18                 point( x[i]+=0.1, y[i] );
19             }
20        }
21 };
```

Fig. 4. Ejemplo de un caso de "cirugía" en KA, disponible en *http://bit.ly/1T9Y82X*

D. Ejemplo de una Sesión siguiendo el Modelo Mentor-Aprendiz tipo Quirúrgico

La fig. 4 ilustra una "cirugía" para el tema de arreglos y ciclos. El problema inició creando estrellas para un videojuego. El mentor-cirujano introduce el arreglo para almacenar más de un dato en una variable. Se crea un arreglo vacío al inicio (línea 5) para luego llenarlo usando un ciclo (líneas 7-10) y al final, se define otro ciclo para visualizar las estrellas (líneas 15-20). En la primera fase, el docente generó un arreglo e imprimió las cordenadas-x. Enseguida se retó a los aprendices a generar las coordenadas-y para visualizar cada estrella usando `point()`. Luego se retó a cambiar al azar su tono rojizo (línea 17); a desplazar cada estrella (incremento en línea 18) y a destellar cada estrella (líneas 1-3 y 16). Ejercicios posteriores mejoraron la simulación, estructura de datos, formato, modularidad y documentación, hasta tener un prototipo de videojuego (`http://bit.ly/1PhBQxG`).

III. Resultados Obtenidos

Al finalizar la primera mitad del curso, se aplicó un cuestionario que contestaron 11 de los 14 alumnos que participaron en el estudio. De los datos generales de la encuesta tenemos que, el 90% de los estudiantes trabaja (fig. 5B), el 63.7% es mayor de 25 años (fig. 5A) y antes del curso, el 82% no tenía conocimientos o experiencia previa sobre programación (fig. 5C).

Respecto al aula invertida, el 90.9% aseveró que a veces trabajaba con el tutorial de la plataforma KA antes de la sesión presencial (fig. 5D), el 90% dedicó de uno a tres días por semana a las lecciones de auto-estudio (fig. 5E) y el 90.9% dedicó en total entre 2 y 4 horas en promedio por semana en las lecciones del aula invertida (fig. 5F).

Respecto a los reportes semanales de avance en las lecciones de la plataforma KA disponibles para el estudiante, i.e. *learning analytics*, destacan según la opinión de los estudiantes, que la mayoría (81.8%, fig. 5G y tabla 1G) consideró más útil el gráfico de desempeño semanal creado por el mentor (fig. 2), sólo el 45.5% de los alumnos seleccionó la puntuación reportada en el perfil de la plataforma KA como un estimado valioso para determinar su grado de avance (fig. 5G y tabla 1G).

Al parecer se obtuvo una respuesta positiva para las sesiones de código en vivo, ya que al 81.8% de los estudiantes (fig. 5H, tabla 1H) les permitió comprender aspectos nuevos de la programación posiblemente ausentes o no percibidos a través de las lecciones del tutorial, i.e. aula invertida. Pero por otro lado, también destaca que el 63.6% considera que la sesión en vivo sirvió para repasar los temas previamente revisados en el tutorial. Por otro lado, al momento de aplicar el modelo de mentor-aprendiz con desafíos de manera progresiva, los estudiantes opinaron que al momento de intentar resolver los desafíos, esto les permitió mejorar su comprensión y dominio del tema (81.8%, fig. 5I, tabla 1I), mejorar su desempeño en las evaluaciones (54.4%) y los reto a esforzarse y procurar desarrollar sus habilidades (36.4%).

Al final del estudio cualitativo, ante la pregunta de qué fue de su mayor agrado en el curso, el 90.9% indicó que fueron los retos y desafíos de programación en la sesión presencial y con código en vivo (fig. 5J, tabla 1J); al 81.8% les agradaron los tutoriales y la plataforma KA, i.e. aula invertida; al 54.5% les gustaron las sesiones de código en vivo bajo el modelo mentor-aprendiz, i.e. metáfora del cirujano y al 45.5% les gustó también el lenguaje de programación, i.e. ProcessingJS.

Tabla 1. Opciones de respuesta para las últimas cuatro preguntas del cuestionario (ver figs. 4G – 4J).

(G) ¿Fue útil conocer tu puntuación semanal para mejorar tu desempeño?	**(H) El método de desarrollar código en vivo tipo cirugía en clase...**
A) Me sirvió la puntuación en mi perfil en KA **(45.5%)**	A) Me sirvió para aprender y entender nuevos temas o técnicas **(81.8%)**
B) Me sirvió el reporte de progreso semanal que elaboró el maestro **(81.8%)**	B) Me sirvió para repasar temas o técnicas ya vistas en el tutorial **(63.6%)**
C) Me sirvió saber cuantas medallas, desafíos y *badges* lograba (36.4%)	C) Me sirvió para saber como abordar y resolver problemas (27.3%)
D) Me sirvieron las estadísticas de la sección "Progreso" de KA (36.4%)	D) Me ayudó a hacer mis propios programas y resolver ejercicios (27.3%)
E) Me ayudó conocer mu avance en la ruta de lecciones de KA (18.2%)	
(I) El participar resolviendo ejercicios en vivo me permitió...	**(J) ¿Qué fue lo que MÁS te gustó del curso? (una o más opciones)**
A) Mejorar mi comprensión y dominio del tema **(81.8%)**	A) Las sesiones de programación en vivo tipo cirugía **(54.5%)**
B) Mejorar mi calificación y desempeño **(54.4%)**	B) Los retos y desafíos de programación en clase **(90.9%)**
C) Me provocó nerviosismo o ansiedad (27.3%)	C) La plataforma y tutoriales de Khan Academy **(81.8%)**
D) Me ayudó a progresar hasta lograr un mejor desempeño (27.3%)	D) El lenguaje de programación **(45.5%)**
E) Me reto a esforzarme y desarrollar mis habilidades **(36.4%)**	E) Aprender varios lenguajes de programación (36.4%)
F) Intensificó mi motivación e interés por el desarrollo de software (18.2%)	F) Registrar evidencias en un portafolio electrónico (Evernote) (36.4%)
G) Intensificó mi participación en las lecciones del tutorial en KA (27.3%)	G) Los reporte de avance y progreso semanal (27.3%)
	H) La forma de evaluar (36.4%)

Para medir el desempeño de manera cuantitativa de los estudiantes (tabla 2), se aplicaron diversos indicadores en ambos grupos. Las columnas *Live* reportan la puntuación obtenida por un alumnos por resolver ejercicios y retos en vivo. Las columnas *Exam*, el resultado del examen escrito. Las columnas *Calif* reportan la evaluación de la primera parte del curso. Para el grupo experimental, la columna *KA* reporta los puntos que obtuvo el alumno en el tutorial de la plataforma KA. Sólo el grupo experimental contó con dos alumnos que tenían experiencia previa en programación, dichos alumnos aparecen encerrados con un recuadro en la parte derecha de la tabla 2 y se indica en super índice los promedios resultantes cuando se omiten dichos alumnos con experiencia.

Tabla 2. Indicadores recopilados para el grupo de control (7 alumnos) y el grupo experimental (7 alumnos).

No.	Grupo de Control			Grupo Experimental				
	a) Live	b) Exam	c) Calif	d) KA	e) Live	f) Exam	g) Calif	
1	15	49	80	430	40	90	100	con experiencia previa
2	20	39	79	207	40	90	95	en programación
3	0	50	75	141	40	72	95	
4	0	56	75	182	10	52	85	
5	45	82	75	53	0	56	77	
6	0	40	0	158	45	90	100	
7	0	44	0	7	10	40	75	Super-índices: promedios
Prom	**11**	**51**	**55**	**168** [108]	**26** [21]	**70** [62]	**90** [86]	eliminando aprendices con experiencia previa

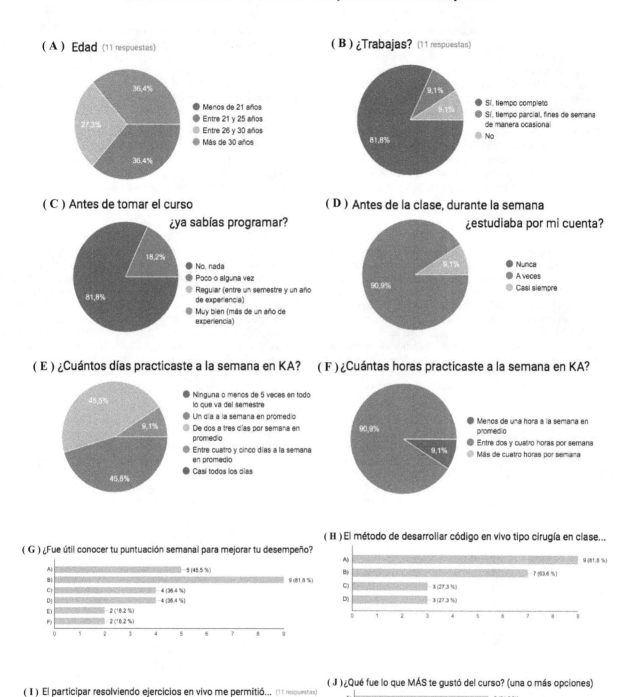

Fig. 5. Resultado de la encuesta aplicada a los estudiantes del curso al concluir la primer parte del curso (medio término).

Todos los alumnos del grupo experimental aprobaron la primera parte del curso con un promedio general de 90 (tabla 2g). En el grupo de control solo aprobó el 75%, lo cual es consistente con el índice del 69% de reprobación a nivel mundial [2-7] e institucional [15]; el promedio general de este grupo fue de 55 (tabla 2c). Esto puede ser un indicativo de una mayor eficacia lograda a través del uso combinado de la programación en vivo y del aula invertida. En cuanto al examen escrito, ambos promedios son más bajos, 70 y 51 respectivamente. Esto puede deberse en buena medida a que el 50% del examen escrito fue teórico y tanto el aula invertida como las sesiones de código en vivo fueron enfocadas a la sección práctica y también pudiera ser un indicativo de la poca confiabilidad del método tradicional de evaluación con examen escrito [3].

En las sesiones de programación en vivo bajo el modelo de mentoría Halsted/Zwisch [10], la efectividad del grupo experimental en la resolución de ejercicios fue superior al del grupo de control, superándolo por 15 puntos (26 *vs* 11, tabla 2). Dentro del grupo experimental, la correlación entre la calificación del alumno y su puntuación en la plataforma KA, i.e. aula invertida (tabla 2g, 2d) es alta $r_{Calif, Live} = 0.95$ y una correlación de $r_{Calif, KA} = 0.75$ para la calificación del aprendiz y su puntuación en la plataforma KA. En el grupo de control, el coeficiente de correlación entre la calificación y su desempeño en las sesiones de código en vivo (tabla 2a, 2c) fue moderado $r_{Calif, Live} = 0.46$.

IV. HALLAZGOS Y DISCUSIÓN

Los alumnos del grupo experimental que tomaron las lecciones y ejercicios de auto-estudio antes de la sesión presencial (aula invertida), incrementaron 15 puntos promedio su rendimiento durante los ejercicios en vivo y lograron una calificación general 35 puntos superior, lo que puede establecer una diferencia importante entre aprobar o no el curso. Estos hallazgos son parciales dada la complejidad y cantidad de factores que inciden en el desempeño del estudiante, tales como: su experiencia previa, motivación, estilo de aprendizaje, hábitos de estudio, nivel de atención y estado emocional; factores que excepto uno, no fueron posibles de medir y ser considerados en el presente estudio. Respecto al factor relacionado con el grado de experiencia previa en programación obtenido de la encuesta, este factor sí influyó en el rendimiento de los dos primeros alumnos del grupo experimental (tabla 2, datos marcados con asterisco). Si eliminamos dichos alumnos con experiencia, para equiparar alumnos bajo las mismas condiciones de experiencia previa, notamos que baja su rendimiento en los ejercicios en vivo de 15 a 10 puntos y también hay una ligera diferencia entre los promedios generales, bajando de 35 a 31 puntos, esto no revierte el impacto positivo del aula invertida, solo lo reduce ligeramente, todo ello sin verse afectados de manera significativa los factores de correlación.

La tabla 3 resume los elementos que mayor incidieron en el grupo experimental. El espectro para cada característica cubre desde el esquema tradicional de exposición y tareas (extremo izquierdo) hasta el esquema del mentor-aprendiz extremo XA [3] (lado derecho). Si bien el método híbrido (al centro) del aula invertida y las sesiones de programación en vivo, no contempla todos los elementos del esquema extremo XA, este mantiene un equilibrio más flexible, activo y diversificado, donde se trabaja tanto a nivel individual como por equipos, prevalecen más los problemas prácticos y retos sin solución *a priori*, donde el mentor no da soluciones o explicaciones basadas en la sintáxis y elementos del lenguaje, sino que aborda el andamiaje conceptual desde las primeras fases del proceso, pensando en voz alta durante el proceso de resolución para que, gradualmente [8] y mediante un monitoreo continuo, donde el aprendiz hace preguntas y va involucrándose cada vez más hasta llegar a ser autosuficiente.

Tabla 3. Elementos distintivos del esquema tradicional y el esquema híbrido propuesto.

	CARACTERÍSTICA	MODELO TRADICIONAL	MODELO HÍBRIDO	MENTOR-APRENDIZ EXTREMO XA
1	ROL DEL INSTRUCTOR	Expositor	Expositor - Mentor	Mentor Experto
2	ATENCION APRENDICES	Grupo completo	Individual, equipos, comunidad	Por pares
3	TIPO DE EJERCICIOS	Ejercicios simples	Explicacion en vivo y retos	Proyecto real con mentoria continua
4	ALUMNO EN CLASE	Memoriza (pasivo)	Pregunta, colabora y explica	Analiza, aplica y resuelve
5	AYUDA MENTOR EN CLASE	Instructor da soluciones	Andamiaje gradual y preguntas	Más individualizada, mayor autonomía
6	PENSAR EN VOZ ALTA	Muy ocasional	La usa el mentor y aprendiz	Entre pares
7	SEGUIMIENTO	Muy ocasional y al final	Analíticos y con retos	Continua (avance proyecto)
8	EXPONER SOLUCIÓN	Soluciones *a priori*	Solución en vivo ante el grupo	Entre pares exponen solución al mentor
9	AULA INVERTIDA	Ocasional: ejercicios	Tutoriales y muchos ejercicios	Asesoría personal sobre problema real

V. CONCLUSIONES Y TRABAJO FUTURO

Este estudio a pesar de sus limitantes (un solo mentor, reducido número de estudiantes e indicadores), arrojó resultados muy concretos y alentadores: **a)** el uso del aula invertida mejoró de manera significativa el desempeño del estudiante en las sesiones en vivo (15 puntos adicionales); **b)** el abordaje de retos usando la metáfora del cirujano y la resolución de problemas pensando en voz alta durante las sesiones en la programación en vivo ayudó a manifestar de manera inequívoca y gradual el nivel de dominio y desempeño del aprendiz de una forma más confiable que el examén de medio-término por escrito; **c)** la experiencia previa en programación fue un factor determinante, aportando hasta un 36% de mejora en el rendimiento del estudiante, tal y como aparece en los promedios del grupo experimental (tabla 2, última fila), e.g. sin-experiencia=108 *vs* con-experiencia=168, mejora del 36%; **d)** según la encuesta de opinión, el nivel de aceptación de las estrategias propuestas fue favorable y positivo (tabla 1); **e)** es muy posible que aún en el grupo de control, sin el aula invertida, la programación en vivo por si sola haya incrementado hasta un 75% el nivel de aprobación, superando así el registro histórico de la institución y el promedio mundial que es de 69% de aprobación [2-7], [15]. Aunque en el presente estudio no es posible determinar que factor incidió en mayor medida (hubiera requerido un grupo experimental separado para cada estrategia), creemos que ninguna estrategia por si sola puede superar el efecto combinado de todas ellas, por tanto, el mejor desempeño se logra cuando se combinan todas las estrategias: el aula invertida y las sesiones en vivo (modelo mentor-aprendiz, metáfora del cirujano, programación en vivo, aprendizaje basado en retos, pensar en voz alta) y sin duda, el rendimiento es ligeramente superior cuando el aprendiz tiene experiencia previa en programación, por mínima que esta sea.

Los resultados fueron consistentes con aquellos reportados en la literatura [2-7] que reportan una mejora en los índices de aprobación entre un 10% (método de intervención único) y 30% (método híbrido) respecto al método tradicional, i.e. *lectures*. El método del mentor-aprendiz es asertivo, didáctico, pragmático, dinámico y formativo, ya que ayuda a desarrollar, de manera gradual, natural, activa y con una creciente autonomía, las habilidades a veces subestimadas por los métodos tradicionales, que sin embargo, pueden ser de gran relevancia al momento de ejercer profesionalmente, como son: la forma de abordar, modelar y resolver problemas, la toma de decisiones, la resilencia, el aprender de los errores, la colaboración, el respeto a las ideas de los demás, la competencia, el pensamiento complejo y algorítmico, la investigación, la creatividad, la comunicación asertiva, la importancia de conocer la terminología correcta, el autoestudio y la superación continua.

Más que una conclusión, a nivel de experiencia y comentario, podemos mencionar que las plataformas y entornos actuales de programación, e.g. plataforma KA, estan posibilitando el hecho de experimentar y combinar diversas estrategias didácticas, como la programación en vivo y la estrategia del mentor-aprendiz siguiendo la metáfora del cirujano. Sin embargo, coincidentemente con [2, 3, 5, 6], consideramos que esta última estrategia es muy sensible al talento, la experiencia, la vocación del mentor, la duración de una sesión presencial (90 minutos mín.) y el tamaño del grupo (funciona mejor en grupos pequeños, n<30). A partir de este estudio preeliminar, sugerimos por último, seguir realizando experimentos con un mayor número de mentores y estudiantes para estudiar con mayor precisión algunas de sus limitaciones para: **1)** caracterizar el perfil del mentor y su variabilidad en la puesta en práctica del modelo y su efecto en el rendimiento del aprendiz; **2)** registrar, analizar y comparar el efecto de las distintas secuencias de aprendizaje aplicadas entre distintos mentores; **3)** el modelo Halsted es demandante y muy selectivo, por lo que es importante revisar el efecto psico-emocional que padecen los alumnos más rezagados y explorar estrategias que mitiguen la deserción y el bajo rendimiento, como efecto secundario del modelo de mentoría Halsted, que tiende a polarizar el grupo entre unos cuantos aprendices aventajados y un número creciente de aprendices rezagados [9, 10].

REFERENCIAS

[1]   Y. Hayashi, K.-I. Fukamachi, and H. Komatsugawa, "Collaborative Learning in Computer Programming Courses That Adopted the Flipped Classroom," presented at the 2015 International Conference on Learning and Teaching in Computing and Engineering, 2015, pp. 209–212.

[2]   C. Watson and F. W. B. Li, "Failure Rates in Introductory Programming Revisited," in *Proceedings of the 2014 Conference on Innovation & Technology in Computer Science Education*, New York, NY, USA, 2014, pp. 39–44.

[3]   A. Vihavainen, M. Paksula, M. Luukkainen, and J. Kurhila, "Extreme Apprenticeship Method: Key Practices and Upward Scalability," in *Proceedings of the 16th Annual Joint Conference on Innovation and Technology in Computer Science Education*, New York, NY, USA, 2011, pp. 273–277.

[4]   J. Bennedsen and M. E. Caspersen, "Failure Rates in Introductory Programming," *SIGCSE Bull.*, vol. 39, no. 2, pp. 32–36, Jun. 2007.

[5]   B. C. Wilson and S. Shrock, "Contributing to Success in an Introductory Computer Science Course: A Study of Twelve Factors," in *Proceedings of the Thirty-second SIGCSE Technical Symposium on Computer Science Education*, New York, NY, USA, 2001, pp. 184–188.

[6]   D. D'Souza, M. Hamilton, J. Harland, P. Muir, C. Thevathayan, and C. Walker, "Transforming Learning of Programming: A Mentoring Project," in *Proceedings of the Tenth Conference on Australasian Computing Education - Volume 78*, Darlinghurst, Australia, Australia, 2008, pp. 75–84.

[7]   A. Vihavainen, J. Airaksinen, and C. Watson, "A Systematic Review of Approaches for Teaching Introductory Programming and Their Influence on Success," in *Proceedings of the Tenth Annual Conference on International Computing Education Research*, New York, NY, USA, 2014, pp. 19–26.

[8]   A. Pacheco-González, "Aplicando Fading Worked Examples para Enseñar a Programar con Python," in *Avances en Tecnologías de la Información CNCICC 2009*, UABC, 2009.

[9]   V. Polavarapu, A. N. Kulaylat, S. Sun, and Osama Hamed, "100 years of surgical education: The past, present, and future," *The Bulletin*, 01-Jul-2013. Disponible en http://bit.ly/1T9ZM4v

[10] K. Busch, "Teaching in the OR: New lessons for training surgical residents," *The Bulletin*, 01-Aug-2015. Disponible en http://bit.ly/1T9Zo65

[11] M. J. Rubin, "The Effectiveness of Live-coding to Teach Introductory Programming," in *Proceeding of the 44th ACM Technical Symposium on Computer Science Education*, New York, NY, USA, 2013, pp. 651–656.

[12] R. H. Rutherfoord and J. K. Rutherfoord, "Flipping the Classroom: Is It for You?," in *Proceedings of the 14th Annual ACM SIGITE Conference on Information Technology Education*, New York, NY, USA, 2013, pp. 19–22.

[13] D. Teague, M. Corney, A. Ahadi, and R. Lister, "A Qualitative Think Aloud Study of the Early Neo-piagetian Stages of Reasoning in Novice Programmers," in *Proc. of the Fifteenth Australasian Computing Education Conference - Volume 136*, Darlinghurst, Australia, Australia, 2013, pp. 87–95.

[14] B. B. Morrison and B. DiSalvo, "Khan Academy Gamifies Computer Science," in *Proceedings of the 45th ACM Technical Symposium on Computer Science Education*, New York, NY, USA, 2014, pp. 39–44.

[15] A. Pacheco-González, E. Trujillo-Preciado, and J. A. Domínguez-Terrazas, "Programación Creativa," *Electro*, vol. 37, pp. 88–91, 2015.

Las habilidades digitales del estudiante de la Facultad de Ciencias de la UABC: un estudio de caso

Maribel Sandoval Silva
Instituto de Investigación y Desarrollo Educativo
Universidad Autónoma de Baja California
Ensenada, México
maribelsandoval06@gmail.com

Javier Organista Sandoval
Instituto de Investigación y Desarrollo Educativo
Universidad Autónoma de Baja California
Ensenada, México
javor@uabc.edu.mx

Resumen—Se presenta una caracterización de los estudiantes de la Facultad de Ciencias de la UABC Ensenada Unidad Sauzal respecto a su nivel de habilidades digitales con fines educativos mediadas con dispositivos portátiles. Se consideró una muestra aleatoria de 98 estudiantes. Las variables personales y académicas consideradas fueron: género, semestre, unidad académica y media de calificaciones. Los resultados muestran que el 86% de los estudiantes cuenta con más de un dispositivo portátil y posee un nivel elevado de habilidad. Se detecta que las destrezas más desarrolladas se dirigen a la organización de información y manejo de comunicación. Se espera que a partir de los hallazgos, se cuente con mayor información respecto al nivel de habilidades digitales de los estudiantes de ésta facultad. Se reconocen las posibilidades pedagógicas que representan el uso dispositivos portátiles en la educación superior; sin embargo, para aprovechar al máximo el potencial de dichos equipos, se requiere que los estudiantes desarrollen tales destrezas para apoyar sus procesos de aprendizaje, así como planes de estudio que incorporen dispositivos portátiles como herramientas didácticas con una clara orientación educativa.

Palabras clave—habilidades de información, educación tecnológica, habilidad digital

I. INTRODUCCIÓN

Una característica de los estudiantes universitarios actuales es el uso habitual de dispositivos tecnológicos portátiles. El manejo de tecnologías portátiles representa una actividad cotidiana entre los estudiantes universitarios; en gran medida, por la exposición temprana que han tenido con ellas [1]. Lo anterior sugiere que la interacción de los estudiantes con dichos equipos a lo largo de su trayectoria escolar, propicia el desarrollo de habilidades de pensamiento múltiple [2], así como habilidades asociadas a técnicas de búsqueda, selección, análisis, organización y comunicación de nueva información [3].

De acuerdo con los Estándares para la Educación con Tecnologías e indicadores de desempeño para los estudiantes [4] desarrollados por la Sociedad Internacional para la Educación con Tecnologías (ISTE, por sus siglas en inglés), señalaron que los estudiantes con mayor habilidad digital muestran mejores destrezas cognitivas superiores como el pensamiento crítico y creativo [5]. Además, poseen mayores habilidades respecto al uso de medios tecnológicos para el trabajo colaborativo, manipulación de información y comprensión de problemas éticos y sociales relacionados con las tecnologías.

En ese sentido, [6] destacaron la importancia de desarrollar habilidades digitales en los estudiantes universitarios, para propiciar una formación profesional integral. De acuerdo con la Organización para la Cooperación y el Desarrollo Económico (OCDE) [7], es común que las habilidades digitales se vinculen con un mejor desempeño académico del estudiante. Se espera que el incremento en la frecuencia y tiempo de uso de los dispositivos tecnológicos, conlleve al desarrollo de habilidades digitales [8]. Desde un enfoque pedagógico, el uso de dispositivos portátiles representa un medio complementario a los existentes para apropiarse del conocimiento, especialmente si se utilizan como parte de las actividades académicas [9].

Sin embargo, la integración de recursos tecnológicos avanzados y una buena conexión a Internet en los espacios educativos por sí mismos [7], no garantiza que los estudiantes desarrollen habilidades digitales para la mejora de su desempeño académico; ya que, como lo señaló la OCDE [8]:la tecnología no es el fin, sino el medio para reforzar el aprendizaje. Se requiere que las instituciones educativas elaboren programas integrales respecto al manejo de Tecnologías de la Información y Comunicación (TIC) y al desarrollo de habilidades digitales de los estudiantes; los cuales deben llevar una clara orientación educativa.

De lo anterior se desprende la importancia de identificar los niveles de habilidad digital de los estudiantes universitarios, con la finalidad de realizar propuestas pedagógicas para crear mejores condiciones para el aprendizaje. En el presente trabajo se presenta una caracterización de los estudiantes de la Facultad de Ciencias de la UABC Ensenada, Unidad Sauzal, con base en las habilidades digitales que poseen.

II. Referentes

Desde hace más de una década, la inclusión de las TIC (Tecnologías de la Información y Comunicación) en los entornos educativos es un fenómeno creciente [10], especialmente en las instituciones de educación superior (IES). Actualmente, los programas académicos de las universidades integran prácticas pedagógicas que denotan una tendencia hacia la utilización de metodologías asociadas al trabajo colaborativo e incorporación de recursos tecnológicos como herramientas didácticas [11]. Parte del interés de las IES por incorporar tecnologías en sus programas de estudio, está relacionado con el potencial educativo que dichos equipos representan para propiciar mejores condiciones de aprendizaje [8].

Al respecto, en el *Informe Horizon sobre la Educación Superior en Iberoamérica 2012-2017* [12], se destacó la necesidad de modificar las estructuras institucionales educativas y promover la alfabetización digital de los principales actores académicos. En México, algunas de las acciones que han asumido las IES para atender la demanda de integración de las TIC en las prácticas escolares son: incorporación de licenciaturas en línea, plataformas digitales, web 2.0, promoción del aprendizaje mixto (*b-Learning*), tutores inteligentes [13], [14], [15], equipamiento de dispositivos tecnológicos en la aulas de clases (computadora, proyector, pizarrones interactivos), acceso a internet en campus, entre otros [16].

En este sentido, [17] señaló que la disposición y facilidad de manejo de recursos tecnológicos portátiles, en los entornos educativos, favorece el desarrollo de habilidades digitales en los estudiantes para crear y transformar información de provecho para su aprendizaje. Sin embargo, el hecho de incorporar dispositivos portátiles en los espacios académicos, no garantiza que las prácticas pedagógicas sean diferentes a las tradicionales, ello dependerá de la intención educativa que se dé a los mismos [18]. Indudablemente, las habilidades digitales que desarrollen los estudiantes requieren orientarse a las prácticas académicas, en términos de aprovechar al máximo el potencial pedagógico de los dispositivos portátiles [1].

La referencia [19], sugieren que la incorporación de tecnologías como los dispositivos portátiles de forma natural en el currículo universitario, favorecerá que los estudiantes adquieran un aprendizaje más significativo. Debido a que la utilización de dispositivos portátiles constituye una actividad habitual para ellos, la ejecución de tareas académicas en un contexto mediado con tecnologías no deberá representar mayor inconveniente [19]. Si bien es cierto que muchos de los estudiantes universitarios cuentan con uno o más dispositivos portátiles (*laptop, tablet, smartphone, notebook,* etc.), se desconoce en que medida los utilizan para apoyar sus prácticas académicas [1]. Algunas orientaciones de uso identificadas se dirigen al manejo de información, comunicación o entretenimiento [20].

Es posible aprovechar las bondades del uso de los dispositivos portátiles para la práctica educativa, debido a los atributos que los caracterizan; especialmente, la portabilidad y conectividad. El primero refiere al hecho de llevar el (los) dispositivo (s) con uno mismo [21]. El segundo, posibilita sincronizar información con otros equipos por medio de tarjetas de memoria (SD –*secure digital*-, mini-SD, micro-SD), dispositivos USB o *Bluetooth* acceder a contenidos mediante redes inalámbricas (WiFi) o con tecnología 3G o 4G (banda ancha móvil) lo que facilita la comunicación personal y espontánea con otros usuarios [22].

Cuando las personas interactúan con los dispositivos portátiles, se derivan los atributos de movilidad y ubicuidad. La movilidad permite trasladar los dispositivos de un lugar a otro y la ubicuidad favorece los flujos de información, en el contexto de entornos digitales sin considerar las limitantes temporo-espaciales [21], [23]. Las propiedades antes mencionadas brindan al usuario una experiencia más personal con los dispositivos portátiles [24], lo que los hace más atractivos entre las comunidades académicas. De la amplia gama de dispositivos portátiles que existen, destacan en la preferencia de los estudiantes universitarios: i) laptop, ii) celulares y iii) tablets [24].

De manera específica, en torno al desarrollo de habilidades digitales, el Sistema de Información de Tendencias Educativas en América Latina [25] considera que para formar estudiantes competentes en el ámbito tecnológico, se requiere desarrollar habilidades dirigidas al aspecto instrumental (acceso y búsqueda de información mediada con tecnologías), cognitivo, comunicativo y axiológico (actitudes, valores y ética ante el manejo de información). Por su parte, [26] consideraron que las habilidades digitales se conforman de destrezas dirigidas a saberes informáticos e informacionales como: manipulación de archivos, administración de dispositivos (tabletas, teléfonos inteligentes, computadoras portátiles, impresoras, proyectores), programas y sistemas de información específicos, creación y manipulación de datos y contenidos multimedia, comunicación y socialización.

El Instituto de Estadística de la UNESCO [27] señaló que para determinar las condiciones que tiene un país para participar en acciones en las que se promueva el aprendizaje mediado con tecnologías y favorecer la planeación de estrategias pedagógicas incluyentes de TIC, es necesario evaluar la aptitud digital sobre el uso de dichas tecnologías en la educación. En la presente investigación se consideran solo las destrezas dirigidas al manejo de información, comunicación, manejo de tecnologías y organización.

Con base en lo anterior, se deriva la importancia de contar con información acerca del nivel de habilidades digitales de los estudiantes universitarios con relación al uso de dispositivos portátiles; así como de identificar variables asociadas a factores personales y media de calificación. Por medio de los resultados, se realiza una caracterización de los estudiantes de la Facultad de Ciencias de la UABC. Se presenta información respecto a los dispositivos portátiles de mayor uso, nivel de habilidades digitales (global y por dimensión), las habilidades digitales más y menos desarrolladas y el nivel de habilidades digitales según la media de calificación.

III. Método

La investigación que originó los datos se llevó a cabo durante el periodo 2014-2015 en la Universidad Autónoma de Baja California, Unidad Ensenada. El énfasis del documento expuesto se orientó a los estudiantes de licenciatura de la Facultad de Ciencias, debido al carácter del congreso en que se presenta.

A. Participantes

Los participantes de la investigación son estudiantes de licenciatura de la UABC, Unidad Ensenada. De acuerdo con la información proporcionada, durante el ciclo escolar 2014-1 la población total de estudiantes del campus era de 3597. Para estimar la muestra con un adecuado nivel de representatividad, se recurrió al algoritmo descrito por [28]:

$$n = \frac{N\, z_{\alpha/2}^2\, P(1-P)}{(N-1)e^2 + z_{\alpha/2}^2\, P(1-P)}$$

donde:

$n=$ tamaño de la muestra

$N=$ tamaño de la población

$P=$ frecuencia/probabilidad del factor a estudiar

$e=$ estimación de error máximo

$z_{\alpha/2}^2 =$ nivel de confianza elegido

El tamaño de la muestra estudiantil se obtuvo a partir de los siguientes valores: [N=3597; Z=1.96; P=0.8; e=0.05]. Se obtuvo una muestra al azar de 354 estudiantes para el campus; de ellos, se seleccionaron a 98 de la Facultad de Ciencias, de interés para este trabajo. Para la selección de los participantes se realizó un muestreo aleatorio-estratificado, en el que cada estrato es proporcional al tamaño de la matrícula por unidad académica con relación al total (3597).

B. Instrumento

Se utilizó la "Encuesta sobre habilidades digitales", la cual fue elaborada en el marco del proyecto de investigación *"Caracterización de las habilidades digitales de estudiantes adscritos a dos universidades públicas de México (UABC y UNACH)"*. El objetivo de la encuesta fue estimar las habilidades digitales con propósito educativo que poseen los estudiantes universitarios para manejar algún dispositivo portátil *(laptop, tablet y smartphone)*. El instrumento está compuesto de 35 reactivos, de los cuales, cinco recuperan datos generales como: semestre, carrera, promedio de calificación actual o del semestre anterior, sexo y equipos tecnológicos que poseen los estudiantes (computadora de escritorio, laptop, tablet y celular). Los ítems restantes, son 30 enunciados que se dirigen a estimar las habilidades digitales de acuerdo con cuatro dimensiones de carácter educativo: manejo de información, comunicación, manejo de tecnología y organización. La escala elaborada para dichos reactivos es de tipo ordinal y considera las siguientes opciones de respuesta: [0: Lo desconocía], [1: NO soy capaz de hacerlo], [2: SÍ, lo haría con ayuda], [3: SÍ, lo haría sin ayuda] y [4: SÍ, y sabría explicar la actividad]. Cabe señalar que la encuesta utilizada fue sometida a pruebas de validez y confiabilidad con el propósito de aportar evidencias de que mide lo deseado.

C. Aplicación

Para la aplicación del instrumento, se solicitó autorización a la coordinación de las unidades académicas; una persona se encargó de asignar los grupos y fechas sugeridas para la aplicación. Se informó a los docentes responsables de los grupos y a los estudiantes sobre el objetivo de la encuesta. Se explicaron las instrucciones para responderla y se puntualizó que los datos proporcionados serían tratados de forma confidencial y se conservaría el anonimato.

D. Análisis de datos

Los análisis estadísticos aplicados fueron: descriptivos básicos mediante diversos índices de tendencia central, de dispersión, máximos y mínimos y análisis comparativos entre variables (habilidades digitales, media de calificación, género, semestre y tipo de dispositivo).

IV. RESULTADOS

A. Descripción de los Participantes

La muestra estuvo conformada por mayoría de estudiantes varones (56%) de semestres iniciales (63%), como se muestra en la tabla I.

TABLA I. DISTRIBUCIÓN DE LOS PARTICIPANTES DE LA FACULTAD DE CIENCIAS

Variables		Frecuencia	%
Género	Hombre	55	56.1
	Mujer	43	43.9
	Total	98	100
Semestre	Inicial (1-4)	62	63.3
	Avanzado (5-9)	35	35.7
	Total	97[a]	100.0

[a] 1 dato perdido.

B. Posesión de dispositivos portátiles

En cuanto a la posesión de equipos y para facilitar la interpretación de los resultados, bajo el término "cómputo" se comprende a la computadora de escritorio y laptop. Se registra que el mayor porcentaje de posesión de equipo individual fue para la categoría cómputo (97%), mientras que la combinación cómputo-celular asciende a 86% (ver fig. 1).

Con relación a las variables clasificatorias género y semestre, los resultados de los porcentajes de posesión de equipos portátiles muestran valores similares respecto a la distribución total de los participantes. En ambas variables el equipo que sobresale de forma única es el de cómputo y por conjunto el de cómputo-celular. En la variable género los hombres obtuvieron valores cercanos a 55% y las mujeres a 45% en la posesión de equipo de forma única y por conjunto. Respecto a la clasificación por semestre, en la posesión de equipo de forma única los estudiantes de semestres iniciales tuvieron valores próximos a 63% y los de semestres avanzados 37%; en la posesión por conjunto de equipos, los estudiantes de semestres iniciales obtuvieron porcentajes cercanos a 57% y los avanzados de 43%.

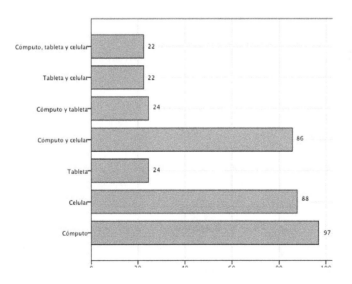

Fig. 1. Porcentaje global de posesión de dispositivos tecnológicos.

C. Nivel de habilidades digitales

Respecto al nivel global de habilidades digitales, la fig. 2 muestra la distribución de los participantes de acuerdo con la escala utilizada (0-4). En el rango entre 0 a 2.5 se ubicó el 3.2% de la muestra; son aquellos estudiantes que no se consideran suficientemente hábiles para ejecutar algunas de las actividades señaladas, pero si las realizarían con ayuda. El 25.3% de los participantes se encontró en el rango entre 2.51 a 2.99; son estudiantes que realizan algunas tareas con ayuda y están cerca de hacerlas de forma individual o sin ayuda. En el rango 3-4, se encuentra el 71.6% de los estudiantes que harían las actividades indicadas sin ayuda y sabrían explicarlas.

Con relación a los resultados por dimensión de las habilidades digitales, se observa que la $\bar{x}$ más elevada se obtuvo en la dimensión de organización (3.4) y la menor fue en manejo de tecnología (3.0); ésta última fue la única dimensión que estuvo por debajo de la $\bar{x}$ global (3.3) (ver fig. 3).

Respecto a los puntajes medios obtenidos por dimensión de habilidades digitales según las variables género y clasificación por semestre de los estudiantes, en ambas variables se obtuvieron valores medios cercanos en tres de cuatro dimensiones. En manejo de tecnología, los hombres obtuvieron una $\bar{x}$ de 3.2 y las mujeres 2.9.

D. Las mayores y menores habilidades digitales

Para identificar las habilidades más y menos desarrolladas, se obtuvieron los puntajes máximos y mínimos por dimensión. En la tabla 2 se presentan los reactivos con las máximas puntuaciones por dimensión. Las habilidades más desarrolladas por los estudiantes se dirigen al uso de medios para la comunicación para lograr acuerdos sobre actividades escolares. Las habilidades digitales menos desarrolladas por los estudiantes se relacionan con la identificación de fallas en los dispositivos portátiles y la recuperación de información en diversos tipos de formatos.

En la fig. 4 se presenta la distribución de los participantes de acuerdo con la $\bar{x}$ de calificación y su nivel de habilidad digital; el puntaje mínimo de calificación $\bar{x}$ obtenido fue de 6.7, el máximo 9.8 y el global 8.4.

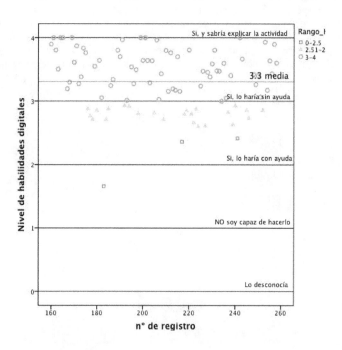

Fig. 2.   Nivel de habilidades digitales de los estudiantes de la Facultad de Ciencias.

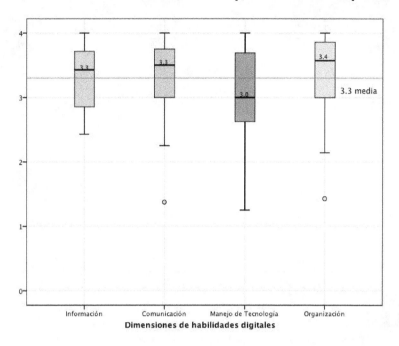

Dimensiones de habilidades digitales

Fig. 3. Nivel de habilidades digitales por dimensión (los valores mostrados dentro de las cajas representan la media de cada dimensión).

TABLA II. PUNTUACIONES MEDIAS DE LOS REACTIVOS CON PUNTAJES MÁXIMOS Y MÍNIMOS

Puntajes máximos		
Dimensión	**Reactivo**	$\bar{x}$ *(d.e)*
Organización	Recurrir al uso de medios de comunicación como email, mensajes de texto (SMS), Facebook, Whatsapp, entre otros para lograr acuerdos en actividades educativas (r27)	3.6 (0.5)
Comunicación	Confirmar de recibido un correo electrónico y eventualmente responder a uno o varios destinatarios desde mi dispositivo móvil (r8)	3.5 (0.6)
Manejo de Tecnología	Instalar/desinstalar aplicaciones diversas en mi dispositivo portátil (r24)	3.5 (0.6)
Información	Utilizar la información encontrada para apoyar el desarrollo de algún trabajo o tarea escolar (r7)	3.5 (0.5)
Puntajes mínimos		
Organización	Utilizar mi dispositivo portátil para organizar un viaje (reservación de hotel, boletos de avión, etc.) (r29)	3.2 (0.8)
Comunicación	Ajustar el archivo –ya sea en un formato específico, tamaño deseado, etc.– según los requerimientos del sitio Web a donde lo pretendo enviar (r12)	3.0 (0.8)
Manejo de Tecnología	Identificar la probable causa de un funcionamiento inadecuado en mi dispositivo portátil (r20)	2.6 (1.0)
Información	Recuperar información en el formato deseado (p. ej. JPG, HTML, MP3, MPEG4, AVI, PDF, DOC, etc.) (4)	2.9 (0.9)

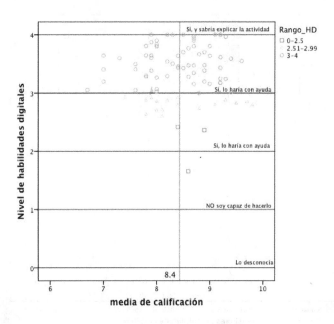

Fig. 4. Nivel de habilidades digitales de los estudiantes según su x̄ de calificación.

V. Discusión

Los resultados mostraron que 56.1% de los participantes del estudio son hombres y pertenecen a los semestres iniciales (1-4) de licenciatura (63.3%). Respecto a la posesión de equipo, se indica que los dispositivos portátiles que mayormente poseen son el de cómputo y *smartphone* (86%). Lo anterior coincide con los señalado por [29], quienes indicaron que las tecnologías de mayor tendencia a utilizarse entre las nuevas generaciones de estudiantes son las que cuentan con los atributos de portabilidad y movilidad. Éstas características propician los flujos de información en el contexto de entornos digitales [21] y favorece la colaboración entre los estudiantes.

Con relación al nivel de habilidades digitales, la mayoría de los participantes se ubicó en un rango entre 3-4 de acuerdo con la escala utilizada. Esto sugiere que los estudiantes poseen un alto nivel de habilidades digitales por lo que, se espera que sean capaces de ejecutar las actividades señaladas en el cuestionario sin ayuda y puedan explicarlas. Se identifica que en el mismo rango ocurren estudiantes con una media de calificación entre 6.7 y 9.6. Si bien es frecuente que a un nivel elevado de habilidades digitales se le asocie un mejor desempeño académico [8], se requiere que dichas destrezas lleven una clara orientación educativa para favorecer los procesos de aprendizaje de los estudiantes [6].

Respecto a las mejores y peores destrezas desarrolladas por los estudiantes, se identificaron las habilidades asociadas a la organización y comunicación son mayormente utilizadas por los estudiantes en sus actividades académicas, mientras que las habilidades en torno al manejo de tecnologías e información son las de menor desarrollo. Lo anterior permitió identificar aquellas destrezas que requieren mejorar los estudiantes y sugiere la revisión de los programas institucionales con relación a la integración de aspectos tecnológicos en los métodos de enseñanza-aprendizaje [6, 30].

VI. Conclusión

Los resultados presentados describen el contexto de los estudiantes de la Facultad de Ciencias de la UABC en cuanto a su nivel de habilidades digitales con mediación de dispositivos portátiles para realizar sus actividades académicas y su relación con la media de calificaciones. Se destaca que la mayoría de los estudiantes poseen más de un equipo portátil, siendo el de cómputo y *smartphone* los de mayor disposición. Asimismo, las actividades académicas que mayormente realizan se relacionan con las categorías de organización y comunicación. Si bien la mayor parte de los estudiantes se caracterizó con un nivel elevado de habilidades digitales, el rango entre la media de calificaciones altas y bajas es amplio. Por ello, se puntualiza que un elevado dominio de destreza digital no garantiza un mayor desempeño académico, si dichas destrezas y el uso de recursos portátiles carecen de una orientación educativa [1].

Por medio de los hallazgos reportados en esta investigación, es posible explorar el nivel de destreza digital que poseen los estudiantes; así como identificar, tanto aquellos que presentan mayores habilidades, como los que requieren apoyo en el desarrollo de las mismas para las actividades escolares. De tal forma, estos resultados dan cuenta de las prácticas para el aprendizaje con TIC que realizan docentes y estudiantes. Con base en ello, se abre la posibilidad de potencializar el uso didáctico de dichas tecnologías para promover el desarrollo de habilidades digitales y propiciar mejores condiciones de aprendizaje.

Asimismo, se infiere que a partir de un mayor conocimiento de los niveles de habilidades digitales de los estudiantes se esté en condiciones de elaborar propuestas pedagógicas para reconfigurar las prácticas académicas actuales, en las que se integren a los dispositivos portátiles como parte de las herramientas didácticas.

REFERENCIAS

[1]   J. Organista, L. McAnally y P. Henríquez, "Clasificación de estudiantes de nuevo ingreso a una universidad pública, con base a variables de desempeño académico, uso de tecnología digital y escolaridad de los padres", *Revista Electrónica de Investigación Educativa*, vol. 14, no. 1, pp. 34-55, 2012.

[2]   D. Crovi, "El uso y apropiación educativa de las TIC. Jóvenes universitarios y telefonía celular", *Revista Mexicana de Comunicación*, no. 3, pp. 18–20, 2011.

[3]   J. Vivancos, "Educación en la sociedad digital, el futuro de la educación y las TIC", *Padres y Maestros, Publicación de la Facultad de Ciencias Sociales y Humanidades de la Universidad Pontificia Comillas, Madrid*, no. 351, pp. 22-25, Jun. 2013.

[4]   A. Calvani, A. Fini, M. Ranieri y P. Picci, "Are young generations in secondary school digitally competent? A study on Italian teenagers", *Computers & Education*, vol. 58, no. 2, pp. 797–807, Oct. 2011.

[5]   A. I. Ramos, J. A. Herrera y M. S. Ramírez, "Desarrollo de habilidades cognitivas con aprendizaje móvil: un estudio de casos", *Revista Científica de Educomunicación*, vol. 17, no. 34, pp. 201–209, Mar. 2010.

[6]   R. A. Escofet, G. I García y S B. Gros, "Las nuevas culturas de aprendizaje y su incidencia en la educación superior", *Revista mexicana de investigación educativa*, vol. 16, no. 51, pp. 1177-1195, Dic. 2011.

[7]   OCDE (2015, Oct.). Students, computers and learning: Making the conecction. PISA-OCDE Publishing, Paris. [online]. Disponible: http://www.oecd.org/publications/students-computers-and-learning-9789264239555-en.htm

[8]   V. J. Dijk y V. A. Deursen, "Digital skills: Unlocking the information society". Estados Unidos: Palgrave Macmillan, 2014, pp. 21-42.

[9]   M. G. Arceo, Y. R. Jerónimo y M. E. Ramos. (2011, Sept.). "Análisis de las tecnologías de información y la gestión del conocimiento en el ámbito universitario". Presentado en 5th International Conference on Industrial Engineering and Industrial Management XV Congreso de Ingeniería de Organización Cartagena. [online]. Disponible: http://www.oei.es/congreso2014/memoriactei/1521.pdf

[10] C. León y J. Organista-Sandoval, "Determinación del perfil de los estudiantes universitarios con base a variables académicas y tecnológicas", *EDUTEC, Revista Electrónica de Tecnología Educativa*, no. 45, pp. 1-12, Sept. 2013.

[11] E. Vázquez-Cano y M. E. López, "Los MOOC y la educación superior: la expansión del conocimiento", *Profesorado, revista de curriculum y formación de profesorado*, vol. 18, no. 1, pp. 2-12, Mayo, 2014.

[12] E. G. Durall, B. S. Gros, M. F. Maina, L. Johnson y S. Adams. "Perspectivas tecnológicas: educación superior en Iberoamérica 2012-2017. Un análisis Regional del Informe Horizon de la NMC y la UOC". Austin, Texas: The New Media Consortium, 2012, pp. 1-4.

[13] L. Vargas, M. G. Gómez y R.D.L. Gómez, "Desarrollo de habilidades cognitivas y tecnológicas con aprendizaje móvil", *Revista de Investigación Educativa de La Escuela de Graduados En Educación*, vol. 3, no. 6, pp. 30–39, 2013.

[14] D.C.M. Galindo-Ruiz, "Lectura crítica hipertextual en la web 2.0", *Revista Actualidad Investigativas en Educación*, vol. *15*, no. 1, pp. 1-29, Ene. 2015.

[15] A.A. Bustamante, "Aplicación del b-learning en el nivel superior", en *Tecnologías y Aprendizaje: Innovaciones y experiencias*, M.M. Prieto, C.S. Pech, T. De León y F. García, Miami: Humboldt International University. 2014, pp. 97-104.

[16] J. Silva, "TIC en educación superior: una reflexión teórica-práctica", *Revista de la asociación Colombiana de Ciencias Biológicas*, no. 25, pp. 92-97. Oct. 2013.

[17] L. J. Chávez. (2014, Abr.). "Integración de las tecnologías de información y comunicación en el proceso de enseñanza aprendizaje". Presentado en el 2° Congreso Internacional para la Difusión y Divulgación de la Investigación y la Ciencia en Iberoamérica, Centro de Estudios e Investigaciones para el Desarrollo Docente. CENID A.C. [online]. Disponible: http://www.pag.org.mx/index/php/PAG/article/view/35/59

[18] R. Aparici, "Principios pedagógicos y comunicacionales de la educación 2.0.", *La educ@cion: revista digital*, no. 145, pp. 1-14, May. 2011.

[19] J. L. Aguilar, A. Ramírez y R. López, "Literacidad digital académica de los estudiantes universitarios: un estudio de caso", *Revista Electrónica de Investigación y Docencia*, no. 11, pp. 123-146, Ene. 2014.

[20] J. Organista-Sandoval, A. Serrano-Santoyo, L. McAnally-Salas y G. Lavigne, "Apropiación y usos educativos del celular por estudiantes y docentes universitarios", *Revista Electrónica de Investigación Educativa*, vol. 15, no. 3, pp. 139–156, Abr. 2013.

[21] N. C. Burbules, "Los significados del aprendizaje ubicuo", *Revista de Política Educativa*, vol. 22, no. 104, pp.11-19, Nov. 2013.

[22] A.A. Baz, A.I. Ferreira, R.M. Álvarez y B.R. García, "Dispositivos móviles", *Ingeniería de Telecomunicación Universidad de Oviedo*, s.f.

[23] C. V. Cantillo, M. R. Roura y A. P. Sánchez, "Tendencias actuales en el uso de dispositivos móviles en educación", *La educ@cion: revista digital*, no. 147, pp. 1–21, Jun. 2012.

[24] N. Barake, "La vida entre celulares, tabletas y laptops", *Debates IESA*, vol. 17, no. 1, pp. 82, 2012.

[25] N. López, M.T. Lugo y L. Toranzos, (2014, Sept.). "Informe sobre tendencias sociales y educativas en América Latina, 2014: políticas TIC en los sistemas educativos de América Latina". UNESCO, Buenos Aires, Argentina. [online]. Disponible: http://unesdoc.unesco.org/images/0023/002300/230080s.pdf

[26] A. Ramírez y M. A. Casillas, "Háblame de TIC: tecnología digital en la educación superior". Córdoba: Editorial Brujas, 2014, pp. 23-38.

[27] UNESCO (2013). Uso de TIC en educación en América Latina y el Caribe, Análisis regional de la integración de las TIC en la educación y de la aptitud digital (e-readiness). Instituto de Estadística, UNESCO, Montreal, Cánada. [online]. Disponible: http://www.uis.unesco.org/Communication/Documents/ict-regional-survey-lac-2012-sp.pdf

[28] M. Cuesta y F.J. Herrero, "Introducción al muestreo", *Departamento de Psicología de la Universidad de Oviedo*, 2010.

[29] S. Somyürek y B. Karabulut, "Digital competence: is it an innate talent of the new generation or an hability that must be developed?", *British Journal of Educational Technology*. vol. 44, no. 5, pp. 63-66, 2013.

[30] A.A. Álvarez, R.L. Hernández, R.J. Cabrera y T.E. Herrero, "Estudio de las dimensiones de la integración de las TIC en una universidad tecnológica cubana", *Revista cubana de ingeniería*, vol. *4*, no. 3, pp. 5-14. Ago. 2013.

Adolescentes talentos en programación

Laboratorio de desarrollo para jóvenes con aptitudes sobresalientes

Elvia Esthela Aispuro Félix
Departamento Académico de Sistemas Computacionales
Universidad Autónoma de Baja California Sur
La Paz, B.C.S.
aispuro@uabcs.mx

Jaime Suárez Villavicencio
Departamento Académico de Sistemas Computacionales
Universidad Autónoma de Baja California Sur
La Paz, B.C.S.
jsuarez@uabcs.mx

Javier Aguilar Parra
Departamento Académico de Sistemas Computacionales
Universidad Autónoma de Baja California Sur
La Paz, B.C.S.
jaguilar@uabcs.mx

Resumen—**El presente artículo muestra el resultado del trabajo obtenido en la segunda fase del proyecto de laboratorio de desarrollo para jóvenes con aptitudes sobresalientes (AS) de nivel educativo secundaria UABCS – SEP, cuyo objetivo es impulsar el desarrollo de las potencialidades de los alumnos AS, ya que representan una gran oportunidad para transformar la escuela, enriquecer el contexto educativo al que pertenecen[1] y formar jóvenes talentos, futuros investigadores de México. Esta fase, comprende las competencias establecidas en el curso de programación 1 de nivel universitario, implementado en jóvenes con AS, quienes por poseer cualidades cognitivas que exceden de la media de referencia de su grupo, en particular a lo que refiere a condiciones intelectuales, han desarrollado de forma exitosa aplicaciones de nivel universitario, desde una perspectiva de computación creativa, apoyados del lenguaje de programación processing[2] como una herramienta bondadosa de sintaxis simplificada y modelo de programación gráfica.**

Palabras Clave—programación, processing, jóvenes con aptitudes sobresalientes

I. Introducción

Desde tiempos remotos nos han asombrado a través de la historia personajes con aptitudes sobresalientes en lo intelectual, en lo social y/o en lo artístico. Personajes que han marcado historia por su destacado talento sin importar religión y credo. Individuos que hoy en la actualidad son personas que requieren de atención especial por su posibilidad de distinguirse debido a su creatividad, su capacidad para analizar, resolver problemas y plantear nuevas alternativas de solución. Notables talentos que han hecho que diferentes culturas y países giren su mirada hacia la atención de niños y jóvenes con aptitudes sobresalientes a fin de potencializar la brillantez que los distingue[1].

En México a mediados de los ochenta, se despierta el interés por el estudio de individuos que llegan a manifestar un promedio de inteligencia mayor al nivel medio alto. En 1986 se inicia la implementación de modelos educativos específicos, entre ellos el Modelo de Atención a Niños y Jóvenes con Capacidades y Aptitudes Sobresalientes (CAS). En 1992 se sugiere que el modelo sea implementado en todas las entidades del país. A partir del año 2002 se implementa en México, el Programa Nacional de Fortalecimiento de la Educación Especial y de la Integración Educativa, que constituye una respuesta del gobierno federal a las demandas y propuestas en materia de integración educativa de los niños, niñas y jóvenes que presentan necesidades educativas especiales. Como una de sus metas, dicho Programa estableció la atención de los alumnos con aptitudes sobresalientes. Para este fin, en 2003 la Subsecretaría de Educación Básica, a través del Programa Nacional, planteó el diseño de un Proyecto de investigación e innovación denominado: "Una propuesta de intervención educativa para alumnos y alumnas con aptitudes sobresalientes". [3]

Dicha propuesta de intervención educativa define que los jóvenes con aptitudes sobresalientes son aquellos capaces de destacar significativamente del grupo social y educativo al que pertenecen en uno o más de los siguientes campos del quehacer humano: científico-tecnológico, humanístico-social, artístico o acción motriz [1]. En términos de habilidades tecnológicas de acuerdo a [4] "…a la necesidad de alfabetización tradicional basada en la escritura y la lectura (con todo lo que significa en términos de acceso a la cultura), se suma la necesidad de desenvolverse y ser capaz de desarrollar actividades que implican el uso de tecnologías de la información y la comunicación, además de nuevos lenguajes, especialmente informáticos". Es por ello que, la enseñanza de la programación se vuelve cada día más un tema de interés, el cual tiende a incluirse en los programas educativos como parte de la formación integral de los estudiantes en los diferentes niveles escolares. Hay ejemplos de países de todo el mundo en el que la programación ha sido o será introducida desde la educación infantil de acuerdo a publicaciones realizadas en el Working Group Reports de innovación y tecnología [5]. De acuerdo a [6] Estados Unidos tiene un movimiento creciente para incluir en las aulas a nivel K-12 (último nivel de preparatoria en México), algunos de los fundamentos de la ciencia de la computación, específicamente el tema de la programación.

Desde ese contexto y con el objetivo de impulsar el desarrollo de las potencialidades de los alumnos con aptitudes sobresalientes, y brindar una respuesta educativa adecuada partiendo de sus necesidades e intereses, y con el espíritu de formar jóvenes talentos, futuros investigadores de México, se ha establecido un acuerdo de colaboración UABCS – SEP en una segunda fase de este trabajo de investigación, a fin de fortalecer las habilidades del pensamiento lógico-matemático, creativo y de innovación en estos jóvenes. Este proyecto de investigación, pretende, a diferencia de muchos cursos introductorios de programación, no sólo enseñar a programar, si no que, además de la promoción del pensamiento algorítmico y matemático, puntualiza las bases que fundamentan los principios de como operan "por dentro" los sistemas de información y como éstos se utilizan para resolver problemas. Así mismo, pretende detonar las capacidades intelectuales para pensar lógicamente y expresar la creatividad con la oportunidad para generar jóvenes talentos formadores de un mejor mañana

II. LAS APTITUDES SOBRESALIENTES (AS)

La propuesta educativa antes mencionada define a los adolescentes con aptitudes sobresalientes como aquellos capaces de destacar significativamente del grupo social y educativo al que pertenecen, en uno o más de los campos del quehacer humano: científico-tecnológico, humanístico-social, artístico y/o de acción motriz, pero al presentar necesidades específicas requieren de un contexto facilitador que les permita desarrollar sus capacidades personales y satisfacer sus necesidades e intereses para su propio beneficio y el de la sociedad[1].

A. Campos del quehacer humano

Son las distintas áreas en que pueden desarrollarse las personas y se definen enseguida.

- Científico-tecnológico. Es un campo en el que se incluyen las áreas lógico-matemáticas: física, química, biología y geografía, entre otras, cuyo dominio se considera complejo o simple, según la cantidad de habilidades o aptitudes que presenten; por ejemplo, la física involucra conocimientos de matemáticas.

- Humanístico-social. Contempla las áreas de las ciencias sociales y se refiere a aspectos como el estudio de la cultura (ideales, valores, religión, creencias, tradiciones), los acontecimientos y los problemas sociales, entre otros.

- Artístico. Incluye la expresión (posibilidad de manifestar de forma personal las experiencias, lo que uno piensa y siente) y la apreciación (relacionada con el desarrollo de la mirada y de la escucha, integrando capacidades perceptuales y reflexivas con la sensibilidad y emotividad) de las siguientes disciplinas: música, danza, artes visuales (dibujo, pintura, escultura, grabado, fotografía y video) y teatro. Analiza la manifestación del gusto, de la sensibilidad, del disfrute, de la habilidad, de la destreza y/o de la facilidad en la expresión de estos lenguajes.

- De acción motriz. Comprende las diferentes formas de la actividad física, como el juego, el predeporte y el deporte, entre otras, que se relacionan con la adquisición de patrones básicos del movimiento o movimientos naturales; por ejemplo, andar, correr, brincar, arrastrarse, rodarse, jalar, empujar, etc., con la mejora de las habilidades y la integración de las cualidades físicas que propician un mejor desarrollo.

Fig. 1. Proceso de manifestación de las aptitudes sobresalientes.[1]

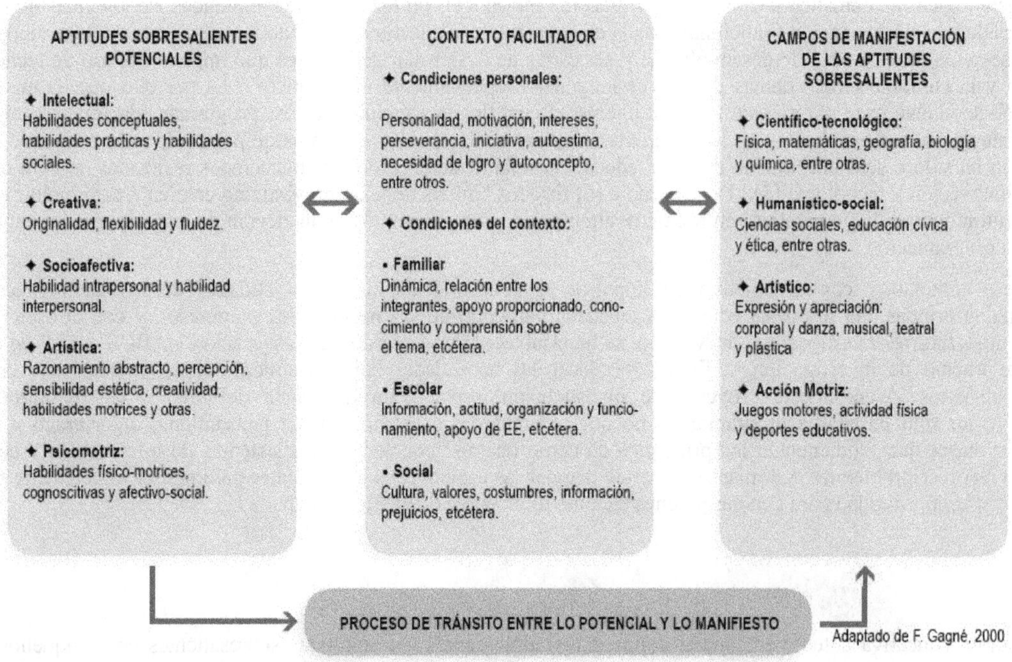

De acuerdo a la SEP [7], en el ámbito internacional hay cuatro grandes modelos de atención educativa: enriquecimiento, aceleración, agrupamiento y homeschooling; sin embargo, es importante mencionar que la política educativa en México considera los dos primeros como parte de la oferta educativa para estos alumnos.

Para el caso particular del proyecto del laboratorio de desarrollo para jóvenes AS, se considera el modelo por enriquecimiento, el cual se define como una serie de acciones planeadas para el niño con aptitudes sobresalientes, de acuerdo con sus intereses y necesidades educativas específicas, con la finalidad de favorecer su desarrollo integral: dentro del aula, en la escuela y fuera de ella. Específicamente corresponde al modelo de enriquecimiento extracurricular, puesto que se brinda en horario alterno, con la asesoría o mentoría de un especialista.

III. LABORATORIO DE DESARROLLO CONVENIO DE COLABORACIÓN UABCS-SEP

El convenio de colaboración UABCS- SEP para impulsar el desarrollo de las potencialidades de los alumnos con aptitudes sobresalientes a nivel secundaría, comprende una serie de tres etapas, de las cuales, se han llevado a cabo dos de ellas de manera satisfactoria. Cabe destacar que este proyecto de investigación se ha diseñado con el fin de alcanzar en los jóvenes AS el nivel de programación que se establece para el mismo tipo de curso en jóvenes de nivel licenciatura. Este artículo presenta los resultados alcanzados en la segunda etapa de este convenio de colaboración.

A. Estrategia del curso

El objetivo de esta segunda fase es habilitar los elementos básicos de codificación de un lenguaje formal, así como, los estándares definidos para el diseño de programas por computadora que le permitan desarrollar aplicaciones de mediana complejidad utilizando las reglas de sintaxis y las convenciones de nomenclaturas necesarias, donde se incluya además el uso de arreglos. Con esto en mente, se involucra a los alumnos a un lenguaje basado en texto que les prepara en las ciencias computacionales, proporcionando un sentido de la programación real, y permitiendo conocer las técnicas de programación con conceptos más avanzados.

En ese sentido, el diseño de esta fase de investigación considera los contenidos del primer curso de programación de nivel universitario, aplicado a jóvenes AS de nivel secundaria. Dicho curso, se llevó a cabo en sesiones de 3 horas los días sábados, durante el periodo comprendido del mes de septiembre 2015 a junio de 2016, en apego al programa de intervención educativa de la SEP con atención a jóvenes AS, con el fin de impulsar el desarrollo de las potencialidades de estos alumnos a través de apoyos extraescolares. Lo que representa una gran oportunidad para transformar y enriquecer el contexto educativo al que pertenecen y fortalecer el desarrollo de sus actividades aprovechando su alto nivel de intelecto.

B. Processing como herramienta de apoyo en la enseñanza de la programación

Para esta fase, se decidió trabajar con el lenguaje de programación Processing, ya que es un lenguaje robusto y completo construido totalmente sobre Java, éste utiliza una sintaxis simplificada y un modelo de programación gráfica a través de un IDE muy sencillo. En comparación con Java, que tiene una curva de aprendizaje muy plana. Processing es intuitivo y fácil de usar, una excelente opción para los programadores novatos. Está totalmente integrado a Java incluso código Java puede ser embebido libremente en cualquier programa de Processing, y todos los programas de Processing pueden exportarse como un applet de Java[8].

Durante los últimos catorce años, processing ha promovido la enseñanza del desarrollo de software, en particular dentro de las artes visuales y la tecnología visual. Inicialmente fue creado para servir como un cuaderno de dibujo y enseñar fundamentos de programación dentro de un contexto visual, sin embargo, processing se ha convertido también en una herramienta de desarrollo para los profesionales. Processing trata de código libre y abierto, y se ejecuta en las plataformas Mac, Windows y GNU / Linux. Lo que representa una alternativa a las herramientas de software con licencias restrictivas y costosas, ya que es accesible para escuelas y estudiantes independientes[2].

Fue diseñado para ser utilizado como primer lenguaje de programación. Se inspira en lenguajes antiguos como BASIC y logo, considerando las experiencias obtenidas de sus creadores como estudiantes y profesores de artes visuales. Con Processing se pueden emplear los mismos contenidos definidos en el programa de ciencias de la computación de nivel universitario pero con un enfoque diferente[2]. La única diferencia es que promueve el desarrollo de aplicaciones desde una perspectiva de computación creativa, gracias a lo cual, ahora, en lugar de resolver problemas de carácter administrativo, como son sistemas de puntos de venta, cálculos para la generación de nomina, sistemas de inventarios, entre otros. Ahora se crean gráficos, medios interactivos y animaciones para así llevar a los alumnos con diversos ejemplos contemporáneos de la computación desde un contexto moderno. Por otro lado, a la par de las construcciones de programación estándar, donde se hace uso de estructuras de datos y resolución de algoritmos, también se introduce a los alumnos en la visualización de elementos y otras áreas avanzadas no accesibles normalmente en cursos tradicionales introductorios.

C. Desempeño del curso

El curso de programación 1, nivel universitario, contribuye a la formación básica del alumno proporcionando los conocimientos y desarrollando habilidades que le permitan diseñar aplicaciones de mediana complejidad, a través, de un lenguaje de programación donde se utilicen las estructuras de control básicas. Como se ha mencionado en apartados anteriores, el laboratorio de desarrollo con jóvenes AS, es un proyecto que se ha diseñado con el fin de alcanzar el nivel de programación que se establece para jóvenes universitarios, ahora con jóvenes AS de nivel secundaria.

El objetivo consistió en desarrollar las habilidades y competencias que le permitieran ser capaz de pensar lógicamente y expresar su proceso de pensamiento a través de un lenguaje de programación, en este caso, con apoyo del lenguaje de programación processing. Durante el desarrollo del curso con jóvenes AS, los contenidos se fueron introduciendo de forma gradual, en apego al programa del curso de programación 1.

Por tratarse de una materia práctica, los temas se desarrollaron a través de un conjunto de ejercicios o programas. Con la utilización de processing la practica giró entorno a pequeños programas llamados sketches, los cuales permitieron producir rápidamente obras de arte visual[2], centrando el pensamiento lógico del alumno en la implementación de la solución esperada, dejando de lado la complicación del desarrollo de gráficos, el uso de hilos, entre otros. Se puede decir que el entorno de desarrollo PDE que presenta processing, proporciona un método sencillo y limpio a través de un conjunto de características que los programadores novatos pueden usar de forma fácil al mismo tiempo que mantiene una sintaxis muy parecida a la de Java[8].

Al término de las diferentes unidades del programa, se desarrollaron pequeños proyectos integradores, con el tema de video-juegos, los cuales, a fin de motivar el desempeño del alumno, pudieran implementar de una forma entusiasta las competencias adquiridas y de esta forma contar con una medida de evaluación del grupo.

Uno de los primeros proyectos integradores fue el desarrollo del tradicional video-juego de los 70´s conocido como pong. Este juego está basado en el deporte de tenis de mesa, consta de una pantalla de dos dimensiones que simula el deporte. Cada jugador controla el juego mediante una barra moviéndola verticalmente. El jugador uno, es representado por la barra de la parte izquierda de la pantalla, quien compite con otro jugador que controla la segunda barra en la parte opuesta. Los jugadores pueden usar las barras para pegarle a la pelota de un lado a otro. El objetivo consiste en que uno de los jugadores consiga más puntos que el oponente al finalizar el juego. Estos puntos se obtienen cuando el jugador adversario falla al devolver la pelota.

Este juego incluye los conocimientos: Estructura general del lenguaje, comentarios, identificadores y sus estándares, variables, constantes, operadores, conversiones de tipo, estructura de secuencia, estructuras de selección y manejo de eventos. Las figuras 2 y 3, muestran la interfaz generada por el juego llamado ping-pong desarrollado por uno de los alumnos AS.

Fig. 2.   Juego de Ping-Pong (jugando).

Fig. 3.   Juego de Ping-Pong (fin de juego).

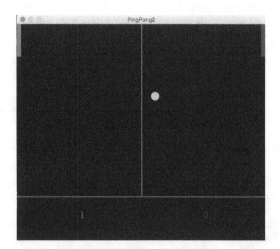

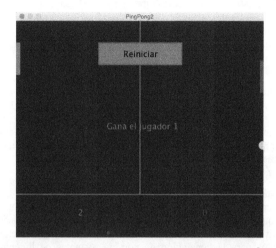

El segundo proyecto integrador, consistió en el tradicional juego de memoria. El juego de memoria es un juego de cartas, el cual, requiere de gran habilidad mental o capacidad intelectual al ser jugado. Al inicio del juego, se colocan de forma aleatoria las diferentes cartas boca abajo sobre el tablero, el jugador deberá seleccionar dos cartas al azar, si las dos cartas tienen la misma figura, el jugador habrá encontrado el par y podrá automáticamente repetir el turno, pero si las dos cartas tienen diferentes figuras, automáticamente las cartas se voltean boca abajo, el juego continua de esta forma hasta destapar el total de las cartas, una vez encontrado todos los pares, el juego inicia nuevamente.

Este juego incluye los conocimientos de: todos los conocimientos mencionados en el proyecto integrador anterior, así como, estructuras de iteración, declaración y manejo de arreglos de una y dos dimensiones, las funciones; estructura y parámetros, y manejo de eventos. La figura 4 muestra el inicio del juego donde todas las cartas están boca abajo, la figura 5 muestra algunos pares destapas a mitad del juego y por último la figura 6 muestra el fin del juego una vez encontrados todos los pares.

Fig. 4.   Juego de Memoria (inicio).

Fig. 5.   Juego de Memoria (durante el juego).

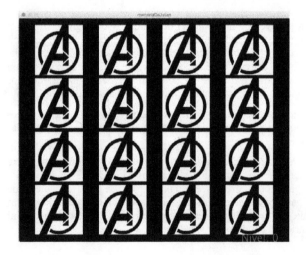

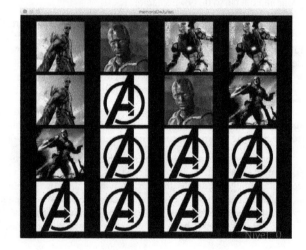

Fig. 6. Juego de Memoria (fin del juego).

El último juego integrador, consistió en el juego de Fix it Felix Jr. (Félix el reparador). Este juego consta de un edificio donde viven los protagonistas, Ralph y Félix. Ralph debía demoler el edificio y asustar a los pobres habitantes. Félix es un joven que repara todo lo que Ralph destruye, en este caso, tiene la tarea de reparar todas las ventas que han sido quebradas por Ralph. Además, Félix debe protegerse de los ladrillos que Ralph desprende al golpear el edificio, pues ocasionan la perdida de vidas para que Félix pueda terminar su misión.

Este proyecto incluye todos los conocimientos del curso de programación 1, competencias mencionados en los proyectos anteriores. Las figuras 7, 8 y 9 muestran la interfaz del juego Fix it Felix Jr., desarrolladas por los alumnos AS.

Fig. 7. Juego de Fix it Felix Jr. (Ralph golpeando)

Además de la interfaz del juego, la figura 10 muestra la pantalla donde se puede apreciar de fondo el IDE de processing. Como se puede notar, se trata de un ambiente muy sencillo, con pocas opciones de menú, sin embargo, con una capacidad de desarrollo muy alta, permitiendo el generar aplicaciones completas de una forma muy sencilla, tal como lo muestran las figuras antes presentadas.

Fig. 8. Juego de Fix it Felix Jr. (Felix reparando ventana)   Fig. 9. Juego de Fix it Felix Jr. (Felix reparando ventana)

Fig. 10. Juego de Fix it Felix Jr. (processing IDE).

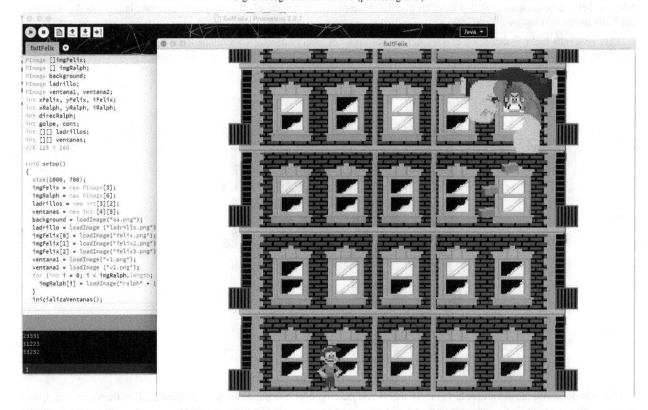

IV. RESULTADOS

El objetivo de esta segunda fase consistió en desarrollar las habilidades y competencias comprendidas en el curso de programación 1, nivel universitario, destinado ahora a jóvenes AS del programa del laboratorio de desarrollo. Estas competencias comprendieron la utilización de los elementos básicos de codificación dentro de un lenguaje formal, así como, los estándares definidos para el diseño de programas por computadora, permitiendo desarrollar aplicaciones de mediana complejidad con la utilización de las reglas de sintaxis y las convenciones de nomenclaturas necesarias. Los jóvenes conocieron el manejo de variables, la secuencia de ejecución del programa, las estructuras que lo controlan, el manejo de arreglos de una y dos dimensiones, inclusive, aplicaron el manejo de eventos que utilizan los lenguajes para el desarrollo de aplicaciones interactivas. Las actividades planteadas a lo largo del curso les permitieron ser capaz de pensar lógicamente y expresar su proceso de pensamiento de forma ordena y precisa como elementos necesarios para el desarrollo de aplicaciones por computadora. Los contenidos fueron presentados de forma ordena, en apego al programa del curso de programación 1 tradicional nivel universitario.

Con apoyo del lenguaje de programación processing, se utilizaron las reglas de sintaxis y las convenciones de nomenclaturas necesarias, involucrando a los alumnos a un lenguaje basado en texto, preparándoles en la ciencias computacionales, desde un sentido real de la programación y permitiendo conocer las técnicas de programación con conceptos más avanzados, por otro lado, el uso del processing permitirá a los alumnos introducirlos a la sintaxis de Java bajo una transición suave a la programación orientada a objetos en los cursos posteriores[8].

Con el desarrollo de este curso y considerando el nivel de complejidad de los contenidos establecidos en el curso tradicional de nivel universitario, se pudo comprobar que los jovenes con aptitudes sobresalientes tienen altos niveles de desempeño. Estos jovenes se caracterizan por aprender nuevos contenidos rápidamente y poseer gran capacidad de memoria, abstracción y razonamiento; además, tienen gran intuición, son curiosos, investigan y tienden a explorar cosas nuevas[7]. Es altamente gratificante ver como a edades tan tempranas, jovenes adolescentes con edades entre 12 y 15 años, son capaces de habilitarse con las competencias definidas en cursos de nivel universitario.

Se considera recomendable que la SEP continúe el modelo de atención de enriquecimiento extracurricular que contenpla el programa nacional de intervención educativa para alumnos y alumnas con aptitudes sobresalientes, ya que por las capacidades que presentan estos jóvenes, constituyen un área de oportunidad que permite formar jóvenes talentos, futuros investigadores de México, con la intención de superar las líneas de acción que promuevan los cambios que la nación demanda.

Como cierre del laboratorio, cada alumno presentará un cartel de alguno de los proyectos realizado durante el curso dentro de la feria educativa organizada por la SEP a mediados del mes de julio de 2016, donde además de preparar la impresión gráfica, tendrán la tarea de exponer las actividades realizadas y los productos obtenidos. El objetivo de esta feria consiste en difundir al público en general, los logros alcanzados por las diferentes áreas de jóvenes con Aptitudes Sobresalientes del estado.

Se espera continuar con la última fase del proyecto de laboratorio de desarrollo, donde se atenderán de forma incremental, temas como el paradigma orientados a objetos, la programación en internet hasta llegar a la programación de móviles, esperando mantener los mismos resultados obtenidos hasta el momento.

REFERENCIAS

[1] SEP, Programa Nacional de Fortalecimiento de la Educación Especial y de la Integración Educativa y como resultado del proyecto de investigación e innovación. Una propuesta de intervención educativa para alumnos y alumnas con aptitudes sobresalientes. Dirección de internet: http://www.educacionespecial.sep.gob.mx/pdf/aptitudes/intervencion/Propuesta_inter.pdf consultado el 11 de abril de 2016.

[2] Processing. Dirección de internet: https://www.processing.org/ consultado 12 Abril, 2016.

[3] SEP, Propuesta de actualización: Atención educativa a alumnos y alumnas con aptitudes sobresalientes. Direccion de Internet: http://www.educacionespecial.sep.gob.mx/pdf/aptitudes/Act_apt_sobresalientes.pdf consultado el 11 de abril de 2016.

[4] J. Barroso, C. Llorente, La alfabetización tecnológica, Ediciones Paidos Iberica 2001.

[5] Working Group. Innovation & Technology in Computer Science Education Conference, Uppsala, Sweden, June 23-25, 2014.

[6] L. Werner, J. Denner and S. Campe. Children Programming Games: A Strategy for Measuring Computational Learning. ACM Trans. Comput. Educ, Vol. 14, No. 4, Article 24, 2014.

[7] SEP, Atención educativa a alumnos con aptitudes sobresalientes, Guía para orientar a las familias. Direccion de Internet: http://www.educacionespecial.sep.gob.mx/pdf/tabinicio/2012/guia_para_orientar.pdf consultado el 11 de abril de 2016.

[8] P. Graham, T. Weingart, Processing language in introduction to computer science honors (cs110h). JCSC December 2009

Semáforo de Habilidad Digital para el Estudiante Universitario

Arturo Serrano-Santoyo

Dirección de Impulso a la Innovación y Desarrollo
Centro de Investigación Científica y de Educación Superior de Ensenada
Ensenada, Baja California, México
serrano@cicese.edu.mx

Javier Organista-Sandoval

Instituto de Investigación y Desarrollo Educativo
Universidad Autónoma de Baja California
Ensenada, Baja California, México
javor@uabc.edu.mx

Resumen— Con los nuevos desarrollos del vertiginoso cambio tecnológico y su penetración y apropiación en el entorno educativo, los procesos, métodos y alternativas de aprendizaje tienen una importante carga de mediación tecnológica cuyo reto, para poder aprovechar su adopción efectivamente, es que el estudiante cuente con aquellas habilidades que le permitan hacer uso eficiente de las tecnologías digitales y tener la capacidad de discernir como y cuando usarlas. Bajo tales premisas, resulta relevante investigar aquellas habilidades digitales que los estudiantes deben adquirir o conocer en su trayecto educativo. El objetivo de este artículo es por lo tanto, estimar las habilidades digitales con propósito educativo que poseen los estudiantes universitarios de licenciatura para manejar algún dispositivo portátil (*laptop, tablet* y *smartphone)* en dos contextos específicos; dos universidades públicas de México, una de ellas situada en la frontera norte y la otra en la frontera sur. Los resultados obtenidos revelan la importancia de conocer el nivel de habilidades digitales en un entorno educativo a fin de desarrollar estrategias que contribuyan al mejor uso y apropiación de la tecnología digital en la educación, de cara a los desafíos de la formación de recursos humanos que la sociedad actual demanda.

Palabras Clave—habilidades digitales; tecnología educativa; dispositivos portátiles; mediación tecnológica

I. INTRODUCCIÓN

Una característica que en la actualidad distingue al estudiante universitario es la posesión de algún tipo de dispositivo portátil -especialmente *laptop*, tableta y/o teléfono celular- y su uso habitual en actividades académicas y recreativas. El manejo de tecnologías portátiles representa una actividad cotidiana en la comunidad estudiantil. Los estudiantes muestran familiaridad hacia ellas, en gran medida, porque desde etapas tempranas han contado con algún tipo de dispositivo [1].

Se ha reportado que la interacción de los estudiantes con tales equipos a lo largo de su trayectoria escolar ha contribuido al desarrollo de ciertas habilidades de pensamiento múltiple, así como a habilidades asociadas a técnicas de búsqueda, selección, análisis, organización y comunicación de nueva información [2], [3].

Diversos trabajos de investigación [4], [5], [6], señalan la importancia de desarrollar habilidades digitales en los estudiantes para propiciar una formación profesional integral. Un punto de partida será identificar aquellas habilidades de relevancia pedagógica y estimar el nivel de destreza que poseen los estudiantes. Ello permitirá orientar los esfuerzos institucionales para su mejora. La tecnología, como bien señala la OECD [7], (Organización para la Co-operación y Desarrollo Económico, por sus siglas en inglés) no es el fin mismo, sino un medio para crear mejores condiciones para el aprendizaje. Por otro lado, se reconoce que el uso de la tecnología digital y sus implicaciones en el comportamiento individual y colectivo; así como en los procesos cognitivos de enseñanza-aprendizaje, es un tema abierto de investigación, cuya naturaleza interdisciplinaria impone desafíos importantes en un contexto sujeto a las fuerzas de la globalización y la digitalización.

II. DESARROLLO

A. Marco teórico

El notable desarrollo tecnológico que han tenido los dispositivos portátiles a partir de la segunda década de este siglo, ha puesto a disposición de la comunidad académica una amplia gama de aplicaciones y servicios, lo que aunado a la reducción de los costos de los equipos, ha propiciado que cada vez más jóvenes estudiantes cuenten con algún tipo de dispositivo de la gama laptop, tableta o teléfono celular. El entorno educativo no es la excepción, ya que las prácticas pedagógicas actuales muestran una tendencia creciente a la incorporación de metodologías con mediación tecnológica en otras actividades sociales. [8], [9].

Parte del interés de las instituciones educativas por incorporar tecnologías en sus programas de estudio, está relacionado con el potencial que dichos equipos representan para propiciar mejores condiciones para el aprendizaje [7]. Sin embargo, como se señala en [10], el hecho de incorporar dispositivos portátiles en los espacios académicos no garantiza que las prácticas pedagógicas sean diferentes a las tradicionales ya que dependerá, en gran medida, del nivel de dominio tecnológico de los docentes y de la intención educativa que se le dé a la mediación tecnológica.

Se espera, como se indica en [11], que la disposición y facilidad de manejo de recursos tecnológicos portátiles en los entornos educativos favorezca el desarrollo de habilidades digitales y sea de provecho para su aprendizaje. Según lo señalado en [12], la mediación tecnológica del proceso educativo no debe representar un mayor inconveniente. Sin embargo, estas habilidades requerirán orientarse hacia actividades académicas si se desea que funcionen como herramientas pedagógicas. Otros autores puntualizan la necesidad de modificar las estructuras institucionales educativas y promover la alfabetización digital de los principales actores académicos [13].

Generalmente, la habilidad digital es vista como el nivel de dominio que posee un individuo al interactuar con dispositivos tecnológicos. Estas destrezas se encuentran estrechamente relacionadas a sus procesos cognitivos, y se considera que una vía para su desarrollo es la práctica repetitiva de diversas tareas relacionadas con ejecuciones de tipo operativo e informacional. Sin embargo, diversos estudios [14], [15], destacan la necesidad de identificar las habilidades digitales que poseen los estudiantes y su nivel de dominio, para de esta forma, estar en condiciones de proponer estrategias para desarrollar aquellas habilidades con utilidad pedagógica.

Como se discute en [12], los jóvenes universitarios tienen una percepción favorable hacia los dispositivos portátiles ya que consideran que los apoyan en su aprendizaje por las ventajas de acceder a información y comunicación en todo momento y lugar. Esta condición será fundamental para apoyar los procesos de formación de los llamados "nómadas educacionales". Término que se utiliza frecuentemente en eventos académicos y artículos de divulgación para referirse a quienes mediante dispositivos portátiles interactúan en todo momento y lugar y no esperan la asistencia a un recinto de estudio para avanzar en sus actividades pedagógicas.

Según el informe PISA sobre el uso de herramientas digitales en el rendimiento escolar [7], se señala la importancia de un uso moderado y planificado de la tecnología si se quieren mejorar los resultados escolares y en la necesidad de un plan de estudios sobre habilidades digitales, de una preparación pedagógica de los docentes para integrar la tecnología en la enseñanza y de que los estudiantes sepan planificar sus búsquedas y diferenciar información importante de la no importante. Las habilidades requeridas en un contexto digital pueden y deben enseñarse, subraya el estudio.

Para el Instituto de Estadística de la UNESCO [18] es fundamental evaluar la aptitud digital de la comunidad académica de un país si se desea promover el aprendizaje con mediación de tecnologías. Fundamental será incidir en los planes y programas de estudio para planear las estrategias pedagógicas necesarias para una adecuada inserción de la tecnología. Sin embargo, hay que tener en cuenta lo que en [7] se plantea: *La tecnología puede amplificar la enseñanza de calidad, pero tecnología de calidad no puede reemplazar enseñanza de calidad pobre* (traducción de los autores)

Se identifica una tendencia hacia la incorporación de dispositivos portátiles en los entornos de educación superior, en gran medida, por el potencial pedagógico que estos dispositivos ofrecen. Sin embargo, para que tales dispositivos funcionen como herramientas pedagógicas se requiere: identificar las habilidades con potencial educativo y el nivel de destreza digital que poseen los estudiantes. En este sentido, el propósito de este documento, es presentar los resultados de la aplicación de un instrumento para estimar el nivel de habilidad digital de una muestra de estudiantes universitarios mexicanos.

B.   *Planteamiento de problema*

Como se argumenta en [16], no es suficiente que las escuelas cuenten con la tecnología más avanzada o la mejor conexión a internet. Se requiere que las instituciones educativas elaboren programas integrales sobre el manejo de Tecnologías de la Información y Comunicación (TIC) y desarrollo de habilidades digitales en los estudiantes con una clara orientación educativa. Esto coincide con lo señalado por la

OECD [7] en torno a la necesidad de profundizar en los estudios sobre las habilidades digitales y en que los estudiantes sepan planificar sus búsquedas y diferenciar información importante de la no importante. Sin embargo, parte del problema es que se desconoce el nivel de destreza que tienen los estudiantes universitarios al no contar con instrumentos para su estimación. Si se determina el nivel de destreza del estudiante se podrán identificar aquellas habilidades de bajo dominio por parte del estudiante y así dirigir acciones específicas de capacitación. Por otro lado, las destrezas que el estudiante bien domine y sean de utilidad educativa se deben promover y actualizar. Algunas investigaciones [15] señalan la importancia de dirigir las destrezas digitales al manejo de información, comunicación y organización. En la medida en que se identifiquen y se estimen las principales destrezas digitales que pueden funcionar como herramienta pedagógica, se estará en condiciones de dirigir los esfuerzos para crear mejores condiciones para el aprendizaje de los estudiantes.

C.   *Método*

La investigación se realizó durante el periodo 2014-2015 con estudiantes de licenciatura de dos universidades públicas de México. Una de ellas situada en la frontera norte y la otra en la frontera sur. Fueron seleccionados al azar a 498 estudiantes de dichas universidades. De ellos, 69% correspondieron a la universidad del norte y el porcentaje restante a la otra. El instrumento utilizado, denominado "Encuesta sobre habilidades digitales", fue desarrollado en el marco de un proyecto de investigación que obtuvo financiamiento en una convocatoria interna. El objetivo de la encuesta fue estimar las habilidades digitales con propósito educativo que poseen los estudiantes universitarios para manejar algún dispositivo portátil (*laptop, tablet* y *smartphone*). El instrumento se compone de 35 reactivos, de los cuales, cinco recuperan datos generales y 30 son enunciados que se dirigen a estimar las habilidades digitales de acuerdo con cuatro dimensiones de carácter educativo: manejo de información, comunicación, manejo de tecnología y organización. La escala utilizada contenía las siguientes opciones de respuesta: (0, Lo desconocía; 1, NO soy capaz de hacerlo; 2, SÍ, lo haría con ayuda; 3 SÍ, lo haría sin ayuda y 4, SÍ, y sabría explicar la actividad).

III. Resultados

Se registra una tendencia al equilibrio en cuanto al género, ya que 56% fueron estudiantes varones y 44% estudiantes damas. En cuanto a la posesión de equipo, 85% refiere contar con computadora, ya sea laptop o de escritorio y 90% dispone de algún teléfono celular. En cuanto a los valores medios para la habilidad digital según las dimensiones del estudio, la figura 1 muestra valores en el rango 3.0-3.3.

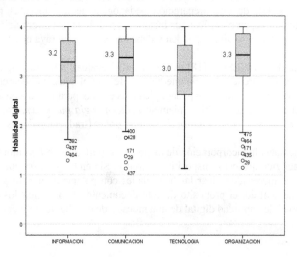

Fig. 1. Niveles medios de habilidad digital según las dimensiones consideradas en el estudio

La figura 2 muestra el nivel medio de habilidad digital (HD) de cada estudiante que participó en el estudio. La mayor concentración se ubica en el intervalo 3-4 lo que implica destrezas suficientes para realizar las actividades señaladas en la encuesta con mediación de alguno de los tres dispositivos portátiles previamente indicados. El color rojo denota aquellos estudiantes con media de habilidad digital entre [0-2.5), los de color amarillo entre [2.5 y 3) y los de verde entre [3-4]. Estas zonas fueron consideradas como de habilidad insuficiente, regular y aceptable, respectivamente.

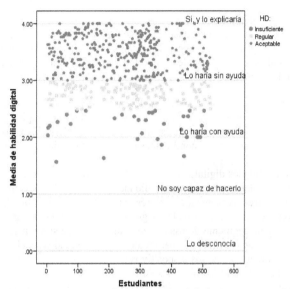

Fig. 2. Dispersión de los valores medios de habilidad digital en la comunidad de estudio

La tabla I muestra los concentrados en las categorías previas. La señal verde, aglutina a la mayoría de los estudiantes bajo un nivel aceptable de destrezas. La señal amarilla indica un dominio regular, son aquellos estudiantes que requieren algún tipo de apoyo para realizar las actividades señaladas en la encuesta, y la señal roja concentra a quienes requieren de algún tipo de apoyo y que deberán mejorar sus destrezas digitales para aprovechar el potencial pedagógico de estas herramientas tecnológicas.

Tabla I. Semáforo de la habilidad digital, porcentaje de ocurrencias y significado

	%	SIGNIFICADO
	67.7	**Aceptable**. La mayoría de los estudiantes muestra buen nivel de dominio de sus dispositivos portátiles. Destrezas suficientes. Se consideran autónomos.
	25.3	**Regular**. Un cuarto de la población de estudio requiere de algún tipo de ayuda o apoyo para utilizar sus dispositivos portátiles como herramienta pedagógica
	7.0	**Insuficiente**. Segmento estudiantil que requiere apoyo para realizar sus actividades con mediación de dispositivos portátiles para dirigirlos a un propósito educativo

IV. Discusion

Los resultados mostraron un alto porcentaje de posesión de dispositivos portátiles en la comunidad universitaria de estudio, especialmente *laptop* y teléfono celular. Esta condición de cobertura casi total, dirige el interés por determinar en qué medida cuentan con las destrezas para utilizar tales dispositivos con un propósito educativo. Parte del problema es que las habilidades para manejar tales dispositivos portátiles, en la mayoría de los casos, se han desarrollado desde la práctica misma. No ha habido una formación del estudiante en torno a su uso ni cómo utilizarlos como herramienta pedagógica.

Diversos autores [2], [3], [11], han señalado ciertas bondades de la utilización de dispositivos portátiles en los estudiantes; sin embargo, otros estudios como el informe PISA sobre el uso de herramientas digitales en el rendimiento escolar [7] alertan sobre los excesos de uso de la tecnología y sugieren un uso moderado de ella y sobre todo, relacionar dicho uso a un propósito educativo si se quieren crear mejores condiciones para el aprendizaje.

El interés por estimar las habilidades digitales está presente en diversas instituciones, entre los que destacan los avances reportados en [2]. Parte del reto es delimitar aquellas habilidades de relevancia educativa y como medirlas. En este sentido, el instrumento utilizado identifica tres vertientes de interés en torno a las habilidades digitales, que son: el manejo de información, la comunicación y organización. Los hallazgos mostraron que la mayoría (70%) de los estudiantes cuenta con habilidades suficientes, pero hay un segmento de esa comunidad (30%) que si requiere ayuda. Incluso, 7% de los estudiantes del estudio se ubicaron en un nivel de insuficiencia para realizar las actividades señaladas en la encuesta. Son estudiantes que sin un apoyo dirigido, difícilmente utilizarán los dispositivos portátiles como herramienta pedagógica. Parte de la utilidad de este trabajo es precisamente que permite identificar las destrezas problema y a los estudiantes que requieren de apoyo. Otro aspecto importante de la presente contribución es utilizar la metáfora de un semáforo para identificar de manera pragmática la condición de habilidad digital de un colectivo en tres niveles clave: Niveles Insuficiente, regular y aceptable.

V. Conclusiones

Los hallazgos dan cuenta de un segmento poblacional de estudiantes universitarios, quienes en su mayoría poseen laptop y teléfono celular, y que han desarrollado habilidades digitales principalmente a través de la práctica. La importancia de la tecnología portátil como herramientas que pueden propiciar mejores condiciones para el aprendizaje ha quedado de manifiesto en diversas investigaciones [17], [10]; sin embargo, como bien se señala por la OECD [7], se debe considerar que la tecnología no es el fin, sino el medio para tener ese ambiente propicio para apoyar las actividades académicas.

La mediación tecnológica del proceso educativo requiere que el estudiante cuente con habilidades digitales robustas para el manejo de la información, comunicación y organización y de que exista la voluntad de dirigir tales acciones con un propósito educativo. La encuesta aplicada permitió medir el nivel de habilidad digital que tienen los estudiantes e identificar en cuales actividades se requiere capacitación. Si se pretende aprovechar al máximo el potencial pedagógico de los dispositivos portátiles se deberá contar con una comunidad académica con las destrezas para ello. La utilidad innovadora de contar con un diagnóstico temprano de las habilidades digitales del estudiante universitario es que se pueden aplicar acciones remediales. El carácter dinámico de la tecnología afecta directamente y modula a las destrezas, de aquí la importancia de que los estudiantes las mantengan actualizadas. Fundamental será aplicar estudios como el aquí presentado con la población docente, ya que la mediación tecnológica del proceso educativo depende, en gran medida, de las estrategias didácticas que el maestro aplique. Sin embargo, dada la penetración de la digitalización en el tejido social, y tomando en cuenta su ascendente influencia en todos los campos del saber humano, el tema de habilidades digitales trasciende el campo académico y resulta vital el analizar y desarrollar estrategias para enfrentar el reto que impone la digitalización, y en particular el cambio tecnológico, en diferentes contextos sociales.

Referencias

[1] J. Organista, , L. McAnally y P. Henríquez, "Clasificación de estudiantes de nuevo ingreso a una universidad pública, con base a variables de desempeño académico, uso de tecnología digital y escolaridad de los padres". Revista Electrónica de Investigación Educativa, vol.14, pp. 34-55, 2012.

[2] D. Crovi, "El uso y apropiación educativa de las TIC. Jóvenes universitarios y telefonía celular". Revista Mexicana de Comunicación, pp.18–20, 2011.

[3] J. Vivancos, "Educación en la sociedad digital, El futuro de la educación y las TIC. Padres y Maestros", Publicación de la Facultad de Ciencias Sociales y Humanidades de la Universidad Pontificia Comillas, Madrid, vol. 351, pp. 22-25, 2013.

[4] R. A., Escofet, G. I García y S. B. Gros, "Las nuevas culturas de aprendizaje y su incidencia en la educación superior". Revista Mexicana de Investigación Educativa, vol. 16(51), pp. 1177-1195, 2011.

[5] A. Calvani et al, "Are young generations in secondary school digitally competent?" A study on Italian teenagers. Computers & Education, vol. 58(2), pp. 797–807, 2011.

[6] A. I. Ramos, J. A. Herrera y M. S. Ramírez, "Desarrollo de habilidades cognitivas con aprendizaje móvil: un estudio de casos" Revista Científica de Educomunicación, vol.17(34), pp. 201–209. 2010.

[7] OECD, "Students, Computers and Learning: Making the Connection, PISA", OECD Publishing 2015, http://dx.doi.org/10.1787/9789264239555-en

[8] C. León y J. Organista-Sandoval, "Determinación del perfil de los estudiantes universitarios con base a variables académicas y tecnológicas". EDUTEC, Revista Electrónica de Tecnología Educativa, vol. 45, pp. 1-12, 2013.

[9] E. Vázquez-Cano, y M. E. López, M. E. "Los MOOC y la educación superior: la expansión del conocimiento. Profesorado, revista de curriculum y formación de profesorado", vol.18(1), pp. 2-12, 2014.

[10] R. Aparici, "Principios pedagógicos y comunicacionales de la educación 2.0". Organización de los Estados Americanos. La educ@cion: revista digital, pp. 1-14, 2011.

[11] L. J. Chávez, "Integración de las tecnologías de información y comunicación en el proceso de enseñanza aprendizaje", 2° Congreso Internacional para la Difusión y Divulgación de la Investigación y la Ciencia en Iberoamérica, México 07 al 11 de Abril 2014. Centro de Estudios e Investigaciones para el Desarrollo Docente. CENID A.C. 2014.

[12] J. L. Aguilar, Ramírez, y R. López, "Literacidad digital académica de los estudiantes universitarios: un estudio de caso". Revista Electrónica de Investigación y Docencia, vol. 11, pp. 123-146, 2014.

[13] E. G, Durall et al., "Perspectivas tecnológicas: educación superior en Iberoamérica 2012-2017". Un análisis Regional del Informe Horizon de la NMC y la UOC. 2012.

[14] N. López, M.T. Lugo, y L. Toranzos, "Informe sobre tendencias sociales y educativas en América Latina", 2014: Políticas TIC en los Sistemas Educativos de América Latina. 2014.

[15] J. Organista-Sandoval, A. Serrano-Santoyo, L. McAnally-Salas, y G. Lavigne, "Apropiación y usos educativos del celular por estudiantes y docentes universitarios":. Revista Electrónica de Investigación Educativa, vol. 15(3), pp. 139–156. 2013.

[16] V. J. Dijk y V. A. Deursen, "Digital skills: Unlocking the information society". Palgrave Macmillan. ISBN: 1137437030. 2014.

[17] J. M. Duart, , M. Gil, M. Pujol, M y J. Castaño, "*La universidad en la sociedad red. Usos de Internet en Educación Superior*". Barcelona: Ed. Ariel. 2008.

[18] UNESCO (2013). Uso de TIC en educación en América Latina y el Caribe, Análisis regional de la integración de las TIC en la educación y de la aptitud digital (e-readiness). Instituto de Estadística, UNESCO, Montreal, Cánada. [online]. Disponible: http://www.uis.unesco.org/Communication/Documents/ict-regional-survey-lac-2012-sp.pdf

QualiTeam: una herramienta de apoyo para el aprendizaje de Calidad y Pruebas del SW

María del Carmen Gómez Fuentes, Luis Angel Nolasco Cardiel, Jorge Cervantes Ojeda

Departamento de Matemáticas Aplicadas y Sistemas

Universidad Autónoma Metropolitana Unidad Cuajimalpa

Ciudad de México, México

mgomez@correo.cua.uam.mx, jcervantes@correo.cua.uam.mx

Resumen— **QualiTeam es un sistema desarrollado por profesores y alumnos de Ingeniería en Computación de la Universidad Autónoma Metropolitana y cubre dos objetivos principales: facilitar el entendimiento de algunos de los conceptos de calidad en proyectos de software y, facilitar el seguimiento de los proyectos de SW que desarrollan los alumnos. El sistema brinda al profesor control y a los alumnos una guía sobre las actividades que se deben llevar a cabo a lo largo de un proyecto. Con esta herramienta es posible además, aplicar en los proyectos escolares, conceptos que en general se enseñan a nivel teórico en las etapas iniciales de la formación de un ingeniero de software, como lo son: las solicitudes de cambio, la documentación de pruebas, los reportes de error y el control de versiones. El desarrollo de QualiTeam se hizo siguiendo los principios de la Ingeniería de software por lo que sus documentos de especificación de requerimientos, diseño, reglas de codificación, y la documentación de pruebas, son un ejemplo ilustrativo que los usuarios pueden consultar en el mismo sistema.**

Palabras clave — Enseñanza de Ingeniería de SW; herramienta auxiliar en proyectos de SW;

I. Introducción

En la industria del Software (SW) el control de calidad significa buscar defectos y corregirlos al menor costo posible y antes de que produzcan fallas ante el cliente. En general, esto se logra con la ejecución de una serie de pruebas específicamente diseñadas para verificar que el SW no falla, es decir, que cumple con los requisitos. Esta verificación se lleva a cabo durante todo el proceso de desarrollo y, por lo tanto, se verifican todos los productos intermedios generados. La idea es detectar los defectos en la etapa más temprana posible para evitar que éstos se propaguen hacia las etapas siguientes pues se incrementarían mucho los costos derivados de su corrección. Estos productos intermedios son la especificación de requerimientos, el documento de diseño, los módulos de código y también los documentos que indirectamente afectan a éstos: reglas de documentación, reglas de codificación, descripciones de procedimientos, documentos de pruebas, etc. Para llevar a cabo el control de calidad, se usan diversas herramientas como revisiones entre colegas, inspecciones y pruebas.

En un curso de "Calidad y Pruebas" se abordan los principios fundamentales del control de calidad del SW y de los procedimientos de pruebas. Estos aspectos comparten el mismo reto académico: la dificultad de practicar en un laboratorio escolar los conceptos que se aprenden en teoría. QualiTeam es una aplicación web que ayuda al control de la documentación asociada a diferentes proyectos incluyendo la administración de los documentos de pruebas de acuerdo con el Estándar de la IEEE-829 [7]. Con QualiTeam es posible llevar a la práctica varios de los procedimientos de control de calidad, lo que ayuda a los alumnos a asimilar más fácilmente y mejor los conceptos aprendidos en una clase teórica. Además de la administración y revisión de documentos de un proyecto, esta herramienta facilita las actividades de mantenimiento (solicitudes de cambio y reportes de error) de un sistema de SW. El objetivo es que profesores y alumnos de licenciaturas relacionadas con la ingeniería de SW puedan utilizarlo para coordinar los trabajos en equipo de cualquier proyecto SW.

La estructura de este trabajo es la siguiente: en la sección II se mencionan los trabajos relacionados con la mejora de la enseñanza de la ingeniería de SW y la administración de proyectos, en la sección III se hace una descripción de QualiTeam y de las prácticas de la ingeniería de SW que se llevaron a cabo para su construcción. En la sección IV se hace una breve descripción de la operación de QualiTeam. Finalmente, en la sección V están las conclusiones.

II. Antecedentes

Revisando los trabajos relacionados con la mejora de la enseñanza de la ingeniería de SW, encontramos que Baker et al. [1] diseñaron un juego de cartas para simular los problemas que se presentan durante el desarrollo de un proyecto, haciendo énfasis en los aspectos de la administración de proyectos (cambios en los requerimientos, problemas con el personal, etc.). Shabalina et al. [5] hicieron un resumen de videojuegos concebidos para mejorar la enseñanza de la ingeniería de SW y exponen tres juegos que contribuyen a la enseñanza de la programación y elaboración de diagramas. Hasta donde sabemos, no hay sistemas que persigan objetivos similares a los de QualiTeam. Las aplicaciones relacionadas con el seguimiento de proyectos de SW están orientadas hacia la administración de proyectos, por ejemplo: MSProject [3] y ProjectLibre [4]. Sin embargo, no hemos encontrado aplicaciones orientadas al control de la calidad del SW. Sabemos que, en 1985, un sistema para el aseguramiento de la calidad del SW fue desarrollado en Alemania [6]. Según esta publicación, el sistema no fue bien acogido por los desarrolladores, quizás por la falta de cultura de calidad en esos años.

III. DESCRIPCIÓN DE QUALITEAM

QualiTeam es gratuito y se puede acceder a éste en http://qualiteam.cua.uam.mx:8080/QualiTeamTomcat/. Para hacer uso de QualiTeam basta con registrarse. El proyecto QualiTeam está dividido en los siguientes subsistemas: *Administrador de Proyectos, Seguridad, Gestor de Documentos, Solicitudes de Cambio, Reportes de Error y Pruebas.* Para la construcción del proyecto se utilizó el entorno de desarrollo NetBeans con la base de datos MySQL, y la tecnología JavaServer Faces[1] combinada con librerías de Rich Faces[2] que sirven para elaborar el front-end.

A. *LOS SUBISTEMAS DE QUALITEAM*

Los subsistemas de QualiTeam se ilustran en la Figura 1. Con esta división se logró que uno o un grupo de subsistemas fuera elaborado por una persona diferente, y de esta manera el proyecto pudo incluir a varios participantes.

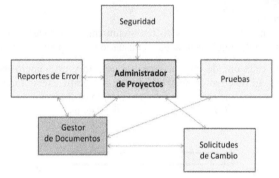

Figura 1   Los subsistemas de QualiTeam

En la Figura 1 se aprecia que el módulo de *seguridad* permite ingresar al sistema, el *Administrador de Proyectos* tiene el control sobre los proyectos y el acceso a los demás subsistemas: *Reportes de Error, Solicitudes de Cambio,* y *Control de Pruebas.* Todos los módulos de QualiTeam (excepto el de seguridad) hacen uso del *Gestor de Documentos,* el cual es un subsistema de servicio. A continuación se menciona brevemente cuáles son las funciones principales de cada uno de los subsistemas.

1) Seguridad: El subsistema de Seguridad se encarga de la administración de los usuarios y de validar que la persona que desea ingresar al sistema proporcione correctamente su clave de usuario y su contraseña.

2) El Administrador de Proyectos: se encarga de llevar el control de integrantes y documentos de un proyecto, también es el que permite, una vez seleccionado un proyecto, acceder a los subsistemas: Reportes de Error, Solicitudes de Cambio y Pruebas.

3) El Gestor de Documentos: da servicio a otros subsistemas, se encarga de crear documentos nuevos en el sistema, de desplegar sus propiedades, permite bajar y subir documentos de y hacia el servidor. También se encarga del sistema que da soporte al proceso de revisión de los documentos, es decir, listas de distribución, comentarios y cambio de estatus.

4) El Control de Pruebas: Este subsistema permite administrar los diferentes documentos de pruebas, que son: el Plan de Pruebas, Procedimientos de Prueba, Test Logs, Diseños de Pruebas y Casos de Prueba.

5) Solicitudes de Cambio (SC): Permite crear Solicitudes de Cambio sobre documentos base (en proyectos anteriores) para poder sí generar los documentos de un nuevo proyecto. La condición para generar una SC es que el documento base se encuentre en estado de aceptado. A través de la práctica los profesores han observado que cuando el concepto de Solicitud de Cambio se enseña exclusivamente de manera teórica se presta a muchas confusiones, este subsistema permite llevar este concepto a la práctica para que quede más claro.

---

[1] http://www.javaserverfaces.org/

[2] http://richfaces.jboss.org/

6) Reportes de Error: Sirve para llevar el control de los reportes de error generados sobre productos entregables (documentos o el código de un proyecto). La atención de los Reportes de Error dirigidos a un documento debe dar origen a una nueva versión del documento ya corregido. Esta nueva versión tendrá un número consecutivo al de la versión anterior. La nueva versión deberá incluir la lista de Reportes de Error atendidos y su implementación. Cabe mencionar que esta nueva versión debe pasar por un procedimiento de revisión o de inspección con el fin de asegurar su completitud y consistencia. Con QualiTeam se pueden administrar las diferentes versiones de un producto.

B.   DOCUMENTACIÓN EN EL DESARROLLO DE QUALITEAM

La construcción de QualiTeam incluye la elaboración de:

- Plan del proyecto.
- Documento de Especificación de Requerimientos según el estándar IEEE-830 [8].
- Documento de Diseño.- Diseño de alto nivel y diseño detallado (diseño de interfaces de usuario, diseño de la base de datos y diseño de diagramas de secuencia para la comunicación entre los módulos del sistema).
- Reglas de codificación.
- Procedimiento de pruebas.
- Manual para el usuario.
- Documentos de pruebas según el estándar IEEE-829 [7].

1) Especificación de Requerimientos

La Especificación de Requerimientos incluye Diagramas de Transición entre Interfaces de Usuario (DTIU) [2]. Con el DTIU el sistema queda totalmente descrito a nivel de funcionalidad para el usuario y es el punto de inicio del diseño de un sistema.

Un DTIU contiene el nombre de cada una de las interfaces de usuario y un número que permite identificarlas fácilmente durante el diseño y etapas posteriores. El objetivo de un DTIU es plasmar gráficamente todos los servicios que el usuario puede pedir al sistema de una manera sencilla para que lo puedan interpretar tanto el diseñador como el cliente. Por ejemplo, el DTIU de la Figura 2 muestra la funcionalidad de *seguridad*, desde el punto de vista del usuario.

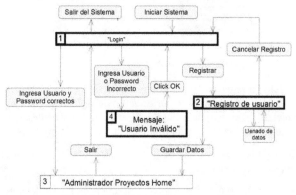

Figura 2   DTIU del subsistema de seguridad

En la Figura 2 se puede apreciar cómo el sistema envía un mensaje de error en la interfaz #4 y luego regresa a la interfaz #1 en el caso en el que el usuario proporciona userId o password incorrecto y que, en el caso donde userId y password son correctos, el sistema avanza hacia la interfaz principal (la #3).

La especificación de requerimientos de QualiTeam incluye los DTIU por subsistema. Estos diagramas son la base para el diseño de las interfaces de usuario y para la elaboración de los diagramas de secuencia del diseño detallado.

2) Diseño
  a) Componentes del sistema

Se definieron los componentes del sistema siguiendo la arquitectura de tres módulos: Modelo-Vista-Controlador (MVC). Las responsabilidades de cada una de las capas son las siguientes:

Vista.- Es la interfaz entre el usuario y el *Controlador*. Traduce las órdenes del *Controlador* en información sobre la pantalla para el usuario y la información que proporciona el usuario en solicitudes de servicio hacia el *Controlador*. En ocasiones solicita información al *Modelo* pero exclusivamente como consultas.

Controlador.- Procesa las peticiones del módulo *Vista* mediante la ejecución de una secuencia de órdenes dirigidas al módulo *Vista* o al *Modelo*.

Modelo.- Realiza todas las operaciones que tienen que ver con el manejo de datos de la aplicación solicitadas por el *Controlador* o la *Vista*.

La ventaja de esta arquitectura es la independencia que se puede lograr en el diseño de la tecnología usada para implementarla. Por ejemplo, la *Vista* puede ser implementada con cualquier tecnología de desarrollo web sin impactar al diseño. De igual manera, el *Modelo* puede ser implementado con cualquier tecnología de base de datos.

Dado que el proyecto está dividido en subsistemas, cada subsistema cuenta con una *Vista,* un *Controlador* y un *Modelo*. Para integrarlos todos en un solo sistema, se usó el patrón de diseño de *Fachada*, una para cada módulo: *Vista, Controlador* y *Modelo*. Cada una de estas tres Fachadas encapsula a los módulos correspondientes de cada subsistema. Toda la comunicación entre módulos se hace a través de las Fachadas las cuales distribuyen los mensajes hacia el módulo correspondiente del subsistema activo en ese momento. Así, los módulos ven a los otros módulos como uno sólo y no como una colección de módulos de subsistemas. Las *Fachadas* también controlan la navegación de un subsistema a otro. El uso de *Fachadas* en el diseño permite centralizar tareas relacionadas lo cual disminuye el acoplamiento (dependencia) y aumenta la cohesión.

b) Interacciones entre los módulos

Interacción entre el View y el Controller

La *Vista* de cada subsistema envía la información dada por el usuario hacia la fachada del *Controlador*. La fachada del *Controlador* no procesa la solicitud, sino que únicamente la distribuye al *Controlador* del subsistema correspondiente, que es quien se encarga de procesarla. El *Controlador* de un subsistema decide qué interfaz de usuario es la siguiente y solicita a la fachada de la *Vista* que la muestre al usuario. La fachada de la *Vista* distribuye la petición a la *Vista* del subsistema correspondiente, y ésta se encarga de desplegar la interfaz en la pantalla del usuario.

Interacción entre el Controlador y el Modelo

El *Controlador* solicita a la fachada del *Modelo* que ejecute las tareas de manejo de datos del sistema. La fachada del *Modelo* distribuye la solicitud al subsistema correspondiente que es el que realiza las operaciones accediendo a la base de datos para leer, guardar y/o modificar la información. Cuando la tarea correspondiente ha sido finalizada, se regresa el mando al *Controlador* y, en ocasiones, el *Modelo* del subsistema le proporciona información sobre el resultado de la operación realizada a través de la fachada del *Modelo*.

Interacción entre la Vista y el Modelo.

Si bien el patrón de diseño MVC indica que la comunicación de la Vista con el Modelo es a través del controlador, no está prohibida la comunicación de la vista con el modelo, siempre y cuando esta comunicación se justifique y se especifique claramente. Para simplificar un sistema, es una práctica común comunicar a la Vista con el Modelo para realizar únicamente operaciones de consulta, de tal forma que solo el Controlador pueda ordenar al Modelo operaciones de modificación. Cuando la *Vista* requiere información de la base de datos, ésta la solicita directamente a la fachada del *Modelo*. La fachada del *Modelo* distribuye la solicitud al subsistema correspondiente quien obtiene la información solicitada y la entrega a la *Vista* a través de la fachada del *Modelo*. La *Vista* puede hacer consultas al *Modelo* pero no puede solicitarle operaciones que resulten en modificaciones en los datos.

Diagramas de Secuencia para el Diseño Detallado

Las principales ventajas de elaborar estos diagramas son:

- Se definen los métodos necesarios en las interfaces de los módulos.

- Se resuelven varios de los problemas de la lógica del sistema a nivel diseño, antes de iniciar la codificación. Esto facilita la comunicación entre los miembros del equipo. Además, hace más barato el rediseño, el cual tiene como objetivo simplificar el mantenimiento del sistema.

- Se asegura una correcta implementación de la arquitectura MVC, ya que en esta fase es sencillo asegurarse de que en cada capa se realizan únicamente las operaciones que le corresponden a cada módulo.

- Como en la etapa del diseño se tiene una visión más amplia que en la codificación, se pueden detectar problemas de comunicación entre los módulos, o casos no previstos, con lo que se optimiza el tiempo de desarrollo, pues se evitan muchos problemas durante la implementación.

- Los diagramas de secuencia son de gran ayuda para que el programador elabore en la codificación todos los casos de uso exitosos y no exitosos y se concentre en resolver problemas relacionados con la tecnología de implementación sin abordar problemas de diseño durante esta fase. Además, es más sencillo verificar que efectivamente codificó todos los casos de uso.

En la **¡Error! No se encuentra el origen de la referencia.** se muestra un ejemplo de un diagrama de secuencia. Se parte de la interfaz de usuario #8 en la cual existe un botón para el que usuario visualice los comentarios del documento. Si el documento está en revisión y el usuario está en la lista de revisores, o bien es el autor del documento o el líder del proyecto, entonces al seleccionar el botón de comentarios se le presentará una interfaz en la que puede agregar comentarios, de otra forma sólo podrá visualizarlos.

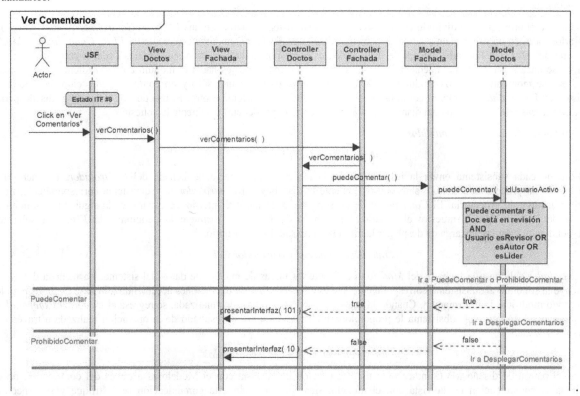

Figura 3   Diagrama de Secuencia que ilustra el procedimiento para desplegar los comentarios de un documento

3) Codificación de los módulos

Para la codificación de los módulos se sigue cada uno de los diagramas de secuencia elaborados durante el diseño, tomando en cuenta las reglas de codificación preestablecidas. Dado que la mayor parte de los problemas de lógica y de coordinación entre los módulos se resuelven durante la elaboración de los diagramas de secuencia, la codificación de los módulos se vuelve rápida y sencilla.

4) Pruebas

Como en los diagramas de secuencia está documentado el comportamiento del sistema, dada una cierta condición inicial, y además están agrupados por casos de uso, los diagramas también sirven para la elaboración del plan de pruebas, de los diseños, procedimientos y casos de prueba ([7]). Los resultados de la fase de pruebas se registran en el Test-Log. Todos los documentos de pruebas de QualiTeam son un ejemplo ilustrativo del cómo se elaboran los documentos de esta fase.

IV. La operación de QualiTeam

Una vez que el usuario se registra, o entra con su cuenta y contraseña correctas, se despliega la lista de proyectos que están dados de alta en el sistema. El usuario puede seleccionar un proyecto de los existentes, o crear uno nuevo. Cuando crea un proyecto nuevo, adquiere el rol del "*líder*" de ese proyecto. Un líder puede editar su proyecto para modificar su nombre y la lista de los integrantes. Cualquier integrante del proyecto puede seleccionar el botón "generar los documentos de inicio", y automáticamente se generan los documentos principales, que son: el Plan del Proyecto, la Especificación de Requerimientos, el documento de Diseño y el Plan de Pruebas. Un integrante también puede "generar un documento" del proyecto. Es importante mencionar que cuando se genera un documento, se dan de alta en la base de datos sus características, a las cuales llamamos *el Detalle* del documento, pero el contenido del documento debe subirse al servidor. El *Detalle* del documento contiene los siguientes datos: identidad, título, autor, versión, fecha de creación, su estatus y un campo en el que se puede registrar el esfuerzo (en horas) que el autor invirtió en su elaboración, y al seleccionar el botón "*Bajar Contenido*", cualquier usuario puede bajar el documento (en word o PDF) del servidor a su computadora para poder leerlo. Por medio del *Detalle* del documento también se puede acceder a su lista de comentarios. El autor de un documento y el líder del proyecto están autorizados para editar los detalles del documento, por lo que tienen activo el botón "*Editar*", que lleva a una interfaz en la que se puede modificar el título, el esfuerzo, y la lista de distribución. También, con el botón "*Subir Contenido*", puede subir al servidor el documento (en word o PDF) para que los demás puedan bajarlo y leerlo.

En la Figura 4 se ilustra la interfaz de usuario en la que se muestran los documentos de un proyecto. Para ver los documentos de pruebas, las solicitudes de cambio o los reportes de error, es necesario acceder a cada uno de los subsistemas (en la parte izquierda de la interfaz).

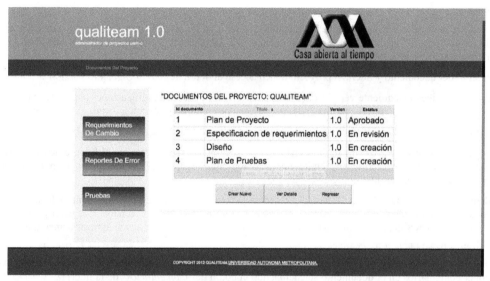

Figura 4   QualiTeam: interfaz con los documentos de un proyecto y acceso a los demás subsistemas

Para poder usar QualiTeam, el usuario debe conocer el funcionamiento de: la revisión entre colegas, la documentación de las pruebas, la elaboración de solicitudes de cambio, de reportes de error y la generación de nuevas versiones. Estos temas se abordan a continuación.

A.   El proceso de revisión entre colegas de QualiTeam

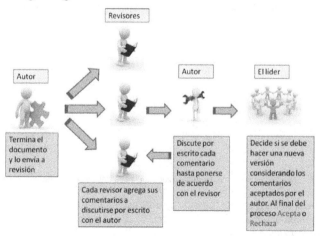

Figura 5   El proceso de revisión entre colegas de QualiTeam

Una de las técnicas para "probar" un documento o código es la *revisión entre colegas*. El procedimiento para llevarlas a cabo en QualiTeam se ilustra en la Figura 5 y se describe a continuación.

1. El documento es creado por una persona a la cual se le refiere como el autor. El autor se asegura de que el documento ya esté terminado y cumpla con los requisitos estipulados antes de entregarlo al líder.

2. El autor y el líder deben acordar una lista de personas convenientes para revisar el documento. Tanto el autor como el líder pueden modificar la lista de revisores en la interfaz "Editar Propiedades".

3. A cada revisor se le da un plazo razonable para que lea el documento detenidamente y, en base a sus conocimientos, experiencia y habilidades, encuentre defectos.

4. En base a los defectos encontrados, los revisores agregan comentarios que sirvan para mejorar la calidad del producto. Cada comentario tiene la identidad del revisor. Se crean "hilos" de comentarios sobre un tema en particular en los que todos los revisores, el autor y el líder pueden agregar comentarios para discutir sobre ese tema. Se debe crear un hilo nuevo para cada tema.

5. El autor debe responder a cada comentario indicando si está o no de acuerdo con éste. En caso de estar de acuerdo debe "atender el comentario" en la siguiente versión decimal del documento, por ejemplo: si se comentó en la versión 0.1 se incluirán las modificaciones en la versión 0.2.

6. Sólo el autor del documento y líder del proyecto tienen acceso al botón de "*Crear Siguiente Versión*".

7. Los revisores reciben la siguiente versión del documento (que contiene las modificaciones acordadas en los comentarios de la versión anterior) y, si están de acuerdo con las modificaciones realizadas, deben indicarlo con un comentario.

8. Si hay revisores que no están satisfechos con las modificaciones, el proceso regresa al punto 4.

9. Una vez que el autor da por terminada la revisión de su documento se lo comunica al líder, quien verifica que todos los hilos de comentario estén cerrados y emite una decisión final: aceptar el documento, o bien rechazarlo cuando los comentarios de los revisores justifiquen esta decisión.

10. Cuando el líder selecciona el botón "Aceptar", se genera la siguiente versión entera, por ejemplo de la 1.7 se pasa a la 2, la cual queda en estatus *Aceptado*. Una versión aceptada tiene un número entero (versión 1, 2, 3…) y garantiza que ya pasó por un proceso de revisión, por lo que ya no puede modificarse, tampoco se le pueden agregar comentarios.

En la interfaz "Editar Propiedades" de QualiTeam, tanto el autor como el líder pueden modificar la lista de revisores y poner en revisión un documento, sin embargo, solo el líder podrá aceptarlo o rechazarlo. Los miembros de la lista de revisores, el autor y el líder pueden poner comentarios en el documento seleccionando el botón de "*Comentarios*" de la interfaz "Ver Detalle". Cualquier usuario puede ver los comentarios de un documento, aunque no pueda agregar uno.

B. La documentación de las pruebas

Para iniciar el subsistema de pruebas de QualiTeam, se debe haber seleccionado un proyecto. En la Figura 6 se ilustra la documentación de las pruebas. El *Plan de Pruebas* es uno de los documentos obligatorios que se crean automáticamente cuando se genera un nuevo proyecto. En el plan de pruebas se especifica lo que se va a probar y lo que no, la lista de diseños de prueba que se van a incluir, opcionalmente puede tener también un calendario para realizar las pruebas.

Figura 6   Algunos de los documentos asociados al Plan de Pruebas y las relaciones entre éstos.

En QualiTeam, un diseño de prueba es un grupo de casos de prueba, que incluye la descripción de las características del grupo de casos de prueba. Cada caso de prueba describe solamente una prueba. En el procedimiento de prueba se describe (explica) cómo ejecutar pruebas. Un caso *Caso de Prueba* se asocia a un Diseño de Prueba y se puede asociar a un *Procedimiento de Prueba*. Pueden existir varios Procedimientos de Prueba asociados al plan de pruebas, como se indica en la Figura 6. Finalmente, un Test

Log condensa la información sobre las pruebas que se realizaron y los resultados obtenidos (si la prueba tuvo éxito o no). Cada *Test Log* se asocia al Plan de Pruebas del proyecto. Pueden existir varios *Test Log* asociados a un Plan de Pruebas.

C. Los reportes de error y la generación de nuevas versiones

En un reporte de error se registra un evento ocurrido durante la ejecución de alguna prueba que requiera investigarse. Normalmente se trata de reportes de fallas en el resultado de una prueba lo que indica la posibilidad de que existan defectos en el SW. Cada Reporte de Error debe pasar por el proceso de revisión. Al finalizar este proceso, tiene un estatus final de "*Aceptado*" o "*Rechazado*". Finalmente, se debe generar una nueva versión del producto, la cual debe incluir la atención de cada uno de los reportes de error. El subsistema de Reportes de Error de QualiTeam permite generar y visualizar los reportes de error de un proyecto. El proceso para aceptarlos o rechazarlos se lleva a cabo con el proceso de *revisión entre colegas*, explicado anteriormente. Cuando se incluyen los Reportes de Error para corregir un módulo SW o un documento, se debe producir una nueva versión del mismo.

D. Las solicitudes de cambio

Cuando los Requerimientos de un nuevo proyecto son muy similares a los de uno o varios proyectos ya terminados, entonces se recurre al mecanismo de las *Solicitudes de Cambio* (SC). La idea de las SC es reutilizar documentos y código de proyectos anteriores para optimizar el desarrollo de proyectos nuevos. Una SC es un documento en el cual se indican los cambios que se deben hacer a un producto base, ya sea un documento o un módulo SW. El subsistema de Solicitudes de Cambio de QualiTeam permite generar y visualizar las solicitudes de cambio a productos anteriores (llamados productos base) para generar productos de un proyecto nuevo. El proceso para aceptar o rechazar las SC se lleva a cabo con el proceso de *revisión entre colegas*, explicado anteriormente.

V. Conclusiones

QualiTeam es un sistema innovador y gratuito que contribuye al proceso de enseñanza-aprendizaje de los procedimientos de la calidad del software. Los procedimientos que se pueden llevar a la práctica con QualiTean son específicamente: la revisión entre colegas, la administración de solicitudes de cambio y de reportes de error, el control de la documentación de pruebas y la generación de nuevas versiones.

Con QualiTeam, el profesor puede ver el registro de las contribuciones individuales de cada participante, lo que le permite identificar desviaciones e intervenir de manera oportuna para orientar a los alumnos en sus esfuerzos, y promover una participación más equitativa. Finalmente, los documentos del proceso de desarrollo de QualiTeam (Especificación, Diseño, Reglas de Codificación, Pruebas) están registrados en la base de datos del sistema, con la intención de que los estudiantes tengan la opción de basarse en este ejemplo para elaborar sus propios proyectos. Por razones de espacio, no se incluye la demostración de la operación del sistema, sin embargo, la descripción detallada del funcionamiento de QualiTeam se puede obtener descargando su manual del usuario, el cual se encuentra en la página principal del sistema.

Estamos trabajando para incorporar a QualiTeam un subsistema de Inspecciones que incluye el control de todos los documentos que se generan durante éstas.

Referencias

[1]   Baker, A., Navarro, E. O., Van Der Hoek, A., "An experimental card game for teaching SW engineering processes". Journal of Systems and SW, 2005, vol. 75(1), pp. 3-16.

[2]   Gómez M. C., Cervantes J., "User Interface Transition Diagrams for Customer-Developer Communication Improvement in SW Development Projects" Journal of Systems and SW, 2013, vol. 86 (9), pp. 2394-2410.

[3]   Microsoft Project http://www.microsoftstore.com/store/msusa/en_US/cat/Project/categoryID.69407700

[4]   Project Libre http://www.projectlibre.org/

[5]   Shabalina, O., Sadovnikova, N., Kravets, A., "Methodology of teaching SW engineering: game-based learning cycle". Engineering of Computer Based Systems *(ECBS-EERC)*, 2013 August 3rd Eastern European Regional Conference on the (pp. 113-119). IEEE.

[6]   Sneed, H. M., Mérey, A., "Automated SW quality assurance", IEEE Transactions on SW Engineering, 1985, vol. 11(9), pp. 909.

[7]   Software Engineering Technical Committee. IEEE Standard for Software Test 829-1998. *IEEE Computer Society, 345*, 10017-2394.

[8]   IEEE Computer Society Software Engineering Standards Committee, "IEEE Recommended Practice for Software Requirements Specifications." IEEE Std 830-1998, 1998.

Un modelo ontológico para representar la organización de una unidad educativa

José Abraham Baez Bagatella, Andrea Tamborrell Hernández, Hugo Lasserre Chávez, Orlando Ramos Flores, Mireya Tovar Vidal, Darnes Vilariño Ayala
Facultad de Ciencias de la Computación
Benemérita Universidad Autónoma de Puebla
Puebla, México
{icc.jbagatella, andietamborrell, hugoraziel, orlandxrf, mireyatovar, dvilarinoayala}@gmail.com

Resumen— En este artículo se describe un modelo ontológico que puede servir para representar la información y organización de una institución de enseñanza e investigación en la ciudad de Puebla, México. El modelo ontológico es capaz de responder preguntas basadas en lógica relacionadas con la institución tales como organización de personal, localizaciones dentro de la institución, líneas de investigación, áreas de conocimiento entre otras. Para evaluar el modelo ontológico, se analizó un conjunto de preguntas de competencia en el lenguaje de consulta DLQuery del software Protégé. Los resultados de las consultas muestran la factibilidad del sistema para dar respuesta a preguntas hechas por el usuario para conocer algunos servicios que se ofrecen en la institución.

Palabras clave— *Ontología; Sistema pregunta-respuesta; Representación del conocimiento;*

I. INTRODUCCIÓN

Cualquier institución educativa cuenta con información, sobre la organización, infraestructura y planes académicos de la misma, para ser consultada por un grupo de usuarios, ya sea por el personal que labora ahí, los alumnos y personas externas que necesiten conocer alguna información en específico. Con ese objetivo se ha decidido crear un modelo ontológico que sea capaz de organizar y dar a conocer esta información. Primordialmente es necesario conocer qué es una ontología. De acuerdo a Paul Buitelaar y Philipp Cimiano [12] "Una ontología es una especificación explicita de una conceptualización compartida, lo que en esencia es una visualización del mundo o de un dominio en específico que ha sido estructurado por los miembros de su comunidad".

Las ontologías son estructuras formales que apoyan la compartición y reúso del conocimiento. Pueden ser utilizadas para representar explícitamente la semántica de la información estructurada y semi-estructurada añadiendo soporte para adquirir, mantener y accesar a la información [5]. Cabe resaltar que las ontologías han sido utilizadas para el aprendizaje automático y la semántica de la información que puede ser consultada por humanos y por otras computadoras.

En la literatura existen modelos ontológicos orientados a los negocios, como el propuesto en [10], donde el enfoque está dado a un modelo de comercio electrónico, el modelo de la ontología está basado en cuatro pilares: innovación de productos, gestión de infraestructura, relaciones con los clientes y finanzas. En cambio en [2] proponen un modelo ontológico basado en una ontología superior que integra a múltiples ontologías de dominio específico, logrando así una arquitectura empresarial aumentando la expresividad de la ontología superior con aspectos específicos de dominio, los conceptos de estas ontologías se asignan mediante técnicas de integración para preparar los modelos integrados resultantes para su análisis.

Se ha propuesto una ontología que contenga información relacionada con los profesores, alumnos y personal administrativo, organización de departamentos o comisiones, materias, planes de estudio, líneas de investigación, proyectos e infraestructura, con el fin de difundir información estructurada acerca de una institución de educación superior en el estado de Puebla y que pueda ser consultada por humanos y otros sistemas computacionales.

En este artículo se describe el diseño e implantación de una ontología para una institución académica y un sistema de visualización de la información, el cual es capaz de responder una serie de preguntas que realicen personas internas y externas a la institución pueden realizar acerca de ella.

El resto del artículo está organizado de la siguiente forma: en la sección 2 se presenta la motivación; la sección 3 describe la propuesta del modelo ontológico a diseñar; la sección 4 presenta una evaluación del modelo ontológico basado en preguntas de competencia, y las interfaces construidas por esta tarea; y finalmente en la sección 5 se presentan las conclusiones.

II. MOTIVACIÓN

Actualmente las ontologías han pasado de ser un tema de filosofía a un tema de aplicación en la inteligencia artificial [5]. Hoy en día hay una cantidad enorme de datos en la web, los cuales carecen de estructura y son de difícil adquisición y acceso, se cree que al menos el 85% de la información en internet presenta esta característica [14]. Una empresa, un comercio o cualquier tipo de organización cuenta con estructuras y jerarquías en las cuales se apoya para el correcto orden y funcionamiento, sin embargo la información que se da a conocer de estas casi nunca posee una estructura en la semántica de su información, lo cual hace que los métodos de análisis automático sean un reto.

El interés de utilizar un modelo ontológico[6,7] para la descripción de una institución educativa se debe a que las ontologías son una manera organizada y estructurada de describir la información, lo cual es muy funcional para detallar los datos de una institución, dado que esta última también posee una estructura definida y organización.

Las razones de porque adoptar un modelo ontológico para describir a una institución es porque se pueden especificar de manera sencilla y sin ambigüedades los conceptos, además de conservar las jerarquías organizacionales, estructurales y académicas, también la capacidad de describir entidades para todos los atributos que las conforman, y por último la fácil manera de representar las relaciones que guardan entre ellas.

¿Por qué una ontología y no una base de datos?

De acuerdo a [9] una de las más grandes diferencias entre las ontologías y las bases de datos es el propósito para el que fueron creadas, mientras que las ontologías están enfocadas en dar significado y comprensión a sus elementos, las bases de datos se hicieron solo para almacenar datos. En [4] se dice que las ontologías manejan un nivel de abstracción superior al de las bases de datos, diferentes autores consideran a las ontologías como un medio para compartir conocimiento.

Una de las ventajas de utilizar una ontología en vez de una base de datos para un sistema institucional, es el razonador de sistema ontológico por ejemplo, podríamos dejar que el razonador infiera que si agregamos un individuo y lo añadimos como un maestro al ejecutar el razonador este inferiría que también es un administrativo mientras que en una base de datos este tipo de información se debe de ingresar de manera manual.

III. PROPUESTA DE MODELO ONTOLÓGICO

El modelo propuesto, se ha dividido en el planteamiento, la descripción de las entidades y clases de equivalencia. A continuación se detallan cada uno de estos tópicos.

A. Planteamiento

La institución cuenta con tres programas educativos: doctorado, maestría y licenciatura, además de contar con una planta académica de profesores, personal administrativo y alumnos. Los alumnos están inscritos en las licenciaturas y posgrados, donde los profesores imparten materias, además de dar asesorías a los alumnos. Las materias impartidas pertenecen a ciertas áreas de conocimiento y a dos diferentes planes de estudio, estas materias están distribuidas en las licenciaturas y posgrados. Los profesores, están categorizados por su grado académico, y tienen asignados diferentes cargos administrativos, en la dirección, secretarías académica y administrativa, y en diferentes departamentos, así como en los diferentes laboratorios que componen el espacio físico de la institución; otros espacios son, los salones, biblioteca y oficinas. Además existen proyectos donde los profesores y alumnos colaboran en su desarrollo, siguiendo líneas de investigación específicas. Una vez que se ha presentado de forma general este escenario, se procede a realizar un diseño de ontología que cubra todos los ámbitos.

B. Diseño de la ontología

El diseño de ontologías juega un papel prominente en la representación e ingeniería del conocimiento, la ingeniería de ontologías ha traído numerosas metodologías y principios de diseño para la construcción de ontologías, un gran número de propuestas se han realizado para facilitar el descubrimiento automático de clases a partir de los datos de dominio, pero la mayoría de los enfoques sólo han "abordado" un paso en el proceso global de la ingeniería de la ontología. El lenguaje de Ontologías Web (OWL) es un miembro importante de la familia de lenguajes para la representación del conocimiento [15,1]. Sin embargo el entendimiento humano para la especificación del lenguaje OWL es ciertamente difícil, más aún sí la ontología es de grandes dimensiones, para ello se han desarrollado herramientas de software tales como Protégé, con el apoyo de otras herramientas como los razonadores y lenguajes de consulta estandarizados, tales como "DLQuery" que pueden ser procesados por razonadores.

Una ontología escrita en OWL consiste en un conjunto de axiomas que describen las clases, propiedades y las relaciones entre ellas. RDF/XML es usado como el lenguaje de etiquetado. OWL se divide en 3 sub lenguajes OWL-Lite, OWL-DL y OWL-Full [3]. OWL-DL soporta la máxima expresividad sin pérdida de completitud computacional y decidibilidad de los sistemas de razonamiento. OWL-DL incluye todo el lenguaje OWL e incluye restricciones tales como la separación de tipo, es decir, una clase no puede ser también una persona o propiedad, una propiedad no puede ser también un individuo o clase y tiene propiedades computacionales deseables para los sistemas de razonamiento [8].

Las ontologías poseen diferentes componentes los cuales varían dependiendo del lenguaje utilizado para formar la ontología, estos componentes pueden ser separados en 2 tipos, aquellas que describen entidades de dominio que son: conceptos, individuos y relaciones; y aquellas que permiten el uso o describen a una ontología [13]. La ontología a diseñar en este artículo es del primer tipo y a continuación se describen cada uno de sus elementos:

- Concepto. Es una entidad tangible o pensable, es el componente fundamental de una ontología puesto que permite la clasificación de todos los componentes del dominio, normalmente se le denomina "clase". Una entidad tangible puede ser un ser humano, una estructura física y cualquier cosa que se pueda percibir con los 5 sentidos. Los conceptos o clases poseen características que los identifican, en la creación de un documento de ontologías bajo el lenguaje OWL estas características son llamadas "*data properties*" y se refieren a los datos que describen las propiedades de una clase.

- Individuos. Instancias de los conceptos, es decir, un individuo es un ejemplar que cumple con todas las características de un concepto.

- Relaciones. Como el nombre lo indica se trata de las relaciones que hay entre los individuos a través de los conceptos, pero también de los conceptos con los individuos, ejemplificando la primera afirmación podría decirse que el concepto Profesor se relaciona con el concepto de Materia mediante la conjugación verbal "imparte". A estas relaciones en el lenguaje de construcción de ontologías OWL se les conoce como "*object properties*".

El proceso de validación de una ontología puede facilitarse utilizando razonadores, los cuales utilizan 2 técnicas de razonamiento, el razonamiento de contexto y el razonamiento de la ontología.

- Para el razonamiento de contexto, se puede tomar un enfoque formal para modelarlo, puede ser procesado con mecanismos de razonamiento lógico. El uso del razonamiento de contexto se divide en dos niveles: comprobación de la consistencia de contexto, y el contexto explícito.

- Razonamiento de la ontología, la descripción lógica permite especificar una jerarquía terminológica utilizando un conjunto restringido de fórmulas de primer orden. Estos requisitos incluyen el concepto de satisfactibilidad, subsunción de clase, la consistencia de clase, y el chequeo de instancia [16].

Para modelar la ontología es necesario entender la naturaleza del problema, que a simple vista puede notarse que se están planteando entidades complejas, por lo cual se puede emplear una estrategia básica para simplificar el trabajo: "divide y vencerás". Resolviendo cada una de las entidades como una ontología o sub ontología que en conjunto crearán el modelo final. Para su diseño se utilizó Protégé, que es un editor de ontologías y framework para la construcción de sistemas inteligentes. La ontología consiste en 8 clases principales.

C. Descripción de las clases

- Ontología Persona: Este modelo ontológico describe a las personas que habitan la institución clasificándolos por alumnos y empleados. Por ejemplo, un empleado puede ser un profesor.

- Áreas de Conocimiento: Modelo ontológico que describe las áreas de conocimiento que se imparten en la institución.

- Espacios Físicos: La ontología de espacios físicos detalla la localización y nombre de los espacios físicos de la institución, como son bibliotecas, cubículos u oficinas de profesores, laboratorios, entre otros.

- Líneas de Investigación: Ontología en la cual sus habitantes son instancias con los nombres de las áreas de especialización para los alumnos de grados avanzados.

- Materias: Este modelo ontológico provee las diversas materias impartidas en la institución.

- Planes de Estudio: Modelo ontológico que informa acerca de los planes de estudios que se ofertan en la institución, cada plan de estudio es disjunto uno del otro.

- Programas de Estudio: Ontología que clasifica los programas de estudio de la institución.

- Proyectos: Ontología con los proyectos que se encuentran en realización dentro de la institución.

D. Clases equivalentes (Axiomas).

Para definir de manera correcta cada una de las entidades anteriores, es necesario definir sus equivalencias dentro de la ontología. Un ejemplo de equivalencia es el siguiente:

"Un alumno es aquella persona que tiene nombre, matrícula y promedio", al ser equivalente se puede leer de manera inversa "Aquella persona que tiene nombre, matrícula y promedio es un alumno". Esto se hace para mantener la ontología consistente, de manera que si un alumno no tiene definido alguno de estos tres tipos de datos automáticamente deja de ser un alumno. En la Tabla I se muestran las clases de equivalencia de este modelo.

TABLE I.   CLASES DE EQUIVALENCIA

Conceptos	*Axioma*	*Significado*
Persona	tieneNombrepersona some xsd:string	Una persona es aquella que tiene un nombre de tipo string.
Alumno	Persona and (tieneMatricula some xsd:string) and (tienePromedio some xsd:float)	Un alumno es una persona que tiene una matrícula de tipo string y un promedio de tipo flotante.
Empleado	Persona and (tieneIdEmpleado some xsd:string)	Un empleado es una persona que tiene un identificador de empleado de tipo string.
Administrativo	Empleado and (tienePlaza some xsd:string)	Un administrativo es un empleado que tiene una plaza de tipo string.
Profesor	Empleado and (tieneGrado some xsd:string) and (tieneHorariodeAsesoria some xsd:string) and (tieneHorasClase some xsd:int)	Un profesor es un empleado que tiene un grado de estudio de tipo string, un horario de asesoría de tipo string y un total de horas de clase de tipo entero.
Área de Conocimiento	tieneNombreAreaConocimiento some xsd:string	Un área de conocimiento es aquella que tiene un nombre de área de conocimiento de tipo string.
Espacio Físico	tieneNomenclaturaEdificio some xsd:string	Un espacio físico es aquel que tiene una nomenclatura de tipo string.
Biblioteca	EspacioFisico and (tieneHorarioDeAtencionDesde some xsd:string) and (tieneHorarioDeAtencionHasta some xsd:string) and (tieneNombreBiblioteca some xsd:string)	Una biblioteca es un espacio físico que tiene un horario de atención desde una hora hasta otra de tipo string y un nombre de biblioteca del mismo tipo.
Cubículo	EspacioFisico and (not (tieneHorarioDeAtencionDesde some xsd:string)) and (tieneNumeroCubiculo some xsd:string)	Un cubículo es un espacio físico, destinado a uno o más profesores y tiene un número para identificarse.
Dirección	EspacioFisico and (not (tieneHorarioDeAtencionDesde some xsd:string)) and (not (tieneHorarioDeAtencionHasta some xsd:string)) and (tieneUbicacionDireccion some xsd:string)	Es un espacio físico compuesto por varias secretarías y departamentos.
Laboratorio	EspacioFisico and (tieneHorarioDeAtencionDesde some xsd:string) and (tieneHorarioDeAtencionHasta some xsd:string) and (tieneNombreLaboratorio some xsd:string)	Un laboratorio es un espacio físico que tiene un horario de atención desde una hora y hasta otra de tipo string y tiene un nombre de laboratorio.
Salón	EspacioFisico and tieneNumeroSalon some xsd:string	Un salón es un espacio físico que tiene un número de salón de tipo string.
Línea de Investigación	LineaInvestigacion and (tieneNombreLineaInv some xsd:string)	Una línea de investigación es aquella que tiene un nombre de línea de investigación de tipo string.
Materia	Materia and (tieneCodigoMateria some xsd:string) and (tieneCreditoMateria some xsd:int) and (tieneNivelMateria some xsd:string) and (tieneNombreMateria some xsd:string)	Una materia es aquella que tiene un código, crédito, nivel y nombre de materia de tipo string.

Plan de Estudio	PlanEstudio and (tieneAñoInicioPlanEstudio some xsd:int) and (tieneNombrePlanEstudio some xsd:string)	Un plan de estudio es aquel que tiene un año de inicio de tipo entero y un nombre de plan de estudio de tipo string.
Programa de Estudio	ProgramaEstudio and (tieneClaveProgramaEstudio some xsd:string) and (tieneDuracionProgramaEstudio some xsd:int) and (tieneNombreProgramaEstudio some xsd:string)	Un programa de estudio es aquel que tiene una clave y un nombre de tipo string. Así como también una duración de tipo entero.
Doctorado	ProgramaEstudio and (tieneDuracionProgramaEstudio value "4"^^xsd:int)	Un doctorado es un programa de estudio que tiene una duración de cuatro años.
Licenciatura	ProgramaEstudio and (tieneDuracionProgramaEstudio value "5"^^xsd:int)	Una licenciatura es un programa de estudio que tiene una duración de cinco años.
Maestría	ProgramaEstudio and (tieneDuracionProgramaEstudio value "2"^^xsd:int)	Una maestría es un programa de estudio que tiene una duración de dos años.
Proyectos	Proyecto and (tieneBibliografiaProyecto some xsd:string) and (tieneTituloProyecto some xsd:string)	Un proyecto es aquel que como mínimo tiene una bibliografía y un título de tipo string.

El diseño general de la ontología se visualiza de una manera más clara en la Fig. 1, donde se puede apreciar las clases y subclases que la componen.

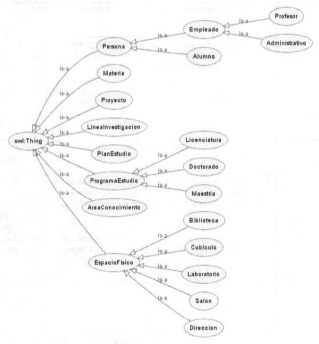

Fig. 1. Modelo general de la ontología.

IV. EVALUACIÓN

La principal contribución de esta ontología es la estructuración de la información, que ahora se puede recuperar con motores de consulta y razonadores, es posible consultar esta ontología formulando preguntas en lenguaje natural, para posteriormente llevarlas a un lenguaje de consulta estándar en DLQuery. De acuerdo a [14] para poder determinar el alcance de la ontología se puede crear una lista de preguntas que la base de conocimientos de la ontología debería de ser capaz de responder, esas preguntas servirán como prueba de control de calidad. La Tabla II muestra una serie de preguntas formuladas y denominadas como "de competencia" que este modelo será capaz de responder.

TABLE II.   Tabla Preguntas de Competencia y su correspondiente pregunta en *DLQUERY*.

Pregunta	Contexto de interés	Consulta en DLQUERY
¿Quién es el director?	Se quiere saber el nombre del director de la institución.	Persona and Empleado and Profesor and tienePlaza value "Director"^^xsd:string
¿Dónde se encuentra el laboratorio Módulo 4?	La ubicación física mediante nomenclatura de la institución donde se encuentra dicho laboratorio.	Laboratorio and tieneNombreLaboratorio value "Módulo 4"^^xsd:string
¿Qué profesores imparten la materia de bases de datos?	Un alumno vigente puede estar interesado en que profesores son especialistas e imparten la materia de bases de datos.	Profesor and imparteMateria some (Materia and tieneNombreMateria value "Administración de Bases de Datos")
¿Cuántos laboratorios de cómputo existen?	La institución u otras personas que quieran saber la cantidad de laboratorios de cómputo con los que cuenta la institución.	EspacioFisico and Laboratorio and tieneTipoLaboratorio value "Software"^^xsd:string
¿Qué docentes tienen doctorado?	Se desea saber los profesores que imparten clases en la institución que poseen el grado de doctor.	Persona and Empleado and Profesor and tieneGrado value "Dr."^^xsd:string
¿Qué profesores dan clases a posgrado?	Una persona que desee conocer el plantel de profesores que imparten clases a nivel posgrado.	Profesor and imparteMateria some (Materia and seImparteMateriaEn some (ProgramaEstudio and Maestria))
¿Cuáles son los profesores de la planta básica de la maestría?	Una persona que desee conocer el plantel de profesores que imparten clases a nivel maestría únicamente.	Profesor and imparteMateria some (Materia and seImparteMateriaEn value maes1)
¿Quiénes son los coordinadores de carrera?	Una persona o la misma institución pueden saber quiénes poseen el cargo de coordinador de carrera.	Profesor and (coordinaDoctorado some {doc1}) or (coordinaLicenciatura some {lic1} or coordinaLicenciatura some {lic2} or coordinaLicenciatura some {lic3}) or (coordinaMaestria some {maes1})

Las consultas generadas mediante el lenguaje DLQuery solo devuelven a los individuos que coinciden con las restricciones, para obtener la información deseada es necesario construir un sistema de recuperación de información de estos individuos con respecto a la ontología, es decir, consultar sus propiedades de datos y así obtener los valores. Se ha desarrollado un sistema escrito en lenguaje JAVA para presentar una interfaz gráfica que pueda obtener los resultados deseados por la pregunta de competencia, como se aprecia en la Fig. 2, esta interfaz implementa dos librerías:

- OWLAPI: Es una extensa librería con clases e interfaces capaces de interpretar y organizar los datos de una ontología. Esta librería requiere de un razonador para la realización de consultas.

- HermiT Reasoner: Un razonador también construido mediante el lenguaje JAVA, utilizado para obtener inferencia y realizar consultas.

Con esta implementación y gracias a la interfaz gráfica, es posible obtener los resultados deseados para cada pregunta de competencia directamente de la ontología, informado de manera breve las propiedades y clasificación de cada resultado. Además, es posible para los usuarios de la interfaz, actualizar la población de la ontología (como se puede apreciar en la Fig. 3).

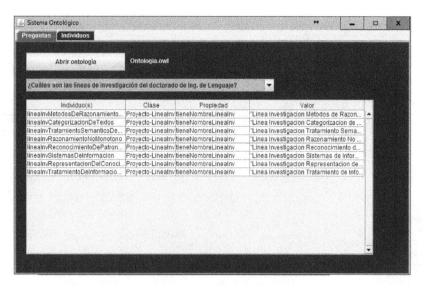

Fig. 2. Software de Consulta de la ontología

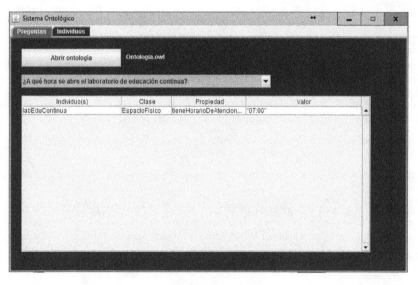

Fig. 3. Software de Consulta de la ontología.

V. CONCLUSIONES

Se puede concluir que el diseño de un modelo para la ontología de una institución educativa, brinda una forma eficiente de consulta y modularidad en su creación, para obtener información específica de conceptos más abstractos. No es necesario que sea una institución de grandes dimensiones físicas o de gran cantidad de personal, los modelos ontológicos son una gran forma de estructurar la información.

Como se mencionó previamente en [11] es necesario que las preguntas de competencia actúen como una prueba de control de calidad de la ontología para determinar si se tiene información suficiente y detallada para poder responder cada una de las preguntas planteadas, las cuales son respondidas de manera correcta en este trabajo.

Como trabajo a futuro se pretende desarrollar una ontología más amplia, que abarque más unidades académicas, ya que algunas incluyen información adicional, que no se contempló para el modelo de esta ontología, además de reutilizar las ontologías que se desarrollaron para este trabajo, ya que como es bien sabido, la reutilización es uno de los aspectos que caracterizan a las ontologías.

VI. AGRADECIMIENTOS

Esta investigación es parcialmente apoyada por el proyecto PRODEP-SEP ID 00570 (EXB-792) DSA/103.5/15/10854, por el proyecto ID 00570 VIEP-BUAP. Proyecto 257357, Apoyado por el Fondo Sectorial de Investigación para la Educación. BUAP-CA-293 Ingeniería del Lenguaje y del Conocimiento.

VII. REFERENCIAS

[1] Alexander Maedche y Steffen Staab. "Mining Ontologies from Text". Knowledge Engineering and Knowledge Management Methods, Models, and Tools. Vol. 1937 LNCS, 2002, pp. 189-202.

[2] Antunes, G., Bakhshandeh, M., Mayer, R., Borbinha, J., & Caetano, A. "Ontology-based enterprise architecture model analysis". In Proceedings of the 29th Annual ACM Symposium on Applied Computing. ACM, 2014, pp. 1420-1422.

[3] Anusuriya Devaraju y Simon Hoh. "Ontology-based Context Modeling for User-Centered Context-Aware Services Platform". Information Technology, 2008. ITSim 2008. International Symposium on, vol. 2, pp. 1-7. IEEE, 2008.

[4] Carmen Martinez-Cruz, Ignacio J. Blanco and M. Amparo Vila "Ontologies versus relational databases: are they sodifferent? A comparison" pp 7 2011.

[5] Dieter Fensel, "Ontologies: A Silver Bullet for Knowledge Management and Electronic Commerce", Springer – Verlag, New York, Inc., Secaucus, NJ, USA 2004.

[6] Maricela Bravo, Fernando Martínez Reyes y José Rodríguez. "Representation of an Academic and Institutional Context Using Ontologies". Reseach in Computing Science, Vol. 87, 2014, pp. 9-17.

[7] Maricela Bravo, Joaquín Pérez, José Velázquez, Víctor Sosa, Azucena Montes and Máximo López. "Design of a shared ontology used for translating negotiation primitives". International Journal of Web and Grid Services 2 no. 3. pp 237 – 259. 2006

[8] Michael K. Smith, Chris Welty y Deborah L. McGuinness. "OWL Web Ontology Language Guide". URL: https://www.w3.org/TR/2004/REC-owl-guide-20040210/#OwlVarieties. 2004.

[9] Michal Sir, Zdenek Bradac and Petr Fiedler. "Ontology versus Database". pp 3 2015.

[10] Misra, Ashish And Dixit, Anand Kumar And Jain, Manish. "The Enterprise Ontology for Modeling e-Business". Oriental Journal Of Computer Science & Technology. Vol. 4, 2011, pp. 455-458.

[11] Natalya F. Noy and Deborah L. McGuinness. "Desarrollo de Ontologías-101: Guía Para Crear Tu Primera Ontología". pp 7-8. 2005.

[12] Paul Buitelaar y Philipp Cimiano, "Ontology Learning and Population: Bridging the Gap between Text and Knowledge", IOS Press. Nieuwe Hemweg 6B, 1013 BG Amsterdam, Netherlands, vol. 167, 2008.

[13] Phillip Lord, "Components of an Ontology". Ontogenesis. http://ontogenesis.knowledgeblog.org/514, 2010.

[14] Raj Sharman, Rajiv Kishore y Ram Ramesh. "Ontologies: A Handbook of Principles, Concepts and Applications in Information Systems", Vol. 22, Springer, New York, USA, 2007.

[15] Rinke Hoekstra. "Ontology Representation Design Patterns and Ontologies that make sense". IOS Press BV, Nieuwe Hemweg 6B, 1013 BG Amsterdam, Netherlands, 2009.

[16] Wang, Xiao Hang, et al. "Ontology based context modeling and reasoning using OWL." Proc. 2nd IEEE Conf. Pervasive Computing and Communications (PerCom 2004) Workshop on Context Modeling and Reasoning, IEEE CS Press, 2004, pp. 18-22.

PROCESAMIENTO DE IMÁGENES Y VISIÓN

Sensor de posición solar basado en sistema visión

Adolfo Ruelas, Pedro Rosales, Alexis Acuña, Alejandro Susategui

Facultad de Ingeniería

Universidad Autónoma de Baja California

Mexicali, Baja California

ruelasa@uabc.edu.mx, prosales@uabc.edi.mx, alexis.acuna@uabc.edu.mx y asuastegui@uabc.edu.mx

Nicolás Velázquez y Carlos Villa

Instituto de Ingeniería

Universidad Autónoma de Baja California

Mexicali, Baja California

nicolas.velazquez@uabc.edu.mx y villac@uabc.edu.mx

Resumen— Las tecnologías de captación solar operan con mayor rendimiento cuando la dirección de los rayos del Sol son normales a la superficie de captación, para que esto suceda a pesar del movimiento relativo del Sol se utilizan sistemas de seguimiento solar. Sin embargo, existen normas o estándares los cuales exigen requisitos mínimos de exactitud para que dichos sistemas de seguimiento puedan ser utilizados en la evaluación de colectores solares. La obtención de la exactitudes no es una tarea fácil, por ello en este documento se presenta el diseño, construcción y caracterización de un sensor basado en sistema de visión que obtiene el error relativo del acimut y la altura solar de la superficie en cuestión, con estas características el sensor puede ser utilizado como referencia en sistemas de control para el seguimiento solar y sus evaluaciones. El sensor propuesto esta basado en un microcontrolador con un reloj de tiempo real, sensores de medición inercial y geolocalización, para calcular la posición del Sol en cualquier parte del mundo, además de obtener la inclinación y rumbo del sensor. El sensor de visión se utiliza para captar y determinar la posición del Sol. La caracterización del sensor demostró que puede realizar una medición del error de enfoque o posición del Sol a partir de una referencia, con una exactitud de 0.0426 grados y una incertidumbre del 0.98 %, el cual puede ser modificado para alcanzar exactitudes menores a 0.01 grados. La validación del sensor de posición solar se realizo determinando el error de enfoque de uno de los mejores sistemas de seguimiento solar comercial de Kipp & Zonen (SOLYS 2). Concluyendo que el sensor de posición solar basado en un sistema de visión cumple con los requisitos de detección del Sol y componentes que soportan condiciones adecuadas para utilizarlo en sistemas de seguimiento solar y su evaluación o como herramienta de posicionamiento y orientación en la instalación de plantas fotovoltaicos y colectores solares.

Keywords—solar; sensor; vision; tracking; image processing.

I. INTRODUCCIÓN

El aumento de los combustibles fósiles y el costo de generación de energía eléctrica ha impulsado el desarrollo de tecnologías que hagan uso y aprovechamiento de las fuentes de energías renovables. La energía solar es una de ellas, la cual es abundante y se utiliza en diversas aplicaciones, por ejemplo: calentadores de agua, cocinas solares, generación de calor de proceso en las industrias y generación de energía eléctrica a través del efecto fotovoltaico.

Las tecnologías de captación solar tienen un mayor rendimiento cuando la dirección de los rayos del Sol son normales a la superficie de captación, sin embargo, esto no es posible debido al continuo movimiento aparente del Sol. Para solventar esta situación, existe una gran variedad de trabajos en el desarrollo sistemas de seguimiento solar [1-3], en los que se a encontrado, que en sistemas fotovoltaicos con seguimiento en uno y dos ejes, es posible captar de un 30 a 40 % más de energía en comparación con uno fijo [4-8]. En el caso del colector solar con concentración, el sistema de seguimiento debe ser muy preciso, para que los rayos del Sol incidan dentro del ángulo de aceptancia del colector y asegurar un buen comportamiento térmico [9-10].

En la literatura se han reportado diferentes algoritmos para la automatización y control de seguimiento solar, se pueden clasificar en sistemas de control a lazo abierto, cerrado e híbridos. El primero de ellos utiliza ecuaciones astronómicas para determinar la ubicación del Sol y con ello posicionar la superficie en cuestión [11-14]. En los sistemas a lazo cerrado se han utilizado sensores diferencial de luz a base de fototransistores[15-17], fotorresistencias [18-20], celdas fotovoltaicas[21-22] y sistemas basados en procesamiento de imagen [22-27]. En la tercer estrategia se realiza un hibrido, en la cual se calcula la posición del Sol para ubicarlo a un punto cercano de enfoque, de ahí en adelante el sensor realiza un ajuste fino [28-31].

En los trabajos acerca del sistema de seguimiento regularmente se menciona su diseño, construcción, desarrollo y pruebas del funcionamiento del sistema de captación donde este se utiliza. Tomando como objetivo que se busca evaluar diferentes sistemas de control para el seguimiento solar y determinar si se cumplen con normas o estándares específicos para utilizarlos en la evaluación de colectores solares, no se ha reportado de forma clara una metodología o experimento que determine el error del enfoque solar o la evaluación de sistema de seguimiento que no dependa del sistema de captación en el cual se utiliza. Por esta razón, se ve la necesidad de desarrollar un sensor para evaluar la exactitud de los sistemas de seguimiento solar independientemente de su aplicación. Inspirado en los sistemas de visión con procesamiento de imagen [25-27] que han probado medir el error de enfoque en pixeles y posteriormente convertirlos a grados, se propone el diseño, construcción y caracterización de un sensor basado en sistema visión, que obtenga la posición del sol y determine el error de enfoque, además que este pueda implementarse fácilmente y su funcionamiento soporte condiciones ambientales severas, en la cuales trabajan los sistemas de colección solar.

II. (DISENO)SISTEMA DE SEGUIMIENTO SOLAR

La geometría del sensor de posición solar de la Figura 1 se compone de una estructura cilíndrica con una cubierta de vidrio oscurecido, de tal manera que filtre la luz solar al mínimo para proteger al sensor de visión del calentamiento o deterioro por radiación solar excesiva, además filtra la luz de baja intensidad como la luz artificial, para que el sensor no la confunda con la luz solar. El sensor de visión y el circuito con el microcontrolador se protegen dentro de la carcasa cilíndrica y la base de sujeción, esta ultima contiene internamente imanes de neodimio y orejas para sujetarlo ocasional o permanente a la base de la que se desea evaluar.

Fig. 1. Diseño mecánico y geometría del sensor de posición solar.

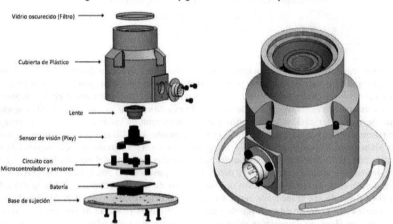

El circuito electrónico del sensor de posición solar (ver Figura 2) esta formado por el microcontrolador Atmega2560 y electrónica básica para su funcionamiento, la posición del Sol se obtiene mediante el procesamiento de imagen a través del sensor de visión. La geolocalización, orientación y nivelación se obtiene con un GPS y un sensor de medición inercial, además se agrego un sensor de presión, temperatura y humedad con el cual se puede calcular al altitud. La adquisición de datos o telemetría se realiza a través de de comunicación serial y un software instalado en la computadora receptora.

Componentes y características

- El microcontrolador atmega2560 de 8 bits cuenta con 256 KB de memoria flash, 8 KB de memoria RAM y 56 terminales programables para conectar los sensores descritos anteriormente, trabajando a 5 V su temperatura va de -10 a 85 grados centígrados.

- Electrónica básica consta de un oscilador de 16 MHz, regulador de 5 V, red de capacitores para eliminar ruido eléctrico y una etapa niveladores de voltaje de 5 a 3.3 V para el sensor de presión e inercial.

- El sensor de visión Pixy (CMUcam5) basado en el procesador de ARM- CortexNXP LPC4330 con temperaturas de trabajo de -40 a 85 grados centígrados a 5 V, el cual tiene la capacidad de detectar colores con una resolución de 320x200 pixeles. El sensor capta a través del vidrio oscurecido, por lo que solo es capas de ver la luz del Sol como un objeto blanco, por ello el sensor Pixi se configuro de forma independiente a través del software Pixymon para detectar un objeto blanco.

- El sensor de medición inercial mpu9250 de 9 ejes, contiene internamente un acelerómetro, giroscopio y magnetómetro con temperaturas de trabajo de -40 a 85 grados centígrados a 3.3 V.

- La lectura de la presión, temperatura y humedad se realiza con el integrado BME280, el cual puede trabajar de -40 a 85 grados centígrados a 3.3 V.

- La adquisición de datos o telemetría se realiza a través de comunicación serial y el dispositivo Xbee Pro S1, aunque puede trabajar con dispositivos como Bluetooth o módulos de radio para telemetría a comunicación serial. El microcontrolador envía y recibe datos a través del puerto serial y lo transmite por alguno de los módulos mencionados anteriormente. El equipo de computo receptor contiene una interfaz de usuario en la plataforma Processing 3.0, en la Figura 3 se observa como se visualiza la inclinación, orientación, temperatura, presión, humedad, latitud, longitud y el error de enfoque del Sol. La información se muestra en tiempo real y al mismo tiempo se guarda en un archivo de texto, además contiene opciones para calibrar el magnetómetro y ajustar la hora desde el GPS.

Fig. 2. Diagrama a bloques de la arquitectura en hardware del sensor de posición solar.

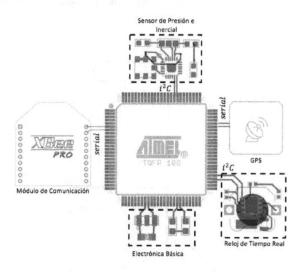

Fig. 3. Interfaz de usuario del sensor de posición solar.

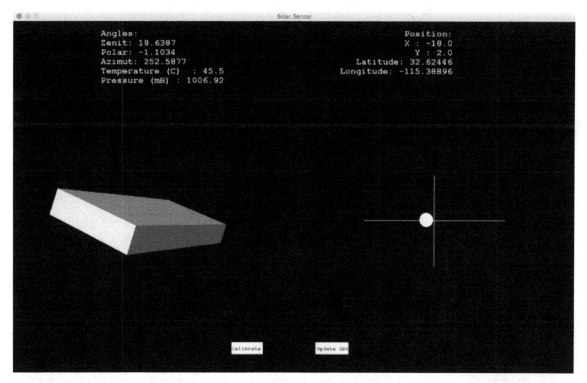

III. FUNCIONAMIENTO Y OPERACION

El algoritmo para determinar el error de enfoque de la Figura 4 que se implemento en el microcontrolador Atmega, el cual comienza cargando los valores de calibración e inicializando el sensor de medición inercial (MPU9250), temperatura, humedad y altitud

(BME280), GPS, modulo de telemetría y el sensor de visión Pixy. Si alguno de los sensores falla en la inicialización, se envía un mensaje de error a la interfaz y se da por terminado el ciclo. Cuando los sensores se inicializan correctamente, se procede a obtener la posiciones del sensor de visión, inclinación, nivel, acimut, temperatura, humedad, latitud y longitud. En el caso de que el sensor de visión no detectara una objeto, se le asignan valores nulos a las posiciones con el fin de que la interfaz de usuario distinga cuando se detecto un objeto, para finalizar se envían por el puerto serial donde se encuentra conectada la comunicación inalámbrica. El algoritmo mostrado indica el proceso realizado en la primera iteración, el funcionamiento continuo seria repetitivo a partir de la obtención de datos de los sensores.

Fig. 4. Diagrama de flujo implementado en el microcontrolador Atmega..

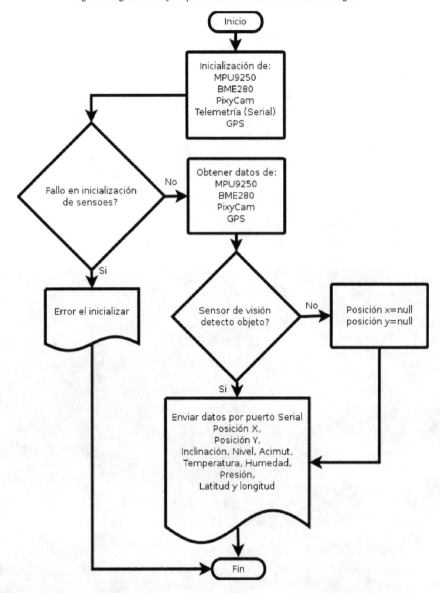

IV. RESULTADOS

Con el fin de caracterizar y conocer el el grado de error del sensor de posición, se expuso el sensor directamente al Sol con desplazamientos en el eje de la "x" y "y", se registraron las mediciones del ángulo correspondiente por cada pixel de desenfoque, además se busco obtener la mejor resolución, para ello se utilizaron lentes con ángulo de visión de 12, 21, 42 y 75 grados.

En la Figura 5 se ilustra la relación de pixeles a grados con un lente de visión de 12 grados (Figura 5a), 21 grados (Figura 5b), 42 grados (Figura 5c) y 75 grados (Figura 5d), los datos muestran un comportamiento lineal con algunos puntos de dispersión, debido a que la medición del ángulo se realiza con un sensor inercial y en un movimiento brusco puede generar un transitorio en la aceleración, que se corrige una vez que el sensor se estabiliza.

Fig. 5. Caracterización y ajuste de pixeles a grados con diferentes lentes en grados, a) 12, b) 21, c) 42 y d) 75.

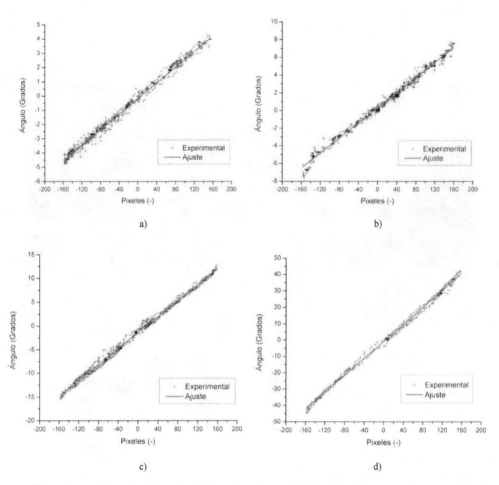

En la Tabla I se ilustra la ecuaciones de ajuste de primer orden y la exactitud para cada lente. Se observa que la detección del Sol aumenta a medida que el ángulo de visión disminuye, sin embargo, la precisión disminuye debido a que la resolución del sensor inercial esta llegando a su limite, por lo que le resulta más complicado leer cambios pequeños. Debido a esto se selecciono el lente con ángulo de visión de 21 grados, ya que es un punto medio entre la exactitud y precisión.

TABLE I.   EXACTITUD Y COEFICIENTES DE LA ECUACIÓN DE AJUSTE DE PRIMER ORDEN PARA LOS DIFERENTES TIPOS DE LENTES.

Angulo de Visión	Pendiente	Intercepción	Ajuste	Exactitud
12	0.02583	0.24189	98.448 %	0.0258
21	0.0426	0.28362	99.014 %	0.0426
40	0.0842	-1.35669	99.518 %	0.0842
75	0.23962	-0.84907	99.721 %	0.2396

En las ecuaciones de ajuste de la Tabla I se ve que la intercepción para todos los casos es diferente de cero, esto es debido a que inicio del experimento la posición del Sol no coincidió con el pixel cero, ya que es una escena que no puede ser controlada por completo, sin embargo, se sabe que es un desplazamiento constante y para obtener la resolución experimental (REx), la intercepción puede ser igualada a cero u obtenerla por una diferencia como lo indica (3),

$$REx = angulo(n+1) - angulo(n) \qquad (3)$$

La validación del sensor de posición solar se realizo determinando el error de enfoque de uno de los mejores sistemas de seguimiento solar comercial de Kipp & Zonen (SOLYS 2), el cual asegura un seguimiento solar con 0.02 grados de exactitud en modo activo. En la Figura 6 se observan la configuración del experimento, el mecanismo blanco es el SOLYS 2 y sobre su superficie de seguimiento el sensor de posición solar. El experimento consistió en monitorear el error de enfoque en el ángulo cenital, acimutal y el calculo de su resultante solar durante un día de funcionamiento .

Fig. 6. Configuración del experimento, SOLYS 2 y sobre su superficie el sensor de posición solar.

En la Figura 7 y 8 se muestran los resultados del experimento durante un día completo, en la primera grafica se muestra el error de enfoque en el ángulo acimutal y cenital, en la segunda se muestra la radiación solar, temperatura ambiente y temperatura interna del sensor de posición solar. Se puede ver que alrededor de las 6:35 AM el sensor empieza a detectar al Sol con una radiación de 60 W/m^2, el ángulo acimutal se mantiene en enfocado perfectamente en cero grados hasta alrededor de las 10:00 AM, cuando presenta pequeños atrasos de 0.042 grados, cabe mencionar que es el primer valor de la rampa discreta o la resolución del sensor de posición solar, en general el enfoque en el ángulo acimutal del seguidor SOLYS tuvo un excelente rendimiento al mantenerse dentro de la resolución mínima del sensor de posición solar, en el experimento se puede ver que de las 4:00 PM en adelante se presentan sombreados por un árbol en el área donde se encuentra el seguidor, lo que causa perturbaciones en la medición, por lo tanto los datos se excluyen y no se consideran en el análisis, sin embargo, se muestran en la grafica con el objetivo de presentar el experimento durante el día completo. El ángulo cenital comienza detectando el Sol a la misma hora, manteniendo un error de 0.08 grados, se puede ver el error de enfoque cambia aproximadamente cada hora, lo que pudiese traducirse en un error por parte del sensor del seguidor solar SOLYS o una desviación en su alineamiento (base, sensor o estructura), a pesar de esto su desempeño esta muy cerca del que reporta el fabricante del equipo.

En la Figura 7 se ilustra los diferentes niveles de radiación solar durante el día completo, sin que la medición de la posición del sol se vea afectada, sino hasta alrededor de las 4:30 PM cuando el árbol se interpone entre el sensor de posición solar y el Sol, lo que provoca que la circunferencia detectada por el sensor sea diferente y el centroide del objeto cambia de posición y afecta su medición, sin embargo, a pesar de esta perturbación que no es una operación normal se mantiene en una exactitud de 0.3 grados. Por otro lado se ve que el cambio de la temperatura ambiente tampoco afecta el funcionamiento y desempeño del sensor de posición solar, en la Figura 7 se ilustra que el calor generado por los dispositivos eleva la temperatura interior del sensor en un promedio de 9.3 °C cuando no existe aporte de calor por radiación solar. En el momento que incide radiación solar y tomando en cuenta la inercia térmica se ve que la temperatura aumenta 25.5 °C a 839 W/m^2 , dando como resultado que la temperatura del interior del sensor de posición solar aumenta 1 °C por cada 28.91 W/m^2, con estos datos se estima una operación de trabajo del sensor con una temperatura máxima de de 47 °C.

Fig. 7. Error de enfoque en el ángulo cenital, acimutal y vector solar, durante un día de funcionamiento .

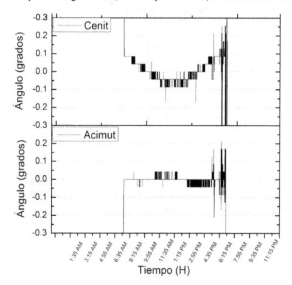

Fig. 8. Temperatura ambiente y temperatura en el interior del sensor durante su funcionamiento a lo largo del día.

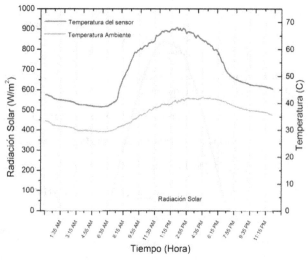

La resolución de 0.239 grados por cada pixel y un ángulo de visión de 75 grados es suficiente para sistemas de seguimiento solar aplicados en sistemas fotovoltaicos o en algunos colectores con concentración, como el cilindro parabólico que a partir de los 0.5 grados empieza a decrementar su eficiencia [18]. De acuerdo a los resultados se propone que aplicaciones que requieran mayor exactitud como la evaluación de sistemas de seguimiento, se intercambie el lente por uno con menor ángulo de visión, o con lentes de aumento donde se han alcanzado resoluciones hasta 0.0017 grados por cada pixel [26].

V. CONCLUSIONES

Con el desarrollo de un sensor de posición solar basado en un sistema de visión y las pruebas realizadas, se concluye que se puede realizar una medición del error de enfoque o posición del sol a partir de una referencia, con una exactitudes 0.0258 a 0.2396 grados y ángulos de visión de 12 a 75 con una incertidumbre del 0.2 a 1.55 %, el cual puede ser modificado para alcanzar exactitudes menores a 0.01 grados. El el sistema de visión demostró ser una opción muy buena para procesar y determinar la posición del sol, sin que su exactitud se vea afectada por cambios de temperatura ambiente o niveles de radiación solar. Aunado a loa anterior se recomienda el uso de diferentes lentes para encontrar el punto adecuado entre la exactitud y ángulo de visión de la aplicación,

El sensor de posición solar basado en un sistema de visión cumple con los requisitos de detección del Sol y componentes que soportan condiciones ambientales adecuadas y requerimientos de exactitud para utilizarlo en sistemas de seguimiento solar o un dispositivo para orientación, nivelación y posicionamiento en la instalación de plantas fotovoltaicos y colectores solares.

AGRADECIMIENTOS

Agradecer CONACYT ya que este trabajo es parte producto del proyecto del Centro Mexicano de Innovación en Energía Solar (CeMie-Sol), SENER, titulado "Desarrollo de sistemas de enfriamiento operados con energía solar" .

REFERENCIAS

[1] Chia-Yen Lee, Po-Cheng Chou, Che-Ming Chiang and Chiu-Feng Lin , "Sun Tracking Systems: A Review," Sensors, vol. 9, pp. 3875–3890, 2009.

[2] Hossein Mousazadeh , Alireza Keyhani , Arzhang Javadi , Hossein Mobli, Karen Abrinia and Ahmad Sharifi, "A review of principle and sun-tracking methods for maximizing solar systems output," Renewable and Sustainable Energy Reviews, vol. 13, pp. 1800–1818, 2009.

[3] Gerro Prinsloo and Robert Dobson, "SOLAR TRACKING ," Book Edition, 2014.

[4] Abdallah, S, "The effect of using sun tracking systems on the voltage-current characteristics and power generation of flat plate photovoltaics," Energy Conversion and Management, vol. 45, pp. 1671–1680, 2004.

[5] Abdallah, S. and Nijmeh, S. "Two axes sun tracking system with PLC control," Energy Conversion and Management, vol. 45, pp. 1931–1939, 2004.

[6] Feifan Chen and Jing Feng. "Analogue sun sensor based on the optical nonlinear compensation measuring principle," Measurement Science and Technology , vol. 18, pp. 2111–2115, 2007.

[7] Abdallah, S. and Nijmeh, S. "Two axes sun tracking system with PLC control," Energy Conversion and Management, vol. 45, pp. 1931–1939, 2004.

[8] Sungur, C., "Multi-axes sun-tracking system with PLC control for photovoltaic panels in Turkey," Renewable Energy, vol. 34, pp. 1119–1125, 2009.

[9] Cope A.W.G. and Tully N., "Simple tracking strategies for solar concentrations," Solar Energy, vol. 27, pp. 361–365, 1981.

[10] A. Valan Arasu and T. Sornakumar, "Design, development and performance studies of embedded electronic controlled one axis solar tracking system ," Asian Journal of Control, vol. 9, pp. 163–169, 2007.

[11] Dongming Zhao, Ershu Xu, Zhifeng Wang , Qiang Yu, Li Xu and Lingzhi Zhu, "Influences of installation and tracking errors on the optical performance of a solar parabolic trough collector," Renewable Energy, vol. 94, pp. 197–212, 2016.

[12] Mohanad Alata, M.A. Al-Nimr and Yousef Qaroush, "Developing a multipurpose sun tracking system using fuzzy control," Energy Conversion and Management, vol. 45, pp. 1229–1245, 2005.

[13] Mazen M. Abu-Khader, Omar O. Badran and Salah Abdallah, "Evaluating multi-axes sun-tracking system at different modes of operation in Jordan," Renewable and Sustainable Energy Reviews, vol. 12, pp. 864–873, 2008.

[14] Kok-Keong Chong, Chee-Woon Wong, Fei-Lu Siaw, Tiong-Keat Yew, See-Seng Ng, Meng-Suan Liang, Yun-Seng Lim and Sing-Liong Lau, "Integration of an On-Axis General Sun-Tracking Formula in the Algorithm of an Open-Loop Sun-Tracking System," Sensors, vol. 9, pp. 7849–7865, 2009.

[15] Sthepen D. Neale, "Sun-Tracking Control For Solar Colectors", United States Patent, 1979.

[16] J. P. David, F. Floret, J. Guerin, J. C. Paiva and L. Aiache, "Autonomous Photovoltaic Converter With Linear Focusing Concentrator ," Solar Cells, vol. 4, pp. 61–70, 1981.

[17] P. Roth, A. Georgiev and H. Boudinov, "Design and construction of a system for sun-tracking," Renewable Energy, vol. 29, pp. 393–402, 2004.

[18] A. Valan Arasu and T. Sornakumar, "Design, Development And Performance Studies Of Embedded Electronic Controlled One Axis Solar Tracking System," Asian Journal of Control, vol. 9, pp. 163–169, 2007.

[19] Parthipan J., Nagalingeswara Raju. B and Senthilkumar S., "Design of one axis three position solar tracking system for paraboloidal dish solar collector ," Materials Today , vol. 3, pp. 2493–2500, 2016.

[20] Jing-Min Wang * and Chia-Liang Lu, "Design and Implementation of a Sun Tracker with a Dual-Axis Single Motor for an Optical Sensor-Based Photovoltaic System," Sensors, vol. 13, pp. 3157–3168, 2013.

[21] Kh.S. Karimov, M.A. Saqib, P. Akhter, M.M. Ahmed, J.A. Chattha and S.A. Yousafzai, "A simple photo-voltaic tracking system," Solar Energy Materials & Solar Cells, vol. 87, pp. 49–59, 2005.

[22] Jui-Ho Chen, Her-Terng Yau, Tzu-Hsiang Hung, "Design and implementation of FPGA-based Taguchi-chaos-PSO sun tracking systems," Mechatronics, vol. 25, pp. 55–64, 2015.

[23] Kenneth W. Stone, "Automatic Heliostat Track Aligment Method", United States Patent, 1986.

[24] M. Berenguel, F.R. Rubio, A. Valverde, P.J. Lara, M.R. Arahal, E.F. Camacho , M. Lopez , "An artificial vision-based control system for automatic heliostat positioning offset correction in a central receiver solar power plant," Solar Energy, vol. 76, pp. 563–575, 2004.

[25] H. Arbab, B. Jazi, M. Rezagholizadeh, "A computer tracking system of solar dish with two-axis degree freedoms based on picture processing of bar shadow," Renewable Energy, vol. 34, pp. 1114–1118, 2009.

[26] Cheng-Dar Lee *, Hong-Cheng Huang and Hong-Yih Yeh, "The Development of Sun-Tracking System Using Image Processing ," Sensors, vol. 13, pp. 172–178, 2013.

[27] Adolfo Ruelas, Nicolás Velázquez, Luis González, Carlos Villa-Angulo, Onofre García, "Design, Implementation and Evaluation of a Solar Tracking System Based on a Video Processing Sensor " International Journal of Advanced Research in Computer Science and Software Engineering, vol. 3, pp. 5448–5459, 2013.

[28] F.R. Rubio, M.G. Ortega, F. Gordillo, M. López-Martínez, "Application of new control strategy for sun tracking," Energy Conversion and Management, vol. 48, pp. 4174–4184, 2007.

[29] Cemil Sungur, "Multi-axes sun-tracking system with PLC control for photovoltaic panels in Turkey," Renewable Energy, vol. 34, pp. 1119–1125, 2009.

[30] Alexis Merlaud, Martine De Maziere, Christian Hermans and Alain Cornet, "Equations for Solar Tracking," Sensors, vol. 12, pp. 4074–4090, 2012.

[31] Safa Skouri, Abdessalem Ben Haj Ali, Salwa Bouadila, Mohieddine Ben Salah, Sassi Ben Nasrallah, "Design and construction of sun tracking systems for solar parabolic concentrator displacement," Renewable and Sustainable Energy Reviews, vol. 60, pp. 1419–1429, 2016.

Aplicación en android para el diagnóstico de melanoma maligno mediante indices de irregularidad del borde y asimetría utilizando el algoritmo ID3

Juan Paulo Sánchez Hernández, Jorge Luis Pinzón Salazar, Alma Delia Nieto Yañez, Miguel Ángel Velasco Castillo, Deny Lizbeth Hernández Rabadán
Universidad Politécnica del Estado de Morelos,
Boulevard Cuauhnáhuac #566, Col. Lomas del Texcal, Jiutepec, Morelos. CP 62550, Email: {juan.paulosh,psjo114641,anieto, mvelasco,dhernandezr}@upemor.edu.mx

Abstract— In this paper, a mobile Android application for malignant melanoma diagnosis is presented. The characteristics used are based on Asymmetry and Border index. Besides, image processing techniques such as morphological operations and edge detectors which allow obtain the asymmetry parameter calculating the compactness index (IC) and the border irregularity obtaining Lengthening Index (LI) are applied. A decision tree with ID3 algorithm is generated and the classification rules for melanoma malignant diagnosis are obtained. The classification accuracy is acceptable and good results are presented.

Keywords— *ID3, Asymmetry index, Border index, malignant melanoma, Android*

Resumen— *En este artículo, se presenta una aplicación desarrollada en la plataforma en Android que permite el diagnóstico de melanoma maligno. Las características utilizadas para realizar el diagnóstico del melanoma maligno son basadas en la irregularidad del borde y la asimetría de la lesión. Además, se utilizaron técnicas de procesamiento de imágenes como operaciones morfológicas y detectores de bordes que permiten una correcta caracterización del borde y el cálculo del índice de asimetría como el índice de alargamiento (IA) y el índice de irregularidad del borde como compacidad (IC). Se generó un árbol de decisión que permitiera generar reglas de decisión para clasificar el tipo de lesión. La precisión de la clasificación fue buena por lo que los resultados presentados son aceptables.*

Palabras claves—*ID3, índice de Asimetría, índice de borde, melanoma maligno, Android*

I. INTRODUCCIÓN

El melanoma maligno es un tipo de tumor maligno que habitualmente suele aparecer en la piel y la forma en cómo se detecta es mediante una dermatoscopía rutinaria, siguiendo una regla simple denominada ABCD [11]. En donde, la "A", se refiere a la Asimetría, que significa que el melanoma maligno es asimétrico; la "B", se refiere al Borde, es decir, la lesión presenta un borde totalmente irregular; la "C", se refiere al color no homogéneo de la lesión; y finalmente, la "D", se refiere al Diámetro, la lesión se ha determinado que presenta un diámetro mayor a 6mm.

Una vez que es detectado a tiempo el melanoma maligno el tratamiento es relativamente sencillo, es decir, se realiza una escisión quirúrgica para extirpar el tumor. La importancia de diagnosticar el melanoma maligno reside en que en ocasiones es confundido con otro tipo de lesiones o bien con lunares, y si no es diagnosticado en tiempo, se puede agravar considerablemente.

Por lo anterior, en este artículo se presenta un dispositivo móvil prototipo que puede diagnosticar la presencia del melanoma maligno y diferenciarla de un lunar. Las características utilizadas son basadas en la asimetría de la lesión y la irregularidad del borde. La asimetría es calculada mediante el Índice de Alargamiento (IA) y la irregularidad del borde se obtiene mediante el índice de Compacidad (IC). Una vez obtenidos dichos índices, se construye un árbol de decisión mediante el algoritmo ID3 y se generan las reglas de decisión, que son programadas en el dispositivo móvil.

La estructura del presente artículo es la siguiente: en la sección 2 se presentan algunos de los desarrollos tecnológicos e investigaciones relacionadas a esta investigación; la sección 3 se presenta y describe la metodología utilizada, al igual que las técnicas computacionales empleadas para realizar el diagnóstico. En la sección 4, se discuten, las pruebas realizadas y los resultados obtenidos. Finalmente, se concluye el trabajo y se presentan los trabajos futuros.

II. TRABAJOS RELACIONADOS

Las investigaciones realizadas en el reconocimiento de melanoma maligno han sido variadas enfocándose en identificar la regla ABCD para el diagnóstico de la lesión, por ejemplo, se han enfocado en el color y textura [5], en características geométricas, color y wavelets [10]. También se han realizado trabajos de comparación de algoritmos de clasificación [2] como redes neuronales, ID3, Clasificador Bayesiano y Máquinas de soporte vectorial, donde utilizan los índices (IA e IC) y se evalúa que clasificador da mejores resultados.

En el caso de las alternativas de software aplicadas al melanoma maligno, existen en la actualidad algunos desarrollos de software interesantes a destacar al trabajo desarrollado en [4]. En la Tabla 1, se presentan algunas aplicaciones empleadas para la detección de melanoma maligno, así como algunas características interesantes.

En el caso de la aplicación "FotoSkin" [7], desarrollada en España bajo la asesoría de un grupo de dermatólogos de dicho país, es una aplicación para la plataforma Android e iOS, que permite llevar el autocontrol de una lesión de piel, es decir, el paciente va tomando fotos periódicamente, las cuales se las puede enseñar a su dermatólogo de tal manera que pueda dar mejor seguimiento. Esta aplicación, además de llevar el autocontrol de la lesión, presenta algunas características interesantes, como ejemplo: 1) se realizan "test" para conocer el fototipo de la lesión; 2) cuenta con una base de datos de consejos de un dermatólogo; 3) se presenta información médica sobre las principales afecciones que pueden afectar la piel; y 4) presenta información sobre la situación ambiental (índice de radiación y temperatura) de cualquier ciudad que se seleccione.

Otra de las aplicaciones mencionadas en la Tabla 1, es UMSkinCheck [6], desarrollada en la universidad de Michigan. Dicha aplicación permite realizar autoevaluaciones y vigilancia mediante una base de datos de imágenes de la lesión de un paciente, es decir, se van realizando capturas periódicas de la lesión en el cuerpo y se pueden contactar a un dermatólogo que pueda darles seguimiento. Otra particularidad que tiene la aplicación es que muestra videos informativos, literatura especializada, o contactos con especialistas en el melanoma maligno.

Por otro lado, Virtual Dermatoscope [1], es utilizada por dermatólogos practicantes para aprender a diagnosticar el melanoma maligno, debido a que cuenta con una selección de lesiones, que son acompañadas con un quiz, para finalizar con una retroalimentación de la evaluación de la lesión.

Una aplicación que realiza un diagnóstico real de una lesión es DoctorMole [8]. En esta aplicación es posible realizar un diagnóstico del melanoma de características, como: Asimetría, Color, Borde, Diámetro y Evolución. Esta aplicación es muy interesante y lo destacable, a diferencia de otras soluciones, es que realizan el diagnóstico del melanoma con base a las características ABCD.

Finalmente, la última aplicación de la Tabla 1, DermoMap [9], permite llevar el diagnóstico de varias condiciones dermatológicas de manera intuitiva, presentando además información actualizada de los síntomas generales, diagnóstico y tratamiento de cada afectación dermatológica.

Nombre	Desarrollador	Origen	Plataforma	Costo
FotoSkin	Wake App Health/ISDIN	España	Android/iOS	Sin costo
UMSkinCheck	University of Michigan / Health System	EE. UU.	iOS	Sin costo
Vistual Dermatoscope	Cardiff University	Reino Unido	iOS	Sin costo
DoctorMole	Marcos Shippen	Australia	Android/iOS/Windows Phone	Sin costo Android Windows Phone $3.99
DermoMap	Wake App	España	iOS	5.49 Euros

III.   METODOLOGÍA DE DESARROLLO

En la Figura 1, se presenta la metodología que se utiliza para el desarrollo de esta investigación. Es importante mencionar que dicha metodología es clásica para el desarrollo de un proyecto de investigación que involucre visión computacional.

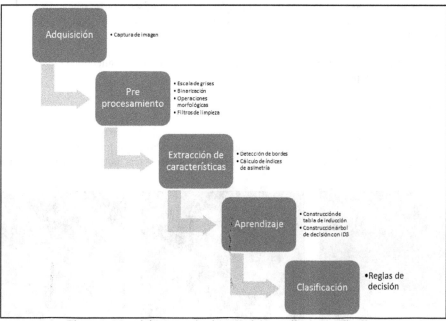

Figura 1. Metodología empleada para el desarrollo de la aplicación

3.1 Adquisición

En esta etapa se construye una base de datos de 50 imágenes de melanoma maligno y lunares obtenidas de diferentes fuentes de internet. En la Figura 2, se observan algunos ejemplos de lesiones de piel.

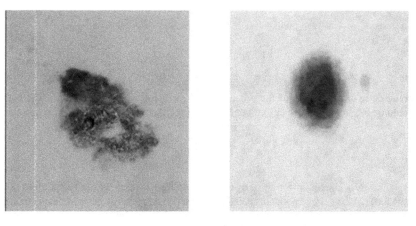

a) Melanoma maligno   b) Lunar

Figura 2. Ejemplos de melanoma maligno y lunar

3.2   Pre procesamiento

En esta etapa, se realizan algunas operaciones de procesamiento de imágenes, con el fin de mejorarla, es decir, se realizan operaciones de: 1) Conversión de RGB a Escala de grises, 2) Binarización, 3) Operaciones morfológicas, y 4) Filtrado de imágenes.

De las dos primeras, se aplica un proceso clásico de transformación a escala de grises y binarización. En el caso de las operaciones morfológicas, se experimenta con dilatación y erosión. Para el filtrado de imágenes, se experimenta con los filtros de Blur, GaussianBlur y MedianBlur.

Es importante hacer notal, que ésta etapa es fundamental para que el proceso de reconocimiento funcione correctamente, por lo que fue una de las etapas que mayor tiempo de desarrollo.

3.3 Obtención de características

Una vez realizado el proceso de limpieza y mejoramiento de la imagen, la siguiente fase es la extracción de la característica de la asimetría. Para obtener la característica de la asimetría, se requiere primero el borde de la lesión, por lo que se realizaron pruebas con detectores de bordes como Prewitt, Sobel y Canny. En la Figura 3, se presenta una muestra de la aplicación de los detectores de bordes.

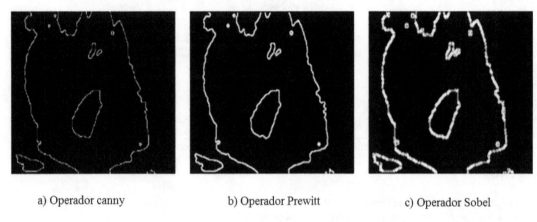

a) Operador canny   b) Operador Prewitt   c) Operador Sobel

Figura 3. Aplicación de operadores de detección de bordes

Una vez obtenido el borde de la imagen, el siguiente proceso a realizar fue el cálculo de la asimetría. Para esto, se eligieron dos índices IC y IA. El cálculo de IC, se presenta en (1), en donde P, es el perímetro y A, es el área de la lesión.

$$IC = \frac{P^2}{4\pi A} \qquad (1)$$

Para poder calcular los índices previamente mostrados, es necesario utilizar los momentos geométricos. El primero de ellos es el momento de orden cero (M00) (2), con el que podemos calcular el área (A) de un borde cerrado de una imagen I(x,y):

$$M_{00} = \sum_x \sum_y I(x, y) \qquad (2)$$

El perímetro (P), es relativamente sencillo de obtener, una vez que se tiene el borde cerrado de la lesión, por lo que con estos dos parámetros (A y P) es posible obtener IC. Por otro lado, IA, es calculado utilizando (3), este índice nos permite calcular la elongación de la lesión.

$$IA = \frac{\lambda_1}{\lambda_2} \qquad (3)$$

Para el caso de IA, se obtiene a partir de (4).

$$\lambda_1 = \frac{m_{20}^c + m_{02}^c - \sqrt{(m_{20}^c + m_{02}^c)^2 + 4(m_{11}^c)^2}}{2} \qquad (4)$$

$$\lambda_1 = \frac{m_{20}^c + m_{02}^c + \sqrt{(m_{20}^c + m_{02}^c)^2 + 4(m_{11}^c)^2}}{2}$$

En donde se requiere calcular los momentos geométricos de orden 1 (M11) (6) y 2 (M02 y M20) (5).

$$M_{2,0} = \sum_x \sum_y x^2 I(x, y) \qquad (5)$$

$$M_{0,2} = \sum_x \sum_y y^2 I(x, y)$$

$$M_{1,1} = \sum_x \sum_y xy \; I(x, y) \qquad (6)$$

En esta fase de aprendizaje se construye el árbol de decisión utilizando el algoritmo ID3 [3], desarrollado por Quinlan. Este algoritmo nos permitirá construir un árbol decisión y sus reglas generar reglas de decisión, las cuales son utilizadas para la clasificación del melanoma maligno. Este algoritmo se basa en el concepto de cálculo de entropía (E) (7) de los atributos y la forma como se van definiendo los atributos en el árbol es con base al que tiene la mayor ganancia de información.

$$E(S) = \sum_i - p_i \log_2 p_i \qquad (7)$$

El árbol de decisión generado por el algoritmo ID3 utilizando los índices de asimetría se presenta en la Figura 4.

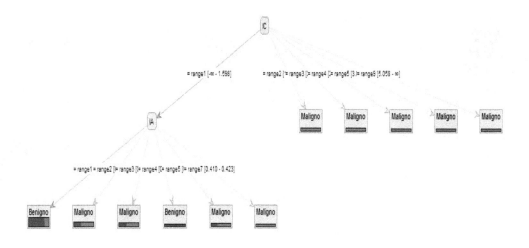

Figura 4. Árbol de decisión generado con algoritmo ID3

3.4 Clasificación

Finalmente, la última etapa de la metodología empleada, se refiere a la clasificación de las lesiones en melanoma maligno o benigno. Es decir, obtenidas las reglas de decisión mediante el árbol construido con el algoritmo ID3, se realiza la programación en el dispositivo Android para poder clasificar los ejemplos de lesiones. Estas reglas son programadas en el lenguaje Java para Android. Las reglas generadas por el árbol de decisión se presentan en la Figura 5.

El dispositivo móvil que se utiliza, presenta una interfaz sencilla, la cual sólo captura la imagen de la lesión, realiza todo el proceso de extracción del patrón y cálculo de los índices de asimetría, para posteriormente evaluar dichos índices en las reglas de decisión.

IC	IA Rango 1 [- ∞ - 0.015] Benigno {Benigno = 36, Maligno = 9}
Rango 1[- ∞ - 1.598]	IA Rango 2 [0.015 - 0.030] Maligno {Benigno = 6, Maligno = 10}
	IA Rango 3 [0.030 - 0.045] Maligno {Benigno = 4, Maligno = 6}
	IA Rango 4 [0.045 - 0.060] Benigno {Benigno = 2, Maligno = 0}
	IA Rango 5 [0.060 - 0.076] Maligno {Benigno = 2, Maligno = 4}
	IA Rango 6 [0.091 - 0.106] Maligno {Benigno = 0, Maligno = 1}

IC Rango 2 [1.598 - 2.092] : Maligno {Benigno = 0 , Maligno = 9}

IC Rango 3[2.092 - 2.587] : Maligno {Benigno = 0, Maligno = 5}

IC Rango 4 [2.587 - 3.081] : Maligno {Benigno = 0, Maligno = 4}

IC Rango 5 [3.081 - 3.575] : Maligno {Benigno = 0, Maligno = 1}

IC Rango 6 [5.058 - ∞] : Maligno {Benigno = 0, Maligno = 1}

Figura 5. Reglas generadas por el árbol de decisión

En la Figura 6, se presenta la ejecución del dispositivo móvil en dos lesiones.

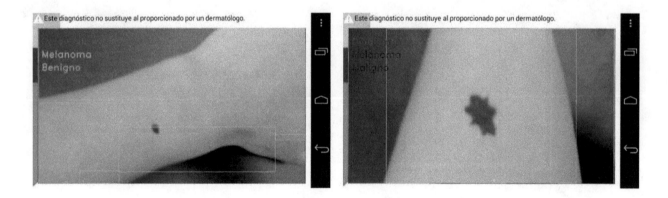

Figura 6. Resultados de la ejecución del dispositivo móvil

IV. RESULTADOS

En esta sección se presentan los resultados obtenido de la aplicación de reconocimiento de melanoma maligno en un dispositivo Android.

Para la elección de las técnicas de procesamiento de imagen, se tuvo que realizar una experimentación exhaustiva de todo el proceso completo y con todas las imágenes, y la que mejor resultado en precisión obtuvo fue el conjunto de técnicas utilizadas. En la Figura 7 se presenta un conjunto de experimentos del proceso completo, es decir, desde la captura de la imagen, aplicación de operaciones morfológicas, filtrado de imágenes con Blur, Gaussian Blur y Median Blur, la detección de bordes con Prewitt, Sobel y Canny, hasta el cálculo de la asimetría. Finalmente, las técnicas que mejor resultados nos dieron fueron la aplicación de dilatación, el filtro median Blur y el operador Canny.

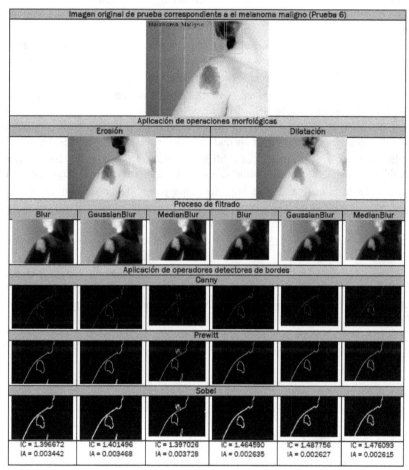

Figura 7. Comparación de pruebas realizadas

Obtenidos las técnicas de procesamiento de imágenes que mejor resultado obtuvo. Se procedió a evaluar la precisión del árbol de decisión obtenido (Figura 4). Para esto, se utilizó validación cruzada con un conjunto de 50 imágenes de lesiones de melanoma maligno y un conjunto de 50 imágenes de lunares u otras lesiones que no pertenecen a la clase de melanoma maligno. La precisión de la clasificación fue del 76%. El árbol de decisión clasificó en 38 ocasiones como maligno y se equivocó 12 veces, el mismo caso es para la lesión Benigno.

V. CONCLUSIONES

En este artículo se presenta una aplicación móvil en Android para el reconocimiento de melanoma maligno, utilizando solo dos características basadas en la Asimetría y la irregularidad del borde. Con las características obtenidas se construye un árbol de decisión con el algoritmo ID3. Los resultados obtenidos no son muy precisos, sin embargo se podrían mejorar utilizando más características tomando en cuenta la regla ABCD. De igual manera, sería muy útil que se tuviera una base de datos más amplia y de mejor calidad de imágenes de melanoma maligno con el fin de mejorar la extracción de características y la precisión de la clasificación. Cabe resaltar que al desarrollar la aplicación en la plataforma Android y utilizando la librería Opencv ayudó mucho en los tiempos de implementación. Sin embargo, los algoritmos implementados en la librería es necesario optimizarlos de tal manera que mejoren los tiempos de respuesta en la clasificación del patrón entrenado.

REFERENCIAS

[1] Cardiff University, «Departament of dermatology,» 2015. [En línea]. Available: http://sites.cardiff.ac.uk/dermatology/courses/an-introduction-to-dermoscopy/virtual-dermatoscope-iphone-app/. [Último acceso: 17 Diciembre 2015].

[2] J. P. Sánchez-Hernández y D. L. Hernández-Rabadán, «Comparison of classification methods applied to the diagnosis of malignant melanoma using asymmetry,» *Programación Matemática y Software,* vol. 6, n° 2, pp. 51-56, 2014.

[3] J. R. Quinlan, «Induction of decision trees,» *Machine Learning,* vol. 1, n° 1, pp. 81-106, 1986.

[4] S. Patel, M. Eluri, L. N. Boyers, C. Karimkhani y R. Dellavalle, «Update on mobile applications in dermatology,» *Dermatology Online Journal,* vol. 21, n° 2, pp. 1-5, 2015.

[5] H. A. K. B. U. H. I. Y. A. A. W. V. S. y. R. H. M. M. E. Celebi, «A methodological approach to the classification of dermoscopy images,» *Computerized Medical Imaging and Graphics,* vol. 31, n° 6, pp. 362-373, 2007.

[6] u. d. M. Health system, «University of Michigan Health System,» 2015. [En línea]. Available: http://www.uofmhealth.org/patient%20and%20visitor%20guide/my-skin-check-app. [Último acceso: 17 Diciembre 2015].

[7] FotoSkin, «FotoSkin,» 2015. [En línea]. Available: http://fotoskinapp.com. [Último acceso: 15 Diciembre 2015].

[8] DoctorMole, «Doctor Mole-Skin Cancer App,» 2015. [En línea]. Available: http://www.doctormole.com/. [Último acceso: 17 Diciembre 2015].

[9] Dermomap, «http://www.dermomap.com/,» 2015. [En línea]. Available: http://www.dermomap.com/. [Último acceso: 17 Diciembre 2015].

[10] M. Ogorzałek, L. Nowak, G. Surówka y A. Alekseenko, «Modern techniques for computer-aided melanoma diagnosis,» *InTech,* pp. 63-86, 2011.

[11] T. K. Lee, D. I. McLean y M. S. Atkins, «Irregularity index: A new border irregularity measure for cutaneous melanocytic lesions,» *Medical Image Analysis,* n° 7, pp. 47-64, 2003.

Captura de Imágenes en Infrarrojo Cercano para el Análisis de Rasgos en Venas Dorsales

Rafael Pérez Aguirre, J. Arturo Olvera-López, Manuel Martín-Ortiz, Ivan Olmos-Pineda

Facultad de Ciencias de la Computación

Benemérita Universidad Autónoma de Puebla

Av. San Claudio y 14 Sur, Col. San Manuel. Puebla, Pue., México

perezaguirrerafael@gmail.com, {aolvera, mmartin, iolmos}@cs.buap.mx

Resumen— Los sistemas biométricos para identificación y/o autenticación son cada vez más comunes en los ámbitos cotidianos y de confiabilidad para lo cual se utilizan varios rasgos biométricos. En este trabajo se presenta un sistema biométrico de bajo costo para la captura y pre-procesamiento de las venas el dorso de la mano considerando éstas como biométrico con características útiles y particulares respecto a otros rasgos. Con base en los resultados presentados, la propuesta es una solución útil para fines de captura y extracción de características en ámbitos biométricos.

Palabras Clave— *Sistemas biométricos, identificación de personas, venas dorsales de la mano, procesamiento digital de imágenes, infrarrojo cercano*

I. INTRODUCCIÓN

Una de las aplicaciones de tecnologías de la información es la de seguridad, en particular, en tareas como: control de acceso, identificación, autenticación, entre otras. El trabajo reportado en este documento se enfoca en lo que respecta a las aplicaciones de seguridad relacionadas a la identificación y la autenticación de individuos, en particular, estas aplicaciones respectan al área de las Ciencias Computacionales conocida como Biometría.

En general, la Biometría es la rama de las Ciencias de la Computación que se encarga del estudio de algoritmos mediante los cuales es posible llevar a cabo de manera automática la identificación (establecer la identidad) o autenticación (verificar la identidad) de un individuo a partir de rasgos únicos y distintivos que describen su identidad. Comúnmente, a los rasgos que describen la identidad de las personas se les conoce como biométricos y ejemplos de ellos son: huella dactilar, rostro, voz, manera de caminar, etc. [1]. Otro tipo de medios para identificación incluyen los de tipo material o de conocimiento por ejemplo: credenciales, tarjetas, contraseñas, pero estos medios presentan la principal desventaja de que son fácilmente extraviados u olvidados, por tanto, en estos casos los biométricos son particularmente útiles debido a que siempre el usuario lleva consigo estas características[2].

Las ramas que involucra la Biometría son el Reconocimiento de Patrones y la Visión por computadora, fundamentalmente se captura el biométrico de manera digital y se extrae cierta información relevante para construir modelos que describen de forma única a cada individuo, mediante los cuales es posible llevar a cabo la identificación. A pesar de que los biométricos son fiables, pueden ser vulnerados y por tanto se recurre a considerar más de uno de estos rasgos para reforzar la identificación. En particular, en este trabajo se considera como biométrico a la red venosa del dorso de la mano, la cual describe cierto patrón que es anatómicamente y morfológicamente diferente al de cualquier otro individuo e inclusive son distintos en la mano derecha e izquierda [3,4].

La descripción del contenido de este artículo es la siguiente: en la sección II se detallan aspectos referentes a los sistemas biométricos basados en la red de vanas dorsales, la sección III presenta el sistema de captura propuesto en este trabajo; los resultados parcialmente obtenidos se describen en la sección IV y finalmente las conclusiones y trabajo futuro se especifican en la sección V.

II. SISTEMAS BIOMÉTRICOS

En un sistema biométrico, fundamentalmente se requiere de los módulos de captura, extracción de características y reconocimiento. Una breve descripción de las tareas que se llevan a cabo en cada uno de estos módulos se detalla a continuación.

-Captura. En esta fase, se almacena de manera digital el biométrico a considerar en el sistema mediante dispositivos tales como cámaras digitales (en el caso de huella dactilar, rostro, manera de caminar, etc.), micrófonos (en el caso de la voz). Este proceso involucra las tareas de muestreo, cuantificación y almacenamiento de la información.

-Extracción de características. A partir de la información capturada es necesario detectar y obtener las características descriptivas más relevantes que hacen distintivo al biométrico a analizar; comúnmente, estas características definen un modelo

referente a la identidad de la persona. En el caso de la huella dactilar tales características son los núcleos y bifurcaciones que forman las intersecciones de las líneas que conforman la huella dactilar así como su respectiva localización espacial; para la identificación a partir de rostros, las características descriptivas son regiones de las zonas de ojos, nariz y boca que suelen analizarse en espacios dimensionales mediante técnicas tales como el análisis de componentes principales (PCA). La técnica PCA es un método estadístico para la reducción de dimensionalidad con el cual se construye un espacio n-dimensional a partir de los n atributos que describen la información, comúnmente el espacio que mejor describe los datos es aquel que se construye con los p puntos (componentes principales) con máxima varianza y además $p \ll n$.

-*Reconocimiento*. En este módulo se lleva a cabo la extracción de modelos o patrones propios de cada biométrico con el objetivo de detectar éstos y poder identificar o autenticar (clasificar) a un usuario válido registrado. Para la extracción de patrones se lleva a cabo una fase de entrenamiento para lo cual es necesario proporcionar un conjunto de datos (conjunto de entrenamiento) en el que se especifica la información de la cual se aprenderán los patrones cuya representación es diversa y depende del enfoque que se utiliza para tal extracción. Algunos ejemplos de la representación de patrones extraídos son: reglas, hiper-planos de separación (polinomios), cálculo de probabilidades, entre otras; en particular, a los algoritmos encargados de la extracción de patrones se les denomina clasificadores y ejemplos de éstos son: redes neuronales artificiales, k-vecinos más cercanos, árboles de decisión, modelos ocultos de Markov, entre otros [5].

Una vez que se ha descrito la arquitectura general de un sistema biométrico cabe mencionar que este trabajo se ubica en el módulo de captura y además se considera la red venosa superficial en el dorso de las manos como biométrico para la identificación de individuos. La red de venas superficiales del dorso de la mano es única y distingue entre un individuo y otro ya que posee características interesantes: las bifurcaciones que se forman y la localización de éstas (de manera análoga a la huella dactilar) definen un patrón de identificación del individuo; para su captura y análisis es necesario que el individuo presente vitalidad; el patrón que definen es confiable pues es difícil de replicar y falsificar (a diferencia de la firma) por intrusos [6].

Para capturar este biométrico es necesario utilizar una cámara digital, pero en el caso de las imágenes capturadas por cámaras convencionales puede ocurrir que no sean fácilmente notorias las venas del dorso de la mano, incluso la visibilidad de éstas en la imagen puede ser nula por razones anatómicas del individuo que provocan que las venas del dorso no sean superficialmente visibles. Algunas características que determinan la presencia superficial de las venas dorsales de la mano incluyen: complexión, densidad de tejido adiposo y el género ya que es menos común la visibilidad superficial de venas en personas de sexo femenino. Debido a estos aspectos, es necesario llevar a cabo la captura de este biométrico mediante dispositivos de captura que son sensibles en el infrarrojo cercano pues en esta banda espectral se puede obtener información de la estructura de venas dorsales. En la siguiente sección se detalla un sistema de captura de bajo costo propuesto para la captura de imágenes en infrarrojo cercano de venas dorsales de la mano para su posterior procesamiento enfocado a fines de biometría.

III.   CAPTURA DE IMÁGENES DE VENAS DORSALES

El ojo humano puede percibir el rango visible del espectro electromagnético que abarca ondas con longitud de 400-700 nano metros (nm.) y comúnmente en esta banda espectral se sitúan las imágenes captadas por cámaras convencionales. Como se mencionó anteriormente, este tipo de cámaras no son útiles para la captura de las venas dorsales y por tanto es necesario llevar a cabo la captura en otra banda espectral que en particular corresponde a la banda infrarroja (comprende las longitudes de onda que van de los 700-900 nm. aproximadamente) [4]. Debido a la hemoglobina desoxigenada en las venas del dorso de la mano, éstas suelen absorber la luz infrarroja la cual puede penetrar hasta 3 milímetros la piel humana y si se captura una imagen en esta banda se tiene un contraste (venas en color oscuro, la piel y demás tejidos en color claro) con lo cual se puede percibir la red venosa del dorso de la mano a pesar de que ésta no sea notoria en el rango visible. Para llevar a cabo la captura en esta banda espectral se puede utilizar una cámara termográfica (pues el calor es una radiación en la banda infrarroja) que es sensible a lo que ocurre en la banda infrarroja. Las cámaras termográficas contienen sensores (comúnmente microbolómetros de óxido de vanadio o silicón amorfo) que captan la radiación infrarroja de una escena y la presentan a manera de imágenes mediante técnicas de falso color de acuerdo a la temperatura capturada. Sin embargo, una característica de este tipo de cámaras es su alto precio en el mercado, lo cual en muchos casos hace difícil su adquisición. Teniendo en cuenta este aspecto, se puede recurrir a cámaras sensibles en el infrarrojo cercano (ondas con longitud de 850nm.) que comúnmente se utilizan para visión nocturna mediante iluminación infrarroja con las cuales es posible notar el contraste en venas de imágenes de las manos [2]. En este trabajo se presenta el prototipo funcional de un sistema de captura en infrarrojo cercano de imágenes de venas dorsales cuya descripción se detalla en los párrafos siguientes.

El sistema de captura consta de iluminación led infrarroja (arreglo de 21 leds infrarrojos con distribución circular) y una cámara web GENIUS ISLIM-321R sensible a la captura en infrarrojo cercano. La iluminación led puede aplicarse directamente sobre la mano y llevar a cabo la captura pero con este tipo de procedimiento se obtienen imágenes con una cantidad considerable de ruido, por tanto nuestro sistema de captura se basa en trans-iluminación infrarroja para obtener un contraste visible sin la presencia excesiva de ruido (Figura 1). Se coloca un arreglo de 21 leds infrarrojos sobre los cuales se sitúa la palma de la mano y sobre ésta se coloca la cámara de manera fija a una altura de 25cm. Con la oclusión de la palma sobre el arreglo de leds se presenta un fenómeno de transparencia en la banda infrarroja y por tanto puede ser notorio el contraste de venas y piel. En la Figura 2 puede observarse el prototipo funcional construido en el cual el usuario introduce la palma de la mano sobre una base con las delimitaciones de la región de palma de la mano para controlar las variaciones respecto a rotaciones durante la captura. Debido a la cantidad de luz infrarroja emitida por los leds, se colocó sobre éstos un difusor construido con polietileno con el cual la luz infrarroja emitida se reduce de tal manera que se obtiene una menor saturación en las imágenes capturadas.

Fig. 1. Componentes generales del sistema de captura propuesto, el cual se conecta como entrada a una computadora personal para su funcionamiento

Fig. 2. Prototipo funcional del sistema de captura elaborado con estructura de madera, 21 leds infrarrojo para trans-iluminación y cámara ISLIM321R

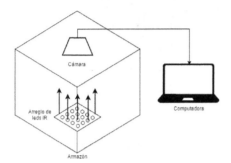

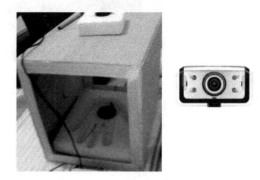

IV. RESULTADOS EXPERIMENTALES

Con el sistema de captura descrito en la sección anterior se llevó a cabo una serie de capturas de dorsos de la mano para lo cual fue necesaria la implementación de una interfaz que permita el control de la cámara y el respectivo almacenamiento de las imágenes obtenidas. La implementación se llevó acabo utilizando Objective Pascal y SQLite debido a que además de la imagen, se almacena una base de datos de información de cada individuo como Edad, Complexión, Género, Estatura, etc., los cuales pueden ser útiles para analizar patrones respecto a venas dorsales. La interfaz desarrollada puede identificar y manipular cualquier dispositivo de captura conectado al puerto USB de la PC, con lo que es posible acceder al control y propiedades de la cámara que el usuario especifica después de elegir el dispositivo de captura. En la Figura 3 se muestra la interfaz desarrollada así como los componentes gráficos de las opciones que la conforman.

Fig. 3. Interfaz desarrollada para el control y manejo de las imágenes de venas dorsales en la banda del infrarrojo cercano

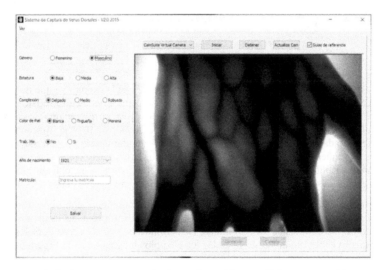

Para llevar a cabo la captura de imágenes es necesario determinar si las condiciones a considerar respecto a la temperatura en que funciona el sistema de captura impactan en el contraste obtenido. En la Figura 4 se muestran resultados de captura considerando la adquisición de imágenes a temperatura ambiente (parte izquierda en Figura 4) y con estrés térmico frío (parte derecha en Figura 4), es decir previamente sumergir la mano en agua fría cuya temperatura ha sido disminuida mediante la previa inclusión de hielo en el agua. Puede notarse que debido al estrés térmico, las venas sufren un ligero adelgazamiento y por tanto basta la temperatura ambiente para poder preservar las características estructurales del biométrico.

Debido a que el proceso de captura suele ser sensible a la rotación y posición inicial en que se capturan las imágenes, la interfaz implementada proporciona la opción de visualizar líneas guía durante la captura (Figura 5) con las que el usuario puede centrar el dorso de la mano y llevar a cabo una captura más homogénea respecto a las imágenes almacenadas. Estas líneas guía constan de un par de líneas perpendiculares en el centro de una elipse; el centro de las líneas perpendiculares permite al usuario colocar su mano de forma centrada mientras que la elipse es útil para situar dentro de ésta la región de interés (ROI) donde se encuentra el dorso de la mano y la red venosa a capturar.

Fig. 4. Captura de imágenes considerando temperatura ambiente (izquierda) y estress térmico frío (derecha)

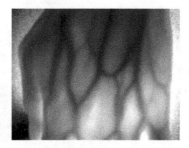 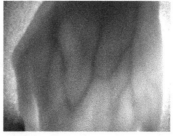

Fig. 5. Líneas y elipse que guían la captura para proporcionar a usuario la posibilidad de centrar las imágenes capturadas

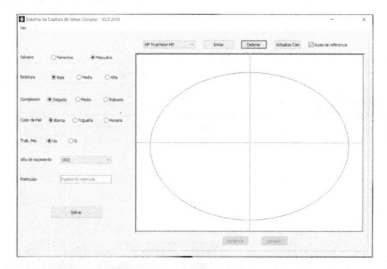

Otro aspecto interesante a considerar es alinear todas las imágenes después de la captura ya que no es fácil establecer un ángulo homogéneo para todas las capturas de manera que estén alineadas en la misma orientación. Existen métodos para la alineación automática de imágenes del dorso de la mano, tal como el reportado en [7] en el que automáticamente se detectan los puntos centrales de la mano y la muñeca y a partir de ellos se define el eje de referencia para rotar la imagen respecto a una dirección. En este sentido, la interfaz implementada permite al usuario, si éste lo desea, capturar cuatro puntos especificados con clics del mouse referentes a los extremos de la muñeca y de la parte central de la mano. Estos cuatro puntos de referencia son almacenados y pueden ser útiles como marcas (landmarks) para definir un eje de rotación cuya principal aplicación puede ser la alineación homogénea de las imágenes capturadas o bien la extracción de la ROI que contiene la red venosa dorsal.

En la Figura 6 se muestran algunas imágenes capturadas a temperatura ambiente con el sistema propuesto referentes a 12 distintos individuos. Puede notarse que con la técnica de trans-iluminación infrarroja de la mano es visible la localización y contraste de las venas de interés. De entre estos 12 individuos, existen muestras cuyas venas dorsales no eran superficiales y por tanto no eran notorias de manera visible, sin embargo en todos los ejemplos mostrados en la Figura 6, la red venosa es fácilmente perceptible.

En los sistemas biométricos basados en imágenes digitales es común que éstas requieran de un pre-procesamiento debido a que la información original de la captura presenta algunas dificultades para llevar a cabo la extracción de características (minucias) del biométrico debido a que comúnmente es necesario diferenciar las regiones de interés y el fondo de la imagen y también considerar que puede almacenarse ruido sal y/o pimienta al momento de la digitalización [8,9]. A este proceso de detectar y diferenciar el fondo de la región de interés suele llamársele segmentación mientras que al proceso de reducir ruido se le conoce como suavizado. Los algoritmos fundamentales para la segmentación de imágenes del dorso de la mano aplican una binarización sobre imágenes que previamente han sido convertidas a escala de gris ya que en este rubro no aportan información relevante los colores de la imagen y tampoco la luz visible; cuando se aplica una binarización (o umbralización), se obtiene como resultado una imagen con sólo dos colores: blanco o negro los cuales respectan a la región de interés y el fondo, es decir después de la segmentación basada en binarización la región a segmentar adoptará uno de estos dos colores.

Para binarizar una imagen suele considerarse un umbral U_b mediante el cual, fundamentalmente, para una imagen RGB de 8 bits de profundidad se lleva a cabo la siguiente asignación como resultado de la binarización:

$$I'(x,y) = \begin{cases} 255 & si\ I(x,y) < U_b \\ 0 & en\ otro\ caso \end{cases} \tag{1}$$

Donde $I(x,y)$ corresponde al valor de intensidad del pixel de la imagen en la coordenada espacial (x,y), 255 denota el máximo valor de intensidad (color blanco) y 0 denota el mínimo valor de intensidad (color negro). Comúnmente el valor que se utiliza para U_b es el valor promedio de la intensidad de todos los valores en los pixeles de la imagen; en este caso, se dice que la binarización o umbralización es global.

Fig. 6. Ejemplos de imágenes del dorso de la mano capturadas con el sistema propuesto

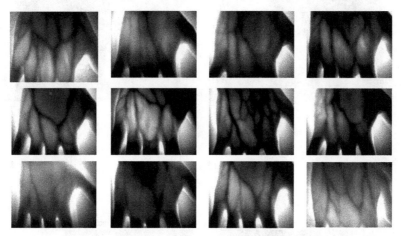

Considerando el pre-procesamiento que suele aplicarse a las imágenes de los biométricos, en la interfaz del sistema de captura se han implementado filtros para fines de suavizado y umbralización, el diagrama de los métodos implementados se muestra en la figura 7. En particular, para el suavizado se implementó un filtro mediana aplicado a regiones de tamaño 5x5, es decir, para suprimir las transiciones altas (ruido sal o pimienta) en la imagen, se analiza cada pixel central $p_{x,y}$ y sus 24 vecinos conexos, asignando a $p_{x,y}$ el valor mediana de los 25 pixeles (incluyendo a $p_{x,y}$). El objetivo de aplicar este filtro mediana es quitar ruido sal (blanco) o pimienta (negro) ya que si $p_{x,y}$ es un píxel considerado como ruido, la asignación de la mediana suprime el valor una alta o baja transición.

Fig. 7. Diagrama de bloques de los métodos aplicados para el procesamiento de imágenes capturadas

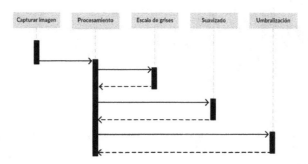

Después de aplicar la umbralización global sobre una imagen capturada se obtiene el resultado mostrado en la Figura 8; nótese que para el caso de segmentación de venas dorsales, el umbral global no es adecuado ya que con el resultado de la binarización se pierde gran parte de la información estructural de las venas y sólo se preservan aquellas regiones de máxima saturación de luz infrarroja. Debido a estos resultados de binarización global, puede llevarse a cabo este proceso considerando distintos umbrales de acuerdo a la región y condiciones variables de la iluminación infrarroja, a este tipo de umbrales se les denomina umbrales dinámicos. Para llevar a cabo la binarizaión dinámica es necesario analizar regiones locales de tamaño rxr y considerar un valor dinámico de binarización U_d distinto en cada región. El valor de U_d que se utiliza en nuestra implementación respecta a la media aritmética de los valores de la intensidad de los r^2 pixeles considerando $r=5$, de esta manera, el umbral de binarización toma en cuenta la media local de cada región para llevar a cabo la segmentación. Los resultados obtenidos pueden apreciarse en la Figura 9, en la cual es notoria la diferencia que se obtiene con la segmentación global y la segmentación dinámica, siendo esta última una mejor opción para segmentar y preservar la estructura que define las venas en la imagen.

Fig. 8. Imagen del dorso capturada (izquierda) y su respectiva binarización mediante un umbral global
correspondiente al valor promedio de las intensidades de cada pixel en la imagen (derecha)

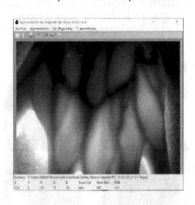 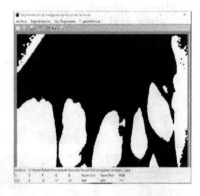

Fig. 9. Resultados obtenidos después de segmentar mediante:
Umbral global, umbral dinámico y umbral Gaussiano

Imagen original   Umbral global

Umbral local=Media   Umbral local= Media Gaussiana

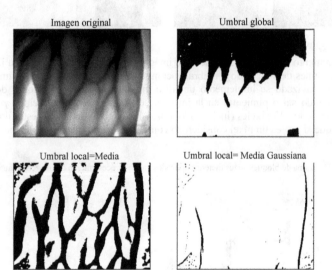

Otro valor de umbral dinámico con el que se experimentó fue considerar U_d como la media Gaussiana en regiones de 5x5, con la cual los resultados de binarización suelen ser más suaves respecto a la media aritmética. La matriz de convolución para la media Gaussiana con pixel de referencia en el centro es como se especifica en la expresión (2), donde el símbolo "*" indica el píxel al cual se asigna el valor de la convolución (píxel pivote).

$$\frac{1}{273}\begin{pmatrix} 1 & 4 & 7 & 4 & 1 \\ 4 & 16 & 26 & 16 & 4 \\ 7 & 26 & 41^* & 26 & 7 \\ 4 & 16 & 26 & 16 & 4 \\ 1 & 4 & 7 & 4 & 1 \end{pmatrix} \qquad (2)$$

Después de aplicar este umbral local, se obtuvo el resultado mostrado en la Figura 9, a partir del cual, se puede observar que esta umbralización no es robusta ante variaciones locales de intensidad en la imagen. En específico, el umbral Gaussiano es útil para obtener segmentación respecto a la región que delimita toda la mano pues con base en los resultados, se preservan las regiones del borde de la mano.

V. Conclusiones

En este trabajo se presenta un sistema para la captura de biométricos relacionados con las venas del dorso de la mano. La principal característica del sistema de captura es su bajo costo debido a su operación en el infrarrojo cercano, lo cual lo hace de fácil acceso respecto a los sistemas que requieren cámaras termográficas para captura.

La segmentación de imágenes del dorso de la mano es de gran relevancia como biométrico y adicionalmente se han implementado en la interfaz desarrollada algunos filtros para tales fines que se basan en la umbralización dinámica debido que en este tipo de escenarios no es funcional un umbral global para la segmentación ya que la luz infrarroja emitida es variable a lo largo de toda la zona de captura.

Como trabajo futuro, se considera continuar con el análisis y propuesta de filtros para mejorar los resultados de segmentación. Adicionalmente, se creará una base de datos de algunos cientos de individuos que sirva como referencia para llevar a cabo experimentos de autenticación y/o verificación lo que también requiere trabajar en la extracción de características (minucias) de las venas y llevar esta información a la fase de entrenamiento de clasificadores diversos del tipo supervisado.

Agradecimiento

El apoyo proporcionado para llevar a cabo este trabajo de investigación se deriva del proyecto VIEP-BUAP OLLJ-ING16-I.

Referencias

[1] Jain, A. K., Ross, A., Prabhakar, S."An introduction to biometric recognition". IEEE Transactions on circuits and systems for video technology, vol. 14, pp. 4-20, 2004

[2] Wang, L., Leedham, G."A Thermal Hand Vein Pattern Verification System". LNCS, vol. 3687, pp. 58-65, 2005

[3] Toro, O. F., Corre, H. L. "Identificación biométrica utilizando imágenes infrarrojas de la red vascular de la cara dorsal de la mano". Revista ingeniería e investigación, pp. 90-100, 2009

[4] Honarpisheh, Z., Faez, K. "An Efficient Dorsal Hand Vein Recognition Based on Firefly Algorithm". International Journal of Electrical and Computer Engineering , vol. 3, pp. 30-41, 2013

[5] Bishop, C. M."Pattern recognition and machine intelligence". Springer-Verlag, 2006

[6] Wang, L., Leedham, G."Near- and Far- Infrared Imaging for Vein Pattern Biometrics". Proceedings of the IEEE International Conference on Video and Signal Based Surveillance, pp. 52-57, 2006

[7] Morales-Montiel, I. I., Olvera-López, J. A., Olmos-Pineda, I. "An Image Rotation Approach for Hand Dorsal Vein Recognition". Research in Computing Science, vol. 99, PP. 105-113, 2015

[8] Morales-Montiel, I. I., Olvera-López, J. A., Martín-Ortíz, M., Orozco-Guillén, E. E. "Hand Vein Infrared Image Segmentation for Biometric Recognition". Research in Computing Science, vol. 80, pp. 55-66, 2014

[9] Khan, M. H. M. "Representation of Dorsal Hand Vein Pattern Using Local Binary Patterns (LBP)". International Conference on Codes, Cryptology, and Information Security, pp. 331-341, 2015

Control servo-visual de un robot de 2 grados de libertad

L. Montoya-Villegas

Instituto Politécnico Nacional-CITEDI

Tijuana, México

lmontoya@citedi.mx

R. Pérez-Alcocer

CONACyT-Instituto Politécnico Nacional-CITEDI

Tijuana, México

rrperez@citedi.mx

J. Moreno-Valenzuela

Instituto Politécnico Nacional-CITEDI

Tijuana, México

moreno@citedi.mx

Resumen—El control servo-visual brinda un mejor despeño en distintos sistemas mecatrónicos en comparación con otras técnicas de control, este esquema de control resulta ser una opción para dar solución al los ya conocidos problemas de regulación de posición y seguimiento de trayectorias empleando como fuente de retroalimentación principal sistemas de visión. En este trabajo, se presenta un método de control servo-visual para la regulación de posición en el espacio operacional del extremo final de un robot de 2 grados de libertad, mediante un controlador con estructura PID, el cual utiliza como señal de retroalimentación la posición en el espacio operacional proveída por un sistema de visión. Así mismo, el controlador es validado experimentalmente en tiempo real.

Palabras Clave—Control servo-visual, robot de 2 grados de libertad, espacio operacional, PID.

I. Introducción

Los sistemas de visión han tenido un fuerte auge debido al acelerado avance tecnológico de los últimos años. Esto ha sido el resultado de la reducción en su costo y el aumento de las prestaciones que brindan; es decir, las cámaras utilizadas en los sistemas de visión, actualmente poseen sensores con mayor resolución y frecuencias de muestreo más altas. Estas características sumadas al hecho que en el sector informático las computadoras cuentan con mayor poder de cómputo a precios asequibles, han provocado que los sistemas de visión resulten una opción interesante de sensado para el control de diversos sistemas mecatrónicos.

Los sistemas de visión, a diferencia de otros métodos de sensado, poseen la ventaja de poder ser adaptados a necesidades propias del sistema con el cual interactúan, únicamente modificando características de software. Esta característica da como resultado el poder emplear los sistemas de visión en ambientes donde resulta peligroso la utilización de sensores acoplados con los actuadores, como en el caso de robots manipuladores bajo agua [1], o incluso, cuando no se cuenta con sensores para determinar posición o velocidad articular, como lo son los codificadores ópticos y los tacómetros. Debido a lo anterior, se han comenzado a implementar en diversas actividades industriales, entre las que se puede encontrar los clasificadores de piezas, ensambladores, o incluso, en robots industriales que requieran control visual y de fuerza para interactuar con el medio ambiente, como se explica en [2], donde se usa un robot industrial tipo SCARA en este tipo de tareas.

Para poder realizar las tareas antes mencionadas se emplean diferentes técnicas de retroalimentación visual; entre los esquemas de control visual más comunes [3], encontramos los basados en imagen [4], [5], y los basados en posición [6], [7]. Los controladores desarrollados en [8]-[10] emplean modificaciones del controlador PID en base al jacobiano analítico del robot. En este trabajo se presenta un controlador con estructura PID el cual toma en cuenta las características cinemáticas de un robot de 2 grados de libertad, con el fin de regular la posición del extremo final en el espacio operacional, mediante el uso de un sistema de visión, donde además el controlador es validado experimentalmente.

Este artículo se encuentra organizado de la siguiente manera. En la Sección II, se describen las características dinámicas y cinemáticas del robot. En la Sección III, se presenta el controlador con estructura PID. En la Sección IV, se muestran los resultados experimentales. Finalmente, en la Sección V, se mencionan las conclusiones.

II. Modelo del sistema

La dinámica de los robots manipuladores ha sido objeto de estudio de una amplia cantidad de trabajos [11] [13], de manera general el modelo dinámico de un robot de n - grados de libertad se expresa como:

$$M(q)\ddot{q} + C(q,\dot{q})\dot{q} + g(q) + f(\dot{q}) = \tau, \tag{1}$$

donde $q \in \mathbb{R}^n$ es el vector de coordenadas articulares, $M(q) \in \mathbb{R}^{n \times n}$ representa la matriz de inercia, la cual es simétrica y definida positiva, $C(q,\dot{q})\dot{q} \in \mathbb{R}^n$ es el vector de fuerzas centrifugas y de Coriolis, $g(q) \in \mathbb{R}^n$ es el vector de pares gravitacionales, $f(\dot{q}) \in \mathbb{R}^n$ representa los pares debidos a la fricción viscosa y de Coulomb, y $\tau \in \mathbb{R}^n$ es el vector de pares externos, es decir, aquellos que son producidos por los actuadores en las articulaciones.

Determinar la posición del extremo final del robot en función de las variables articulares es parte fundamental en el desarrollo de este trabajo. Por lo cual, en la Fig. 1a, se muestra la estructura geométrica del robot de 2 grados de libertad empleado como plataforma experimental en este trabajo, el cual se representa como un conjunto de eslabones y articulaciones ligados a un marco de referencia principal O_0 y donde a cada articulación se le asigna un marco de referencia denotado por O_i. De esta forma q_i denota la i-ésima variable articular y las longitudes de los eslabones son representadas por: d_1, d_2 y d_3. En particular para este robot las dimensiones de los eslabones están dadas por:

$$d_1 = 0.33[m], \tag{2}$$
$$d_2 = 0.21[m], \tag{3}$$
$$d_3 = 0.18[m]. \tag{4}$$

Fig. 1. Diagramas para la obtención de la cinemática directa e inversa del robot de 2 grados de libertad.

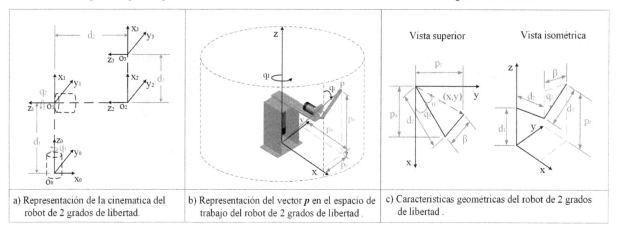

a) Representación de la cinematica del robot de 2 grados de libertad.

b) Representación del vector p en el espacio de trabajo del robot de 2 grados de libertad .

c) Caracteristicas geométricas del robot de 2 grados de libertad .

El robot se representa en el espacio operacional, el cual es el espacio tridimensional definido por coordenadas cartesianas x, y, z, en el que es posible especificar una tarea a realizar por el robot; como se detalla en [12].

De este modo, la relación que existe entre la posición y orientación del extremo final del robot en el espacio operacional con respecto al marco de referencia situado en su base, está dada por la siguiente matriz de transformación homogénea:

$$T_3^0 = \begin{bmatrix} -S_{q_1}S_{q_2} & -S_{q_1}C_{q_2} & -C_{q_1} & -S_{q_1}S_{q_2}d_3 + C_{q_1}d_2 \\ C_{q_1}S_{q_2} & C_{q_1}C_{q_2} & -S_{q_1} & C_{q_1}S_{q_2}d_3 + S_{q_1}d_2 \\ C_{q_2} & -S_{q_2} & 0 & C_{q_2}d_3 + d_1 \\ 0 & 0 & 0 & 1 \end{bmatrix}, \tag{5}$$

donde: $S_x = sen(x)$ y $C_x = cos(x)$.

En particular, la posición $p = [p_x \ p_y \ p_z]^T \in \mathbb{R}^3$ del extremo final del robot de 2 grados de libertad con respecto al marco de referencia O_0, está dada por:

$$p_x = -S_{q_1}S_{q_2}d_3 + C_{q_1}d_2, \tag{6}$$
$$p_y = C_{q_1}S_{q_2}d_3 + S_{q_1}d_2, \tag{7}$$
$$p_z = C_{q_2}d_3 + d_1. \tag{8}$$

En la Fig. 1b se tiene una representación gráfica del vector $\boldsymbol{p}$.

Por otra parte, para obtener la cinemática inversa del robot, la cual relaciona la posición del extremo final con respecto a las variables articulares, se aplica un análisis utilizando las características geométricas que se observan en la Fig. 1c.

Por medio de dicho análisis se establecen los valores de las variables articulares, mediante las siguientes ecuaciones:

$$q_1 = atan2(p_y, p_x) - \alpha, \tag{9}$$

$$q_2 = \frac{\pi}{2} - sen^{-1}\left(\frac{p_z - d_1}{d_3}\right). \tag{10}$$

con $\alpha = atan\left(\frac{\beta}{d_2}\right)$ y $\beta = d_3 sen(q_2)$, donde además la función $atan\left(\frac{\beta}{d_2}\right)$ determina el ángulo α correspondiente a la razón entre el cateto opuesto β y el cateto adyacente (d_2) del triángulo rectángulo formado; la función $atan2(p_y, p_x)$ es la función $atan$ de 2 argumentos, es decir que esta función proporciona el ángulo formado por el eje x y la proyección del vector $\boldsymbol{p}$ en el plano x, y.

Por otra parte, una herramienta empleada en el desarrollo de este trabajo es el jacobiano analítico, el cual denota la relación de cambio de la posición en el espacio operacional con respecto a las posiciones articulares. Esta relación es representada mediante una matriz, la cual está formada por las derivadas parciales de las ecuaciones cinemáticas (6), (7), (8) con respecto a las variables articulares. Para el robot que se está describiendo en esta sección, la matriz jacobiana se representada como:

$$J(\boldsymbol{q}) = \frac{\partial \boldsymbol{p}}{\partial \boldsymbol{q}} = \begin{bmatrix} -C_{q_1}S_{q_2}d_3 - S_{q_1}d_2 & -S_{q_1}C_{q_2}d_3 \\ -S_{q_1}S_{q_2}d_3 + C_{q_1}d_2 & C_{q_1}C_{q_2}d_3 \\ 0 & -S_{q_2}d_3 \end{bmatrix}. \tag{11}$$

III. Controlador PID

El controlador con estructura PID que se presenta en este trabajo se emplea para realizar la regulación de posición en el espacio operacional del robot de 2 grados de libertad; este control se define en términos de las coordenadas x, y, z, dada la suposición de que no es posible medir las variables articulares $\boldsymbol{q}$ y sus derivadas. Una manera indirecta de medirlas es mediante $\boldsymbol{p}$, $\dot{\boldsymbol{p}}$; para lo cual se propone el uso del sistema de visión, el cual brinda mediciones de la posición en el espacio operacional, las cuales son usadas como señal de retroalimentación del control.

Así, el objetivo de control se define como:

$$\lim_{t \to \infty} \tilde{\boldsymbol{p}} = 0, \tag{12}$$

donde $\tilde{\boldsymbol{p}}$ es el error de posición en el espacio de operación, el cual es definido como:

$$\tilde{\boldsymbol{p}} = \boldsymbol{p_d} - \boldsymbol{p}, \tag{13}$$

donde $\boldsymbol{p_d} = [x_d \ y_d \ z_d]^T$, representa la posición deseada del extremo final del robot, la cual es constante.

Para alcanzar el objetivo de control, se usa la siguiente ley de control:

$$\boldsymbol{\tau} = J(\boldsymbol{q})^T [K_p \tilde{\boldsymbol{p}} + K_v \dot{\tilde{\boldsymbol{p}}} + K_i \boldsymbol{\xi}], \tag{14}$$

$$\dot{\boldsymbol{\xi}} = \tilde{\boldsymbol{p}}, \tag{15}$$

donde $J(\boldsymbol{q})^T \in \mathbb{R}^{2 \times 3}$ es la matriz jacobiana transpuesta, K_p, K_v y $K_i \in \mathbb{R}^{3 \times 3}$ son matrices diagonales y definidas positivas que representan las ganancias proporcional, derivativa e integral del controlador propuesto, respectivamente.

IV. Resultados experimentales

La validación del control PID fue realizada mediante la plataforma experimental representada en el diagrama mostrado en la Fig. 2, con un tiempo total de experimentación de 10 [s] y con un periodo de muestreo de 100 [ms].

La medición de la posición del extremo final del robot de 2 grados de libertad, se realiza mediante un sistema de visión el cual consta de un arreglo de 6 cámaras modelo *Flex 3*, las cuales emiten luz infrarroja que es reflejada por un conjunto de 4 marcadores esféricos colocados en un soporte ubicado en el extremo final del robot como se muestra en la Fig. 3.

Para determinar la posición del extremo final del robot por medio de las cámaras, las imágenes obtenidas se procesan mediante el software *Motive-Optical Motion Capture* que se ejecuta en una computadora personal. Este software permite obtener la posición en el espacio 3D de los marcadores descritos anteriormente, y transmitirla en tiempo real mediante una conexión inalámbrica punto a punto.

Fig. 2. Diagrama de la configuración de la plataforma experimental.

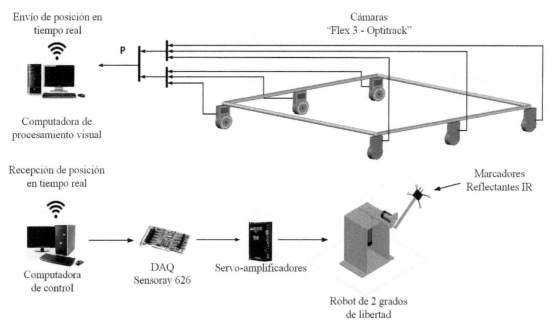

La implementación de la ley de control propuesta (14) es efectuada mediante el software *Simulink* de *MATLAB*. La interfaz por medio de la cual se ejecuta la acción de control pasa por una etapa de potencia la cual está constituida por 2 servo-amplificadores fabricados por *Advance Motion Controls*. El servo-amplificador modelo *30A20AC* acciona al motor de CD modelo *DCM50207D-1000* acoplado en la primer articulación, el cual es fabricado por *Leadshine Technology* y además posee una constante de motor de 0.0897 [Nm/A]. Por otra parte el servo-amplificador modelo *16A20AC* acciona al motor de CD modelo *DCM50202D-1000* acoplado en la segunda articulación, el cual es fabricado igualmente por *Leadshine Technology* y además posee una constante de motor de 0.0551 [Nm/A]. Finalmente la tarjeta de adquisición de datos *Sensoray 626* tiene como función el transformar la señal de acción de control en voltaje para cada servo-amplificador.

Fig. 3. Robot de 2 grados de libertad empleado como plataforma de prueba para el control con retroalimentación visual.

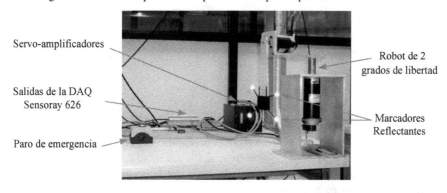

La tarea establecida al robot empleando el control propuesto, consistió en realizar regulación de posición en un punto del espacio operacional definido en:

$$p_{dx} = 0.26090 \ [m], \tag{16}$$
$$p_{dy} = -0.09187 \ [m], \tag{17}$$
$$p_{dz} = 0.33000 \ [m], \tag{18}$$

a partir de la posición inicial ubicada en:

$$p_{x_0} = 0.21 \, [m], \tag{19}$$

$$p_{y_0} = 0.00 \, [m], \tag{20}$$

$$p_{z_0} = 0.15 \, [m], \tag{21}$$

los valores de las ganancias del controlador fueron establecidas mediante el método heurístico de *"prueba y error"*, proceso mediante el cual se obtuvieron los siguientes valores:

$$k_p = diag\{3.0, 3.0, 3.0\} \, [Nm/rad], \tag{22}$$

$$k_v = diag\{2.0, 2.0, 2.0\} \, [(Nm\ s)/rad], \tag{23}$$

$$k_i = diag\{4.0, 4.0, 2.9\} \, [Nm/(rad\ s)]. \tag{24}$$

En la Fig. 4 se muestran las gráficas que describen el comportamiento del robot a lo largo de la experimentación en tiempo real, aplicando el control propuesto. Es posible observar como cada señal de posición en tiempo real (línea negra) se aproxima desde su ubicación inicial hacia el valor de referencia (línea roja) conforme el tiempo de experimentación avanza, logrando un tiempo de asentamiento en p_x, p_y y p_z menor a 5 [s].

Fig. 4. Gráficas de posición deseada p_d (línea roja) y posición en tiempo real p (línea negra) empleando el controlador definido en (14) - (15).

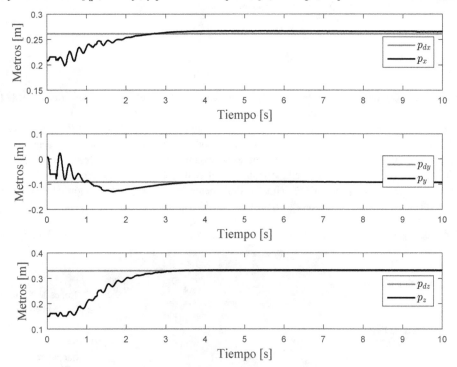

Finalmente en la Fig. 5 se muestran los pares generados por la acción de control (14) - (15), donde se observa que para la articulación 1 al final de la experimentación prácticamente no se aplica par en ella, sin embargo en la articulación 2 se puede observar un par constante de aproximadamente -0.14 [Nm], debido a que la posición de referencia deseada obliga a dicha articulación a permanecer con un valor de $\pi/2$ [rad].

Fig. 5. Pares generados por el control con estructura PID descrito en (14) - (15), durante la prueba experimental.

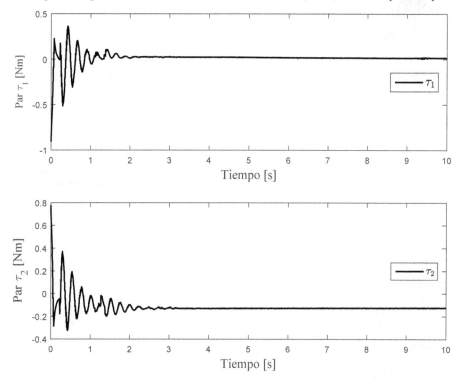

V. Conclusiones

En este trabajo se presentó un controlador de regulación de posición con estructura PID basado en el espacio operacional de un robot de 2 grados de libertad, la retroalimentación del control se realizó mediante el sistema de visión *Optitrack*. La validación experimental mostró un desempeño adecuado dado que el error de posición fue menor a 5 [mm], en un tiempo de 5 [s], este error estacionario se presenta debido principalmente a la baja precisión de los parámetros del modelo cinemático empleado y a las variaciones del error de medición proveniente del sistema de visión.

Los resultados obtenidos en este trabajo pueden ser mejorados teniendo mayor precisión en la determinación de los parámetros geométricos del robot, los cuales se emplean en su modelo cinemático.

Basados en los resultados obtenidos, es posible afirmar que es factible el uso del sistema de visión *Optitrack* para realizar el control servo-visual de regulación de posición en el robot de 2 grados de libertad, y en general de otros sistemas mecatrónicos.

REFERENCIAS

[1] A. Maruthupandi, N. Muthupalaniappan y S. R. Pandian. Visual servoing of a 2-link underwater robot manipulator. In: Proceedings of IEEE International Conference on Underwater Technology (UT), 2015 IEEE, Chennai, India. 2015, p. 1-2.

[2] R. Carelli, E. Oliva, C. Soria and O. Nasisi, Combined force and visual control of an industrial robot. Robotica, 2004;22:163-171.

[3] S. A. Hutchinson, G. D. Hager, and P. I. Corke, A tutorial on visual servo control, IEEE Transactions on Robotics and Automation, 1996;12(5):651-670.

[4] J. Pérez, M. Reza, J. Pomares, Direct image-based visual servoing of free-floating space manipulators, Aerospace Science and Technology, 2016;55:1-9.

[5] K. S. Hwang, M. H. Chung y W. C. Jiang. Image Based Visual Servoing Using Proportional Controller with Compensator. In: Proceedings of IEEE International Conference on Systems, Man, and Cybernetics (SMC), Kowloon, Hong Kong. 2015. p. 347-352.

[6] W. Bing y L. Xiang. A Simulation Research on 3D Visual Servoing Robot Tracking and Grasping a Moving Object. In: Proceedings of The 15th International Conference on Mechatronics and Machine Vision in Practice. M2VIP 2008. Auckland, New Zealand. 2008. p. 362-367.

[7] G. Dong, & Z. H. Zhu, Position-based visual servo control of autonomous robotic manipulators, Acta Astronautica, 2015;115:291-302.

[8] R. Kelly y A. Coello, Analysis and Experimentation of Transpose Jacobian-based Cartesian Regulators. Robotica, 1999;17(3):303-312.

[9] C. C. Cheah, M. Hirano, S. Kawamura y S. Arimoto, Approximate Jacobian control for robots with uncertain kinematics and dynamics, IEEE Transactions on Robotics and Automation, 2003;19(4):692-702.

[10] C. Huang, X. Peng, J. Wang, Robust Nonlinear PID Controllers for Anti-windup Design of Robot Manipulators with an Uncertain Jacobian Matrix, Acta Automatica Sinica, 2008;34(9):1113-1121.

[11] R. Kelly, V. Santibáñez y A. Loría, Control of Robot Manipulators in Joint Space, Springer-Verlag, London, 2005.

[12] L. Sciavicco y B. Siciliano, Modeling and control of Robot Manipulators, 2nd. ed. McGrraw-Hill, London: Springer-Verlag 2000.

[13] M. W. Spong, S. Hutchinson, y M. Vidyasagar. Robot Modeling and Control. New York: John Wiley & Sons, 2006.

Análisis de rendimiento de arquitecturas de GPU

Leopoldo N. Gaxiola, Juan J. Tapia, Victor H. Diaz-Ramirez

Instituto Politécnico Nacional - CITEDI

Ave. Instituto Politécnico Nacional 1310, Nueva Tijuana, Tijuana, B.C., CP 22435

lgaxiola@citedi.mx, jtapiaa@ipn.mx, vdiazr@ipn.mx

Resumen—En este trabajo se presenta un análisis de implementaciones del algoritmo de multiplicación de matrices ejecutadas en varias arquitecturas de GPU. Las implementaciones utilizan distintas opciones de programación que brinda CUDA, las implementaciones que se compararon están basadas en memoria compartida, *streams*, multi-GPU, memoria unificada y las funciones *cublasDgemm* y *cublasSgemm* de la biblioteca de funciones CUBLAS. Los resultados obtenidos son mostrados y discutidos con respecto al tiempo de ejecución de cada una de las implementaciones.

Palabras clave—GPU, multiplicación de matrices, CUBLAS, memoria compartida, memoria unificada.

I. INTRODUCCIÓN

Actualmente existen una serie de arquitecturas paralelas para el procesamiento de información que ayudan en la automatización de la solución de problemas de cómputo de alto rendimiento, tales como procesamiento de imágenes y video, modelado en dinámica de fluidos, y en general para procesar de forma paralela una gran cantidad de datos [1,2]. Estos problemas, demandan mucho poder de cómputo y el tratar de resolverlos de manera secuencial tardaría un tiempo prolongado para su resolución. El tiempo de procesamiento de estos problemas puede ser acelerado por medio de procesadores gráficos.

La operación de multiplicación de matrices densas de punto flotante es muy utilizada dentro del área de procesamiento de imágenes, la convolución y la correlación, para la implementación de un filtro a una imagen o verificar la correspondencia entre imágenes, son un claro ejemplo de su importancia [3,4]. La operación de multiplicación de matrices en un CPU es muy tardado, lo que no lo hace un hardware atractivo para su procesamiento. En los últimos años el utilizar unidades de procesamiento gráfico (GPU) ha tomado una gran relevancia desde el ámbito científico para el procesamiento en paralelo, por lo cual es una buena opción para el procesamiento de este problema.

En este trabajo se presenta un estudio comparativo del rendimiento de distintas rutinas que brinda el ambiente de desarrollo CUDA, por medio de un algoritmo de multiplicación de matrices. El objetivo de esta investigación es obtener una comparación de manera general entre las posibilidades que ofrece CUDA y las arquitecturas de GPU, para solucionar el problema de multiplicación de matrices, en términos de los tiempos de ejecución de cada una de estas posibilidades, y brindar a los programadores una guía de referencia para que al desarrollar sus algoritmos obtengan el mejor aprovechamiento de la capacidad de cómputo de la GPU.

II. IMPLEMENTACIONES DEL ALGORITMO DE MULTIPLICACIÓN DE MATRICES

En esta sección se presenta cada una de las implementaciones del algoritmo de multiplicación de matrices con las diferentes opciones que brinda CUDA, este algoritmo tiene una complejidad computacional de $O(N^2)$ de almacenamiento en memoria y $O(N^3)$ de procesamiento, lo que lo hace interesante para hacer pruebas de rendimiento con cómputo paralelo. En cada una de las implementaciones cada elemento de la matriz resultante es calculado por un hilo en la GPU. Por otro lado es importante tener en cuenta que la unidad mínima de procesamiento de la GPU es el *warp* que consta de 32 hilos de ejecución [6], en otras palabras el tener bloques con menos de 32 hilos hace que se creen bloques con 32 hilos pero solo se utilizan los que el programador específicó, lo cual provoca un desperdicio de recursos. Por lo que se recomienda utilizar múltiplos de 32 hilos en cada bloque.

Es importante mencionar que en CUDA se cuenta con la biblioteca de funciones CUBLAS [5], para sistematizar el uso de matrices y resolver problemas de álgebra lineal. El algoritmo de multiplicación de matrices de forma secuencial está dado por:

```
for (int i=0; i<N; i++)
  for (int j=0; j<N; j++)
    C[i][j]=0;

for (int i=0; i<N; i++)
  for (int j=0; j<N; j++)
    for (int k=0; k<N; k++)
      C[i][j]+=A[i][k]*B[k][j];
```

donde A y B son las matrices a multiplicar y C es la matriz resultante. En todos los casos se asume que son matrices cuadradas de tamaño NxN. Los tres ciclos **for** anidados indican que la complejidad computacional es de $O(N^3)$. A continuación se presenta una descripción y las líneas de código más distintivas de cada una de las implementaciones con las diferentes rutinas que se compararon con el problema multiplicación de matrices.

A. Multiplicación de matrices con la implementación básica

Esta implementación es la manera más elemental de realizar la operación de multiplicación de matrices, en la cual se tiene un solo *kernel* que resuelve el total de los elementos de la matriz resultante y utiliza la función *cudaMalloc* para reservar memoria.

```
_ _global_ _ void mul_mat( float *a, float *b, float *c ) {
int k ;
int x = threadIdx.x + blockIdx.x * blockDim.x;
int y = threadIdx.y + blockIdx.y * blockDim.y;
int tid = x + y * blockDim.x * gridDim.x;
c[tid] = 0 ;
 for ( k = 0 ; k < N ; k++ )
    c[tid] += a[y * blockDim.y * gridDim.y + k] * b[ x + k * blockDim.x * gridDim.x ];
}


int main( void ) {
...
dim3 grids(N/32,N/32);
dim3 threads(32,32);
mul_mat<<<grids, threads>>>( dev_a, dev_b, dev_c );
...}
```

B. Multiplicación de matrices con memoria unificada

La implementación del algoritmo con memoria unificada es muy similar a la versión básica, la memoria unificada permite ver como un solo espacio de direcciones las memorias del CPU y GPU por lo que no es necesario realizar copiados entre ellas, para la llamada de esta función se utiliza la instrucción *cudaMallocManaged* con la cual se define el número de elementos que se requieren y su tipo. Es importante mencionar que esta función no acrecienta la memoria del GPU.

```
int main( void ) {
...
    cudaMallocManaged (&a, N * N * sizeof(float));
    cudaMallocManaged(&b, N * N * sizeof(float));
    cudaMallocManaged(&c, N * N * sizeof(float));
    dim3 grids(N/32,N/32);
    dim3 threads(32,32);
    mult_mat<<<grids, threads>>>( a, b, c );
    cudaDeviceSynchronize();
...}
```

C. Multiplicación de matrices con multi-streams

Los *streams* permiten ejecutar la transferencia de datos de manera asíncrona y la ejecución de múltiples *kernels* en una sola GPU [7]. En la solución del problema de multiplicación de matrices por medio de multi-*streams* se utilizaron dos *streams* los cuales calculan la mitad de la matriz resultante.

```
int main( void ) {
...
cudaStream_t stream[2];
    for (i=0; i<2; ++i)
        cudaStreamCreate(&stream[i]);
    cudaMemcpyAsync(dev_a,a, N * N * sizeof(float), cudaMemcpyHostToDevice, stream[0]);
    cudaMemcpyAsync(dev_b,b, N * N * sizeof(float), cudaMemcpyHostToDevice, stream[0]);
    cudaMemcpyAsync(dev_d,d, N * N * sizeof(float), cudaMemcpyHostToDevice, stream[1]);
    cudaMemcpyAsync(dev_e,e, N * N * sizeof(float), cudaMemcpyHostToDevice, stream[1]);
    dim3 grids(N/32, N/32);
    dim3 threads(32,32);
    mul_mat<<<grids, threads,0,stream[0] >>>(dev_a, dev_b, dev_c);
    multgpu<<<grids, threads,0,stream[1] >>>(dev_d, dev_e, dev_f);
    cudaMemcpyAsync(c, dev_c, DIM * N * sizeof(float),cudaMemcpyDeviceToHost, stream[0]);
```

```
cudaMemcpyAsync(f, dev_f, N * N * sizeof(float),cudaMemcpyDeviceToHost, stream[1]);
for (i=0; i<2; ++i)
    cudaStreamSynchronize( stream[i] );
for (i=0; i<2; ++i)
    cudaStreamDestroy(stream[i]);
...}
```

D. Multiplicación de matrices con multi-GPU

En la implementación con multi-GPU se utilizaron dos GPUs iguales en donde cada uno de ellos calcula la mitad de la matriz resultante, la llamada al *kernel* y la selección del dispositivo a procesarlo se hace por medio de hilos POSIX [8].

```
__host__ void* mulmatC (void *parameters){
    int ren[2];
    struct mat_parms* p = (struct mat_parms*) parameters;
    int i;
    i= p->id;
    ren[0]=p->ren_ini;
    ren[1]=p-> ren_fin;
    float *dev_a, *dev_b, *dev_c;
...
    cudaSetDevice(p->id);
    dim3 grids(N/32,N/(32* GPU_N));
    dim3 threads(32, 32);
    Matgpu<<< grids, threads>>>(dev_a+i*PART, dev_b, dev_c+i*PART);
...}

int main( void ) {
...
    cudaGetDeviceCount(&GPU_N);
    pthread_t thrdmulmatC[GPU_N];
    for ( i = 0 ; i < GPU_N; i++)
        pthread_create (&thrdmulmatC[i], NULL, &mulmatC, &thread_args[i]);
    for ( i = 0 ; i < GPU_N; i++)
        pthread_join (thrdmulmatC[i], NULL);
... }
```

E. Multiplicación de matrices con memoria compartida

La memoria compartida es de tipo cache L1, lo que la hace una memoria de acceso rápido, a la cual tienen acceso los hilos de un mismo bloquen [7], además CUDA brinda la opción de configurar el tamaño de este tipo de memoria por medio de la instrucción *cudaFuncSetCacheConfig*, donde se le puede asignar el tamaño de 16, 32 o 48 KB, para esta implementación se definió como de 48 KB. Debido a que esta memoria es muy pequeña es necesario calcular el problema en fragmentos.

```
__global__ void multgpu(float * a, float * b, float * c) {
    __shared__ float ds_M[TILE_WIDTH][TILE_WIDTH];
    __shared__ float ds_N[TILE_WIDTH][TILE_WIDTH];
    int bx = blockIdx.x, by = blockIdx.y,
    tx = threadIdx.x, ty = threadIdx.y,
    Row = by * TILE_WIDTH + ty,
    Col = bx * TILE_WIDTH + tx;
    float Pvalue = 0;
    for (int m = 0; m < (N-1)/TILE_WIDTH+1; ++m) {
        if (Row < N && m*TILE_WIDTH+tx < N)
            ds_M[ty][tx] = a[Row*N + m*TILE_WIDTH+tx];
        else
            ds_M[ty][tx] = 0;
        if (Col < N && m*TILE_WIDTH+ty < N)
            ds_N[ty][tx] = b[(m*TILE_WIDTH+ty)*N+Col];
        else
            ds_N[ty][tx] = 0;
            __syncthreads();
        for (int k = 0; k < TILE_WIDTH; ++k)
            Pvalue += ds_M[ty][k] * ds_N[k][tx];
```

```
            __syncthreads();
       }
     if (Row < N && Col < N)
         c[Row*N+Col] = Pvalue;
}

int main(int argc, char ** argv) {
...
     cudaFuncSetCacheConfig(multgpu,cudaFuncCachePreferShared);
     dim3 dimGrid((N-1)/TILE_WIDTH+1, (N-1)/TILE_WIDTH+1, 1);
     dim3 dimBlock(TILE_WIDTH, TILE_WIDTH, 1);
      multgpu <<<dimGrid, dimBlock>>>(dev_a, dev_b, dev_c);
      cudaThreadSynchronize();
...}
```

F. Multiplicación de matrices con la rutina cublasSgemm de la biblioteca de funciones CUBLAS

La implementación por medio de la función *cublasSgemm* de la biblioteca CUBLAS realiza la multiplicación de matrices con precisión sencilla [5]. Es importante mencionar que está función consulta las características de la arquitectura de la GPU que se está utilizando para obtener el máximo rendimiento, y que para su funcionamiento las matrices entrantes deben de ser transpuestas. También se debe observar que al utilizar esta función no es necesario definir el número de hilos ni bloques que se van a ejecutar el *kernel*, ya que la función *cublasSgemm* lo hace de manera automática.

```
#include<cublas_v2.h>
int main(int argc, char *argv[]) {
...
     float *dev_a, *dev_b, *dev_c;
     float alpha=1,beta=0;
     transpose(a);
     transpose(b);
     cublasSetMatrix(N,N,sizeof(*a),a,N,dev_a,N);
     cublasSetMatrix(N,N,sizeof(*b),b,N,dev_b,N);
      cublasSgemm(handle, CUBLAS_OP_N,CUBLAS_OP_N,N,N,N,&alpha,dev_a,N,dev_b,N,&beta,dev_c,N);
     cudaThreadSynchronize();
     cublasGetMatrix(N,N,sizeof(*c),dev_c,N,c,N);
     transpose(c,N,N);
...}
```

G. Multiplicación de matrices con la rutina cublasDgemm de la biblioteca de funciones CUBLAS

La forma en que se utiliza y las características de la función *cublasDgemm* son muy similares a las de la función *cublasSgemm* [5], con la diferencia que la función *cublasDgemm* realiza la multiplicación de matrices con doble precisión.

```
#include<cublas_v2.h>
int main(int argc, char *argv[]){
...
     double *dev_a, *dev_b, *dev_c;
     transpose(a);
     transpose(b);
     cublasSetMatrix(N,N,sizeof(*a),a,N,dev_a,N);
     cublasSetMatrix(N,N,sizeof(*b),b,N,dev_b,N);
     cublasDgemm(handle,CUBLAS_OP_N,CUBLAS_OP_N,N,N,N,&alpha,dev_a,N,dev_b,N,&beta,dev_c,N);
     cudaThreadSynchronize();
     cublasGetMatrix(N,N,sizeof(*c),dev_c,N,c,N);
     transpose(c,N,N);
...}
```

III. RESULTADOS

Los resultados obtenidos con las diferentes implementaciones del algoritmo de multiplicación de matrices son presentados y discutidos con respecto al tiempo de ejecución. Las matrices que se utilizaron son matrices cuadradas con tipo de dato float, con excepción de la implementación con la rutina *cublasDgemm* que requiera tipo de dato double. Las implementaciones fueron ejecutadas en una computadora de escritorio con un procesador Intel i7 de 3.4 GHz, con 16 GB de memoria RAM y con sistema operativo GNU/Linux, las GPUs que se utilizaron fueron dos GeForce GTX 980 y una GeForce GTX 970 de arquitectura Maxwell, dos GeForce GTX 780 de arquitectura Kepler, una GeForce GTX 580 de arquitectura Fermi.

TABLA I.   TIEMPO DE EJECUCIÓN DE CADA UNA DE LAS IMPLEMENTACIONES EN GPUs GEFORCE GTX 980.

Renglones de la matriz (N)	Implementación del Algoritmo						
	Básica (ms)	Memoria unificada (ms)	Multi-streams (ms)	Multi-GPU (ms)	Memoria compartida (ms)	cublasSgemm (ms)	cublasDgemm (ms)
1024	17.615	17.604	96.404	93.501	6.485	1.802	19.386
2048	118.015	121.088	206.183	155.856	36.967	8.035	138.005
3072	371.669	383.959	454.591	284.303	109.741	21.771	411.389
4096	869.595	882.198	962.277	538.570	230.964	46.152	958.828
5120	1718.756	1736.525	1816.710	945.991	433.975	83.775	1872.549
6144	2890.482	2914.241	2993.435	1579.228	741.064	135.449	3194.865
7168	4806.041	4854.335	4923.510	2617.858	1148.930	206.165	5060.328
8192	6958.346	7005.400	7048.345	3828.627	1688.282	294.836	7536.175
9216	10007.626	10092.468	10148.080	5610.627	2380.352	398.778	10708.105
10240	13567.936	13682.123	13819.973	7315.717	3234.813	545.175	14676.493

La TABLA I muestra los tiempos que le tomó a cada implementación resolver la multiplicación de matrices de varios tamaños al ser ejecutadas en las GPUs GeForce GTX 980, cada una de ellas cuenta con 2048 CUDA núcleos distribuidos en 16 multiprocesadores, los cuales tienen 128 núcleos de precisión simple y 4 núcleos de precisión doble, y además contienen 4 GB de memoria global [9]. Se observa que los mejores resultados son obtenidos por la implementación con la rutina *cublasSgemm* debido a que saca el máximo aprovechamiento de la capacidad de procesamiento de la GPU, la implementación con memoria compartida también da buenos resultados pero está limitada por su tamaño, la implementación con la rutina *cublasDgemm* no da tan buenos resultados porque la GPU cuenta con pocos procesadores de doble precisión. La implementación básica y la que cuenta con memoria unificada obtienen resultados muy similares ya que no obtienen ninguna ventaja de la arquitectura. La implementación con multi-GPU obtuvo una ventaja de la mitad de tiempo ya que la matriz resultante es dividida entre las dos GPUs, además de que utilizar multi-GPU para problemas con pocos datos no es una manera de aprovechar su capacidad de cómputo. Por otra parte, la implementación con multi-*streams* obtiene los peores resultados ya que para solucionar el problema de multiplicación de matrices no se obtiene beneficio alguno de esta rutina.

En las pruebas con dos tarjetas GeForce GTX 780 se mantuvo el mismo comportamiento de cada una de las implementaciones con un tiempo un poco mayor, por ejemplo la implementación con la rutina *cublasSgemm* su tiempo mínimo de ejecución fue de 2.105 ms y su tiempo máximo fue de ejecución 784.487 ms, para el caso de la implementación con la rutina *cublasDgemm* el tiempo de ejecución mínimo fue de 16.851 ms y el tiempo de ejecución máximo fue de 11710.312 ms. Se puede observar que la implementación con la rutina *cublasDgemm* fue más lento en la tarjeta GeForce GTX 980 que en la tarjeta GeForce GTX 780, esto se debe a que la GPU GTX 780 tiene más núcleos de precisión doble que la GPU GTX 980. La GPU GTX 780 cuenta con 12 multiprocesadores cada uno con 192 núcleos de precisión simple y 64 de precisión doble [10].

Por otro lado las implementaciones al ser ejecutadas en las tarjetas GeForce GTX 580 y 970 también mantuvieron el mismo comportamiento, con diferentes tiempos de ejecución debido a los cambios de recursos con los que cuenta cada una de ellas. En ambos caso se omitió la prueba del algoritmo multi-GPU ya que solo se tiene una tarjeta de cada tipo. La tarjeta GeForce GTX 580 tiene 16 multiprocesadores, cada uno con 32 núcleos de precisión sencilla y 2 núcleos de doble precisión [11]. Al ejecutar la implementación con la rutina *cublasSgemm* en esta tarjeta su tiempo mínimo fue de 3.567 ms y el tiempo máximo fue de 2113.718 ms, para la implementación con la rutina *cublasDgemm* el tiempo mínimo fue de 13.586 ms y el tiempo máximo fue de 3802.989 ms obtenido en la multiplicación de matriz de tamaño 7168, este fue el problema de mayor tamaño que se resolvió con esta implementación en esta tarjeta por su limitación de memoria. Además, no se pudo ejecutar la implementación con la rutina de memoria unificada porque la capacidad de cómputo mínima para ejecutar esta rutina es 3.0 y esta tarjeta tiene una capacidad de cómputo de 2.0.

La tarjeta GeForce GTX 970 tiene 13 multiprocesadores con las mismas características de los que tiene la tarjeta GeForce GTX 980 [8]. En esta tarjeta el tiempo de ejecución mínimo de la implementación con la rutina *cublasSgemm* fue de 2.434 ms y el máximo fue de 735.418 ms. Al ejecutar la implementación con la rutina *cublasDgemm* esta tarjeta obtuvo un tiempo mínimo de 25.833 ms y un tiempo máximo de 17765.173 ms.

Fig. 1. Desempeño de cada una de las implementaciones al resolver el problema de multiplicación de matrices de diferentes tamaños.

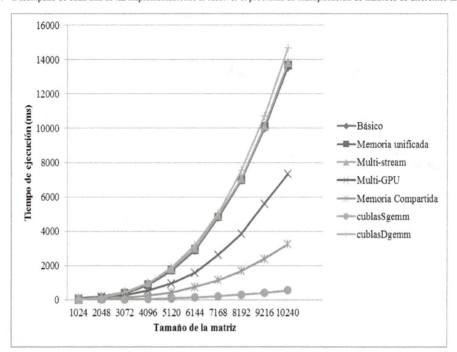

La Fig. 1 muestra de forma visual el desempeño de cada uno de los algoritmos al resolver el problema de multiplicación de matrices implementados en las GPUs GeForce GTX 980, en esta gráfica se observa que la implementación con *cublasSgemm* tiene una tendencia lineal y las otras implementaciones tienen una tendencia parabólica.

Además se hicieron pruebas con el tipo de dato double, el cual fue de 80-85% más lento, con respecto al tiempo de ejecución, que el tipo de dato float, esto se debe a que se tienen menos procesadores de doble precisión. Como se mencionó anteriormente cada arquitectura de los multiprocesadores de las GPUs tiene un número distinto de procesadores de doble precisión. De manera general los resultados obtenidos serán similares para cualquier comparación entre las arquitecturas presentadas. Las GPUs de arquitectura Maxwell sobre todo no son recomendables para cómputo científico porque tienen pocos procesadores de doble precisión, ya que fueron diseñas para procesamiento de video juegos.

A partir de los resultados obtenidos, se pueden mencionar algunos de los aspectos que se deben de considerar al seleccionar una arquitectura para una determinada aplicación son, primero se debe determinar si la aplicación necesita de un tamaño considerable de memoria. Segundo, conocer si es necesario que la tarjeta tenga mayor número de procesadores de doble precisión si la aplicación lo requiere. Tercero el costo de la GPU que se requiere. A partir de estos requerimientos las GPUs de Nvidia más óptimas para aplicaciones científicas son las de la familia Tesla, pero estás tienen un costo aproximado de 4 veces que las tarjetas de la familia GeForce. De las arquitecturas probadas se recomienda el uso de la arquitectura Maxwell para aplicaciones matemáticas que no requieren de precisión doble, si la aplicación requiere de precisión doble se recomienda las tarjetas GPU de arquitectura Kepler. Por otra parte, recientemente salió al mercado la arquitectura Pascal [12] la cual cuenta con multiprocesadores con 64 núcleos de precisión sencilla y 32 de precisión doble, una de las ventajas de utilizar ésta arquitectura es que al emplear memoria unificada se puede ver como un solo espacio de direcciones las memorias del CPU y GPU pero no está limitado a la memoria física de la GPU.

IV. CONCLUSIONES

En este trabajo, se presentó un análisis detallado de la comparación de implementaciones del algoritmo de multiplicación de matrices en procesadores gráficos, considerando diferentes opciones de programación que brinda CUDA para su programación y arquitecturas de GPU. Los resultados obtenidos mostraron que la implementación más rápida para el procesamiento de multiplicación de matrices, en cada una de las diferentes arquitecturas de GPUs probadas, fue la que contenía la rutina *cublasSgemm* de la biblioteca de funciones CUBLAS, debido a que aprovecha al máximo la arquitectura de la GPU. Además se puede resaltar la importancia de conocer la arquitectura para acelerar el algoritmo y de esta manera obtener su máximo aprovechamiento.

AGRADECIMIENTOS

Este trabajo ha sido apoyado por los proyectos IPN-SIP-20160816, IPN-SIP-20161465.

REFERENCIAS

[1]   J. Sanders, E. Kandrot. CUDA by Example: An introduction to General-Purpose GPU Programming. Addison-Wesley, 2010.

[2]   J. Cheng, M. Grossman, T. McKercher, Professional CUDA C Programming. John Wiley & Sons, 2014.

[3]   Y. Gao, T. Cheng, Y. Su, X. Xu, Y. Zhang, y Q. Zhang, "High-efficiency and high-accuracy digital image correlation for three-dimensional measurement", Opt. Lasers in Eng., vol. 65, pp 73-80, 2015.

[4]   D. Akgün, y P. Erdoğmuş, "GPU accelerated training of image convolution filter weights using genetic algorithms". Appl. Soft Comput., vol. 30, pp. 585-594, 2015.

[5]   Nvidia: CUBLAS Library User Guide version 7.5, 2015.

[6]   Nvidia: Nvidia CUDA C Programmers Guide version 7.5, 2015.

[7]   Nvidia: CUDA C Best Practice Guide version 7.5, 2015.

[8]   D. R. Butenhof. Programming with POSIx threads. Addison-Wesley, 1997.

[9]   Nvidia: Whitepaper Geforce GTX 980 version 1.1, 2014.

[10] Nvidia: Whitepaper NVIDIA's next generation CUDA compute architecture: Kepler GK110 version 1.0, 2012.

[11] Nvidia: Whitepaper NVIDIA's next generation CUDA compute architecture: Fermi version 1.1, 2009.

[12] Nvidia: Whitepaper NVIDIA Tesla P100 version 1.1, 2016.

REDES Y SISTEMAS DISTRIBUIDOS

Diseño e Implementación de una Plataforma de Cómputo de Altas Prestaciones sobre un entorno virtual

Design and Implementation of a Platform for High Performance Computing on a virtual environment

Hugo Eduardo Camacho Cruz[1], Palmira Estrada Saucedo[1], Ma. Lourdes Cantu Gallegos[1]

[1]Universidad Autónoma de Tamaulipas, Facultad de Medicina e Ingeniería en Sistemas Computacionales de Matamoros, Sendero Nacional Km. 3. Ciudad H. Matamoros, Tamaulipas, México.
hcamachoc@docentes.uat.edu.mx

Resumen— Hoy en día, derivado de la necesidad de almacenar mayor cantidad de datos, compartir información a grandes velocidades, así como el desarrollo y ejecución de aplicaciones que demandan un incremento en prestaciones de procesamiento y memoria; por ejemplo, bioinformática, predicción climática, análisis matemáticos, modelos de simulaciones, tratamientos de imágenes, entre otros; impulsa a que se busquen soluciones que brinden mejores resultados. Si bien es cierto, los computadores personales cada vez son más rápidos; no son suficientes en muchos de los casos para resolver estas problemáticas de manera óptima. Este trabajo propone la implementación de una plataforma de cómputo de altas prestaciones (Clúster de Computadores) sobre un entorno virtual usando recursos de bajo coste; así como herramientas de software libre con la finalidad de estudiar su funcionalidad e implementación para ser aplicado en un entorno real que ofrezca a los usuarios capacidad de almacenamiento, tolerancia a fallos y reducción en los tiempos de ejecución de aplicaciones para uso científico; este último mediante la implementación de técnicas de cómputo distribuido y paralelo.

Palabras Claves—Clúster, programación paralela, Sistemas de ficheros, MPI, Software Libre, Linux, OrangeFS.

Abstract—Nowadays, derived from the need to store more data, share information at high speeds, as well as the development and implementation of applications that demand increased processing capabilities and memory; for example, bioinformatics, climate forecasting, mathematical analysis, simulation models, processing of images, among others; drives to provide better solutions are sought. While it is true, personal computers are getting faster; They are not sufficient in many cases to solve the these problems optimally. This paper proposes the implementation of a platform for high-performance computing (Computer Cluster) on a virtual environment using low cost resources; and free software tools in order to study their functionality and implementation to be applied in a real environment that offers users storage capacity, fault tolerance and reduced runtimes of applications for scientific use; the latter by implementing techniques distributed and parallel computing.

Keywords—Clúster, parallel programming, file System, MPI, Open Source, Linux, OrangeFS.

I. INTRODUCCIÓN

Actualmente numerosas aplicaciones científicas trabajan con grandes cantidades de datos que demandan una gran capacidad de procesamiento, memoria y almacenamiento. Si bien existen equipos dedicados (supercomputadores) para afrontar estos requerimientos; sus costos, mantenimiento y desarrollo suele ser elevados, siendo no accesible para instituciones con recursos limitados. No obstante, las investigaciones realizadas en los últimos años sobre computadores y sistemas de ficheros, ha dado origen a que se desarrollen herramientas que permiten incrementar las prestaciones de los computadores, ofreciendo así a los usuarios la posibilidad de diseñar e implementar plataformas de altas prestaciones, también conocidas como clúster de computadores. Los clúster se presentan como una buena inversión para la resolución de problemas con alto grado de dificultad; convirtiéndose en una alternativa económica de implementar; y no solo eso, su mantenimiento y construcción permite escalar las capacidades del clúster puesto que se puede utilizar cualquier ordenador ya que no se requiere de hardware específico. Un clúster (figura 1), es un conjunto de computadores completos conectados a través de una red comercial de alta velocidad; por ejemplo, de tipo Ethernet (puede emplearse tecnología Infiniband o Myrinet) que se comporta ante el usuario como un único recurso de cómputo siendo más rápido y con gran capacidad de almacenamiento.

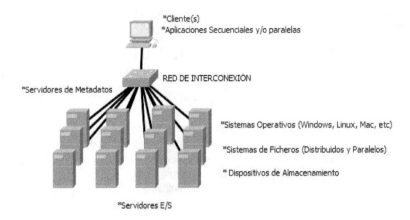

Fig. 1. Arquitectura de un Clúster de Computadoras

En esta primera fase de nuestro trabajo nosotros proponemos el diseño e implementación de una plataforma de cómputo de altas prestaciones sobre un entorno virtual. Lo anterior es derivado de la necesidad de observar la funcionalidad del proyecto para poder realizar la implementación en un entorno real. En nuestra propuesta, se plantea tomar ventaja del sistema de almacenamiento que contiene cada uno de los nodos del clúster. Se espera aprovechar el ancho de banda y la capacidad de los discos incluidos; en lugar de tener que añadir almacenamiento más caro o bien añadir redes de área de almacenamiento (Storage Area Network) o arrays de discos. Así como de los sistemas de ficheros distribuidos o basados en NAS (Network Attached Store), ya que permiten que las aplicaciones puedan acceder a un sistema de almacenamiento compuesto por los discos de los nodos de un clúster. Si es paralelo ofrecerá mejores prestaciones para aplicaciones paralelas con alta necesidad de escritura/lectura. Esto se logra mediante el acceso en paralelos sobre uno o varios ficheros tomando ventaja de los múltiples cores en cada procesador. Actualmente los clúster son empleados para incrementar la capacidad de procesamiento, almacenamiento, disponibilidad y tolerancia a fallos.

Este trabajo está organizado de la siguiente manera: La Sección 2 muestra algunos trabajos relacionados, la sección,3 hace mención al diseño de un clúster de computadores. La sección 4 detalla lo relevante de la implementación, la sección 5 muestra la funcionalidad de la construcción del clúster. Finalmente, la sección 6 plantea las conclusiones y trabajos futuros.

II. TRABAJOS RELACIONADOS

La complejidad de problemas en el área científica y de ingeniería, hacen de los clúster de computadores una excelente alternativa en la solución de los mismos. Algunas propuestas, tal es el caso de [1] permiten ver el trabajo y funcionalidad de un clúster. La mejora en el rendimiento de las operaciones de entrada/salida se logra a través del paralelismo de las aplicaciones mediante el uso de librería de paso de mensajes como MPI[2] que se ejecutan en los múltiples cores de los procesadores con lo que se acelera su procesamiento. Además las operaciones de lectura/escritura también se benefician de las memorias y caches añadidas, ya que aprovechan dos conceptos: la localidad temporal y espacial[3]. En otras palabras, un dato tiene una alta probabilidad de que sea utilizado en un futuro cercano (temporal), así como también un dato contiguo incrementa su probabilidad de que sea utilizado(espacial). En [4] la propuesta de la implementación de un clúster de alto rendimiento para resolver problemas científicos, nos deja ver como la ventaja de utilizar una plataforma configurada de manera adecuada puede ser mejor que un único sistema, ya que al poder distribuir la carga de trabajo en distintos servidores de E/S, las operaciones pueden ejecutarse de manera simultánea y/o paralela logrando reducir los tiempos de acceso a datos e incrementando las prestaciones de las aplicaciones conforme crece el número de nodos.

III. DISEÑO DE UNA PLATAFORMA DE CÓMPUTO DE ALTAS PRESTACIONES

De acuerdo en nuestra experiencia en entornos distribuidos y paralelos, se ha llegado a la conclusión de que es necesaria la utilización de sistemas operativos y sistemas de ficheros de código abierto para poder realizar las implementaciones que serán propuestas en un futuro para este trabajo, con la finalidad de obtener mejores prestaciones. Para el diseño de un clúster se debe tener en cuenta ciertos aspectos como son:

- **Hardware:** Un clúster ofrece la capacidad de poder trabajar con equipos heterogéneos, no obstante, lo recomendable es que se cuente con nodos homogéneos que puedan ser escalables y de alta disponibilidad para un uso masivo de datos. Preferentemente se desea que los nodos servidores de datos cuenten con múltiples cores para que sean capaces de poder ejecutar distintas tareas de forma simultánea haciendo uso de la programación paralela (MPI, PVM, entre otros); así como de fácil actualización en sus prestaciones (memoria y almacenamiento).

- **Software:** Existen distintas alternativas de software para la administración (Gestión, distribución, almacenamiento de datos, etc.), control, planificación y monitoreo de los recursos del clúster. No todas estas alternativas son de libre acceso, para este trabajo hemos utilizado CentOS; un sistema operativo de código abierto, basado en la distribución Red Hat Enterprise Linux, y cuyo objetivo es ofrecer al usuario un software de gran calidad sin coste. [5][6]

- **Interconexión:** Se requiere crear una red de comunicación que permita el manejo de datos de forma rápida, económica y de fácil acceso. Algunas alternativas son Infiniban, Myrinet, y Ethernet. Esta última se presenta como una alternativa confiable y de bajo costo.

- **Almacenamiento:** Dependiendo de la finalidad para la cual el clúster sea construido se puede elegir la tecnología de almacenamiento a utilizar (SSD, HDD, entre otros). Sin embargo, la idea de este trabajo es aprovechar los recursos de hardware existente en lugar de tener que invertir en nueva tecnología.

- **Instalaciones físicas:** Un clúster debe instalarse en un entorno controlado. Es decir, en un espacio libre de polvo, humedad, con suficiente capacidad de carga eléctrica y un buen sistema de climatización. Las instalaciones eléctricas deben estar aterrizadas para evitar descargas y daños en los equipos. Además, se debe tener espacio suficiente para el manejo de los mismos.

- **Personal capacitado:** Para garantizar un adecuado uso de los recursos del clúster, este deberá ser administrado por personal especializado en áreas de las ciencias de computación, con una amplia experiencia en el manejo y administración de recursos informáticos, así como sentido de responsabilidad y ética.

IV. Implementación de una Plataforma de Cómputo de Altas Prestaciones

El desarrollo de este proyecto consiste en la implementación de una plataforma de computación de altas prestaciones sobre un entorno virtual con el fin de observar la funcionalidad del proyecto para poder realizar la implementación en un entorno real para fines de investigación que permita el uso de equipos homogéneos o bien la reutilización de los que quipos de cómputo ya existentes. Una de las ventajas de la implementación es el de permitir que las tareas sean repartidas de forma balanceada entre cada uno de los servidores de E/S que forman el clúster. Este clúster ofrecerá el procesamiento de grandes cantidades de datos de una manera más rápida, por lo que se reduce de forma considerable los tiempos de acceso a datos. La idea viene derivada de la necesidad de adquirir servidores dedicados para realizar tareas de cálculo, almacenamiento, comunicación y procesamiento; pero el costo elevado de estos se convierte en un problema; es por ello que un clúster es una excelente solución para resolver estas necesidades. Algunos investigadores de la Universidad Autónoma de Tamaulipas (UAT) usan las herramientas de Supercómputo de la Universidad Politécnica de Cataluña (UPC) [7] en España, para la realización de proyectos de simulación de modelos en estudios relacionados con el sector energético. Por tanto, el poder lograr la implementación del proyecto, se tiene la firme idea que beneficiará a la comunidad académica e investigadora de nuestra universidad; ya que las gestiones para su uso serán menores con lo que el poder ejecutar las experimentaciones resultará en accesos más fáciles.

La implementación de la primera fase de este trabajo se realizó sobre un entorno virtual. Específicamente Oracle VM virtualBox[8], ya que es una herramienta que ofrece alto rendimiento para entornos virtuales otorgando una solución profesional y de libre acceso. La idea de utilizar un entorno virtual deriva de la necesidad de realizar distintas pruebas e implementaciones sobre sistemas de ficheros (HDFS[9], BeeGFS[10] y OrangeFS[11]) para conocer su funcionamiento y viabilidad en entornos de clúster y en este caso preferimos utilizar OrangeFS; puesto que se adaptaba en mejor manera a nuestras propuestas futuras.

A. Orange File System

OrangeFS, es un sistema de ficheros virtual basado en PVFS2[12]. Provee alto rendimiento para aplicaciones científicas y de ingeniería. Actualmente se utiliza en aplicaciones para uso intensivo de datos, descompone un fichero grande en pequeños objetos que son distribuidos sobre los múltiples nodos del clúster de forma paralela lo que permite que siguientes operaciones de Entrada/Salida se ejecuten más rápidamente. Lo anterior lo convierte en una gran herramienta para almacenar, procesar y analizar grandes datos. Las características principales de orangeFS son: 1) Se ejecuta a nivel de usuario y trabaja con diferentes sistemas operativos (Windows, Mac, y Linux), 2) Permite acceso paralelo a datos y metadatos, 3) Reduce los cuellos de botella, 4) Proporciona distintas interfaces para los clientes (Direct Interface, WebDAV, S3, FUSE, Hadoop y ROMIO,), 5) Utiliza directorios distribuidos, e 6) Implementa seguridad basada en cifrado.

OrangeFS, está compuesto principalmente por tres elementos:

- Servidor de Metadatos. El servidor de metadatos se encarga de mantener los atributos de los ficheros y directorios, tales como permisos, propietarios y localización de los datos. Algunas de las operaciones que se pueden realizar en un servidor de metadatos son: crear, eliminar, abrir o cerrar algún fichero. Esto se logra, mediante la comunicación del cliente con el servidor de metadatos a través de la librería libpvfs.
- Servidores de E/S. Se encargan de almacenar y gestionar los accesos a los datos localizados en los directorios de OrangeFS.
- Clientes. A través de los clientes acceden los usuarios a los datos almacenados en los directorios de OrangeFS. Para poder hacerlo disponen de una librería llamada pvfs2lib.

En OrangeFS Cada fichero y directorio se compone de dos o más objetos: uno contiene metadatos y el otro los datos del fichero; los objetos pueden contener tanto datos como metadatos, según sea necesario para cumplir con su papel en el sistema de ficheros. Esta división y distribución de datos a los servidores es imperceptible para el usuario, que ve sólo una visión tradicional de ficheros lógicos. Los servidores del sistema de fichero operan sobre objetos, cada uno de los cuales tiene su propio identificador único (handle), una secuencia de bytes (bytestream), y clave/valor (key/value pair). Los handle se utilizan para localizar objetos. Bytestreams son secuencias de bytes con una longitud arbitraria, utilizados generalmente para almacenar datos de fichero. Key/value pair permiten que los datos se almacenen y se recuperan utilizando una "clave" y son usados para almacenar atributos y otros metadatos del fichero. Los objetos se utilizan para diferentes propósitos en el sistema de ficheros y pueden utilizar bytestream, key/value pair, o ambos, según sea necesario.

OrangeFS se centra en los metadatos y la distribución de datos a los servidores, dejando la gestión de almacenamiento en disco a cada servidor E/S. Los metadatos consisten en la información como propietario y permisos de acceso, además de información adicional necesaria para gestionar el fichero. OrangeFS construye ficheros, directorios y otras estructuras del sistema de ficheros utilizando los objetos

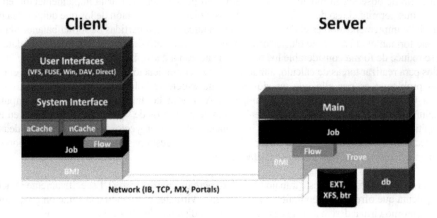

Fig. 2. Arquitectura de OrangeFS

Los módulos que conforman la capa software de OrangeFS y su interacción se muestran en la figura 2. En OrangeFS el cliente se comunica con la interfaz del sistema a través de la capa de aplicación utilizando diferentes tipos de interfaces a nivel de usuario. La capa de interfaz de sistema es una API puesta a disposición de los clientes, que utiliza una serie de máquinas de estado para ejecutar las operaciones solicitadas por la capa superior. Estas máquinas de estado lanzan nuevas operaciones, ejecutadas y controladas por la capa JOB, cada una de las cuales tiene un número asociado para ser identificadas. Las operaciones ejecutadas por la capa JOB, se envían a los servidores a través de la capa FLOW, que se encarga de mover tanto operaciones como datos de los clientes a los servidores. La capa FLOW, a su vez, utiliza la capa BMI (Buffered Message Interface), para poder tener accesos a la red. BMI pone a disposición de la capa FLOW, distintos módulos que dan soporte a diversos tipos de red. Estos módulos hacen transparente al cliente el tipo que se está utilizando. Las capas de software en el servidor son prácticamente las mismas que en los clientes, excepto que los servidores tienen una capa llamada TROVE, que es la encargada de almacenar los datos en los dispositivos de almacenamiento. Esta capa actúa tanto en los servidores de metadatos como en los servidores de datos. El uso de un entorno virtual nos permitió reducir tiempos de configuración, instalación, así como compilación y ejecución del benchmark Bonnie++[13] para ver el funcionamiento del clúster.

V. FUNCIONAMIENTO DE LA PLATAFORMA DE ALTAS PRESTACIONES

En este apartado se muestra el funcionamiento de la implementación de la plataforma de altas prestaciones sobre un entorno virtual. Como ya se mencionó se utilizó la herramienta de virtualización Oracle VM VirtualBox, dicha herramienta se encuentra disponible de forma gratuita por lo que pudimos acceder de manera libre hacer uso de sus recursos. El clúster se compone de 4 nodos virtuales con las siguientes características (Tabla 1):

TABLA I. CARACTERISTICAS DE CLÚSTER VIRTUAL

HARDWARE	SOFTWARE

• Nodos 1,2,3,4
   ○ Procesador de 2 núcleos virtuales
   ○ Memoria: 1 GB
   ○ Disco Duros: 20GB
• • Interconexión de Red del tipo ethernet
	• Sistema operativo: Cent0S 7
	• Sistema de ficheros distribuido/paralelo OrangeFS
	• Compiladores: GCC, MPICH
	• Herramientas de desarrollo de aplicaciones para usuarios (MPI, PVM)
	• Software adicional: flex, bison, openssl-devel kernel-devel, perl, make, openldap-devel
	• Herramientas de administración física-remota del clúster (SSH2)
	• VNCserver
	• Herramientas de monitoreo de recursos del clúster

En la figura 3 se observa la arquitectura de nuestro clúster (w1, w2, w3, w4), el cual cuenta con un sistema operativo de código abierto como lo es CentOS en su versión 7, además del ya mencionado sistema de ficheros OrangeFS. Cada uno de los nodos tiene un rol definido para su trabajo; en el caso de w1 se establece que cumpla con las funciones de: cliente, servidor de datos y servidor de metadatos para poder lograr una mayor distribución de la información sobre los nodos existentes. En el caso de w2, w3 y w4 se definieron como servidores de datos exclusivamente.

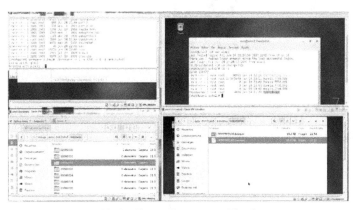

Fig. 3. Clúster sobre un entorno Virtual

Para lograr su administración se ha empleado el protocolo de comunicación SSH2 (Secure Shell), el cual proporciona al usuario acceso a los recursos y aplicaciones de los distintos nodos del clúster remotamente. Otras aplicaciones instaladas son compiladores, herramientas de monitoreo y la interfaz de paso de mensaje (MPI) que ofrece se incremente el paralelismo de las aplicaciones mediante el uso de las librerías de MPI; permitiendo a múltiples procesos ser ejecutados paralelamente sobre los procesadores multicore. En las fig. 4a y 4b observamos como al ejecutar un benchmark de escrituras y lecturas (Bonnie++) los datos son distribuidos a través de los dispositivos de almacenamiento dentro del directorio en el que se encuentra montado OrangeFS (/mnt/Pvfs2). Se debe tener en cuenta al momento de interpretar los resultados que en las lecturas se accede a datos que han sido escritos previamente; por tal razón las lecturas se benefician de las caches existentes. El implementar un mayor número de servidores el tiempo de acceso a los datos provocara una reducción con respecto a la implementación de un único servidor. Lo anterior se debe a la distribución de los datos en varios servidores de E/S, lo que permite poder acceder a partes del fichero en paralelo. Mejor aún es el hecho de poder gestionar un fichero con distintos clientes, debido a que cada uno de ellos puede gestionar una parte del fichero, por lo que el paralelismo incrementa aún más. En las pruebas realizadas si bien no mostramos el rendimiento del sistema; puesto como ya se comentó estamos trabajando sobre un entorno virtual, por lo que los resultados obtenidos en cuanto a rendimiento no son los más recomendados. Sin embargo, se tuvo la oportunidad de observar su funcionalidad en la distribución y almacenamiento de la información en los dispositivos de E/S. (bstream, Fig. 5).

a)   Ejecución del benchmark bonnie++

b)   Muestra el contenido en el directorio de montaje

Fig. 4.   Operaciones de E/S sobre el sistema de Ficheros OrangeFS

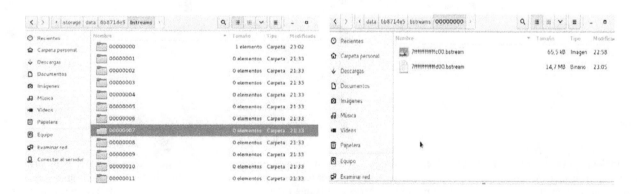

Fig. 5.   Espacio de almacenamiento en OrangeFS

VI. CONCLUSIONES

Este trabajo nos da la pauta para establecer que la propuesta para realizar la implementación sobre un entorno físico traerá los beneficios esperados en cuanto a prestaciones de almacenamiento, análisis de datos y rendimiento. También queremos mencionar que el uso de más servidores de datos; así como de servidores de metadatos permite incrementar las prestaciones de la plataforma, ya que los datos y metadatos pueden ser gestionados por más nodos con lo que se beneficiará del paralelismo otorgado por el sistema de ficheros OrangeFS. Como trabajo futuro y acorto plazo se espera contar con la implementación de la plataforma de altas prestaciones sobre un entorno físico. Se pretende aprovechar los recursos del clúster para sistemas de virtualización, simulación, bigdata, así como cómputo en la nube tratando de impactar de manera favorable en las áreas de investigación de nuestra institución.

AGRADECIMIENTOS

Agradecemos a los departamentos de Dirección, Secretaria Académica, Coordinación de Planeación, Coordinación de Investigación y Secretaría Administrativa de la facultad de Medicina e Ingeniería en Sistemas Computacionales de Matamoros de la Universidad Autónoma de Tamaulipas por facilitar los medios para la realización de este proyecto.

REFERENCIAS

[1]   Rocha Quezada, José de Jesús; Munguía Torres, Iván Agustín; Botello Rionda, Salvador; Vargas Félix, José Miguel; (2011). Diseño e implementación de un clúster de cómputo de alto rendimiento. Acta Universitaria, Septiembre-Diciembre, 24-33.

[2]   MPICH. (s.f.). Message Passing Interface. Obtenido de www.mpich.org

[3]   Moreno Galdon, Raúl, "Computación de altas prestaciones aplicada al cálculo de variaciones en genómica", Trabajo de Tesis, Cap. 2 pp 7, 2013

[4]   Ricardo Acosta Díaz, Miguel Ángel García-Ruiz, Carlos Alfredo Banda Montes, Omner Arturo Barajas Alcalá, Juan Manuel Ramírez Alcaraz, Pedro Damián Reyes, Cesar Rogelio Bustos Mendoza (2009), "Implementación de un CLUSTER de alto rendimiento como herramienta para resolver problemas de cómputo científico", Universidad de Colima

[5]   CentOS 7, PVFS2. (s.f.). Obtenido de www.centos.org, 2016

[6]   Red Hat Enterprise Linux 5.5 Technical Notes , 2010, https://www.centos.org/about/

[7]   Herramientas de supercómputo en estudios de energía, 2014, https://www.bsc.es/about-bsc/press/bsc-in-the-media/emplear%C3%A1n-herramientas-de-superc%C3%B3mputo-en-estudios-de-energ%C3%ADa

[8]   Oracle VM VirtualBox R User Manual Version 5.0.20 c, 2016 Oracle Corporation http://www.virtualbox.org

[9]   Hadoop, "HDFS Users Guide" pp 2-8, 2016

[10] Jan Heichler , "An introduction to BeeGFS®" v1.0, pp 4, 2014

[11] OrangeFS. (s.f.). Obtenido de http://docs.orangefs.com/v_2_9/index.htm, 2016

[12] Carns, P. H., Walter B. Ligon III , Robert B., R., & Rajeev Thakur . (2000). PVFS: A Parallel File System for Linux Clústers. 11. http://www.pvfs.org/

[13] Bonie++, (s.f.). Obtenido de http://www.coker.com.au/bonnie++/

Las Redes Inalámbricas de Sensores en el Paradigma del Internet de las Cosas

Raymundo Buenrostro-Mariscal, Josue Saul Avalos Rocha
Facultad de Telemática
Universidad de Colima, UdeC
Colima, México
raymundo,josue@ucol.mx

Juan Iván Nieto Hipólito, Maria de los Angeles Cosio León
Facultad de Ingeniería
Universidad Autónoma de Baja California, UABC
Ensenada, México
jnieto, cosio.maria@uabc.edu.mx

Resumen— El Internet de las Cosas (IoT) se presenta como la evolución natural de Internet hacia un mundo de objetos interconectados. En consecuencia, hoy en día se considera a las Redes Inalámbricas de Sensores (WSNs) un recurso clave dentro del futuro de IoT, ya que éstas están diseñadas para la recolección, procesamiento y transmisión de información de múltiples nodos sensores; cubriendo las necesidades del IoT de conectar grandes cantidades de objetos, recolectar una amplia información de contexto y trabajar colaborativamente en tareas específicas. Sin embargo, se deben superar varios retos importantes para integrarlas al mundo de Internet, ya que éstas no fueron diseñadas para ello. En este trabajo se analizan los desafíos técnicos de direccionamiento de los objetos, arquitectura de conectividad WSN-Internet, seguridad, y administración de la calidad de servicio (QoS) desde la perspectiva de red.

Palabras clave— WSN; Internet de las Cosas; QoS; seguridad; interconexión;

I. INTRODUCCIÓN

La sociedad se está moviendo cada día más hacia un modelo "siempre-conectado"; donde las personas interactúan con objetos del mundo real, ubicados a su alrededor y en sitios distantes a través de Internet. Este modelo está dirigiendo el futuro de Internet hacia el concepto del "Internet de las Cosas" (IoT, Internet of Things, por sus siglas en inglés), donde se espera que Internet sea aún más envolvente y penetrante [1] [2]. El concepto de IoT prevé que miles objetos estarán equipados con diferentes tecnologías de cómputo e interconectados en una arquitectura de red inteligente, que los harán capaces de interactuar entre sí y con las personas para constituir una gran red mundial de objetos (Fig. 1). Los efectos esperados serán visibles en el campo de la domótica o casas inteligentes, vida asistida, cuidado de la salud, educación, vigilancia, automatización de vehículos o transportación inteligente, administración de energía y del consumo de agua, supervisión de la contaminación ambiental, entre otros [3].

Desarrollar el concepto de IoT en el mundo real implica resolver varios retos sociales, económicos y tecnológicos. En lo social, el IoT debe considerar aspectos regulatorios, éticos y culturales donde participen conjuntamente en su elaboración gobierno, empresa privada y la sociedad civil. Lo anterior con el objetivo de propiciar un uso adecuado de las tecnologías y el cuidado de la integridad de las personas; por ejemplo, el diseño de reglas para la defensa del control y la libre disposición de los datos personales de los usuarios. Al respecto del reto tecnológico, para desarrollar el IoT es necesario la integración de tecnologías en dos áreas principalmente [4]: i) tecnologías de identificación, detección y transmisión de datos; y ii) el área de software intermedio o "middleware" entre las capas de aplicación y las del trasporte de datos. La primer área exige una arquitectura de red que ninguna solución actual puede cubrir por si sola; por ejemplo, la arquitectura actual de Internet fue creada antes de la idea de comunicar miles de dispositivos simples como lo dispone el IoT. Internet tradicional fue diseñado bajo el concepto del "sobre-provisionamiento", es decir, construida con dispositivos de mayores capacidades de cómputo y de transmisión de datos que las demandadas por las aplicaciones que usan Internet, de cada momento. Concepto que se ha podido lograr gracias al desarrollo acelerado de la industria en la creación de dispositivos (computadores, routers y switches) con mayores capacidades de procesamiento y memoria, y conexiones de banda ancha. Estas capacidades hacen que los dispositivos sean de multipropósito, operando simultáneamente múltiples servicios, software y protocolos de comunicaciones. Sin embargo, la mayoría de los objetos o dispositivos finales que se vislumbran serán conectados en IoT son muy diferentes; y éstos no se espera que cuenten con estas capacidades de cómputo, de suministro energía y otras características necesarias para ejecutar las tareas que exige actualmente el Internet tradicional, ya que su aprovisionamiento tendría un costo prohibitivo en el concepto de IoT. Entonces, el Internet por si mismo no es una solución para desplegar el concepto de IoT. En consecuencia, IoT necesita crear una nueva arquitectura de red para conectar los dispositivos finales a Internet; y sólo debería utilizarse el Internet como una red dorsal para interconectar estas nuevas redes. De esta manera, la necesidad de interconectar los dispositivos finales puede ser cubierta por las redes inalámbricas de sensores (WSN, wireless sensor networks, por sus siglas en inglés); ya que por definición, las WSNs están constituidas por dispositivos de bajo costo, habilitados con tecnologías de sensores, actuadores, módulos de radiocomunicación y procesamiento, para soportar un gran rango de aplicaciones de monitorización. Así, los objetos en cada sitio podrían ser interconectados en una WSN, y ésta a su vez conectada a Internet a través de redes de acceso para completar el concepto de IoT. En tal escenario, se puede inferir que las WSNs juegan un rol importante en la recolección de información de contexto de cada objeto; así como en la recepción y envío de información desde y hacia Internet para completar la interacción entre los objetos y las personas. Incluso diferentes autores manifiestan que uno de los elementos más importantes en el paradigma del IoT son las WSNs, ya que gracias a ellas se podrían materializar los beneficios potenciales que se prevén en el modelo siempre-conectado del IoT [5] [6] [7] [8].

Si bien las WSNs en pocos años han tenido grandes logros, éstos se habían abordado de forma independiente de Internet, lo cual implica nuevas responsabilidades adicionales a las funciones originales. Además, el IoT prevé un sin número de aplicaciones con contenido multimedia (imágenes, video y audio) que generarán una enorme cantidad y variedad de datos con diferentes requerimientos de comunicación que deben ser manejados por las WSNs [2]. En consecuencia, utilizar las WSNs bajo el concepto de IoT plantea nuevos retos que deben ser abordados antes, para tomar las múltiples ventajas que ofrece esta interacción [6] [4] [5].

En este trabajo presentamos algunos de los desafíos más importantes de las WSNs en el paradigma del IoT, que permitan a identificar los cambios críticos que deben sufrir las WSNs para integrarse en el Internet de las Cosas.

Fig. 1. Escenario esquematico del Internet de las Cosas.

II. WSNs y sus Desafíos en el paradigma del IoT

El paradigma de IoT implica un aumento en las responsabilidades de los nodos sensores de las WSNs para hacerle frente a las nuevas aplicaciones que se vislumbran. Con el propósito de exponer y discutir los principales retos que resultan de integrar las WSNs completamente al Internet, hemos seleccionado 5 principales desafíos técnicos que tendrían que cumplirse: direccionamiento de objetos, arquitectura de conectividad WSNs, modelo de conectividad WSN-Internet, seguridad, y administración de la calidad de servicio (QoS, quality of service, por sus siglas en inglés).

A. Direccionamiento de los objetos

En el modelo "siempre-conectado" de IoT se prevé un crecimiento exponencial del número de objetos conectados entre sí dentro de las diferentes aplicaciones, estos objetos deben ser identificados individuamente para diferenciarlos unos de otros en un contexto global de interconexión. Dado que IoT tiene su base de diseño en la infraestructura de Internet, los objetos deben ser identificados de manera tal que cualquier aplicación de Internet pueda direccionarlos y acceder a ellos. Entonces, cada objeto debería contar con una dirección IP (Internet Protocol) estándar para permitir la comunicación hacia Internet; sin embargo, son varios los retos que dificultan esta solución. Por ejemplo, desde el 2010 se agotaron las direcciones del primer esquema de direccionamiento de Internet, conocido como IP versión 4 (IPv4), problema que se reconoció desde 1992. Aunque los usuarios en general no han observado un impacto real de la problemática esta situación puede ser una barrera para el progreso del IoT. En respuesta, en 1997 la IETF (Internet Engineering Task Force) diseño la nueva versión del protocolo de Internet llamado IP versión 6 (IPv6), en reemplazo de IPv4, con el cual se pretende resolver varios problemas; uno de ellos, es el esquema de direccionamiento que permite expandir la cantidad de direcciones IPs disponibles. Sin embargo, a nivel mundial IPv6, en la mayoría de los casos, se usa forma experimental y limitada; debido a que su transición es sumamente complicada al no ser directamente compatibles entre sí. Además, llevar este cambio hacia el IoT representa afrontar un doble reto en su migración para pasar de Ipv4 a Ipv6 y luego a IoT [9]. En ese sentido, la IETF desarrollo en el 2007 el estándar 6LowPAN, una versión básica de IPV6 para las WSNs, con la intención de adaptar los nodos sensores de la red, que utilizan el estándar IEEE802.15.4 [10], al nuevo esquema de direccionamiento de IPv6. La intención es que cada nodo, de forma independiente, pueda conectarse directamente a Internet sin necesidad de equipos intermedios. La estructura básica del concepto de 6LowPAN se ilustra en la fig. 2, donde existe una capa de adaptación llamada LowPAN que se encarga, entre otras cosas, de traducir (compresión y descompresión, fragmentación y re-ensamblado) las direcciones del formato IPv6 al formato de direccionamiento de IEEE 802.15.4, y viceversa. Sin embargo, a la fecha, es una alternativa que está en fase de experimentación, incluso más que el uso de IPV6. Se debe analizar cuidadosamente esta opción, ya que 6LowPAN exige una mayor demanda de procesamiento interno de cada nodo y un incremento en el consumo de energía, recursos que son sumamente limitados en ellos; además no todos los nodos deben conectarse directamente a Internet. En conclusión, es necesario explorar nuevas opciones para diseñar estrategias óptimas de direccionamiento para conectar de manera eficiente la masiva cantidad de nodos desplegados en el modelo de IoT. Por ejemplo, la asignación automática de direcciones y la auto-clasificación del objeto pueden proporcionar la respuesta a esta problemática [11].

Fig. 2. Estructura básica del estándar 6LowPAN.

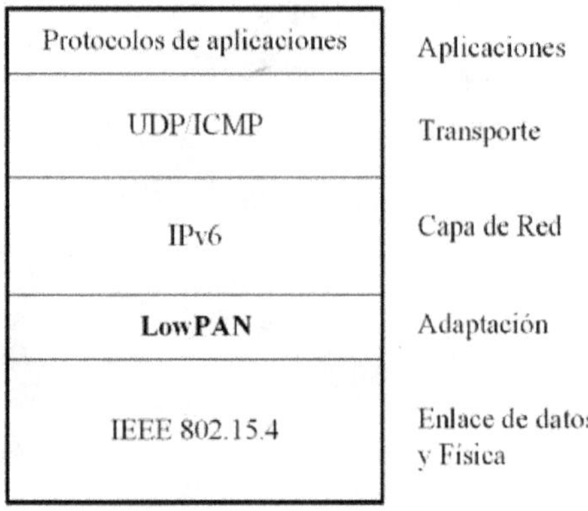

B. *Arquitectura de conectividad de la WSN*

IoT debe recolectar una amplia cantidad de información de cada objeto o nodo de la red y de su contexto para cubrir las necesidades de las aplicaciones desarrolladas. Este requisito obliga el despliega de múltiples sensores y dispositivos de comunicación interconectados entre sí en una WSN de gran escala; con objetos fijos y móviles que recolectan y transmiten la información hacia Internet. En este contexto, las WSNs deben manejar una gran cantidad de datos de forma bidireccional y de naturaleza heterogénea; así como la gran demanda de conexiones y desconexiones de los nodos de la red. Sin embargo, las características de interconexión que están desarrolladas actualmente para las WSNs no pueden soportar esta demanda y los tipos de conexión; por lo cual, esto presenta un freno al despliegue del IoT. Para hacer frente a estos retos, se debe proponer una arquitectura de conectividad que defina eficientemente la interconexión física de los objetos y las reglas de comunican entre ellos y el Internet, para completar la interacción entre los objetos y las personas. En consecuencia, la arquitectura de conectividad es la piedra angular para generar los algoritmos y protocolos de comunicaciones, los esquemas de seguridad, de direccionamiento y determinara el grado de escalabilidad del IoT. De manera significativa, en las redes bajo el concepto de IoT, la escalabilidad toma un papel determinante, ya que esta característica le permite a las redes el crecimiento y la adaptación sin grandes costos de rediseño y reinstalación. Además, por el tipo de aplicaciones donde se utilizan estas redes, la movilidad y el cambio es una situación común lo que obliga a direccionar el diseño de las arquitecturas de red en ese sentido; por lo cual, es pertinente abordar este tema. Actualmente existe un relativo avance en el desarrollo de soluciones para las redes WSNs en todas las capas de comunicación, que han cuidado que se cumpla la escalabilidad en particular y se han tenido buenos resultados. Sin embargo, las WSNs tradicionales están basadas por lo general en arquitecturas de red "planas" con nodos homogéneos que solo pueden interactuar con sus nodos "vecinos"; por lo cual, las arquitecturas, algoritmos y protocolos no son del todo aplicables para resolver los nuevos retos al integrarse en el IoT [8].

De lo anterior se desprende la necesidad de proponer nuevas alternativas en el diseño de arquitecturas de red para las WSNs integradas a Internet. Una de las primeras propuestas al respecto es la descrita en el trabajo del doctor Akyildiz [12], que se muestra en la figura 3. Si bien, ésta no fue especialmente diseñada para el IoT, sí considera los temas de escalabilidad y la interconexión a Internet; por lo cual, pueden ser una base de diseño para el nuevo modelo de IoT. La arquitectura de red de referencia está compuesta por diferentes niveles o sub-arquitecturas interconectadas a equipos adicionales e Internet. En esta arquitectura los usuarios se conectan a través de Internet y realizan consultas a una red de sensores desplegados en diferentes sitios.

Fig. 3. Arquitectura de referencia de una Red Inalámbrica de Sensores Multimedia [12]

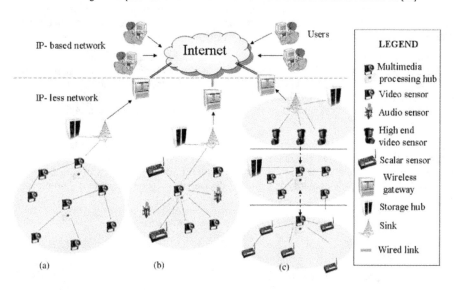

En términos generales esta arquitectura se clasifica en 3 tipos de modelos o sub-arquitecturas de red: i) de un nivel; ii) de un nivel en clúster; y iii) múlti-nivel.

Las **redes de un nivel** tienen una arquitectura "plana" donde sus nodos u objetos que la componen son homogéneos con la misma capacidad y funcionalidades (Fig. 3a). Estas redes se ubican en el nivel más bajo de toda la arquitectura y están destinada a las funciones más básicas de la monitorización de eventos (datos simples e información multimedia de baja resolución y sin movimiento). En este modelo los nodos envían la información capturada en un esquema de múlti-saltos hacia el "Sink" (estación base), para entregarla a un equipo de intercomunicación "Gateway" que habilita el acceso desde y hacia Internet. Este modelo implementa un procesamiento distribuido, alcanzando una mayor eficiencia en términos de consumo de energía en cada nodo; lo cual prolonga el tiempo de vida de operación de la red.

La **red de un nivel en clúster** está formada por sensores simples y sensores multimedia en cada área de recolección (Fig. 3b) para cubrir una amplia gama de aplicaciones. Este modelo puede conectar varios clúster entres si para expandir su cobertura de monitorización. Sin embargo, selecciona un nodo del clúster (llamado cluster-head) para el almacenamiento, procesamiento y el control de la conectividad de forma centralizada. Esto genera un punto crítico en la operación global de la red y obliga a que este nodo tenga mayor capacidad de procesamiento y recursos de energía.

La **red múlti-nivel** busca ofrecer una solución integral a diferentes necesidades de monitorización (captura de imágenes de mediana y alta resolución) y obtener la máxima escalabilidad posible; por ello está compuesta por 3 niveles (Fig. 3c). El primer nivel despliega sensores destinados a monitorizar variables no multimedia conectados mediante un procesador central que funciona como cabeza del clúster. El segundo nivel está formado por sensores de video de media resolución conectados a un cluster-head. Destaca la incorporando de un dispositivo de almacenamiento en cada clúster para contrarrestar las limitantes de los nodos sensores y del nodo cluster-head. Por último, el tercer nivel está destinado a funciones más complejas como la captura de imágenes de alta calidad, reconocimiento y seguimiento de objetos, con cámaras que pueden ser dirigidas y ajustadas hacia los objetivos deseados; lo cual incrementan su precisión y eficiencia. Por ello, es necesario agregar un equipo de almacenamiento de mayor capacidad de procesamiento y con energía suficiente para soportar la demanda de este nivel. En suma, la red múlti-nivel realiza el almacenamiento, el procesamiento y la recolección de datos de forma distribuida en cada uno de los diferentes niveles, con la intención de optimizar la operación, ofrecer una mayor escalabilidad y una mejor cobertura en comparación a los modelos de un solo nivel [12].

Es evidente que las propuestas pretenden cubrir la mayoría de las necesidades en las WSNs; sin embargo, deben ser mejoradas y adaptadas para soportar el concepto de IoT. En la siguiente sección se describen algunas propuestas de conectividad entre las WSNs e Internet.

C. Modelo de conectividad entre las WSNs y el Internet

El "modelo de interconexión entre la WSN y el Internet" es un reto importante que vale la pena discutirlo por separado; los autores revisados consideran que existen tres principales propuestas de interconexión, que difieren en el grado de integración de las WSNs al Internet [5] [6] [7]. La primera propuesta consiste de la conexión independiente de las WSN y el Internet mediante un dispositivo intermedio Gateway que permite adecuar los protocolos de comunicaciones usados en la red de sensores y en Internet (Fig. 4a). Este enfoque, actualmente es el más utilizado por la mayoría de las WSNs con acceso a Internet, y presenta el más alto nivel de abstracción entre ambas redes.

La segunda solución tiene una forma híbrida de interconexión de red, la cual tiene un mayor grado de integración entre ambas redes. Se compone de dos tipos de conexiones, la primera donde hay nodos sensores que necesitan ser conectados a Internet mediante otros nodos intermedios de la WSN; y la segunda, donde existen nodos sensores con doble función, para recibir los datos de otros sensores y para conectarse hacia los Gateways conectados a Internet (Fig. 4b). Estos últimos nodos pueden estar ubicados en la raíz de la WSN o en la red principal (Backbone) para permitir que los nodos se conecten a rápidamente a los dispositivos Gateways.

La tercera propuesta está inspirada en las soluciones de redes inalámbricas de área local (como las redes WiFi), y en la gran densidad de nodos sensores de las redes de área personal (como las redes de sensores), donde múltiples objetos de la red de sensores puedan conectarse a un nodo especial (llamado punto de acceso) dentro de la WSN para su conexión final a Internet (Fig. 4c). Estos puntos de acceso, deben tener integradas capacidades de Gateways con funciones y protocolos necesarios para conectarse a Internet en un solo salto [5].

Fig. 4. Modelos de conectividad de los nodos de la WSN a Internet [6]

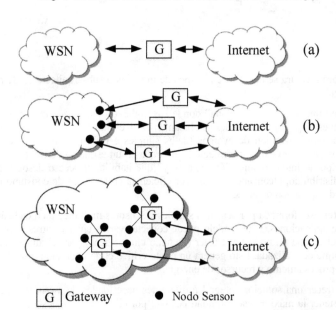

Analizando en conjunto estas tres propuestas es claro que la primera presenta un punto de falla crítico debido a la exclusividad de la conexión por un solo Gateway; una falla en éste provoca la desconexión total de los objetos del Internet. Sin embargo, si se tienen múltiples Gateways y puntos de acceso no se tendría esta debilidad, como es el caso de la segunda y tercera propuesta, mejorando la robustez de la red y distribuyendo el trabajo en varios puntos de la WSN. Lo anterior puede conducir a preferir estas dos últimas soluciones, sin embargo, su construcción puede ser compleja y costosa en términos de procesamiento y manejo de protocolos de comunicaciones.

Desde nuestro punto de vista creemos que puede existir una cuarta forma, donde todos los objetos o nodos sensores de la WSN puedan conectarse directamente al Internet sin necesidad de un dispositivo Gateway de interconexión. Sin embargo, se requiere que cada objeto pueda integrar los protocolos y configuraciones necesarias para conectarse con los protocolos de Internet (por ejemplo la pila de protocolos TCP/IP) y puedan ser independientemente direccionados, esto es se debe asignar a cada dispositivo un número IP para su operación en la red. Esfuerzos en esta dirección están siendo abordados por el estándar emergente 6LowPAN definido por la IETF, el cual busca una nativa conexión entre los objetos de la WSN y el Internet [13], como se mencionó en la sección A.

D. Seguridad

Los nodos sensores, de una WSN sin acceso a Internet, pueden garantizarle a las aplicaciones un conjunto mínimo de requisitos de seguridad: confidencialidad, integridad, disponibilidad y autenticación de usuarios. Sin embargo, la integración con el Internet genera una nueva dimensión de requerimientos de seguridad imposibles de satisfacer con sus mecanismos originales de las WSNs dada la perspectiva global que se añade, donde los nodos ya no están aislados de otras tecnologías o servicios [5]. Por ejemplo, en los escenarios de ataques, hasta hoy identificados en las WSNs, es necesario que el atacante este físicamente cerca del objetivo; con el fin de capturar, interferir información, o introducir nodos maliciosos en la red. En este sentido, las WSNs comunes están agrupadas en redes aisladas en una sola tecnología, que hace que se reduzca la presencia física de los atacantes y en consecuencia los ataques. Sin embargo, con la apertura hacia el Internet, ya no es necesario tal proximidad física, los atacantes pueden estar en cualquier lugar del mundo y desde ahí poner en peligro los nodos u objetos de la WSN [6].

Un problema importante relacionado con la seguridad, es la autenticación e integridad de datos que debe darse en el modelo IoT. Por lo general, la autenticación requiere infraestructuras complejas y capacidades de cómputo muy robustas, para soportar el intercambio constante de mensajes entre los dispositivos de la red que les permitan alcanzar los objetivos. Dado que estos dispositivos son elementos de capacidades limitadas, que se encuentran en un gran número dentro de la red, y la mayoría se comunica de forma inalámbrica, como es el caso de las WSNs el intercambio de mensajes se dificulta [4]. Además, las capacidades de transmisión de datos y los mecanismos de acceso al medio de comunicaciones, característicos de las WSNs, hacen que el envío masivo de mensajes sea restrictivo y nocivo para su desempeño.

En el caso de la privacidad de la información, el IoT realmente representa un entorno en el que la privacidad de las personas se ve seriamente amenazado. Mientras que en los problemas de privacidad tradicionales del Internet surgen sobre todo para los usuarios de Internet (individuos que juegan un papel activo y temporal); en los escenarios de IoT los problemas de privacidad surgen incluso para las personas que no están activamente utilizando algún servicio de IoT. Por ejemplo, los objetos de las WSNs que están conectados a Internet generan constantemente información de contexto (en hogares, oficinas, gobierno, áreas de salud, etc.) propias de cada persona, que puede ser obtenidas de forma no autorizada desde la red. En este sentido, se debería crear mecanismos de privacidad que aseguren que los individuos puedan controlar cuál información puede ser recolectada, quién puede recolectar dicha información, en qué momento puede ser obtenida y si ésta puede ser almacenada.

En consecuencia, deben desarrollarse mecanismos de seguridad innovadores, que tomen en cuenta los recursos limitados de los objetos, para proteger las WSNs de nuevos ataques procedentes de Internet que no habían sido considerados anteriormente.

E. Requerimientos de calidad de servicio (QoS)

Uno de los desafíos más importantes en el diseño de una WSN integrada en el IoT, es garantizar los requisitos de QoS para las aplicaciones presentes en la red. La QoS entendida como la capacidad de la red para soportar diferentes calidades de comunicación (retardo de transmisión, porcentaje de información perdida y entregada al destino, entre otros parámetros) de acuerdo a cada tipo de aplicación. Las expectativas en IoT implican que las WSNs estén diseñadas para abordar una serie de escenarios con diferentes aplicaciones; que van desde una sencilla aplicación escalar (para recuperar datos simples, por ejemplo la medición de temperatura, posición de un objeto, niveles de líquidos, etc.) hasta aplicaciones que conectan varios tipos de sensores heterogéneos que incluyen dispositivos multimedia. En el primer caso, la capacidad de comunicación de la red (ancho de banda) no es un gran problema y es fácil manejarla. Mientras que en último caso, la inclusión de información multimedia es decir, imágenes instantáneas (basado en eventos) o video (posiblemente de larga duración) puede imponer estrictos requisitos de QoS [12]. Por ejemplo, las aplicaciones multimedia son consideradas de tiempo-real, que exigen un mínimo de retardo de transmisión y altas capacidades de comunicación de la red; lo cual es sumamente complicado de ofrecer por las WSNs [14]. Para ello, es necesario crear una buena coordinación entre los algoritmos de aplicación específica y los protocolos de comunicaciones de red de cada capa del modelo OSI; que mejorarán la operación de la WSN de acuerdo a los requerimientos de QoS de las aplicaciones. Este tipo de interacción puede ser realizado con el nuevo paradigma de diseño de interconexión Inter-Capas o Cross-Layer; el cual permite que los protocolos de diferentes capas puedan interactuar entre sí, para trabajar cooperativamente en los mismos objetivos de comunicación [15]. Además, se debe seleccionar tecnologías de radio comunicaciones más robustas que provean mayores capacidades de ancho de banda y bajas tasas de error. Todo ello, a fin de cumplir con las necesidas de QoS del nuevo entorno del IoT.

III. Conclusiones

Es claro el potencial que implica el uso de las WSNs conectadas a Internet para construir el modelo "siempre-conectado" del Internet de las Cosas. Ya que las WSNs nacieron para trabajar en el entorno de las personas conectando grandes cantidades de sensores para obtener una amplia información de contexto que es imprescindible para los objetivos del IoT. Sin embargo, como se expuso, es necesario discutir varios retos al utilizarlas en el IoT como son el direccionamiento de los objetos, las mejores arquitecturas para conectar los objetos y su interconexión a Internet, la seguridad y privacidad de la información y las grandes exigencias de QoS. Desafíos que han sido discutidos en este trabajo como principal aportación y que deben seguirse estudiando con el fin de cubrir completamente los requisitos que plantea el paradigma del IoT en la integración de los objetos al Internet.

REFERENCIAS

[1]   S. Kraijak and P. Tuwanut, A survey on internet of things architecture, protocols, possible applications, security, privacy, real-world implementation and future trends, in 2015 IEEE 16th International Conference on Communication Technology (ICCT), 2015.

[2]   A. Zanella, N. Bui, A. Castellani, L. Vangelista and M. Zorzi, Internet of Things for Smart Cities, IEEE Internet of Things Journal, vol. 1, no. 1, pp. 22-32, Feb 2014.

[3]   S. M. R. Islam, D. Kwak, M. H. Kabir, M. Hossain and K. S. Kwak, The Internet of Things for Health Care: A Comprehensive Survey, IEEE Access, vol. 3, pp. 678-708, 2015.

[4]   L. Atzori, A. Iera and G. Morabito, The Internet of Things: A survey, Computer Networks, vol. 54, no. 15, pp. 2787-2805, 2010.

[5]   C. Alcaraz, P. Najera, J. Lopez and R. Roman, "Wireless sensor networks and the internet of things: Do we need a complete integration?", 1st International Workshop on the Security of the Internet of Things (SecIoT'10), 2010.

[6]   D. Christin, A. Reinhardt, P. Mogre and R. Steinmetz, Wireless Sensor Networks and the Internet of Things: Selected Challenges, 2009.

[7]   L. Mainetti, L. Patrono and A. Vilei, Evolution of wireless sensor networks towards the Internet of Things: A survey, in Software, Telecommunications and Computer Networks (SoftCOM), 2011 19th International Conference on, 2011.

[8]   J. A. Stankovic, "Research Directions for the Internet of Things, IEEE Internet of Things Journal, vol. 1, no. 1, pp. 3-9, Feb 2014.

[9]   S. Ziegler y L. Ladid, «Towards a Global IPv6 Addressing Model for the Internet of Things,» de 2016 30th International Conference on Advanced Information Networking and Applications Workshops (WAINA), 2016.

[10] L. A. N. Man, S. Committee y I. Computer, «IEEE Standard for Information technology- Telecommunications and information exchange between systems- Local and metropolitan area networks- Specific requirements--Part 15.4: Wireless MAC and PHY Specifications for Low-Rate WPANs,» Control, vol. 2006, n° September, 2006.

[11] F. Dacosta, Rethinking the Internet of Things: A Scalable Approach to Connecting Everything, A. Media, Ed., Apress Open, 2014.

[12] I. F. Akyildiz, T. Melodia and K. R. Chowdhury, "Wireless Multimedia Sensor Networks: Applications and Testbeds," Proceedings of the IEEE, vol. 96, no. 10, pp. 1588-1605, Oct 2008.

[13] Z. Shelby and C. Bormann, 6LoWPAN: The Wireless Embedded Internet. Wiley Publishing, November 2009.

[14] E. Gurses and O. B. Akan, "Multimedia Communication in Wireless Sensor Networks," Ann. Telecommun, vol. 60, no. 7-8, pp. 799-827, 2005.

[15] R. Buenrostro-Mariscal, M. Cosio-Leon, J. Nieto-Hipolito, A. Guerrero-Ibanez, M. Vazquez-Briceno y J. Sanchez-Lopez, WSN-HaDaS: A Cross-Layer Handoff Management Protocol for Wireless Sensor Networks, a Practical Approach to Mobility, IEICE TRANSACTIONS on Communications, vol. E98, n° 7, pp. 1333-1344, jul 2015.

Impacto de modelos de propagación en el desempeño del algoritmo DV-Hop en MANETs

Anabel Pineda-Briseño, Álvaro A. Colunga Rodríguez, Víctor M. Reyes Loredo

Instituto Tecnológico de Matamoros

Tecnológico Nacional de México

H. Matamoros, Tamaulipas. México

{anabel.pineda, acolunga, victor.reyes}@itmatamoros.edu.mx

Resumen— En este artículo se presenta un análisis del impacto de varios modelos de propagación en el desempeño del algoritmo de posicionamiento DV-Hop en el contexto de las redes móviles ad hoc (MANETs). DV-Hop es considerado por la literatura como el algoritmo estándar en la categoría de algoritmos de posicionamiento libres de distancias en MANETs. El análisis está basado en simulaciones realistas, las cuales utilizan los modelos de propagación *free space*, *shadowing* y *two-ray ground* que actualmente están implementados en el simulador de eventos discretos NS2. El desempeño del algoritmo es evaluado con respecto a su error de localización, disponibilidad y sobrecarga. Los resultados experimentales muestran que cuando el algoritmo DV-Hop empleó el modelo de propagación *two-ray ground*, para determinar la potencia de la señal recibida por cada paquete de datos, éste superó en general el desempeño que cuando DV-Hop empleó los modelos de propagación *free space* y *shadowing*.

Palabras clave— *Análisis basado en simulaciones; DV-Hop; MANETs; Modelos de propagación*

I. INTRODUCCIÓN

En la actualidad, la localización es una de las áreas más activas de investigación debido a su importancia en el desarrollo de aplicaciones tanto civiles como militares. En el contexto de las redes móviles ad hoc, también conocidas como MANETs, el problema de localización consiste en estimar la posición de nodos móviles [1] basada en la posición de tres o más referencias que también pueden ser móviles. En la literatura hay un conjunto de algoritmos y métodos matemáticos propuestos que contribuyen a la solución del problema de localización en MANETs [2][3][4][5][6][7]. El algoritmo considerado estándar en la categoría de algoritmos de posicionamiento libres de distancias es DV-Hop, el cual se caracteriza por un procesamiento de datos simple, de bajo costo y capacidad relativamente escalable. Estas características hacen que DV-Hop se encuentre entre las propuestas más convenientes para las MANETs debido a que estas últimas están formadas por nodos con capacidades restringidas, de bajo costo y que potencialmente pueden estar compuestas por cientos y hasta miles de nodos. DV-Hop [2] y sus variantes [8][9] emplean un mecanismo de vector de distancia similar al empleado por los protocolos de enrutamiento [10] como DSDV [11]. En DV-Hop, cada nodo determina su distancia más corta en saltos hacia cada referencia o baliza. Posteriormente, cada nodo calcula la distancia Euclidiana entre él y cada baliza multiplicando su distancia en saltos por el promedio de longitud de un salto. Por último, los nodos estiman sus posiciones utilizando el método de trilateración. Para evaluar el impacto de los modelos de propagación realizamos un análisis basado en simulaciones realistas que describe los resultados de los experimentos empleados para estudiar el desempeño de DV-Hop. En los experimentos de simulación se evaluó DV-Hop empleando los modelos de propagación *free space*, *shadowing* y *two-ray ground*. La versión distribuida de DV-Hop está implementada en NS2 [12] y el código fuente se puede descargar de https://sourceforge.net/projects/posalgorithms/.

El resto del artículo se organiza como sigue. La sección II describe la versión distribuida del algoritmo DV-Hop. En la sección III se describe la metodología empleada en este trabajo para medir el impacto de diversos modelos de propagación en el desempeño del algoritmo DV-Hop. La sección IV presenta los resultados de los experimentos de simulación realizados. Por último, en la sección V presentamos nuestras conclusiones finales.

II. ALGORITMO DV-HOP

En esta sección se describe la versión distribuida de DV-Hop, el algoritmo de posicionamiento libre de distancias más representativo para MANETs. El algoritmo asume que solo una fracción de nodos, conocidos como referencias o balizas, conoce a priori su posición. Las posiciones de estos nodos son usados como referencias para estimar la posición del resto de los nodos en un espacio bidimensional (2D).

El algoritmo DV-Hop opera en dos fases. En la primera fase, las balizas diseminan información de localización a través de la red (Alg. 1) cada *DisPeriod* segundos. Un mensaje de localización (*LocMsg*) es una quíntupla de la forma (id_{beacon}, *seq*, *hopcount*, *x*, *y*) donde id_{beacon} es el identificador de las balizas en la red, *seq* es un número secuencial que es empleado para descartar información obsoleta, *hopcount* contiene el número en saltos que el mensaje ha atravesado la red hasta ahora, y *x*, *y* almacenan la posición de la baliza. Debido a que la información de localización es propagada a través del componente conectado, cada nodo y baliza almacenan el mejor mensaje de localización recibido hasta ahora en una estructura de datos *LOC* (Alg. 2). Un mensaje de localización m_1 es considerado mejor que otro mensaje de localización m_2 denotado por $m_1 > m_2$, si m_1 reporta un número de secuencia mayor o si ambos números secuenciales son iguales pero el número de saltos reportado por m_1 es menor. Cuando un nodo o baliza recibe un mensaje de localización m, que es mejor que el mensaje almacenado actualmente, transmite un nuevo mensaje m_{new} con $m_{new} = (m.id_{beacon}, m.seq, m.hopcount + 1, m.x, m.y)$. Los nodos y las balizas emplean una variable llamada d_hop_j para almacenar la distancia más corta hacia cada baliza j localizada en el mismo componente conectado. Los mensajes de localización son eliminados de la estructura de datos *LOC* después de tres *DisPeriod* segundos.

Entrada: β:identificador de la baliza, *seq*: número de secuencia local
1 $seq \leftarrow seq + 1$;
2 Obtener(x, y);
3 Transmitir $LocMsg(\beta, seq, 1, x, y)$;

Alg. 1. Las balizas inician el proceso de diseminación de información de localización.

Entrada: m: mensaje entrante *LocMsg*, *id*: identificador local, *seq*: número de secuencia local, *LOC*: conjunto local de mensajes de localización ;
1 **if** $(m.id_{beacon} == id)$ **then**
2   return;
3 **if** $\nexists n \in LOC \mid n.id_{beacon} == m.id_{beacon}$ **then**
4     $LOC \leftarrow LOC \cup \{m\}$;
5   Transmitir $LocMessage(m.id_{beacon}, m.seq, m.hopcount + 1, x.y, m.y)$;
6 **else if** $m > n$ **then**
7     $LOC \leftarrow LOC \cup \{m\} \setminus \{n\}$;
8   Transmitir $LocMsg(m.id_{beacon}, m.seq, m.hopcount + 1, x.y, m.y)$;
9 **if** *nodo local es una baliza AND* $|LOC| > 2$ **then**
10    $seq \leftarrow seq + 1$;
11   Calcular $hopLength$; Transmitir $HopLengthMsg(id_{beacon}, seq, hopLength)$;

Alg. 2. Escuchador de mensajes *LocMsg*.

En la segunda fase, cada baliza β emplea la información de localización colectada de las otras balizas y emplea (1) para determinar su promedio de longitud de un salto (*hopLength$_\beta$*). Entonces, cada baliza inunda la red con mensajes *HopLengthMsg* = (id_{beacon}, *seq*, *hopLength*) donde id_{beacon} denota el identificador de la baliza, *seq* es un número secuencial y *hopLength* es el promedio de longitud de un salto calculado por la baliza con identificador id_{beacon}. Como el mensaje *HopLengthMsg* es propagado a través de la red, los nodos almacenan el mejor mensaje recibido hasta ahora en su estructura *AHL* (Alg. 3). De nuevo, un mensaje con un número de secuencia mayor es considerado mejor que otro. Cuando se determina que un mensaje recibido es mejor, este es retransmitido, en caso contrario este simplemente es descartado. Los mensajes obsoletos son eliminados de la estructura *AHL* después de tres *DisPeriod* segundos.

$$hopLength_\beta = \frac{\sum_{\forall m \in LOC} \sqrt{(x_\beta - m.x)^2 + (y_\beta - m.y)^2}}{\sum_{\forall m \in LOC} m.hopcount} \tag{1}$$

Entrada: m: mensaje entrante $HopLengthMsg$, id: identificador local, AHL: conjunto local de promedios de longitud de un salto;

```
1  if (m.id_beacon == id) then
2    |  return;
3  if ∄ n ∈ AHL | n.id_beacon == m.id_beacon then
4    |  AHL ← AHL ∪ {m};
5    |  Transmitir HopLengthMsg(m.id_beacon, m.seq, m.hopLength);
6  else if m.seq > n.seq then
7    |  AHL ← PLS ∪ {m} \ {n};
8    |  Transmitir HopLengthMsg(m.id_beacon, m.seq, m.hopLength);
```

Alg. 3. Escuchador de mensajes HopLengthMsg.

Cada vez que un nodo recibe un mensaje *hopLength* con un número de secuencia mayor, éste extrae de la estructura de datos *AHL* la información referente a la baliza actual más cercana medida en número de saltos (denotada por $m_{nearest}$), y usando (2) actualiza las distancias estimadas hacia las balizas conocidas b_i. En (2), d_hop_{bi} denota la distancia en saltos hacia la baliza b_i.

$$d_{b_i} = d\_hop_{b_i} \times m_{nearest}.hopLength \tag{2}$$

Con la información acerca de tres balizas no-colineales y los estimados de distancias hacia cada una de las balizas, los nodos calculan su posición a través del método de trilateración. El método de trilateración es empleado para determinar la posición de un punto [6][15][16]. Para ello se requiere de información de localización de al menos tres referencias, así como también conocer las distancias exactas hacia ellas. Una precondición del método de trilateración es que para calcular la posición de un punto, es necesario conocer las distancias de al menos tres referencias no-colineales, en un espacio bidimensional (2D).

La principal desventaja del algoritmo DV-Hop es que asume que la red es isotrópica y por lo tanto que la longitud de salto permanece constante a lo largo de los caminos que conectan a los nodos con sus balizas más cercanas. Como esto no es necesariamente cierto, los errores en la estimación de las distancias a las balizas pueden llegar a ser muy grandes, tal como se muestra en un estudio presentado en [13]. Ahora bien, debido a que en DV-Hop no hay coordinación entre los nodos y las balizas, es posible que el promedio de longitud de un salto reportado por una baliza – y utilizado por un nodo – se haya calculado con información de una región de la red que no contiene el nodo. Por otro lado, DV-Hop inunda la red $\Theta(B)$ veces cada período de diseminación, donde B es el número de balizas activas en la red. Lo antes dicho puede limitar la escalabilidad de la red debido a que las operaciones de inundación son muy costosas en términos de ancho de banda [14] y energía. Ahora bien, debido a que el método de trilateración emplea información de exactamente tres balizas, la complejidad algorítmica de DV-Hop es $\Theta(1)$. Por último, la longitud de las estructuras de datos mantenidas por los nodos es $\Theta(B)$, que es también bastante pequeña.

III. METODOLOGÍA

Para el análisis que se presenta en este artículo se experimentó con la versión distribuida de DV-Hop que emplea trilateración como método de estimación de posición. Los experimentos fueron ejecutados usando a IEEE 802.11 DCF [17] como protocolo de acceso al medio y 802.11b como modelo de capa física. Los modelos de propagación empleados para evaluar el desempeño de DV-Hop son *free space*, *shadowing* y *two-ray ground*, actualmente implementados en NS2. Un modelo de propagación es empleado para determinar la potencia de la señal recibida por cada paquete de datos que es enviado a través de un enlace inalámbrico [18]. Se empleó la versión 2.35 del simulador de eventos discretos NS2 [12], que provee simulación realista de la capa física y una versión bien refinada de IEEE 802.11 DCF. Cada simulación fue ejecutada utilizando 10 semillas diferentes. Se utilizó un período de tres segundos para actualizar la información de localización. Para todos los escenarios de experimentación tanto los nodos como las balizas están configurados con un rango de 250m, y están posicionados de manera aleatoria en un plano de 1000m × 1000m. Asimismo, tanto los nodos como las balizas permanecen estáticos durante todos nuestros experimentos de simulación. En la implementación de DV-Hop empleada en nuestros experimentos, los nodos seleccionan las tres balizas más cercanas en saltos, no-colineales, para estimar su posición. La Tabla I describe los parámetros generales del ambiente de simulación.

TABLA I   AMBIENTE DE SIMULACIÓN

Área de simulación	1000 × 1000	Tiempo de simulación	300 segundos
Total de nodos	100	Número de balizas	{3,7,15,31}
Modelo de capa física	IEEE 802.11b	Modelos de propagación	Free-Space, Shadowing y Two-ray ground
Rango de transmisión	250m	Potencia de transmisión	0.28W
Tasa de transmisión	11000000bps	Posición de los nodos y balizas	Aleatoria
Vel. Min-Max.	1-20m/s	Tiempo de pausa	10 segundos

Las métricas empleadas para evaluar el desempeño de DV-Hop son: error de localización, cobertura y sobrecarga. El error de localización se define como la distancia Euclidiana entre la posición real del nodo y la posición estimada por el algoritmo DV-Hop. La cobertura se define como la proporción de nodos que consiguen estimar su posición, y la sobrecarga mide el número total promedio de paquetes transmitidos por nodo, incluyendo balizas. Esta última métrica permite cuantificar la cantidad de recursos (memoria, ciclos de CPU, ancho de banda, etc.) empleados para estimar la posición de los nodos.

IV. RESULTADOS EXPERIMENTALES

En esta sección se presentan los resultados de los experimentos donde se evalúa el desempeño del algoritmo DV-Hop al incrementar el número de balizas disponibles cuando se propaga la señal de acuerdo a los modelos de propagación *free space*, *shadowing* y *two-ray ground*. En la Fig. 1 se puede observar en general que a medida que fue incrementando el número de balizas disponibles, los errores de localización reportados por DV-Hop empleando los tres modelos de propagación incrementan. El experimento donde DV-Hop empleó el modelo de propagación *two-ray ground* reportó, en promedio, errores que van desde la mitad hasta un tercio de los reportados por los experimentos donde DV-Hop empleó los modelos de propagación *free space* y *shadowing* respetivamente, sin comprometer su cobertura (Fig. 2).

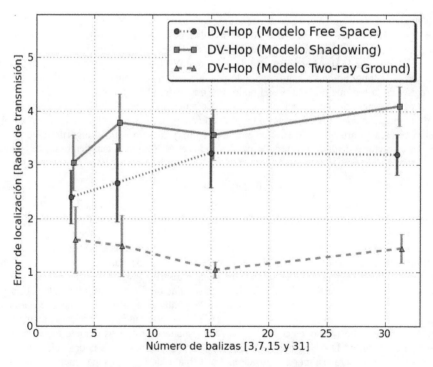

Fig 1. Error de localización cuando se incrementa el número de balizas disponibles.

En general, el pobre desempeño del algoritmo DV-Hop al usar los modelos *free space* y *shadowing* se debe a que las malas predicciones de estos modelos tendieron a reducir tanto la exactitud de la información topológica de la red como la información de localización disponible para los nodos. En este sentido, DV-Hop es algoritmo que depende de manera importante de la fiabilidad de dicha información para tener un buen desempeño.

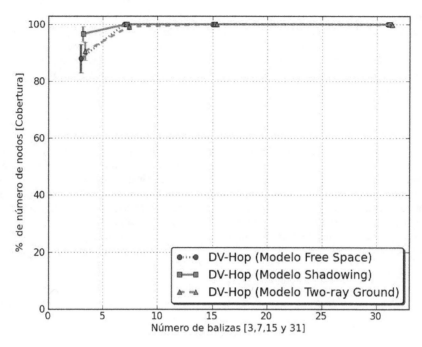

Fig 2. Cobertura cuando se incrementa el número de balizas disponibles.

La Fig. 3 muestra la sobrecarga inducida por el algoritmo DV-Hop empleando los tres modelos de propagación. Como era de esperarse, la sobrecarga aumentó a medida que el número de balizas incrementó debido a que las balizas son quienes inician el proceso de diseminación de información de localización.

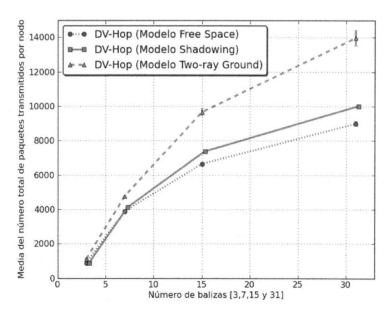

Fig 3. Sobrecarga cuando se incrementa el número de balizas disponibles.

El algoritmo DV-Hop está diseñado para inundar toda la red haciéndolo más costoso en términos de consumo de energía, contención y congestión. Asimismo, DV-Hop consume recursos considerables ya que tiene que inundar la red dos veces cada período de actualización. La primera vez para informar a cada nodo de la red su distancia en saltos hacia la baliza así como la posición actual de ésta, y la segunda para difundir el promedio de longitud de un salto.

Es importante señalar que la sobrecarga también tiene un impacto negativo sobre el error de localización reportado por DV-Hop, en los tres casos, debido a que más paquetes se pierden a causa de las colisiones y congestión de las colas. Esto último provoca errores al momento de calcular las distancias en saltos hacia las balizas y como consecuencia tiene un impacto negativo sobre los errores de localización reportados, especialmente cuando el algoritmo DV-Hop empleó los modelos *free space* y *shadowing*. Ejemplo de este fenómeno se puede observar en la Fig. 1 a partir de 15 balizas, donde los errores de localización estimados en lugar de disminuir empezaron a incrementar.

V. CONCLUSIONES

En este artículo se presentó un análisis del impacto de diversos modelos de propagación en el desempeño del algoritmo DV-Hop, considerado el algoritmo estándar en la categoría de algoritmos de posicionamiento libres de distancias en MANETs. Los modelos empleados fueron *free space*, *shadowing y two-ray ground*, actualmente implementados en las diversas versiones de NS2, simulador de eventos discretos empleado en este trabajo para realizar el conjunto de experimentos. Los resultados de nuestros experimentos revelan que el modelo de propagación que en general brindó mejores resultados en términos de error de localización y cobertura fue *two-ray ground*, y en términos de sobrecarga de control fue *free space*. En un trabajo futuro se pretende extender el número de experimentos para incluir diversos niveles de movilidad y variar la densidad de nodos con el propósito de medir también su impacto en el desempeño del algoritmo DV-Hop.

AGRADECIMIENTOS

Este trabajo fue realizado gracias al financiamiento del Instituto Tecnológico de Matamoros y del Tecnológico Nacional de México a través del proyecto con clave 5765.16-P.

REFERENCIAS

[1] S. Basagni, M. Conti, S. Giordano and I. Stojmenovic, "Mobile ad hoc networking: the cutting edge directions", John Wiley & Sons. 2013, vol. 35.

[2] D. Niculescu and B. Nath, "Ad hoc positioning system (APS)". In Proc. of IEEE GLOBECOM, vol. 5. IEEE 2001, pp. 2926-2931.

[3] R. Nagpal, H. Shrobe, and J. Bachrach, "Organizing a global coordinate system from local information on an ad hoc sensor network". In Information Processing in Sensor Networks, vol 2634. Springer Berlin Heidelberg, 2003, pp. 333-348.

[4] N. Bulusu, J. Heidemann, and D. Estrin, "GPS-less low-cost outdoor localization for very small devices". IEEE Personal Communications, vol. 7, no. 5, pp. 28-34, 2000.

[5] T. He, C. Huang, B. M. Blum, J. A. Stankovic, and T. Abdelzaher, "Range-free localization schemes for large scale sensor networks". In Proceedings of the 9th annual international conference on Mobile computing and networking, ACM, 2003, pp. 81-95.

[6] F. Thomas, and L. Ros, "Revisiting trilateration for robot localization", IEEE Transactions on Robotics, 2005, vol. 21, no. 1, pp. 93-101.

[7] A. Pineda-Briseño, R. Menchaca-Mendez, E. Chavez, J. G. Guzman-Lugo, R. Menchaca-Mendez, R. Quintero-Tellez, M. J. Torres-Ruiz, M. Moreno-Ibarra, and J. Diaz-De-Leon, "A probabilistic approach to location estimation in MANETs", Ad Hoc & Sensor Wireless Networks, vol. 8, no. 1-2, pp. 97-114. 2015.

[8] C. H. E. N. Hongyang, K. Sezaki, D. E. N. G. Ping, and H. C. So, "An improved DV-Hop localization algorithm with reduced node location error for wireless sensor networks". IEICE Transactions on Fundamentals of Electronics, Communications and Computer Sciences, 2008, vol. 91, no. 8, pp. 2232-2236.

[9] Y. Liu, Z. H. Qian, D. Liu, and H. Zhong, "A DV-hop positioning algorithm for wireless sensor network based on detection probability". In Proceedings of the 2009 Fifth International Joint Conference on INC, IMS and IDC. IEEE, pp. 453-456.

[10] D. P. Bertsekas, R.G. Gallager, and P. Humblet, Data networks, vol. 2, New Jersey: Prentice-Hall International.

[11] C. E. Perkins, and P. Bhagwat, "Highly dynamic destination-sequenced distance-vector routing (DSDV) for mobile computers". In ACM SIGCOMM computer communication review, ACM 1994, vol. 24, no. 4, pp. 234-244.

[12] NS2, Network Simulator. http://www.isi.edu/nsnam/ns/.

[13] A. Pineda-Briseño., and R. Menchaca-Méndez, "An experimental study on the effectiveness of trilateration and probabilistic multilateration for position estimation in MANETs", In Computing Conference (CLEI), 2015 Latin American , pp. 1-9, IEEE.

[14] Z. Wang, H. R. Sadjadpour, and J. J. Garcia-Luna-Aceves, "A unifying perspective on the capacity of wireless ad hoc networks". In INFOCOM 2008. The 27th Conference on Computer Communications, IEEE, pp. 211-215.

[15] D. Munoz, F. B. Lara, C. Vargas, and R. Enriquez-Caldera, Position location techniques and applications. 1st ed. Academic Press, 2009.

[16] Y. Liu, Z. Yang, X. Wang, and L. Jian, "Location, localization, and localizability". Journal of Computer Science and Technology, 2010, vol. 25, no. 2, pp. 274-297.

[17] IEEE Std: 802.11: Wireless LAN medium access control (MAC) and physical layer (PHY) specifications, 1997.

[18] Radio Propagation Models in NS2. http://www.isi.edu/nsnam/ns/doc/node216.html.

Analysis of virtual learning labs Cloud Computing in security training and TIC

Navarro Nuñez William

Centro de Electricidad Electrónica y Telecomunicaciones CEET

SENA grupo GICS

Bogotá, Colombia

williamnm2@misena.edu.co

Bareño Gutierrez Raúl

Centro de Electricidad, Electrónica y Telecomunicaciones CEET

SENA grupo GICS

Bogotá, Colombia

raulbare@misena.edu.co

Cardenas Urrea Sonia

Centro de Electricidad Electrónica y Telecomunicaciones CEET

SENA grupo GICS

Bogotá, Colombia

secardenas9@misena.edu.co

Sarmiento Osorio Hugo

Centro de Electricidad Electrónica y Telecomunicaciones CEET

SENA grupo GICS

Bogotá, Colombia

hsarmientoo@misena.edu.co

Resumen

La aplicación de plataformas de virtualización y Cloud Computing como tecnologías utilizadas en los procesos de formación profesional, para gestionar los laboratorios virtuales de aprendizaje en áreas como la teleinformática, la seguridad informática y la telemática, permiten la generación de ecosistemas tecnológicos flexibles que pretenden aproximar el ambiente de un laboratorio tradicional para poner en práctica los conocimientos adquiridos, promoviendo la masificación del conocimiento, la reducción de costos en implementación y mantenimiento, coexistiendo como alternativas permanentes de autoaprendizaje que disminuyen el riesgo de daños en equipos de alto valor, en el presente artículo se realiza un acercamiento a la evaluación de las tecnologías de virtualización y Cloud Computing a partir de ambientes de prueba controlados, con el fin de identificar sus potencialidades y seleccionar las que cumplan con las condiciones tecnológicamente requeridas para la implementación de laboratorios virtuales en las áreas de Seguridad y TIC en el Centro de Electricidad, Electrónica y Telecomunicaciones CEET del Servicio Nacional de Aprendizaje SENA

Palabras Clave: Virtualización, Laboratorios Virtuales, TIC, Cloud Computing, Plataformas.

Abstract

The application of virtualization platforms and cloud computing as technologies used in training processes to manage virtual learning labs in areas such as teleinformática, computer security and telematics allow the generation of flexible technological ecosystem that aim approximate the atmosphere of a traditional laboratory to implement the acquired knowledge, promoting the massification of knowledge, cost reduction in implementation and maintenance, co-existing as a permanent alternative self-learning that reduce the risk of damage to high-value equipment in the this article presents an approach to evaluating virtualization technologies and cloud computing from environments controlled test, in order to identify their potential and select those that meet the conditions technologically required for the implementation of virtual laboratories in is done Security and ICT areas in the Center of Electricity, Electronics and Telecommunications CEET SENA.

Keywords: Virtualization, Virtual Labs, TIC, Cloud Computing, Platforms.

I. Introducción

Las tecnologías de la información y las comunicaciones se desarrollan a gran velocidad produciendo de forma permanente nuevos productos y servicios, permitiendo la integración de horizontes novedosos de competitividad en una economía globalizada, en este escenario nacieron las plataformas de virtualización [1] y las tecnologías Cloud Computing como herramientas que actualmente son implementadas en diversos entornos productivos, uno de ellos el contexto educativo y formativo. La virtualización y la tecnología Cloud Computing nacen como elementos de acceso a procesos de última generación de las TIC que se consolidan como herramientas de democratización del conocimiento, concediendo su uso a personas de todos los niveles sociales, a través de plataformas que permitan el acceso desde cualquier ubicación a servicios y/o procesos en escenarios variados, flexibles y amplios [2].

El Servicio Nacional de Aprendizaje SENA y específicamente el Centro de Electricidad, Electrónica y Telecomunicaciones por sus siglas denominado CEET está encargado de promover desarrollo social y técnico de los trabajadores colombianos; ofreciendo formación profesional integral, contribuyendo al desarrollo social, económico y tecnológico de Colombia, [3] razón por la que no es ajeno a la necesidad de contar con laboratorios robustos para sus diferentes programas de formación, donde las áreas relacionadas con las TIC son las que cuentan con mayor demanda en cuanto a formación técnica y tecnológica. En el CEET se han identificado variados requerimientos de infraestructura, para dar respuesta a las numerosas necesidades de los programas educativos, ya que la demanda de estudiantes ha crecido de manera vertiginosa [4] implicando en la entidad la generación de laboratorios que den cobertura a estas necesidades en la gestión de TIC, seguridad, redes de datos y nuevas tecnologías. Pero si bien es cierto que la tecnología avanza de manera rápida y convergente también los costos asociados y la necesidad de actualización permanente que limitan su acceso [5] para los centros de formación SENA y en general para las entidades educativas que desarrollan sus proceso misionales educativos en entornos y laboratorios virtualizados y de acceso en la red a través de tecnologías Cloud Computing en contextos tanto presenciales como en línea [6].

A partir de este escenario y del aumento de la frecuencia en la cual entidades educativas del ámbito público y privado requieren el uso de tecnologías de virtualización, ingreso a sus usuarios desde cualquier ubicación reduciendo infraestructura física y costos, se presenta la necesidad en el CEET de explorar nuevas tecnologías que permitan el acceso, uso y administración de las mismas, para garantizar las actividades de forma permanente e independiente de la ubicación de los estudiantes, mejorando la productividad y las capacidades en su quehacer académico-laboral al implementar técnicas de virtualización y tecnologías cloud computing, que suponen una alternativa importante frente a la implementación tradicional en equipos físicos [7].

Para responder a esta necesidad se promueve el proyecto de laboratorios virtuales basados en tecnologías Cloud Computing que tiene como objetivo principal el análisis, identificación e implementación de herramientas de virtualización [8] y de computación en la nube, que permitan a los aprendices acceder a tecnologías de última generación de software e infraestructura, que por su nivel socioeconómico no podría ser posible por el costo de la misma, así como por los requerimientos técnicos necesarios para la instalación y funcionamiento en las áreas TIC y seguridad informática inicialmente.

Las creación de laboratorios virtuales como herramienta de democratización, colaboración y acceso a nueva tecnología, en pro del mejoramiento de la calidad educativa, es una tendencia creciente tanto a nivel nacional como internacional en proyectos como La Red de Laboratorios Virtuales y Tele operados de Colombia en la Red Nacional Académica de Tecnología Avanzada (RENATA) en la que participaron universidades del ámbito nacional e internacional, que buscan poder mejorar el acceso a la tecnología y el uso de la misma[16].

El proyecto de laboratorios virtuales tendrá un impacto muy alto en la calidad de los programas de formación que se ofertan en el Centro de Electricidad, Electrónica y Telecomunicaciones debido a que al realizar la implementación se logrará garantizar a los usuarios la generación de prácticas formativas enfocadas en afianzar sus conocimientos, permitiendo de esta manera adquirir destrezas que los conviertan en individuos más competitivos en la demanda requerida por el mercado en entornos virtualizados que requieran un alto nivel de especialización, este acceso se tendrá sin tener que realizar altas inversiones, debido a que el acceso los usuarios finales no es necesario contar con máquinas robustas debido a que estas solo tendrán la función de realizar el enlace con la infraestructura de Cloud Computig [9] implementada para tal fin.

En la implementación realizada se aborda la comparación de tres importantes herramientas de Software de virtualización, las cuales fueros seleccionadas por su nivel de comercialización, volumen de usuarios que soportan y las ventajas de adaptación a cualquier tipo de infraestructura, la primera Open Stack que se describe como un arquitectura en nube de software libre que explota técnicas de virtualización para aprovisionar múltiples máquinas virtuales en un mismo host físico, a fin de utilizar de manera eficiente los recursos disponibles, por ejemplo, la consolidación de las máquinas virtuales en el mínimo número de servidores físicos para reducir el consumo de energía en tiempo de ejecución[10]; la segunda VMWare que se describe como una ligera capa de software propietario diseñada para multiplexar de manera eficiente los recursos de hardware entre las máquinas virtuales que ejecutan sistemas operativos permitiendo eliminar la redundancia y reducir los gastos generales de duplicación de máquinas y soportando altas cargas de trabajo de manera eficiente optimizando los recursos[11]; finalmente la tecnología de virtualización denominada Hyper-V , que ofrece una plataforma de virtualización que incorpora una solución escalable y de alto rendimiento que es funcional con diversos usuarios e Infraestructuras TIC existentes y permite unificar algunas de las cargas de procesamiento exigentes. [12]

II. Metodología

A través del desarrollo de una metodología descriptiva experimental, soportada en ambientes de prueba controlados, se recogieron los datos para la definición de la problemática o necesidad, así mismo a partir de la definición de los requisitos para la implementación de los laboratorios se procede a su implementación en una muestra de tres grupos de formación en el área de gestión de redes de datos con un numero de aprendices aproximado entre 25 y 30, quienes comparten el uso de equipos tradicionales o realizan su práctica a través de simuladores, estos grupos cuentan con formación avanzada en redes de computadores y gestionan sus diferentes practicas a través de procesos de virtualización en diferentes plataformas y con un alto nivel de procesamiento y consumo de recursos de maquina como, memoria, procesador y disco duro entre otros.

Se desarrollaron pruebas con un conjunto de plataformas a nivel de infraestructura, con dispositivos activos de marca Cisco que involucran, router, switch y access point, así como equipos servidores de medianas características, para la gestion de la plataforma y el almacenamiento de contenidos que requieren ser accedidos.

Se incorporan los tres escenario reales de aplicación en los programas del área de TIC en cuanto a gestión de redes de datos y seguridad de la información, con el fin de hacer uso de las diferentes plataformas a ser evaluadas e intervenidas, también se referencian los diferentes escenarios con diseños de implementación apropiados para las necesidades de los usuarios de la plataforma.

La implementación del prototipo se realiza mediante la creación de laboratorios controlados asignados a los grupos de formación, debido a que para llevar a cabo la formación en áreas específicas como servidores, monitoreo, seguridad de redes se requiere de equipos con características técnicas muy robustas para llevar a cabo las acciones de aprendizaje, aunque este es replicable a cualquiera de las áreas que requiera el uso de equipos de cómputo para sus prácticas formativas, de las cuales si es posible asegurar es el 100%.

A. Metodología de implementación

Diseño del Prototipo.

Se realizó el análisis de la técnica de virtualización más adecuada a las necesidades se define la arquitectura tecnológica [14] requerida ver figura 1 generando como propuestas la creación de los laboratorios para generar prácticas de instalación, configuración de equipos servidores y de máquinas que actuarían como clientes, bajo tres plataformas de virtualización Openstack, Hyper V y VMWare.

Implementación del Prototipo

Se realizó la implementación de los laboratorios inicialmente en el ambiente de pruebas controlado para posteriormente aplicarlo a la muestra seleccionada.

Se generaron practicas controladas en temáticas de instalación y configuración de servidores sobre Windows en las que se desplegaron en simultanea 10 servidores y 10 clientes que fueron entregados en duplas a los grupos, para realizar las practicas correspondientes en la generación de servicios de dominio y creación y pruebas de políticas de grupo, logrando de esta manera evaluar la experiencia de los aprendices en la solución de virtualización contra las mismas pruebas realizadas en los equipos físicos con los que cuenta el CEET además de se evaluó el rendimiento del servidor en el que se encontraban implementadas las soluciones de virtualización a través de las herramientas de monitoreo propias de cada una de las plataformas.

Se identifica que el impacto en la muestra de un 30% que inicialmente realizan sus prácticas compartidas a un 80% impactado que con el uso de los ambientes virtuales realizan sus prácticas de forma individual con equipos robustos y adaptados a sus necesidades.

Se realiza la validación del escenario de pruebas controladas a través de la aplicación de las herramientas de virtualización sumadas a la aplicación de protocolos tradicionales de seguridad red que permiten evaluar la fiabilidad de la red y el control de acceso de roles, usuarios y servicios según las necesidades de la plataforma y de los usuarios[12].

III. DISCUSIÓN Y ANÁLISIS

Se despliega la plataforma de virtualización denominada Lab-V como una solución desarrollada a partir de la implementación de un prototipo en ambiente de pruebas controlado soportado en computadores con arquitectura de servidor y soportado en una infraestructura de conectividad de dispositivos activos, ver Figura 1. En el cual se realizó la validación de diferentes plataformas de ambientes virtualizados como: Openstack [13] que es una de las soluciones Open Source [14] con más apoyo de las comunidad y de patrocinadores de renombre, VMWare [15] que es de las plataformas con licenciamiento tradicional más solicitada y promovida en el mercado e Hyper V [16] que es propiedad de una de las casas de software más reconocidas a Nivel Mundial Microsoft [17].

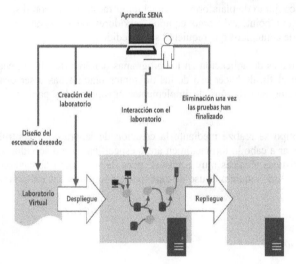

Figura 1. Esquema general de prototipo virtualizado.

Fuente Elaboración Propia.

Se realizó el análisis y evaluación de variables esenciales en el proceso de implementación de la solución en las tres herramientas de virtualización, asignado un puntaje de 5 para alto, 3 para medio y 1 para bajo para este tipo de sistemas como se puede observar en la tabla 1.

A partir del análisis de la infraestructura tecnológica general requerida por el SENA, se definen los recursos clave y las características que permiten definir los componentes, las tecnologías y arquitectura, así como la ubicación de los procesos y los sistemas a utilizar, la ubicación de los usuarios y las condiciones en las cuales van a establecer las comunicaciones entre los diferentes componentes.

En este aspecto se identifican las necesidades a nivel técnico para diseñar la solución requerida por la organización para la implementación de proyectos asociados a las Tecnologías de Información, para el desarrollo de la estrategia de las áreas de capacitación del CEET, Se prioriza que la arquitectura debe ser integral y debe corresponder desde el área de TIC teniendo en cuenta que es el proceso misional de la organización y puede ser probable su despliegue en otras áreas, por lo cual puede convertirse en un eje transversal, que al requerir y definir procesos tecnológicos involucra las demás áreas de la organización, se apoya este aspecto en el modelo tecnológico y en la arquitectura definida[18].

Se realizó el análisis de la técnica de virtualización más adecuada a las necesidades, se define la arquitectura tecnológica requerida ver figura 2. Generando como propuestas la creación de los laboratorios para generar prácticas de instalación, configuración de equipos servidores y de máquinas que actuarían como clientes, bajo las plataformas de virtualización [19].

Se define como punto fundamental la implementación de una herramienta de integración de la arquitectura a través de virtualización y uso de la plataforma de computación en la nube [20], a partir de una interfaz de acceso a todos los aprendices usuarios de la organización y a nivel de clientes externos e internos para el acceso a la plataforma, por lo cual se define un portal de acceso soportado en plataformas Cloud Computing [21], en una relación costo beneficio se identifica esta opción como viable, según el modelo. Ver figura 2.

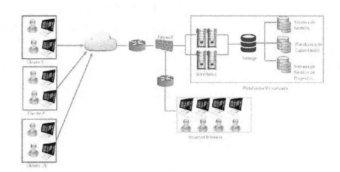

Figura 2. Esquema de arquitectura tecnológica plataforma capacitación

Fuente: Elaboración propia

Como se puede denotar en la tabla 1 se puede identificar que de acuerdo a las variables evaluadas Openstack es la tecnología que más se adapta a este tipo de soluciones en el contexto académico, evidenciando que esta tecnología en las variables denominadas como costo y licenciamiento cuenta con una valoración muy alta frente a las demás tecnologías evaluadas en los laboratorios propuestos, teniendo en cuenta que es implementada con código abierto razón por la que el licenciamiento no tiene altos costos y eliminando así una gran limitante que se presenta en el momento de realizar este tipo de investigaciones e implementaciones tecnológicas.

Variables	Openstack	VMWare	Hyper v
Adaptabilidad. (Integración con otras plataformas)	5	5	5
Estabilidad (Número de caídas)	4	4	4
Velocidad de respuesta. (Tiempo de respuesta para usuarios simultáneos)	3	3	3
Interfaz. (Intuitiva al usuario)	4	4	5
Infraestructura. (Equipos, dispositivos y comunicaciones)	5	5	5
Costo. (Alto o medio)	5	1	3
Licenciamiento. (Costo y capacidad)	5	1	3
Usuarios (Número soportado)	5	5	5
Resultado	34	27	33

Tabla 1. Comparación de variables:

Fuente elaboración propia

Las variables analizadas se evaluación bajo los siguientes indicadores de medida en los que 5 – 4 tiene un valor excelente, 3 - 2 cuenta con una calificación aceptable y 1 valor deficiente, después de realizar la evaluación de las herramientas seleccionadas para la implementación de los laboratorios virtuales y la tabulación de los resultados, encontramos tecnologías maduras y estables que cuentan con un poder de adaptabilidad a otras plataformas o sistemas de información, lo que las convierte en herramientas muy flexibles, la velocidad obtenida en las diferentes pruebas realizadas no se consideró en esta evaluación debido a que el proceso de aprovisionamiento de recursos es complejo y tendrá variantes de acuerdo a las características de los host. Las herramientas cumplen con las características requeridas para la implementación de los laboratorios de prueba encontrando en Hyper V una diferencia en el ámbito de la infraestructura y software requerido debido a que este requiere de software especial para la interconexión que limita la independencia con la que deben operar estas soluciones.

Se evidencia en la evaluación que el factor de licenciamiento juega un papel fundamental cuando se toma la decisión de realizar la implementación de este tipo de soluciones, debido a la forma como se debe oficializar el uso de esta tecnología, encontrando un gran obstáculo por los altos costos delas licencias, evidenciando que para el ambiente educativo la plataforma Openstack genera un valor diferenciador debido a que este obedece a software libre que no requiere licenciamiento de su base. Ver figura 3.

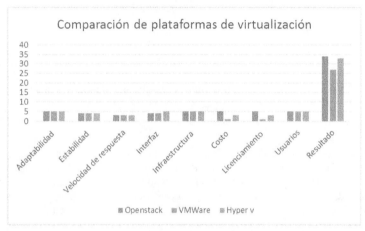

Figura 3. Análisis de comparación de plataformas de virtualización

Fuente elaboración propia

IV. RESULTADOS

El resultado de la aplicación de las encuestas de satisfacción a los aprendices participantes en los laboratorios controlados ver tabla 2 se identifica el impacto que tiene la inclusión de la tecnología de virtualización a los procesos de formación a través de solución virtualizada para la realización de prácticas de laboratorios.

Pregunta	Respuesta
¿Cuánto cree que aportó la plataforma de investigación en el desarrollo de la prueba propuesta por el grupo de investigación?	50% Mucho 50% Lo suficiente
¿Considera usted que la plataforma de virtualización ayudará a mejorar los procesos	95% Si 5% No

de aprendizaje en su programa de formación?	
¿Cuál fue su nivel de satisfacción con las herramientas proporcionadas para conectarse al servidor de virtualización VSphere?	70% Satisfecho 30% Normal
¿Cree usted que mejoró el desempeño de la clase al usar la plataforma de virtualización para la simulación de las máquinas virtuales?	100%

Tabla 2. Impacto solución virtualizada.

Fuente elaboración propia.

Como resultado tangible de la implementación de la plataforma en los ambientes de prueba controlados a nivel tecnológico y metodológico en los ambientes de formación se identifica un alto nivel de satisfacción al evidenciarse que el 95% de los participantes identifican que se presenta una alta mejora en los procesos de aprendizaje. Ver figura 4.

Figura 4. Resultado de mejora en el proceso de aprendizaje.

Fuente elaboración propia

CONCLUSIONES

Se identifica en el SENA CEET una necesidad de implementación de laboratorios virtuales que permita la democratización del conocimiento soportado en el uso de equipos robustos para la realización de actividades formativas.

La virtualización y la infraestructura Cloud Computing fomenta la optimización de actividades formativas y el uso de plataformas acordes según las necesidades, permite su desarrollo de una forma más ágil y robusta, logrando un impacto en la formación significativo pues permite llegar con tecnología d alto rendimiento a un número significativo de aprendices que con los equipos tradicionales no podía contar con el mismo acceso y rendimiento.

El prototipo en su fase inicial permitió validar una muestra especifica de aprendices, con la que se demostró que se impactó el proceso de aprendizaje de manera favorable logrando que este mejorara su desempeño del 100% con respecto a la implementación con laboratorios físicos, debido al eficiente manejo que se le da a la infraestructura potenciando el rendimiento de esta.

Se evidencia que los procesos de formación realizados fueron satisfactorios para los clientes finales (aprendices), con porcentajes de satisfacción en la experiencia realizada del 70% que refleja el mejoramiento del acceso a la tecnología y la mejorara de las destrezas requeridas para el manejo de estas en entornos tecnológicos y productivos.

REFERENCIAS

[1] Ruiz, J., Fernández, D., Galán, F., & Bellido, L. Modelo de Laboratorio Docente de Telemática basado en Virtualización Distribuida. VII Jornadas de Ingeniería Telemática. 2008.

[2] Fernández, D., Galán, F., Ruiz, F. J., Bellido, L., & Walid, O. Uso de técnicas de virtualización en laboratorios docentes de redes. Boletn de RedIRIS, 82, 70-75. 2008.

[3] Equipo Directivo Nacional, Parody G. Informe de Gestión SENA, Pp. 8 2013.

[4] Ibáñez, J. S. Innovación docente y uso de las TIC en la enseñanza universitaria. RUSC. Universities and Knowledge Society Journal, 1(1) 2004.

[5] Espinal, A. A. C., Montoya, R. A. G., & Arenas, J. A. C. Gestión de almacenes y tecnologías de la información y comunicación (TIC). Estudios Gerenciales, 26(117), 145-171. 2010.

[6] Sigalés, C. Formación universitaria y TIC: nuevos usos y nuevos roles 2004.

[7] Galán, F., & Fernández, VNUML: Una Herramienta de Virtualización de Redes Basada en Software Libre. In Proc. Open Source International Conference pp. 35-41 2004.

[8] García, D. R., & García, D. R. Proyecto de evaluación de plataformas de teleformación para su implantación en el ámbito universitario 2004.

[9] Aguilar, L. J. La Computación en Nube (Cloud Computing): El nuevo paradigma tecnológico para empresas y organizaciones en la Sociedad del Conocimiento. Revista Icade. Revista de las Facultades de Derecho y Ciencias Económicas y Empresariales, (76), 95-111.2012.

[10] Wen, X., Gu, G., Li, Q., Gao, Y., & Zhang, X. (2012, May). Comparison of open-source cloud management platforms: OpenStack and OpenNebula. In Fuzzy Systems and Knowledge Discovery (FSKD), 2012 9th International Conference on (pp. 2457-2461). IEEE.

[11] Waldspurger, C. A. (2002). Memory resource management in VMware ESX server. ACM SIGOPS Operating Systems Review, 36(SI), 181-194.

[12] Velte, A., & Velte, T. (2009). Microsoft virtualization with Hyper-V. McGraw-Hill, Inc.

[13] Pérez Díaz, J. L. Estado del arte en soluciones de virtualización/sistemas gestores cloud: OpenStack. 2013.

[14] Figueroa Chinguercela, C. E., & Simbaña Coyago, H. D. Análisis, comparación e implementación de una infraestructura virtual open source con alta disponibilidad basada en clusters, para servidores y escritorios dentro de las instalaciones de la empresa Sinergyhard Cía. Ltda (Doctoral dissertation, QUITO/EPN) 2013.

[15] Waldspurger, C. A. Memory resource management in VMware ESX server. ACM SIGOPS Operating Systems Review, 36(SI), 181-194.2002

[16] Ortiz, M. R. M. Ventajas y Consideraciones sobre la virtualización de infraestructura de Hardware.2007.

[17] Martín, J. B. Virtualización: vmware vs microsoft. PC World profesional, (240), 66-71.2007.

[18] Paniagua, C. La virtualización de los recursos tecnológicos, impulsor del cambio en la empresa. Universia Business Review (trimestre 40), 92-103.2006.

[19] Jiménez, I., Martinez, O., Aroca R. e-LAB Colombia: Red de Laboratorios Virtuales y Teleoperados de Colombia en la Red Nacional Académica de Tecnología Avanzada (RENATA). 2014.

[20] Clempner J. y Gutiérrez. (2001). Planeación Estratégica de Tecnología de Información en Entornos Dinámicos e Inciertos. Revista Digital Universitaria,, 2-4.

[21] Ibáñez, J. S. (2004). Innovación docente y uso de las TIC en la enseñanza universitaria. RUSC. Universities and Knowledge Society Journal, 1(1), 3.

La importancia de un sistema de votación electrónica con biometría para la transmisión de datos

Bareño Gutierrez Raúl
Universidad Manuela Beltrán; UMB,
Grupo GITIS UMB
Bogotá, Colombia
raul.bareno@docentes.umb.edu.co

Navarro Nuñez William
Centro de Electricidad Electrónica y Telecomunicaciones CEET
SENA grupo GICS
Bogotá, Colombia
williamnm2@misena.edu.co

Cardenas Urrea Sonia
Centro de Electricidad Electrónica y Telecomunicaciones CEET
SENA grupo GICS
Bogotá, Colombia
secardenas9@misena.edu.co

Resumen

Colombia debate la implementación del voto electrónico, las nuevas tecnologías de la información y las comunicaciones TIC han penetrado todo tipo de organizaciones, las nuevas herramientas tecnológicas facilitan procesos o actividades que antes eran monótonas de realizar, hoy existen temores en el acceso al sistema y en la transmisión de los datos generando dudas en la veracidad y confiabilidad en los electores. Esta investigación revisa algunas vulnerabilidades físicas y remotas a un sistema de votación electrónico ante diversos ataques informáticos e intentos de suplantación de identidad, además de algunos aspectos de mitigación utilizando biometría, de manera complementaria dentro del mismo sistema de votación. El prototipo, E-vote, minimiza las vulnerabilidades durante el envío de los datos durante la votación dando fiabilidad en la transmisión; además verifica el acceso físico del sufragante acorde a sus características biométricas inicialmente durante la verificación del documento de identificación usando el lector de código de barras, posteriormente mediante la validación de la huella dactilar usando el lector óptico, o usando la cámara de video como mecanismo de respaldo. La herramienta usa los protocolos SSL/TLS para la autenticación del sufragante vía WEB usando certificados digitales confiables, junto al protocolo IPSEC que valida el sitio y los datos protegiendo las comunicaciones ante ataques externos garantizando criterios de autenticación, integridad y confidencialidad. El voto electrónico en Colombia con este prototipo es el primer sistema integrado, junto a características de seguridad adicionales para el transporte o acceso físico a los datos entregando confiabilidad en la transmisión; por ello los protocolos SSL/TLS complementados con IPSEC, junto a mejores mecanismos de validación electrónica incentivan día a día la ciberdemocracia.

Palabras Clave: Autenticación, Biometría, ciberdemocracia, ciberseguridad, votación electrónica

I. INTRODUCCIÓN

Con las nuevas tecnologías de la información y comunicación TIC, de amplio uso, además de su masificación en diferentes escenarios académicos, productivos hoy en día se pueden integrar en nuevos sistemas de votación electrónica que minimice las vulnerabilidades del sistema tradicional. Colombia debate el uso o inclusión de estas tecnologías [1] en su sistema electoral con serias dudas en el acceso al sistema y en la transmisión de los datos; a pesar de ello ha adelantado pilotos en algunas regiones [2] con resultados satisfactorios. En la actualidad varios países además de universidades en Grecia, Noruega, México, España, Argentina, Estonia [3],[4], entre otros; usan investigan e implementan sistemas de control biométrico de acceso físico usando herramientas electrónicas como lectores de código de barras, de huella dactilar [5],[6],[7] de rostro. actualmente países donde ya se aplica el voto electrónico presencial son Australia, Bélgica, Brasil, Francia, Alemania, India, Noruega, Venezuela, Paraguay, Argentina [8],[9],[14], además de 30 países [12] [13] con exitosa aplicación de estos sistemas algunos con validación biométrica pero de forma independiente, pero no integrado a un único sistema [10],[11].

Las ventajas de estas herramientas electrónicas pueden capturar características morfológicas únicas de cada ser humano. La forma de la cara, los ojos, la huella dactilar [19], entre otros rasgos diferenciadores. Esta solución contempla 3 sistemas de autenticación e identificación biométrica con mecanismos de: lectura de código de Barras [15], identificación personal con el uso de la huella dactilar, y mecanismo de identificación facial y de reconocimiento mediante la implementación del Software Development Kit SDK. [17], [18]. Que permiten al sistema realizar y validar la votación electrónica.

Este prototipo e-vote [16] constituye una alternativa viable, que identifica una persona utilizando sistemas de identificación diferentes a los tradicionales minimizando vulnerabilidades durante la transferencia de los datos biométricos que pueden ser sustraídos, descifrados o falsificados con fines ilegales [9]. Estos lectores ópticos de identificación integrados entre la huella dactilar, el rostro del elector, y la autenticidad del documento de identificación entregan un alto porcentaje de validación, de transferencia de información hacia grandes centros de datos permitiendo el acceso al sistema para el sufragante. Finalmente, los protocolos de autenticación entre nodos usando los protocolos secure sockets layer/transport layer security SSL/TLS con certificados de validación punto a punto si se implementa de manera local; o cuando se requiere comunicación externa el protocolo Internet Protocol security IPSEC todo integrado en este prototipo minimiza muchas de las vulnerabilidades de los sistemas de votación tradicionales.

II. METODOLOGIA

Se efectuó una investigación descriptiva experimental con énfasis cuantitativo, sobre una muestra controlada con diferentes electores se efectuaron pruebas durante la autenticación y operación del sistema electoral, con ataques durante el envío de la información entre uno y diez atacantes y durante el envío del archivo a un centro de datos. Los ataques escogidos fueron: Denegación de servicio (DOS), denegación de servicio distribuido (DDOS), y de hombre en el medio (MITM) [20]. Se aplican estos ataques por ser los más reiterativos en sistemas de comunicación electrónicos según las estadísticas de empresas desarrolladoras de antivirus como Cert Kaspersky del año 2015. Finalmente se transmitió con los protocolos SSL/TLS e IPSEC que optimizan el sistema electrónico mediante sus algoritmos de seguridad.

Para respectivas pruebas se utilizaron dispositivos de diferentes capas en cuanto a software y hardware así: ver tabla 1.

PC	Procesador	RAM	Sistema operativo
Atacante	Intel Core (TM)2	4 GB	(Cali- Linux)
Servidor	Intel Core (TM)I5 -2430	4 GB	Windows Server- Paquete Xampp 1.8.1 apache con ssl/tls - MySQL- php
PC con Wireshark	Intel T1350	3 GB	Windows
Pc con el Aplicativo	Intel core (TM)I5 -2430	4 GB	Windows 7 ultímate 64 bits
Lector de huella dactilar	Digital person		U are 4500 Fingerprint Reader
Lector de código de barras	Motorola		DS9208- SR4NNU21Z

TABLA 1. Dispositivos Utilizados

El prototipo E-Vote es una solución de software que permite realizar y controlar un sistema de votación de manera electrónica basado en autenticación biométrica, dentro del mismo sistema de votación electrónica. Y además permite la votación a electores con algunas limitaciones físicas o motoras, en este caso perdida de brazos o manos, discapacidad auditiva o visual, garantizando la inclusión y el derecho al voto.

La autenticación del elector se basa en la selección de uno de los tres sistemas de identificación. 1) El lector de código de barras permite identificar los símbolos en la cedula de identificación decodificados bajo formatos de códigos de barras code 128, 39, 93 y codebar [21]. 2) el lector de huellas dactilares utiliza un prisma iluminado por un diodo de led en el cual se coloca el dedo índice derecho este reproduce las zonas oscuras en el sensor permitiendo un patrón para la autenticación. 3) el reconocimiento facial permite mediante algoritmos previamente diseñados bajo SDK trial, e identificar puntos específicos para compararlos con los registros de la base de datos. Se utilizan estos tres mecanismos de identificación biométrica de manera integrada, debido a que cada uno utilizado de manera independiente no garantiza la seguridad en la autenticación y verificación del elector. Ver fig. 1.

Fig. 1. Dispositivos biométricos utilizados

Todos los métodos de autenticación consultan la base de datos del sistema para la validación y contrastación del elector para permitir el ingreso al sistema ver fig. 2, y permite el proceso de votación de manera electrónica.

Fig. 2. Acceso al sistema del administrador.

A. Metodología de Desarrollo

El desarrollo del software E-Vote se efectuó bajo parámetros de integración de los diferentes puertos de la máquina con la interfaz desarrollada para la activación de los lectores biométricos en Visual Basic.NET [22]. Y la administración, bajo un ambiente web en HTML siendo el lenguaje que se emplea para el desarrollo de la página y Hypertext Preprocessor PHP un lenguaje de código abierto muy popular especialmente adecuado para el desarrollo web y que puede ser incrustado en HTML [23] mejorando la parametrización y configuración de elementos propios de la solución, así como de los datos de todo el proceso electoral de manera electrónica y con criterios de seguridad.

B. Metodología de Seguridad

En cuanto al acceso a la información y validación del elector y del proceso de votación mismo se usó el protocolo SSL/TLS con los certificados digitales y mecanismos de autenticación entre puntos, ver fig. 3.

Fig. 3. Sistema de Votación E-vote

Se utilizó el protocolo IPSEC que es un conjunto de estándares basados en criptografía utilizado para cifrar datos para que no se puedan leer o manipular durante su viaje a través de una red IP; Permite autentificación, confidencialidad e integridad de los datos; mediante tres funcionalidades: Una de autentificación con el protocolo Cabecera de Autenticación (AH) [24]. Otra mixta de autentificación/encriptamiento con el protocolo Encapsulating Security Payload (ESP) [25], La última de intercambio de llaves por el protocolo de gestión de claves Internet key Exchange (IKE) [26]. Funciona de dos formas: en modo transporte o túnel [27].

En cuanto al protocolo SSL [28], provee privacidad y confiabilidad entre aplicaciones cliente servidor vía web con certificados digitales que minimizan la suplantación para autenticar los equipos bajo tecnología propietaria. Por ello Transport Layer Security TLS surge de la necesidad de estandarizar un protocolo que provea seguridad entre el cliente y el servidor. SSL/TLS se usa navegadores web y servidores para ayudar a los usuarios a proteger sus datos mientras se transfieren. Las características de SSL/TLS son: Seguridad criptográfica, Interoperabilidad, Extensibilidad, Eficiencia.

C. Pruebas de Calidad

Las pruebas de calidad de los dispositivos biométricos para la autenticación del elector se basaron en las siguientes características ver tabla 2.

	Huella dactilar	Reconocimiento Facial	Escala
Pruebas	100 muestras	100 muestras	Baja <49%
Fiabilidad (prueba y error)	96%	92%	Media entre 50% y 90%
Resultado (Segun escala)	Alta	Alta	Alta >90%

TABLA 2. Pruebas de fiabilidad.

Durante las respectivas pruebas controladas de las 100 muestras, durante la fase de validación del elector usando la huella dactilar la fiabilidad fue superior al 96%, es decir 96 personas fueron registradas exitosamente por lo tanto, el dispositivo tiene un grado de fiabilidad alto, en una segunda validación en la identificación del rostro con la misma cantidad de muestras la fiabilidad arroja un resultado del 92%, por lo tanto 92 personas, se validaron acorde a la cámara del portátil durante las diferentes fases del proceso de votación, es decir su resultado de aplicación de este dispositivo es alto, (ver tabla 2). El escenario de pruebas durante la fase de validación del elector y de transmisión entre los diferentes puntos se hizo tomando el siguiente escenario ver fig. 4.

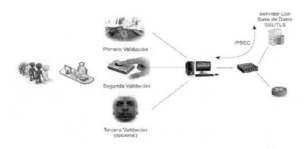

Fig. 4. Escenario de pruebas controlado E-vote

Paso 1: el elector o jurado se reporta en la mesa de votación presentando su documento de identificación (cedula de ciudadanía) con hologramas. El sistema efectúa la veracidad del documento, como de la inscripción previa y si está apto para votar usando el lector de código de barras, Paso 2: una vez el sistema valida y comprueba la concordancia en la base de datos. Se activa la segunda autenticación a través del lector de huellas dactilar, y de manera opcional se presenta la tercera validación Paso 3: Superado los anteriores pasos; el sistema ya ha validado al elector; y procede a activarse el prototipo electrónico electoral e-vote y la persona queda lista y apta para votar

III. DISCUSION Y ANALISIS

Son muchos los análisis y proyectos acerca del tema de la seguridad en el voto electrónico en América Latina que específicamente se pueden aplicar para el caso colombiano, Venezuela, Brasil, Paraguay, Perú; que a pesar de sus barreras en términos de acceso a internet y a las TIC lo aplica y prueba en algunas regiones. Colombia en la actualidad intenta adicionar nuevos dispositivos ópticos que miden más características biométricas, ahora en cuanto a la fase de transmisión de los datos los protocolos IPSEC y SSL/TLS se pueden implementar de manera integrada para su uso en la región. (Ver Tabla 3)

SSL/TLS	IPSEC
Específico para la aplicación, opera entre TCP y HTTP.	Protege el tráfico IP del equipo, opera en la capa de red
Se escoge SSL/TLS en cada conexión (desde la aplicación del cliente).	Configuración del equipo no admite el cifrado de conexión de red especifica
Vinculado a la aplicación E-vote	Transparente para el E-vote, con seguridad para IP
Su implementación depende de la aplicación. Transparente al usuario	Es complejo de implementar. No es transparente al usuario
Usa tecnología embebida en los navegadores WEB	Solución propietaria con VPN el cliente se necesita instalar software adicional
Aplica el modelo cliente/servidor	Une puestos de votación a data center.
Cifrado fuerte	Cifrado fuerte encripta y da integridad
Autentica el servidor al cliente, pero no el cliente al servidor	No protege las comunicaciones entre los PC y la puerta de enlace

TABLA 3. Comparativo entre protocolos de transmisión.

Es evidente y necesario contar con redes de telecomunicaciones y sistemas de votación electrónicos seguros y los protocolos SSL/TLS por su universalidad, no en calidad es fuerte en estos campos de enviar información cifrada por canales inseguros. Fácil será pensar que en el terreno de las comunicaciones seguras pueda ser desplazado por IPSEC sobre todo en el terreno específico de las aplicaciones de comercio electrónico y de E-vote. Por el momento SSL/TLS e IPSEC son muy funcionales para sistemas de votación electrónica. Ambos protocolos de seguridad se deben integrar al sistema para minimizar muchos de los problemas tradicionales en procesos electorales que se llevan de manera no automatizada.

IV. RESULTADOS

Para el análisis de resultados las variables que se analizaron fueron: (Tabla 4):

VARIABLES	Paquetes recibidos por la Base de datos BD	% de ocupación del canal PC1	% de procesamiento del Pc de la base de datos BD
Tiempo de envio en seguntos	Bytes enviados por PC1	% de ocupación del canal en la Base de datos BD	% de disponibilidad del canal
Paquetes enviados aplicativo (PC1)	Bytes recibidos en la Base de Datos. BD	% de procesamiento PC1 con el aplicativo	Archivos enviados

TABLA 4. Variables analizadas

Cada una de estas variables se revisan entre el periodo de registro y votación del elector hasta el proceso de envió de los datos al centro de cómputo, ubicado en una red local o remota, dichas condiciones permiten establecer la cantidad de paquetes enviados, el porcentaje de ocupación del canal, el procesamiento y recursos utilizados por el equipo donde se encuentra la base de datos, junto a los diferentes ataques registrados para la prueba, estas se miden en segundos, por paquetes, y por bytes enviados. Además, se envían entre uno y tres archivos durante 5 veces por escenario, los atacantes entre 2 y 8 y el tamaño del archivo .PDF enviado era de 15 Kbyte, como máximo. Durante el análisis de tráfico se analizan las variables bajo el escenario controlado (ver tabla 5) y se tabularon así:

escenario	DOS	DDOS	MITM	Sin Ataques
tiempo envió (Segundos)	22	24	31	35
paquetes enviados pc1	270	282	263	239
paquetes recibidos base datos	86675	86674	272	245
bytes pc1	62385	63841	66559	62385
bytes base de datos	4096875	4377308	80620	63889
% ocupación del canal pc1	0,0402	0,0402	0,0188	0,0227
% ocupación canal base de datos	72,3	74,3	0,0193	0,021
% procesamiento pc1	4,4	4,4	4,4	2,9
% procesamiento de la base de datos.	74,9	75,4	4,8	4,1
% disponibilidad del canal	27,7	25,7	99,98	99,98
atacantes	2,8	2,8	2,8	2,8

TABLA 5. Ataques referenciados.

Efectivamente el mejor de los escenarios se presenta sin ataques los tiempos son idóneos entre la autenticación del elector y el momento que termina todo el proceso de votación. Los paquetes varían entre 239 y 282 entre el aplicativo y la base de datos, pero como los tiempos de envió son cortos entre 22 a 35 segundos, se garantiza la transmisión de datos de manera correcta, con o sin ataques. El recurso que más se consume es la ocupación del canal durante la trayectoria entre 0,021 % y el 74,3 %. A pesar de ello la disponibilidad se mantiene entre 25,7% con ataques y el 99,98 sin ellos. Los datos viajan a través del túnel VPN de IPSEC entre el puesto de votación y el centro de datos se ubicó el atacante dentro del sistema inmediatamente se refleja la congestión y limitación de la disponibilidad del canal para los ataques de DOS a 27,7% para DDoS a 25,7% y para hombre en el medio MITM a 99,98%. (Ver fig. 5).

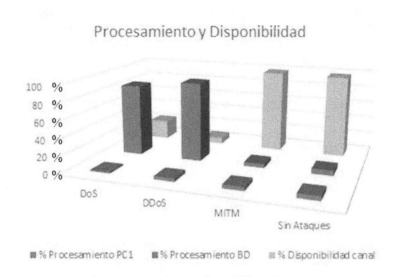

Fig. 5. Procesamiento y disponibilidad del canal

Efectivamente cuando los ataques DoS y DDoS se efectúan dentro de la trayectoria, incrementan considerablemente el uso de recursos en las máquinas donde se encuentra el aplicativo (PC1) y la base de datos en cuanto a procesamiento en hardware como en ancho de banda, pero no impide el proceso de votación ni del envió de información, debido a que todo el proceso de votación dura pocos segundos, ahora en cuanto a ese mismo proceso para el ataque de MITM no lo afecta ningún recurso. (Ver fig. 5) También se ubicó el atacante fuera del túnel, en la trayectoria aquí no congestiona el canal, ni el procesamiento porque no los puede visualizar. En caso de alguna eventualidad solo nota las direcciones IP de las entradas del túnel (ver fig. 6) a pesar que logre identificar las IP de los extremos e intente hacer los ataques generando congestión o limitando la disponibilidad, lo logra, pero la transmisión de los datos de todas maneras es exitosa.

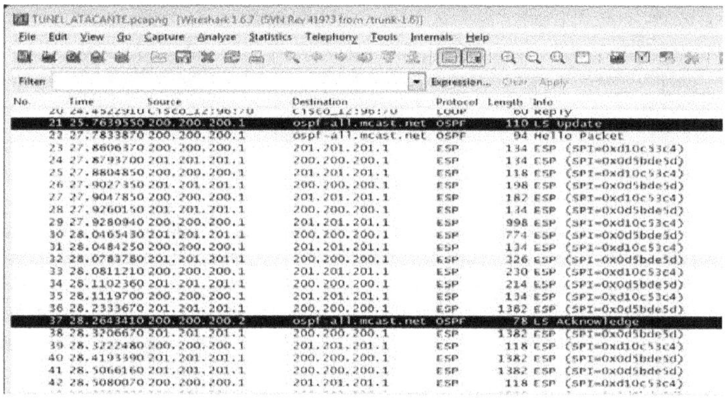

Fig. 6. Visualización túnel

Se destaca la importancia de la protección de la información durante toda la trayectoria debido a el protocolo IPSEC que crea un túnel entre el punto de votación y la base de datos, por lo tanto, el atacante intenta suplantar mediante el ataque de MITM y puede visualizar el túnel, pero las características de seguridad que ofrece la cabecera con ESP no conoce las IP origen y destino debido a la nueva cabecera generada que encapsula tanto las IP como los datos en un nuevo encapsulado.

CONCLUSIONES

Esta investigación revisa algunos aspectos técnicos y de seguridad de un sistema de votación electrónico específico para el contexto colombiano que implica la confiabilidad del sistema además de permitir validar el proceso de identificación del ciudadano, el acto del voto, el escrutinio y la transmisión de los datos con características biométricas integradas en uno solo. Además, se aplica tanto para una intranet o extranet situación que ningún país ha llegado a este nivel con parámetros adicionales usando los protocolos SSL/TLS e IPSEC, siendo una alternativa ágil, practica y segura. Por ser una herramienta que integra software y hardware en uno solo permite su implementación en diferentes fases del proceso electoral usando las nuevas tecnologías de la información y la comunicación TIC con transparencia, seguridad en la autenticación, confidencialidad, e integridad del elector como de los datos.

Finalmente, este mecanismo puede ser tan seguro o incluso más seguro que el voto tradicional en papel ya que identifica el votante en un 90% por medio de lectores biométricos y garantía de transmisión en un 90% con algoritmos criptográficos fuertes usando circuitos virtuales por donde viajan los datos. Es una solución real pero no suficiente para garantizar los requisitos de seguridad específicos en el contexto colombiano. a pesar de ello se debe plantear dar por terminada la etapa de pruebas piloto y empezar a usar el voto electrónico de forma vinculante, paralelo al sistema tradicional. Se recomienda hacia el futuro efectuar pruebas con nuevos algoritmos de seguridad como HSTS que permitan mejorar la confianza de los votantes en la integridad del proceso electoral de un país. Las nuevas tecnologías de votación, si se planifican y diseñan perfectamente minimizan muchas de las preocupaciones de los sistemas tradicionales existentes.

REFERENCIAS

[1] Comisión asesora para la incorporación, implantación y/o diseño de las TIC para el proceso electoral. 2014

[2] Zuleta, C. L. F. Implicaciones de la adopción del voto electrónico en Colombia. Departamento Nacional de Planeación. 2003.

[3] Morales, R. V. M. Seguridad en los procesos de voto electrónico: registro, votación, consolidación de resultados y auditoria. *Tesis doctoral*. Universidad politécnica de Cataluña. 2009.

[4] Kremer, S., & Ryan, M. Analysis of an electronic voting protocol in the applied pi calculus. In Programming Languages and Systems (pp. 186-200). 2005. Springer Berlin Heidelberg.

[5] Sehr, R. P. U.S. Patent No. 5,875,432. Washington, DC: U.S. Patent and Trade Office. 1999.

[6] Santin, A. O., Regivaldo G. C., & Carlos A. M. A three-ballot-based secure electronic voting system. *IEEE Security & Privacy* 3. 2008: 14-21

[7] Glass, R.U.S. Patent No. 6,553,494. Washington, DC: U.S. Patent and Trade Office. 2003.

[8] Krimmer, R. Electronic Voting in Europe-Technology, Law, Politics and Society. Ed. Alexander Prosser. Ges. für Informatik. 2004.

[9] Oostveen, A. M, & Peter V. B. Security as belief: user's perceptions on the security of electronic voting systems. Electronic voting in Europe: Technology, law, politics and society 47. 2004: 73-82.

[10] Jorba, A. R., & Roca, J. C. U.S. Patent No. 7,260,552. Washington, DC: U.S. Patent and Trade Office. 2007.

[11] Hoffman, N., & Lapsley, P. D. U.S. Patent No. 7,613,659. Washington, DC: U.S. Patent and Trade Office. 2009.

[12] Pesado, P., Pasini, A. C., Ibáñez, E., & Giusti, A. E, et. al, E-government: el voto electrónico sobre Internet. In XIV Congreso de Computación. 2008.

[13] Barrientos D. M. F. Dimensiones discursivas en torno al voto electrónico. Revista de ciencia política (Santiago), 27(1), 111-131. 2007.

[14] Goodman, N., & Pammett, J. The patchwork of internet voting in Canada. In Electronic Voting: Verifying the Vote (EVOTE), 2014 6th International Conference on (pp. 1-6). IEEE. 2014

[15] Heiberg, S., & Willemson, J. Verifiable internet voting in Estonia. In Electronic Voting: Verifying the Vote (EVOTE), 2014 6th International Conference on (pp. 1-8). IEEE. 2014.

[16] Pomares, J., Levin, I., Alvarez, R., Mirau, G., & Ovejero, T. From piloting to roll-out: voting experience and trust in the first full e-election in Argentina. In Electronic Voting: Verifying the Vote, 6th International Conference (pp. 1-10). IEEE. 2014

[17] Aguilar, G., Sánchez, G., Toscano, K., Nakano, M., & Pérez, H. Reconocimiento de Huellas Dactilares Usando Características Locales. Revista Facultad de Ingeniería, (46), 2013. Pp. 101-109.

[18] Moya, J. M. H. RFID. Etiquetas Inteligentes. Bit, (146), 2004. Pp. 54-56.

[19] Medina, C. E. A. RFID vs. Código de barras, procesos, funcionamiento y descripción. 2009

[20] Chen, Z, et al. modeling of man-in-the-middle attack in the wireless networks. Wireless Communications, Networking and Mobile, WiCom. International Conference on. IEEE, 2007.

[21] Laurent, G. Lectores ópticos: del estándar al tratamiento digital. Thomson-Paraninfo. 1998.

[22] Cornell, G., Morrison, J., Cornell, G., & Morrison, J. Programming VB. NET: a guide for experienced programmers. Apress. 2002.

[23] Ramírez, F. Introducción a la programación: algoritmos y su implementación en VB. NET, C#, Java y C+. Alfa omega. 2007.

[24] Vázquez, J. M. M. SSL, Secure Sockets Layer y Otros Protocolos Seguros para el Comercio Electrónico. Universidad Politécnica de Madrid 2007.

[25] Espinosa, G. R., Guillermo M. L., & D. F. México. Una arquitectura de seguridad para IP. 2006.

[26] Francisconi, H. A. IPsec en Ambientes IPv4 e IPv6. Versión 1.0) ISBN (2005): 987-43

[27] Alkassar, A., et al. Towards Trustworthy Online Voting. Proceedings of the 1st Benelux Workshop on Information and System Security–WISSec. Vol. 6. 2006

[28] Harkins, D., & Dave C. The internet key exchange (IKE). Rfc 2409. 1998.

ROBÓTICA Y APLICACIONES INDUSTRIALES

El péndulo de rueda inercial como arquetipo de un satélite actuado por ruedas de reacción

Carlos Aguilar-Avelar y Javier Moreno-Valenzuela

Instituto Politécnico Nacional-CITEDI

Tijuana, B.C., México, 22435

Email: aaguilara1308@alumno.ipn.mx; emorenov@ipn.mx

Resumen—**Hoy en día se utilizan satélites pequeños en distintas misiones o regímenes de carga que requieren capacidades de direccionamiento de gran precisión. Por lo tanto, es necesario diseñar sistemas de control de posición con alta precisión para satélites pequeños. En este documento se revisa la idea y las ventajas de usar ruedas de reacción como actuadores para proveer torque a un sistema de control de posición y se introduce el péndulo de rueda inercial como simplificación de la dinámica de posición de un satélite en un solo eje. Se proponen dos controladores robustos para el problema de seguimiento de trayectorias en el péndulo de rueda inercial, problema que es la analogía directa del control de posición de un satélite con capacidades de direccionamiento. Se presentan los resultados experimentales de los dos controladores propuestos y se comparan con los de un control PID, donde se muestra que el desempeño de los nuevos esquemas de control superan al PID.**

Palabras clave—**Péndulo de rueda inercial; control de posición; control adaptable; redes neuronales; experimentos en tiempo real.**

I. INTRODUCCIÓN

Actualmente se utilizan satélites pequeños para apuntar con precisión sus instrumentos hacia objetos o regiones específicas del espacio. Por ejemplo, aquellos satélites de comunicación que emplean múltiples antenas de patrón de radiación estrecho requieren capacidades de direccionamiento muy precisas para asegurar una ganancia adecuada de la antena.

A diferencia de las aeronaves, un satélite no interactúa con fuerzas aerodinámicas que le provean de estabilidad. Por lo tanto, si un satélite no cuenta con un **sistema de estabilización de posición**, entonces pequeñas perturbaciones pueden provocar su caída. Por otro lado, el **control de posición** hace referencia a con cuanta precisión un satélite puede permanecer apuntando en una dirección específica. El control de posición es requerido para casi todas las aplicaciones de satélites, tales como navegación, reconocimiento y comunicaciones.

Los sistemas de control de posición (SCP) desarrollados para satélites más grandes están siendo utilizados para satisfacer los estrictos requisitos de direccionamiento que se han ido incrementando en los últimos años. Actualmente, precisiones de 1 grado o menos son requeridas en satélites pequeños. Existen varios métodos y tecnologías para la estabilización y control de posición en satélites, tales como:

- Estabilización de 3 ejes:
    - Propulsores $(0.1 - 0.5°)$
    - Actuadores inerciales $(0.001–1°)$
- Estabilización por giro $(0.1–1°)$
- Estabilización por gradiente gravitacional $(5°)$
- Actuadores magnéticos $(5°)$

Algunos ejemplos de dispositivos inerciales utilizados para el control de posición de satélites son las ruedas de reacción, ruedas de momento y los giroscopios de control de momento. Aplicaciones típicas de los dispositivos inerciales en los SCP son el almacenamiento y transferencia de momento angular durante las maniobras de giro de los vehículos, la absorción de perturbaciones de torque y la estabilización del vehículo espacial.

Los sistemas de estabilización y control que utilizan ruedas de momento y de reacción como fuentes de torque son muy adecuados para pequeños satélites, ya que su desempeño ha sido probado extensamente, son relativamente simples y proveen control de posición con capacidades de direccionamiento de gran precisión. Sin embargo, es necesario incluir un sistema de torque auxiliar para desaturar las ruedas. Para estos sistemas de torque auxiliar se pueden emplear propulsores, gradiente de gravedad, presión solar o actuadores magnéticos.

El péndulo con rueda inercial (PRI) es una banco de pruebas clásico, usado para probar nuevos algoritmos de control y para desarrollar estrategias de control para sistemas que utilizan ruedas inerciales como actuadores, por ejemplo, satélites [1], [2], bicicletas robóticas [3]–[6], esferas robóticas [7], [8], péndulos de múltiples eslabones [9], un cubo robótico actuado

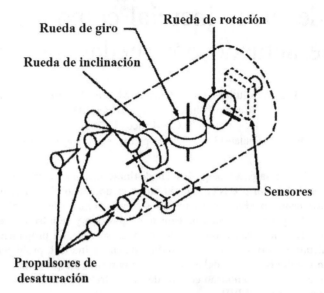

Figura 1: Sistema de control de posicion (SCP) de tres ruedas inerciales para el control de los tres ejes de rotación.

[10], robots móviles [11], por mencionar algunos. Esos sistemas también utilizan el cambio en el momento de inercia de los actuadores para controlar su movimiento.

En este artículo se revisan las ventajas de utilizar ruedas de reacción como actuadores para proveer de torque a un SCP y se propone al PRI como arquetipo de la dinámica de posición de un satélite en un solo eje. Se discute el control robusto del PRI suponiendo que el modelo dinámico del sistema es desconocido y se presentan dos soluciones para el problema de seguimiento de trayectorias, problema que es análogo al control de posición de un satélite con capacidades de direccionamiento. Se proponen dos algoritmos de control adaptable, uno basado en redes neuronales y otro basado en el modelo de regresión del sistema. Se presentan las condiciones de estabilidad que aseguran que las trayectorias de error del sistema de lazo cerrado convergen asintóticamente al origen, haciendo uso del lema de Barbalat. Finalmente, se muestran los resultados de la validación experimental de ambos controladores adaptables y se comparan con los resultados obtenidos con un algoritmo PID.

II. Ruedas de reacción

Las ruedas de reacción tienen un solo grado de libertad, es decir, solamente se puede cambiar la velocidad de giro de la rueda mediante el motor en el que está montada. Se generan torques de reacción sobre el eje de rotación mediante la aceleración y desaceleración de la rueda, los cuales actúan sobre el estator del motor, que a su vez se encuentra fijo a la estructura del satélite, provocando que el satélite rote en la dirección opuesta.

Las ruedas de reacción son muy adecuadas para la absorción de perturbaciones cíclicas de torque y para la transferencia de pequeños torques inerciales durante las maniobras de orientación. Por estas razones, las ruedas de reacción son especialmente ventajosas para satélites que requieren un control de posición muy preciso, como satélites de observación astronómica o terrestre [12]. Por ejemplo, el telescopio espacial Hubble utiliza ruedas de reacción en su SCP, lo que le permite girar a la velocidad del minutero de un reloj, siendo el dispositivo de direccionamiento y observación más preciso nunca antes diseñado para astronomía.

II-A. Sistema de control de posición de tres ejes.

Para controlar la posición de los tres ejes de rotación de un satélite se requieren tres ruedas de reacción, ya que cada rueda produce torque en una sola dirección [13]. En su forma más básica, el sistema mostrado en la figura 1 puede considerarse como un sistema de control simultaneo de inclinación (*pitch*), rotación (*roll*) y giro (*yaw*). Cada eje de rotación es controlado de forma independiente por las variaciones de velocidad de la rueda de reacción que gira en el mismo eje, las cuales son activadas en respuesta a los errores de posición medidos por los sensores de cada eje.

Conforme las ruedas absorben torques de perturbación, su momento angular cambia lentamente mientras que su posición se mantiene fija en el plano inercial. Cuando la velocidad de la rueda se satura, el momento angular acumulado se puede reducir utilizando propulsores de gas o actuadores magnéticos.

Las ventajas del sistema de estabilización de tres ejes actuado por ruedas de reacción son la capacidad de un control de posición continuo y de gran precisión, maniobras de giro de gran ángulo sin consumo de combustible y compensación de torques cíclicos de perturbación sin consumo de combustible.

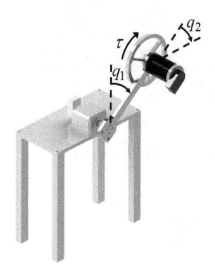

Figura 2: Modelo 3D del péndulo con rueda inercial.

III. EL PÉNDULO CON RUEDA INERCIAL

El PRI es un sistema mecánico subactuado no lineal que consiste en un péndulo que tiene una rueda sujeta a su extremo inferior (ver figura 2). La rueda y el péndulo giran en planos paralelos y la única entrada de control del sistema es el torque aplicado directamente en el eje de rotación de la rueda [14].

De manera similar a la posición angular de un satélite en un eje determinado, el momento inercial de la rueda se cambia mediante un motor de corriente directa (CD), lo que a su vez cambia el momento del péndulo por el acoplamiento mecánico que existe entre ellos. Por lo tanto, este sistema es adecuando para probar algoritmos de control de posición de satélites y, consecuentemente, las metodologías desarrolladas para el control del PRI pueden ser utilizadas para el diseño de un SCP.

El modelo dinámico del PRI puede escribirse en forma de espacio de estados como sigue:

$$\frac{d}{dt}q_1 = \dot{q}_1, \tag{1}$$

$$\frac{d}{dt}\dot{q}_1 = f_{z1} + g_{z1}\tau, \tag{2}$$

$$\frac{d}{dt}q_2 = \dot{q}_2, \tag{3}$$

$$\frac{d}{dt}\dot{q}_2 = f_{z2} + g_{z2}\tau, \tag{4}$$

donde $q_1(t)$ es la posición angular del péndulo, $q_2(t)$ es la posición angular de la rueda, $\tau \in \mathbb{R}$ es el torque de control aplicado a la rueda,

$$f_{z1} = \frac{1}{\beta}\left(\varphi_2\varphi_5\dot{q}_2 - \varphi_2\varphi_4\dot{q}_1 + g\varphi_3\varphi_2\sin(q_1)\right),$$

$$f_{z2} = \frac{1}{\beta}\left(-\varphi_1\varphi_5\dot{q}_2 + \varphi_2\varphi_4\dot{q}_1 - g\varphi_3\varphi_2\sin(q_1)\right),$$

$$g_{z1} = -\frac{1}{\beta}\varphi_2,$$

$$g_{z2} = \frac{1}{\beta}\varphi_1,$$

φ_i con $i = \{1, ..., 5\}$ son parámetros constantes relacionados con las características físicas del sistema, los cuales se consideran desconocidos, y $\beta = \varphi_1\varphi_2 - \varphi_2^2$. La figura 2 muestra la convención en las mediciones relativas de posición y la aplicación de torque.

III-A. Problema de control de movimiento

El problema de control de movimiento del PRI, también conocido como problema de seguimiento de trayectorias, consiste en diseñar una acción de control tal que el péndulo presente un movimiento deseado. Este problema es de particular interés porque los controladores de seguimiento de trayectoria pueden ser aplicados en el diseño de un SCP para satélites con capacidad de direccionamiento preciso, además de poder utilizar metodologías de control adaptable que proveen robustez contra perturbaciones externas. Por lo tanto, el problema de control que trata este artículo consiste en diseñar el torque de entrada $\tau(t)$ tal que la posición del péndulo $q_1(t)$ siga una trayectoria de referencia deseada $q_d(t)$, mientras que la velocidad de la rueda $\dot{q}_2(t)$ permanezca acotada según las restricciones del actuador, tomando en cuenta que los parámetros del modelo dinámico del sistema son desconocidos.

Se asume que la trayectoria deseada $q_d(t)$ es una señal dos veces diferenciable y que satisface la siguiente desigualdad:

$$|q_d(t)|,\ |\dot{q}_d(t)|,\ \left| \int_0^t \sin(q_d(s))\,ds \right| < \infty. \tag{5}$$

Si se define el error de seguimiento de trayectoria

$$e_1 = q_d - q_1, \tag{6}$$

entonces la señal de control $\tau(t)$ debe garantizar que

$$\lim_{t \to \infty} \left[\begin{array}{c} e_1(t) \\ \dot{e}_1(t) \end{array} \right] = \left[\begin{array}{c} 0 \\ 0 \end{array} \right]. \tag{7}$$

III-B. Dinámica de salida

Definiendo la función de salida del sistema como $y(t) = e_1(t)$, junto con los nuevos parámetros $\theta_1 = \beta/\varphi_2$, $\theta_2 = \varphi_4$, $\theta_3 = \varphi_5$, $\theta_4 = \varphi_3$ y $\theta_5 = \beta/\varphi_1$, entonces la dinámica de salida en lazo abierto se obtiene calculando la primera y segunda derivada temporal del error de seguimiento en (6), tal que

$$\frac{d}{dt}y = \dot{y}, \tag{8}$$

$$\theta_1 \frac{d}{dt}\dot{y} = \theta_1 \ddot{q}_d + \theta_2 \dot{q}_1 - \theta_3 \dot{q}_2 - \theta_4 g \sin(q_1) + \tau. \tag{9}$$

IV. CONTROLADOR BASADO EN REDES NEURONALES ADAPTABLES

Dado que los parámetros del modelo dinámico del PRI son desconocidos, en esta sección se propone un controlador adaptable basado en redes neuronales artificiales, el cual no requiere el valor de los parámetros θ_i del sistema. Para diseñar el controlador, la dinámica de salida dada en (8)-(9) se reescribe como sigue:

$$\frac{d}{dt}y = \dot{y}, \tag{10}$$

$$\theta_1 \frac{d}{dt}\dot{y} = f(\boldsymbol{x}) + \tau, \tag{11}$$

donde la función que contiene los parámetros desconocidos del modelo dinámico

$$f(\boldsymbol{x}) = \theta_1 \ddot{q}_d - \theta_3 \dot{q}_2 + \theta_2 \dot{q}_1 - \theta_4 g \sin(q_1) \tag{12}$$

puede ser estimada por un perceptrón de dos capas, de acuerdo con el teorema de aproximación universal de las redes neuronales [15], [16],

$$f(\boldsymbol{x}) = W^T \boldsymbol{\sigma}(V^T \bar{\boldsymbol{x}}) + \epsilon,$$

donde, $W \in \mathbb{R}^L$ es el vector de pesos de salida ideales, $\boldsymbol{\sigma} = [\sigma_1\ \sigma_2\ \dots \sigma_L] \in \mathbb{R}^L$ es el vector de funciones de activación, $V \in \mathbb{R}^{5 \times L}$ es la matriz de pesos de entrada, $\epsilon \in \mathbb{R}$ es el error de aproximación de la red neuronal, $\boldsymbol{x} = [q_1\ \dot{q}_1\ \dot{q}_2\ \ddot{q}_d]^T \in \mathbb{R}^4$ es el vector de señales de entrada de la red neuronal, $\bar{\boldsymbol{x}} = [1\ \boldsymbol{x}^T]^T \in \mathbb{R}^5$ es el vector de entrada aumentado y L es el numero de neuronas en la capa oculta de la red neuronal.

Tomando en cuenta la dinámica de salida en (10)-(11), se propone el siguiente controlador basado en redes neuronales:

$$\tau = -\hat{f}(\boldsymbol{x}) - k_p y - k_d \dot{y} - \delta \text{sign}(\alpha y + \dot{y}), \tag{13}$$

donde α y δ son constantes positivas,

$$\hat{f}(\boldsymbol{x}) = \hat{W}^T \boldsymbol{\sigma}(V^T \bar{\boldsymbol{x}}) = \sum_{i=1}^{L} \hat{w}_i \tanh(\sum_{j=1}^{4} v_{ij} x_j + vo_i) \tag{14}$$

es la estimación neuronal de $f(x)$ en (12), $\hat{W} \in \mathbb{R}^L$ es el vector de pesos de salida estimados, $\hat{w}_i$ y v_{ij} son elementos del vector $\hat{W}$ y de la matriz V, respectivamente, y vo_i es el valor de umbral de cada neurona en la capa oculta. En la función estimada $\hat{f}(x)$ en (14), los elementos de la matriz $V \in \mathbb{R}^{4 \times L}$ son seleccionados de manera aleatoria.

Mediante la sustitución de (13) dentro de (11), la dinámica de salida en (10)-(11), que es también la dinámica de error por definición, puede ser reescrita como

$$\frac{d}{dt} y = \dot{y}, \tag{15}$$

$$\theta_1 \frac{d}{dt} \dot{y} = \tilde{W}^T \boldsymbol{\sigma}(V^T \bar{x}) - k_p y - k_d \dot{y} - \delta \text{sign}(\alpha y + \dot{y}) + \epsilon, \tag{16}$$

donde $\tilde{W} = W - \hat{W}$ es el error de estimación de los pesos de salida de la red neuronal.

Se propone la siguiente ley de adaptación de pesos de salida de la red neuronal:

$$\dot{\hat{W}} = (\alpha y + \dot{y}) N \boldsymbol{\sigma}(V^T \bar{x}) - \kappa |\alpha y + \dot{y}| N \hat{W}, \tag{17}$$

donde $N \in \mathbb{R}^{L \times L}$ es una matriz diagonal definida positiva y κ es una constante positiva. Dado que el vector de pesos de salida ideales W es constante, entonces se satisface que $\dot{\tilde{W}} = -\dot{\hat{W}}$, por lo tanto la dinámica del error de estimación de los pesos de salida es

$$\dot{\tilde{W}} = -(\alpha y + \dot{y}) N \boldsymbol{\sigma}(V^T \bar{x}) + \kappa |\alpha y + \dot{y}| N \hat{W}. \tag{18}$$

Para probar que el objetivo de control (7) se cumple, se propone la siguiente función:

$$V = \frac{1}{2} \begin{bmatrix} y \\ \dot{y} \end{bmatrix}^T \begin{bmatrix} k_p & \alpha\theta_1 \\ \alpha\theta_1 & \theta_1 \end{bmatrix} \begin{bmatrix} y \\ \dot{y} \end{bmatrix} + \frac{1}{2} \tilde{W}^T N^{-1} \tilde{W}, \tag{19}$$

la cual es definida positiva y su derivada temporal $\dot{V}$ es negativa semidefinida si se satisface la siguiente condición:

$$0 < \alpha < \min \left\{ \sqrt{\frac{k_p}{\theta_1}}, \frac{k_d}{\theta_1}, \frac{k_p k_d}{k_p \theta_1 + \frac{1}{4} k_d^2} \right\}. \tag{20}$$

Por lo tanto, se asegura el acotamiento de las trayectorias de salida $y(t)$, $\dot{y}(t) \in \mathbb{R}$ y de las trayectorias de error de estimación de pesos de salida $\tilde{W}(t) \in \mathbb{R}^L$. Si se aplica el lema Barbalat [17], entonces se asegura que el limite (7) es satisfecho.

V. CONTROLADOR ADAPTABLE BASADO EN REGRESOR

En esta sección se propone un controlador adaptable basado en regresor, el cual tampoco requiere el valor de los parámetros del sistema. Tomando en cuenta la dinámica de salida dada en (8)-(9), se propone el siguiente controlador adaptable:

$$\tau = -k_p y - k_d \dot{y} - \delta \text{sign}(\dot{y} + \alpha y) - \hat{\theta}_1 \ddot{q}_d - \hat{\theta}_2 \dot{q}_1 + \hat{\theta}_3 \dot{q}_2 + \hat{\theta}_4 g \sin(q_1), \tag{21}$$

donde $\hat{\theta}_1(t)$, $\hat{\theta}_2(t)$, $\hat{\theta}_3(t)$ y $\hat{\theta}_4(t)$ representan la versión estimada de los parámetros θ_1, θ_2, θ_3 y θ_4, respectivamente.

Definiendo los errores de adaptación de parámetros

$$\tilde{\theta}_1 = \theta_1 - \hat{\theta}_1, \tag{22}$$

$$\tilde{\theta}_2 = \theta_2 - \hat{\theta}_2, \tag{23}$$

$$\tilde{\theta}_3 = \theta_3 - \hat{\theta}_3, \tag{24}$$

$$\tilde{\theta}_4 = \theta_4 - \hat{\theta}_4, \tag{25}$$

el controlador adaptable en (21) puede ser reescrito como

$$\tau = -k_p y - k_d \dot{y} - \delta \text{sign}(\dot{y} + \alpha y) - \theta_1 \ddot{q}_d - \theta_2 \dot{q}_1 + \theta_3 \dot{q}_2$$
$$+ \theta_4 g \sin(q_1) + \tilde{\theta}_1 \ddot{q}_d + \tilde{\theta}_2 \dot{q}_1 - \tilde{\theta}_3 \dot{q}_2 - \tilde{\theta}_4 g \sin(q_1). \tag{26}$$

Sustituyendo esta expresión dentro del sistema (8)-(9), la dinámica de salida queda dada por

$$\frac{d}{dt} y = \dot{y}, \tag{27}$$

$$\theta_1 \frac{d}{dt} \dot{y} = -k_p y - k_d \dot{y} - \delta \text{sign}(\dot{y} + \alpha y) + \Phi \tilde{\boldsymbol{\theta}}, \tag{28}$$

donde

$$\Phi = [\ddot{q}_d \quad \dot{q}_1 \quad -\dot{q}_2 \quad -g \sin(q_1)], \tag{29}$$

$$\tilde{\boldsymbol{\theta}} = [\tilde{\theta}_1 \quad \tilde{\theta}_2 \quad \tilde{\theta}_3 \quad \tilde{\theta}_4]^T, \tag{30}$$

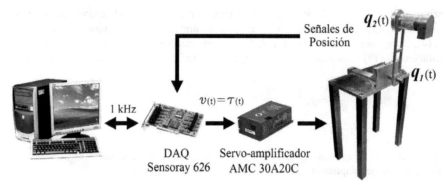

Figura 3: Descripción de la plataforma experimental del PRI.

siendo $\Phi(\ddot{q}_d, \dot{q}_1, \dot{q}_2, q_1)$ la matriz de regresión y $\tilde{\theta}(t)$ el vector de error de adaptación de parámetros. Finalmente, la ley de adaptación de parámetros se propone como

$$\dot{\theta} = \Gamma \Phi^T [\dot{y} + \alpha y]. \tag{31}$$

Para el análisis de las trayectorias del sistema (27)-(28), se propone la siguiente función:

$$V = \frac{1}{2} \begin{bmatrix} y \\ \dot{y} \end{bmatrix}^T \begin{bmatrix} k_p & \alpha\theta_1 \\ \alpha\theta_1 & \theta_1 \end{bmatrix} \begin{bmatrix} y \\ \dot{y} \end{bmatrix} + \frac{1}{2} \tilde{\theta}^T \Gamma^{-1} \tilde{\theta}, \tag{32}$$

donde $\Gamma \in \mathbb{R}^{4\times4}$ es una matriz simétrica y definida positiva. La función V en (32) es definida positiva y su derivada temporal $\dot{V}$ es negativa semidefinida si se satisface la siguiente condición:

$$0 < \alpha < \min\left\{ \sqrt{\frac{k_p}{\theta_1}}, \frac{k_d}{\theta_1}, \frac{k_p k_d}{k_p \theta_1 + \frac{1}{4}k_d^2} \right\}. \tag{33}$$

Aplicando el lema Barbalat [17] se puede probar que el limite (7) es satisfecho.

VI. RESULTADOS EXPERIMENTALES

En esta sección se muestran los resultados de la implementación experimental del controlador basado en redes neuronales dado en (13) y del controlador adaptable basado en regresor (21).

VI-A. *Descripción de la plataforma experimental*

Los componentes de hardware para la instrumentación y control del PRI fueron los siguientes: (i) Computadora personal con procesador de doble núcleo. (ii) Tarjeta de adquisición de datos Sensoray 626. (iii) Codificador óptico de posición US Digital modelo S1-1000-236-IE-B-D. (iv) Motor de 24V de CD con codificador óptico embebido PITTMAN modelo 8222S003. (v) Servo-amplificador AMC modelo 12A8.

La computadora personal cuenta con sistema operativo Windows XP y Matlab/Simulink 2007a, que interactúa con la tarjeta de adquisición de datos mediante del kernel de tiempo real *Real-Time Windows Target* con un periodo de muestreo 1×10^{-3} [s]. La figura 3 muestra una fotografía real del PRI y describe la estructura de la plataforma experimental. Se asume que la entrada de control de sistema es igual al voltaje $v(t)$ aplicado al motor de CD de la rueda mediante el servo-amplificador, es decir, se supone que la dinámica eléctrica del actuador se puede despreciar y por lo tanto $\tau(t) = v(t)$.

VI-B. *Descripción del experimento*

A continuación se describe el controlador PID diseñado para comparar el desempeño de los algoritmos de control adaptable propuestos, tal que

$$\tau = -k_p y - k_i \int_0^t y(\rho)d\rho - k_d \dot{y}, \tag{34}$$

donde

$$k_p = 10, \; k_d = 3, \tag{35}$$

y

$$k_i = 10.$$

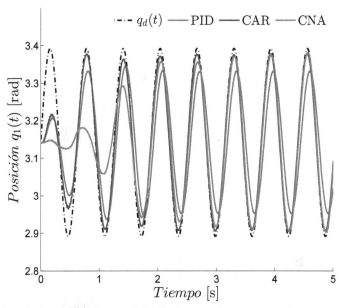

Figura 4: Evolución temporal de las mediciones de posición del péndulo $q_1(t)$ y la trayectoria deseada $q_d(t)$ para los tres algoritmos de control comparados.

La trayectoria deseada propuesta es

$$q_d = a\sin(\omega t) + b, \tag{36}$$

con una amplitud $a = 0.25$ [rad], una frecuencia angular $\omega = 10$ [rad/s] y un offset $b = \pi$ [rad]. Con estos valores, la trayectoria deseada (36) representa una oscilación periódica al rededor de punto de equilibrio inferior del péndulo. La señal $q_d(t)$ satisface la suposición en (5). Las condiciones iniciales del sistema fueron $q_1(0) = \pi$ [rad], $q_2(0) = 0$ [rad], $\dot{q}_1(0) = 0$ [rad/s] y $\dot{q}_2(0) = 0$ [rad/s].

El controlador neuronal adaptable (CNA) en (13) y el controlador adaptable por regresor (CAR) en (21) fueron implementados con las ganancias PD dadas en (35), con $\delta = 2$ y $\alpha = 0.1$. Para el algoritmo CNA (13), el número de neuronas en la capa oculta fue $L = 10$, las ganancias de adaptación $N = \text{diag}_{10}\{1\}$ y la constante $\kappa = 0.1$. Finalmente, las ganancias de adaptación para el algoritmo CAR (21) fueron $\Gamma = \text{diag}\{0.01,\ 0.00001,\ 0.00001,\ 1.0\}$.

VI-C. Resultados

El desempeño de los algoritmos CNA y CAR fue comparado experimentalmente con el controlador PID y los resultados son mostrados en las figuras 4–5. Como se puede observar, el desempeño de los controladores adaptables es superior al del controlador PID. Vale la pena remarcar los resultados mostrados en el cuadro I, donde se muestra que el valor RMS del error de seguimiento de trayectoria $e_1(t)$ del CNA es 9.48 % más pequeño que el error RMS del CAR, el error RMS del algoritmo CAR es 85.66 % menor que el error RMS del PID, y el valor RMS de error para el algoritmo CNA es 87.02 % menor al valor RMS del PID.

VII. Conclusión

En este artículo se discutió el uso de las ruedas de reacción como actuadores en SCP para satélites pequeños y se presentó el PRI como arquetipo de la dinámica de posición de un satélite tomando en cuenta un solo eje de rotación. Se propusieron dos algoritmos robustos para el control seguimiento de trayectorias en el PRI, los cuales fueron comparados con un control PID. Los dos controladores adaptables propuestos mostraron un mejor desempeño en el seguimiento de la trayectoria con respecto

Cuadro I: Comparación de los valores RMS del error de seguimiento $e_1(t)$ y del voltaje de control aplicado $v(t)$ durante la ventana de tiempo $5 \leq t \leq 10$.

	PID	CAR	CNA
$\|e_1(t)\|_{RMS}$	0.0809	0.0116	0.0105
$\|v(t)\|_{RMS}$	2.6321	3.7409	4.2025

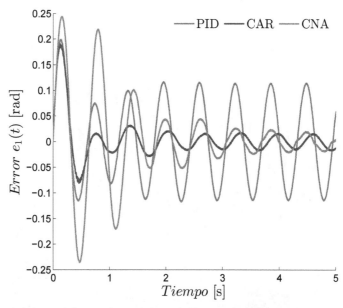

Figura 5: Evolución temporal de la señal de error de seguimiento de trayectoria $e_1(t)$ de los tres algoritmos de control comparados.

al control PID y el resultado de los nuevos controladores fue muy similar entre ellos. Los esquemas de control adaptable propuestos pueden ser utilizados en el diseño de SCP para satélites que requieran robustez ante perturbaciones externas y capacidades de direccionamiento muy precisas.

AGRADECIMIENTOS

Este trabajo fue parcialmente apoyado la SIP-IPN y por el proyecto CONACYT 176587.

REFERENCIAS

[1] M. C. Chou and C. M. Liaw, "PMSM-driven satellite reaction wheel system with adjustable DC-link voltage," *IEEE Transactions on Aerospace and Electronic Systems*, vol. 50, no. 2, pp. 1359–1373, 2014.

[2] ———, "Dynamic control and diagnostic friction estimation for an SPMSM-driven satellite reaction wheel," *IEEE Transactions on Industrial Electronics*, vol. 58, no. 10, pp. 4693–4707, 2011.

[3] J. Lee, S. Han, and J. Lee, "Decoupled dynamic control for pitch and roll axes of the unicycle robot." *IEEE Transactions on Industrial Electronics*, vol. 60, no. 9, pp. 3814–3822, 2013.

[4] H. W. Kim, J. W. An, H. D. Yoo, and J. M. Lee, "Balancing control of bicycle robot using PID control," *13th International Conference on Control, Automation and Systems (ICCAS 2013)*, pp. 145–147, 2013.

[5] I. W. Han, J. W. An, and J. M. Lee, "Balancing control of unicycle robot," *Advances in Intelligent Systems and Computing*, vol. 193, pp. 663–670, 2013.

[6] L. Miková and M. Čurilla, "Possibility of the kinematics arrangement of a mobile mechatronic system," *American Journal of Mechanical Engineering*, vol. 1, no. 7, pp. 390–393, 2013.

[7] J. Biswas and B. Seth, "Dynamic stabilization of a reaction-wheel actuated wheel-robot," *International Journal of Factory Automation, Robotics and Soft Computing*, no. 4, pp. 96–101, 2008.

[8] C. C. Hsiao, C. E. Tsai, J. Y. Tu, and Y. K. Ting, "Development of a three-dimensional-flywheel robotic system," *International Journal of Mechanical, Aerospace, Industrial, Mechatronic and Manufacturing Engineering*, vol. 9, no. 4, pp. 544–549, 2015.

[9] A. K. Sanyal and A. Goswami, "Dynamics and balance control of the reaction mass pendulum: A three-dimensional multibody pendulum with variable body inertia," *Journal of Dynamic Systems, Measurement, and Control*, vol. 136, no. 2, pp. 1–10, 2014.

[10] J. Mayr, F. Spanlang, and H. Gattringer, "Mechatronic design of a self-balancing three-dimensional inertia wheel pendulum," *Mechatronics*, vol. 30, pp. 1–10, 2015.

[11] S. R. Larimi, P. Zarafshan, and S. A. A. Moosavian, "Stabilization algorithm for a two-wheeled mobile robot aided by reaction wheel," *Journal of Dynamic Systems, Measurement, and Control*, vol. 137, no. 1, pp. 1–8, 2014.

[12] P. R. K. Chetty, *Satellite Technology and Its Applications*. Blue Ridge Summit, PA: Tab Books, Inc., 1988.

[13] H. J. Dougherty, K. L. Lebsock, and J. J. Rodden, "Attitude stabilization of synchronous communications satellites employing narrow-beam antennas," *Journal of Spacecraft*, vol. 8, no. 8, pp. 31–34, 1971.

[14] I. Fantoni and R. Lozano, *Non-linear control for underactuated mechanical systems*. Berlin: Springer-Verlag, 2001.

[15] F. L. Lewis, S. Jagannathan, and A. Yesildirek, *Neural Network Control of Robot Manipulators and Nonlinear Systems*. Upper Saddle River: Taylor and Francis, 1999.

[16] S. Haykin, *Neural Networks: A Comprehensive Foundation*. Upper Saddle River: Prentice Hall, 1999.

[17] H. Khalil, *Nonlinear Systems*. Upper Saddle River: Prentice Hall, 2002.

Simulación de un Generador Eléctrico en Tiempo Real con QNX Utilizando Concurrencia, Tuberías y Temporizadores

González Baldovinos Diana Lizet[1], Ibarra Puón Kelly Lizette[2], Guevara López Pedro[3]
Sección de Estudios de Posgrado e Investigación
ESIME Culhuacan – Instituto Politécnico Nacional
Ciudad de México, México
glez_lizet@hotmail.com[1], kellyibarrapuon@hotmail.com[2],
pguevara@ipn.mx[3]

Resumen— En este trabajo se propuso la simulación de un generador eléctrico, se utilizó un modelo básico lineal con parámetros invariantes en el tiempo, sin ruido y de primer orden; con el modelo se obtuvo un algoritmo recursivo que pudiera programarse en Lenguaje C usando aproximaciones por diferencias finitas. La implementación fue en una computadora portátil con un procesador Intel® Core i5 con 4 Gb de memoria RAM a 2.27 *GHz* con el sistema operativo de tiempo real QNX ya que cuenta con capacidad de programación de tareas concurrentes, comunicación entre tareas, asignación de prioridades, medición de tiempo con alta resolución y manejo de temporizadores. La simulación en tiempo real del generador quedó integrada por tareas concurrentes periódicas donde se llevan a cabo los cálculos de los estados del generador y la medición de sus tiempos de ejecución. Para la comunicación de las tareas se utilizaron tuberías *FIFO* y se implementó un temporizador por pulsos para establecer el periodo de muestreo entre instancias. Se realizaron algunas pruebas al generador, en este trabajo se reportan con carga de 1.0 Ω. Los resultados de cada experimento se guardaron en archivos de texto para ser graficados en Matlab® y analizarlos fuera de línea, al final de este documento se presenta el análisis correspondiente de cada experimento.
Palabras Clave— *Diferencias finitas, Generador eléctrico, Simulación, Sistema Operativo QNX, Tareas concurrentes, Tiempo real.*

I. INTRODUCCIÓN

Los sistemas en tiempo real, están presentes en nuestra vida diaria, prácticamente en todo lo que nos rodea. Son un elemento imprescindible para garantizar la generación, transmisión y distribución de la energía eléctrica y para asegurar la calidad y seguridad de incontables procesos industriales [1]. En los Sistemas en Tiempo Real (STR), la palabra tiempo significa que el correcto funcionamiento de un sistema depende no sólo del resultado lógico de la computadora, también depende del tiempo en que se produce ese resultado. La palabra real quiere decir que la reacción de un sistema a eventos externos debe ocurrir durante su evolución. Como una consecuencia, el tiempo del sistema (tiempo interno) debe ser medido usando la misma escala con que se mide el tiempo del medio ambiente controlado (tiempo externo) [2].

Para llevar a cabo simulaciones en tiempo real no es suficiente usar sistemas operativos de tiempo compartido como Windows, Linux o Mac OS, se requieren plataformas especiales como RT-Linux, Lynx OS o QNX. QNX es un sistema operativo en tiempo real tipo Unix, dirigido principalmente al mercado de sistemas embebidos; además es uno de los primeros sistemas operativos comercialmente exitosos de micro kernel y se utiliza en una variedad de dispositivos, incluyendo coches, teléfonos móviles, equipo médico y seguridad [3].

En este trabajo se considera como mundo real un generador eléctrico ya que este tipo de equipos se utilizan para producir energía eléctrica y sus aplicaciones son muy variadas, por ejemplo, para equipo de pruebas, para algunas locomotoras y otros vehículos. Para el estudio de los generadores y para mejorar su diseño es necesario hacer diferentes tipos de pruebas bajo diferentes condiciones de trabajo; sin embargo el uso de máquinas reales implica varios problemas, entre ellos: altos costos de operación y mantenimiento de equipo, necesidad de uso de locales grandes y especializados, peligro para los operadores debido al manejo de altos voltajes, de altas temperaturas, movimientos mecánicos, entre otros, daños permanentes a los equipos que implican un reemplazo, etc. Una solución para el estudio de dichas máquinas, es la simulación por computadora, sin embargo, no existe un sistema (Simulink, Matlab, Octave, etc.) que permita realizar su análisis en tiempo real y así obtener mejores resultados, por ello se propone un modelo de un generador eléctrico con excitación separada, lineal de primer orden con parámetros invariantes en el tiempo y obtener una aproximación de éste basado en ecuaciones en diferencias finitas para programar un algoritmo recursivo y en tiempo real en QNX Neutrino, considerando como entrada la velocidad angular y como salida el voltaje y corriente generados.

II. Simulación de Máquinas Eléctricas en Tiempo Real, Un Breve Estado del Arte

Para plantear las bases para realizar el diseño y simulación de un generador en tiempo real, así como también el estudio del mismo es necesario conocer la perspectiva general que otros autores tienen con respecto al tema. De esta manera se plantea un punto de partida y estado de arte de la investigación realizada en este trabajo.

En [4], se presenta el desarrollo de un modelo matemático de un motor de corriente continua usando ecuaciones en diferencias y del mismo modo, se hace un análisis a las variables físicas que tienen el motor apegándolas a las leyes de Kirchhoff. La ecuación mecánica, es la encargada de modelar el movimiento de rotación, mientras que la ecuación eléctrica nos muestra lo que ocurre en el circuito eléctrico del inducido. Para la solución del modelo matemático se considera a la inductancia del bobinado del rotor (L_i) próxima a cero, por lo tanto, la ecuación diferencial se transforma a una ecuación de primer orden, no homogénea, lineal y de coeficientes constantes.

En [5] se plantea un modelo generalizado para una máquina de DC síncrona multifase con un puente rectificador de onda completa conectado a las terminales de salida. Después en un sistema computacional es implementada la ecuación en variables de estado de dicha máquina lo que permite observar los efectos producidos con diferentes fases de la armadura del devanado, así como con diferentes conexiones del devanado para los estados estacionario y transitorio de la respuesta del sistema. La ratificación del modelo se realiza mediante un cotejo minucioso entre los resultados de una simulación y los resultados analíticos del sistema; gracias a la exactitud de los resultados de la simulación se puede prever el comportamiento del sistema.

En [6] Los autores presentan tres modelos de máquinas, motor separadamente excitado, motor en derivación y motor en serie, los cuales son programados en Simulink, en combinación con Matlab, de este modo obtienen las curvas correspondientes de corriente de armadura, corriente de campo, torque electromagnético y la velocidad mecánica del rotor.

En el trabajo de tesis [7], el autor trata sobre el diseño de un sistema de obtención de la energía de las olas para convertirla en electricidad. El trabajo fue realizado a partir de un prototipo ya existente y utiliza un generador síncrono de imanes permanentes, de igual forma incorpora un converso DC-DC controlado con un microcontrolador, el cual optimiza el suministro de energía. La simulación es realizada en MatLab-Simulink bajo un escenario supuesto, obteniendo una aproximación de la potencia generada.

III. Modelo del Generador Eléctrico

Para que la realización de este proyecto sea de forma eficaz, es necesario implementar un modelo matemático, el cual es establecido de acuerdo con el circuito electromecánico de un generador eléctrico con excitación separada y con ayuda de herramientas matemáticas como son las ecuaciones en diferencias. Este proceso, tiene como punto final el poder hacer posible la simulación en el SOTR QNX Neutrino. Cabe mencionar que en este trabajo el modelo del generador eléctrico es ideal, no se consideran pérdidas magnéticas, eléctricas ni mecánicas; se considera estable y sin retardos, tampoco se considera el estudio de un esquema de protección eléctrica ni de sobre corriente, sobre voltaje o corto circuito.

En la figura 1 se observa el circuito electromecánico de un generador eléctrico de corriente continua con excitación separada, el cuál de acuerdo con [8], el voltaje $e_c(t)$ o $V_c(t)$ representa el voltaje de carga del generador, mientras que $i_a(t)$ representa la corriente de armadura (o corriente de línea) que fluye a través de las líneas conectadas a los terminales, ambos evolucionan con el paso del tiempo hasta alcanzar un valor constante.

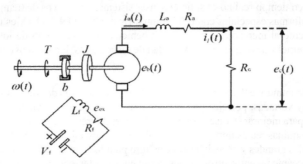

Fig. 1. Circuito electromecánico de un generador eléctrico [8].

Para tener una mejor idea de cada uno de las variables y componentes del circuito anteriormente mostrado, se realiza la tabla 1, donde se especifican cada una de las variables.

TABLA I. Nomenclatura de variables [8].

Variable	Definición	Unidades
$\omega(t)$	Velocidad de entrada	rad/s
b	Coeficiente de viscosidad	N/m
J	Momento de inercia	kgm^2
T	Par mecánico	Nm
$e_b(t)$	Voltaje Generado	V
$e_{ex}(t)$	Voltaje de excitación	V
$e_c(t)$	Voltaje de carga	V
$i_a(t)$	Corriente de armadura	A
L_a	Inductancia de armadura	mH
R_a	Resistencia de armadura	Ω
R_c	Resistencia de carga	Ω
K_m	Constante de construcción del motor	$V/\left(\frac{W_b rad}{s}\right)$
K	Constante de proporcionalidad	$V/\left(\frac{rad}{s}\right)$

Como se menciona en [8], partiendo del circuito eléctrico del generador (fig. 1) de acuerdo a la ley de mallas de Kirchhoff, el voltaje de carga será:

$$e_c(t) = e_b(t) - L_a \frac{di_a(t)}{dt} - R_a i_a(t) \qquad (1)$$

Considerando que $e_b(t) = K\omega(t)$ y $e_c(t) = R_c i_a(t)$, Se tiene la ecuación diferencial a partir de la ecuación (2), expresada en términos de resistencias y la corriente de armadura del circuito, la cual queda escrita de la forma:

$$L_a \frac{di_a(t)}{dt} + R_a i_a(t) + R_c i_a(t) = K\omega(t) \qquad (2)$$

Para establecer la ecuación en diferencias necesaria para el desarrollo de este trabajo, se toma como referencia la ecuación (3):

$$i_a(t_k) = \left[1 - \frac{(R_a + R_c)\Delta t}{L_a}\right] i_a(t_k - \Delta t) + \frac{K_m \Delta t}{L_a} \omega(t_k) \quad (3)$$

De igual manera se obtienen los voltajes necesarios: $V_c = R_c i_a(t_k)$, $V_a = R_c i_a(t_k)$ y $e_{a(t_k)} = V_c + V_a$, a partir de la cuales se obtiene la ecuación (4):

$$V_c(t_k) = \left[1 - \frac{(R_a + R_c)\Delta t}{L_a}\right] R_c[i_a(t_k - \Delta t)] + R_c \left[\frac{K_m \Delta t}{L_a} \omega(t_k)\right] \quad (4)$$

Considerando que: $V_c(t_k - \Delta t) = R_c[i_a(t_k - \Delta t)]$ de la ecuación (4) se obtiene la ecuación (5):

$$V_c(t_k) = \left[1 - \frac{(R_a + R_c)\Delta t}{L_a}\right] V_c(t_k - \Delta t) + R_c \left[\frac{K_m \Delta t}{L_a} \omega(t_k)\right] \qquad (5)$$

$$Y \quad i_a(t_k) = \frac{V_c(t_k)}{R_c} \qquad (6)$$

IV. Diseño del Sistema en Tiempo Real

Los modelos aproximados del voltaje $(V_c(t_k))$ y de la corriente de carga de carga $(i_a(t_k))$ del generador eléctrico se desarrollaron y se implantaron mediante el SOTR QNX® Neutrino® a través del uso de tareas concurrentes. Como se describe en [2], las tareas concurrentes $(J=\{J_1, J_2,...J_k,...J_n\})$, son un conjunto de tareas que se ejecutan en un plazo máximo y en forma no secuencial en una computadora tomando recursos en instantes diferentes. Para la simulación en tiempo real del generador eléctrico se diseñaron cuatro tareas concurrentes en tiempo real, $(J:=\{J_1, J_2, J_3, J_4\})$ las cuales fueron comunicadas mediante tuberías tipo FIFO transmitiendo la información a través de un *buffer* previamente creado en el código fuente, en este trabajo se crearon las tres primeras tuberías de forma bloqueante, las cuales quedarán bloqueadas y se liberaran cuando la información de la tarea receptora haya asimilado la información del *buffer* de la tarea emisora; la cuarta tubería es una de tipo no bloqueante, lo que afecta la sincronización de las demás tareas ayudando a coordinar la ejecución de las instancias de las mismas. Cada tarea ejecuta la simulación de sus funciones matemáticas, para después realizar el registro en el disco duro de los datos obtenidos y finalmente medir y registrar de igual forma los tiempos de ejecución. En la figura 2, se muestra el grafo de precedencias, donde se pueden ver la conexión de las tareas concurrentes mediante el uso de las tuberías.

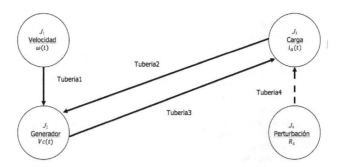

Fig. 2. Grafo de referencia del generador eléctrico.

Tarea J_1. En esta tarea, se realiza el cálculo de la velocidad angular (ω), se codifica el temporizar, así como también se genera el registro de la velocidad angular, para luego medir los tiempos de ejecución y realizar un registro de los mismos, por último, se efectúa la comunicación entre las tareas J_1 y J_2. La velocidad angular de entrada es de 1800 rpm, la cual al convertirla a *rad/s* da como resultado 188.49 rad/s, este valor es la velocidad de entrada inicial. Para calcular el valor de ω (t), es necesario tomar el valor anterior y multiplicarlo por la tangente hiperbólica del ángulo de giro respecto al tiempo por el número de iteración correspondiente dando como resultado un instante de muestreo futuro. El valor obtenido es almacenado en el *buffer* creado con el nombre de creado anteriormente y transmitido a través de la tubería en espera de que la tarea J_2 lo lea.

Tarea J_2. La tarea J_2 es la que se encarga de simular el generador eléctrico, se efectúa el cálculo del voltaje generado $V_c(t)$ de igual forma que en la tarea J_1 se realiza el registro de la velocidad angular, para luego medir los tiempos de ejecución y realizar un registro de los mismos, por último, se efectúa la comunicación con las tareas J_1 y J_3. El voltaje de carga $V_c(t)$ será obtenido mediante la ecuación 5, tomando los datos enviados por las tareas J_1 y J_3 mediante sus tuberías correspondientes. El valor del voltaje de carga obtenido será enviad mediante tuberia2 a la tarea J_3, la cual tomará el valor de $V_c(t)$, para que poder realizar su proceso, no sin antes haber sido almacenado en su *buffer* correspondiente y después enviar su nuevo valor de corriente a la tarea J_2 para que el generador pueda realizar nuevamente el cálculo del voltaje cuando exista una perturbación en J_3.

Tarea J_3. En la tarea J_3 se realiza el cálculo de la corriente $i_a(t)$ y de igual forma que en las tareas anteriores se realiza un registro de los datos en un archivo tipo texto y se miden los tiempos de ejecución de cada iteración. También existe comunicación con la tarea J_2 y J_4 mediante tuberías, pero a diferencia de la primera, la segunda es una tubería no bloqueante. La corriente de carga $i_a(t)$ será calculada a través la ecuación 6, con los datos obtenidos en las tareas J_2 y J_4 mediante sus tuberías correspondientes. El valor obtenido en la tarea J_2 es tomado por la tarea J_3, para que poder realizar su proceso y almacenar su resultado en un *buffer* y de esta manera enviar el resultado nuevamente a la tara J_2. En caso de existir una perturbación la tarea J_4 es la encargada de enviar la información para realizar el cálculo de nuevo.

Tarea J_4. Esta última tarea es la encargada de realizar el cambio del valor de la resistencia en caso de que existiera alguna perturbación. La comunicación con la tarea J_3 al igual que en las demás tareas se realiza a través de una tubería, pero a diferencia de las demás, la comunicación entre ambas tareas, se efectúa mediante una tubería no bloqueante. La modificación de la resistencia es llevada a cabo por un ciclo while, el cual se ejecuta mientras la condición de que la variable R_c no sea cambiada, en dado caso de que así sea, el nuevo valor se almacena en un *buffer* y se envía a la tarea J_3 para que está realice nuevamente su operación.

Medición de tiempos de ejecución. Para la medición y registro de los tiempos de ejecución se utiliza en todos los casos una función que permite obtener el valor del instante de tiempo en el que sea necesario, de esta manera se ejecuta la medición de los tiempos de ejecución en la tarea J_2. En combinación con un reloj en tiempo real se obtienen los tiempos de ejecución en tiempo real. Se emplea una función que permite dar comienzo a la medición de los tiempos de ejecución, y otra función para finalizar dicha medición. Para conseguir el valor de la medición del tiempo de ejecución, es necesario realizar la diferencia entre las dos variables antes mencionadas, esto se realiza con la instrucción `acu1=(fin.tv_sec - inicio.tv_sec)` y `acu2=(double)(fin.tv_nsec - inicio.tv_nsec) /(double)BILLION`; La primera parte de la operación (acu1) realiza el cálculo en segundos, mientras que la segunda (acu2) mide el tiempo en nanosegundos, pero se divide entre un millón para convertirlos en milisegundos. Por último, se realiza la suma de los acumulados para así obtener la medición final de las instancias correspondientes e imprimir su valor: `acu=acu1+acu2;`

Temporización. La tarea J_1 está condicionada por el uso de un temporizador, este temporizador establece el periodo de muestreo de nuestro generador, ya que las tanto las tareas J_2 como J_3 se encuentran dentro de los intervalos de tiempo cercanos a los de J_1 dicho temporizador es el que delimita la simulación en tiempo real. Al inicio se tomó el tiempo de muestreo utilizado por [8], el cual queda determinado por la función de transferencia, en donde despeja la frecuencia (τ), y obtiene un tiempo de muestreo de 30ms. Ese tiempo de muestreo se cambió por uno más alto (50ms) después de realizar diversas experimentaciones y lograr el resultado deseado.

V. Resultados Experimentales

Las simulaciones se llevaron a cabo en tres partes en el SOTR QNX Neutrino, la primera se realizó bajo condiciones nominales de trabajo con cargas de valor de 1.0 Ω. Los datos obtenidos en dichas simulaciones se graficaron en Matlab®. En cada una de las pruebas anteriormente mencionadas, se obtienen como datos, los valores de velocidad angular, $\omega(t)$, Voltaje de carga, $V_c(t)$ Corriente de carga $i_a(t)$ y los tiempos de ejecución de las tareas J_1, J_2 y J_3. Para las todas las simulaciones la entrada empleada fué la misma, no se realizó ningún cambio en sus valores, por esta razón solo se muestra una única representación gráfica de la velocidad angular utilizada en el proyecto, ya que no existe variación de la misma en ninguna de las pruebas realizadas. En la figura 3, se muestra la curva representativa de la velocidad angular que sirve como alimentación para el generador eléctrico, graficando la entrada en relación al tiempo, con incrementos del mismo de 0.05s, hasta un tiempo próximo a 8s. Se observa como la velocidad aumenta de forma gradual hasta alcanzar el valor máximo de 188.49 rad/s para después volverse constante el resto del proceso.

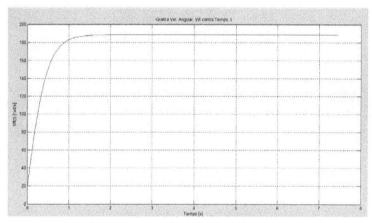

Fig. 3. Curva representativa de la velocidad angular $\omega(t)$.

En la primera parte el generador trabaja en condiciones ordinarias con una resistencia R_c de 1.0 Ω y un tiempo de muestreo de 50ms. Las constantes utilizadas para la realización de la prueba se muestran en la tabla 2.

TABLA II.   Valores constantes del modelo del generador eléctrico.

$Ra = 0.05\Omega$	$La = 300mH$
$Km = 0.11142\ V/\left(\frac{W_b rad}{s}\right)$	$\Delta t = 50ms$

La figura 4 presenta la curva correspondiente a la corriente $i_a(t)$, respecto al tiempo, en ella se puede observar el aumento de la corriente hasta alcanzar su valor máximo y pasar a un estado estacionario. El valor máximo es de aproximadamente 20.0A, y es alcanzado en un tiempo entre los 2.0 y 3.0 segundos después de iniciado el proceso de simulación.

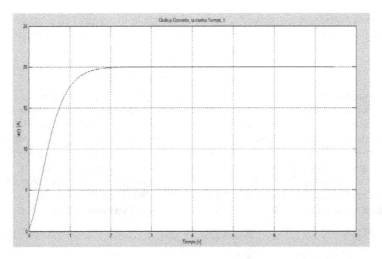

Fig. 4. Curva representativa de la corriente de armadura $i_a(t)$ respecto al tiempo.

La figura 5 es la que representa el comportamiento del voltaje generado en la máquina en relación al tiempo. Se muestra el valor máximo, el cual al igual que en el caso de la corriente, es próximo a los $20.0\,V$, esto se debe que el voltaje es directamente proporcional a la corriente.

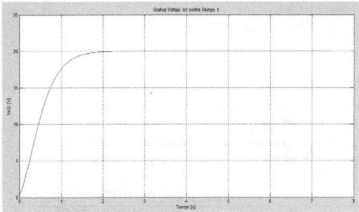

Fig. 5. Curva representativa del voltaje $V_c(t)$ respecto al tiempo.

Como se menciona en [1], el tiempo de ejecución c_k es el tiempo en que la instancia con índice k de una tarea en tiempo real J concluye sus operaciones, sin considerar los desalojos de ésta en el procesador. En las figuras 6, 7 y 8 se muestran los tiempos de ejecución de las tareas J_1, J_2 y J_3, respectivamente. Si se comparan las tres gráficas, se observa que los datos obtenidos en cada una de las simulaciones no rebasan los 0.05 segundos (indicado en la gráfica como un línea de color rojo), que es el valor del tiempo de muestreo a excepción del primer valor de la tarea J_2, que es la tarea correspondiente al generador eléctrico, esto se debe a que existen más datos por analizar por lo que la computadora necesita un tiempo mayor al predeterminado y porque además en ese momento entró alguna tarea de mayor prioridad.

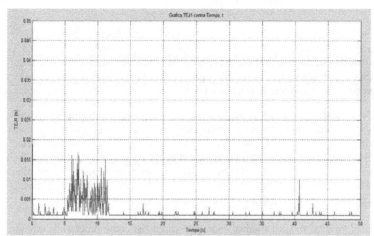

Fig. 6. Tiempos de Ejecución de la tarea J_1.

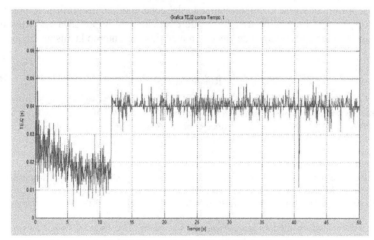

Fig. 7. Tiempos de Ejecución de la tarea J_2.

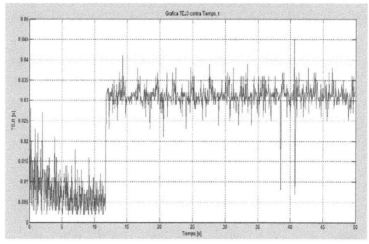

Fig. 8. Tiempos de Ejecución de la tarea J_3.

VI. Conclusiones

Con este trabajo de simulación en tiempo real realizado, se logra observar de forma fácil y práctica la conducta del generador y obtener resultados aproximados a los que se obtendrían en un generador de forma física, pero con la ventaja de que se prescinden los riesgos y costos elevados que conllevan este tipo de pruebas realizadas en un generador real, ayudando así diversas áreas de la ingeniería mecánica-eléctrica ya que es posible experimentar libremente en el software desarrollado simplemente con realizar los ajustes deseados sin tener que entrar en detalles en cuanto a mantenimiento y cuidados que conlleva tener un generador.

Al utilizar ecuaciones en diferencias finitas fue posible obtener un algoritmo recursivo basado en un modelo matemático lineal de primer orden invariante en el tiempo de un generador eléctrico de corriente continua con excitación separada, es debido a este modelo que se obtiene una aproximación del generador y se realiza la programación en tiempo real. Con el uso del SOTR QNX Neutrino, fue posible la implantación del modelo del generador eléctrico en el sistema, gracias a las herramientas de tiempo real con que este sistema operativo cuenta. Por otro lado, el realizar una simulación en tiempo real permitió tomar una entrada (velocidad angular) y obtener dos salidas (corriente y voltaje generado), obteniendo el comportamiento característico real de un generador eléctrico y no sólo gráficas como se tendrían en una simulación que no es en tiempo real.

Al realizar pruebas al generador con variados valores de carga, así como pruebas de circuito abierto y corto circuito, se obtuvieron datos de cada una de las experimentaciones realizadas y se guardaron en archivos tipo texto para después ser graficadas en Matlab y gracias a esto es posible observar el comportamiento del generador, en las gráficas es posible ver que el generador se comporta de forma ideal. Respecto a la medición de tiempos de ejecución, sin importar la variación en la carga que haya sido utilizado en las diferentes simulaciones, los tiempos de ejecución medidos presentaron la misma tendencia como se observa en las gráficas presentadas.

Referencias

[1]   J. J. Medel, P.Guevara & D. Cruz, "Temas Selectos de Sistemas en Tiempo Real". Instituto Politécnico Nacional. México, 2007.

[2]   P. Guevara, J. J. Medel. "Introducción a los Sistemas en Tiempo Real". Instituto Politécnico Nacional. México, 2003.

[3]   Sistemas Operativos - SISTEMA OPERATIVO QNX - Artículo de la Semana. (s/f). Recuperado el 26 de julio de 2015, a partir de http://esistemasoperativos.mforos.com/1834161/11610137-sistema-operativo-qnx/

[4]   M.S. Alvarez. "Modelo Matemático de un Motor de Corriente Continua Separadamente Excitado:Control de Velocidad por Corriente de Armadura". LatinAmerican Journal of Physics Education, 2012.

[5]   V.V. Vadher, K. Gregory, J.G. Kettleborough, and I.R. "Smith. Modeling of brushless dc generating systems using diakoptics". Aerospace and Electronic Systems, IEEE Transactions on, 29(1):100:110, Jan 1993.

[6]   O.I. Okoro, C. U. O., & M.U Agu. "Simulation of Dc Machines Transient Beaviors: Teaching and Reseach". The Pacific Journal of Science and Tecnology, 2008.

[7]   N. A. Bravo. "Sistema de Conversión Mecánica Eléctrica para un Generador Undimotriz". Universidad de Chile, Santiago de Chile, 2008.

[8]   C. A. Hernández. "Reconstrucción de la Dinámica de los Tiempos de Ejecución para Tareas en Tiempo Real Utilizando Autómatas Celulares Unidimensionales". Instituto Politécnico Nacional, México, 2012.

Simulación de la Trayectoria de un Robot Movil Autónomo que Utiliza los Algoritmos Filtro de Partículas y Campos Potenciales

Velasco Rosas Iván Alejandro[1], Guevara López Pedro[2], Cano Rosas José Luis[3], González Baldovinos Diana[3]

Sección de Estudios de Posgrado e Investigación
ESIME Culhuacan – Instituto Politécnico Nacional
Ciudad de México, México
ivanvel25@hotmail.com[1], pguevara@ipn.mx[2], lucskyr@gmail.com[3], glez_lizet@hotmail.com[4]

Resumen- En este proyecto se desarrollan los algoritmos para implementarse en el robot móvil Pioneer P3-DX, el objetivo es la detección y seguimiento de personas y evasión de obstáculos de manera dinámica, en ambientes interiores. Para ello se propone el uso de los métodos de Filtro de Partículas y Campos Potenciales y previo a su implementación en el robot, deben ser probados para verificar su viabilidad, eficacia y fiabilidad; por eso ambos métodos se analizan y simulan en Visual Studio. La implementación del algoritmo de Filtro de partículas proporciona un seguimiento de la posición de la persona dando como resultado su posición real que es utilizada para la predicción de la ubicación de encuentro y para conocer la posición final a la cual el robot debe de llegar. Con la implementación del algoritmo de Campo Potencial, en los resultados de simulación se observa que el robot será capaz de evadir los obstáculos de manera exitosa; además, si la posición de la persona cambia, el algoritmo es capaz de recalcular la trayectoria para llegar a la nueva posición.

Palabras clave— Robot, Filtro de Partículas, Campos Potenciales, Obstáculo, Persona.

I. INTRODUCCIÓN

Los robots autónomos son máquinas inteligentes capaces de realizar tareas en el mundo por si mismas sin el control de un ser humano; estos robots son utilizados tanto en la industria, como en la milicia o en universidades. El entorno en el que se desenvuelven los robots es complicado y se suelen considerar una gran cantidad de variables, éstas pueden ser caóticas o impredecibles, puede ser en tierra, bajo el agua, en el aire, bajo tierra e incluso en el espacio. Debido a la gran cantidad de variables como el ambiente, características del robot, condiciones de operación, tiempo de operación u objetos presentes que existen en los diferentes entornos, resulta complicado que un robot pueda trabajar correctamente de una manera sencilla, por lo tanto, los robots autónomos deben de cubrir ciertas características [1]: obtener información del entorno, trabajar de manera prolongada sin intervención humana, movilidad parcial o total sin intervención humana, evitar situaciones en las que se comprometan bienes o la integridad humana, aprendizaje y adquisición de nuevos conocimientos como nuevos métodos para el cumplimiento de las tareas o adaptación a los cambios del entorno. Para asociar el comportamiento de un robot con su entorno, es indispensable conocer en donde se encuentra (ubicación) y navegar a través de su entorno punto por punto. El problema de estimar en donde se encuentran los objetos y el robot usualmente son resueltos de manera conjunta puesto que la ubicación del robot y el mapa son inciertos, si se estudiara de manera independiente se introduciría un ruido sistemático. Entonces, si se estudian ambos al mismo tiempo, se tiene que las mediciones y el control de ruido son independientes en lo que respecta a las propiedades que son estimadas. Si se conociera la posición del robot, la construcción del mapa resultaría sencilla. De manera contraria, si se tuviera un mapa conocido, existen algoritmos computacionalmente eficientes para determinar la posición del robot en cualquier punto en el tiempo [2], [3]. La configuración de la trayectoria estará descrita por la distribución de los obstáculos y por la propia geometría del robot y sus características de movimiento [4]. De esta forma, la disposición del entorno determinará el espacio libre de obstáculos para determinar la mejor trayectoria posible y llegar al destino final. Generalmente se discretiza el entorno de trabajo para extraer una trayectoria segura, la cual esté libre de obstáculos para que el robot se desenvuelva sin colisionar con ellos y por lo tanto, esta discretización está basada también, en las características geométricas tanto del robot como de los obstáculos. La motivación para este proyecto surgió en el laboratorio de Robótica de la Universidad de Electro Comunicaciones en Tokio Japón, donde se desarrolla un proyecto con el fin de utilizar un robot móvil Pioneer P3-DX para la detección de personas, seguimiento de personas y evasión de obstáculos de manera dinámica y en ambientes interiores; para lograrlo se propone el uso de los métodos de Filtro de Partículas y Campos Potenciales con ese fin; sin embargo tienen que ser probados antes de programarse en el robot para verificar su viabilidad y eficacia, por ello en este trabajo se propone su simulación en Visual Studio donde las condiciones experimentales son las siguientes: 1) Detección de una sola persona, 2) Obstáculos fijos, sin movimiento, 3) Conocimiento de las posiciones iniciales del robot y del humano, 4) Conocimiento de la cantidad y posiciones de los obstáculos presentes y 5) La velocidad del ser humano calculada no debe ser mayor a la velocidad máxima de operación del robot.

II. Estado del Arte, Seguimiento de Trayectorias y Evasión de Obstáculos

Existen diversos métodos para la detección y seguimiento de personas y planeación y seguimiento de trayectorias. Para eso es indispensable el uso de sensores: sensores láser, sensores ultrasónicos, sensores de presencia, cámaras, entre otros, que en conjunto con los algoritmos pertinentes permita la interacción robot-humano. Un método tradicional para la generación de mapas se basa en el Filtro de Kalman; en [2], los algoritmos de mapeo basado en el Filtro de Kalman usualmente están referidos como algoritmos SLAM, los cuales están estrechamente relacionados con los filtros que utiliza Kalman para la estimación del mapeo y ubicación del robot. La principal ventaja del enfoque del filtro de Kalman es el hecho que estima completamente los estados posteriores sobre el mapa de una manera en línea. De hecho, los algoritmos que son capaces de identificar completamente los estados anteriores están basados en el filtro de Kalman o extensiones del mismo, como los métodos mezclados Gaussianos o el Filtro de Partículas [2]. Este algoritmo fue desarrollado por Elfes y Moravec [5] en los ochenta y tomo un gran auge en el uso de robots autónomos, normalmente combinado con otro algoritmo como SLAM, ya que resuelve problemas por medio de la generación de mapas probabilísticos. El método está representado por rejillas, que usualmente son de dos dimensiones [5], pero que pueden llegar a cubrir un espacio de 3 dimensiones [6]. En [7] Se utilizan métodos como Campo Potencial para la planeación de trayectoria y el método de Monte Carlo para la localización del robot, su navegación y la evasión de obstáculos en un ambiente dinámico. En [8] se utiliza el método de filtro de partículas para la detección y el seguimiento de múltiples objetivos para obtener información de los modelos dinámicos de cada objetivo. En [9] describen una simulación para mejorar la velocidad potencial para la planeación de trayectorias de robots móviles para evitar colisionar con obstáculos móviles o fijos usando el método de potencial hidrodinámico.

III. Seguimiento de Trayectorias con los Algoritmos Filtro de PARtículas y Campos Potenciales

A. Algoritmo del Filtro de Partículas

Este método de acuerdo a [10] y [11] se compone de un conjunto de muestras (partículas) y valores o pesos asociados a cada una, en donde las muestras son estados posibles del proceso que se representan como puntos en el espacio de estados del proceso. De una manera más estricta, lleva a cabo la inferencia de los modelos espacio-estado en donde el estado de un sistema evoluciona en el tiempo y la información es obtenida a través de la medición del ruido en cada intervalo. El Filtrado de Partículas consiste en 4 etapas: inicialización, actualización, estimación y Predicción. De manera general, se realiza un seguimiento a un objeto sobre una secuencia de imágenes, entonces, se crea un conjunto de partículas con un estado aleatorio (Inicialización), es decir, se pone un conjunto de puntos de manera aleatoria sobre la imagen, después se realizan cálculos asignándole un valor a cada punto (Actualización) y a partir de estos valores se crea un nuevo conjunto de valores que reemplazaran a los anteriores, de esta manera, los nuevos valores que se adjudicaron a cada punto (partícula) provoca que exista una mayor probabilidad de elegir los puntos que hayan identificado al objeto (Estimación). Una vez que el nuevo conjunto de puntos es creado, se estima el estado del objeto en el instante siguiente modificando la posición de cada uno (Predicción). En un modelo de espacio de estados en tiempo discreto, el estado del sistema evoluciona de acuerdo a la ecuación (1), donde x_k representa al vector de estado en tiempo k, v_{k-1} es el vector del estado de ruido, f_k es una función dependiente del tiempo y no lineal que describe la evolución del vector de estado. La información de x_k es obtenida a través de la medición del ruido z_k, la cual está determinada por la ecuación (2) donde h_k es la función que describe la medición del proceso y n_k es el vector de ruido.

$$x_k = f_k(x_{k-1}, v_{k-1}) \qquad (1)$$
$$z_k = h_k(x_k, n_k) \qquad (2)$$

De acuerdo a [12] el problema del filtrado envuelve la estimación del vector de estado en el intervalo k, dando todas las mediciones hasta el intervalo k, el cual esta denotado por $z_{1:k}$. En un entorno bayesiano, el problema se puede manejar como el cálculo de la distribución $p(x_k|z_{1:k})$, el cual se puede resolver recursivamente en dos etapas, predicción y actualización. La predicción, $p(x_k|z_{1:k-1})$ es calculada a través de la distribución de filtrado $p(x_{k-1}|z_{1:k-1})$ y se asume que es conocida debido a $p(x_k|x_{k-1})$. La distribución $p(x_k|z_{1:k-1})$ puede ser vista como una prioridad sobre x_k antes de recibir las mediciones más recientes del vector z_k. En la actualización se utilizan las nuevas mediciones de z_k para obtener el posterior de x_k ver la ecuación (3):

$$p(x_k|z_{1:k}) \propto p(z_k|x_k)p(x_k|z_{1:k-1}) \qquad (3)$$

Cuando las etapas de predicción y actualización no son analíticamente tratables se tiene que recurrir a métodos de aproximación como el muestro de Montecarlo. Éste método es el más básico de los métodos ya que es muy útil al considerar completamente la distribución posterior en el intervalo k-1. La idea es aproximar la distribución posterior en el intervalo k-1, $p(x_{0:k-1}|z_{1:k-1})$, con un conjunto de muestras de pesos, llamadas partículas; al actualizarlas recursivamente se obtiene una aproximación de la distribución posterior en el instante de tiempo siguiente $p(x_{0:k}|z_{1:k})$. El *Muestreo de Importancia Secuencial* (SIS) se aproxima a una distribución de destino utilizando muestras extraídas de una distribución propuesta. El muestreo de importancia es usualmente utilizado cuando es difícil muestrear directamente de la distribución de destino; sin embargo, es más fácil el muestreo desde la distribución propuesta. Para compensar la discrepancia entre la distribución propuesta y la de destino, una tiene que pesar cada muestra x^i por $w^i \propto \pi(x^i)/q(x^i)$ donde $\pi(x)$ es una función que es proporcional a la distribución de destino $p(x)$ y w^i es el peso de las partículas. El *Re-muestreo del Muestreo de Importancia* (SIR) es una variante del algoritmo SIS en donde la distribución propuesta $q(x_k|x^i_{k-1}, z_k)$ es considerada como un estado de transición de la distribución $p(x_k|x^i_{k-1})$ y el re-muestreo es aplicado en cada iteración. Por lo tanto la actualización de los estados está determinada por las ecuaciones (4) y (5).

$$X^i_k \sim p(x_k|x^i_{k-1}) \tag{4}$$

$$W^i_k \propto p(z_k|x^i_k) \tag{5}$$

La actualización está seguida por el re-muestreo en cada iteración. El término w^i_{k-1} desaparece en la ecuación de la actualización de los pesos debido a que después del re-muestreo en el intervalo k-1, todos los pesos w^i_{k-1} se convierten en $1/N$ [12]. La ventaja del algoritmo SIR es su sencillez en la implementación ya que solo se requiere el muestreo de la distribución $p(x_k|x^i_{k-1})$ y la evaluación de $p(z_k|x^i_k)$, además del re-muestreo de cada iteración. Algunas de las desventajas de este algoritmo son: los estados son actualizados sin tomar en cuenta la información proveniente de las observaciones y un empobrecimiento de las muestras. En la figura 1 se muestra una comparación de los algoritmos SIR y SIS; en ambos casos se utiliza una misma distribución propuesta, sin embargo en la figura 1A no se usa el re-muestreo. También se puede observar que en la figura 1B se observa el fenómeno del problema de degeneración debido a que la distribución de pesos es dominante para cada partícula a lo largo de cada intervalo k, mientras que en la figura 1A todas las partículas tienen el mismo peso, 1/N, debido al re-muestreo en cada instante.

Fig. 1. Comparación de los algoritmos SIR y SIS aplicado a un sistema lineal Gaussiano [12]

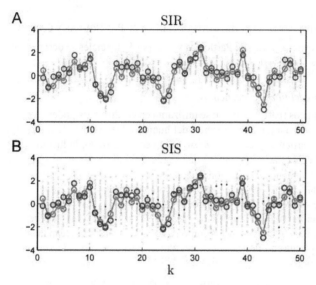

B. Algoritmo del Campo Potencial

El método de Campo potencial es un método muy usado en el ámbito de la robótica, estrictamente en planeamiento de trayectorias de robot móviles ya que es una solución práctica al problema [13]. Originalmente fue propuesto por Khatib en 1985 [14], el cual propone que los obstáculos y el robot tengan una carga eléctrica del mismo signo con la finalidad de que se genere una repulsión entre ellos al estar cerca, mientras que la meta tiene una carga eléctrica de signo contrario para que el robot sea atraído hacia el punto de destino [13] [15]. Esta propuesta, Khatib la denominó FIRAS (siglas en Francés que se traducen en inglés como *The Force Involving* and *Artificial Repulsion from the Surface Function*) [15]. Para la navegación de los robots móviles primero se debe de conocer la posición del robot q y la posición de la meta G, y a partir de ahí se definen dos funciones de campo potencial U_{rep} y U_{att}, de repulsión y atracción respectivamente; U_{att} convergerá a cero en la medida que la posición del robot se acerque a la meta y U_{rep} será cero mientras la posición del robot esté lejos de los obstáculos e irá incrementándose en la medida que se acerque a ellos. Las ecuaciones (6) y (7) representan las definiciones anteriores, mientras que en las ecuaciones (8) y (9) se definen vectores de Fuerza asociados al movimiento del robot como el gradiente negativo de los campos potenciales.

$$U_{rep}: 1/ \text{ (distancia al obstáculo)} \tag{6}$$
$$U_{att}: \text{Distancia hacia la meta (G)} \tag{7}$$
$$F_{rep} = -\nabla U_{rep} \tag{8}$$
$$F_{att} = -\nabla U_{att} \tag{9}$$

Así, el vector F_{rep} apunta desde la posición del robot hasta los obstáculos mientras que F_{att} puntea desde el robot hasta la posición deseada (meta). Al sumar los dos vectores Fuerza se obtiene la dirección del vector F que es la mejor y más segura trayectoria hacia la meta alejado al robot de los obstáculos, ver ecuación (10).

$$F = F_{rep} + F_{att} \tag{10}$$

La expresión general para programar F en un punto (x, y) está definida en la ecuación (11):

$$F(x, y) = \Sigma F_i(x, y) \tag{11}$$

El algoritmo en la navegación de robots desde una posición (x, y) usando los métodos de campo potencial debe comprender 3 pasos [14] que se repiten hasta que el robot alcance la meta: 1) calcular los vectores $F_i(x, y)$ para todos los campos potenciales, 2) combinar todos los vectores fuerza en uno $F(x, y)$ y 3) mover a lo largo de $F(x, y)$ con una velocidad proporcional a $|F(x, y)|$.

Fig. 2. Representación del vector fuerza F calculada como el gradiente negativo del campo potencial.

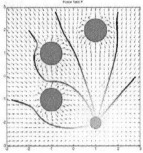

IV. IMPLEMENTACIÓN DE LOS MÉTODOS DE FILTRO DE PARTÍCULAS Y CAMPOS POTENCIALES

La implementación de los algoritmos Filtro de Partículas y Campos Potenciales se desarrollan en Visual Studio sobre el sistema operativo Windows utilizando las librerías de Open CV donde se realiza la simulación.

A. Implementación del Algoritmo del filtro de particulas.

Se establece la cantidad de estados (partículas) que se utilizaran en el filtro para poder predecir la posición y un vector en donde se obtiene la distancia de cada partícula hacia la posición del humano. De acuerdo la figura 3, los vectores `upper` y `lower` corresponden a los límites de las partículas y el vector *noise* es el vector de ruido; la función `pfSIR` corresponde a la función que tendrá los vectores anteriores y la cantidad de partículas que se requiere, el vector `measure` será el que proporcionra la distancia entre las partículas que detecten al humano y la posición del humano. En la clase `class PFilter` se establecen todas las variables concernientes al filtro de partículas, en esta parte se declaran las funciones de inicialización donde se establecen las partículas y se asignan los pesos a cada una, se establece la función para el muestreo y re-muestreo de los estados (SIS y SIR) y finalmente la función de predicción. En la función (`PFilter::init`) de tipo *void* se establecen los vectores de inicialización, la cantidad de partículas y sus pesos o valores asociados a los estados como se ve en la figura 4 se crean las partículas y sus pesos y se distribuyen de manera aleatoria a lo largo del entorno de trabajo. Los valores o pesos y sus cálculos se establecen y realizan en la función (`likelihood`) y los cálculos son realizados para todas las partículas y son mostrados en la figura 5.

Fig. 3. Extracto de Código donde se establecen los parámetros para el filtro de partículas.
Como: Los límites de los vectores de estados, el vector de ruido, cantidad de partículas y vector de medición.

```
#if defined(PF_SIR) || defined(PF_SIRwithMCMC)
        cv::Scalar upper, lower, noise;
        cv::Size2i size(600, 600);
        upper = cv::Scalar(size.width - 1, size.height - 1, 10, 10);
        lower = cv::Scalar(0, 0, -10, -10);
        noise = cv::Scalar(5, 5, 2, 2);
        pf::PFilter pfSIR(500, upper, lower, noise, 1.0f);
        pf::PFilter measure(void);
#endif
```

Fig. 4. Creación de partículas y sus pesos distribuidos de manera aleatoria.

```
particles.create(num, 1, CV_32FC4);
weights.create(num, 1, CV_32FC1);
cv::randu(particles, lower, upper);
weights.setTo(cv::Scalar(1.0f / float)weights.rows));
```

Fig. 5. Función de actualización. Donde se realizan los cálculos de los valores asociados a los estados del sistema.

```
// Weight Calculation
void PFilter::likelihood(cv::Mat &like, cv::Point2i &center)
```

La identificación de los puntos de la posición del humano se realizan en la función `resampleMCMC` y `resampleSIR` como se muestran en las figuras 6 y 7 respectivamente.

Fig. 6. Función que realiza el muestreo y re muestreo de los estados.

```
// Markov Chain Monte Carlo Method
void PFilter::resampleMCMC(cv::Mat &like, cv::Point2i &center)
```

En el primer caso se calcula el peso del estado en el instante actual, se realiza una distribución normal con valores aleatorios, cuando el valor del peso es mayor al valor aleatorio del estado siguiente, entonces el peso actual toma el valor aleatorio, si es menor, entonces se vuelve a calcular un nuevo valor aleatorio.

Fig. 7. Función que realiza el re muestreo de los estados.

```
// Sampling Importance Resampling Importance Sampling
void PFilter::resampleSIR(void)
```

La predicción de los estados en el instante siguiente se lleva a cabo en la función `predic`. En la figura 9 se muestra la sección de la función de predicción en donde se realiza la distribución de las partículas de manera aleatoria a lo largo de todo el entorno de trabajo y se determina si las partículas se encuentran dentro del rango del área de trabajo.

Fig. 8. Función de predicción de los estados

```
// Prediction
void PFilter::predict(bool randU)
```

Fig. 9. Las partículas se distribuyen de manera uniforme a lo largo del entorno de trabajo.

```
cv::Mat rng(particles.rows, particles.cols, particles.type());
randU == true ? cv::randu(rng, -noise, noise) : cv::randn(rng, cv::Scalar(0), noise);
```

En la figura 10 se muestra la función que realiza la visualización de las partículas en una imagen identificando los estados capaces de identificar la posición de la persona y los estados que son mostrados aleatoriamente a lo largo del entorno de trabajo.

Fig. 10. Función que realiza la visualización de las partículas

```
// Visualize of image with the particle situation (for SIR / MCMC)
cv::Mat PFilter::visualizeSIRwithMCMC(cv::Mat &base, PFilter &pfMCMC, float
lowerLimitWeightSIR, float lowerLimitWeightMCMC, cv::Point2i &center)
```

B. Implementación del Algoritmo del Campos Potenciales

La estructura del algoritmo se compone de diferentes pasos donde en la figura 12 se observa la declaración de los campos potenciales y el límite del área del trabajo. En la figura 13 se establece el área de trabajo, la cual consiste en la simulación de un lugar con determinado espacio, en donde se encuentran obstáculos que el robot tiene que evitar colisionar. La función `REPUL` es la encargada de hacer el campo potencial de repulsión U_{rep} la cual hace que el robot se aleje de los obstáculos presentes en el entorno, en la medida que el robot se acerque a los obstáculos la fuerza de repulsión F_{rep} crecerá. En la figura 15 se aprecia el código de la visualización del robot y la trayectoria que debe de seguir para llegar a la posición de encuentro con el humano. Para lograr que el robot se mueva hacia la ubicación de encuentro se establece el campo de atracción U_{att}, el cual será la meta, es decir, la posición de predicción calculada anteriormente.

Fig. 12. Establecimiento del Campo Potencial.

```
potential = cv::Mat::zeros(200, 200, CV_64FC1);
potential_color = cv::Mat::zeros(200, 200, CV_8UC3);
potential_hand = cv::Mat::zeros(200, 200, CV_64FC1);
cv::Mat img(600, 600, CV_8U);
img.setTo(cv::Scalar(BLACK));
```

Fig. 13. Creación del área de trabajo (Laboratorio)

```
//                      Map created (potential)
//---------------------------------------------------
for (y = 230; y <= 250; y++) global_map.at<double>(y, 100) = 1;
for (y = 230; y <= 250; y++) global_map.at<double>(y, 200) = 1;
for (y = 230; y <= 250; y++) global_map.at<double>(y, 300) = 1;
for (y = 230; y <= 250; y++) global_map.at<double>(y, 400) = 1;
for (y = 300; y <= 350; y++) global_map.at<double>(y, 220) = 1;
for (y = 300; y <= 350; y++) global_map.at<double>(y, 270) = 1;
for (y = 400; y <= 500; y++) global_map.at<double>(y, 100) = 1;
for (y = 400; y <= 500; y++) global_map.at<double>(y, 150) = 1;
for (y = 380; y <= 480; y++) global_map.at<double>(y, 350) = 1;
for (y = 380; y <= 480; y++) global_map.at<double>(y, 400) = 1;
for (x = 100; x <= 200; x++) global_map.at<double>(230, x) = 1;
for (x = 100; x <= 200; x++) global_map.at<double>(250, x) = 1;
for (x = 300; x <= 400; x++) global_map.at<double>(230, x) = 1;
for (x = 300; x <= 400; x++) global_map.at<double>(250, x) = 1;
for (x = 220; x <= 270; x++) global_map.at<double>(300, x) = 1;
for (x = 220; x <= 270; x++) global_map.at<double>(350, x) = 1;
for (x = 100; x <= 150; x++) global_map.at<double>(400, x) = 1;
for (x = 100; x <= 150; x++) global_map.at<double>(500, x) = 1;
for (x = 350; x <= 400; x++) global_map.at<double>(380, x) = 1;
for (x = 350; x <= 400; x++) global_map.at<double>(480, x) = 1;
```

Fig. 14. Código del cálculo de la fuerza de repulsión.

```
double dist = (sqrt(double(100 - x)*(100 - x) + double(100 - y)*(100 - y))) + 0.1;
if (x <= 100){
        if (y <= 100){
                if (dist <= 6){
                force_x += 1;
                force_y += 1;}
                else{
                force_x += keisuu_s*double(abs(100 - x) / (dist)) / ((dist - 6)*(dist - 6));
                force_y += keisuu_s*double(abs(100 - y) / (dist)) / ((dist - 6)*(dist - 6));}
}
```

Fig. 15. Se establece el campo de atracción U_{att} en el punto de ubicación de encuentro P_p (X_p, Y_p).

```
potential = cv::Mat::ones(200, 200, CV_64FC1) * 100;
cv::dilate(LRF_map, LRF_map, cv::Mat(), cv::Point(-1, -1), 6);
int itel = 0;
for (itel = 0; potential.at<double>(100, 100) >= 99.999; itel++){
        int goal_area = 20;
        for (int ky = -(goal_area / 2); ky <= (goal_area / 2); ++ky){
                for (int kx = -(goal_area / 2); kx <= (goal_area / 2); ++kx){
                        potential.at<double>(goal2_y + ky, goal2_x + kx) = 0;}}
for (y = 1; y < 199; ++y){
        double *p = &potential.at<double>(y, 1);
        double *p_up = &potential.at<double>(y - 1, 1);
        double *p_down = &potential.at<double>(y + 1, 1);
        for (x = 1; x < 199; ++x){
                if (LRF_map.at<double>(y, x) == 0){
                *p = (*(p - 1) + *(p + 1) + *(p_up)+*(p_down)) / 4;
                }
                ++p;
                ++p_up;
                ++p_down;}}
```

Fig. 17. Representación de la visualización de la posición del robot, la ubicación de encuentro y la posición del humano.

```
if (mode == 1){
        cv::rectangle(global_color, cv::Point(int(robot_x), int(robot_y)), cv::Point(int(robot_x),
        int(robot_y)), cv::Scalar(0, 0, 250), 3, 4);
}
else{
        cv::rectangle(global_color, cv::Point(int(robot_x), int(robot_y)), cv::Point(int(robot_x),
        int(robot_y)), cv::Scalar(0, 0, 250), 3, 4);
}
        cv::rectangle(global_color, cv::Point(int(goal_x), int(goal_y)), cv::Point(int(goal_x), int(goal_y)),
        cv::Scalar(250, 250, 0), 3, 4);
        cv::rectangle(potential_color, cv::Point(100, 100), cv::Point(100, 100), cv::Scalar(0, 0, 250), 5, 4);
        cv::rectangle(potential_color, cv::Point(int(goal2_x), int(goal2_y)), cv::Point(int(goal2_x),
        int(goal2_y)), cv::Scalar(250, 250, 0), 3, 4);
        cv::line(potential_color, cv::Point(100, 100), cv::Point(100 + 20 * force_x, 100 + 20 * force_y),
cv::Scalar(200, 0, 0), 2, 4);
        cv::circle(global_color, cv::Point(human_x, human_y), 4, cv::Scalar(250, 250, 0), -1);
        cv::circle(global_color, Ppre, 5, cv::Scalar(0, 250, 250), -1);
```

V. Resultados Experimentales de la Simulación de las Trayectorias del Robot Autónomo

Los algoritmos para seguimiento de trayectorias se implementará en un robot móvil Pioneer P3-DX [16]; Su versatilidad, confiabilidad y durabilidad hacen de éste robot una excelente plataforma para la investigación, por ejemplo: mapeo, tele operación, localización, monitoreo, reconocimiento, visión y manipulación gracias a la compatibilidad con diversos sensores. Este robot se manipula de manera fácil ya sea para el uso de mapeo, localización o controlarlo de manera teleoperable. (ver Figura 18)

Fig. 18. Robot Pioneer P3-DX del Laboratorio de Robótica de la Universidad de Electro-comunicaciones. [16]

La programación del robot móvil se realiza básicamente en el lenguaje C/C++. El software incluye diversas plataformas compatibles con diversos sensores. Las pruebas son el resultado de la simulación en Visual Studio. En la figura 19 se muestra el área de trabajo que simula un laboratorio de trabajo en donde se desarrolla la simulación.

Fig. 19. Entorno de trabajo. a) Posiciones iniciales del humano, punto azul, la posición del robot, punto rojo, y la ubicación de los obstáculos. b) Se muestra la trayectoria que el robot debe que seguir para llegar a la meta (punto amarillo).

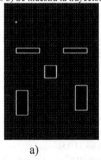 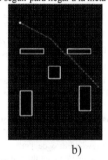

a)   b)

El movimiento de la trayectoria cambia simulando el movimiento natural de una persona, mientras la posición de predicción es actualizada en cada instante para saber si el humano cambia de dirección y velocidad; también se calcula la aceleración. En la figura 19a se aprecia las condiciones iniciales, las posiciones iniciales del humano $H(x, y)$ y las del robot $R(x, y)$. La posición de encuentro (meta), se muestra con un punto amarillo si la persona no se mueve, la meta será entonces la posición actual de la persona, es decir, el robot comienza su movimiento en la dirección en la que se encuentra la persona. En la figura 20 se muestra la secuencia: a) son las condiciones iniciales; b) el sistema calcula la trayectoria del robot conforme el tiempo t y el movimiento del humano, c) y d) se observa cómo cambia la posición de predicción conforme el movimiento del humano cambia de dirección, e) y f) se observa el movimiento de la persona y el robot hasta que llegan a la posición de encuentro.

Fig 20. Secuencia de una simulación del sistema (fuente propia).

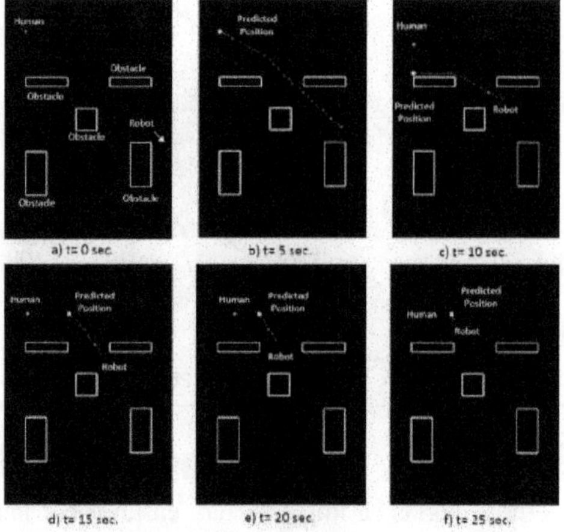

a) t= 0 sec.   b) t= 5 sec.   c) t= 10 sec.

d) t= 15 sec.   e) t= 20 sec.   f) t= 25 sec.

VI. Conclusiones

El uso del algoritmo de predicción proporciona la ubicación de encuentro entre el robot y la persona, se observó que el sistema calcula la posición de encuentro sin importar la dirección del movimiento de la persona. Es capaz de recalcular la posición en cada instante. La implementación del algoritmo de Filtro de partículas en la simulación, proporciona un seguimiento de la posición de la persona dando como resultado la posición real de la misma, la cual se utilizó para la predicción de la ubicación de encuentro y para conocer la posición de meta, a la cual el robot debe de llegar. En la simulación del algoritmo de Campo Potencial, se puede observar que el robot es capaz de evadir los obstáculos presentes en el entorno que se encuentre o en su trayectoria, evitando colisionar con ellos, además, si la posición de la persona cambia el algoritmo es capaz de recalcular la trayectoria para la nueva posición de encuentro (meta). Tomando en cuenta los resultados obtenidos de las simulaciones del movimiento de una persona utilizando los algoritmos de predicción, de seguimiento y evasión de obstáculos así como las condiciones conocidas del entorno como la posición fija de los obstáculos, y el conocimiento inicial de la ubicación de la persona y del robot, se puede concluir que la implementación de los algoritmos en la simulación funciona de manera exitosa bajo estas condiciones, lo cual conlleva a la implementación de los mismos en el robot físico para realizar pruebas reales en el laboratorio. Además, se podría considerar una comparación de los resultados obtenidos en este trabajo con los resultados obtenidos con otro tipo de algoritmo como el SLAM utilizado en el laboratorio de robótica de la Universidad de Electro-Comunicaciones para corroborar su eficacia.

Referencias

[1]   M. Nyuagudi , "Humanitarian Algorithms: A Codified Key Safety Switch Protocol for Lethal Autonomy", Cornell University Library, Sept. 2015.

[2]   S. Thrun, "Robotic Mapping: A Survey", School of Computer Science, Carnegie Mellon University, Pittsburg PA 15213, Feb. 2002.

[3]   D. Fox, W. Burgard, and S. Thrun. "Markov localization for mobile robots in dynamic environments". Journal of Artificial Intelligence Research, pp. 391–427, 1999.

[4]   E. Mariscal García, "Planeación y Seguimiento de Trayectorias de Robots Móviles en una Simulación de un Ambiente Real", Ra Ximhai, Vol. 1, no. 001, pp. 177-200, 2005.

[5]   H. P. Moravec, "Sensor fusion in certainty grids for mobile robots", AI Magazine, Vol.9, no.2, pp. 61–74, 1988.

[6]   H.P. Moravec and M.C. Martin. "Robot navigation by 3D spatial evidence grids". Mobile Robot Laboratory, Carnegie Mellon University, 1994.

[7]   D. Bodhale, N. Afzulpurkar, N.Thanh, "Path Planning for a Mobile Robot in a Dynamic Environment", Proceedings of the 2008 IEEE, International Conference on Robotics and Bio mimetics, Bangkok, Thailand, Feb. 21-26, 2009.

[8]   K. Okuma, A. Taleghani, N. De Freitas, "A Boosted Particle Filter: Multitarget Detection and Tracking", T.Pajdla and J. Matas (Eds.): ECCV 2004, LNCS 3021, pp. 28-39, 2004.

[9]   S. Sugiyama, J. Yamada, T. Yoshikawa, "Path Planning of a Mobile Robot for Avoiding Moving Obstacles with Improved Velocity Control by Using Hydrodynamic Potential", The 2010 IEEE/RSJ International Conference on Intelligent Robots and Systems, Oct.18-22, 2010, Taipei, Taiwan.

[10] Filtro de Partículas es.wikipedia.org/wiki/Filtro_de_part%C3%ADculas (última visita 24/11/15).

[11] A. Douchet, A. Johansen, "A Tutorial on Particle Filtering and Smoothing: Fifteen years later", 1.1 Version, Dec. 2008.

[12] E. Orhan, "Bayesian Inference: Particle Filtering", Department of Brain & Cognitive Sciences, University of Rochester, USA, Aug. 2012.

[13] H. Espitia, J. Sofrony, "Algoritmo para planear trayectorias de Robots Moviles Empleando Campos Potenciales y Enjambres de Partículas Activas Brownianas", Ciencia e Ingeniería Neogranadina, Vol. 22-2, ISSN 0124-8170, pp. 75-96, Bogotá, Dic.2012.

[14] T. Hellstrom, "Robot Navigation with Potential Fields", Umea University, UMINF-11.18, ISSN-0348-0542, Dec. 2011.

[15] O. Khatib, "Real-time obstacle avoidance for manipulators and mobile robots", In: International Journal of Robotic Research, Vol. 5 (1), pp. 90, 1986.

[16] Pioneer P3-DX www.mobilerobots.com/ResearchRobots/PioneerP3DX.aspxv (última visita 23/11/15).

Sistema de Monitoreo de la Calidad del Aire usando una Red Inalámbrica de Sensores

Josue Saul Avalos Rocha, Raymundo Buenrostro-Mariscal, Fermín Estrada González

Facultad de Telematica

Universidad de Colima, UdeC

Colima,col

josue@ucol.mx, raymundo, fermin_estrada@ucol.mx

Resumen— El Monitoreo de la calidad del aire en interiores es de gran importancia para la salud, ya que nos ayuda a conocer el estado del aire para determinar si es adecuado para las personas. En este trabajo, presentamos una propuesta tecnológica de bajo costo para el monitoreo de la calidad del aire, basado en la tecnología de red inalámbrica de sensores (WSN). Los nodos sensores pueden ser desplegados en los salones de clases para recolectar y reportar los datos en tiempo real sobre el dióxido de carbono (CO_2), partículas de polvo (PM), compuestos orgánicos volátiles (COV), la temperatura y la humedad relativa del ambiente. El sistema propuesto permite que las escuelas puedan supervisar las condiciones de la calidad del aire vía una plataforma web donde encontraran recomendaciones; además de alertas cuando estos parámetros excedan los niveles aceptables.

Palabras clave—Red de sensores; calidad del aire; monitoreo ambiental; Internet de las Cosas

I. INTRODUCCION

La emisión de contaminantes a la atmosfera es un problema de salud pública que se presenta a nivel, principalmente en las grandes ciudades, afectando la calidad del aire que respiramos. Las fuentes de emisión provienen de diferentes acciones humanas (industriales, agricultura, medios de transporte, calefacción en las casas, etc.) o generado por fenómenos naturales de nuestro planeta (volcánicas, incendios forestales, tornados, etc.) [1][2]. Derivado de la consulta de diversos proyectos se observa que los estudios sobre esta materia se dividen en contaminación del aire en interiores y en exteriores. En este sentido, estimaciones publicadas por la Organización Mundial de la salud (OMS) informan que se han dado más de 8 millones de muertes a consecuencia de la exposición de contaminantes en el aire; de los cuales 4.3 millones están relacionados a la contaminación del aire en interiores, y 3.7 millones a la contaminación atmosférica. Las principales enfermedades relacionas son cardiopatías isquémicas, accidentes cerebrovasculares, neumopatías obstructivas crónicas, cáncer de pulmón e infecciones agudas de las vías respiratorias inferiores [3][4]. En este trabajo se centra en el enfoque de la contaminación en interiores; por la importancia que presentan, ya que el estilo de vida actual hace que las personas pasen más del 90% del tiempo en espacios cerrados (Oficinas, colegios, hospitales, guarderías, centros comerciales, hogar, etc.) y en la mayoría de los casos reunidos en grandes cantidades de éstas. En estos lugares la concentración de contaminantes del aire puede acumularse a niveles superiores a los encontrados al aire libre; lo cual hace necesaria la atención en este sector [5].

Dentro de este contexto las acciones de monitorización de la calidad del aire tienen una importancia fundamental, ya que conocer los niveles de contaminación nos ayudan a determinar el nivel de la calidad del aire y tomar las acciones necesarias que deben ser aplicadas para afrontar la problemática. Para las funciones de monitorización se necesita de tecnología que recolecte información de interés del entorno y la envíe a puntos de tratamiento de información para ser interpretados por los especialistas; una de las tecnologías que se puede utilizar son las redes inalámbricas de sensores (WSN, *Wireless Sensor Network*); las cuales proven facilidad de despliegue, gestion energética, miniturizacion de componente, movilidad, y bajo costo de produccion y mantenimiento [6][7][8]. Sin embargo, el diseño y construcción de éstas para cumplir con el fin dispuesto no es una tarea fácil, ya que se necesita establecer los tipos de sensores, tecnología de comunicaciones, procesamiento local y remoto, seguridad de los datos recuperados, entre otros aspectos que obligan a un análisis profundo. Por lo tanto, el objetivo de este trabajo es delinear una propuesta de diseño para la construcción de una red de sensores para la monitoreo ambiental en aulas de clase, que integre los elementos necesarios de hardware y software para cumplir con los requerimientos de aplicación.

II. Calidad del Aire

El aire es un elemento esencial para el desarrollo de todo ser vivo que habita nuestro planeta, el cual está compuesto en porcentaje de volumen de aire seco, por los gases: nitrógeno (N) 78%, oxigeno (O) 21%, y gases inertes 1%. Dependiendo de las características del ecosistema y las condiciones climatologías se presentan otros gases como el vapor de agua (H_2O) 0-4%, dióxido de carbono (CO_2) 0.035%. además otros gases llamados traza que incluyen al metano (CH_4), óxido nitroso (N_2O), ozono (O_3), material particulado (PM) y clorofluorocarbonos (CFC) que en conjunto poseen menos de 0.00017% por volumen de aire seco en la atmósfera [9].La contaminación el aire se refiere a la presencia de una sustancia que produce un efecto perjudicial en el ambiente, estos efectos alteran la salud de la población y nuestro entorno en general, los contaminantes se dividen en contaminantes primarios que se producen directamente de las fuentes de emisión (plomo (Pb), monóxido de carbono (CO), óxidos de azufre (SOx), óxidos de nitrógeno (NOx), hidrocarburos (HC), material particulado, etc.) además de contaminantes secundarios originados por la interacción de dos o más contaminantes primarios (ozono (O3), peroxiacetil-nitrato (PAN), hidrocarburos (HC), sulfatos (SO_4), nitratos (NO_3), ácido sulfúrico (H_2SO_4), material particulado (PM), etc.)[10].

Delegados en la asamblea mundial de la salud adoptaron una resolución donde se destaca la importancia de la participación que deben tomar las autoridades sanitarias de cada país para sensibilizar al público acerca la contaminación del aire; también se subraya la necesidad de cooperación entre los distintos sectores en la necesidad de que apliquen políticas nacionales, regionales y locales referente a la contaminación del aire; el cual es un riesgo ambiental grave para la salud a escala mundial, donde cada año mueren 4,3 millones de personas debido a la exposición a la contaminación del aire en interiores y 3,7 millones por la exposición a la contaminación del aire exterior. Las principales enfermedades relacionas son cardiopatía isquémica, accidente cerebrovascular, neumopatía obstructiva crónica, cáncer de pulmón e infección aguda de las vías respiratorias inferiores. Existen directrices de la OMS sobre la calidad del aire (WHO air quality guidelines) y sobre la calidad del aire en interiores (WHO indoor air quality guidelines) las cuales proporcionan información acerca de los beneficios de tomar medidas para disminuir la contaminación del aire [3].

TABLA I CONTAMINANTES COMUNES

Lugar	Contaminante
Interior	CO_2, COV, PM, O_3, CO
Exterior	SO_2, NO_2, NO, O_3, PM, CO, COV, Pb
SO_2: Dióxido de azufre, NO_2: Dióxido de nitrógeno, O_3: Ozono NO: Óxido de nitrógeno CO: Monóxido de carbono, Pb: Plomo, PM: Partículas suspendidas, CO_2: Bióxido de carbono COV: Compuestos Orgánicos Volátiles,	

En la actualidad la mayoría de las personas son conscientes acerca de la contaminación del aire afecta la salud pero algunas ocasiones se pasa por alto que la contaminación en interiores tiene efectos importantes y perjudiciales para la salud ya que esta puede contener niveles de contaminación hasta 100 veces mayor en relación al aire libre, estos niveles son de especial preocupación ya que actualmente la mayoría de la población pasa más del 90% del tiempo en espacios cerrados (Oficinas, colegios, hospitales, guarderías, centros comerciales, hogar, etc.) en la tabla 1 se muestra los tipos de contaminantes que se encuentran en el interior y exterior. Actualmente la Agencia de protección ambiental de los estados unidos (EPA, Environmental Protection Agency) ha realizado estudios enfocados a conocer los efectos de la contaminación del aire en el interior de las escuelas donde se encontró que los principales síntomas son (dolor de cabeza, fatiga, dificultad para respirar, congestión nasal, toz, mareo, náuseas e irritación de ojos, nariz, garganta y piel) estos no solo pueden ser provocados por la mala calidad del aire si no que existen otros factores como iluminación pobre, el ruido, temperatura y humedad estos últimos son indicador del estado de confort dentro del edificio, existe cierto grupo de personas que son más susceptibles a determinados contaminantes por ejemplo las personas con asma, enfermedades respiratorias, sistema inmunológico debilitado, enfermedades del corazón, incluso las personas que utilizan lentes de contacto. La buena calidad del aire contribuye a un ambiente favorable para los estudiantes, el desempeño de los maestros y el personal dando una sensación de bienestar, estos elementos se combinan para ofrecer una educación de calidad a los alumnos. [4][11][12]

"Toda persona tiene derecho a un medio ambiente sano para su desarrollo y bienestar. El Estado garantizará el respeto a este derecho. El daño y deterioro ambiental generará responsabilidad para quien lo provoque en términos de lo dispuesto por la ley." Constitución Política de los Estados Unidos Mexicanos; Artículo 4°, párrafo 5.

III. Trabajo relacionado

En [13] se propone un sistema de monitoreo que consiste en una serie de nodos para recolectar parámetros de calidad del aire en interiores (*Indoor Air Quality,*IAQ), utilizando IRIS WSN mote desarrollado por *Crossbow* el cual se utiliza para la transmisión de datos de manera inalámbrica entre dispositivos basados en el estándar IEEE 802.15.4. La Fig. 1 muestra un diagrama de bloques de la arquitectura en general del sistema.

Fig. 1   Diagrama general de sistema

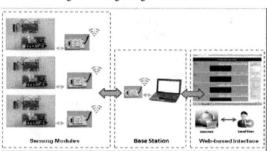

Los contaminantes que se midieron en el estudio fueron, dióxido de carbono, monóxido de carbono, oxígeno, VOC, metano. El sistema consiste en una computadora personal que actuara como estación base, múltiples nodos con los cuales se obtendrán los valores de contaminación y una página web donde se visualizan las variables en tiempo real. Se propone como trabajo futuro desarrollar un sistema que se adapte a los estándares de calidad del aire establecidos por las agencias de gobierno en donde se encuentre en operación el sistema.

En [14] se presenta un sistema para la medición de la calidad del aire en la ciudad de Taipéi en china, se propone una red de múltiples nodos sensores y un Gateway. Los nodos tienen conectados dos sensores monóxido de carbón (CO) y partículas suspendidas estos son utilizados para dar una estimación de la calidad del aire. En la arquitectura del sistema consta de un nodo sensor llamado Octopus II desarrollado por la universidad de Taiwán, las características principales del nodo es que consume poca energía, utiliza un chip de comunicación en la frecuencia de 2.4 GHz adoptando el estándar IEEE 802.15.4 bajo el protocolo ZigBee, la fig. 2 muestra la arquitectura general del sistema.

Fig. 2   Octopus II

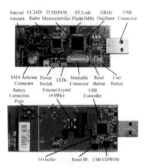

El *octopus II* cuenta con diversos puertos de entrada y salida con estos se pueden integrar diversos dispositivos como sensores de luz UV, temperatura, humedad, etc. Además el equipo cuenta con una memoria de 10Kb de RAM, 48 Kb de flash ROM, 1Mb de memoria flash. Para la medición de CO se utilizó el sensor MiCS-5521 por su capacidad de rápido pre calentamiento, menor tamaño, alta sensibilidad, una punta de carbón activado. En el caso de la medición de partículas suspendidas optaron por DSM501A el cual consiste en un diodo emisor de luz el cual detecta partículas mayores a 1μm además cuenta con salida de datos PWM, el suministro de energía se hace mediante baterías de 12V / 10Ah se utiliza panel solar para recargar de energía las baterías. Como trabajo futuro se plantea agregar un mayor número de variables para dar una estimación acertada de la calidad del aire, incorporando más sensores para el monitoreo de la contaminación del aire.

Estas citas representan sólo parte de la literatura revisada que da base al desarrollo de la investigacion, donde encontramos diversos proyectos que se han estado implementando en relacion al tema de calidad del aire en interiores, redes de sensores y el monitoreo ambiental.

IV. Propuesta de La wsn para el monitoreo de la calidad del aire

La propuesta general de solución que presentamos para la monitorización de la calidad del aire en interiores consiste en una arquitectura general que consta de tres partes (fig. 3): *i)* una red de sensores interconectados inalámbricamente bajo el estándar IEEE 802.15.4 [15]; *ii)* un equipo de interconexión o Gateway; *iii)* un sistema de procesamiento y despliegue de la información. En la propuesta cada nodo sensor (NS) o End-Device recolecta información de la calidad del aire (temperatura, humedad, CO_2, COV, PM) de cada espacio físico y la envía hacia su nodo coordinador de clúster (NC) vía inalámbrica. El NC realiza un pre-procesamiento de la información recibida para prepararla para su retransmisión hacia el dispositivo de interconexión (Gateway). El Gateway debe adecuar los datos recibidos para ser enviados a la red de Internet en donde se realiza el procesamiento final de la información, se almacenan en una base de datos, y una aplicación web despliega la información en tiempo real para la toma de decisiones de acuerdo a los valores de calidad del aire medidos. Además, la información se puede consultar en forma de histograma, con el cual se podrá realizar análisis estadístico de la información y se podrán determinar horas, días o meses con mayor contaminación registrada para formar datos históricos de la calidad del aire en los salones de clases.

Fig. 3   Esquema de la arquitectura de la red WSN propuesta.

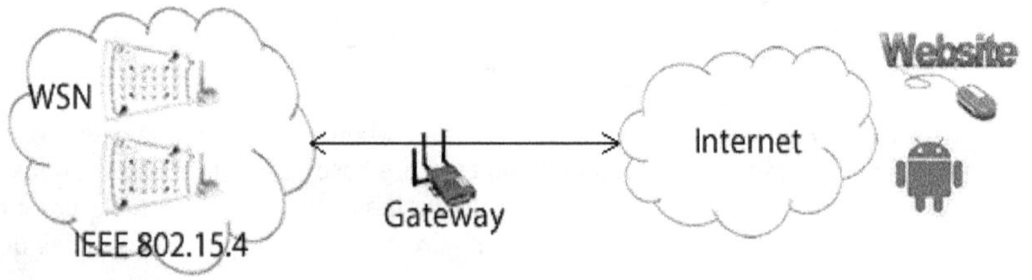

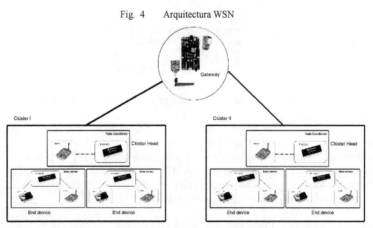

A. Red Inalámbrica de Sensores (WSN)

La red inalámbrica de sensores se define como un conjunto de nodos desplegados en sitios de interés para recolectar información del entorno y transmitirla inalámbricamente a un nodo final. En la actualidad existen una variedad de protocolos de comunicación diseñados para estas redes, los más utilizados son el IEEE 802.11 (WiFi), IEEE 802.15.1 (Bluetooth) y el IEEE 802.15.4 (LR-WPAN, low-rate wireless personal area network). Este último consiste en una arquitectura con bajo coste de producción y con muy bajo consumo de energía, que nos proporciona un sistema escalable con tolerancia a fallas, topología dinámica, facilidad de instalación y funcionamiento autónomo; razones por las cuales es seleccionado para el desarrollo de la WSN en nuestra propuesta.

Conforme a lo anterior, se propone para la WSN la arquitectura de la fig.4 la cual consiste de un modelo esquemático basado en una red de clústeres conectados hacia el dispositivo Gateway. Cada clúster está formado por una red de nodos sensores (NS) en topología estrella, éstos están encargados de recolectar información del medio ambiente en cada aula, y enviarla misma hacia un nodo coordinador o Clúster-Head (CN), el cual es responsable de establecer una comunicación hacia otra cabeza de clúster o directamente al Gateway.

Fig. 4   Arquitectura WSN

El "modelo general de nodo" propuesto se compone de varias secciones (fig. 5): i) un módulo de sensores para la recolección de las variables del aire (el nodo clúster head no incluye este módulo), un procesador y memoria central, un módulo de radiocomunicación, puertos de entrada-salida y la fuente de alimentación. Los sensores se encargan de recolectar magnitudes físicas (temperatura, humedad, CO_2, COV, PM), el procesador ejecuta las instrucciones para dar tratamiento a la información y ejecutar las funciones del protocolo de comunicaciones de red, para el control del envío y recepción de los datos por el medio de comunicaciones; por ejemplo, decidir el mejor camino de origen a destino; el radiotransmisor nos brinda la capacidad de adecuar los datos a una señal que se pueda enviar por el medio físico de comunicación entre los dispositivos; por último, el nodo incluye una fuente de alimentación que puede provenir de baterías o una conexión directa a la línea eléctrica.

Como caso particular, nos adentraremos en el *módulo de sensores* del nodo End-Device, el cual consiste de un sensor MP2000 desarrollado por la empresa China Instrument Society, con éste se obtienen temperaturas de -10ºC a 50ºC que cubre el rango de temperaturas que se han registrado en la región y con precisión de .1ºC. Un sensor de CO_2 con un rango de 0 a 2000ppm el cual para esta aplicación es suficiente, porque concentraciones superiores a 1500ppm son consideradas perjudiciales para la salud. Además, el módulo de sensores cuenta con un sensor de humedad relativa con un rango de medición de 0% a 99% con precisión de ±5%, un sensor de COV con un rango de 0ppm a 3ppm a una resolución de 0.01ppm, y por ultimo un sensor de partículas suspendidas, el cual detecta aquellas que tienen dimensiones mayores a 1µm con este podremos identificar el tipo de contaminante en relación a su tamaño Con estos sensores, nuestra solución, tendrá suficiente información para identificar eficazmente que tipo de contaminantes se encuentran en el aire y su grado de concentración. El sensor MP200 trabaja en corriente directa a 5V y tiene salida de datos por modulación por ancho de pulsos (PWM, *Pulse Width Modulation*) o RS232-TTL conocida como conexión serial, el sensor tiene un tiempo de respuesta de 30s y su tiempo de utilidad es aproximadamente 10 años.

En la parte del procesador se propone utilizar el microcontrolador (MCU) de la marca microchip pic18f24k22, el cual cuenta con 2 puertos USART (*Universal Synchronous Asynchronous Receiver Transmitter Modules*) para transmitir o recibir datos de manera síncrona o asíncrona; se utiliza uno de los puertos para recolectar los datos del sensor y el otro para enviar la información obtenida de los sensores hacia nuestro nodo coordinador, atreves del radiotransmisor inalámbrico; el cual utiliza un dispositivo XBeeS2B desarrollado por la empresa Digi, que funciona en la frecuencia de 2.4 GHz bajo el estándar de comunicación IEEE 802.15.4. Los radios están configurados en modo de configuración API, el cual nos permite enviar y recibir datos a través de *paquetes especiales* que son estructuras de datos predefinidas por el estándar que se pueden personalizar para cada aplicación. La fuente de alimentación para cada nodo es corriente directa vía baterías típicas AA que son suficientes para la operación del sistema.

Fig. 5   Modelo general de nodo sensor

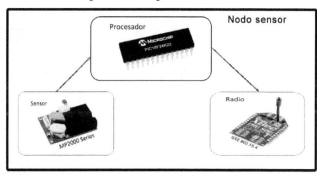

B. Gateway

En la solución propuesta el dispositivo Gateway actúa como el administrador entre la red WSN y el Internet, por una parte es encargado de recabar y etiquetar la información recibida de cada nodo sensor de la WSN para adecuarla al formato de una red con protocolos TCP/IP como el Internet. El Gateway se le considera como puente entre ambas redes para permitir la extensión de la aplicación hacia el Internet de las Cosas. Existen diferentes formas en que se puede conectar un Gateway entre la red de sensores y el Internet. Una de estas formas, y la más utilizada en las propuestas revisadas, es como un único dispositivo entre la red WSN y el Internet. Otro tipo de conexión es utilizando varios dispositivos Gateway, al igual que la anterior como dispositivos fuera de la WSN, que reciben datos de diferentes nodos de la WSN hacia el Internet ofreciendo varios rutas de interconexión de forma simultánea. La tercera forma se compone de múltiples redes independientes, donde ciertos nodos de la WSN tienen internamente la capacidad de Gateway, para acceder directamente a Internet, estas son conocidas como redes hibridas; y por último, una red llamada punto de acceso a la red, en donde cada sensor cuenta con la capacidad necesaria para conectarse a Internet en un solo salto.

En esta propuesta se optó por la primera opción de interconexión del Gateway, como una red independiente. El dispositivo Gateway que se propone cuenta con 3 partes en su construcción (fig. 6): un módulo embebido de radiocomunicación XBeeS2b, bajo el estándar IEEE 802.15.4, con el cual se recolecta la información de la red de sensores. Este embebido, a diferencia de los nodos sensores o coordinadores, cuenta con una antena de alta ganancia para mejorar la cobertura hacia los nodos de la WSN.

Una segunda parte destinada a establecer la comunicación hacia el Internet, utilizando hardware para crear una conexión Ethernet IEEE 802.3. Esta selección resulta del análisis del lugar en donde estará conectado el Gateway, donde utilizar una conexión WiFi no fue una opción por el tipo de servicio de conexión inalámbrica ofrecido a los estudiantes; la red WiFi de la zona es una red con alto grado de congestión, lo cual podría causar desconexiones y una mala comunicación para nuestra solución. Para lograr que todo funcione, en el último módulo, se propone una tarjeta de desarrollo de la empresa Nómada, la cual cuenta con un microcontrolador ATmega1284P y demás periféricos para integrar la comunicación del radio XBee y el módulo Ethernet.

Fig. 6   Módulo Gateway

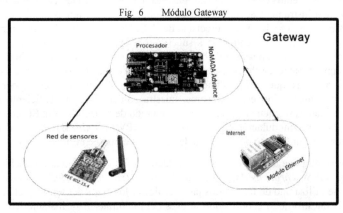

C. Internet

En este apartado se describe la parte fundamental del sistema de software para el procesamiento y despliegue de la información de monitoreo, el cual se divide en tres secciones: i) la recepción de información desde el Gateway mediante un WebSocket que nos proporciona un canal de comunicación full-dúplex sobre un Socket TCP; ii) cuando la información es recibida se almacena en una base de datos con SQL Server; iii) para la correcta manipulación de la información en la base de datos se utiliza un servicio WEB el cual inserta, obtiene y modificar la información a petición de la aplicación que la solicite. En este proyectos se utiliza una página WEB la cual cuenta con diferentes niveles de usuario los cuales identifican quien va a utilizar nuestra aplicación y permite establecer que funciones puede realizar cada usuario. Además proporciona seguridad adicional a la información de la WSN que no podrá ser visualizada por aquellos usuarios que no tengan acceso o permiso; estos niveles son usuario visitante, registrado y administrador. La fig. 7 muestra los diagramas UML que describen el funcionamiento y la relación de cada uno de ellos. La aplicación WEB está desarrollada en lenguaje de programación ASP.NET bajo la arquitectura de software MVC (Modelo Vista Controlador), esto quiere decir que por un lado define componentes para la representación de la información y por el otro la interacción del usuario; esta arquitectura separa el código en secciones lo que facilita el desarrollo y hace que el mantenimiento de la aplicación se realice de manera eficiente.

Fig. 7   UML niveles de usuario

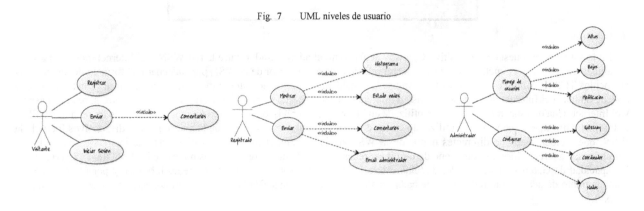

V. CONCLUSIONES

Como resultado de la investigación presentada se detectaron diversas justificaciones en relación con la medición de la calidad del aire en espacios cerrados; específicamente en los salones de clase, donde el monitoreo nos ofrece un indicador importante para determinar las acciones que pueden llevarse a cabo en las escuelas y poder proporcionar espacios adecuados para la educación de alumnos y el bienestar de la planta docente. La propuesta de solución se divide en tres ejes principales que son la recolección de la información por medio de una red de sensores, el envío de la información desde el momento en que es recabada hasta el momento que es almacenada en la base de datos, y por último, la presentación de la información hacia los usuarios. La solución propuesta se encuentra en proceso de desarrollo, por lo que a la fecha se tienen implementaciones parciales de cada módulo y pruebas de operación en laboratorio. El trabajo futuro es la integración total de los módulos y las pruebas de campo, que permitan evaluar la solución en un ambiente real de operación y obtener la versión final del sistema.

REFERENCIAS

[1] EPA, «Environmental Protection Agency,» 2016. [En línea]. Available: https://www3.epa.gov/airquality/cleanair.html. [Último acceso: 01 Junio 2016].

[2] C. Albarran y J. M. Esteban, Salud, ambiente y trabajo, McGraw Hill Mexico, 2014.

[3] WHO, «Worl Health Organization,» 26 Mayo 2015. [En línea]. Available: http://www.who.int/mediacentre/news/releases/2015/wha-26-may-2015/es/. [Último acceso: 2016 Mayo 30].

[4] WHO, «Worl Health Organization,» 25 Marzo 2014. [En línea]. Available: http://www.who.int/mediacentre/news/releases/2014/air-pollution/es/. [Último acceso: 2016 Mayo 30].

[5] N. Marchetti, A. Cavazzini, L.Pasti y M. Catani, «A Campus Sustainability Initiative: Indoor Air,» de *2015 XVIII AISEM Annual Conference*, 2015.

[6] J.-H. Liu, Y.-F. Chen, T.-S. Lin y D.-W. Lai, «Developed Urban Air Quality Monitoring System Based on Wireless Sensor Networks,» *Imternational Conference on Sensing Technology*, 2011.

[7] D. K. V y S. Abraham, «Enhancement of Sensor Node Anonymity in WSN-A Survey,» *Journal of Network Communications and Emerging Technologies (JNCET)*, 2015.

[8] S. B. S, «A Survey on Wireless Sensor Networks : Software As A Service(SAAS) Integration System and Service Creation and Renovation Capability in Several Applications,» *International Journal of Engineering Technology Science and Research*, 2015.

[9] SEMARNAT, «Secretaria de medio ambiente y recursos naturales,» 12 Agosto 2009. [En línea]. Available: http://www.inecc.gob.mx/calaire-informacion-basica/516-calaire-aire-limpio. [Último acceso: 2016 Junio 03].

[10] SEMARNAT, «Secretaria de medio ambiente y recursos naturales,» 24 Junio 2013. [En línea]. Available: http://www.inecc.gob.mx/calaire-informacion-basica/525-calaire-cont-primarios-secundarios. [Último acceso: 2016 Junio 03].

[11] EPA, «Environmental Protection Agency,» 27 Febrero 2016. [En línea]. Available: https://www.epa.gov/iaq-schools/why-indoor-air-quality-important-schools. [Último acceso: 2016 Junio 04].

[12] C. F. Luis, F. A. Ramón, G.-B. Francisco Javier y R. P. José Antonio, «Contaminación del aire interior y su impacto en la patología respiratoria,» *Archivo de bronconeumologia*, 2013.

[13] M. S. Shaharil , A. R. Mohd Saad y A. Muhamad Yusof, «Indoor Air Quality Monitoring System using Wireless Sensor Network (WSN) with Web Interface,» *International Conference on Electrical, Electronics and System Engineerin*, 2013.

[14] C.-H. Wang, Y.-K. Huang y X.-Y. Zheng, «A Self Sustainable Air Quality Monitoring System Using WSN,» *Intel-NTU Connected Context Computing Center*, 2013.

[15] IEEE 802.15.4-2006 IEEE Standard for Information technology--Telecommunications and information exchange between systems--Local and metropolitan area networks-- Specific requirements Part 15.4: Wireless Medium Access Control (MAC) and Physical Layer (PHY) Specifications for Low Rate Wireless Personal Area Networks (LR-WPANs)

MindBack
BCI para la rehabilitación cognitiva

BCI para la rehabilitación cognitiva

Fernando Perez Mata[1], Karla P. Godínez Macías[1], Victoria Meza Kubo[1],
Juan Carlos Flores Salas[1], Manuel Hernández Saijas[2], Alberto L. Morán y Solares[1], Eloisa García Canseco[1]

[1]Universidad Autónoma de Baja California, [2]Centro de Rehabilitación Integral de Ensenada
{fernando.perez.mata,godinezk,mmeza,juan.carlos.flores.salas, alberto.moran, eloisa.garcia}@uabc.edu.mx,
psc_manuel@hotmail.com

El siguiente artículo presenta una Interfaz cerebro-computadora (BCI) para la rehabilitación cognitiva de pacientes con alguna enfermedad cerebro vascular (ECV). Se discute brevemente sobre las interfaces cerebrales, y el proceso de desarrollo de "Mindback". Se trabajó en un equipo multidisciplinario conformado por especialistas en enfermedades mentales y especialistas en las tecnologías de la información para poder adecuar la interfaz y los ejercicios a las necesidades de los pacientes.

Keywords—BCI; Rehabilitación Cognitiva; Interfaces Cerebrales, Enfermedades cerebro vasculares;

I.INTRODUCCIÓN

La interfaz Cerebro-Computadora es un método de comunicación basado en actividad neuronal generado por el cerebro y es independiente de sus vías de salida normales de nervios periféricos y musculares [1]. Las interfaces cerebro computadora (Brain Computer Interface-BCI) han creado un canal de comunicación, especialmente para aquellos usuarios con deficiencias cognitivas, o incapacidades para generar movimientos musculares indispensables para usar dispositivos tradicionales. La meta de las BCI no es determinar la intención de una persona espiando la actividad cerebral, sino proveer un canal nuevo de salidas del cerebro que requiere un control adaptativo voluntario por parte del usuario [2].

Un ejemplo de dispositivos BCI son los realizados en empresas como Emotiv System [1]o Neurosky[2], los cuales están basados en biosensores que reciben señales eléctricas, mas no pensamientos reales, para traducir la actividad cerebral en acciones, por ejemplo pulsar un botón, enfocar opciones, entre otras. Los sensores digitalizan y amplifican las señales crudas analógicas del cerebro, para convertirlas en entradas a juegos, juguetes, dispositivos, y más [3].

Aunque tienen diversas áreas de aplicación, una de las aplicaciones primordiales es en el área de la salud, particularmente como tecnologías de asistencia que permitan a personas con escasa movilidad o parapléjicas realizar una actividad o comunicarse.

En este trabajo, se describe el diseño y evaluación de Mindback, una aplicación para rehabilitación cognitiva dirigida a pacientes que han sufrido alguna enfermedad cerebro vascular (ACV).

Se implementó una interfaz BCI utilizando el dispositivo Mindwave, de Neurosky, con el objetivo de brindarle a los usuarios con dificultades motrices y/o cognitivas una herramienta que a través de las técnicas de estimulación cognitiva lo puedan utilizar para favorecer su terapia de rehabilitación cognitiva y logren recuperar y/o fortalecer aquellas áreas cognitivas que sufren de alguna pérdida total o parcial.

II.   DESCRIPCIÓN DEL PROBLEMA

Las enfermedades cerebrovasculares (ECV) son una causa importante de morbilidad en la ancianidad, que se asocia con frecuencia a discapacidad física y a deterioro cognoscitivo de diverso grado. Las ECV se consideran la segunda causa de demencia y una de las pocas prevenibles. Recientemente, se ha propuesto el término 'deterioro cognoscitivo vascular' (DCV) para agrupar a un amplio espectro de trastornos cognoscitivos de origen vascular con semiologías y cursos evolutivos diferentes. El

---

[1] https://www.emotiv.com/
[2] http://neurosky.com/

DCV incluye: demencias vasculares hereditarias, demencia multiinfarto, demencia post infarto CV, patología vascular isquémica subcortical con o sin demencia y DCV leve.

La aplicación "Mindback" fue diseñada para apoyar en las terapias de rehabilitación de pacientes con ECV, la cual produjo la pérdida de una o varias áreas cognitivas, específicamente el área de Lenguaje, Memoria y Atención. Por medio de la aplicación desarrollada se pretende brindar apoyo a los centros de rehabilitación, con una herramienta no invasiva para emplearla durante la terapia de rehabilitación que estén llevando con sus pacientes, para así fortalecer o recuperar aquellas áreas con déficit del paciente.

El término terapias no farmacológicas (TNF) se utiliza para referirse a intervenciones, que pretenden mejorar la calidad de vida de las personas [4]. Estas intervenciones se hacen a través de agentes primarios no químicos [4]. Como se mencionó con anterioridad, la terapias de estimulación cognitivas es un ejemplo de TNF. El propósito de la estimulación cognitiva es aplicar diferentes técnicas y estrategias para optimizar la eficacia del funcionamiento de las distintas capacidades y funciones cognitivas (atención, memoria y lenguaje) mediante una serie de actividades concretas [5]. Representa de cierto modo, un tipo de "gimnasia cerebral", y pretende realizar tareas tendientes a activar y mantener las capacidades mentales. El conjunto de técnicas que pueden utilizarse en la estimulación cognitiva incluye actividades de estimulación de la memoria, la comunicación verbal, el reconocimiento, entre otros.

La prioridad fue encontrar una tecnología no invasiva que ayudara a los paciente, utilizando dispositivos BCI, que apoye a la terapia de rehabilitación no farmacológica de usuarios con discapacidad cognitiva, de tal manera que aumenten su desarrollo personal e inclusión en la sociedad. Recientemente se han publicado trabajos de investigación que muestran que una persona que participa frecuentemente en actividades de estimulación cognitiva mejora su comportamiento cognitivo [6][7][8]. Por lo tanto, utilizar los dispositivos BCI en aplicaciones dinámicas e interactivas, optimizando las terapias de rehabilitación al incluir objetos y ejercicios cerebrales básicos, mejora notoriamente la actitud del paciente al recibir dichas terapias, siendo la aplicación desarrollada una herramienta potencial para su utilización en las terapias brindadas al paciente que lo requiera.

III.   DESARROLLO DE MINDBACK

Se siguió una metodología SCRUM donde se planearon los Sprint de 1 mes, periodo en el cual se diseñaba y/o programaba durante una semana y se mostraban los avances a los especialistas, para que el producto fuera lo más apegado posible a sus requerimientos.

En el primer sprint se asignó extraer requerimientos, diseñar las pantallas principales e implementar cierta funcionalidad a la aplicación. En la primera junta con los especialistas, se tomaron requerimientos funcionales y no funcionales para el proyecto Mindback, se propuso que fuera una aplicación basada en ejercicios aprobados por psicólogos profesionales, ejercicios obtenidos de la literatura "Volver a Empezar" por Luis Tárraga [9]. Además, se solicitó que la aplicación fuera lo más intuitiva posible con una interfaz llamativa y un alto nivel de usabilidad, esto debido a que los usuarios finales serían pacientes con bajos niveles de concentración y atención, además que es indispensable que la interfaz no sea un impedimento para realizar los ejercicios. En las juntas siguientes se mostraron *storyboards* (Fig. 1) para simular el funcionamiento y usabilidad de la aplicación, con las críticas recibidas se hicieron las modificaciones necesarias.

Figura 1. Ejemplos de Storyboards para A) Lenguaje semántico, B) Memoria y C) Lenguaje sintáctico.

En el segundo sprint se asignaron tareas de implementación de los ejercicios para cada área (Lenguaje, Memoria, Atención y Emociones), así como algunas modificaciones del diseño. Se mostró y revisó la segunda versión de la aplicación a los especialistas, continuando con el proceso de diseño de la aplicación a partir de las nuevas observaciones (Fig. 2). La primer versión funcional fue evaluada por los especialistas, y se acordaron algunos cambios de actividades a realizar, sobre todo el área de Lenguaje (específicamente el área fonológica). Se modificaron los ejercicios propuestos y se modificó la aplicación para agregar secciones con una mayor interacción por medio de audio para retroalimentar al usuario una vez concluido correctamente un nivel de cualquier actividad.

En el tercer sprint se modificó la interfaz de la aplicación para que el usuario tuviera mayor retroalimentación del porcentaje de intensidad de los impulsos eléctricos del cerebro y actuadores (principalmente la vista) del usuario dependiendo de la fuerza del pestañeo y la cantidad de concentración durante la actividad. Se corrigieron errores en las actividades y se ajustaron los niveles de parpadeo y concentración para brindar mejor usabilidad.

En el cuarto y último sprint, a partir de la observación del comportamiento de la aplicación con diversos usuarios, se hicieron diversas adaptaciones a la aplicación (Fig. 3) para que el uso entre el dispositivo Mindwave y el usuario sea de mayor comodidad y facilidad de uso. La siguiente sección describe la evaluación de usabilidad y resultados de Mindback.

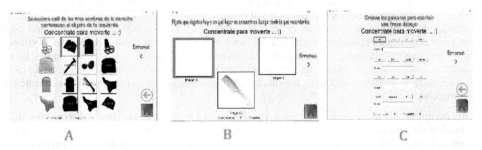

Figura 2. Segunda versión de los ejercicios. Algunos ejemplos: A) Lenguaje semántico, B) Memoria y C) Lenguaje sintáctico.

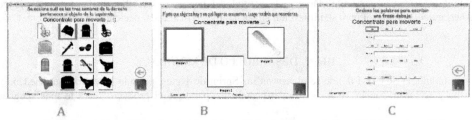

Figura 3. Tercer versión del prototipo. Ejemplos de ejercicios: A) Lenguaje semántico, B) Memoria y C) Lenguaje sintáctico.

IV.   EVALUACIÓN DE MINDBACK

Actualmente la aplicación Mindback se encuentra en etapa de experimentación, razón por la cual el grupo de personas con el que se realizaron los experimentos consta de adultos mayores de una edad promedio de 61 años que no han sufrido algún accidente cerebrovascular. Se decidió realizar los experimentos con éste sector de la población ya que se encuentran más propensos a padecer alguna enfermedad cerebrovascular permitiendo realizar la experimentación de la aplicación sin afectar a pacientes que realmente padecen de dicha enfermedad. Otra razón por la cual se decidió realizar las pruebas con adultos mayores es para tener la certeza que los datos obtenidos de la actividad realizada por el adulto mayor fueron consecuencia de una decisión voluntaria.

Se realizaron las pruebas con la aplicación desarrollada Mindback y la herramienta BCI (diadema Mindwave) a dicho grupo de adultos mayores siguiendo el protocolo de evaluación *System Usability Scale* (SUS). El objetivo general establecido en el protocolo, consta de evaluar la facilidad, utilidad y experiencia de usuario con la aplicación Mindback a través de la diadema utilizada. Así mismo, conocer si las actividades dentro de la aplicación son fáciles de aprender y de usar, en conjunto con una experiencia de usuario divertida y satisfactoria.

Dentro del protocolo se estableció que de las tres áreas de estimulación cognitiva, se optaría por realizar las pruebas experimentales sobre el área de Memoria, realizando los tres ejercicios propuestos, incrementando la dificultad del total de imágenes presentadas y el total de imágenes a recordar según el nivel.

El objetivo de la actividad es recordar aquella posición donde se presenta una, dos o tres imágenes, dependiendo del nivel de dificultad. A continuación se muestra la mecánica de la resolución de la actividad dentro de cada nivel (Fig. 4):

1. Se presenta el total de recuadros de posibles posiciones en blanco, excepto aquellas posiciones a recordar.
2. Después de dos segundos por imagen a recordar, se muestran todos los recuadros con una imagen de fondo igual.
3. Si el usuario tiene como nivel de concentración el mínimo necesario iniciará la actividad, y el recuadro de selección se moverá entre los recuadros de selección.
   a. Si disminuye el nivel de concentración siendo menor al mínimo, la actividad se detendrá hasta que alcance el nivel de concentración necesario

4. El usuario deberá seleccionar, por medio del parpadeo, aquella(s) posición(es) de la imagen mostrada al inicio.
5. Si la posición fue la correcta, se muestra dicha imagen.
   a. Si existen más posiciones por encontrar, continua la actividad.
   b. Si no, sigue al siguiente nivel.

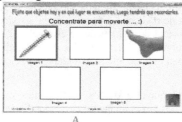 

A   B

Figura 4. Pantallas del ejercicio de memoria. A) Aparición de imagen en recuadro a recordar.

B) Recuadros de imágenes para esperar selección

Existe una relación directa entre la diadema y la aplicación Mindback donde, una vez conectado via bluetooth el dispositivo, al iniciar la aplicación Mindback se establece la conexión con la diadema por medio del puerto en el que ambas están conectadas inalámbricamente. Al estar en contacto físico los sensores con el usuario, la diadema mide las señales eléctricas analógicas del usuario y las procesa en señales digitales [10]. Una vez realizada esta conversión, los datos son mostrados (y reemplazados en variables especiales) en una interfaz local, por medio de la cual la aplicación obtiene los datos deseados, es decir, cada ciertos segundos de tiempo se obtienen los valores de concentración y parpadeo del usuario, para determinar la respuesta que la aplicación reflejará al usuario, dando lugar a la interacción BCI entre la diadema y la aplicación.

Durante la etapa de prueba de la aplicación, a cada participante se le tomó registro del tiempo transcurrido en el cual completó las tres actividades designadas, el número de aciertos por actividad, número de quejas por actividad, el valor mínimo de concentración para realizar las actividades, video de la pantalla de las actividades realizadas, y anotaciones de observaciones generales en caso de existir. El objetivo de registrar dichos datos fue para corroborar la información dada por parte del participante en la encuesta de salida, donde se le realizaron algunas preguntas para determinar si se alcanzaron los objetivos establecidos en el protocolo, al igual que el participante da su opinión acerca de su experiencia de usuario.

El desarrollo de la evaluación se realizó bajo el paradigma de diseño "with in–subjects", es decir, todo el grupo realizó la misma actividad en sus tres niveles durante el mismo tiempo. A pesar que se estableció un tiempo límite para realizar las actividades establecidas, existe la posibilidad que no se alcanzara el límite de tiempo, esto se debe a diferentes factores de cada participante, como lo son la comprensión de los ejercicios, la actividad cerebral o la fuerza del parpadeo, razón por la cual se llevó el registro del tiempo utilizado para realizar cada actividad, y en caso de excederlo se realizó una nota especial para indicar que no se completó la actividad correctamente además de interrumpir la misma y seguir a la siguiente actividad.

V. RESULTADOS

Una vez finalizada la experimentación siguiendo el protocolo de evaluación, los datos obtenidos se registraron en un archivo Excel según las diferentes encuestas realizadas a los participantes (encuesta de entrada, prueba de evaluación y encuesta final). Se realizaron las pruebas a un total de 36 adultos mayores voluntarios, con el requisito de no padecer de alguna enfermedad cerebrovascular previo a la aplicación de la prueba. Del total de participantes, 27 fueron mujeres, y 9 hombres. Las edades del total de participantes se encuentran en un rango de 43 a 76 años de edad, de los cuales la mayoría tienen 60 años o más, concluyendo que la edad promedio de los participantes es de 61 años de edad.

Durante la encuesta de entrada se le realizaron diversas preguntas a los participantes para conocer datos importantes de su vida cotidiana. Un dato importante a conocer acerca de los participantes es el uso de algún dispositivo informático; del total de los participantes 9 contestaron que no utilizan ningún dispositivo informático, mientras que 27 contestaron que hacen uso de dispositivos, de los cuales la mayoría hace uso diario de dispositivos como el teléfono inteligente, tableta y computadora. Conocer este dato es importante ya que podemos determinar si influye positiva o negativamente que los usuarios utilicen en su vida cotidiana dispositivos informáticos, e influye en una mejor aceptación de la aplicación desarrollada.

Para iniciar la actividad, el participante requiere tener un mínimo de concentración, dicho valor se obtiene a través de la diadema Mindwave cada dos segundos. El valor predeterminado para la concentración es de 30 unidades, sin embargo, existe la posibilidad que sea complicado para el adulto mayor alcanzar o mantener ese nivel de concentración, para esos casos se ajustó manualmente el valor mínimo para que el adulto mayor pueda realizar la actividad. Del total de pruebas realizadas el nivel se encontró en el rango de (10 - 30) unidades, con un promedio de 27 unidades de concentración. Es indispensable que el adulto mayor alcance, como mínimo 10 unidades de concentración, ya que el valor de la concentración es el controlador que permite continuar con la actividad. Si no logra mantener el mínimo establecido, no podrá utilizar la aplicación.

Para realizar la selección se determinó que el mínimo aprobatorio registrado en el parpadeo para elegir alguna opción en la aplicación es con un valor obtenido a través de la diadema con fuerza de 30 unidades. El valor mínimo no es ajustable manualmente, por lo que el participante deberá realizar el esfuerzo para parpadear con la fuerza y rapidez necesaria en la casilla que desea seleccionar. A lo largo de las actividades de los participantes se pudo observar un buen desempeño de las actividades, la mayoría realizadas en menos de un minuto, sin embargo, existieron quejas de algunos participantes. Se determina queja cuando el adulto mayor comentó al moderador (aquella persona encargada de realizar las pruebas de la actividad) que parpadeaba pero el programa no respondía. Del total de participantes se registró un total de 8 quejas para el nivel 1, 2 quejas para el nivel 2 y 11 quejas para el nivel 3. Los dos principales motivos por el cual se obtuvieron dichas quejas, es por el nivel de parpadeo establecido, ya que en algunos casos no se alcanzaba en la posición deseada; o el participante se esforzaba por seleccionar una casilla donde no se encontraba la imagen.

A pesar de las quejas obtenidas se pudo observar que la mayoría de los participantes completaron los tres niveles correctamente, es decir, los participantes lograron encontrar una, dos y tres imágenes correspondientes a los niveles 1, 2 y 3 en el tiempo designado para la actividad.

En la encuesta de salida se le preguntó a los participantes acerca de la usabilidad de la aplicación y la diadema. Según el protocolo de evaluación, las preguntas fueron elaboradas de tal manera que se pudiera conocer la opinión de los participantes sobre las actividades realizadas, la facilidad de uso y entendimiento de la actividad. En cuanto a la diadema utilizada, se les preguntó acerca de la facilidad de uso, la interacción entre el dispositivo y el parpadeo/concentración, para finalizar con el nivel de frustración que sintió al utilizar la aplicación.

Las opiniones de los participantes son primordiales para determinar el alcance del objetivo establecido al inicio de la evaluación. De los resultados obtenidos, se determinó que la mayoría de los participantes estarían dispuestos a utilizar el sistema frecuentemente (Figura 5a), que es un sistema fácil de utilizar (Figura 5b) y no requiere muchas cosas para poder utilizarlo (Figura 5c). La pregunta más significativa para la evaluación de la aplicación Mindback fue conocer la opinión de los participantes acerca de la complejidad del sistema, donde el total de los participantes indicaron que no es complejo la utilización del mismo.

En cuanto a la usabilidad de la diadema Mindwave se determinó que las dimensiones del aparato son adecuadas y ajustables para el usuario, además de una fácil operación de la diadema. En cuanto a la utilización directa de la diadema con la aplicación, se les preguntó si sintieron frustración al utilizar el sistema, del cual la mayoría comentó que no se sintió frustración al desarrollar los niveles indicados (Figura 5d). También se obtuvo aceptación satisfactoria por parte de la mayoría de los participantes en cuanto a la experiencia de usuario (Figura 5e), es decir, se divirtieron utilizando el dispositivo y la aplicación.

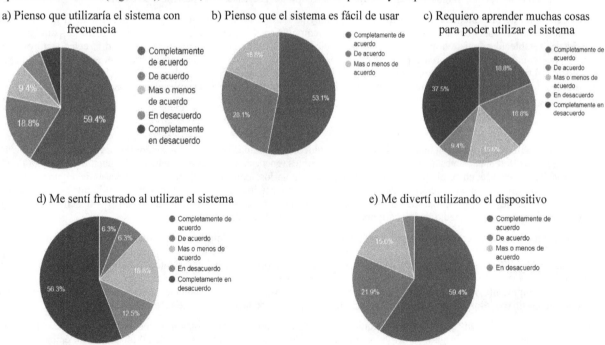

Figura 5. Resultados de la evaluación de Mindback aplicando la encuesta final.

VI.   CONCLUSIONES

A partir del resultado de la evaluación se puede concluir que uno de los principales factores para el éxito de la realización de la actividad, es el nivel de concentración. Son muchos los factores que pueden influir en el nivel de concentración, por ejemplo el nivel de actividad cerebral del usuario, su estado de nerviosismo previo/durante la actividad, los distractores externos. A pesar de dichos impedimentos, se pudo afirmar que el nivel de concentración debe ser ajustable para poder individualizar la terapia de rehabilitación a cada paciente, y lograr los objetivos establecidos a pesar de situaciones no deseadas. A pesar que el nivel de concentración es imprescindible poder establecer diferentes rangos, se pudo observar que para el nivel del parpadeo puede influir en ciertos pacientes, y sin embargo no es imprescindible para que concluyan la actividad. De los participantes en la fase de evaluación fue notable la diferencia entre aquellos participantes que tuvieron dificultad con el parpadeo, contra el resto, siendo la mayoría, que pudo completar la actividad con mayor facilidad.

Cuando se diseña software para una población específica hay que tener mucho cuidado y atención en todos los aspectos, desde como es la interacción con la aplicación, hasta como afectan los colores el estado de ánimo del usuario, en especial cuando no son usuarios típicos, en nuestro caso, nuestros usuarios finales serán pacientes de un centro de rehabilitación con afectaciones en el área cognitiva. A pesar de la sencillez de los ejercicios, es importante el apoyo físico del terapeuta durante la realización de la actividad ya que por las condiciones de los usuarios existe una alta posibilidad que no se pueda completar la actividad correctamente, y el paciente presente signos de frustración ante el ejercicio, no por cuestiones de la interacción con la aplicación ni el dispositivo, sino por la incapacidad del usuario para la seleccionar la opción correcta.

Al analizar los resultados obtenidos por parte de los usuarios respecto a la aceptación de la diadema Mindwave, se pudo determinar que existe una alta posibilidad de aceptación del dispositivo para la utilización de la aplicación desarrollada. Los usuarios mostraron un interés por realizar las actividades de una forma innovadora como experiencia nueva, es decir, en vez de realizar las pruebas como de forma tradicional en los centros de rehabilitación (en papel), el utilizar el dispositivo empleado aumentó el interés del usuario para realizar la actividad, atreviéndonos a afirmar que el interés y aceptación de los usuarios reales por realizar las actividades será mayor que de la forma tradicional.

Como trabajo futuro de la aplicación Mindback se espera ser probada en un ambiente con pacientes que tengan una daño cerebrovascular para así tener conciencia del impacto que tiene sobre ellos y poder adaptarla más estrictamente a ellos, ya que el propósito de Mindback es ayudarlos. Las pruebas se realizarán en el CRI de Ensenada. También se planea para las versiones venideras de Mindback incorporar compatibilidad con la diadema Insight de Emotiv System para así poder hacer una comparación del hardware, y tener certeza de cual es mejor para los usuarios en cuanto a usabilidad y comodidad, de igual manera se podría ver la posibilidad de añadir nuevas funcionalidades o ejercicios, de acuerdo a las herramientas que brinda la diadema Insight.

Referencias

[1]   Vallabhaneni A, Wang T, He B. (2005). Brain-Computer interface. Neural Engineering, Springer US.

[2]   Wolpaw J, Birbaumer N, McFarland D, Pfurtscheller G, Vaughan T. (2002). Brain–Computer Interfaces for communication and Control. Clinical Neurophysiology, Vol. 113.

[3]   NeuroSky. 2014. Biosensors. En NeuroSky. San Jose, California

[4]   Muñiz R, Olazarán J. (Junio 2009). Mapa de Terapias No Farmacológicas. Madrid, España: Fundación Maria Wolff.

[5]   Sevilla Garcia J. Introducción a la Estimulación Cognitiva. Recuperado de: http://ocw.um.es/cc.-de-la-salud/estimulacion-cognitiva/material-de-clase-1/tema-1-texto.pdf

[6]   R Wilson. C, Mendes., L. Barnes., J. Schneider, J.Bienias, D.Evans, D. Bennett. Participation in Cognitively Stimulating Activities and Risk of Incident Alzheimer Disease. JAMA. 2002;287:742-748.

[7]   K. Ball; D. Berch; K. Helmers. Effects of Cognitive Training Interventions With Older Adults: A Randomized Controlled Trial. JAMA. 2002;288(18):2271-2281.

[8]   A. Spector, L. Thorgrimsen, B. Woods, L. Royan, S. Davies, M. Butterworth, and M. Orrell Efficacy of an evidence-based cognitive stimulation therapy programme for people with dementia: Randomised controlled trial. The British Journal of Psychiatry, Sep 2003;183: 248-254.

[9]   L. Tárraga, M. Boada, A. Morera, S. Domènech, A. Llorente. (Fundació ACE. Institut Català de Neurociències Aplicades). Volver a Empezar. Barcelona, España: Glosa Ediciones.

[10] NeuroSky   Inc.   Agosto   2015.   MindWave   Mobile: User   Guide.   En   NeuroSky: http://download.neurosky.com/support_page_files/MindWaveMobile/docs/mindwave_mobile_user_guide.pdf

Embedded implementation of a parallel path planning algorithm based on EAPF for mobile robotics

Ulises Orozco-Rosas, Oscar Montiel, Roberto Sepúlveda

Centro de Investigación y Desarrollo de Tecnología Digital

Instituto Politécnico Nacional

Tijuana, Baja California, México

uorozco@citedi.mx, oross@ipn.mx, rsepulvedac@ipn.mx

Abstract—In this work, an embedded implementation of a parallel path planning algorithm for mobile robots based on evolutionary artificial potential field (EAPF) is presented. The parallel-EAPF algorithm was designed to be executed on an embedded multi-core CPU (central processing unit) and on an embedded GPU (graphics processing unit); capabilities that are found it in the NVIDIA Jetson TK1 developer kit, which gives everything that is need it to unlock the power of the GPU for embedded systems applications. The parallel path planning algorithm is based on the EAPF approach and it is capable to find an accurate and efficient path to drive a mobile robot from a start point to a goal point without colliding with obstacles. Simulations and comparative experiments of sequential-CPU, parallel-CPU, and parallel-GPU implementations on the NVIDIA Jetson TK1 developer kit are presented.

Keywords—embedded systems; graphics processing unit; path planning; evolutionary artificial potential field; mobile robots

I. INTRODUCTION

The development of robotic systems is one of the most important areas of technology since it is a fundamental part in automation and manufacturing processes. At the present time, the robots have jumped from factories to explore the deep seas and the outer space. In common applications, there is a growing demand of mobile robots in numerous fields of application, such as cleaning, guiding people, monitoring, material transport, and military applications. Path planning is a fundamentally important issue in robotics and one of the most critical process in terms of computation time for mobile robot navigation [1]. Currently, there is a challenging research area of autonomous mobile robots and self-driving cars, where the necessity of computations is demanding and the information of the environment has to be processed in a faster way with the minimum resources.

In this work, a parallel path planning algorithm based on the evolutionary artificial potential field (EAPF) approach is implemented on an embedded system. In specific the parallel-EAPF algorithm is implemented on the NVIDIA Jetson TK1 developer kit to accelerate the path planning computation. The parallel-EAPF algorithm is capable to find an accurate and efficient path to drive a mobile robot from the start to the goal point without colliding with obstacles. The main objective of this work is to present an implementation of the parallel-EAPF algorithm on the NVIDIA Jetson TK1 developer kit and present a comparative performance analysis for the execution of the algorithm on an embedded multi-core CPU and on an embedded GPU architecture. Furthermore, we have extended the path planning algorithm in [2] with additional powerful strategies to make it capable to be implemented on an embedded system.

The remainder of this paper is organized into sections. Section II provides a detailed description of the parallel-EAPF algorithm for mobile robot path planning. In Section III the implementation of the parallel-EAPF algorithm on the NVIDIA Jetson TK1 developer kit is presented. Section IV explains the experimental framework for simulation and performance analysis. Finally, in Section V the conclusions of this work are given.

II. PARALLEL-EAPF ALGORITH FOR PATH PLANNING

Path planning is a widely studied problem with many challenges prevailing [3]. The path planning problem has been addressed from different approaches, one of these approaches is the artificial potential field (APF). In 1985, Khatib from Stanford University proposed the APF method for local planning [4]. In 2000, Vadakkepat et al. proposed the evolutionary artificial potential field (EAPF) to derive optimal potential field functions using evolutionary algorithms (EAs) [5]. In 2014, Montiel et al. proposed the parallel-EAPF algorithm using the CPU threads to accelerate the fitness function evaluation [2]. In the present work, the parallel-EAPF algorithm is formed by an APF, which is blended with an evolutionary algorithm (EA) to obtain a hybrid path planning algorithm. This hybrid algorithm is implemented using parallel computing techniques on the NVIDIA Jetson TK1 developer kit to achieve a high-performance embedded path planning system.

A. Artificial Potential Field

In the artificial potential field (APF) method is assumed that the goal generates an attractive potential field, and the obstacles generate a repulsive potential field only if the robot is under the influence of its field (near to the obstacle), otherwise the repulsive potential field is zero. In the APF method the mobile robot is considered as a point in the configuration space [6], and it moves under the influence of a total potential field described by,

$$U(q)=(1/2)(k_a(q-q_f)^2+k_r((1/p)-(1/p_0))^2),\qquad(1)$$

where, q represents the robot position vector in a two-dimensional workspace $q=[x, y]^T$. The vector q_f is representing the point of the goal position, and k_a is a positive scalar-constant that represents the attractive proportional gain of the function. The expression $||q - q_f||$ is related to the Euclidean distance between the robot point and the target point. The p_0 represents the limit distance of influence of the potential field, p is the shortest distance to the obstacle, and the scalar-constant k_r is the repulsive proportional gain. The generalized force $F(q)$ which is used to drive the robot is obtained by the gradient descent of the total potential field $U(q)$ [4].

In (1), all the parameters are known except for the proportional gains of attraction and repulsion (k_a and k_r), respectively. Many ways can be used to know the adequate value of this proportional gains, the most common methods are mathematical analysis and approximate methods (i.e., EAs).

B. Evolutionary Artificial Potential Field

In the evolutionary artificial potential field (EAPF) method the APF is blended with an evolutionary algorithm (EA), in specific with a genetic algorithm (GA) to find the optimal values for the proportional gains (k_a and k_r). The GA is an adaptive heuristic search algorithm premised on the evolutionary ideas of natural selection and genetic [7,8]. The basic concept of a GA is that, it is designed to simulate the process in natural systems necessary for the evolution [9], where in the most basic form, a GA can be algorithmically modeled for computer simulation using the difference equation described by,

$$P(t+1)=s(v(P(t))),\qquad(2)$$

where, t represents the time, the new population $P(t+1)$ is obtained from the current population $P(t)$ after it was operated by random variation v, and selection s [10].

C. Parallel Evolutionary Artificial Potential Field

In this sense, the parallel-EAPF algorithm is built by an APF, which is blended with an evolutionary algorithm (EA) and accelerated with parallel computing techniques to obtain a high-performance path planning algorithm. Fig. 1 shows the flowchart of the parallel-EAPF algorithm. The backbone of the parallel-EAPF algorithm is the use of parallel evolutionary computation to find in a dynamic form the optimal values for the attractive and repulsive proportional gains ($k_{a(opt)}$ and $k_{r(opt)}$) required in (1). The optimal values of the proportional gains allow the mobile robot to navigate without being trapped in local minima [11], making the parallel-EAPF suitable to work in structured and non-structured environments.

The flowchart of Fig. 1 is organized in two parts, the EA (in blue) and the APF (in green). All the related computation to the APF (in this work employed as a fitness function) are executed on the evaluation process (in green, inside the dashed rectangle in Fig. 1), in sequential form on the CPU, or in parallel form on the CPU, or in parallel form on the GPU, depending of the evaluation form selected. All the related processes to the EA are executed on the CPU in sequential form. The parallel-EAPF starts with the creation of an initial random population $P(t)$ of chromosomes on the CPU, where, the population size is N. Each chromosome codifies a pair of proportional gains, so each pair is composed by one attractive proportional gain k_a and one repulsive proportional gain k_r. The path generated with the solution given by the parallel-EAPF algorithm will be composed by the best pair found.

On the evaluation, the first process is to calculate the total potential field $U(q)$ using (1) for each chromosome created. The second process on the evaluation is to calculate the total potential force $F(q)$ for each chromosome. The last process on the evaluation is to measure the length of the path given by each chromosome.

Returning to the EA, the selection process is performed. In the selection process, the chromosomes are chosen according to their fitness value (calculated previously on the evaluation), where, the best chromosomes are those pairs of proportional gains that generate the shortest path length to reach the goal without colliding with the obstacles. The selection process drives the evolutionary algorithm to improve the population fitness over the successive generations [8]. Next, the crossover is performed. The crossover operation roughly mimics biological recombination between two single-chromosomes (haploid) organisms [9]. Then, the mutation process is performed, where, random mutations alter a certain percentage of the bits in the list of chromosomes.

The mutation process tends to distract the evolution from converging on a popular solution [12]. For a detailed description of the EAs operators refers to [13]. The parallel-EAPF algorithm iterates until the maximum number of generation N_{gen} is reached. In this sense, the parallel-EAPF algorithm evolves the parameters k_a and k_r to obtain the corresponding best values. If the goal point was achieved, then the parallel-EAPF algorithm returns the path (best path generated through the parameters k_a and k_r). Otherwise, it returns a message "Goal has not been achieved".

Fig. 1. Flowchart for the parallel-EAPF algorithm

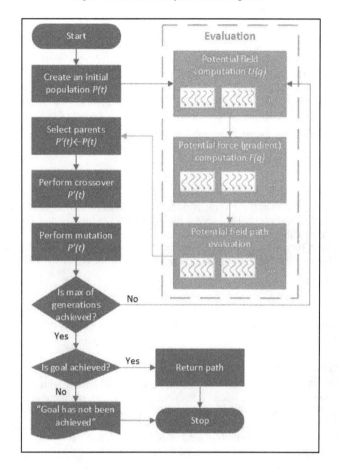

III. EMBEDDED GPU IMPLEMENTATION

We have chosen the NVIDIA Jetson TK1 developer kit as a platform to implement the parallel-EAPF algorithm because, it is one of the most advanced mobile processors for embedded computing. Embedded computing is the next frontier where GPUs can help accelerate the pace of innovation and deliver benefits in the fields of computer vision, robotics, automotive, image signal processing, network security, medicine, and many others. The NVIDIA Jetson TK1 developer kit is specifically designed to enable rapid development of GPU-accelerated embedded applications, bringing significant parallel processing performance and exceptional power efficiency to embedded applications [14].

The parallel-EAPF algorithm for mobile robot path planning was implemented on the NVIDIA Jetson TK1 developer kit using the programming languages C/C++ with the compute unified device architecture (CUDA). The optimization level used for compilation was '-O3' for full optimization, because '-O3' uses automatic inlining of subprograms within a unit and attempts to vectorize loops. The NVIDIA Jetson TK1 developer kit runs Linux for Tegra (L4T), a modified Ubuntu 14.04 Linux distribution provided by NVIDIA. Fig. 2 shows the NVIDIA Jetson TK1 developer kit used for the experiments in this work. The NVIDIA Jetson TK1 developer kit is an embedded development platform featuring a Tegra K1 SoC (System-on-a-chip), with 4-plus-1 Cortex A15 CPU, a Kepler GPU architecture, and a dual ISP core in a single chip. The NVIDIA Jetson TK1 developer kit has 192 CUDA cores with up to 300 GFLOPS of 32-bit floating point computations [14, 15]. Meanwhile, the typical power consumption of this developer kit (board) is between 1 to 5 Watts. The board memory includes 2 GB of RAM (DDR3L system) and 16 GB of onboard storage (eMMC). The fully programmable 192 CUDA cores in the NVIDIA Jetson TK1 developer kit along with CUDA 6.5 Toolkit support makes programming on the NVIDIA Jetson TK1 developer kit much easier than on FPGA (field-programmable gate array), Custom ASIC (application-specific integrated circuit), and DSPs (digital signal processors) that are commonly used in current embedded systems. Thus, the NVIDIA Jetson TK1 developer kit gives a practical platform for high-performance with lower power consumption and numerous peripherals and IO ports, to enable development of embedded applications, especially in mobile robotics.

Fig. 2. NVIDIA Jetson TK1 developer kit

IV. EXPERIMENT AND RESULTS

To evaluate the performance of the parallel-EAPF path planner for the different implementations on the NVIDIA Jetson TK1 developer kit; i.e., sequential, parallel using the CPU cores, and parallel using the GPU. We have designed the following experiment consisting on a two-dimensional workspace (environment) divided with a grid of 10 x 10 units. The mobile robot has a start point at coordinate (5.0, 8.0), and the goal point that the mobile robot has to achieve is at (5.0, 2.0); moreover, we know the position and size of the obstacles in the environment. There are nine obstacles in the environment forming a big U-shaped obstacle found in many practical environments; this U-shaped problem is known in path planning as a trap for testing purely reactive systems. Fig. 3 (left) shows the best resultant path generated by the parallel-EAPF algorithm, this resultant path drives in an efficient and safe manner the mobile robot to its goal with the minimum path length, 9.3389 units to reach the goal, using the calculated attractive proportional gain $k_a = 1.4707$ and the repulsive proportional gain $k_r = 6.7060$.

TABLE I. RESULTANT PATH LENGTH FOR THE DIFFERENT POPULATION SIZE

Population size [individuals]	Best [m]	Average [m]	Worst [m]	Std. Dev. [m]
16	9.3859	10.0193	11.2743	0.4299
32	9.3642	9.6158	10.3614	0.2482
64	9.3572	9.4289	9.5454	0.0447
128	9.3456	9.3978	9.4853	0.0299
256	9.3410	9.3765	9.4170	0.0191

Population size [individuals]	Best [m]	Average [m]	Worst [m]	Std. Dev. [m]
512	9.3389	9.3701	9.3936	0.0126

Table I shows the resultant path length for the different population sizes employed in the experiments. In Table I, we can observe the best, average, worst and the standard deviation for each population size (N = 16, 32, 64, 128, 256, and 512), we carried out thirty independent run tests for each population size. We can observe in Table I, how the resultant path length (shortest path is best) is improved with the growing of the population. Population sizing has been one of the important topics to consider in evolutionary computation. Researchers usually argue that a "small" population size could guide the algorithm to poor solutions and a "large" population size could make the algorithm expend more computation time in finding a solution. In this work, we have seen how the parallel-EAPF algorithm solves the path planning problem for different population sizes and how the results are improved with larger populations, as we can see in Fig. 4.

TABLE II. PERFORMANCE RESULTS FOR THE IMPLEMENTATIONS

Population size [individuals]	Sequential - CPU		Parallel - CPU			Parallel - GPU		
	Average [s]	Std. Dev. [s]	Average [s]	Std. Dev. [s]	Speedup [x]	Average [s]	Std. Dev. [s]	Speedup [x]
16	11.27	1.97	2.87	0.38	3.93	7.12	0.40	1.58
32	16.88	2.51	4.63	0.76	3.65	12.47	1.71	1.35
64	35.87	3.57	8.72	1.30	4.11	19.12	1.70	1.88
128	69.11	5.61	17.50	1.95	3.95	34.17	2.02	2.02
256	133.28	8.26	35.50	1.44	3.75	65.09	2.20	2.05
512	275.38	9.80	70.63	3.36	3.90	128.52	6.06	2.14

For the performance evaluation, we have used the experiment described at the beginning of this section. To compare the CPU sequential, CPU parallel and GPU parallel implementations. We carried out thirty tests for each population size (N = 16, 32, 64, 128, 256, and 512) with the aim to record the execution times. The average time, standard deviation, and speedup of each sample is shown in Table II.

Fig. 3. Resultant path (left). Implementation of the parallel-EAPF on the NVIDIA Jetson TK1 developer kit (rigth)

In Table II, we refer to "Sequential-CPU" as the implementation in C/C++ of the EAPF algorithm using only one processor of the CPU to execute the implementation. We refer to "Parallel-CPU" as the implementation of the algorithm in C/C++ using the POSIX Threads standard with all the CPU processors available in the NVIDIA Jetson TK1 developer kit. We refer to "Parallel-GPU" as the implementation of the parallel-EAPF algorithm in C/C++/CUDA on the GPU offered by the NVIDIA Jetson TK1 developer kit, which contains 195 CUDA cores. All the implementations were performed on the NVIDIA Jetson TK1 developer kit, as is shown in Fig. 3 (right).

Table II shows the speedup results for the parallel implementations, based on the population size evaluated. Among the results we can observe how the speedup is increased on the Parallel-GPU implementation when the population is incremented. For a population size of 512 individuals, the average computation time is 275.38 s in the Sequential implementation, this average time is reduced by 3.90x (times) in the Parallel-CPU implementation, and it is reduced by 2.14x (times) in the Parallel-GPU implementation. The best speedup is 4.11x for the Parallel-CPU implementation and 2.14x for the Parallel-GPU implementation, the increment of the population size demonstrates in this work that the parallel-EAPF algorithm on Parallel-CPU and Parallel-GPU outperform the Sequential-CPU for an embedded implementation.

Fig. 4. Resultant path length through the population growing

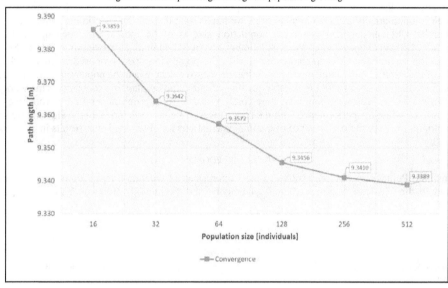

Fig. 5. Computation time

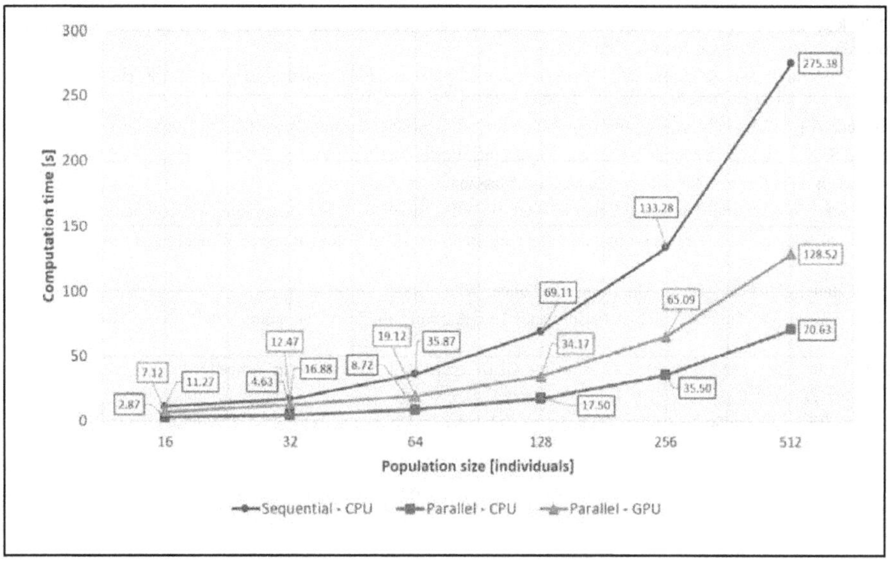

In Fig. 5, we can observe the computation time in seconds for the evaluation of each population size, where the Parallel-CPU implementation shows its advantages over the other implementations. On the other hand, it can be observed that the plot shows that the Parallel-CPU is actually faster for the population sizes proposed in this work. However, as the population grows, the Parallel-GPU demonstrates its power to handle massive data.

V. CONCLUSIONS

In this work, we implemented a parallel path planning algorithm based on evolutionary artificial potential field on an embedded system. This implementation gives a practical solution for high-performance path planning systems, especially in mobile robotics and embedded applications. The results demonstrate that the Parallel-CPU and Parallel-GPU implementations are very powerful to accelerate the evaluation of the solutions, because the path planning problem was stated as a data-parallel problem. Making a compromise between solution quality and computation time, we have found that for the experiment evaluated in this work, the best performance on Parallel-CPU is obtained when the population size is of 64 individuals (speedup of 4.11x), and the best performance on Parallel-GPU is obtained when the population size is of 512 individuals (speedup of 2.14x). So, we have observed a good performance for the Parallel-CPU implementation with the population sizes proposed in this work and also we have observed the power of the Parallel-GPU implementation to handle massive data, when the population grows. Due to the simulation results, we can conclude that the use of GPU is suitable for bigger and complex planning problems. This work presents an initial approach, where the evaluation represents the most time-costly process. As a proposal for future work, we are considering to parallelize all the EA to compare the performance with the present work. We can conclude that the algorithmic strategies combined with the new technologies improve the performance of the implementations for obtaining better results in embedded applications.

ACKNOWLEDGMENT

We thank to Instituto Politécnico Nacional (IPN), to the Commission of Operation and Promotion of Academic Activities of IPN (COFAA), and to the Mexican National Council of Science and Technology (CONACYT) for supporting our research activities.

REFERENCES

[1] O. Montiel, U. Orozco-Rosas, and R. Sepúlveda, "Path planning for mobile robots using bacterial potential field for avoiding static and dynamic obstacles," Expert Systems with Applications, vol. 42, no. 12, pp. 5177-5191, 2015.

[2] O. Montiel, R. Sepúlveda, and U. Orozco-Rosas, "Optimal path planning generation for mobile robots using parallel evolutionary artificial potential field," Journal of Intelligent and Robotic Systems, vol. 79, no. 2, pp. 237-257, 2014.

[3] E. Masehian and D. Sedighizadeh, "Classic and heuristic approaches in robot motion planning a chronological review," International Journal of Mechanical, Aerospace, Industrial, Mechatronic and Manufacturing Engineering, vol. 1, no. 5, pp. 228-233, 2007.

[4] O. Khatib, "Real-time obstacle avoidance for manipulators and mobile robots," in Robotics and Automation. Proceedings. 1985 IEEE International Conference on, vol. 2, March 1985, pp. 500-505.

[5] P. Vadakkepat, C. T. Kay, and M. L. Wang, "Evolutionary artificial potential field and their applications in real time robot path planning," in Evolutionary Computation. Proceedings of the 2000 Congress on, pp. 256-263.

[6] U. Orozco-Rosas, O. Montiel, and R. Sepúlveda, "Pseudo-bacterial potential field based path planner for autonomous mobile robot navigation," International Journal of Advanced Robotic Systems, vol. 12, no. 81, pp. 1-14, 2015.

[7] D. E. Goldberg, Genetic Algorithms in Search, Optimization and Machine Learning. Boston, Massachusetts: Addison-Wesley, 1989.

[8] S. N. Sivanandam and S. N. Deepa, Introduction to Genetic Algorithms. Berlin: Springer-Verlag, 2008.

[9] M. Mitchell, An introduction to Genetic Algorithms. Cambridge, Massachusetts: Bradford, 2001.

[10] D. B. Fogel, Evolutionary Computation: The Fossil Record. Wiley-IEEE Press, 1998, ch. An Introduction to Evolutionary Computation, pp. 1-28.

[11] S. S. Ge and Y. J. Cui, New potential functions for mobile robot path planning. IEEE Transactions on Robotics and Automation, vol. 16, no. 5, pp. 615-620, 2000.

[12] R. L. Haupt and S. E. Haupt, Practical Genetic Algorithms. Hoboken: Wiley, 2004.

[13] U. Orozco-Rosas, O. Montiel, R. Sepúlveda, High Performance Programming for Soft Computing. CRC Press, 2014, ch. High-performance navigation system for mobile robots, pp. 258-281.

[14] NVIDIA, NVIDIA Jetson TK1 Development Kit: Bringing GPU-accelerated computing to Embedded Systems. Santa Clara, California: NVIDIA Corporation, April 2014, pp. 1-15.

[15] NVIDIA, NVIDIA Tegra K1 Embedded Platform Design Guiede. Santa Clara, California: NVIDIA Corporation, May 2016, pp. 1- 113.

INGENIERÍA DE SOFTWARE

Sistema de Recomendación para Orientación Vocacional

Basado en una Ontología y un Árbol de Decisión para Usuarios de Facebook

Arturo Bravo Báez, Luis Ángel Reyes Hernández, Alejandro Morales Domínguez

División de Estudios de Posgrado e Investigación

Instituto Tecnológico de Orizaba

Orizaba, Veracruz, México

{abravob2712, l.a.reyes.h, ing.alejandromd}@gmail.com

Asdrúbal López Chau, Jorge Bautista López

Departamento de Ingeniería en Computación

Universiad Autónoma del Estado de México, CU UAEM Zumpango

Zumpango de Ocampo, Estado de México, México

{alchau, jbautistal}@uaemex.mx

Abstract— Facebook, la red social más grande a nivel mundial, está siendo aprovechada por muchas empresas como una fuente de información para diversos propósitos. Por ejemplo, se ha empleado para identificar tendencias interesantes de usuarios y aplicar técnicas de marketing, para analizar agrupaciones de posibles clientes que comparten gustos similares, etc. Sin embargo, también es posible aprovechar los datos de Facebook en el ámbito educativo. En este artículo se propone un Sistema de Recomendación para ofrecer orientación vocacional, que usa los perfiles de usuarios para conocer sus gustos (Likes). Se aplicó un Árbol de Decisión para relacionar Likes con una Ontología, usando las predicciones del Árbol de Decisión como excitación para activar o desactivar algunos nodos y vértices del árbol de relaciones binarias de la Ontología, y de esta forma presentar una retroalimentación gráfica al usuario. Para probar el sistema, se analizaron perfiles de usuarios de ocho programas educativos de instituciones de educación superior en México, y se generaron datos sintéticos. Los resultados obtenidos fueron prometedores, ya que la precisión de clasificación alcanzada fue cercana al 100%. También se usaron datos de usuarios reales de los cuales se conoce la carrera que estudian actualmente, y se probó el desempeño del sistema. Las recomendaciones proporcionadas por el sistema propuesto, tuvieron un porcentaje superior al 90% de coincidencia con la carrera real de los usuarios.

Keywords— *Facebook, Ontología, Sistema Recomendador, Orientación vocacional, Licenciatura*

I. INTRODUCCIÓN

Actualmente, una extraordinaria cantidad de usuarios recurren a Facebook (la red social más utilizada en todo el mundo) para enterarse de noticias, visualizar contenido multimedia de diversa índole, jugar, etc. También aprovechan esta red social para externar sus opiniones o manifestar sus preferencias respecto a variados aspectos, desde música, política, educación, etc. En los últimos años, la información que Facebook puede proporcionar ha sido aprovechada por algunas empresas para aplicar estrategias de mercadotecnia en algunos sectores [1].

Sin embargo, este enfoque de aprovechar la información para fines comerciales puede ser aplicado para otros propósitos. Por ejemplo, en [2,3] se han realizado estudios sobre el área de educación, como evaluar el comportamiento de estudiantes en las redes sociales, realizar modelos educativos, realizar sistemas de recomendación sobre contenidos educativos, por mencionar algunos ejemplos.

Un área interesante que ha recibido poca atención, tanto por empresas como por la comunidad científica, es el uso de Facebook para el apoyo a la orientación vocacional. Hasta la fecha, se han desarrollado algunos modelos que utilizan registros académicos para crear perfiles, y con ello sugerir al usuario una carrera [3]. Sin embargo, este enfoque se limita a utilizar el contenido de los registros que los usuarios introdujeron, y está diseñado para un reducido grupo de usuarios. En [4], se determinó que el análisis de los gustos (Likes) permite definir categorías que pueden apoyar en la construcción de un modelo probabilístico de predicción de carreras.

El desarrollo de un Sistema de Recomendación, cuyo propósito sea el de brindar orientación vocacional a usuarios de Facebook, puede ser de utilidad para algunos usuarios de esta red social, y resulta de interés para investigadores del área de inteligencia artificial.

Una de las dificultades en la construcción de un Sistema de Recomendación para elección de carreras basado en perfiles de usuarios de Facebook, es la política que ésta red social impone para la obtención de los datos, ya que limita la obtención de muchos de ellos. Los perfiles usados para crear un Sistema de Recomendación deben contener ciertas características, tal como número suficiente de gustos manifestados (número de Likes que el usuario ha declarado). Por otro lado, no siempre es posible contar con la cantidad necesaria de perfiles de usuario para realizar un análisis detallado. Con una cantidad reducida de datos, un Sistema de Recomendación podría generar respuestas ambiguas.

Para apoyar el contexto de recomendaciones, la inclusión de una Ontología permite adecuar de mejor manera este proceso [5]. En este artículo se propone la adaptación de un método de clasificación que, con ayuda de una Ontología, tenga la capacidad de brindar recomendaciones acerca de carreras universitarias, utilizando como fuente de información los gustos contenidos en un perfil de usuario de Facebook.

El resto de este artículo está organizado de la siguiente manera. En la segunda sección se aborda una conceptualización general de la terminología utilizada, en la tercera se realiza un estudio de trabajos relacionados. En la cuarta sección se presenta el Sistema de Recomendación propuesto, y los resultados obtenidos con datos sintéticos y datos reales son mostrados en la sección cinco. El artículo finaliza con conclusiones generales y referencias consultadas.

II. ANTECEDENTES

En las siguientes subsecciones se da una breve introducción sobre los principales elementos que componen el Sistema Recomendador propuesto.

A. Sistema de Recomendación

La Web, como la conocemos actualmente, ha evolucionado drásticamente desde sus inicios, y parte de esta evolución se ha debido a los sistemas de recomendación. Estos sistemas generan la recomendación de uno o varios artículos o servicios de acuerdo a la evaluación previa de sus características. Existen diversos enfoques para los sistemas de recomendación, lo que permite identificar qué tipo de sistema utilizar si se desea implementarlos en un proyecto, pero la elección de un tipo de sistema dependerá mucho del alcance del propio proyecto [4].

Por otro lado, sin importar el tipo de Sistema de Recomendación, (ya sea de filtrado colaborativo, basados en contenido, basados en confianza, por mencionar algunos) es necesario contar con la información necesaria y suficiente que permita una eficaz construcción del sistema. Los sistemas de filtrado colaborativo trabajan de manera eficiente cuando son suministrados por una base de datos amplia. Pero estos tienen una desventaja muy importante en el caso adverso de contar con una fuente de datos escasa o en el peor de los casos, vacía [5].

B. Métodos de clasificación

En la minería de datos, una de las tareas más importantes es la clasificación. Los métodos de clasificación inducen un modelo a partir de un conjunto de datos, mediante el cual pueden realizarse predicciones sobre datos nunca antes presentados al modelo.

Existe una gran variedad de métodos de clasificación, tales como las redes bayesianas, árboles de decisión, redes neuronales, etc. Cada uno de estos está diseñado para trabajar con diversos tipos de datos, algunos de ellos sólo son capaces de procesar valores nominales, otros únicamente valores numéricos, e incluso algunos métodos de clasificación pueden soportar varios tipos de datos. Sin embargo, pocos métodos de clasificación tienen la capacidad de procesar texto directamente. Una forma de habilitar a algunos métodos de clasificación para la tarea de análisis de texto (text mining), es aplicar un pre-procesamiento que transforme cadenas de texto en datos manipulables por el clasificador.

C. Ontología

El término "Ontología", derivado de los vocablos griegos "ontos" (existencia) y "logos" (estudio), y definida por Aristóteles para referirse a una clasificación de lo existente en el universo, en el ámbito de la computación aplica como un conjunto de términos particulares y formales de conocimiento acerca de un dominio específico [6]. Una Ontología está comprendida generalmente por conceptos, relaciones, atributos e instancias, las cuales componen tripletas que individualmente tienen un significado, pero que en conjunto generan conocimiento semántico. El principal objetivo de una Ontología es la obtención de conocimiento nuevo a través del existente.

Las Ontologías son utilizadas muy a menudo como apoyo en los sistemas de recomendación [7], tanto para apoyar en la recomendación como tal, así como para reforzar el alcance del dominio. En este artículo, se propone una Ontología y se establece

---

Identify applicable sponsor/s here. If no sponsors, delete this text box (*sponsors*).

la forma de utilizarse con un Árbol de Decisión, para construir un Sistema Recomendador que ofrezca orientación vocacional a usuarios de Facebook.

III. Trabajos relacionados

En la actualidad, Facebook es la red social más utilizada en el mundo. La gran cantidad de información que transita en ésta red social día a día rivaliza muy fuertemente con otros medios de comunicación masiva como lo son la televisión y la radio. Sus diversas aplicaciones proporcionan a sus usuarios múltiples maneras de entretenimiento, de enterarse de las últimas noticias, de escuchar música, de conocer lugares, de crear negocios, etc. [8].

Estudios recientes indicaron que Facebook es utilizada en promedio 30 minutos al día por estudiantes de niveles educativos desde primaria a preparatoria como parte de su rutina diaria [9]. Esto quiere decir que los niños y adolescentes de la época actual no son ajenos a los sitios de redes sociales. Pero, ¿Con qué fin las utilizan? En su investigación, Cheung [10] revela que la presencia social es la razón más importante por la que los adolescentes mantienen sus cuentas en redes sociales activas.

Esto último implica dejar rastros constantes de personalidad, que comúnmente no son tan fáciles de percibir a simple vista.

Teniendo en cuenta que los usuarios de Facebook mantienen una relación muy estrecha con otros usuarios, esto se traduce en la generación de una cantidad importante de datos que pudieran ser aprovechados para la orientación vocacional [11].

Por otro lado, los sistemas de recomendación orientados a productos o servicios, y que funcionan con datos obtenidos de Facebook, no siempre son muy efectivos para casos particulares, debido principalmente a la falta de datos, como se indica en [12]. Las recomendaciones dependen mucho de la cantidad de datos suficientes provistos en esta red social. En el caso de que exista la cantidad de datos necesarios, estas recomendaciones pueden ser igual de precisas como las generadas a través de la calificación de usuarios.

Para solventar la necesidad anterior, en este trabajo se propone la integración de una Ontología con un Sistema Recomendador, que permitirá que una recomendación, aún con la falta de datos, tenga mayor solidez y genere confianza en el usuario. En [13] utilizan una Ontología que elimina el factor "tiempo" en un Sistema de Recomendación, debido a que se entiende que el tiempo transcurrido después de realizar una compra afecta la percepción de los usuarios, con respecto a otros productos similares. Incluso, en [5], se utilizan dos Ontologías para generar una red de confianza para el Sistema de Recomendación, haciendo de lado los conjuntos de calificaciones para artículos de usuarios similares; una para representar conceptos, y otra para representar las relaciones entre usuarios y sus preferencias.

Sin embargo, ¿Cómo se puede realizar esta integración? ¿Cómo hacer funcionar de manera cooperativa un Sistema de Recomendación y una Ontología? En [14] realizaron un Sistema de Recomendación híbrido para la recomendación de materiales de aprendizaje en el área de enfermería, combinando un Sistema de Recomendación basado en contenido, y un sistema basado en conocimiento. Las recomendaciones basadas en conocimiento dependen mucho de la estructura que tengan los datos de entrada, modeladas por los ingenieros de conocimiento. Esta estructura es provista por medio de la integración de dos Ontologías: una que modela una jerarquización de materiales de aprendizaje en enfermería, y otra que modela roles de trabajo que desempeña un enfermero o enfermera. Dada estas estructuras, refinadas bajo reglas y axiomas, es posible que los datos de entrada para el recomendador basado en conocimiento sean los idóneos y permitan recomendaciones sin complicación.

Por otro lado, también hay que contemplar la manera de relacionar los datos que Facebook permite proporcionar con un Sistema de Recomendación. En [15] desarrollaron un Sistema de Recomendación de programas de posgrado ofertados por el Instituto Tecnológico de Orizaba, el cual utiliza los gustos de usuarios (Likes) como fuente de datos. La manera en que la Graph API de Facebook devuelve esta información es a través de un arreglo de Likes, en forma de cadena de texto. Cada Like, (o página en Facebook) con su respectiva información, es almacenado en una sección del arreglo; dicha información contenida en el Like es depurada para su manipulación posterior por parte del Sistema de Recomendación, limpiándola de datos irrelevantes y conservando solamente los nombres de las páginas y su categoría. Lo que se obtiene al final son datos manipulables, listos para iniciar el proceso de recomendación.

IV. Sistema Recomendador propuesto

En la siguiente sección se presenta la arquitectura de un Sistema de Recomendación diseñado para brindar orientación vocacional a usuarios de la red social Facebook. El sistema propuesto combina una Ontología con un método Árbol de Decisión. Con el propósito de tener una implementación funcional del Sistema Recomendador, se eligieron 15 carreras de nivel superior (licenciatura) ofertadas en la región de Orizaba, ubicada en la zona centro del Estado de Veracruz, México.

A. Ontología desarrollada

La Ontología creada está basada en un dominio de ámbito educativo, y representa los conceptos de manera jerárquica de algunas carreras profesionales y las respectivas instituciones que las ofertan. También captura los intereses que tienen los estudiantes, y cómo éstos los plasman en Facebook (mediante Likes). La Ontología establece la relación que existe entre estos Likes con las carreras a recomendar. En la Tabla I se presenta una muestra de conceptos, relaciones e instancias en la Ontología.

TABLA I. GLOSARIO DE TÉRMINOS DE LA ONTOLOGÍA *ONTO-SIS-RECO*

Nombre	Tipo	Descripción
Carrera	Concepto	Entidad que se conforma por un plan de estudios profesionales impartidos por una Universidad
Aspirante	Concepto	Individuo interesado en iniciar a estudiar una carrera profesional
Gusto	Concepto	Preferencia por algún tema plasmado en Facebook por parte de un Aspirante
Informática	Instancia	Actividad Profesional que aborda la administración de información digital
Electrónica	Instancia	Actividad Profesional que aborda el desarrollo de mecanismos electro-mecánicos
InstitucionDeEducacionSuperior	Concepto	Entidad que oferta carreras profesionales en sistema escolarizado, no escolarizado y abierto, para egresados de preparatoria
InstitutoTecnológicoDeOrizaba	Instancia	Instituto universitario que oferta las carreras de Informática, Sistemas Computacionales, Química, Eléctrica, Electrónica, Gestión Empresarial, Industrial y Mecánica
elije	Relación	Describe relación entre Aspirante y Carrera (desde el punto de vista de Aspirante)
utiliza	Relación	Describe relación entre Aspirante y Facebook (desde el punto de vista de Aspirante)
plasmadoEn	Relación	Describe relación entre Gusto y Facebook (desde el punto de vista de Gusto)

Dicha Ontología, nombrada *Onto-Sis-Reco*, fue desarrollada con ayuda de la metodología de desarrollo de Ontologías llamada *Methontology*. Ésta organiza el desarrollo de Ontologías a través de once tareas secuenciales las cuales una a una delimita el alcance del dominio que tendrá la Ontología [16]. Además de eso, las once tareas describen una lista de conceptos, relaciones, atributos e instancias participantes dentro del dominio, así como las reglas y axiomas que permitan la inferencia. La arquitectura (árbol de relaciones binarias) propuesta para la Ontología *Onto-Sis-Reco* se muestra en la Figura 1. El desarrollo se llevó a cabo con ayuda de Protégé, herramienta que adapta fácilmente la codificación de los componentes ontológicos en un ambiente gráfico.

Fig. 1. Árbol de relaciones binarias de la Ontología *"Onto-Sis-Reco"*

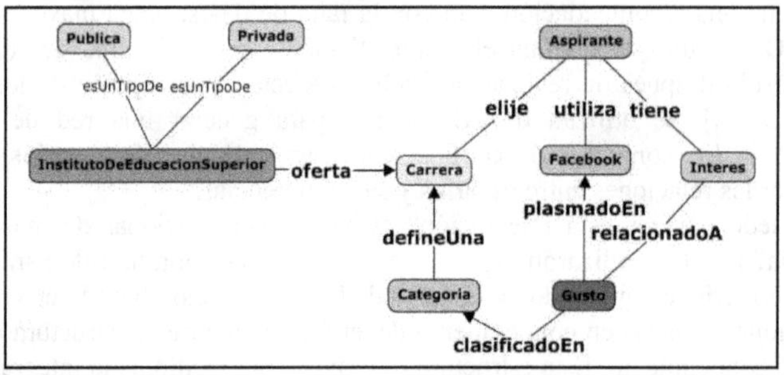

B. Integración de Ontología con clasificador

Los datos que se obtienen de usuarios de Facebook, son almacenados en un arreglo de cadenas de texto (arreglo de Likes). Sin embargo, el contenido de este arreglo debe pasar por un procesamiento previo a utilizarse con la Ontología. Para lograr el uso exitoso del arreglo de Likes es necesaria la predicción de un clasificador, y que ésta última sirva como entrada para activar la Ontología *Onto-Sis-Reco*.

El procedimiento propuesto para poder usar un clasificador con la información proporcionada por Facebook es el siguiente:

1. El arreglo de Likes obtenidos de un usuario se trata dentro de un módulo que filtra el contenido de cada Like para solamente obtener el nombre de la página y su categoría. El resultado es un arreglo de nombres y un arreglo de categorías.

2. Estos arreglos pasan a un segundo módulo que filtra las páginas que no apoyan en el proceso de recomendación, es decir, que no determinan una orientación hacia una carrera específica. Lo que se obtiene como resultado son dos arreglos filtrados de nombres y categorías de página.

3. En un último módulo, ya con los arreglos filtrados, se genera un archivo con formato 'arff', el cual será manipulado por el clasificador.

Para la implementación del Sistema Recomendador, se eligió trabajar con Weka, aprovechando la cantidad de algoritmos que manipula. Se seleccionó como método de clasificación para el Sistema de Recomendación al Árbol de Decisión C4.5. Esto debido a la capacidad que tiene este clasificador de proporcionar modelos comprensibles para expertos humanos. El clasificador C4.5 trabaja con valores numéricos y nominales, sin embargo debido a que en el archivo que contiene los conjuntos de Likes (archivo con formato 'arrf') los nombres de páginas y categorías son de tipo cadena, previamente éstos deben sufrir una transformación (filtrado). Para lograr esta transformación se hizo uso de la clase "FilteredClassifier" que pertenece a Weka. La clase permite aplicar el filtro denominado "StringToWordVector" que transforma los datos de tipo cadena en arreglos de palabras. De igual manera, adiciona una cifra que representa la cantidad de ocurrencias de cada palabra almacenada en el vector. Estos últimos valores nominales son procesables por el Árbol de Decisión.

Para tener una idea con respecto al contenido de un perfil de Facebook perteneciente a los estudiantes de cada carrera a nivel licenciatura que forma parte del conjunto de recomendaciones del sistema, fue necesaria la creación de datos sintéticos, definidos a partir del análisis de los perfiles de egreso de cada carrera. Estos datos servirán para el proceso de entrenamiento del Árbol de Decisión.

Teniendo un clasificador entrenado, se usa nuevamente el simulador de usuarios para crear un usuario por cada carrera a recomendar, pero sin la definición propia de la carrera. Esto con la intención de realizar las pruebas correspondientes al Árbol de Decisión. Cuando el clasificador arroja los resultados obtenidos, estos alimentan los datos de entrada a la Ontología, la cual se encarga de definir las carreras como resultado final del procedimiento.

Para probar la veracidad del clasificador, se realizó el procedimiento anterior pero con Likes de cuentas de usuarios reales. Estos datos se obtuvieron con ayuda de la aplicación Difusión DEPI [15], la cual sustrae el arreglo de Likes de las cuentas en Facebook de sus usuarios con el objeto de recomendar programas de estudio de posgrado analizando el propio arreglo. Adicionalmente, esta aplicación registra el programa de licenciatura en curso o cursado de sus usuarios. El registro completo, formado por los Likes y el curso de licenciatura, alimenta el Sistema Recomendador. Los resultados obtenidos de estos análisis se comparan con los obtenidos a través de datos sintéticos, los cuales se detallan a continuación en la siguiente sección.

V. Experimentos y Resultados

En esta sección se presentarán los resultados obtenidos al aplicar el algoritmo de clasificación en conjunto con la Ontología *Onto-Sis-Reco*, para brindar sugerencias de carreras a usuarios de Facebook.

A. Prueba con datos de usuarios sintéticos

En el primer experimento, se generaron datos para simular el comportamiento de usuarios sintéticos, y la respuesta del Sistema Recomendador para cada uno de ellos. Para esto, se analizaron los perfiles de egreso de 8 carreras, que se enlistan en la Tabla II. Estos perfiles de egreso fueron tomados de los sitios Web de las instituciones indicadas en la misma tabla.

TABLA II. Carreras a recomendar por el Sistema de Recomendación

Carrera	Universidad que la imparte	Dirección web del perfil de egreso
Informática	Instituto Tecnológico de Orizaba (ITO), Instituto de Estudios Avanzados de Oriente, Universidad Metropolitana Xalapa	itorizaba.edu.mx/ntec13/index.php/licenciaturas/ingenieria-informatica ideadeoriente.edu.mx umx.edu.mx/informatica.html
Sistemas	ITO, Universidad del Golfo de México Campus Orizaba (UGM Orizaba), Universidad de Sotavento, Universidad del Golfo de México Campus Cd. Mendoza, Universidad del Valle de Orizaba	itorizaba.edu.mx/ntec13/index.php/licenciaturas/ingenieria-en-sistemas ugm.edu.mx/index.php/oferta-educativa1/ingenierias/sistemas-computacionales ugm.mx/cd-mendoza/sistemas-computaciones-federal sotavento.edu.mx/universidad/sistemas univo.edu.mx/Web/licenciaturas/sistemas.php
Química	ITO, Universidad Veracruzana (UV)	itorizaba.edu.mx/ntec13/index.php/licenciaturas/ingenieria-quimica uv.mx/orizaba/cq/ing-quimica
Industrial	ITO, UGM Orizaba, UV	itorizaba.edu.mx/ntec13/index.php/licenciaturas/ingenieria-industrial ugm.edu.mx/index.php/oferta-educativa1/ingenierias/industrial uv.mx/docencia/programa/Contenido.aspx?Programa=ININ-11-E-CR
Gestión Empresarial	ITO	itorizaba.edu.mx/ntec13/index.php/licenciaturas/ingenieria-en-gestion-empresarial
Electrónica	ITO	itorizaba.edu.mx/ntec13/index.php/licenciaturas/ingenieria-electronica
Eléctrica	ITO, UV	itorizaba.edu.mx/ntec13/index.php/licenciaturas/ingenieria-electrica uv.mx/docencia/programa/Contenido.aspx?Programa=ELEC-11-E-CR
Mecánica	ITO, UV	itorizaba.edu.mx/ntec13/index.php/licenciaturas/ingenieria-mecanica uv.mx/docencia/programa/Contenido.aspx?Programa=IIME-11-E-CR

Con base en el análisis mencionado, se diseñó un modelo que asigna una probabilidad de que un alumno de una carrera, refleje su preferencia por una página de Facebook. Se extrajeron las 176 categorías posibles que puede asignarse a una página en

Facebook. Posteriormente, de manera manual se asignó una etiqueta (Alto, Medio, Bajo e Indiferente) a cada categoría. Esta asignación fue considerando la relación que existe entre el perfil de egreso y una categoría, por ejemplo, para una página relacionadas con la electrónica, las categorías para cada carrera serían etiquetadas como se muestra en la Tabla III.

TABLA III. Ejemplos de etiquetado para páginas de Facebook de acuerdo al perfil de egreso en la carrera de Electrónica

Tipo	Categoría	Etiqueta
Lugar o Negocio local	Airport	Indiferente
	Arts/Entertainment/Nightlife	Bajo
	Concert Venue	Medio
	Professional Services	Alto
Empresa, Organización o Institución	Chemicals	Indiferente
	Government Organization	Bajo
	Automobiles and Parts	Medio
	Energy/Utility	Alto
Marca o Producto	Food/Beverages	Indiferente
	Health/Beauty	Bajo
	Computers	Medio
	Electronics	Alto

Se asignó una probabilidad de que un usuario indique su preferencia hacia una página de acuerdo al criterio siguiente: Alto 50%, Medio 30%, Bajo 20%.

Las páginas etiquetadas como indiferente se trataron de manera separada. La probabilidad de que un usuario indique su preferencia por ellas es del 50%. Se generaron entre 400 a 500 usuarios sintéticos por cada carrera, cada uno con una cantidad de Likes entre 80 y 100. Este número se eligió tomando en cuenta el conteo de 5 usuarios reales de los que se tiene acceso a esta información de número de Likes. En total se generaron 68,194 Likes para las 8 carreras. Cada uno de los Likes especifica la carrera a la que pertenece. El proceso siguiente consiste en filtrar las categorías de Likes que no afectan en la identificación de características particulares entre clases, manteniendo únicamente los Likes cuyas categorías sí permiten la identificación. Los Likes sintéticos útiles fueron en total 7,948. Aplicando el método de validación cruzada, se obtuvieron los datos mostrados en la Tabla IV.

TABLA IV. Matriz de confusión obtenida con datos sintéticos

Clasificado como	a	b	c	d
Eléctrica-Electrónica-Mecánica (a)	1,428	0	0	0
Gestión-Industrial (b)	0	2,256	0	0
Informática-Sistemas (c)	0	0	2,190	0
Química (d)	0	0	0	2,074

B. Prueba con datos de usuarios reales

En el segundo experimento se probó el Sistema Recomendador usando datos extraídos de perfiles de usuarios reales de Facebook. Estos fueron recolectados con la aplicación Difusión DEPI [15], que se encuentra alojada en la dirección Webhttp://difusiondepi.vjdv.net/difusiondepi/.

Se realizó validación cruzada (10 cross-validation) para validar los resultados, obteniéndose un valor cercano al 87% de precisión. Una comparativa de resultados usando datos sintéticos y reales se presenta en la Tabla V. Es interesante notar que con datos de usuarios reales, el Sistema Recomendador propuesto tiene un mejor desempeño.

TABLA V. Tabla comparativa de resultados para las carreras de Sistemas e Informática

Rubro	Datos Sintéticos	Datos Reales
% de Precisión de clasificación (Promedio)	67,98%	86.49%
Recomendación más frecuente	Informática-Sistemas	Informática-Sistemas

C. Interacción entre el Árbol de Decisión y la Ontología

Las predicciones proporcionadas por el Árbol de Decisión, se convierten en entradas para *Onto-Sis-Reco*. Esta Ontología activa o desactiva algunos de sus nodos y vértices para realizar la recomendación al usuario. Esto último se logra a través de una consulta SPARQL que devuelve las instancias de Institutos de Educación Superior y los datos relacionados a estas. El código SPARQL utilizado para la consulta de Institutos y de sus direcciones se muestra en la Figura 2.

Fig. 2. Códigos en SPARQL que sustraen los nombres de las Instituciones de Educación Superior y sus direcciones, dada la carrera 'Ingeniería en Informática'

```
1   PREFIX rdf: <http://www.w3.org/1999/02/22-rdf-syntax-ns#>
2   PREFIX owl: <http://www.w3.org/2002/07/owl#>
3   PREFIX xsd: <http://www.w3.org/2001/XMLSchema#>
4   PREFIX rdfs: <http://www.w3.org/2000/01/rdf-schema#>
5   PREFIX ito: <http://www.itorizaba.edu.mx/ontologies/2016/1/onto_sis_reco#>
6       SELECT ?x
7           WHERE { ?z ito:oferta ?w.
8                   ?w ito:nombreCarrera ?a.
9                   FILTER (?a = "Ingeniería en Informática"^^xsd:string).
10                  ?z ito:nombreInstituto ?x}
11
12  PREFIX rdf: <http://www.w3.org/1999/02/22-rdf-syntax-ns#>
13  PREFIX owl: <http://www.w3.org/2002/07/owl#>
14  PREFIX xsd: <http://www.w3.org/2001/XMLSchema#>
15  PREFIX rdfs: <http://www.w3.org/2000/01/rdf-schema#>
16  PREFIX ito: <http://www.itorizaba.edu.mx/ontologies/2016/1/onto_sis_reco#>
17      SELECT ?x
18          WHERE { ?z ito:oferta ?w.
19                  ?w ito:nombreCarrera ?a.
20                  FILTER (?a = "Ingeniería en Informática"^^xsd:string).
21                  ?z ito:direccion ?x}
```

Estas consultas, con ayuda del API de Apache Jena, devuelven un arreglo de Institutos de Educación Superior, donde cada instancia contiene los datos pertinentes a las instituciones que participan en la recomendación. Posteriormente, para efectos de realizar un resultado visual, se genera un árbol de relaciones donde se observa de manera gráfica la recomendación generada.

Cuando el Árbol de Decisión realiza una predicción la Ontología la lee, y considerando las carreras a recomendar, desactiva las instancias de Carreras e Institutos que no participan en la recomendación. Esto último permite que, al momento de que el gráfico de recomendación es generado, las carreras a recomendar con las referencias a los institutos que las ofertan son mostradas de manera más clara que las que no participan. Ejemplos de estas recomendaciones se pueden observar en las figuras 3 y 4.

Fig. 3. Representación gráfica de una recomendación orientada al grupo Informática-Sistemas

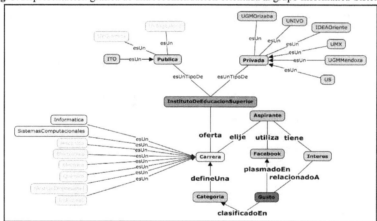

Fig. 4. Representación gráfica de una recomendación orientada al grupo Eléctrica-Electrónica-Mecánica

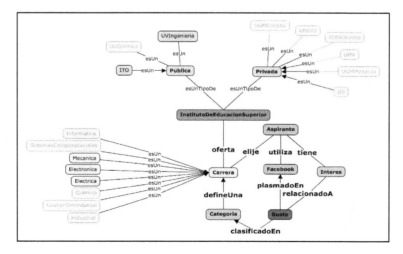

VI. Conclusiones

Facebook es actualmente la plataforma de red social más importante en el mundo. Esto está siendo aprovechado para propósitos de mercadotecnia principalmente, sin embargo, su uso en cuestiones educativas ha sido poco abordado por la comunidad científica.

La información contenida en cada perfil de usuario de Facebook, en especial los Likes, son una fuente importante de datos que pueden ser utilizados para recomendaciones vocacionales. En este artículo, se propuso un Sistema de Recomendación, que usa información de usuarios de Facebook con una Ontología a la que nombramos "*Onto-Sis-Reco*", y un Árbol de Decisión.

Para el entrenamiento del Sistema de Recomendación, se generaron datos sintéticos y se usaron también datos de perfiles de usuarios. Los datos sintéticos se crearon a partir del análisis de perfiles de egreso de 8 carreras, usando un esquema probabilístico.

De acuerdo a los resultados de los experimentos usando datos reales, la precisión de las sugerencias es cercana al 87%. Esta precisión podría mejorarse usando más datos de usuarios reales.

Como trabajos futuros, se tiene planeado ampliar el número de carreras a recomendar, y utilizar otros datos que permita obtener la Graph API de Facebook. También se considera realizar más experimentos para observar el efecto en las recomendaciones, considerando el número y el tipo de filtros empleados para convertir cadenas de texto en tipos empleados por los métodos de clasificación. Otro aspecto interesante, es la generación automática de una Ontología alterna a "*Onto-Sis-Reco*", a partir de datos provenientes de Facebook.

[1] Wong, K., Kwan, R., Leung, K., Wang, F. L.: Exploring the Potential Benefits of Facebook on Personal, Social, Academic and Career Development for Higher Education Students. Hybrid Learning. 253-264 (2012).

[2] Sharma, S. K., Joshi, A., Sharma, H.: A multi-analytical approach to predict the Facebook usage in higher education. Computers in Human Behavior. 340-353 (2015).

[3] Ognjanovic, I., Gasevic, D., Dawson, S.: Using institutional data to predict student course selections in higher education. Internet and Higher Education. (2015).

[4] Sun, Z., Han, L., Huang, W., Wang, X., Zeng, X., Wang, M., Yan, H.: Recommender Systems based on Social Networks. Journal of Systems & Software. 109-119(2015).

[5] Porcel, C., Martínez-Cruz, C., Bernabé-Moreno, J., Tejeda-Lorente, A., Herrera-Viedma, E.: Integrating Ontologies and Fuzzy Logic to Represent User-Trustworthiness in Recommender Systems. Computer Science. 603-612(2015).

[6] Flores-Vitelli, I.: Aplicación de METHONTOLOGY para la Construcción de una Ontología en el Domino de la Microbiología. Caso de Estudio Identificación de Bacilos Gram Negativos no Fermentadores de la Glucosa (BGNNF).Ciencias de la Computación. (2011).

[7] El-Korany, A., Mokhtar-Khatab, S.: Ontology-based Social Recommender System. Artificial Intelligence. 127-138 (2012).

[8] McFarland, J.: Social Networking Concepts. (2009).

[9] Pempek, T. A., Yermolayeva, Y. A., Calvert, S. L.: College students' social networking experiences on Facebook. Developmental Psychology. 227-238 (2009)

[10] Cheung, C. M. K., Chiu, P. Y., Lee, M. K. O.: Online social networks: Why do students use Facebook? Computers in Human Behavior. 1337-1343(2011).

[11] İşman, A., Ucun, K.: Objectives of the Students Use General and Vocational Education Students to Facebook. Social and Behavioral Sciences. 1-10 (2012).

[12] Shapira, B., Rokach, L., Freilichman, S.: Utilizing Facebook Single and Cross Domain Data for Recommendation Systems. (2012).

[13] Blanco-Fernández, Y., López-Nores, M., Pazos-Arias, J. J., García-Duque, J.: An improvement for semantics-based recommender systems grounded on attaching temporal information to ontologies and user profiles. Engineering Applications of Artificial Intelligence. 1385-1397 (2011).

[14] Khobreh, M., Ansari, F., Dornhöfer, M., Fathi, M.: An ontology-based Recommender System to Support Nursing Education and Training. (2013).

[15] Morales, A., López-Chau, A., Reyes, L.: Sistema Recomendador Orientado a la Educación Basado en la Distancia entre Likes de Facebook y Conceptos. Revista Tecnología e Innovación. 921-928 (2015).

[16] Fernández, M., Gómez-Pérez, A., Juristo, N.: *METHONTOLOGY*: From Ontological Art Towards Ontological Engineering. (2002).

DISPOSITIVO PORTATIL PARA LA REEDUCACIÓN DE LA MARCHA EN PACIENTES CON ENFERMEDAD DE PARKINSON

Rubén Raya Delgado
Div. de Ingeniería en Sistemas Computacionales
Tecnológico de Estudios Superiores de Ecatepec
Edo. de México, México
rayadelgadoruben@gmail.com

Estela Martínez Cruz
Div. de Ingeniería en Sistemas Computacionales
Tecnológico de Estudios Superiores de Ecatepec
Edo. de México, México
emtzcruz@yahoo.com.mx

Alejandra Borau García
HGR 200
IMSS
Edo. de México, México
alejandra.borau@imss.gob.mx

Resumen—En este artículo se presenta un prototipo para mejorar el patrón de marcha de los pacientes con la Enfermedad de Parkinson (EP), utilizando un microcontrolador Arduino UNO, que permita la visualización del paso a fin de garantizar una adecuada longitud y cadencia del mismo durante la marcha. Además, el dispositivo realizará un monitoreo en tiempo real con un dispositivo Android, mediante el cual se podrán realizar análisis de datos sobre el tiempo y reacción en cada evento, esperando con esto impactar en la calidad de vida del paciente.

Palabras Clave—*Hardware Libre, Arduino, Android, Enfermedad de Parkinson, Calidad de vida, Reeducación de la Marcha.*

I. INTRODUCCIÓN

Ésta enfermedad afecta entre el 1% y 2% de la población mayor a 60 años con una prevalencia mayor en los varones. El párkinson es una enfermedad crónica degenerativa que se manifiesta generalmente por temblor, rigidez, bradipsiquia y bradiplalia. Actualmente se cuenta con avances científicos y farmacológicos que permiten atenuar los síntomas y retrasar su evolución. Específicamente la alteración en el patrón de marcha se caracteriza por aumento en la cadencia, disminución de la longitud del paso, flexión excesiva del tronco, festinación y fenómeno de freezing [1], [2], [3]. La alteración de la marcha puede llegar a generar una discapacidad severa lo cual limita su interacción biopsicosocial y eventualmente genera una dependencia total.

La rehabilitación de la marcha en los pacientes con enfermedad de Parkinson (EP) persigue como objetivo el garantizar una adecuada postura del tronco, favorecer una cadencia, longitud de paso adecuada y posteriormente limitar los fenómenos de freezing y de festinación. Comúnmente se utilizan terapias intrahospitalarias diseñadas para lograr este objetivo en un ambiente controlado y sin barreras arquitectónicas [1].

En el área de medicina física y rehabilitación del Hospital General Regional (HGR) No. 200, la terapia otorgada para la reeducación de la marcha en pacientes con Parkinson tiene las limitantes de ser realizada en un terreno regular y bajo la supervisión de personal especialista lo cual dificulta que lo aprendido pueda ser fácilmente traslapado a la cotidianeidad del paciente debido a que en el exterior el terreno no es regular y no se busca la dependencia del paciente como fin último de la rehabilitación [2]. Además estas terapias son limitadas en tiempo (30 minutos) y cada tercer día.

II. Terapia Convencional para la Reeducación de la Marcha

Esta actividad necesita fuerza, movilidad, coordinación y equilibrio. En el momento de la reeducación de la marcha, el fisioterapeuta debe calcular y analizar cada uno de los componentes de la marcha y así definir las necesidades propias del paciente. El entrenamiento de la marcha es realizada por el fisioterapeuta que evalúa las anormalidades en el modo de andar y el empleo de tratamientos como el fortaleciendo y el entrenamiento del equilibrio para mejorar la percepción de estabilidad corporal (ver Fig. 1) [1]:

A. Indecisión en el primer paso:

- Estímulos y órdenes enérgicas que mantengan la atención del paciente.
- Indicar al paciente que de él primer paso como si delante de él estuviera un obstáculo.
- Balanceo hacia delante y hacia atrás antes de iniciar la marcha sin moverse del sitio.
- Insistir en que debe mantener una separación adecuada de los pies.

B. Paso corto y acelerado:

- Huellas en el suelo que marquen la longitud de los pasos.
- Caminar, a la misma distancia con el mismo número de pasos.
- Ausencia o inversión del juego talón-punta.
- A través de estímulos verbales se debe incitar al paciente a mantener el ejercicio de talón-punta.

Fig. 1. Muestra las Posturas estáticas y durante la marcha en un sujeto normal y en otro con enfermedad de Parkinson [1]

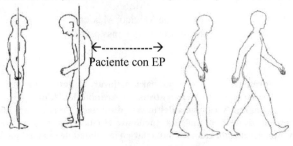

C. Características de una Marcha Normal

Esté prototipo ayudará a la reeducación de la marcha en pacientes con enfermedad de Parkinson, con la finalidad de limitar el daño neurodegenerativo sobre el patrón de marcha basado en el seguimiento de patrones establecidos para una marcha normal [3].

La actividad promedio presentada en hombres como en mujeres tienen una variación mínima calculable como lo muestra la siguiente Tabla 1.

Tabla I. Características Del Ciclo De La Marcha En Hombres Y Mujeres [1]

	Hombres	*Mujeres*
Largo del Paso	0.78 m	0.66
Largo del Ciclo	1.57 m	1.32 m
Cadencia (pasos por min)	120	120
Velocidad	1.5 m/s	1.3 m/s

D. Trabajos Relacionados

Al realizar una investigación sobre prototipos similares existentes, se encontró la siguiente información. Esta investigación se realizó mediante el uso de herramientas de búsqueda ncbi, ieee, redalyc, ebscohost, bsi, dynamed, scielo, sciencedirect, revistas.unam.mx, bibliotecas.unam.mx, oreon.dgbiblio.unam.mx, dspace, busqueda.dirbibliotecas.ipn.mx, de las cuales se encontraron los siguientes prototipos (véase tabla 1).

TABLA 2 PROTOTIPOS MÁS APEGADOS A LA IMPLEMENTACIÓN EN EL ÁREA MÉDICA.

AÑO	PROBLEMATICA	OBJETIVO	CREACIÓN	HERRAMIENTAS	RESULTADOS
Florent Grenez, 2013	Existe una desventaja al medir la distribución del peso al caminar en pacientes con múltiple esclerosis	Analizar y evaluar la posición y distribución del peso en el pie durante la caminata	Se elaboró una bota en la cual se colocaron los diferentes dispositivos que permiten calcular la distribución del peso de la caminata mediante sensores de peso y movimiento.	Arduinos mini, giroscopio, acelerómetro, termómetro, sensores fuerza y de flexión adaptados a una plantilla, que guarda los datos en un sistema de almacenamiento wireless.	La implementación en pacientes con esa patología no se llevó a cabo, aunque la información que se recopilo fue productiva y sable para datos clínicos.
Iván González, Jesús Fontecha, 2015	Como almacenar el la información del caminar en diferentes patologías no son cuantificables y analizadas estadísticamente.	Observar mediante un monitor digital inalámbrico las fases de la caminata que pueda tener una persona.	Se creó un prototipo juntando una plantilla para tenis genérica permitiendo saber los puntos de mayor presión en ambos pies, generando una estadística de las fases de la caminata.	Arduino Fio, sensores de presión, plantilla genérica, modulo bluetooth y un dispositivo móvil.	La información estadística generó un patrón de detección en personas con una caminata normal aunque no hay una implementación en pacientes con diferentes patologías aun.
Muhammad Raheel Afzal, 2015	Debido a la asimetría ocasionada por la hemiplejia y la eficiencia al caminar disminuye la calidad de vida.	Implementar una herramienta que apoye la caminata mediante pulsos de vibración para compensar una buena asimetría al caminar.	Se implementaron módulos de vibración y conexiones inalámbricas que permiten dar apoyo al caminar mediante vibraciones a lo largo de la pierna mejorando la postura en el pie.	Arduino Due, Sensores de presión, Módulos de Vibración, bandas elásticas, modulo inalámbrico XBeePro, Computadora, dispositivo móvil, pila 9v.	El dispositivo portátil es funcional en el apoyo clínico relacionado con la marcha simétrica y la mejora funcional para reducir costos de terapia en pacientes.
Michael B. del Rosario,2015	Como impacta la Evolución de dispositivos móviles en la vida humana	Seguir la evolución de dispositivos móviles que permiten manipular las diferentes actividades cotidianas del ser humano	Se utilizara el sensor de movimiento del dispositivo portátil para medir las posiciones y la caminata, así mismo la distancia que recorre durante cierto tiempo determinando una estadística del esfuerzo que género en el día.	Diferentes dispositivos móviles. marca apple, samsung y HTC.	La evolución de los elementos agregados durante la línea de tiempo en la evolución móvil es muy amplia y genera necesidades de crear los dispositivos miniatura para su mejor desempeño.
Stephen A. Antos,2014	Como obtener un diagnóstico de actividades físicas pacientes con la enfermedad de Parkinson	Generar un diagnóstico de actividades cotidianas en pacientes con enfermedad de Parkinson.	Se generó una aplicación que permite utilizar los diferentes dispositivos de un teléfono móvil para obtener movimientos, ubicación.	Teléfono celular T-Mobile G1 phone, acelerómetro y una tarjeta de almacenamiento SD.	Se generó una estadística de las diferentes posiciones que el paciente puede generar en su vida cotidiana.
Robert J. Ellis,2015	como obtener la distancia y el tiempo de la caminata en pacientes con enfermedad de Parkinson	Obtener un análisis de distancia y tiempo al caminar en pacientes con Enfermedad de Parkinson.	Se creó una aplicación que permite obtener datos mediante una fórmula matemática.	Teléfono celular genérico, acelerómetro, giroscopio, aplicación móvil.	El análisis que realizo la aplicación logro dar un apoyo relativamente bueno al guiar al paciente en un en tiempo y distancia parcial.
Filippo Casamassima ,2014	El beneficio de la terapia auditiva no genera un análisis completo	Generar un análisis auditivo de la distancia y conteo de los pasos en pacientes con enfermedad de Parkinson	Se creó una aplicación que permite obtener un análisis de las actividades del paciente y genera un aviso para corregir.	Dispositivo móvil, acelerómetro, giroscopio, aplicación	Las variables que se midieron, generaron un análisis positivo de las actividades correspondientes al paciente.

III. Desarrollo del Dispositivo

Debido a lo anteriormente expuesto, se hace la siguiente propuesta de investigación cuyo *objetivo es*: "Desarrollar el prototipo de un *dispositivo portátil para la reeducación de la marcha en pacientes con EP, basado en Arduino UNO,* e implementar su uso en primera instancia en un ambiente controlado dentro del servicio de medicina física y rehabilitación con una visión a poder ser implementado en terrenos no confinados".
(véase como ejemplo la Fig. 2).

A este dispositivo lo llamaremos en los sucesivo Reeducador de la Marcha, principalmente su uso es para reeducar la marcha en pacientes con enfermedad de Parkinson, específicamente para visualizar un patrón de caminata y monitorear las actividades que realiza durante sus sesiones de terapia. Este dispositivo permite al medico especialista captar en todo momento las actividades del paciente, permitiendo obtener a detalle las diferentes variantes que produzca al caminar. Su funcionamiento automático y permite que el paciente pueda realizar los mismos ejercicios de la marcha que comúnmente hace en el centro de rehabilitación, llevando estos fuera del lugar convencional.

Fig. 2. Prototipo ensamblado con una estructura plástica, que permite asegurar la posición de los micro componentes

El dispositivo se compone de los siguientes elementos:

1. Una Tarjeta Arduino
2. Dos Sensor de Presión
3. Dos Laser
4. Una Caja Arduino
5. Dos Sujetador del Zapato
6. Una Pila recargable
7. Módulo Clock
8. 2 pares de Cables Cubiertos

9. Una Celda Solar
10. Un Bluetooth
11. Un Módulo Micro
12. Una memoria Micro SD 32g
13. Un Clip
14. Nueve resistencias de diferentes valores
15. Un par de leds
16. Resistencias

El control interno del dispositivo portátil funciona a través de señales digitales que permiten la comunicación entre los diferentes micro dispositivos, el sensor de presión emite señales directas al microcontrolador, el cual genera la fuerza para la proyección laser en el piso (ver Fig. 3).

Fig. 3. Diagrama del funcionamiento

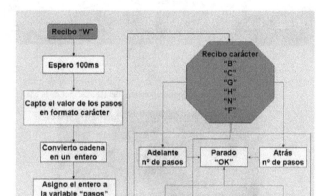

A. Aplicación en la Rehabilitación

El dispositivo portátil para la reeducación de la marcha, permitirá favorecer la reeducación de la marcha, aportando datos clínicos al área médica en rehabilitación mediante la recopilación de información que permitirá generar una estadística de avance del paciente.

Tabla II. Información obtenida por el dispositivo portátil al realizar la caminata del paciente

Tipo	Fecha	Hora	PPI	PPD
CAIDA	5/15/16	13:10:19	200	310
CAIDA	5/15/16	13:10:33	400	600
PENDULO	5/15/16	13:03:59	600	10
PENDULO	6/15/16	16:09:03	21	550
FREEZING	6/15/16	18:07:23	240	210
FREEZING	6/15/16	19:13:41	400	100

Los datos proyectados en la *Tabla II* almacenan un Tipo de actividad del paciente al iniciar la marcha tal como lo es, Caída, Péndulo o Freezing. En el momento que inicia la actividad guarda automáticamente la fecha y la hora del fenómeno proyectado, obteniendo la fuerza ejercida en cada pie para fines de comunicación y calculo entre el Arduino UNO y Android.

La terapia de medicina física y rehabilitación convencional implementa métodos de la reeducación de la marcha efectivos y comprobados que al adaptarlos al Reeducador de la Marcha mediante sus diferentes micro componentes permite la visualización del patrón de la marcha en el asfalto a una distancia y un ángulo especifico en ambos pies, marcando la distancia desde el talón (ver Fig. 4) lo que favorece el adecuado patrón de la marcha.

El dispositivo portátil estará diseñado a base de micro componentes electrónicos que permitirán la visualización del patrón de la marcha y se ensamblaran en un protector de plástico de 4.40"x 2.40"x 1.40" permitiendo su distribución física (ver Fig. 5 y Fig. 6).

Fig. 4. Visualización del patrón de la marcha mediante láseres Fase1

Fig. 5. Distribución de los componentes del Reeducador de la Marcha

Fig. 6. Diagrama electrónico de los componentes

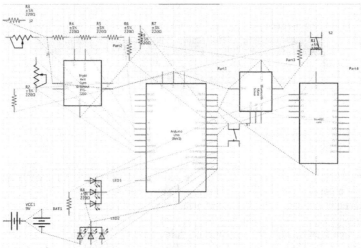

El Objetivo principal del dispositivo es proyectar el punto adecuado en donde el paciente deberá llegar cada vez que dé un paso para favorecer un patrón normal de marcha, con lo cual se disminuye el fenómeno de freezing y de festinación [1]. La creación del dispositivo permitirá reeducar la marcha y monitorear las actividades de los pacientes mediante un giroscopio de 3 ejes y sensores de fuerza que permiten conocer el estado de la cadencia del paciente, determinar la fuerza que realiza al caminar así como los datos de las variaciones del movimiento. Estos datos podrán ser registrados con hora y fecha, permitiendo ser transferidos vía Bluetooth a un teléfono móvil con sistema Android o bien podrán ser almacenados en el mismo dispositivo mediante una memoria externa.

El prototipo podrá ser utilizado de manera fácil, práctica y sencilla en conjunto con las terapias convencionales, en una primera etapa. Debido a que se coloca en la cintura del paciente permitiendo libertad de movimiento, es práctico para su colocación y retiro, facilitando que el mismo paciente pueda usarlo sin ayuda de una tercera persona. Y en un futuro se apliaran modificaciones para poder utilizarlo en ambientes cotidianos difíciles, como son casa habitación, escaleras, etc. Y también en otras alteraciones de la marcha como fracturas de extremidades pélvicas, reeducación de marcha en paciente con parálisis cerebral leve, etc (ver Fig. 7).

El Reeducador de la Marcha estará diseñado bajo una óptima programación de micro componentes, este dispositivo portátil será no invasivo para el paciente, facilitara el uso terapéutico y reeducación durante las actividades de la diaria vida.

Fig. 7. Equipamiento del dispositivo en el paciente

Además de ocupa una Computadora que permita programar el microcontrolador Arduino, junto con el software respectivo y el ensamblado del dispositivo se ocupó el software Arduino el cual es un paquete que permite ejecutar líneas de comando directamente en el dispositivo utilizando el lenguaje de programación C++.

Para poder ejecutar la simulación, fue necesario desarrollar un programa que fue cargado en el micro controlador, el cual fue compilado en su IDE Arduino, el cual es un entorno de programación de código abierto escrito en JAVA.

La información se almacena de manera eficiente gracias al manejador de base de datos que se seleccionó en base a las siguientes características:

- La compatibilidad de diversas plataformas.
- Permite almacenar hasta 32 gb de memoria, amplio rango de datos.
- Compatibilidad con lenguajes de programación
- Software libre
- Conexión segura entre dispositivos.
- Implementación de plataformas universales.
- Una comunicación bluetooth.
- Aplicación multiplataforma.

El sistema de gestión de bases de datos seleccionado es el sqlite3, ya que es el más popular entre los dispositivos móviles, basados en Android. Al ser un manejador de base de datos de software libre se convirtió en la principal razón para utilizarlo. El lenguaje de programación de la aplicación que se eligió es JAVA, por su cantidad de librerías, además de ser software libre (ver figura 8).

Fig. 8. Diagrama de flujo del almacenamiento de datos.

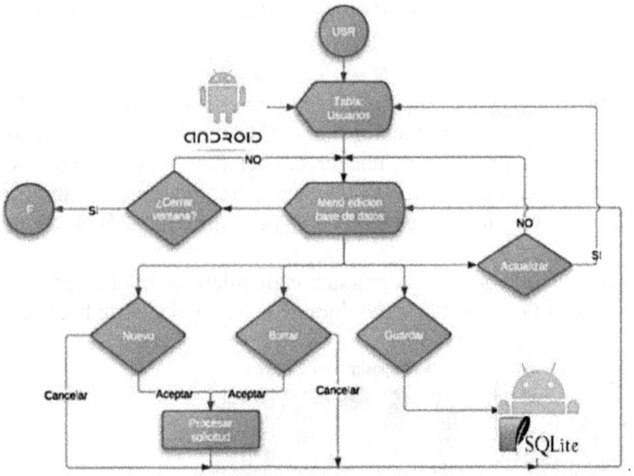

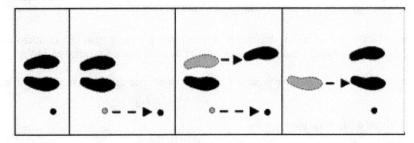

B. Método Terapéutico

El talón-punta, es un fundamento en el patrón de la marcha normal el cual será el engrane principal del dispositivo, debido a que el paciente ejercerá presión sobre uno de los sensores de fuerza establecidos en ambos talones [2], esto permitirá al Arduino controlar el margen visual contralateral de uno de los 2 lasers, proyectando el sitio donde el paciente tendrá que dar el siguiente paso. El algoritmo que se utilizara dentro del ciclo programado mantendrá los micro controladores siempre comunicados enviando y recibiendo señales a través del micro controlador Arduino, esperando que el sensor de presión se active para proyectar el siguiente paso (ver Fig. 9).

Fig. 9. Patrón de marcha normal

IV. METODOLOGÍA

Este dispositivo se probará en una primera etapa con 10 pacientes sanos para determinar las variables necesarias como presión y durabilidad a fin de garantizar la adecuada proyección del láser. Se seleccionaran pacientes adultos con distintos niveles de actividad física así como peso para determinar la presión máxima que puede soportar el dispositivo, así mismo se medirá la durabilidad del dispositivo colocando el sensor en los sujetos y solicitando a los pacientes, usen el dispositivo durante un promedio de 30 días.

V. HARDWARE Y SOFTWARE: PROTOTIPO HIBRIDO

El dispositivo portátil tiene una mejora en el algoritmo y uso de micro componentes, permitiendo crear actualizaciones que se requieran para la obtención de datos clínicos más específicos. Su programación estructurada en lenguaje C permitirá asegurar la funcionalidad lógica del dispositivo. El tamaño y peso del prototipo permite ser no-invasivo para el paciente y a su vez generará una facilidad de uso que liberara la tensión de estar conectado a un aparato de mayor tamaño en un área específica, una ventaja ecológica que se implementará en el prototipo será la carga de la batería mediante un panel solar, el ejercicio terapéutico formara parte de la vida cotidiana y determinara un patrón de marcha activo en secuencias que él mismo obtendrá al iniciar la caminata.

El proyecto se destaca por las siguientes ventajas:

1) Costo menor en comparación a prototipos similares como [4], [5], [6], [7], [8], [9], [10], [11], [12], para tratar la EP.
2) Se considera un equipo no invasivo de fácil mantenimiento y económico paso (véase como ejemplo la Tabla 2).
3) La validación del prototipo y su método de aplicación es avalado por médicos especialista en medicina física y rehabilitación.

En esta primera etapa el prototipo se limita a una sola patología de la EP con alteración contralateral (falta de estabilidad y equilibrio) con una cierta inestabilidad postural en la caminata, pero puede tener muchas más aplicaciones.

VI. CONCLUSIONES

Hasta el momento únicamente se han realizado pruebas con personas no enfermas. Se está tramitando un permiso con un Hospital del IMSS, que atiende a pacientes con esta enfermedad para nuestras pruebas finales y atender las observaciones que nos hagan llegar estos pacientes. Con la recolección de datos se facilitará el monitoreo de los pacientes para obtener un índice de probabilidad más exacto al momento de evaluarlo por parte del médico especialista. Se considerarán los diferentes tipos de asfalto permitiendo una imagen clara y precisa en la proyección del patrón de marcha con un mínimo margen de error el cual no afectará la posición contralateral brindando confianza al paciente.

El dispositivo cuenta con un número de registro No. Reg. 03-2016-0613252500-01 bajo el nombre de REEDUCADOR DE LA MARCHA y en evaluación ante el Instituto Mexicano de la Propiedad Industrial (IMPI) junto con sus gestiones respectivas para el registro de la patente por parte del Tecnológico de Estudios Superiores de Ecatepec.

Cabe mencionar que las pruebas en pacientes con esta patología empieza la primera semana de septiembre del 2016.

7. TRABAJO A FUTURO

La investigación realizada hasta el momento ha generado más ideas de uso en áreas distintas a la originalmente establecida, en una siguiente versión se pretende minimizar el tamaño del dispositivo y obtener una comunicación inalámbrica total, también poder visualizar resultados en diferentes representaciones pero con el mismo propósito de mejorar la calidad de vida del paciente en diversas áreas que incluyan obstáculos, escaleras y más. Y en un futuro implementar el dispositivo para otras alteraciones de la marcha como fracturas de extremidades pélvicas, reeducación de marcha en paciente con parálisis cerebral leve, etc.

REFERENCIAS

[1]   Consejo de Salubridad General, "Diagnóstico y tratamiento de la Enfermedad de Parkinson," *cenetec*, vol. 1, no. 1, p. 20, ENERO 2010. [Online]. http://www.cenetec.salud.gob.mx/descargas/gpc/CatalogoMaestro/305_SSA_10_PARKINSON_3ER_NVL/EyR_Parkinson.pdf

[2]   Dra. Borau Garcia Alejandra, "Tratamiento De la Reeducación de la Marcha en Pacientes Con Enfermedad de Parkinson," Rehabilitacion Fisica, Instituto Mexicano del Seguro Social, Mexico, Laboral 2015.

[3]   Instituto Neurológico de Colombia. Medellín, Colombia, "neurociencia," *neurociencia*, vol. 1, no. 1, p. 10, Junio 2014. [Online]. http://www.neurociencia.cl/dinamicos/articulos/90233-rcnp2014v9n1-2-8.pdf

[4]   Muhammad Raheel Afzal, "A Portable Gait Asymmetry Rehabilitation System for Individuals with Stroke Using a Vibrotactile Feedback," *PUBMED*, vol. 1, no. 1, Junio 2015. [Online]. http://www.ncbi.nlm.nih.gov/pubmed/26161398

[5]   Casamassima F, "A wearable system for gait training in subjects with Parkinson's disease," *PUBMED*, vol. 1, no. 1, p. 14, MArzo 2014. [Online]. http://www.ncbi.nlm.nih.gov/pubmed/?term=Filippo+Casamassima+%2C2014

[6]   Iván González, "An Ambulatory System for Gait Monitoring Based on Wireless Sensorized Insoles," *pubmed*, vol. 1, no. 1, p. 121, Julio 2015. [Online]. http://www.ncbi.nlm.nih.gov/pubmed/26184199

[7]   Florent Grenez, "Wireless prototype based on pressure and bending sensors for measuring gait quality," *pubmed*, vol. 1, no. 1, p. 21, enero 2013. [Online]. http://www.ncbi.nlm.nih.gov/pubmed/?term=Florent+Grenez%2C+2013

[8]   Dipaola M, "Effects of leg muscle fatigue on gait in patients with Parkinson's disease," *pubmed*, vol. 1, no. 1, p. 11, Enero 2016. [Online]. http://www.ncbi.nlm.nih.gov/pubmed/27258183

[9]   del Rosario MB, "Tracking the Evolution of Smartphone Sensing for Monitoring Human Movement," *pubmed*, vol. 1, no. 1, p. 1, Julio 2015.

[10]   Ellis RJ, "A Validated Smartphone-Based Assessment of Gait and Gait Variability in Parkinson's Disease," vol. 1, no. 1, p. 11, Octubre 2015. [Online]. http://www.ncbi.nlm.nih.gov/pubmed/26517720

[11]   Michael B. del Rosario, "Tracking the Evolution of Smartphone Sensing for Monitoring Human Movement," *mdpi*, vol. 1, no. 1, p. 11, Agosto 2015.

[12]   Antos SA, "Practical activity tracking with mobile phones, Hand - belt- pocket or bag," *Pubmed*, vol. 1, no. 1, p. 11, Julio 2014. [Online]. http://www.ncbi.nlm.nih.gov/pubmed/?term=Stephen+A.+Antos%2C2014

CÓMPUTO CIENTÍFICO E INTELIGENCIA ARTIFICIAL

Sistema difuso tipo Mamdani para la determinación de la calidad del agua tratada de origen doméstico

Itzel G. Gaytan, Nohe R. Cazarez-Castro, David L. Ochoa, Selene L. Cardenas-Maciel

Tecnológico Nacional de México – Instituto Tecnológico de Tijuana

Blvd. Alberto Limón Padilla, Mesa de Otay, 22430

Tijuana, B. C., México

itzel.gaytan@tectijuana.edu.mx, nohe@ieee.org, dr.davidlara@gmail.com, lilettecardenas@ieee.org

Resumen— A partir de la necesidad de la reutilización del agua para uso de contacto directo e indirecto en el estado de Baja California, el organismo encargado de dicha actividad es responsable de presentar la calidad del efluente para justificar su servicio, donde la cantidad, el rango y complejidad de los parámetros mostrados en forma de tablas y referencias de la norma hacen una difícil interpretación para el usuario, además de encontrar parámetros no especificados, esto conlleva a la búsqueda de herramientas eficientes y apropiadas que puedan desarrollar un sistema inteligente para la clasificación unificada del agua tratada. Este documento presenta un sistema difuso tipo Mamdani soportado en el Toolbox de Lógica Difusa de MATLAB 8.5 (R2015a), que proporciona una medida de calidad de agua a partir de un índice de contaminación para la conductividad (IC) y dos índices de contaminación de importancia mundial, OPI (Organic Pollution Index) e ICOSUS (índice de contaminación por sólidos suspendidos); se analizaron datos proporcionados por la Comisión Estatal de Servicios Públicos de Tijuana (CESPT). Los resultados de la determinación de los índices de contaminación fueron validados con un análisis de varianza, a partir de ahí, el sistema difuso evalúa la clasificación en base a los límites permisibles de contaminantes expuestos en normas mexicanas e internacionales, con lo que se puede demostrar efectividad y coherencia con la realidad de la valoración del agua que corresponde al proyecto morado o de rehúso.

Palabras clave— *inteligencia computacional; lógica difusa; índice de calidad del agua; demanda biológica de oxígeno; demanda química de oxígeno.*

I. INTRODUCCIÓN

La solución de problemas ambientales con características de subjetividad e incertidumbre, han sido abordados de manera apropiada por medio de métodos y herramientas de inteligencia computacional, dentro de las que se destaca especialmente la Lógica Difusa (LD). En el tema de la evaluación de la calidad del agua se ha reportado su aplicación en [1, 2] para construir índices de calidad de agua y en [3] para construir un índice globalizado. Se ha utilizado para el análisis de impactos ecológicos en [4], para valorar la fitotoxicidad en [5], ha sido aplicada en [6] para realizar la clasificación de las condiciones ambientales y describir los cambios naturales y antropogénicos. En [7] han propuesto un sistema difuso clasificador de la calidad genérica del agua.

La LD, ha sido de gran utilidad en problemas donde el conocimiento proveniente de expertos juega un papel determinante. Al mismo tiempo, la flexibilidad de la LD permite procesar, de forma eficiente, la información "objetiva" originada en investigadores y la información "subjetiva" obtenida empíricamente [4]. Así, entre las ventajas que la LD puede brindar al estudio de la calidad del agua son: sencilla conceptualización de fácil comprensión, se basa en el lenguaje natural, se puede modelar exitosamente funciones no lineales, facilita la construcción de sistemas de inferencia sobre la base de experiencia experta y es ideal para trabajar con datos imprecisos [7].

Uno de los factores que contribuyen al problema de la calidad del agua, es el aumento de la demanda del líquido y la producción de diversos tipos de aguas residuales que provienen de las actividades diarias del ser humano y de los procesos en la industria de manufactura, lo cual hace necesario de procesos de tratamiento del agua más complejos que aparecen sucesivamente [3]. El organismo encargado de la depuración del agua debe asegurarse de proporcionarla sin ningún riesgo a la comunidad durante su uso directo e indirecto. Tales actividades de contacto directo son actividades como llenado de lagos y canales artificiales recreativos con paseos en lancha, remo, canotaje, entre otras. En el contacto indirecto, actividades como por ejemplo el riego de áreas verdes (glorietas, camellones, jardines, centros recreativos, parques, campos deportivos, fuentes de ornato) y para el ámbito industrial (servicios para el lavado de patios y nave industrial, lavado de flota vehicular, sanitarios, intercambiadores de calor, calderas, cortinas de agua, etc.) [4, 8].

El problema general de la calidad del agua guarda correspondencia con lo sucedido a nivel global, ya que tradicionalmente desde los años 60 se ha promovido su valoración por medio de la aplicación de diversos índices de calidad o contaminación que han sido desarrollados alrededor del mundo. Sin embargo, a pesar de que los métodos de evaluación de la calidad de las aguas basados en indicadores ofrecen múltiples ventajas tales como: simplicidad metodológica, rapidez de los resultados, fácil interpretación y una retrospectiva a los eventos de contaminación, existe entre ellos características como la excesiva divergencia y poca complementariedad que no han permitido avanzar en un sistema unificado de aplicación globalizado que integre las variables, rangos, criterios y estándares adecuados [7].

En este contexto, esta investigación presenta un sistema inteligente unificado tipo Mamdani [9] que permite evaluar de manera eficiente la calidad del agua acorde con la normatividad mexicana e internacional para el agua tratada. Para la resolución del problema, se emplea una secuencia metodológica que abarca desde la selección de los indicadores de calidad del agua básicos, pasando por el diseño de la arquitectura general del sistema y el modelado difuso con la ayuda del Fuzzy Logic Toolbox de MATLAB, hasta la validación de la técnica con métodos estadísticos.

El resto del trabajo se organiza de la siguiente manera. Se desarrolla la importancia de la LD para la manipulación de datos imprecisos en la sección II (marco teórico). En la sección III se explica detalladamente la arquitectura del modelo general propuesto para clasificar el agua del efluente de una planta tratadora de agua y sus respectivos parámetros de medición, así como la validación de los datos obtenidos por la técnica de LD en comparación con los métodos matemáticos propuestos en [10]. Y finalmente se presentan los resultados y conclusiones en las secciones IV y V respectivamente.

II. Marco Teórico

Generalmente la contaminación de los cuerpos de agua está relacionada con los vertimientos de origen doméstico. En el caso de los residuos de origen doméstico, la carga contaminante está representada por altos porcentajes de materia orgánica y microorganismos. La determinación de parámetros básicos de contaminación bacteriológica, orgánica y química del agua de consumo y de vertido, requiere una serie de análisis para determinar la calidad de éstas [11].

En la actualidad los indicadores desarrollados involucran desde un parámetro hasta más de 30, pudiendo agruparse en diferentes categorías como: contaminación por materia orgánica e inorgánica, eutrofización, aspectos de salud, sustancias suspendidas y disueltas, nivel de oxígeno, características físico-químicas y sustancias disueltas. La implementación de nuevas metodologías que involucren más de dos parámetros para la valoración de la calidad del agua toma cada vez más importancia, los índices de calidad del agua engloban varios parámetros en su mayoría físico-químicos y en algunos casos microbiológicos que permiten reducir la información a una expresión sencilla, conocida como: índices de calidad del agua (ICA) e índices de contaminación del agua (ICO) [10].

Según [12], los resultados de un monitoreo deben permitir resolver diferentes tipos de conflictos como el uso del agua y la integridad ecológica de los sistemas acuáticos, los cuales involucran aspectos socioeconómicos, por lo que los ICA e ICO son una herramienta importante pues su cálculo involucra más de una variable, de tal manera que el uso correcto de estos indicadores permite utilizarlos para la evaluación de los programas de gestión de recursos hídricos.

Los pioneros en generar una metodología unificada para el cálculo del índice de calidad (ICA) fueron [10, 13]. Sin embargo, estos solo fueron utilizados y aceptados por las agencias de monitoreo de calidad del agua en los años setenta cuando los ICA tomaron más importancia en la evaluación del recurso hídrico. El índice general de calidad del agua fue desarrollado por [14] y mejorado por Deininger para la Academia Nacional de Ciencias de los Estados Unidos en 1975 [15]. Con estos estudios, el Departamento Escocés para el Desarrollo (SSD), en colaboración con instituciones regionales para la preservación del agua, llevaron a cabo extensas investigaciones para evaluar la calidad del recurso en ríos de Escocia [10].

La metodología AMOEBA [16] (A General Method Of Ecological and Biological Assessment), desarrollada por los Países Bajos, utiliza parámetros físico-químicos y biológicos que permiten la valoración ecológica y biológica de los sistemas acuáticos. Su desarrollo estuvo a cargo del Ministerio Holandés de Transporte, Obras Públicas y Manejo del Recurso Hídrico teniendo en cuenta la producción y rendimiento agrícola, la diversidad sustentable de especies y la normativa sustentable.

Es importante resaltar el trabajo realizado por la Corporación Regional del Valle del Cauca (CVC) y la Universidad del Valle, quienes en el proyecto de caracterización y modelación matemática del río Cauca (PMC) desarrollaron el índice de calidad para el río Cauca denominado ICAUCA, en el que se consideran diez variables que son: pH, OD, color, turbiedad, demanda biológica de oxígeno de 5 días (DBO5), nitrógeno total, fósforo total, ST, SST y coliformes fecales [17], además de los análisis en particular colombianos, uno de ellos en donde se determina de manera unificada el agua del río Pamplonita [7].

En el campo ambiental, la LD tomó auge desde los 90's debido a la necesidad hallar mejores técnicas para la gestión de los recursos naturales, como en cuanto a los aspectos de cantidad y calidad del agua [7, 9, 17, 18, 19]. Respecto de la calidad del agua, la LD ha probado contribuir con su evaluación sintética [5] así como con evaluaciones comparativas con otros indicadores clásicos [3]. Esto último de gran importancia si se tiene en cuenta que de manera tradicional, las valoraciones de calidad del agua, se hacen a través de índices de diferente tipo en razón a su falta de unificación [15, 20].

Agradecimientos a CESPT, a Tecnológico Nacional de México por el financiamiento parcial de este trabajo a través de los proyectos 5862.19-P y 5867.16-P.

TABLA I. Límites Permisibles de los Parámetros

Parámetro	Límite
DBO (mg/L)	20
DQO (mg/L)	40
Conductividad (μS/cm)	3500
Sólidos Suspendidos totales,(mg/L)	30

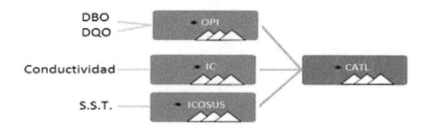

* Sistema de inferencia difusa

Fig.1. Estructura general del modelo clasificador de agua

III. Aspectos metodológicos

La inteligencia computacional ofrece múltiples técnicas, se ha probado en Redes Neuronales Artificiales (RNA), lo que da como resultado un gasto computacional enorme y de poca efectividad según [7], por lo que se propone un sistema difuso para realizar la clasificación del agua considerando que la interpretación de la valoración de la calidad del agua es un trabajo de expertos y la efectividad de la técnica para representar valores imprecisos es de manera similar a como lo hace el razonamiento humano. Para la clasificación unificada del agua fue necesaria la consulta de expertos en el área de toxicología, reactores químicos, expertos en estadística y por consecuencia expertos en el área de programación para la representación gráfica del clasificador. A continuación se describe con mayor detalle la metodología empleada.

A. Selección de los índices de la calidad del agua

Según la estrategia AMOEBA se propone que la caracterización del agua doméstica se concentra principalmente de carga orgánica, en la que se determina la cantidad de oxígeno disponible en el agua, por lo que se considera en el presente estudio el índice contaminación denominado OPI (por sus siglas en inglés); mientras que para la evaluación de la turbiedad y la conductividad, se selecciona de [20,21] el índice que evalúa los sólidos suspendidos ICOSUS y el índice de Conductividad (IC).

A partir de los contaminantes de las aguas domésticas expuestas en la estrategia AMOEBA y los índices mencionados anteriormente, se seleccionan 4 variables: Demanda Bioquímica de Oxígeno (DBO), Demanda Química de Oxígeno (DQO), Conductividad y Solidos Suspendidos Totales (SST). Los límites de medición para cada una de ellas se muestran en la TABLA I.

B. Modelación

En base a la información que contiene la norma [22], las fórmulas de cálculo e interpretaciones para los índices proporcionados en [6, 12, 16, 21] y las recomendaciones de los expertos, se diseña el sistema difuso general clasificador del agua tratada localmente. El sistema se presenta en la Fig. 1, donde se aprecia un modelo en cascada que consta de 4 sistemas de inferencia difusa, toma como entrada mediciones de los parámetros correspondientes y proporciona como salida la valoración de la calidad del agua tratada. Cada sistema difuso consta de una fusificación de los valores de entrada, una base de conocimiento, una máquina de inferencia y su defusificación. Los primeros tres sistemas difusos toman las mediciones de los parámetros para proporcionar como salida la valoración de su índice de contaminación respectivo. Para el primer sistema difuso (OPI) toma como entrada los valores de DBO y DQO, para el sistema difuso IC tiene como entrada valores de la conductividad y para el sistema difuso ICOSUS su entrada son valores de los sólidos suspendidos totales.

C. Fusificación y Base de Conocimiento

La fusificación consiste en convertir valores de entrada en etiquetas lingüísticas caracterizadas por funciones de membresía para cada uno de los parámetros (DBO, DQO, conductancia, SST.). La base de conocimiento es estructurada por reglas difusas definidas por el conocimiento de expertos e información proveniente del conocimiento básico. Las reglas utilizadas en el sistema difuso clasificador de agua tratada localmente (CATL) y el sistema difuso OPI son del tipo MISO (Multiple Input Single Output), es decir, mútiples entradas y una salida, por sus siglas en inglés, mientras que para los sistemas difusos IC e ICOSUS son de única entrada y única salida, es decir, del tipo SISO (Single Input Single Output).

a)

b)

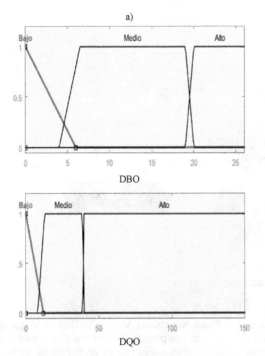

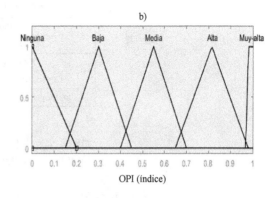

Fig.2. Definición de etiquetas lingüísticas de las variables de entradas (a) y salida (b) en el sistema difuso OPI.

a)

b)

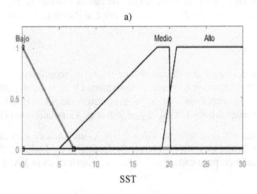

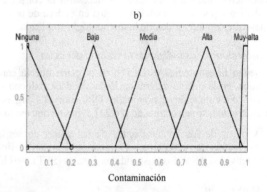

Fig.3. Definición de etiquetas lingüísticas de las variables de entrada (a) y salida (b) en el sistema difuso ICOSUS.

a)

b)

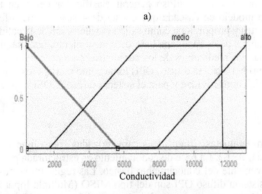

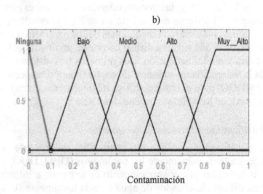

Fig.4. Definición de etiquetas lingüísticas de las variables de entrada (a) y salida (b) en el sistema difuso IC

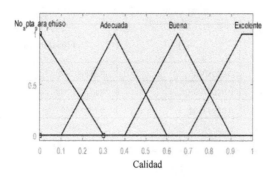

Fig.4. Definición de etiquetas lingüísticas de la variable de salida del sistema difuso CATL.

Para cada uno de los sistemas difusos, las etiquetas lingüísticas de las variables de entrada son: "Bajo", "Medio" y "Alto" y para las salidas son: "Ninguna", "Bajo", "Medio", "Alto" y "Muy Alto". En la Fig. 2 se muestra la arquitectura de las funciones de membresía para las entradas y salida del sistema difuso OPI. En la Fig. 3 y Fig. 4 se muestran las arquitecturas de las funciones de membresía de entrada y salida para los sistemas difusos IC e ICOSUS, respectivamente. Nótese que las salidas de los sistemas difusos anteriores son reconocidas como las variables de entrada del sistema difuso CATL como se muestra en la Fig. 1.

Para el sistema difuso CATL las funciones de membresía de sus entradas son las funciones de membresía de la salida de cada uno de los sistemas difusos OPI, IC e ICOSUS, con sus respectivos componentes lingüísticos de entrada: "Ninguna", "Bajo", "Medio", "Alto" y "Muy Alto"; por otro lado, las funciones de membresía para la salida se muestran en la Fig. 5, representan la clasificación del agua tratada y éstas son: "No apta para rehúso", "Adecuada", "Buena" y "Excelente".

D. Formato de reglas y Defusificación.

Las reglas establecidas en el sistema difuso fueron de tipo Mamdani [9, 23], es decir, se utilizan condiciones con etiquetas lingüísticas de valor en el dominio de medición para referirse una medida difusa y posteriormente resultar una clasificación. Por ejemplo, una regla del sistema difuso CATL es

- Si OPI es Alto, conductividad es Media, ICOSUS es Medio ENTONCES Calidad es Adecuada.

Una de las reglas para los sistemas OPI, ICOSUS, IC, respectivamente son

- Si DBO es Medio y DQO es Alto ENTONCES OPI es Muy Alto;

- Si SST es Bajo ENTONCES Contaminación es Ninguna;

- Si Conductividad es Media ENTONCES Contaminación es Alta.

La defusificación de datos consiste en la conversión de los datos lingüísticos que provienen de la salida difusa de la máquina de inferencia a una salida numérica, mediante una ponderación y normalización de las sentencias lógicas antecedentes. El método de defusificación utilizado en cada sistema difuso es el método del centroide de áreas denotado como y, que utiliza (1) [24]:

$$y = \frac{\sum_{i=1}^{N} \mu_y(y_i^0) \cdot y_i^0}{\sum_{i=1}^{N} \mu_y(y_i^0)} \quad , \qquad (1)$$

donde $\mu_y(y_i^0)$ μy(y0i) es el grado de membresía en el dominio de la variable de entrada para cada valor y_i^0 que se proporciona de entrada. Variables de entrada y su respectiva formulación para la validación

Con el fin de estimar si existieron diferencias estadísticamente significativas de los valores reportados por el sistema difuso propuesto en esta investigación para OPI, IC e ICOSUS en contraposición con los 'índices de contaminación calculados por ecuaciones disponibles en [11] y [9], se evalúan cálculos del estadístico F, que consiste en un análisis de varianza a un nivel de confianza del 95% del comportamiento de los índices difusos (ID) en contraste con los resultados de los índices de contaminación de referencia. Para ello, se proporcionaron al sistema difuso un conjunto de 30 mediciones de cada parámetro (DBO, DQO, conductividad y S.S.T.) que fueron tomados del efluente de salida de la planta tratadora y esos mismos se utilizaron para obtener los valores de los respectivos índices de contaminación mediante el esquema tradicional.

En las fórmulas (2), (3) y (4) se puede observar la forma tradicional en que se calcula los índices OPI, IC e ICOSUS (tomadas de [6, 12, 16, 1]).

TABLA II. Resultados del Estadístico F para los Índices de Contaminación

Índice	Suma de cuadrados	F	Probabilidad	Valor crítico para F
OPI	6.29909E-05	0.02080646	0.885807479	4.006872886
IC	1.56163E-06	0.02057035	0.886452738	4.006872886
ICOSUS	9.97905E-05	0.05943802	0.808246697	4.006872886

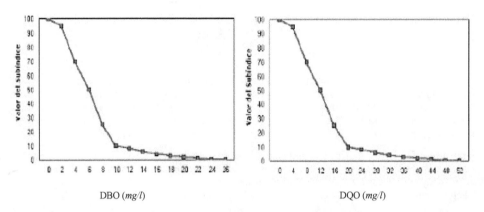

DBO (*mg/l*)   DQO (*mg/l*)

Fig.6. Curvas función usadas en (2) para el cálculo del índice OPI.

$$OPI = e^{\sum_{i=1}^{n} \ln(PQI_i) \cdot w_i}, \quad (2)$$

donde PIQ es el índice de calidad para el i-ésimo parámetro, el cuál es un número adimensional entre 0 y100, que son extraídas de graficas de funciones como las que se muestran en la Fig. 6; w_i es el factor de ponderación para el i-ésimo parámetro, tiene un peso de $\frac{1}{n}$. En caso de valores no registrados, el factor debe ser calculado, de acuerdo al número de parámetros faltantes, en este caso el factor es $w_i = 0.5$ debido a que solo se cuenta con dos parámetros.

$$IC = 10^{(2+0.45 \cdot log_{10}C)}, \quad (5)$$

$$ICOSUS = \frac{1}{30}SST, \quad (4)$$

donde C es la conductividad (medida en µS/cm) y SST son los sólidos suspendidos totales (medidos en mg/l).

IV. Resultados

En base a la información que contiene la norma [25] y las fórmulas de cálculo e interpretaciones para los índices dados en [6, 12], se diseñaron los sistemas difusos para la clasificación del agua tratada localmente usando Fuzzy Logic Toolbox de MATLAB® 8.5. El sistema difuso fue alimentado con las mediciones de los treinta días, de los cuales del día 1 al 15 corresponde al mes de diciembre y el mes de febrero del día 16 al 30, esto debido a que las mediciones se obtienen a partir del promedio de las mediciones que son realizadas cada 4 horas los días impares del mes.

En la TABLA II se puede observar el reporte estadístico, el cual decide que de acuerdo con los estadísticos de prueba calculados en base a la muestra a un nivel de confianza del 95% apoya la hipótesis de que no existe diferencia significativa entre los valores de los índices de contaminación obtenidos mediante los sistemas de inferencia difusa y los calculados mediante el esquema tradicional para los índices OPI, IC e ICOSUS. Con esto se ofrece evidencia de que el clasificador difuso realiza una valoración adecuada de la calidad del agua que sale de la planta de tratamiento de la CESPT.

Los datos proporcionados por la CESPT según el clasificador CATL declara una buena calidad del agua en dos días de los 30 días registrados, es decir, el agua cumple con la NOM 003 SEMARNAT [25] en un seis por ciento. A continuación se muestra una gráfica del monitoreo del agua tratada por la CESPT de los datos del mes de diciembre del 2015 (día 1 al 15) y del mes de febrero del 2016 (del día 16 al 30). Las mediciones de los parámetros monitoreados por la CEPST se pueden observar individualmente en el Fig. 7 a), por otro lado la clasificación del agua en escala colorimétrica se puede observar en la Fig. 7 b). El significado de la escala colorimétrica de la Fig. 7 b) se describe en la TABLA III, la descripción de color se basa en el agua de rehúso considerada como el "Proyecto Morado" [8].

El agua monitoreada por el clasificador corresponde a un tipo de agua con características en su mayoría no apta para el rehúso, debido a que sobrepasa el límite permisible del DQO la mayoría de los días, el cual es de 40 mg/L, dicho parámetro no está especificado en la norma mexicana, por lo que el límite para el agua de rehúso que se considera en este clasificador es de origen canadiense en [2] el índice de Prati, que a partir de los 40 mg/L clasifica el agua como contaminada.

V. CONCLUSIONES

Los resultados obtenidos sugieren que las técnicas de inteligencia computacional para la concepción de herramientas aplicadas a problemas de valoración de la calidad del agua, son un enfoque adecuado para la resolución de problemas que presentan los actuales sistemas de indicación de la calidad o contaminación del agua, es decir, desde la perspectiva de la LD se hace posible la clasificación del agua de rehúso, el usuario tiene la información adecuada para la correcta gestión del agua y en conjunto con los índices de contaminación son una herramienta útil para la toma de decisiones, por lo que es posible el monitoreo continuo de cada variable que permita adecuar el índice a niveles regional y local.

Así mismo, el clasificador desarrollado en esta investigación hace el monitoreo del agua efluente de la planta tratadora de agua de la CEPST reportando bajas condiciones de rehúso a causa de la sobrecarga en DQO, que va por arriba del límite establecido de 40mg/L, por lo que a partir de este problema se debe plantear una solución que permita adecuar el agua para el proyecto morado. La arquitectura del modelo inteligente desarrollado mostró una efectividad confiable para apoyar la toma de decisiones en la valoración de la calidad del agua, así el sistema inteligente validado en términos estadísticos cumpliendo con la NOM 003-SEMARNAT, clasifica el agua para el rehúso y facilita la interpretación de datos adquiridos de tablas.

a)   b)

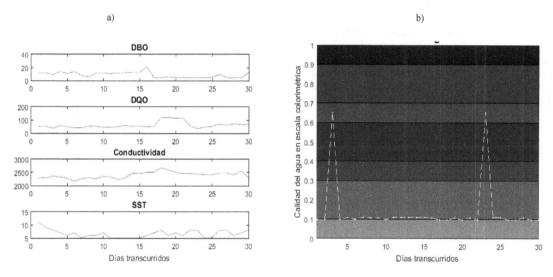

Fig. 7. Monitoreo de parámetros y calidad del agua que entrega el clasificador propuesto.

TABLA III. DESCRIPCIÓN DE LA COLORIMETRÍA DE LA CALIDAD DEL AGUA

	Azul	Turquesa	Morado	Morado grisáceo	Gris
Descripción	Agua de calidad excelente para rehúso	Agua que supera la calidad de los parámetros permisibles en la norma	Agua adecuada para para rehúso (agua de proyecto morado)	Agua con características de agua no tratada y agua de rehúso	Agua con características no adecuadas para agua de rehúso
Rango	0.9 - 1	0.6 - 0.9	0.3 - 0.6	0.1 - 0.3	0 - 0.1

AGRADECIMIENTOS

Los autores agradecen a CESPT por la proporción de datos y a Tecnológico Nacional de México por el financiamiento parcial de este trabajo a través de los proyectos 5862.19-P y 5867.16-P.

REFERENCIAS

[1] M. K. Mitchell, W. B. Stapp, and A. Beebe. Field manual for water quality monitoring: an environmental education program for schools. 1994.

[2] Y.-T.Liou and S.-L. Lo. "A fuzzy index model for trophic status evaluation of reservoir waters". *Water Research*, vol. 39(7), pp. 1415– 1423, 2005.

[3] C. Yi-Ting Lioua and S.-L. Lob. "A fuzzy index model for trophic status evaluation of reservoir waters". *Water Research*, vol. 39, pp. 1415–1423, 2005.

[4] W. Silvert. "Ecological impact classification with fuzzy sets". *Ecological Modelling*, 96(1), pp. 1- 10,1997.

[5] D. Melcher and M. Matthies. "Application of fuzzy clustering to data dealing with phytotoxicity:. *Ecological modelling*, vol. 85(1), pp. 41–49, 1996.

[6] W. Silvert. "Fuzzy indices of environmental conditions". *Ecological Modelling*, vol. 130(1), pp. 111–119, 2000.

[7] N. Fernández, L. Carvajal, and E. Colina. "Sistema difuso tipo Mamdani para la determinación genérica de la calidad del agua". *Bistua: Revista de la Facultad de Ciencias Básicas*, vol. 8(1), 2010.

[8] K. Navarro-Chaparro, P. Rivera, and R. Sánchez. "Análisis del manejo de agua en la ciudad de Tijuana, Baja California: Factores críticos y retos". *Estudios Fronterizos*, vol. 17(33), pp. 53–82, 2016.

[9] E. H. Mamdani. "Application of fuzzy algorithms for control of simple dynamic plant", Proceedings of the Institution of Electrical Engineers, vol. 121, pp. 1585–1588, 1974.

[10] H. Liebman. Atlas of water quality: methods and practical conditions. *R. Oldenbourgh*, Munich, 1969.

[11] R. S. Ramalho, D. J. Beltrán, and F. de Lora. Tratamiento de aguas residuales. Reverté, 1990.

[12] N. E. Samboni Ruiz, Y. Carvajal Escobar, and J. C. Escobar. "A review of physical-chemical parameters as water quality and contamination indicators". *Ingeniería e Investigación*, vol. 27(3), pp. 172–181, 2007.

[13] R. K. Horton. "An index number system for rating water quality". *Journal of Water Pollution Control Federation*, vol. 37(3), pp. 300– 306, 1965.

[14] R. M. Brown, N. I. McClelland, R. A. Deininger, and R. G. Tozer. A water quality index- do we dare. 1970.

[15] C. G. Cude. "Oregon water quality index a tool for evaluating water quality management effectiveness", *Journal of the American Water Resourses Association*, 2001.

[16] N. Fernández and F. Solano. Índices de calidad y de contaminación del agua. *Universidad de Pamplona*, pp. 43-53, 2005.

[17] C. R. Callejas. " Caracterización y modelación matemática del río cauca", *Revista Ingeniería y Competitividad*, vol. 4(1), pp. 7–18, 2011.

[18] G. Chen and T. T. Pham, Introduction to fuzzy systems, CRC Press, pp. 103, 2005.

[19] M. L. Barker. "Planning for environmental indexes", In *Perceiving environmental quality*, pp. 175–203. Springer, 1976.

[20] S.-M. Liou, S.-L. Lo, and S.-H. Wang. "A generalized water quality index for Taiwan". *Environmental Monitoring and Assessment*, vol. 96(1-3), pp. 35– 52, 2004.

[21] A. Ramírez, R. Restrepo, and G. Viña. " Cuatro índices de contaminación para caracterización de aguas continentales. Formulaciones y aplicación", *Ciencia, Tecnología y Futuro*, vol. 1(3), pp. 135–153, 1997.

[22] N. O. Mexicana, "Nom-001-semarnat-1996. Que establece los límites máximos permisibles de contaminación en las descargas de aguas residuales en aguas y bienes nacionales, Secretaría del Medio Ambiente, Recursos Naturales y Pesca", *Diario Oficial de la Federación*, 1996.

[23] A. Torres and C. Tranchita, " ¿Inferencia y razonamiento probabilístico o difuso?" , *Revista de Ingeniería*, vol. (19), pp. 158-166, 2004.

[24] L. A. Zadeh. Fuzzy sets, fuzzy logic, and fuzzy systems: selected papers by Lofti A. Zadeh, World Scientific, 1996.

[25] D. N. O. Mexicana. "Nom-003-semarnat-1997. Que establece los límites máximos permisibles de contaminantes para las aguas residuales tratadas que se rehúsen en servicios al público", *Diario Oficial de la Federación* , 1998.

Aplicación de Minería de Datos para la Identificación de Factores de Riesgo Asociados a la Muerte Fetal

Beatriz Angélica Toscano de la Torre
Unidad Académica de Economía, Programa Académico de Informática
Universidad Autónoma de Nayarit
Tepic, Nayarit, México
angelica.delatorre@uan.edu.mx

Julio Cesar Ponce Gallegos
Centro de Ciencias Básicas. Departamento de Ciencias de la Computación
Universidad Autónoma de Aguascalientes
Aguascalientes, Aguascalientes, México
jponce@correo.uaa.mx

María de Lourdes Margain Fuentes
Ingeniería en Sistemas Estratégicos de Información
Universidad Politécnica de Aguascalientes
Aguascalientes, Aguascalientes, México
lourdes.margain@upa.edu.mx

Raudel López Espinoza
Unidad Académica de Economía, Programa Académico de Sistemas Computacionales
Universidad Autónoma de Nayarit
Tepic, Nayarit, México
raudelle@gmail.com

Miguel Ángel Meza de Luna
Centro de Ciencias Básicas. Departamento de Ciencias de la Computación
Universidad Autónoma de Aguascalientes
Aguascalientes, Aguascalientes, México
meza@correo.uaa.mx

Resumen— *El desarrollo de nuevas técnicas para la extracción de conocimiento en grandes volúmenes de información se ha potencializado en los últimos años. Una de esas técnicas es la Minería de Datos, la cual permite explorar en grandes volúmenes de datos y encontrar en ellos patrones o reglas que expliquen su comportamiento en un contexto determinado. Dicho así la Minería otorga el valor agregado a los datos para que se conviertan en conocimiento que permita mejores tomas de decisiones a las organizaciones. Las organizaciones encargadas de la atención de la salud pública no son la excepción.*

Este trabajo profundiza en el uso de técnicas de minería de datos aplicadas en una base de datos de muerte fetal. Plantea como objetivo exponer las ventajas del uso de estas técnicas en el área de la salud a través de su aplicación en el caso de estudio: identificación de los factores de riesgo que impactan en el desencadenamiento de la muerte fetal denominada, según el Catálogo Internacional de Enfermedades (CIE), como "Muerte del feto y recién nacido afectado por factores maternos y por complicaciones del embarazo, del trabajo de parto y del parto". Se evalúan las variables materno, fetales y de contexto para explicar el comportamiento de la variable dependiente.

Mediante la aplicación de técnicas de minería de datos, se identifican las características de los casos de muerte fetal, se determinan los factores riesgo que inciden en que ocurra el hecho vital. Los resultados muestran algunos patrones cuyo conocimiento evidentemente puede contribuir a resolver este problema de salud.

Palabras claves— *Minería de datos; muerte fetal; clasificación; clusterización; asociación.*

I. Introducción

La información en la actualidad es el bien más preciado para cualquier organización, indistintamente del tipo de actividad económica que esta realice. Las organizaciones dedicadas al cuidado de la salud, no son la excepción. Poder manejar los grandes volúmenes de información sobre el ingreso y egreso de sus pacientes, consultas, recetas expedidas, etc. y obtener de este manejo indicadores de productividad, le permite a una institución de salud poder planificar adecuadamente el uso de sus recursos y derivar en el otorgamiento de servicios de mejor calidad. Dicho así, los sistemas de información son una herramienta útil para que los procesos al interior de una organización se realicen eficientemente lo que redunda en servicios y/o productos de calidad. La información apoya a la toma de decisiones, de tal forma que se convierte en un activo estratégico para el logro de la competitividad.

El desarrollo de nuevas técnicas para la extracción de conocimiento en grandes volúmenes de información, se ha potenciado en los últimos años. Una forma muy valiosa para el análisis de la información es la Minería de Datos. La Minería de Datos tiene un papel muy importante como herramienta de apoyo que permite la exploración, análisis, comprensión y la aplicación del conocimiento adquirido en el manejo de los grandes volúmenes de información. A partir de los algoritmos de Minería de Datos se logra entender tendencias y comportamientos en los datos, permitiendo así la toma de decisiones basada en el conocimiento.

En la actualidad son muchas las áreas del sector salud en las que ha incursionado la Minería de Datos. Algunos usos de la Minería de Datos en este ámbito se han observado en aplicaciones tales como el reconocimiento de imágenes en el cerebro; procesos para la gestión de los pacientes en hospitales; en la predicción y el tratamiento de enfermedades de especialidad analizando la sintomatología, las enfermedades y los resultados de estos tratamientos [1]. Poder determinar a través de datos históricos las variables que inciden en que un paciente desarrolle una enfermedad, es un factor clave en la atención temprana de enfermedades tales como: Cáncer, Cardiopatías, Hipertensión Arterial Sistémica, Embarazos de Riesgo, entre otras.

En este artículo se propone exponer, mediante el uso del software computacional WEKA y la aplicación de algunos modelos de clustering, cómo se puede contribuir a través del uso de técnicas de minería de datos, tanto en el diagnóstico de enfermedades, como en la prevención de las causas que pudieran derivar en la muerte fetal. En este trabajo se documenta un caso de estudio del uso de esta técnica en una base de datos de Muerte Fetal.

II. Caracterización del Problema

Según datos del Instituto Nacional de Estadística y Geografía (INEGI), en el año 2014 se registraron un total de 633,641 defunciones, de las cuales el 3.55% (22,511 defunciones) fueron muertes fetales. Infortunadamente, aunque las estadísticas que presenta el INEGI parecen indicar una disminución en este tipo de defunciones en México, la ocurrencia de la muerte fetal sigue siendo un problema de salud existente en nuestros días que no es exclusivo de México, sino que se vive también a nivel mundial. La frecuencia de muerte fetal se estima en el 1% de todos los embarazos. Preocupantemente la muerte fetal afecta alrededor de tres millones de embarazadas por año en todo el mundo [2] [3].

La Norma Oficial Mexicana NOM-035-SSA3-2012 define la *Defunción Fetal* como la pérdida de la vida de un producto de la concepción antes de la expulsión o extracción completa del cuerpo de su madre, independientemente del tiempo de embarazo. La muerte está indicada por el hecho de que después de la separación de la madre, el feto no presenta signos vitales, como respiración, latidos del corazón, pulsaciones del cordón umbilical o movimientos efectivos de los músculos de contracción voluntaria [4].

Según la bibliografía, existen diferentes factores de riesgo para la muerte fetal, estos son clasificados como: materno, fetales y otros. Los denominado *materno*, se les llama así porque se atribuyen a la madre, aquí se clasifican: antecedente de perdida fetal; factor Rh en la mujer; enfermedades sistémicas como la colestasis intrahepática severa, disfunción placentaria y el síndrome antifosfolipido; edad materna de riesgo; paridad; patologías intrauterinas; cesáreas previas; y algunos factores modificables como lo son el tabaquismo, alcoholismo, drogas y la obesidad. Los *fetales* son los intrínsecos al producto, estos pueden ser: el sexo (masculino); la isoinmunización a factor Rh; malformaciones congénitas; ruptura prematura de membranas; disminución de líquido amniótico; circular de cordón doble o triple; malformaciones congénitas; embarazos múltiples; coroamniotis; pesos; restricción del crecimiento intrauterino (RCIU) y la posmadurez; entre otros [3] [5]. Entre los *otros factores* algunas investigaciones señalan los factores socioeconómicos como un factor de riesgo, dentro de los que menciona el nivel económico, la educación y la facilidad de acudir al servicio médico. Algunos investigadores han tratado de dar respuesta a este problema de salud orientando sus trabajos a su prevención o erradicación, todos ellos coinciden en que son muchos los factores que se asocian a este desenlace tan adverso de la gestación [6] [7] [8] [9]. Este estudio se une a esta gamma de investigaciones y pretende dar respuesta a través de la minería de datos, a la búsqueda de las variables asociadas a la muerte fetal. Aplicando para ello modelos de clustering y asociación de atributos en las Bases de Datos del sector Salud de México.

III. Minería de Datos una Alternativa para Generar Conocimiento

La revuelta por el uso adecuado de la información ha provocado que expertos en el manejo y dominio de bases de datos se interesen por técnicas especializadas para detectar modelos de comportamiento en la información. Una de las técnicas que ha llamado la atención en la última década por su utilidad al interpretar la información y el conocimiento de los datos, es la Minería de Datos. Por tal razón algunas empresas propietarias de aplicaciones que alimentan las grandes bases de datos la han adoptado como una de sus estrategias para evolucionar las aplicaciones tradicionales en aplicaciones inteligentes, estas empresas han comprendido conceptualmente a la minería de datos como:

"El proceso de detectar la información procesable de los conjuntos grandes de datos. Utiliza el análisis matemático para deducir patrones y tendencias existentes en los datos. Normalmente, estos patrones no se pueden detectar mediante la exploración tradicional porque las relaciones son demasiado complejas o por el volumen de los datos [10]*."*

"Es el conjunto de técnicas y tecnologías que permiten explorar grandes bases de datos, de manera automática o semiautomática, con el objetivo de encontrar patrones repetitivos, tendencias o reglas que expliquen el comportamiento de los datos en un determinado contexto [11]*."*

Sin embargo, investigadores inmersos en procesos de descubrimiento de conocimiento en los datos mejor conocido por sus siglas en inglés como KDD (iniciales de Knowledge Discovery in Databases), refieren a la minería de datos, tan sólo como un paso específico en todo el proceso para extraer patrones [12].

La última idea conceptual aquí presentada, es retomada por los autores para proponer la metodología empleada en este estudio. Lo anterior, justifica que la metodología adopta varios pasos para la explotación de la información, tomando en cuenta que son necesarios los procesos de preparación, selección y limpieza de los datos para llegar al proceso de minería de datos concibiendo la aplicación de algoritmos específicos para la extracción de modelos (patrones).

3.1. Ventajas de la Minería de Datos

La práctica de emplear minería de datos (MD), establece tareas específicas para representar el conocimiento, por ejemplo, la explotación de la información establece objetivos para clasificar datos, estas tareas son conocidas como tareas predictivas la cual usa técnicas estadísticas. De la misma forma el descubrir patrones (modelos) o relaciones entre los datos; estas tareas son conocidas como tareas descriptivas y usan técnicas de inteligencia artificial.

La Inteligencia Artificial (IA) mediante la aplicación de la MD apoya a las empresas en la toma de decisiones al dar valor a la información que procesan, usando los patrones para la interpretación de la información y la generación del conocimiento. Algunas de las ventajas que se dejan lucir son: descubrir relaciones no advertidas entre los datos de sus productos; definir estrategias de mercado; explotar información en grandes volúmenes de datos actuales e históricos; búsquedas de información conforme las preferencias del usuario; manifestar desviaciones, tendencias y patrones ocultos en los datos de la empresa; entre otras.

Las tecnologías que hoy usan la IA optimizan el conocimiento almacenado. El uso de la IA ofrece ventajas y beneficios a los usuarios de las aplicaciones tecnológicas desarrolladas bajo estas técnicas y a las empresas interesadas por emprender nuevas formas de explorar la información generada. Dicho así, la exploración de datos es una herramienta potencial para identificar información clave en datos generados por procesos tradicionales y encontrar patrones que impacten en los resultados. En contraste los recursos en tiempo y dinero son factores que pueden mencionarse como desventaja de este tipo de sistemas que empelan la MD.

3.2. Aplicaciones de la MD

La MD puede tener concentración en todas las actividades donde se forjen datos. Por ejemplo, cuatro áreas de aplicación son:

- *Industria Manufacturera:* Los datos que manejan algunas empresas para realizar encuestas reportan estadísticas que en este rubro son concentrados en grandes cantidades. Las industrias requieren identificar otros factores que con la aplicación de la MD podrían descubrir para hacer más rentable a esta industria.

- *Seguridad Informática:* Algunos investigadores [13] trabajan en análisis de incidentes mediante la obtención de reglas de clasificación sobre una colección de datos de incidentes de seguridad informática en un proceso de MD.

- *Educación:* Las aplicaciones en combinación con la educación son múltiples y varias, algunos autores han trabajado sobre la Predicción de la deserción escolar. Esta área es hoy identificada como MD educativa [14].

- *Salud:* La salud pública no se encuentra ajena a la implementación de esta tecnología. La informática y los sistemas de información han propiciado una acelerada transformación en el área médica, lo que ha impactado en diagnósticos más acertados y en la atención de enfermedades de manera menos agresiva. El uso de la MD ha sido amplio en este campo. Se han construido modelos de simulación para evaluar el impacto económico que produce la evolución diagnóstica de los pacientes para el sistema de seguridad social [15]. Se ha utilizado para la vigilancia epidemiológica de la AH1N1, a través de la detección de comportamientos epidemiológicos anormales con base en las características de los usuarios del servicio de salud sociodemográficas y sintomatológicas [16]. Se ha aplicado la MD para el estudio de la mortalidad en México, con el fin de obtener reglas o patrones sobre las características de la defunción y detectar así grupos vulnerables [17].

El encontrar los patrones ocultos o identificar predicciones son actividades que de manera tradicional llevan al ser humano hacia una mayor inversión de tiempo. Hoy la MD se ha ramificado y existe una tendencia de demandada en proyectos de MD. La MD abre la posibilidad para realizar investigaciones orientadas a establecer relaciones diagnósticas dentro de la información que manejan grandes bases de datos. La MD permite obtener conocimiento de los datos de manera fluida y oportuna. Dicho así la MD permite extraer patrones, describir tendencias, o crear modelos predictivos, obteniendo información útil para la toma de decisiones.

IV. EXTRACCIÓN DE PATRONES SOBRE UN REPOSITORIO DE DATOS DE DEFUNCIÓN FETAL

4.1. Descripción del Repositorio

La base de datos objeto de análisis contiene una población de 22,545 muertes fetales que ocurrieron en México en el año de 2013. La información se obtuvo en archivos con formato dbf de las bases de datos de muertes fetales del Sistema Nacional de Información en Salud de México [18], por lo que se procedió primero a la transformación de los datos a Excel para depurar la base de datos y trabajar solo con aquellos atributos que fueran necesarios para el fin que la investigación persigue. Una vez realizada la limpieza se transformó a un archivo CSV para trabajar los datos con el software WEKA. El archivo inicial contenía 49 atributos, que corresponde a datos descriptivos como son, datos generales de la madre, datos del producto, así como la causa de la defunción, e información de la historia clínica de la madre del producto.

A fin de caracterizar los 22,545 casos de muerte fetal, se realizó un análisis estadístico exploratorio. En la exploración se observa que las causas de muerte fetal con mayor número de casos (9,116 que representan el 40.43%), son las clasificadas con los códigos P00 al P04 de acuerdo a la Clasificación Internacional de Enfermedades (CIE-10) [19]: *"Feto y recién nacido afectados por factores maternos y por complicaciones del embarazo, del trabajo de parto y del parto."*

Referente al lugar de residencia de la madre, la entidad federativa con mayor número de casos fue el Estado de México (5,066 que representan el 22.47%). Atendiendo el tipo de embarazo del producto, 21,212 casos (94.09%) fueron de un parto único, 1,262 casos (5.60%) de parto gemelar y 71 casos (0.31%) parto triple o más. Sobre el sexo del producto, 12,054 casos (53.47%) eran hombres, 8,795 casos (39.01%) eran mujeres, y el 7.52% no se especificó en el certificado de defunción. La media de la edad de gestación de los productos muertos, fue de 27 semanas con 3 días. La media de su peso fue de 1.376 kilogramos.

Sobre el momento en que se dio el hecho vital, 20,212 (89.65%) de las muertes se dieron antes del parto, 1,926 (8.54%) durante el parto y el 1.81% no se especifica en el certificado de defunción. La expulsión o extracción de los productos muertos en el 22.10% de los casos ocurrió en aborto espontáneo. El método o mecanismo empleado para realizar la expulsión o extracción del producto en el 43.80% de los casos fue por parto vaginal espontáneo.

Sobre las características de las madres, la edad promedio fue de 26 años con 3 meses y 28 días. En 10,373 (46.01%) de los casos la madre vivía en unión libre, mientras que en 8,102 casos (35.94%) el estado civil de la madre era casada, 3,032(13.45%) de las madres eran solteras, en 170 (0.75%) de los casos la madre estaba separada, 70 (0.31%) de los casos la madre estaba divorciada, el 3.54% no quedo especificado. Sobre la situación laboral al momento del hecho vital, el 70.56% de las madres (15,908 mujeres) no trabajaba. Relativo al nivel de escolaridad de la madre, 2,824 (12.53%) de ellas contaba con una escolaridad mayor o igual a licenciatura, el porcentaje restante era una escolaridad menor o no contaban con ninguna escolaridad. En el 5.11% de los casos, la madre hablaba una lengua indígena.

Hablando sobre los servicios de salud recibidos, 19,030 (84.41%) de las madres recibieron atención prenatal. 13,451 (59.66%) de los casos cursaron como un embarazo normal. Solo el 15.48% de las madres no era derechohabiente a los servicios de salud pública. Refiriéndose a la situación de vida de la madre después del hecho, solo se tiene el registro de 88 madres (0.39%) que fallecieron al momento de extracción o expulsión del producto.

4.2. Sobre el objeto de estudio y el objetivo de la investigación

Atendiendo los resultados arrojados del análisis estadístico exploratorio del repositorio y dado que las causas de muerte fetal con mayor registro en el año 2013 fueron las de *feto y recién nacido afectado por factores maternos y por complicaciones del embarazo, del trabajo de parto y del parto* (se les llamará causas P00-P04 en lo sucesivo), se tomó la decisión de trabajar esta causa como objeto de estudio con las técnicas de MD. Se define como objetivo general:

Exponer las ventajas del uso de las técnicas de MD en el área de la salud a través de su aplicación en el caso de estudio *identificación de los factores de riesgo que inciden en la muerte fetal por las causas P00-P04, evaluando las variables materno, fetales y de contexto* (las variables quedan acotadas en la tabla 1).

Partiendo del objetivo general, se determinaron como objetivos específicos, los siguientes:

- Caracterizar los casos de muerte fetal ocurridas en el año 2013.

- Determinar el patrón de características de las muertes fetales que ocurren por las causas P00-P04.

- Establecer el nivel de correlación en que cada una de las variables independientes influyen y explican la muerte fetal por las causas P00-P04.

- Identificar cuál es la variable independiente que guarda una correlación directa positiva mayor con la muerte fetal por las causas P00-P04.

Se plantearon como hipótesis de la investigación:

- Ho_1: Alguna o todas las variables materno son los factores de riesgo que tienen una relación directa positiva mayor con la ocurrencia de la muerte fetal por las causas P00-P04.

- Ho$_2$: Alguna o todas las variables fetales son los factores de riesgo que tienen una relación directa positiva mayor con la ocurrencia de la muerte fetal por las causas P00-P04.

- Ho$_3$: Alguna o todas las variables de contexto son los factores de riesgo que tienen una relación directa positiva mayor con la ocurrencia de la muerte fetal por las causas P00-P04.

TABLA 1. ATRIBUTOS FINALES UTILIZADOS EN EL PROCESO DE MD

Atributo	Descripción	Variable
Variables materno		
NAC_VIVO	Hijos nacidos vivos que haya tenido la madre durante toda su vida, independientemente que estén vivos o muertos, que hayan sido o no registrados y que vivan o no con la madre. En caso de parto múltiple, se consideran todos los hijos nacidos vivos, productos del mismo embarazo.	Nominal
NAC_MUER	Indica el número de hijos nacidos muertos tenidos por la madre en sus embarazos	Nominal
EDA_MADR	Edad de la madre al momento que se registra el hecho vital.	Nominal
EDO_CIVIL	Situación de las personas en relación con los derechos y obligaciones legales y de costumbres del país, respecto de la unión o matrimonio. Posible salida: Soltera, divorciada, separada, unión libre, viuda, casada, no aplica a menores de 12 años, y no especificada	Nominal
OCU_MADR	Realización de una actividad económica, ya sea de manera independiente o subordinada de la madre del producto	Nominal
ESC_MADR	Último grado aprobado en el ciclo de instrucción alcanzado que declare haber cursado la madre	Nominal
ATN_PREN	Especifica si la madre recibió o no asistencia médica durante el embarazo.	Nominal
LENGUA_IND	Situación que permite distinguir a la madre si hablaba o no alguna lengua indígena.	Nominal
COND_ACT	Situación que distingue si la madre realizó o no alguna actividad económica al momento de registrar el hecho vital.	Nominal
NACIONALID	Nacionalidad de la madre	Nominal
CONSULTAS	Número de consultas recibidas por la madre durante el embarazo como atención prenatal.	Nominal
EMBA_FUE	Especifica si el curso del embarazo fue normal, o si por el contrario se trató de un embarazo complicado	Nominal
OCU_PART	Especifica en qué momento ocurrió la muerte fetal. Posibles salidas: Antes del parto, durante el parto y no especificado	Nominal
Variables fetales		
DE_UN_EMBA	Indica si el embarazo terminó en un parto simple o múltiple. Posibles salidas: Único, Gemelar, Múltiple o más, No especificado	Nominal
TIP_ABOR	Indica si la expulsión o extracción ocurrió de manera espontánea, provocada o terapéutica.	Nominal
SEX_PROD	Género del producto. Posibles salidas: hombre, mujer, no especificado	Nominal
EDA_PROD	Tiempo transcurrido entre el primer día del último periodo menstrual de la madre y la fecha de ocurrencia de la extracción o expulsión del feto o producto; se expresa en días o semanas cumplidas.	Nominal
PES_PROD	Primera medida del peso del feto o recién nacido hecha después del nacimiento. El peso se mide en gramos	Nominal
EDO_PIEL	Especifica el estado de la piel al momento de la expulsión o extracción. La piel macerada se refiere a una piel pálida arrugada, con abrasión o destrucción superficial que al tocarla se separa. Posibles salidas: Fresca (normal), macerada, no especificada	Nominal
Variables de contexto		
MES_REGIS	Mes en que se inscribe el hecho vital en la institución correspondiente.	Nominal
MES_OCUR	Mes en que ocurrió el hecho vital. Origen	Nominal
SITIO_OCUR	Espacio físico donde tuvo lugar el hecho vital. Posibles salidas: SSA, IMSS Oportunidades, IMSS, ISSSTE, PEMEX, SEDENA, SEMAR, Otra unidad pública, Unidad médica privada, Vía pública, Hogar, Otro, no especificado	Nominal
HORAS	Especifica el tiempo en horas en que ocurrió el hecho vital.	Nominal
MINUTOS	Especifica el tiempo en minutos en que ocurrió el hecho vital.	Nominal
ENT_RESID	Entidad de residencia	Nominal
MUN_RESID	Municipio de residencia	Nominal
TLOC_RESID	Tamaño de la localidad de residencia	Nominal
PRO_EXPU	Método o mecanismo empleado para realizar la expulsión o extracción del producto nacido vivo o nacido muerto. Posibles salidas: cesárea, fórceps, legrado, otro, parto vaginal espontáneo, no aplica para aborto, no especificado	Nominal
ATENCION	Individuo que asistió a la madre durante el parto de un niño nacido vivo o la expulsión de un feto muerto. Posibles salidas: médico gíneco-obstetra, otro médico, enfermera, partera, otra, no especificada	Nominal
DERECHO	Organismo o establecimiento médico, público o privado al cual se encuentra afiliada la madre	Nominal
VIOLENCIA	Especifica si existió violencia familiar o no, solo en caso de homicidios. Posibles salidas: Si, no, no especificado	Nominal
PAR_AGRE	Es el vínculo o lazo de unión existente entre la víctima y el presunto agresor, ya sea consanguíneo, conyugal, de afinidad, legal o de costumbre.	Nominal
COND_MAD	Especifica la condición en que se encuentra la madre después del proceso de extracción expulsión. Posibles salidas: vive, falleció, no especificado	Nominal
Variable dependiente		
CAUSA_DEF	Especifica la causa básica de la defunción de acuerdo con la Clasificación Internacional de Enfermedades, su información identifica la enfermedad o lesión que inició la cadena de acontecimientos patológicos que condujeron directamente a la muerte, o las circunstancias del accidente o violencia que produjo la lesión fatal.	Class

Fuente primaria [18]

4.3. Del Método y los Datos

Este estudio es de carácter descriptivo con enfoque cuantitativo. Para este propósito se trabajó con Weka, es una suite de software que soporta varias tareas de MD, tiene como ventaja que proporciona interfaces para la comunicación con el usuario. A fin de dar cuenta del objetivo planteado se consideró la metodología CRISP-DM, la cual identifica seis pasos para llevar a cabo el proceso de

MD: 1. Conocimiento del problema; 2. Comprensión de los datos; 3. Preparación de datos; 4. Modelado; 5. Evaluación y 6. Medición del Desempeño [20].

Weka permite realizar diversas operaciones antes de aplicar los algoritmos de minería de datos. Permite realizar diversas tareas de pre-procesamiento entre los que destacan los filtros de atributos, con los que se pueden realizar transformaciones de los datos de todo tipo. En este caso aplicando el filtro Remove, se filtraron aquellos atributos que no son relevantes o resultaban redundantes para el estudio. Finalmente, solo se tomaron en cuenta un total de 34 atributos, que son todos aquellos están considerados dentro de las dimensiones materno, fetales y de contexto, que interesan para este estudio (véase tabla 1).

4.4. Aplicación de las Técnicas de MD

Una vez que se llevó a cabo el proceso de preparación de los datos que dio como resultado la sintetización de la dimensión de la base de datos original, dado que la etapa de modelado requiere esculpir el proceso se procedió a la agrupación de los datos. Para efectos de este estudio y considerando las características de los datos, se implementó el algoritmo de clasificación *KStar*, este algoritmo se basa en las variables, es decir la clasificación de una variable está basada en variables de entrenamiento similares, usa una función de distancia basada en entropía.

El método de clasificación genera el aprendizaje de las características que identifican a un grupo para ser clasificado dentro de cierta clase, lo que permite la comprensión del sistema que genera los datos y llegar a predecir en un momento dado la clase a la pertenecerá una nueva instancia. Para poder evaluar la viabilidad del clasificador, la evaluación se basa en el porcentaje de instancias correctamente clasificadas y está dada por la matriz de confusión que genera como resultado final el algoritmo clasificador. Para interpretarse podrá observarse que las columnas de la matriz indican las categorías clasificadas por el clasificador y las filas las categorías reales de los datos, mientras que los elementos en la diagonal principal significan las clasificaciones sin fallo. Aquellas que no quedan en la diagonal principal significan los errores que el algoritmo cometió. Bajo esta premisa, el algoritmo *KStar* arroja una matriz de confusión con el 99.99% de instancias correctamente clasificadas, es decir 22,543 instancias quedaron correctamente clasificadas (ver Fig.1).

Fig. 1. Matriz de Confusión de Algoritmo de Clasificación *KStar*

Continuando con la etapa de modelado, como un complemento para definir el patrón de los casos de muerte fetal analizados por las causas P00-P04, se procedió a aplicar un algoritmo de *clustering*. El *clustering* es definido en la MD como un proceso que divide los datos en grupos de objetos similares, el representar los datos por serie de clúster consigue la simplificación de los mismos. Dicho así, el *clustering* es una técnica de aprendizaje automático no supervisado [21].

Para este estudio se estuvieron probando varios algoritmos de *clustering*, sin embargo, se decidió utilizar el *farthestfirst* en virtud de que es el que permitió obtener un porcentaje más alto de instancias debidamente agrupadas. Este algoritmo es una variante del algoritmo *K means*. El *farthestfirst* comienza seleccionando aleatoriamente una instancia que se convierte en el centroide del clúster, calcula la distancia entre cada una de las instancias y el centro y aquella distancia que se encuentre más alejada del centro más cercano es seleccionada como el nuevo centro del clúster. Este proceso es cíclico hasta alcanzar el número de clústers buscado. Para desarrollar el experimento se tomó el número de clúster igual a 2 y seed (10), quedando con un porcentaje de instancias mal clasificadas del 59.53%. Los resultados podrán observarse en el apartado correspondiente.

A fin de explicar la variable dependiente y establecer la correlación de variables se utilizó el algoritmo *CorrelationAttributeEval*. Este atributo evaluador, evalúa el valor de un atributo mediante la medición de la correlación (de Pearson) entre ella y la clase. Los atributos nominales se consideran en un valor de base de valor mediante el tratamiento de cada valor como indicador. Una correlación general para un atributo nominal se llega a través de un promedio ponderado. El algoritmo se aplicó con el método *Ranker,* este método evalúa y ordena atributos de manera individual y elimina los menos valorados. El resultado obtenido se podrá observar en el apartado de resultados.

V. Resultados y Discusión

En este apartado se presentan los resultados obtenidos a través del uso de la minería de datos, aplicado para determinar el patrón de características de las muertes fetales que ocurren por las causas P00-P04 y la evaluación de las variables *materno, fetales* y de *contexto* (las variables quedan acotadas en la tabla 1) y su cruce con la variable dependiente *causas P00-P04.*

Una vez aplicados los algoritmos de clasificación y de *clustering* se obtuvo como resultado 2 clúster lo que se presenta gráficamente en Fig. 2. Si se observa en el clúster 0 se encuentra el 94.33% (8,599 muertes) de los casos de muerte fetal por las causas P00-P04, y solo el 5.67% (517 muertes) de los casos por estas mismas causas quedo agrupado en el clúster 1. A partir de la interpretación se puede descubrir en el conjunto de datos lo siguiente:

```
Clustered Instances

0     21147 ( 94%)
1      1398 (  6%)


Class attribute: CAUSA_DEF
Classes to Clusters:

   0    1  <-- assigned to cluster
 417   25 | Malformaciones congénitas del sistema nervioso (Q00-Q07)
8599  517 | Feto y recién nacido afectados por factores maternos y por complicaciones del embarazo, del trabajo de parto y del parto (P00-P04)
 680   42 | Otras malformaciones congénitas (Q80-Q89)
8064  524 | Otros trastornos originados en el periodo perinatal (P90-P96)
1041  142 | Trastornos relacionados con la duración de la gestación y el crecimiento fetal (P05-P08)
1329   85 | Trastornos respiratorios y cardiovasculares específicos del periodo perinatal (P20-P29)
 172    9 | Afecciones asociadas con la regulación tegumentaria y la temperatura del feto y del recién nacido (P80-P83)
 402   19 | Trastornos endocrinos y metabólicos transitorios específicos del feto y del recién nacido (P70-P74)
   2    0 | Trastornos del sistema digestivo del feto y del recién nacido (P75-P78)
  23    1 | Malformaciones congénitas del sistema respiratorio (Q30-Q34)
 110   13 | Malformaciones congénitas del sistema circulatorio (Q20-Q28)
  44    7 | Trastornos hemorrágicos y hematológicos del feto y del recién nacido (P50-P61)
  93    9 | Anomalías cromosómicas, no clasificadas en otra parte (Q90-Q99)
  78    3 | Malformaciones y deformidades congénitas del sistema osteomuscular (Q65-Q79)
  60    0 | Malformaciones congénitas del sistema urinario (Q60-Q64)
  10    0 | Fisura del paladar y labio leporino (Q35-Q37)
  12    1 | Otras malformaciones congénitas del sistema digestivo (Q38-Q45)
  12    0 | Infecciones específicas del periodo perinatal (P35-P39)
   1    0 | Malformaciones congénitas de los órganos genitales (Q50-Q56)
   1    1 | Malformaciones congénitas del ojo, del oído, de la cara y del cuello (Q10-Q18)


Cluster 0 <-- Feto y recién nacido afectados por factores maternos y por complicaciones del embarazo, del trabajo de parto y del parto (P00-P04)
Cluster 1 <-- Otros trastornos originados en el periodo perinatal (P90-P96)

Incorrectly clustered instances :     13422.0  59.5343 %
```

Fig. 2. Resultado del Clustering usando el Algoritmo *Farthestfirst*

Clúster 0 (94% de la población total): Se destacan las muertes fetales ocurridas en madres de 28 a 32 años, que vivían en unión libre, predominando aquellas que han tenido de 0 a 2 productos vivos. Las madres no tenían una ocupación laboral y no realizaban ninguna actividad económica al momento del hecho vital. Sobre la escolaridad de la madre, destacan aquellas mujeres con un nivel de escolaridad hasta secundaria terminada. En el clúster predominan las mujeres de nacionalidad mexicana que no hablan una lengua indígena. Las madres cursaron un embarazo normal y recibieron durante el embarazo de 2 a 4 consultas de atención prenatal. La muerte fetal ocurrió antes del parto.

En cuanto a las variables fetales, destaca que el embarazo terminó en un parto único, predominando los casos de sexo femenino con un peso de 340 a 680 gramos y una gestación de 21 a 24 semanas. Destaca el número de casos en el que la piel del producto al momento de la extracción o expulsión estaba fresca (se señala esto dado que los signos de maceración de la piel hablan del tiempo en que el feto muerto estuvo retenido).

Destacan el número de muertes fetales existentes en el mes de septiembre, predominando las ocurridas en el municipio de Iguala de la Independencia, Guerrero. Localidades del tamaño de 100,000 a 249,999 habitantes. Se aprecia que en la mayoría de los casos ocurrió en SSA, ocurriendo el hecho vital de 20 a 22 horas, siendo la persona que atendió un médico gineco-obstetra. Algo de importancia es que no hubo violencia familiar que provocará el hecho de la muerte fetal. La condición de la madre después de la expulsión fue "vive".

Clúster 1 (6% de la población total): el 5.67% de los casos de muerte fetal por las causas P00-P04 se encuentran en este clúster. Aunque en este clúster se destacan las muertes fetales por otros trastornos originados en el periodo perinatal.

Haciendo la referencia a las variables maternas, destacan las muertes fetales ocurridas en madres de 24 a 28 años, solteras. Del resto de las variables no están especificadas las características.

Sobre las variables fetales, destaca que el embarazo terminó en un parto único, predominando el producto de sexo masculino, con un peso de 1,360 a 1,700 gramos y una gestación de 30 a 33 semanas. No se especifica en el mayor de los casos el estado de la piel del óbito. No se especifica el lugar donde ocurrió el hecho vital, en su mayoría ocurrido de las 10 a las 12 horas, siendo otro médico y no un gineco-obstetra el que atendió a la madre al momento del hecho ocurrido. Tampoco se indica en este clúster casos de violencia familiar que provocarán el hecho de la muerte fetal.

Predominan las muertes en el mes de junio, la mayoría en el municipio de Quecholac, Puebla. Localidades del tamaño de 2,000 a 2,499 habitantes.

Se puede apreciar que, aunque en ambos clúster existe un alto número de casos por las causas P00-P04, se observa también la existencia de casos de muerte fetal por otras causas en los dos grupos. Lo destacable es que el mayor porcentaje de muertes fetales indistintamente de la causa que la haya derivado, se concentran en el clúster 0.

Una vez aplicado el algoritmo para la selección de atributos *CorrelationAttributeEval* (ver Fig. 3) se observa que todos los atributos manejados muestran una correlación positiva con la variable clase CAUSA_DEF. Sin embargo, la variable con mayor grado de correlación es la de SITIO_OCUR, atributo que representa el espacio físico donde tuvo lugar la muerte fetal. Esta correlación según el índice de correlación que es de 0.08089 lo que habla de una correlación entre variables positiva débil. Esto se puede confirmar visualmente en la Fig. 4.

```
=== Attribute Selection on all input data ===

Search Method:
        Attribute ranking.

Attribute Evaluator (supervised, Class (nominal): 34 CAUSA_DEF):
        Correlation Ranking Filter
Ranked attributes:
 0.08089   12 SITIO_OCUR
 0.06199   25 EMBA_FUE
 0.05946   26 DERECHO
 0.05492   19 ATENCION
 0.05008    8 EDO_PIEL
 0.04667   24 ATN_PREN
 0.04464   16 PRO_EXPU
 0.04361    9 OCU_PART
 0.04141   21 EDO_CIVIL
 0.03541   31 COND_ACT
 0.03423   27 COND_MAD
 0.02939    1 ENT_RESID
 0.02805   22 OCU_MADR
 0.02093    6 EDA_PROD
 0.02054    7 PES_PROD
 0.01907   32 NACIONALID
 0.01781   15 TIP_ABOR
 0.01725   20 EDA_MADR
 0.01662   23 ESC_MADR
 0.01609   30 LENGUA_IND
 0.016      5 SEX_PROD
 0.01537   33 CONSULTAS
 0.01396    3 TLOC_RESID
 0.01342   17 NAC_VIVO
 0.01267    2 MUN_RESID
 0.0096     4 DE_UN_EMBA
 0.00945   18 NAC_MUER
 0.00742   13 HORAS
 0.0074    29 PAR_AGRE
 0.00735   28 VIOLENCIA
 0.00604   10 MES_REGIS
 0.00604   14 MINUTOS
 0.0048    11 MES_OCURR

Selected attributes: 12,25,26,19,8,24,16,9,21,31,27,1,22,6,7,32,15,20,23,30,5,33,3,17,2,4,18,13,29,28,10,14,11 : 33
```

Fig. 3. Resultado del Algoritmo de Selección de Atributos *CorrelationAttributeEval*

El algoritmo *CorrelationAttributeEval* funciona como el Coeficiente de Pearson, como se sabe el Coeficiente de Pearson permite visualizar la correlación de variables de tipo cuantitativas, de tal forma que la desventaja del uso de este tipo de algoritmo sería que los resultados que arroja en el caso de atributos de tipo nominal pueden no ser realmente significativos. Sin embargo, se hace uso de él porque nos da una idea de cuáles son los atributos que guardan una correlación con la variable dependiente.

Una vez evaluados los modelos aplicados y apoyados en los resultados que arrojaron los algoritmos de minería de datos para la selección de atributos que explican la variable dependiente, no hay evidencia suficiente para aceptar las hipótesis nulas Ho_1 y Ho_2. Y se confirma que, si hay evidencia suficiente para aceptar la hipótesis nula Ho3. Por lo que se puede afirmar que alguna o todas las variables de contexto son los factores de riesgo que tienen una relación directa positiva mayor con la ocurrencia de la muerte fetal por las causas P00-P04. En este caso según la evidencia el espacio físico donde tiene lugar la muerte fetal es la variable de contexto que tiene una mayor correlación con el hecho vital.

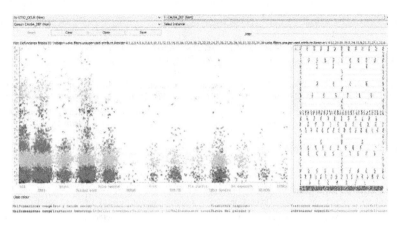

Fig. 4. Visualización de la Correlación de la Variable SITIO_OCUR con la Variable Dependiente CAUSA_DEF

CONCLUSIÓN Y TRABAJOS FUTUROS

El estudio permitió mostrar las ventajas de la Minería de Datos para generar conocimiento en grandes volúmenes de información, siendo este el objetivo principal de la investigación. Se logró obtener el patrón de características que guardan los casos de muere fetal ocurridas en México en el año 2013, e identificar entre los 34 atributos agrupados en variables materno, fetales y de contexto, el grado de correlación que cada uno de ellos guarda con la variable dependiente CAUSA_DEF. Asimismo, determinar cuál fue el atributo que tenía una correlación mayor con las causas de defunción.

Tal como se pudo observar, la *clusterización* permitió revelar dos agrupaciones cada una en función de un determinado rasgo. El clúster 0 que representa las muertes fetales por las causas P00-P04 que según el análisis exploratorio representan el grupo con mayor número de casos de muerte fetal y el clúster 1 que representa las muertes fetales por las causas P90-P96, que representa al segundo grupo de causas con mayor número de casos de muerte fetal .

Es importante mencionar que, para este estudio de caso solo se utilizaron como variables aquellos datos que arroja el documento de defunción por muerte fetal, y que es con los que se alimentan las bases de datos del Sistema Nacional de Salud. De tal forma que los resultados que arroja esta investigación muestran solamente la ventaja del uso de la herramienta, visualizando solo un pequeño panorama del comportamiento de las variables y su incidencia en las causas de muerte fetal. Sin duda este trabajo puede ser enriquecido a través de trabajar un mayor número de atributos no acotados solamente al momento de la muerte fetal, si no todas aquellas variables que acontecen antes de este hecho vital, y que tienen que ver con patrones de comportamiento de la madre, historial clínico previo, los resultados de análisis clínicos y/o estudios realizados al producto, etc. y con esto convertirse en un aporte también para el área médica.

Conforme la experiencia en este trabajo, se puede concluir que el uso de la minería de datos puede ser una herramienta de apoyo para identificar patrones de comportamiento en las personas, de tal forma que puedan predecir su predisposición a una enfermedad determinada, esto redundaría en la atención oportuna y adecuada para atender situaciones de riesgo que pueden derivar en un problema de salud pública. Por otro lado, ayudaría a una mejor planificación a las entidades encargadas del otorgamiento de los servicios de salud, en el uso de los recursos (humanos y materiales) que dé como resultado una mejor atención al paciente.

Se plantea como trabajo futuro el uso de la Minería de Datos en Salud, en casos de estudio como la Cardiopatía Isquémica que está tipificada según las estadísticas del INEGI como la primera causa de defunción en México.

Agradecimiento: Al Dr. Roberto Gabriel Islas Valdivia, Gineco Obstetra de los Servicios de Salud de Nayarit (SSN), quien apoyó con el asesoramiento para llevar a un mejor fin esta investigación.

REFERENCIAS

[1]   J. Á. Villalobos, «Minería Datos y apoyo por Teléfono,» *Expediente-e. Telemedicina,* 2009.

[2]   Instituto Nacional de Estadística y Geografía, «INEGI,» [En línea]. Available: http://www.inegi.org.mx/est/contenidos/proyectos/registros/vitales/mortalidad/. [Último acceso: marzo 2016].

[3]   Secretaría de Salud, «Secretaría de Salud. Centro Nacional de Excelencia Tecnología en Salud,» [En línea]. Available: http://www.cenetec.salud.gob.mx/descargas/gpc/CatalogoMaestro/567_GPC_Muertefetalconfetounico/567GRR.pdf. [Último acceso: marzo 2016].

[4]   Secretaría de Gobernación, *NORMA Oficial Mexicana NOM-035-SSA3-2012, En materia de información en salud.,* México: Diario Oficial de la Federación. México, 2012.

[5]   L. Cabero Roura y D. Saldivar Rodríguez, Obstetricia y medicina materno-fetal, Editorial Médica Panaméricana, 2007.

[6]   S. Molina y D. A. Alfonso, «Muerte fetal anteparto: ¿es una condición prevenible?,» *Revistas científicas Pontifica Universidad Javeriana*, pp. 59-73, 2010.

[7]   M. D. Torres Soto, A. Torres Soto, C. A. Ochoa-Zezzatti y C. E. Velázquez Amador, «Hybrid Algorithm Applied to the Identification of Risk Factors on the Health of Newly Born in Mexico,» de *Logistics Management and Optimization through Hybrid Artificial Intelligence Systems*, IGI Global, 2012, pp. 83-112.

[8]   J. G. Panduro B., J. J. Pérez M. , E. G. Panduro M. y M. D. Vázquez G., «Factores de riesgo prenatales en la muerte fetal tardía, Hospital Civil de Guadalajara, México,» *Revista Chilena de Obstetricia y Ginecología*, pp. 169-174, 2010.

[9]   S. Canún Serrano, E. Navarrete Hernández, A. E. Reyes Pablo y J. Valdés Hernández, «Prevalencia de malformaciones congénitas de herencia multifactorial de acuerdo con los certificados de nacimiento y muerte fetal. México, 2008-2012,» *Boletín Médico del Hospital Infantil de México*, n° 70, 2015.

[10]   Microsoft, «Microsoft technet,» [En línea]. Available: https://technet.microsoft.com/es-es/library/ms174949(v=sql.105).aspx. [Último acceso: 16 septiembre 2015].

[11]   Sinergia e Inteligencia de Negocios S.L., «Sinnexus. Business Intelligence. Informática Estratégica,» 2007. [En línea]. Available: http://www.sinnexus.com/business_intelligence/datamining.aspx. [Último acceso: 16 septiembre 2015].

[12]   J. C. Riquelme, R. Ruiz y K. Gilbert, «Minería de Datos: Conceptos y Tendencias,» *Inteligencia Artificial*, vol. 10, n° 29, pp. 11-18, 2006.

[13]   C. J. Carvajal Montealegre, « Extracción de reglas de clasificación sobre repositorio de incidentes de seguridad informática mediante programación genética,» *Tecnura*, vol. 19, n° 44, pp. 109-119, 2015.

[14]   C. Romero y S. Ventura, «Educational data mining: A survey from 1995 to 2005,» *Expert Systems with Applications: An International Journal*, vol. 33, n° 1, pp. 135-146, 2007.

[15]   L. Joyanes Aguilar, N. J. Castaño y J. H. Osorio, «Modelo de simulación y minería de datos para identificar y predecir cambios presupuestales en la atención de pacientes con hipertensión arterial,» *Revista de Salud Pública*, vol. 17, n° 5, pp. 789-800, 2015.

[16]   R. Rodríguez Ramírez, *Tesis: Análisis del Sistema Ciudadano de Monitoreo de Enfermedades Respiratorias -Reporta con Minería de Datos*, México: Universidad Nacional Autónoma de México, 2012.

[17]   P. Galván Castro y A. Meza Mendoza, *Tesis: Estudio de Minería de Datos para la Información de Mortalidad en México*, México: Universidad Nacional Autónoma de México, 2012.

[18]   Secretaría de Salud, «Dirección General de Información en Salud. Bases de Datos sobre Muertes Fetales,» [En línea]. Available: http://www.dgis.salud.gob.mx/contenidos/basesdedatos/std_muertesfetales.html. [Último acceso: marzo 2016].

[19]   B. de Ville, Microsoft Data Mining: Integrated Business Intelligence for E-Commerce and Knowledge Management, Digital Press, 2001.

[20]   M. Garré, J. J. Cuadrado y M. Á. Sicilia, «Universidad del País Vasco. Facultad de Informática. Documento: Comparación de diferentes algoritmos de clustering en la estimación de coste en el desarrollo de software,» [En línea]. Available: http://www.sc.ehu.es/jiwdocoj/remis/docs/GarreAdis05.pdf. [Último acceso: marzo 2016].

[21]   Gobierno de España, «eCIEMaps V3.0.5,» [En línea]. Available:
        https://eciemaps.mspsi.es/ecieMaps/browser/index_10_mc.html#search=P96.8&flags=111100&flagsLT=11111111&searchId=1467439035864&indice
        Alfabetico=&listaTabular=P96.8&expand=0&clasification=&version=. [Último acceso: marzo 2016].

Un enfoque difuso aplicado a la localización de registros duplicados en múltiples fuentes de información

Joel Adán Saldaña Villalba / Rafael Vázquez Pérez
División de Estudios de Posgrado e Investigación
Instituto Tecnológico de Chihuahua II
Chihuahua, México.
Joelsaldana8162@yahoo.com, rvazquez.perez@me.com

Juan Adalberto Anzaldo Moreno
Subdirección de Tecnologías de la Información
Servicios de Salud de Chihuahua
Chihuahua, México.
janzaldo@yahoo.com

Resumen-- La duplicidad de expedientes clínicos electrónicos (ECE) es un gran problema para el país debido a que no se cuenta con información certera de los padecimientos de la población, el presente artículo se enfoca en una propuesta para lograr la unicidad de las personas en cuestión de los ECE y poder con esto generar indicadores reales acerca de la salud de la población, mediante un MPI que permita a las instituciones llevar un seguimiento oportuno de los padecimientos de las personas independientemente del lugar donde sean atendidas. La herramienta propuesta en este artículo es el primer paso para dicho objetivo, analizando diferentes repositorios de datos de los diferentes padrones de las instituciones aplicando métodos de inteligencia artificial como lo es la lógica difusa.

Palabras clave— MPI, índice maestro de pacientes, lógica difusa, códigos soundex, distancia de Levenhstein

I. INTRODUCCIÓN

"Lo más importante cuando vas a una institución médica es el diagnóstico" menciona Edna Castro en su entrevista a la revista Forbes [1] haciendo alusión al estado actual de la gran mayoría de los sistemas de salud existentes con los que se cuenta en México, en los que sin importar los tiempos de espera para ser atendidos una persona también tiene que aguardar a que su expediente sea traído del almacén, esto para aquellos casos en los que el paciente no tiene que ser redirigido a otro centro de salud para un análisis de seguimiento, situación que genera nuevos retrasos de atención y de espera por el expediente clínico pertinente al centro de salud.

El que cada expediente clínico contenga información diferente llega a ocasionar problemas tales como tener inconsistencias en el historial clínico de los pacientes, lo que incrementa la posibilidad de un error médico que pueda empeorar la salud del paciente e incluso la muerte. También puede ocasionar información innecesaria al pedir a un paciente se realicen los mismos análisis para diferentes centros, provocando con ello un incremento innecesario de los gastos para el paciente y/o la institución. Estas situaciones reflejan los problemas de tener la información descentralizada, generando la importancia de eliminar la duplicación de expedientes.

La duplicación de expedientes se da usualmente por una mala identificación del paciente, estudios demuestran [2] que tan solo el nombre completo de una persona es insuficiente como para catalogarla como única, motivo por el cual hay que recurrir a uno de los dos identificadores únicos con los que se cuenta en el país, RFC y CURP, datos que la gente no está acostumbra aprenderse o traer consigo.

Estos expedientes se ingresan de manera manual en cada sistema utilizado en las distintas unidades de salud, por lo que no están exentos de tener errores humanos, motivo por el cual se pueden tener incongruencias en los diferentes datos pertenecientes a los pacientes, incoherencias que pueden saltarse las validaciones de seguridad de cada software, incrementando con ello la dificultad para encontrar dichos registros cuando se requieran a futuro.

Los Servicios de Salud del Estado de Chihuahua, por medio de la Subdirección de Tecnologías de la Información, han decidido enfrentar estos problemas presentados en las instituciones con las que cuenta, como son el Seguro Popular (SP) y el Instituto Chihuahuense de la Salud (ICHISAL), así también con los pacientes ingresados en diferentes sistemas de salud como el Sistema Hospitalario (SIHO) y el Sistema de Información para Gerencia Hospitalaria (SIGHO). La creación de un MPI que tenga la finalidad de proveer una fuente de información de pacientes real y certera para el ECE a nivel estatal que permita a los pacientes poderse atender en cualquier establecimiento de salud de primer o segundo nivel de su conveniencia independientemente de la institución a la que este afiliado, y sobretodo dar la seguridad al paciente de contar siempre con su expediente completo.

Para llegar a este objetivo se tienen que solventar una serie de dificultades que se presentan, como son:

- Cada padrón o institución de los mencionados maneja una llave de registro propia diferente a los demás sistemas

- Cada uno de los mismos maneja diferentes datos de identificación del paciente.

- Cada padrón cuenta con un sistema y no son interoperables entre sí.

- Inconsistencias en la información a causa de varios factores como: los errores ortográficos y tipográficos, abreviaturas, datos faltantes, espacios en blanco, campos vacíos, mal ingreso de los campos como 'aaa' para el nombre, mal uso de los campos de información, etc.

- Falta de controles de validación en formularios que permiten a los usuarios ingresar datos indebidos.

En el punto siguiente se describen las características de la propuesta generada para la creación de un Índice Maestro de Pacientes (MPI) dentro de los Servicios de Salud de Chihuahua, mencionando por cada elemento del sistema las validaciones usadas para mantener la integridad de los datos.

II. Desarrollo

A. Desarrollo lógico del problema

Los servicios de salud de chihuahua cuentan con 217 centros de salud, 24 hospitales, 74 unidades médicas móviles las cuales cuentan con su propia instancia del sistema que manejan, esto complica la integración de la información, por lo que se concentraron las bases por padrón y se diseñó un catálogo de los mismos, simplificando el número de conexiones y la manera de identificar el origen de los datos. Con esto podemos crear el proceso ilustrado en la fig. 1 para recorrer todos los registros dentro del catálogo creado que contiene a cada una de las bases de datos actuales, el procedimiento es conformado por 2 tablas pivote, la primera de ellas es la perteneciente al padrón del Seguro Popular (SP) y la segunda al padrón ICHISAL. La base perteneciente al SP, se seleccionó por ser la tabla con un mayor número de registros correctos validados, cerca de 1, 215, 000[1], cantidad que se consiguió después de depurar los datos originales un 33%, mediante la validación de la Comisión Nacional de Protección en Salud que realiza mensualmente a nivel federal al SP, mientras el ICHISAL cuenta con aproximadamente 122, 439 registros y una menor validación.

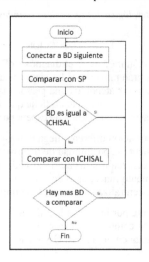

Fig. 1. Diagrama de comparaciones entre las bases de datos

Realizar las búsquedas de posibles registros duplicados por medio de fuerza bruta, donde se comparan todos los registro de una tabla con los de otra, implicaría una gran cantidad de tiempo y un esfuerzo computacional considerable, en donde cotejar los registros daría una gran cantidad de comparaciones realizadas, dadas por |A| x |B| x |C| donde:

---

[1] Datos al mes de mayo del 2016

A = Número de registros en la base concentrada.

B = Número de registros en la tabla de Seguro Popular.

C = Número de registros en la tabla de ICHISAL, para cuando la base concentrada es diferente a ICHISAL.

Por este motivo, la búsqueda de un conjunto mínimo de registros a comparar entre las tablas es uno de los mayores desafíos en el diseño del MPI. Con esa finalidad en mente, la creación de índices ayudaría a agrupar los datos y reducir considerablemente el número de comparaciones a realizar en más de un 75%, una manera de realizar esto es indexando los campos de apellido paterno, apellido materno y nombre(s), mediante la generación de un código basado en la pronunciación de los nombres, como es el algoritmo fonético Soundex [3]. Sin embargo, al ser este un algoritmo diseñado para el idioma inglés se modificó para el lenguaje español [4]. Como se mencionó, este algoritmo genera un código para las palabras que suenan semejante, con lo cual abarcamos casos donde algún dato fue ingresado erróneamente; por ejemplo, el apellido Acevedo se puede ingresar como Aceved0, siendo omitido por una búsqueda normal, mientras en la búsqueda por índices si entraría, al ser el código A413 para ambos apellidos.

La tabla 1 muestra ejemplos de esta indexación para variaciones de un mismo apellido.

TABLA 1. CÓDIGOS DE INDEXACIÓN PARA VARIACIONES DEL APELLIDO ARMENDARIZ

Apellido	Código
Armendáriz	A966
AArmendariz	A966
Amendariz	A663
Aremndariz	A963
Armandariz	A966
Armendrariz	A966
Armendriz	A966
Armendaiz	A966

Pensando en abarcar los casos como el mostrado en la tabla 1, se planteó una serie de condiciones a cumplir, donde los registros a comparar son seleccionados cuando una de las siguientes condiciones sea igual en ambas tablas.

- Indice_apPaterno, Indice_apMaterno e Indice_Nombre.

- Indice_apPaterno e Indice_apMaterno.

- Indice_apPaterno e Indice_Nombre.

- Indice_apMaterno e Indice_Nombre.

En general, se encontraron las siguientes problemáticas dentro de las bases de datos.

- Caracteres especiales dentro de los nombres o mal escritos.

- Sexo incorrecto de las personas.

- Datos erróneos en todos los campos.

- Campo CURP usado para notas.

- Duplicación de registros en la misma tabla.

Al indagar los motivos que generan estas inconsistencias, se encuentra que por ejemplo el sistema SIHO cuenta con un sistema de validación para registros duplicados, pero por diferentes motivos a las personas encargadas de dar de alta a los pacientes se les facilita más cambiar el sexo de una persona para saltar la validación que buscar a la persona correcta. Otro de los factores que influyen es la resistencia de la sociedad a aprenderse o llevar consigo sus datos de identificación, dígase CURP y RFC, dejando al personal de registro el llenado de esos datos, en los que también el desconocimiento de las reglas para su creación influye en la entrada errónea de los mismos.

Como ejemplo de esto último, tenemos que dentro de las reglas de creación para el RFC, los nombres comunes como María o José, se omiten cuando son el primer nombre de una persona, dando el caso de que una persona de nombre José Eduardo Rodríguez López nacido el 11 de mayo de 1980, su RFC sin homoclave sería ROLE800511, mientras con el desconocimiento de la regla, el mismo quedaría como ROLJ800511, dificultando con ello su localización por RFC.

Debido a este tipo de incongruencias en donde los valores de cada campo se asemejan, una herramienta capaz de diferenciar entre semejante, poco semejante y muy semejante sería de gran utilidad para diferenciar los registros, una herramienta como la lógica difusa, la cual se basa en que conceptos dejados a la interpretación personal como temperatura alta, estatura alta o iba muy rápido son capaces de obtener un valor entre la falsedad total y la veracidad absoluta permitiéndonos asumir un valor para cada una de ellas y definir un curso de acción, convirtiéndola en una manera muy eficiente para definir si un registro está o no duplicado.

Para obtener estos valores de falsedad y veracidad se tiene que transitar entre límites borrosos donde la transición del estado semejante a muy semejante se realiza de manera gradual, a este grupo de límites se les denomina conjunto difuso. Un conjunto difuso, es aquel que extiende la restricción x -> [0,1] de los conjuntos clásicos, permitiendo que cada elemento pueda tener cierto grado de pertenencia o parcialidad al conjunto en sí, lo que permite diferenciar la semejanza entre registros y poder discernir si son duplicados o no.

Con el fin de seleccionar los conjuntos difusos pertinentes al parecido entre registros, se tuvo que elegir de entre los campos de identificación usados por cada uno de los diferentes sistemas, aquellos campos comunes entre ellos capaces de distinguir a un paciente como persona única y que contaran con persistencia al paso del tiempo. Los campos seleccionados se basan en los seleccionados por Carlos Martínez, Ricardo Cimarelli, Tamara Fazio y Gerardo Fuentes en [5] y son los siguientes: apellido paterno, apellido materno, nombre(s), fecha de nacimiento, póliza, CURP y RFC, donde cada uno de los mismos quedó definido como un conjunto difuso. En la fig. 2 las etiquetas CN, CPP, CP y CR representan CURP No Repetido, CURP Poco Probable Repetido, CURP Probablemente Repetido y CURP Repetido respectivamente.

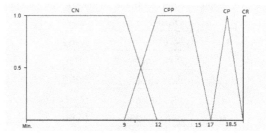

Fig. 2. Ejemplo del conjunto difuso CURP

La transición entre los límites borrosos mencionados se realiza por medio de las funciones de pertenencia. Estas funciones representan a cada una de las etiquetas de los conjuntos y su valor de salida (entre 0 y 1), representa el grado de pertenencia del elemento a dicho conjunto. En la fig. 3 se muestra la función de pertenencia tipo triangular para la etiqueta CP mostrada anteriormente.

$$f(x) = \begin{cases} 0 & para\ x < 17 \\ \dfrac{x-17}{18.5-17} & para\ 17 < x \leq 18.5 \\ \dfrac{x-20}{18.5-20} & para\ 18.5 < x \leq 20 \\ 0 & para\ x \geq 20 \end{cases}$$

Fig. 3. Función de pertencia

Para definir las funciones de pertenencia, se dio a cada campo una ponderación máxima, mismas que se decidieron inicialmente por la importancia de cada campo para identificar a una persona, dejando al CURP y RFC con el valor máximo, seguidos de nombre y póliza, las ponderaciones cambiaron según resultados de las comparativas por medio de la distancia de Levenshtein [6]. Estas pruebas no solo mostraron que dar ponderaciones muy grandes a ciertos campos era innecesario, quedando las ponderaciones como se muestra en la fig. 4, sino que también evidenciaron que los errores de ingreso en el CURP y RFC solo dificultan el reconocimiento de una persona, pero no se asemejan a los datos de otra.

Campo	Ponderación
Nombre completo	30
CURP	20
RFC	20
Poliza	10
Fecha de Nacimiento	5

Fig. 4. Ponderaciones a los campos utlizados

Con los límites máximos de cada campo ya fijados, se buscaron los límites para cada conjunto difuso, comenzando las pruebas con cada uno de ellos de forma trapezoidal y conforme a las pruebas de realizadas se ajustaron los parámetros y definieron las formas de los mismos, quedando por ejemplo CP y RP de forma triangular y CR y RR de tipo singleton, como se observó en la fig. 2.

Para obtener la pertenencia a cada conjunto, el valor de x mostrado en la fig. 3, se obtiene multiplicando el resultado de Levenhstein por la ponderación apropiada al campo evaluado. Este producto es el valor x a evaluar en cada conjunto difuso para definir su grado de dominio a cada una de las etiquetas.

Una vez evaluadas las funciones de pertenencia, podemos definir un curso de acción mediante las reglas de control basados en los valores de membresía obtenidos, dichas reglas son del tipo:

SI (antecedente) ENTONCES (consecuente).

Donde los antecedentes conllevan a cada uno de los conjuntos difusos ya mostrados, generando reglas con antecedentes muy grandes donde se evalúa cada una de las etiquetas lingüísticas de los conjuntos en cuestión, motivo por el cual se dividió el procedimiento en comparaciones de máximo 2 antecedentes (fig. 5).

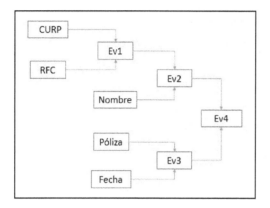

Fig. 5. Flujo de comparaciones difusas

Dividiendo la cantidad de conjuntos a evaluar, se reduce el número de reglas y la complejidad de las mismas, como se muestra en la FAM (Fuzzy Association Matrix) perteneciente a la primer comparación en la fig. 6. Esta separación ayuda principalmente a elegir un curso de acción, en donde a base del estudio realizado a las bases de datos, se encontró que al ingresar correctamente un RFC o CURP en ambas tablas se puede diferenciar entre si el registro está o no duplicado sin importar las diferencias en el resto de los campos, con lo que nosotros podemos evitar el resto de las comparaciones acortando considerablemente el tiempo de proceso.

	RN	RPP	RP	RR
CN	Ev1N	Ev1PP	Ev1P	Ev1R
CPP	Ev1PP	Ev1PP	Ev1P	Ev1R
CP	Ev1P	Ev1P	Ev1P	Ev1R
CR	Ev1R	Ev1R	Ev1R	Ev1R

Fig. 6. Matriz de reglas para CURP Y RFC

Una vez se ha llegado al final de la Evaluación 4, se defuzzyfica el resultado para convertirlo en un valor real, donde se busca que el parecido entre los registros tenga un valor mayor al 64% de similitud, esto para poder ser considerado como duplicado. El método seleccionado para la deffuzyficación y que más se acerca a las necesidades del proyecto fue el centroide. En este procedimiento el resultado se obtiene promediando el valor mínimo y el valor máximo de los conjuntos de salida pertenecientes a la Ev4, donde el valor resultante en el eje de las equis (x) se considera el valor deffuzyficado y resultado final.

B. Limpieza de registros

Para la creación del software de comparación se usó el IDE Netbeans junto al lenguaje de programación Java 1.6, por medio del cual se implementó el método de lógica difusa ya mencionado, junto a los algoritmos de Levenhstein y Soundex. La propuesta desarrollada está fuertemente basada en [5], el cual es un sistema desarrollado para la provincia de Mendoza, Argentina, que realiza búsquedas mediante Hibernate Search – Lucene y los resultados con un porcentaje mayor al 60% son mostrados a un evaluador para que decida si se vincularan los registros o no. Otro de los trabajos base es el creado por la Universidad de las Ciencias Informáticas en La Habana, Cuba, el cual decide la duplicidad de los registros mediante varias herramientas de Inteligencia Artificial como lógica difusa, redes neuronales y árboles de decisión [7].

El proyecto final muestra los registros duplicados en una pantalla para su valoración final por un evaluador quien definirá si realmente el paciente seleccionado esta replicado o no, con lo que se podrá hacer un enlace de los registros que resulten positivos y con ello, de su expediente clínico.

La pantalla principal contiene las siguientes secciones:

- Número de similitudes encontradas para el paciente actual, por las cuales se puede navegar por medio de flechas.

- Un panel central con los campos del paciente a comparar, los datos en las columnas campos y persona comparada permanecen fijos mientras nos desplazamos entre los pacientes similares.

- En la parte inferior se muestran una serie de controles para decir la acción por cada similitud encontrada, estos botones son:

    o Misma Persona.- Cuando el evaluador está seguro que el paciente esta duplicado, el registro se marcara como inactivo y no se volverá a comparar.

    o Persona distinta.- Cuando los datos demuestran que se trata de pacientes diferentes, el registro vuelve a estar libre para una próxima comparación.

    o Datos insuficientes.- Cuando la información mostrada en pantalla no es suficiente para decidir entre las 2 primeras opciones.

    o Evaluar.- Este botón se activa al terminar de decidir el parecido entre las similitudes encontradas y actualiza y/o vincula los registros necesarios.

Fig. 7. Pantalla de limpieza humana

III. RESULTADOS Y TRABAJO A FUTURO

A manera de comprobar si los registros comparados concuerdan con los resultados esperados, se analizó una serie de 3, 000 registros, divididos en 1, 000 de ICHISAL, 1, 000 de SIHO y 1, 000 de SIGHO, los cuales fueron procesados en un tiempo aproximado de 23 min y arrojando un total mayor a las 274 mil comparaciones realizadas, los resultados obtenidos se pueden visualizar en la tabla 2, donde el número de comparaciones realizadas por tan solo 3, 000 registros es bastante alta, pero mínima cuando se equipara a la cantidad de comprobaciones que realizara por el método de fuerza bruta. De este total, el sistema contabilizó como duplicados al 38% de los registros y consideró solo al 0.44% de las comparaciones como iguales, las cuales indican que uno o más pacientes fueron vinculados con varios registros catalogados como duplicados. A continuación se muestran algunos de los resultados obtenidos.

TABLA 2. RESULTADOS OBTENIDOS

	Total
Registros analizados	3,000
Comparaciones realizadas	274,396
Registros duplicados	1,163
Comparaciones duplicadas	1,228
Falsos Negativos	1
Falsos Positivos	0
Verdaderos Positivos	1,228
Verdaderos Negativos	273,167

En la fig. 8 se muestra como el sistema cataloga correctamente a una persona como no duplicada aun cuando cuenta con misma fecha de nacimiento, mismos apellidos e incluso el número de póliza tiene una similitud mayor al 66%.

```
6-6750 ACEVEDO TENA EVAN CURP en SP = AETD090827HCHCNLA2
CURP AETE090827HCHCNVZZ AETD090827HCHCNLA2 15.555555555555555
RFC AETE0908273Z5 AETD0908276P4 13.846153846153847
Conjunto Poco Probable Repetido = 0.07692307692307665
Ev1 = 15.0
Nombre completo ACEVEDOTENAEVAN con ACEVEDOTENADILAN 24.375
Ev2 Conjunto Poco Probable = 0.9375
Ev2 Conjunto Probable Repetido = 0.0625
Ev2 = 51.0
Poliza             6.666666666666668
Fecha Nacimiento 20090827 20090827 5.0
Ev3 Conjunto Probable Repetido = 1.0
Ev3 = 9.0
Ev4 Conjunto Poco Probable = 0.875
Ev4 Conjunto Probable Repetido = 0.125
Ev4 = 51.0
```

Fig. 8. Ejemplo de diferencia entre gemelos

Mientras en la fig. 9 se muestra cómo un registro con diferencias en todos los campos, con excepción de la fecha de nacimiento es catalogado como duplicado correctamente.

```
4-114 LOPEZ INZUNZA JORGE ISSAC CURP en SP = LOIJ610129HSLPNR04
CURP null LOIJ610129HSLPNR04 0.0
RFC LOIJ610129 LOIJ6101292LA 15.384615384615383
Conjunto Probable Repetido = 0.46153846153846106
Ev1 = 33.5
Nombre completo LOPEZINZUNZAJORGEISSAC con LOPEZINZUNZAJORGEISAAC 28.636363636363637
Ev2 Conjunto Probable Repetido = 0.2272727272727272
Ev2 Conjunto Repetido = 0.7727272727272728
Ev2 = 76.5
Poliza    0.8333333333333337
Fecha Nacimiento 19610129 19610129 5.0
Ev3 Conjunto Probable Repetido = 1.0
Ev3 = 9.0
Ev4 Conjunto Repetido = 1.0
Ev4 = 80.5
```

Fig. 9. Ejemplo paciente duplicado con un solo dato igual

Y en la fig. 10 se muestra el caso que se obtuvo como Falso Negativo, el cual ejemplifica claramente las diferencias en los datos ingresados en diferentes padrones a pesar de pertenecer a la misma persona, como por ejemplo, siendo el nombre de la persona Brisseida Anabel, el padrón en cuestión omite el primer nombre y crea un RFC y CURP en base a ello, provocando que la distancia de Levenshtein de un resultado de aproximación menor al real, reduciendo con ello la exactitud del motor difuso.

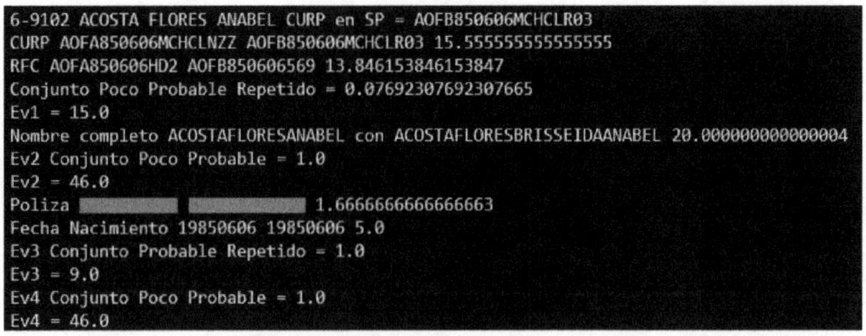

Fig. 10. Ejemplo del Falso Negativo obtenido

De esta primera corrida se logró un porcentaje de exactitud del 99%, el cual se obtuvo sacando la proporción de comparaciones correctas entre el total de comparaciones realizadas, este porcentaje puede variar según los datos de los pacientes a evaluar, dejando como primer trabajo a futuro realizar una cantidad mayor de pruebas con registros diferentes a los usados en esta ocasión. Después de ello, habría que revisar el rendimiento del motor difuso verificando las reglas de inferencia, el orden de las comparaciones, la cantidad de conjuntos a comparar en cada regla y/o ajustar los límites de las funciones de pertenencia, con la finalidad de obtener la meta deseada de 0 Falsos Negativos mientras se reducen al mínimo los falsos positivos.

IV. CONCLUSIONES

Los resultados obtenidos en este trabajo, muestran a la lógica difusa como una herramienta sumamente eficaz para simular las decisiones que tomaría una persona real para discernir entre registros duplicados, basándose solamente en una cantidad restringida de datos, los cuales son frecuentes a contener errores e incluso a ser omitidos por completo. El método presentado es capaz de distinguir un porcentaje mayor al 90% de los registros duplicados, aun cuando solo uno de los campos a comparar sea ingresado correctamente, proporcionando una gran ayuda para la creación del MPI.

La creación de un MPI como el descrito en el uso de ECE para instituciones públicas de salud permitirá mejorar la calidad de información sobre la salud pública de la nación para ayudar en la estrategia para la planeación y toma de decisiones para mejorar la calidad de la atención y seguridad de los pacientes, así como en la disminución de costos a las instituciones al planear mejor el gasto publico

REFERENCIAS

[1] Villafranco, G. (2015). ¿Por qué es tan caro (no) tener un expediente clínico electrónico?. Junio 2016, de Forbes Sitio web: http://www.forbes.com.mx/por-que-es-tan-caro-no-tener-un-expediente-clinico-electronico/.

[2] Instituto Nacional Electoral. (2016). Estadísticas Lista Nominal y Padrón Electoral. junio 2016, de http://www.ine.mx/archivos3/portal/historico/contenido/Estadisticas_Lista_Nominal_y_Padron_Electoral/.

[3] Gonzales-Cam, C. (2008). Algoritmos fonéticos en el desarrollo de un sistema de información de marcas y signos distintivos. Biblios, 32.

[4] Amón, I., Echeverri, J., Moreno, F., (2012). Algoritmo fonético para detección de cadenas de texto duplicadas en el idioma español. Revista Ingenierías Universidad de Medellín, Enero-Junio, 127-138.

[5] Martínez, C., Cimarelli, R., Fazio, T. & Fuentes, G. (Septiembre 2015). Desarrollo de un Índice Maestro de Pacientes Utilizando Estándares y Software Open Source. 6to Congreso Argentino de Informática y Salud. Congreso llevado a cabo dentro de las 44° JAIIO en Rosario, Arg.

[6] Magakian, M. (2013). Detecting string similarity in Java and C#. doduck. Noviembre 2015, de http://doduck.com/string-similarity-java-csharp/

[7] Soberats, C. (2011). Sistema de detección de personas duplicadas en un Sistema de Gestión de Información Médica. Tesis de Ingeniero Informático. Universidad de las Ciencias Informáticas.

[8] Klir, G., & Yuan, B. (1995). Fuzzy sets and fuzzy logic (Vol. 4). New Jersey: Prentice Hall.

[9] Ortiz, C. (2015). Sistema evaluador de calidad de datos en MySQL. Tesis de Ingeniero en Computación. Universidad Nacional Autónoma de México.

[10] Negre, S. (2014). Desarrollo y evaluación de un sistema de clasificación y monitorización de pacientes pediátricos con infección del tracto respiratorio inferior basado en la teoría de conjuntos difusos y lógica difusa (Doctorado). Universidad de Valencia.

[11] Manual del Expediente Clínico Electrónico (2011). Dirección General de Información en Salud. Secretaría de Salud. México.

[12] Do Carmo, A., & Motz, R. (abril 2001). Propuesta para integrar bases de datos que contienen información de la Web. In Proceedings of the 4to. Workshop Iberoamericano de Ingeniería de Requisitos y Ambientes de Software (IDEAS'2001), Costa Rica.

[13] Amón, I., Jiménez, C., (2010), "61SPA. Funciones de Similitud sobre Cadenas de Texto: Una Comparación Basada en la Naturaleza de los Datos". CONF-IRM 2010 Proceedings. Paper 58. http://aisel.aisnet.org/confirm2010/58

[14] Enterprise Master Patient Index. (2016). https://openempi.kenai.com. Abril 2016, de https://openempi.kenai.com/EnterpriseMasterPatientIndexAndOpenEMPI.pdf

[15] D. Guzmán, V. M. Castaño. (2016). La lógica difusa en ingeniería: Principios, aplicaciones y futuro. Ciencia y Tecnología, 24(2, 20).

A survey of artificial intelligence algorithms in the search of genetic patterns

José Salomón Altamirano Flores, Juan Carlos Cuevas-Tello, Francisco Eduardo Martínez Pérez, Héctor G. Pérez-González, Sandra E. Nava-Muñoz

Facultad de Ingeniería

Universidad Autónoma de San Luís Potosí

San Luis Potosí, México

josesaltf@gmail.com, cuevas@uaslp.mx, eduardo.perez@uaslp.mx, hectorgerardo@yahoo.com, senavam@uaslp.mx

Abstract— In the last years, there have been some important advances in the DNA sequencing. Such advances have increased the amount of genetic data generated. This data is important for the progress in the field of systems biology aiming at the discovery of the functions regulated by the DNA and their impact in disease risk. This would help to advance towards the superior goal of been capable to produce personalized treatment, the medicine of the future. The challenges faced with such high amount of data include high dimension, small samples, difficulty to detect interactions between genes, among others. Traditional statistical methods have been used, but recent research have showed that the capabilities of Artificial Intelligence techniques could provide some advantages when applied on such data. In this work, we made a review of some of the research in the search for gene-gene interactions using artificial intelligence's techniques that includes mainly the use of methods based on Artificial Neural Networks and some other techniques.

Keywords—gene-gene interaction; single nucleotide polymorphism; machine learning

I. INTRODUCTION

Genetic information presents the possibility of uncover new insights into the disease machinery. This is a goal of systems biology, along with functional genomic (*Human Genome Project*) [1] analysis and physiology (*Human Physiome Project*) [2] analysis, that aim to provide personalized medicine. This open the possibility of increasing personalization of treatments, which would in principle count with the information to affect more precisely the affected cells, while diminishing the affectation to healthy cells. This personalization would be a step in a different direction from techniques such as chemotherapy, where there is a direct attack to the disease cells but compromising the entire system. Having this in mind, and since the digital genome and environmental signals are two fundamental types of biological information that dictate whether an individual adopts a normal or diseased phenotype, functional genomics data can help diagnose disease and guide such therapy [3].

In Mendelian's rare diseases, single-gene mutations dictate the risk of presenting the disease phenotype, (e.g. cystic fibrosis and sickle cell anemia). Nevertheless, analytical strategies that have been used to identify Mendelian disease genes have met with limited success when applied to complex diseases. In the same venue, complex diseases are thought to arise from a combination of genetic and environmental factors [4], [5], present in multigenic locus [6], [7]. In the last decade, improvements in the systems to sequence DNA had allowed to increase the amount of available information, which in turn had increased the analytic problem for the discovery of relations in the risk of diseases. These problems are due to the curse of dimensionality (e.g. with possible combinations increasing, it may become impossible to recruit enough subjects to represent every possible genotypic combination [8]). That is because the dimensionality involved in the evaluation of such combinations quickly diminishes the usefulness of traditional, parametric statistical methods [5]. This is partly explained by the fact that traditional statistical methods rely on a large sample property [9]. Even more, there exists the need for corrections due to multiple rounds of testing on increasing number of variants, which demand a very low and restrictive significance threshold [10], [11]. For this reason, there is an increasing use of machine learning (ML) techniques in the search for relations between genetic information and disease risks. Some advantages of ML are that they do not need a pre-specified model, can deal with non-linearity and can work with high dimensional data.

The usual approach of focusing a study on just one or a few candidate genes limits our ability to identify novel genetic effects associated with disease. In addition, many susceptibility genes may exhibit effects that are partially or solely dependent on interactions with other genes and/or the environment. Genome-wide association studies (GWAS) had been proposed as a solution to these problems; however, the analysis of GWAS data is problematic because we must separate the one or few true, but modest, signals from the extensive background noise. GWAS analyses must embrace abundant clinical and environmental data available to complement the rich genotypic data with the ultimate goal of revealing the genetic and environmental factors that are important for disease risk [12].

Single Nucleotide Polymorphism (SNP) are an important part of the GWAS and other sequences techniques. SNPs are points in the genome sequence where one large fraction of the human population has one nucleotide, while another substantial fraction has another. These variants have at least 1 percent of probability that the genomes of two randomly chosen individuals will differ at a given site [13].

In the next section we present a definition of the concept of study design for epidemiology and population. After that section, there is an introduction to the Artificial Intelligence (AI), and the analysis of some applications for the detection of interactions within the genome sequence, also presented in Table I.

II. STUDY DESIGN

Some of the studies design includes **Case-Control studies**. This is the most frequently used, and where allele frequencies among affected individuals (cases) are compared to unaffected individuals (controls). This is also called Retrospective study, and attempt to relate prior health habits to current disease status [14]. **Cohort study** is another design, also called *Prospective Study*, where a group of disease-free individuals is identified at one point in time and are followed over a period of time until some of them develop the disease. This is the more frequent source of population for genetic association studies [14]. Other type is the **Family-based studies**, based on the transmission-disequilibrium test [14]. This group includes the *Case-parent trio* design. It gets benefits from the family based, which is robust to confounding due to population stratification and the providing of a greater statistical power compared to case-control designs for rare diseases [15].

III. ARTIFICIAL INTELLIGENCE APPROACHES

The traditional statistical approaches have faced some problems in the analysis of genetic data. As mention before, such problems include the difficulty to apply to high dimensional data, restrictive capability to detect interactions, low power after required accumulated error corrections, among others. Therefore, there has been proposed AI methods. Some of the benefits that the AI methods present are: management of high dimensional data, the no dependence on a previously defined model, their capability to detect non-linear interactions, among others.

A. Artificial Neural Networks

The Artificial Neural Networks (ANN) are capable of modeling complex nonlinear systems. Also ANN can be used to solve a great number of problems such as pattern recognition, prediction, function approximation, etc. [16]. ANN were used for the first time to classify four different types of small, round blue cell tumors (SRBCTs) of childhood [17]. The four different types included neuroblastoma (NB), rhabdmyosarcoma (RMS), non-Hodgkin lymphoma (NHL) and Ewing family of tumors (EWS). The authors did it by using gene-expression data from cDNA microarrays containing 6,567 genes, filtered to leave only 2,308 genes [17]. This process was applied by using 63 samples for training, and 25 samples to measure the performance as independent test. Principal component analysis (PCA) was used to select the first 10 components from the 88 samples. Also, the authors produced 3,750 different linear ANN with 63 samples for training, selected randomly, 1,250 times [17]. From these ANN the authors proceeded to select the genes that had more impact in the classification, if their expression level of each gene were change. After that, they found 96 genes as the most important. The 96 genes were used on the 3,750 ANN to classify the other 25 samples, that is testing. The classification was done using a voting system, each sample was assigned to a type of disease correctly, except for five samples corresponding to other types of cancer that were correctly discriminated. They also found genes specifically expressed in a cancer type, of which 41 had not been previously reported. The authors demonstrated that the linear ANN were capable of assessing the correct type of disease [17].

Another work was proposed using a combination of ANN with Genetic Programming (GP), which the authors called GPNN [4]. The authors reported that the training of ANN using techniques such as hill-climbing tends to get trapped on local minima. This problem gets worst considering that it has been hypothesized that for complex human diseases we are dealing with a rugged fitness landscape [18], [19]. For this reason, they proposed the use of GP for the training process, including the possibility to modify the architecture of the ANN. The process included the use of parallel subpopulations ("*demes*") in the population. This is to increase the exploratory power and to reduce the possibility of ending in poor local solutions. It also used *cross-validation* to assess the performance of the individuals. The authors compared GPNN against a Back-propagation Neural Network (BPNN). The study was based only on simulated data. The results showed that the GPNN could achieve similar performance in classifying the samples of the simulated Case-Control study, using only two functional SNPs. The GPNN also outperformed the BPNN when applied to a dataset with both functional and non-functional SNPs. This was due to the fact that BPNN tends to overfit the data, showing a better classification performance, but worst prediction performance. This approach was later used and applied to three simulated datasets and to Parkinson's disease data [20]. The results showed that the GPNN was capable of modelling two and three-locus interactions in moderate sample sizes in simulated data with very small heritability values (2–3%). Also they were capable of predict with about 60% the disease status in the dataset of Parkinson's case-control study. The GPNN was capable of detecting and interaction gene-gender, although they mention that more research is necessary to address the robustness of the method and to determine how the interaction might influence risk in Parkinson's disease.

In a later work, the authors tried to improve the GPNN performance by proposing training the ANN through Grammatical Evolution (GE) in [21]. The authors called this method GENN. The disadvantages of GPNN include that the binary trees are limited to two nodes, which might not be sufficient in power for more complicated ANN; also, changes in GPNN require program code updates, having an impact on development and flexibility. GENN was no longer necessary, as the GENN modifications are made on the ANN instead of in the code. The authors compared GENN against GPNN, BPNN and a random search in simulated data with 10 SNPs, two of which were functional. The GENN had similar configurations as GPNN. The results showed that both GPNN and GENN had better performance than BPNN and random search. In addition, GENN showed a similar performance with GPNN, but with a faster development and more flexibility. A posterior comparison between GPNN and GENN was made [22]. The authors used simulated data along with HIV immunogenetics data that contained 100 SNPs. The objective in the HIV data was to determine if the techniques were able to identify interactions showed by an exhaustive search technique. In the simulated data, GPNN required 150 more generations to produce similar performances as GENN. In the HIV's dataset GENN were able to show a statistically significant two-locus association, while GPNN did only identify a single SNP as statistically significant. The authors also mention that the GENN computing time increases linearly with respect to the number of variables included, which does not holds for the GPNN. However, they also mention that more research was necessary to determine power and type I error on data for genome studies.

A posterior study compared the performance of GENN against Multidimensionally Factor Reduction (MDR), Random Forest (RF), Focused Interaction Testing Framework (FITF) and two Logistic Regression (LR) based methods: stepLR and explicit LR (eLR). The comparison was made on 3,000 simulated datasets. The eLR was used as a "positive control" to assess the strength of the genetic signal in the simulated data, with the known simulated effect explicitly modeled. The results showed that even eLR had lower performance in the models with two and three locus interactions with lower heritability (1%). This showed how difficult is to statistically model such interactions. All the techniques had bad performance on the two and three locus interaction. All the methods had similar results when the odd ratio where 1.8 or 2. In the case of the heritability of 5%, GENN and MDR had similar performance as eLR in the one and two locus interactions, but only MDR was better in detecting three locus interactions. This result comes from the exhaustive search approach of MDR but at a computational cost. Also, GENN and MDR outperformed the FITF method on epistatic interactions. In the case of RF and stepLR, those methods had good performance detecting main effects, but both were unable to detect purely epistatic models. The authors remark the fact that GENN results in the single and two-locus models were comparable to MDR, for its computational advantage [5].

Another approach to compare ANN with LR was performed in [23]. The authors generated five different models for gene-gene interaction. The simulated data contained information on two risk scenarios (high and low) to present a disease genotype. The models have exactly two locus involved, therefore variable selection was a problem to address. Assumptions for both loci were to be in linkage equilibrium and that the Hardy-Weinberg equilibrium held. Each model included 100 case-control samples. The authors used six different architectures, changing only in the number of hidden units, ranging from zero to five units in the only hidden layer. For the LR five models were selected: the null model, three main effect models (only locus A, only locus B, both main effects), and a full model including both main effects and an interaction term. These models also used two variants, with and without design variables. In the former, LR models are fitted to the data with two dichotomous design variables representing each locus. These two variables reflected the heterozygous genotype and the homozygous genotype with two mutated alleles. The error was used as a measure to evaluate models. Hence, the differences between the penetrance matrix generated by the techniques and theoretical simulated penetrance matrix. In most of the twelve models, the neural networks estimated the penetrance matrix most accurately. LR performed better on the multiplicative model and the dominant epistatic model in the low risk scenario. However, since the underlying disease model is usually unknown beforehand, the ANN would have a better chance to model the penetrance matrix. They also evaluated the ability of MDR and the LR approaches to detect the interaction gave by the four two-locus disease models representing biological interaction. The logistic regression models mostly select a main effect model to represent the multiplicative model. This caused that the multiplicative and epistatic models could not be identified from the models, which is also true for the MDR approach. Therefore, it was not possible to identify biological interaction correctly.

In a different approach, the authors used the ANNs in the TWIST system [25] for feature selection and model creation [24]. This system performs a resampling of the dataset along with feature selection for a better training. Once the TWIST system generated a model, they used Multi-Layer Perceptrons (MLPs) with four hidden units for classification. A map was also generated using a mathematical approach based on an artificial adaptive system where the weights are modified accordingly to the distances between variables (i.e. they are reinforced or diminished). Using these techniques, the authors were capable of select six variables that allowed a classification of 90% of the mothers that have had a child with Down Syndrome (DS) in a case-control dataset. The map generated allowed to identify variables that showed influence in the identification of a mother with a child with DS. In the map also was shown the variables that allowed determining a mother in the control group. Nevertheless, the authors comment that more research was needed, since the sample was not large enough (30 cases and 29 controls) to consider generalization. Even more, that the study could not be generalized to other populations since the woman were all Caucasians of Italian origin.

ANNs were found to obtain good performance in a proposed Quantitative Genotype-Disease Relationships (QGDR) model. The model consisted of a LNN on different datasets with information on two candidate genes for SCZ [26]. This study compared the performance of twelve different classification techniques on datasets that used data only of one gene or a combination of both. Original dataset included 260 unrelated patients and 354 unrelated blood negative donors. Performance on the original datasets only achieved 66.6% using the gene HTR2A. For this reason, the authors generated six additional datasets combining original data with different amounts of simulated control samples, with a ratio $1{:}n$, where n represent the percentage of simulated instances with respect to the original samples. Ratios included 1:0.5, 1:1, 1:2, 1:3, 1:4 and 1:5. Using these datasets the authors proposed two models using the simple LNN. The first model included 40 SNPs (9 of the DRD3 gene and 31 of the HTR2A gene) based on the dataset that included 307 simulated negative subjects (1:0.5). The LNN had 40 inputs with 152 hidden neurons and achieved a 78.2% classification of the test group using cross-validation. The second proposed model included 3,070 simulated negative subjects (1:5) and based only on two SNPs from the HTR2A. LNN had two inputs with eight hidden neurons and achieved a 93.2% classification of the test group using cross-validation. Performance from other techniques were similar to the LNN, even as the latter is computationally simpler. The article does not state the form in which the SNPs were selected nor the impact created by the unbalanced datasets.

Another work that made use of the ANNs is presented by [27]. The authors search to predict a five-year recurrence of Breast Cancer (BCR). This considering that it is increasingly difficult to use traditional statistical methods for survivability prediction models due to, among other reasons, a low statistical power with small sample size and complex polynomial interaction terms. Considering this, authors compared the ANN performance against LR. Included in the study, authors generated composited models with the Decision Tree (DT) technique. In this process, DT selected important variables that were latter integrated to the LR or ANN models. One of the ANN models used a percent difference between the training and test samples as over-training prevention measure (ANN80), while the other did not used it (ANN100). A combination of data previously researched, recollected with similar procedures, was used. The combined data contained 757 subjects with information on 13,452 genes. From this amount of genes, the 100 with the lowest *p-values* were selected to be used in the models, along with six clinical variables. The results were generated using a 20-fold cross-validation. For extrapolation and predictive power in test samples ANN80 was the best. With regard to the composite models, DA80 (DT-ANN80) showed the best performance. Posteriorly, after ranking the genes in every model generated, they found 21 that had the highest predictive power in the test sample. These genes are involved in pathways related to cell cycle and cancer. Some of the genes were consisting with previous works.

Considering some drawbacks on the use of ANNs, such as their tendency to over-fitting to data and the difficulty to obtain significant information when used as black-box, other authors proposed the use of a Bayesian Neural Network (BNN) [28]. Considering that methods such as weight decay are well known to be approximations to a fully Bayesian procedure [28]. The Hamiltonian Monte Carlo (HMC) algorithm was used as stochastic sampling technique to draw samples from the posterior distribution. The use of HMC together with the use of parallel computing allows the method to be capable of scaling larger databases. For the prior distribution necessary for the Bayesian Network, the authors used specific prior structure known as the Automatic Relevance Determination (ARD). The comparisons were made using 2,000 case-control simulated datasets. The data was simulated with different values for heritability, Minor Allele Frequency (MAF), base-line risk and effect size. It included 1,000 SNPs for the first test, with two as causal SNPs, and four different effect scenarios were considerate: additive, threshold, epistatic and epistatic without main effects. The first comparison was made between BNN, Bayesian Epistasis Association Mapping (BEAM) and the χ^2 test. In the additive and threshold models, BNN showed a consistently better performance than BEAM and the χ^2 test. A second comparison included MDR and GRM (a method from the programming language R for the use of RF). The data for this test was simulated with 50 SNPs, but without marginal effects. In this comparison, MDR had the better performance, but it is unable of perform this analysis in GWAS due to the nature of the method. BNN did well across the tests, surpassing the other methods in most of the genetic models, and it is capable of scaling to GWAs-size data. After the BNN had been tested in simulated data, it was applied to a study with information on Tuberculosis (TB). This dataset applied contained 16,925 SNPs of 104 subjects infected with or with a latent form of TB. In this test, BNN identified five SNPs with highly important interactions for TB. However, a SNP reported as important previously, were ranked 31th with the technique. Due to the small sample size, it was hard to say conclusively which of the SNPs reported by BNN or the reported in previous works are most likely to replicate in a larger study.

B. Bayesian Probability

For the search of relations between biologic factors in a GWAS, a method was proposed to improve the performance of Bayesian probability network (BAPN). The objective of the method is to solve two of the main problems that are faced in GWAS: the big number of factors and the fact that they usually amount to small samples. The authors proposed a detector for epistatic interaction based on the use of Bayesian Networks, called EpiBN [29]. For a better performance, since the search process in EpiBN is driven by a score-and-search approach, it was accompanied with a proposed new adaptation measure called EpiScore. This measure assigns a value to the adaptation network-data. To reduce the search space, EpiBN also used a method to select the probably most important features. The tests were applied on four simulated datasets, which exhibited different interaction degree among the factors. The performance of EpiBN was better than the Bayesian Epistasis Association Mapping (BEAM), MDR and Support Vector Machine (SVM). EpiBN also had better performance after altering the samples sizes and the number of SNPs, showing its capability for escalating. Another comparison was made between EpiScore and some methods to evaluate other adaptation measures, such as AIC and BIC. The comparison was made on the proposed BAPN and EpiScore showed a better performance. EpiBN also surpassed other feature selection techniques used in previous works. Finally, the authors applied EpiBN on a GWAS containing data of Age-Related Macular Degeneration (AMD), Late-Onset Alzheimer Disease (LOAD) and Autism Data Analysis (ADA). EpiBN achieved to detect a two highly important SNPs interaction on AMD. One of the SNP already has been associated with AMD and the other one is a candidate contributing genetic factor. In the case of LOAD, EpiBN identifies APOE gen as important for the disease risk. EpiBN also showed a two SNP relation as candidate for an increase in the risk of LOAD. However, EpiBN was not able to detect a previously reported interaction between 10 SNPs. In the ADA dataset, EpiBN achieved to identify a three SNPs interaction as candidate for future studies.

C. Logistic Regression

One use of logistic regression was made for the creation of polygenetic models [11]. The authors tried to replicate some previous findings in the study of Schizophrenia (SCZ). They used data from 11 different research groups to include 86 previously associated SNPs by GWAS with SCZ, Bipolar Disorder (BD) and Autistic Spectrum Disorder (ASD) patients. Two problems that the proposed method is trying to overcome are the necessity of a highly restrictive statistical correction and the loss of statistical power inherent to the use of a great number of SNPs. The study included 2,847 DNA control samples and 3,063 DNA samples of patients with the diagnosis of SCZ, all of European origin from Spain. The authors independently analyze the SNPs draw with a resampling approach by logistic regression. This process was repeated 1,000 times, and the association between the model and the control status was through the analysis of the distribution of *p-values* for the logistic regression models applied over the test data sets. The prediction capability was assessed using the average of the area under the receiver operating characteristic curve of each interaction. The method identified an association between a SNP and SCZ. It also supported the evidence on association of 74% of SNPs originally reported in previous studies. It also found other four SNPs that have closed values to the established threshold. However, the polygenic model was not significant and the authors commented that it must be interpreted with caution.

D. Hybrids

A hybrid approach was used for feature selection with the objective of achieve a better classification, and trying to take into account biological significance [30]. The method combined Genetic Algorithm (GA) with ANN. The individuals in the GA population included information about gene expression without preprocessing from a DNA chip. The hybrid method (GA-ANN) was compared against other classifiers, including MLP, SVM and RF. The comparison was made on a dataset containing information of SRBCTs and leukemia. The results of GA-ANN were similar to the other techniques, but with different sets of genes. This showed that GA-ANN was able to select statistically significant genes from data without preprocessing.

In a posterior work, considering the objective of identify the factors with high biological significance, it was proposed the use of the ANN Inference (ANNI). This considering that the information obtained from methods as correlation analysis is not enough by itself to inform which feature has more biological significance. ANNI was originally proposed to model interaction between proteins. The idea is that ANNI are capable to explain the expression of a biological marker using the other markers, if these are capable of explain a status (e.g. a disease state). For this process, the 96 genes selected from the SRBCTs dataset in a previous work [30] were applied to the ANNI process. Calculation of the interactions strength was through the values of the weights of the trained MLP. This also allowed determining the kind of influence in the interaction (stimulating or inhibitor). After disposing the least significant relations, a genetic map was generated using the program *Cytoscape*. The map included only the most significant relations of each gen. These relations were proposed as possible markers for future studies. The map also allowed the authors to infer on the type of cancer present in some instances [31].

Another approach is trying to identify complex interactions along with interactions between SNPs. For this, it was proposed a pattern recognition approach considering feature extraction as an important factor. The hybrid technique includes a combination of GA-ANN-GEARM (called by them as GA-NN-GEARM). This approach combines Association Rules Mining (ARM) along with GE for the feature selection. ARM was used to address the dimensionality problem. After the selection, the SNPs were passed to the ANN for classification. They used and compared three types of ANN: a two-layer feedforward network with sigmoid transfer function, a Radial Basis Network (RBF) with the Gaussian activation function, and a Focused Time Delay Neural Network (FTDNN). Finally, GA was used to evolve the parameters of the different techniques, such as number of rules generated, number of neurons used on the hidden layer, maximum number of iterations used by the ANN and maximum number of times the ANN would repeat the training process with different initial weight values. The performance of the GA-NN-GEARM was similar or better than other combinations of techniques previously used. This performance also was achieved needing less SNPs, which showing GA-NN-GEARM had better feature selection [32].

E. Tree Based

Using a tree based approach, it was proposed a permuted Random Forest (pRF) [33]. This work used the RF combined with a permutation process. The idea was to find the combinations between genes that allow to explain a expressed phenotype. This was considering how the classification performance would be affected if a relation between a pair of SNPs was removed. The method pRF was compared against other techniques, such as MDR and Statistical Epistasis Network (SEN). The methods were applied on two datasets containing genetic sequences of bladder cancer patients. One of the dataset contains 7 SNPs and the other 39 SNPs. In the dataset with 7 SNPs, pRF was capable of identify the most important pair interaction detected by MDR. In the dataset with 39 SNPs, the comparison was between a previously constructed network using SEN. The network described the interaction between the polymorphisms. For the comparison, the results of pRF were partitioned in three groups. The groups included the same interactions in the maps generated by pRF and SEN with levels of 28.57%, 84.62% and 70.0% for each group. The method pRF also identify new relativity strong interactions that could be investigated in the future.

F. Data mining

Using a data mining approach, the authors applied the technique J48 and the *A priori* algorithm to identify relations between genes and disease phenotype [34]. These were used on a dataset containing data about hematological diseases, such as leukemia and lymphomas. The J48 generates decision trees while the *A priori* algorithm extracted decision rules. The *A priori* was used with the intention of find rules that could help explain the presence of a disease phenotype. In this work was also used the Fisher exact test, which only detected an interaction between two genes as statistically significant. While the J48 algorithm only showed one combination that explained one disease patient. On the other hand, using the *A priori* algorithm 12,052 rules were created having the disease status as consequence. From this, the first 24 were the most important, but 23 of them were a sub-conjunct of one rule. This one rule explained the disease status with high precision.

G. Support Vector Machine

SVM was used in order to generate a model that could classify the disease status. Since the SVM has some parameters that influence its performance, it was combined with GA for evolve such variables. The algorithm ID3 was also used to generate decision trees of the disease status. The methods were applied to three datasets, two of which were simulated and the third one used the same datasets as [34]. The SVM evolved by GA were capable of identify interactions in the dataset with real data that allowed to identify the disease status. The ID3 algorithm showed a decision tree that outlined the involved genes in the disease cases. It also identified some gene interactions that might intervene against hematological diseases [35].

IV. CONCLUSIONS

Since ANN have been widely used for pattern recognition, this survey focus mainly on ANN. Nevertheless, this survey covers other state-of-the-art methods including SVM and Bayesian methods. The work to find the etiology of complex disease is important in the way that it would approximate us to a better understanding of the genetic and/or environmental risks. Getting this knowledge will help with the basis of personalized treatment, the medicine of the future. However, to obtain such knowledge we have to sort some important drawbacks, such the need of new methods to exploit said information. Some of the methods that presented here were applied with the purpose to identify possible genetic configurations that have impact on the risk for a disease or in the effects of drugs administration. This is an area with increasing research, but that have been presented with difficulties such as a low reproducibility of results among studies. This is important on the account that there is still needed more research on some of the findings. Acknowledgment

The first author wants to give thanks to the Consejo Nacional de Ciencia y Tecnología for the support in his doctoral studies. The authors also thank the Universidad Autónoma de San Luis Potosí.

REFERENCES

[1] National Human Genome Research Institute, "An overview of the Human Genome Project," 2015. [Online]. Available: https://www.genome.gov/12011238/an-overview-of-the-human-genome-project/. [Accessed: 29-Jun-2016].

[2] P. Hunter, P. Robbins, and D. Noble, "The IUPS human physiome project," *Pflugers Arch. Eur. J. Physiol.*, vol. 445, no. 1, pp. 1–9, 2002.

[3] C. Auffray and L. Hood, "Editorial: Systems biology and personalized medicine - the future is now," *Biotechnol. J.*, vol. 7, no. 8, pp. 938–939, 2012.

[4] M. D. Ritchie, B. C. White, J. S. Parker, L. W. Hahn, and J. H. Moore, "Optimization of neural network architecture using genetic programming improves detection and modeling of gene-gene interactions in studies of human diseases.," *BMC Bioinformatics*, vol. 4, p. 28, 2003.

[5] A. A. Motsinger-Reif, D. M. Reif, T. J. Fanelli, and M. D. Ritchie, "A comparison of analytical methods for genetic association studies.," *Genet. Epidemiol.*, vol. 32, no. 8, pp. 767–78, Dec. 2008.

[6] J. N. Hirschhorn, K. Lohmueller, E. Byrne, and K. Hirschhorn, "A comprehensive review of genetic association studies.," *Genet. Med.*, vol. 4, no. 2, pp. 45–61, 2002.

[7] J. Altmüller, L. J. Palmer, G. Fischer, H. Scherb, and M. Wjst, "Genomewide scans of complex human diseases: true linkage is hard to find.," *Am. J. Hum. Genet.*, vol. 69, no. 5, pp. 936–50, Nov. 2001.

[8] J. H. Moore and M. D. Ritchie, "STUDENTJAMA. The challenges of whole-genome approaches to common diseases.," *JAMA*, vol. 291, no. 13, pp. 1642–3, Apr. 2004.

[9] Y. H. Fang and Y. F. Chiu, "SVM-based generalized multifactor dimensionality reduction approaches for detecting gene-gene interactions in family studies," *Genet. Epidemiol.*, vol. 36, no. 2, pp. 88–98, 2012.

[10] M. P. Martin and M. Carrington, "KIR Genotyping and Analysis," in *Innate Immunity*, J. Ewbank and E. Vivier, Eds. Totowa, NJ: Humana Press, 2008, pp. 49–64.

[11] J. L. Ivorra, O. Rivero, J. Costas, M. Iniesta, M. Arrojo, R. Ramos-Ríos, Á. Carracedo, T. Palomo, R. Rodriguez-Jimenez, J. Cervilla, B. Gutiérrez, E. Molina, C. Arango, M. Álvarez, J. C. Pascual, V. Pérez, P. A. Saiz, M. P. García-Portilla, J. Bobes, A. González-Pinto, I. Zorrilla, J. M. Haro, M. Bernardo, E. Baca-García, J. C. González, J. Hoenicka, M. D. Moltó, and J. Sanjuán, "Replication of previous genome-wide association studies of psychiatric diseases in a large schizophrenia case-control sample from Spain," *Schizophr. Res.*, vol. 159, no. 1, pp. 107–113, 2014.

[12] M. D. Ritchie, "Using biological knowledge to uncover the mystery in the search for epistasis in genome-wide association studies," *Ann. Hum. Genet.*, vol. 75, no. 1, pp. 172–182, 2011.

[13] B. Alberts, A. Johnson, J. Lewis, D. Morgan, M. Raff, K. Roberts, and P. Walter, *Molecular biology of the cell*, Sixth edit. Abingdon, UK: Garland Science, Taylor & Francis Group, LLC, 2015.

[14] A. J. Rogers and S. Weiss, "Epidemiologic and Population Genetic Studies," in *Clinical and Translational Science: Principles of Human Research*, 1st ed., D. Robertson and G. H. Williams, Eds. Academic Press, 2009, pp. 289–299.

[15] T. H. Beaty, J. C. Murray, M. L. Marazita, R. G. Munger, I. Ruczinski, J. B. Hetmanski, K. Y. Liang, T. Wu, T. Murray, M. D. Fallin, R. A. Redett, G. Raymond, H. Schwender, S.-C. Jin, M. E. Cooper, M. Dunnwald, M. A. Mansilla, E. Leslie, S. Bullard, A. C. Lidral, L. M. Moreno, R. Menezes, A. R. Vieira, A. Petrin, A. J. Wilcox, R. T. Lie, E. W. Jabs, Y. H. Wu-Chou, P. K. Chen, H. Wang, X. Ye, S. Huang, V. Yeow, S. S. Chong, S. H. Jee, B. Shi, K. Christensen, M. Melbye, K. F. Doheny, E. W. Pugh, H. Ling, E. E. Castilla, A. E. Czeizel, L. Ma, L. L. Field, L. Brody, F. Pangilinan, J. L. Mills, A. M. Molloy, P. N. Kirke, J. M. Scott, M. Arcos-Burgos, and A. F. Scott, "A genome-wide association study of cleft lip with and without cleft palate identifies risk variants near MAFB and ABCA4," *Nat. Genet.*, vol. 42, no. 6, pp. 525–529, Jun. 2010.

[16] A. K. Jain, Jianchang Mao, and K. M. Mohiuddin, "Artificial neural networks: a tutorial," *Computer (Long. Beach. Calif).*, vol. 29, no. 3, pp. 31–44, Mar. 1996.

[17] J. Khan, J. S. Wei, M. Ringnér, L. H. Saal, M. Ladanyi, F. Westermann, F. Berthold, M. Schwab, C. R. Antonescu, C. Peterson, and P. S. Meltzer, "Classification and diagnostic prediction of cancers using gene expression profiling and artificial neural networks," *Nat. Med.*, vol. 7, no. 6, pp. 673–679, Jun. 2001.

[18] M. Marinov and D. E. Weeks, "The complexity of linkage analysis with neural networks.," *Hum. Hered.*, vol. 51, no. 3, pp. 169–176, 2001.

[19] J. H. Moore and J. S. Parker, "Evolutionary computation in microarray data analysis," *Methods Microarray Data Anal.*, 2001.

[20] A. A. Motsinger-Reif, S. L. Lee, G. Mellick, and M. D. Ritchie, "GPNN: power studies and applications of a neural network method for detecting gene-gene interactions in studies of human disease.," *BMC Bioinformatics*, vol. 7, no. 1, p. 39, 2006.

[21] A. Motsinger, S. Dudek, L. Hahn, and M. D. Ritchie, "Comparison of Neural Network Optimization Approaches for Studies of Human Genetics," *Appl. Evol. Comput. SE - 10*, vol. 3907, pp. 103–114, 2006.

[22] A. A. Motsinger-Reif, S. M. Dudek, L. W. Hahn, and M. D. Ritchie, "Comparison of approaches for machine-learning optimization of neural networks for detecting gene-gene interactions in genetic epidemiology," *Genet. Epidemiol.*, vol. 32, no. 4, pp. 325–340, 2008.

[23] F. Günther, N. Wawro, and K. Bammann, "Neural networks for modeling gene-gene interactions in association studies.," *BMC Genet.*, vol. 10, no. 1, p. 87, 2009.

[24] F. Coppedè, E. Grossi, F. Migheli, and L. Migliore, "Polymorphisms in folate-metabolizing genes, chromosome damage, and risk of Down syndrome in Italian women: identification of key factors using artificial neural networks.," *BMC Med. Genomics*, vol. 3, p. 42, 2010.

[25] M. Buscema, E. Grossi, M. Intraligi, N. Garbagna, A. Andriulli, and M. Breda, "An optimized experimental protocol based on neuro-evolutionary algorithms," *Artif. Intell. Med.*, vol. 34, no. 3, pp. 279–305, Jul. 2005.

[26] V. Aguiar-Pulido, J. a Seoane, J. R. Rabuñal, J. Dorado, A. Pazos, and C. R. Munteanu, "Machine learning techniques for single nucleotide polymorphism--disease classification models in schizophrenia.," *Molecules*, vol. 15, no. 7, pp. 4875–4889, 2010.

[27] H.-L. Chou, C.-T. Yao, S.-L. Su, C.-Y. Lee, K.-Y. Hu, H.-J. Terng, Y.-W. Shih, Y.-T. Chang, Y.-F. Lu, C.-W. Chang, M. L. Wahlqvist, T. Wetter, and C.-M. Chu, "Gene expression profiling of breast cancer survivability by pooled cDNA microarray analysis using logistic regression, artificial neural networks and decision trees.," *BMC Bioinformatics*, vol. 14, no. 1, p. 100, 2013.

[28] A. L. Beam, A. A. Motsinger-Reif, and J. Doyle, "Bayesian neural networks for detecting epistasis in genetic association studies.," *BMC Bioinformatics*, vol. 15, no. 1, p. 368, 2014.

[29] B. Han, X. W. Chen, Z. Talebizadeh, and H. Xu, "Genetic studies of complex human diseases: characterizing SNP-disease associations using Bayesian networks," *BMC Syst. Biol.*, vol. 6 Suppl 3, no. Suppl 3, p. S14, 2012.

[30] D. L. Tong and A. C. Schierz, "Hybrid genetic algorithm-neural network: Feature extraction for unpreprocessed microarray data," *Artif. Intell. Med.*, vol. 53, no. 1, pp. 47–56, 2011.

[31] D. L. Tong, D. J. Boocock, G. K. R. Dhondalay, C. Lemetre, and G. R. Ball, "Artificial Neural Network Inference (ANNI): A study on gene-gene interaction for biomarkers in childhood sarcomas," *PLoS One*, vol. 9, no. 7, pp. 1–13, 2014.

[32] A. Boutorh and A. Guessoum, "Complex diseases SNP selection and classification by hybrid Association Rule Mining and Artificial Neural Network—based Evolutionary Algorithms," *Eng. Appl. Artif. Intell.*, vol. 51, pp. 58–70, 2016.

[33] J. Li, J. D. Malley, A. S. Andrew, M. R. Karagas, and J. H. Moore, "Detecting gene-gene interactions using a permutation-based random forest method," *BioData Min.*, vol. 9, no. 1, p. 14, 2016.

[34] J. Rodríguez-Escobedo, Gilberto, C. A. García-Sepúlveda, and J. C. Cuevas-Tello, "KIR Genes and Patterns Given by the A Priori Algorithm: Immunity for Haematological Malignancies," *Comput. Math. Methods Med.*, vol. 2015, pp. 1–11, 2015.

[35] J. C. Cuevas-Tello, D. Hernández-Ramírez, and C. A. García-Sepúlveda, "Support vector machine algorithms in the search of KIR gene associations with disease," *Comput. Biol. Med.*, vol. 43, no. 12, pp. 2053–2062, Dec. 2013.

TABLE I.   ARTIFICIAL INTELLIGENCE TECHNIQUES APPLIED FOR SEARCHING INTERACTIONS BETWEEN GENES OR RESPONSE TO DRUGS

Technique	ANN Training method	Source	Type of Study	Looking	SNPs	Disease applied to	Article	Article
ANN	BP	DNA MicroArray	Only Cases	Interactions	Yes	SRBCTs	[17]	Advantages: • Work in non-lineal spaces • Model independent • Work in high dimension • Universal function approximators Disadvantages: • Difficulty to choose the best parameters • Difficulty to identify main factors • Identify false positives • Possibility of stalling on local minima
	BP, GP	–	Case-Control	Interactions	Yes	Simulated Data	[4]	
	GP	Candidate Gene	Case-Control	Interactions	Yes	Parkinson	[20]	
	GE, GP	–	Case-Control	Interactions	Yes	Simulated Data	[21]	
	BP, GE, GP	Candidate Gene	Only Cases	Drug response	Yes	HIV immunogenetics	[22]	
	GE	–	–	Interactions	Yes	Simulated Data	[5]	
	BP	–	–	Interactions	No	Simulated Data	[23]	
	GA	Candidate Gene	Case-Control	Interactions	Yes	DS	[24]	
	Not stated	cDNA Microarray	Only Cases	Interactions		BCR	[27]	
	Not stated	GWAS	Case-Control	Interactions	Yes	Schizophrenia	[26]	
	HMC, ARD	GWAS	Only Cases	Interactions	Yes	Tuberculosis	[28]	
Bayesian probability	–	GWAS	Case-Control	Interactions	Yes	AMD, LOAD, ASD	[29]	Advantages: • Possibility to interpolate from a prior distribution • Work in high dimension Disadvantages: • Difficulty to select prior • High computational cost
Regression	–	GWAS	Case-Control	Interactions	Yes	SCZ	[11]	Advantages: • Computationally simpler Disadvantages: • Lacks the ability to characterize purely interactive effects
Hybrids	–	DNA Microarray	Only Cases	Interactions	Yes	Leukemia and SRBCTs	[30]	Advantages: • Combines strengths to overcome limitations Disadvantages: • Higher computational cost
	–	DNA Microarray	Only Cases	Interactions	Yes	SRBCTs	[31]	
	–	–	–	Interactions	Yes	Research datasets	[32]	
Tree based	–	GWAS	Case-Control	Interactions	Yes	Bladder cancer	[33]	Advantages: • Capable of achieve feature selection • Does not overfit to data Disadvantages: • Difficulty to select prior • High computational cost
Data mining	–	Candidate Gene	Case-Control	Interactions	No	Leukemia	[34]	Advantages: • Capable of identify important features Disadvantages: • High computational cost
SVM	–	Candidate Gene	Case-Control	Interactions	No	Leukemia	[35]	Advantages: • Work in high dimension data • Does no get trap on local minima • Robust to noise Disadvantages: • Difficulty to choose the best parameters • Cannot be directly used for feature selection

Correlation filtering for Three-dimensional Object Detection from Point Clouds Scenes

Kenia Picos [1], José A. González-Fraga [1,2], Víctor H. Díaz-Ramírez [1]

[1] Instituto Politécnico Nacional - CITEDI. Ave. Instituto Politécnico Nacional 1310, Col. Nueva Tijuana, C.P. 22435, Tijuana, Baja California, México

[2] Universidad Autónoma de Baja California. Carretera Transpeninsular Ensenada-Tijuana 3917, Col. Playitas, C.P. 22860, Ensenada, Baja California, México

kpicos@citedi.mx, angel_fraga@uabc.edu.mx, vhdiazr@ipn.mx

Abstract—In this paper we solve three-dimensional object detection using a correlation filtering approach. The input data comes from a point cloud scene digitalization given by a digital scanner. The detection system employs a filtering design based on local statistical parameters of the input scene. The position of the target is estimated with a maximization function of the output correlation between the input scene and the designed filter. The proposed algorithm yields good accuracy in terms of location error and detection performance of the correlation filter.

Keywords—*object detection; point cloud; correlation; 3D recognition.*

I. INTRODUCTION

Recently, three-dimensional (3D) object recognition has received more attention due to several applications in science and engineering in order to improve human activities [1]. Object detection is commonly used for tracking and location of a target in real world scenarios [2]. The capability of providing an accurate location of the target is of high interest in the field of medical images, mobile robots, surveillance, hand or head estimation, human-robot interaction, among others [3,4]. However, to achieve an accurate object detection is very challenging due to noise, geometrical distortions, and occlusions, which in fact compromise its performance [5].

Several strategies has been developed to solve object detection in a 3D space. Platforms such as Light Detection And Ranging (LIDAR) and RGB-D mapping systems are able to process a dense point cloud data with thousands, or even with millions of points [6,7]. However, large datasets are challenging to process in a feasible execution time, and also presents high memory requirements [8,9]. In this work, the attention is focused on the target detection from a 3D point cloud scene. We proposed a correlation filtering approach to solve the location estimation of a target which is embedded in a 3D scene with an unknown pose. Correlation filtering has been prove good accuracy in detection performance [10]. In this approach an appropiate filter design is needed. The filter design is based on statistical parameters of the input scene and the target reference. Then, a correlation operation is done in frequency domain. The best match between the input scene and the target of interest is given by a maximization function of the output correlation. With finding the best match, we also find the location estimates, which are the estimated coordinates of the position of the target. Because of this, we proposed a correlation approach which yields good accuracy in terms of location errors and detection performance.

This paper is organized as follows. Section II explains a review of the correlation filters used for object detection. Section III presents the proposed methodology to solve 3D object recognition from point clouds using correlation filters. Section IV presents the experimental results obtained with the proposed approach. Finally, Section V summarizes our conclusions.

II. CORRELATION FILTERS FOR OBJECT DETECTION

Let $f(x,y,z)$ be an input scene given by a point cloud registration. This scene is composed by an object $t(x,y,z)$ located at unknown coordinates (x_0, y_0, z_0) placed over a disjoint background $b(x,y,z)$. Here, the spatial coordinates $(x,y,z) \in [N,3]$ are defined by a finite number N of data points in the cloud for each RGB channel. The whole scene also may contain additive noise $n(x,y,z)$ given by camera sensor. In a 3D space the target can be geometrically distorted in traslation, rotation and scaling transformations. Because of this, the input signal model is given by

Fig. 1. Block diagram of the proposed method using a GMF correlation filter for object detection.

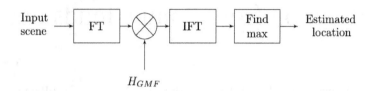

$$f(x,y,z) = t(x,y,z; \Omega) + w(x,y,z; \Omega)\, b(x,y,z) + n(x,y,z), \tag{1}$$

where $w(x,y,z)$ is a binary function that represents the inverse of the support region of the target. The term Ω represents a transformation matrix, which modifies geometrically the appearance of the object, described as follows:

$$\Omega = R\, T\, S. \tag{2}$$

The transformation matrices R, T, and S are given by rotation, traslation, and scaling of the geometry of the target. The affine transformation for rotation is represented by [11]

$$R = R_x\, R_y\, R_z, \tag{3}$$

where the individual rotation parameters are given by $c_\phi = \cos(\phi)$, and $s_\phi = \sin(\phi)$, as follows:

$$R_x = \begin{bmatrix} cx & sx & 0 & 0 \\ -sx & cx & 0 & 0 \\ 0 & 0 & 1 & 0 \\ 0 & 0 & 0 & 1 \end{bmatrix}, \quad R_y = \begin{bmatrix} cy & 0 & -sy & 0 \\ 0 & 1 & 0 & 0 \\ sy & 0 & cy & 0 \\ 0 & 0 & 0 & 1 \end{bmatrix}, \quad \text{and } R_z = \begin{bmatrix} 1 & 0 & 0 & 0 \\ 0 & cz & sz & 0 \\ 0 & -sz & cz & 0 \\ 0 & 0 & 0 & 1 \end{bmatrix}. \tag{4}$$

The affine transformations for location displacement of the target within the scene (tx,ty,tz), and the scaling factor for each axis (ax,ay,az), as described below

$$T = \begin{bmatrix} 0 & 0 & 0 & 0 \\ 0 & 0 & 0 & 0 \\ 0 & 0 & 0 & 0 \\ tx & ty & tz & 1 \end{bmatrix}, \quad \text{and } S = \begin{bmatrix} ax & 0 & 0 & 0 \\ 0 & ay & 0 & 0 \\ 0 & 0 & az & 0 \\ 0 & 0 & 0 & 1 \end{bmatrix}. \tag{5}$$

We are interested in design an estimator able to detect and locate the target $t(x,y,z)$ from a scene $f(x,y,z)$. For this, correlation filtering yields a good strategy for object recognition [12, 13]. As shown in Fig. 1, a correlation filter is a linear system in which the impulse response produces a high energy value when a reference corresponds to the values of a pattern. A generalized matched filter (GMF) is an optimal correlation filter represented in frequency domain, given by [14]

$$H(\mu,v,\xi) = \text{conj}(\ T_t(\mu,v,\xi) / T_f(\mu,v,\xi)\ ), \tag{6}$$

where $\mu \in [N,1]$, $v \in [N,1]$, and $\xi \in [N,1]$ are the corresponding coordinates in frequency domain. The terms $T_t(\mu,v,\xi)$ and $T_f(\mu,v,\xi)$ are the true and false elements of the target reference used for the detection. This terms are represented by statistical parameters of the input scene and the reference of the target, as follows [16, 17]

$$T_t(\mu,v,\xi) = 2\pi(\ T(\mu,v,\xi) + m_b W(\mu,v,\xi) + m_t W_0(\mu,v,\xi)\ ), \tag{7}$$

and

$$T_f(\mu,v,\xi) = |W(\mu,v,\xi)|^2 * N_b(\mu,v,\xi) + |W_0(\mu,v,\xi)|^2 * N_t(\mu,v,\xi), \tag{8}$$

where $T(\mu,v,\xi)$ and $W(\mu,v,\xi)$ are the Fourier transforms of the $t(x,y,z)$ and $w(x,y,z)$, respectively. The term $W_0(\mu,v,\xi)$ is the Fourier transform of the support region of the target given by $1-w(x,y,z)$. This filter also considers statistical parameters of the input scene, such as the mean value of the target m_t, and background m_b. $N_b(\mu,v,\xi)$ and $N_t(\mu,v,\xi)$ are the spectral density functions of the background and zero-mean additive noise of the target, respectively.

Fig. 2. Example of input point clouds. (a) Target to be detected in the scene, and (b) the observed environment.

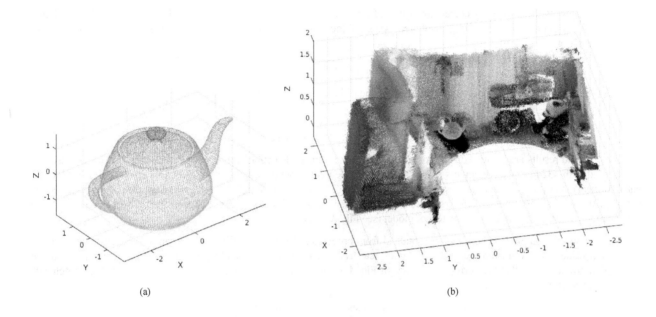

(a) (b)

A single GMF correlation filter can be used to recongize the target when a correlation operation processes the input scene. The output correlation plane produced with the designed filter is given by [18]

$$c(x,y,z) = f(x,y,z) \otimes h(x,y,z),$$
(9)

where $h(x,y,z) = \text{IFT}\{H(\mu,v,\xi)\}$ is the inverse Fourier transform of Eq. (6). The correlation is done in frequency domain, using element-wise multiplication and the separable properties of FFT in three steps by successive 1D operations [15]. The estimated location coordinates of the detected target within the scene are computed as

$$(\hat{x}_0, \hat{y}_0, \hat{z}_0) = \underset{(x,y,z)}{\operatorname{argmax}} \left\{ |c(x, y, z)|^2 \right\}.$$
(10)

III. Proposed Algorithm for Object Detection

The proposed method uses an strategy based on correlation filters. This methodology is designed in order to solve object detection using point cloud correlation filters, yielding high accuracy in object detection. The proposed algorithm is based on the block diagram in Fig. 1, which is explained as follows:

- STEP 1. The first step consists in capture the input scene. The scene is a point cloud composed by an N-by-3 array for location coordinates and N-by-3 array for a three-channel color values (RGB). As shown in Fig. 2, we assume that the scene contains a target of interest in a feasible 3D space.
- STEP 2. As described in Eq. (6), a correlation filter (GMF) is designed in frequency domain, by using statistical parameters of the input scene and a reference of the target of interest.
- STEP 3. The correlation operation from Eq. (9) is applied in order to find the best match between the input scene and the target reference.
- STEP 4. The output correlation plane provide the information of the location of the target by using a maximization functions. The resulting coordinates of Eq. (10) are the estimated coordinates of the target located in the scene.

- STEP 5. The quality of the detection performance is measured by the discrimination capability (DC) metric. The DC quantifies the ability of a filter to recognize a target among false objects, which is defined as follows [16]:

$$DC = 1 - \frac{|c^b|^2}{|c^t|^2},$$

(11)

where c^t is the maximum correlation value of $c(x,y,z)$ in the area of the target, and c^b is the value of the maximum sidelobe produced in the background area. Also, the location error of the estimated pose is measured by the quantitative metric, given by [16]

$$LE = \sqrt{(x_0 - \hat{x}_0)^2 + (y_0 - \hat{y}_0)^2 + (z_0 - \hat{z}_0)^2} \;,$$

(12)

where (x_0, y_0, z_0) and $(\hat{x}_0, \hat{y}_0, \hat{z}_0)$ are the real and estimated coordinates of the target in the scene, respectively.

IV. EXPERIMENTAL RESULTS

The obtained results are evaluated in terms of the accuracy of object detection and location estimation. The input dataset is a point cloud with 432449 points/elements in a 3D space, and their correspondent 432449 three-channel color values (RGB). The entire dimensions of the reconstructed scene are 4.74 x 5.66 x 2.25 meters. In Fig. 3 we represent examples of object detection with high accuracy using correlation filters. Note that the input scene is a point cloud data of a reconstructed scene of a livingroom environment. The target of interest is the teapot model (see Fig. 2(a)) [19].

Fig. 4 shows the output correlation plane obtained from processing the designed filter. As we can see, the range values of the correlation values are given from 0 to 1. Here, values near from the unity represents a higher match of a target (teapot) into the scene (livingroom). Note that the correlation values of Fig. 4 demonstrates that the target area coincides with the best match with respect to another areas in the scene.

We test several scenes with different location coordinates (x,y,z) of the target. As shown in Table I, the coordinates are given in metric distance units (meters). In the experiment, we place the 3D teapot synthetically in the scene. The real coordinates are unknown for the detection system. The proposed object detection strategy using correlation filters presents high accuracy in detection performance, and location errors. The location error and DC metric are LE = 0.158 +/- 0.002 meters, and DC = 0.888 +/- 0.04 Note that the deviation from different locations of the target is low. Another experiment consists in the variation of the rotation parameters of the target (see Table II). The filter presents good accuracy in detection performance DC = 0.891 +/- 0.004, and also presents good accuracy in location estimates given by LE = 0.162+/-0.003 meters. Finally, target size is varied from 5% to 50% with increment of 5%, as shown in Table III. Here, location estimates reaches to LE = 0.35+/-0.19 meters, and a detection performance of DC = 0.89+/-0.015. Note that the location errors and deviation increases with the variation of the scaling factor of the target in the observed scene.

V. CONCLUSIONS

In this work, we have presented a correlation filtering approach for 3D object detection from cloud point scenes. The input consists in a captured scenario given by a 3D digital scanner. With our approach, we demonstrate that correlation filtering is an feasible strategy to solve target detection from a point cloud scene. Several experiments are developed for testing the performance of the proposed algorithm. Variations of location coordinates, rotation angles, and scaling factor are applied to the geometry of the target. Our proposed methodology proves the robustness at these parameters of visualization changes of the target. The design of a GMF correlation filter yields an accurate estimation of the localization of the target. The average location error is aproximately 16 cm from the real 3D position of the target. From a range of 0 to 1, the quality detection of the designed filter yields a discrimination capability of 0.89, which is close to unity. A future work will be driven by improving the location accuracy and to estimate the rotation and scaling parameters from the proposed solution.

ACKNOWLEDGMENTS

This research was supported by Consejo Nacional de Ciencia y Tecnología (CONACYT), and Secretaría de Investigación y Posgrado - Instituto Politécnico Nacional SIP-20161465.

Fig. 3. Recognition performance for different location, rotation, and scaling variations of the target.

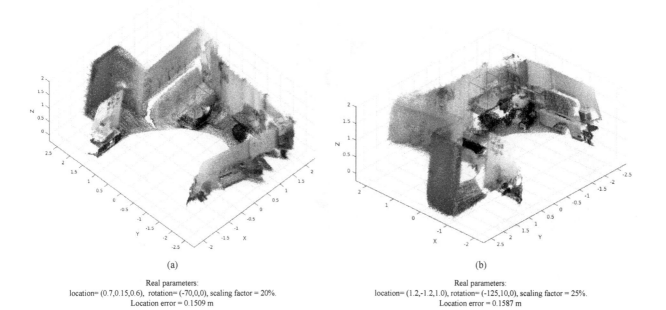

(a)

Real parameters:
location= (0.7,0.15,0.6), rotation= (-70,0,0), scaling factor = 20%.
Location error = 0.1509 m

(b)

Real parameters:
location= (1.2,-1.2,1.0), rotation= (-125,10,0), scaling factor = 25%.
Location error = 0.1587 m

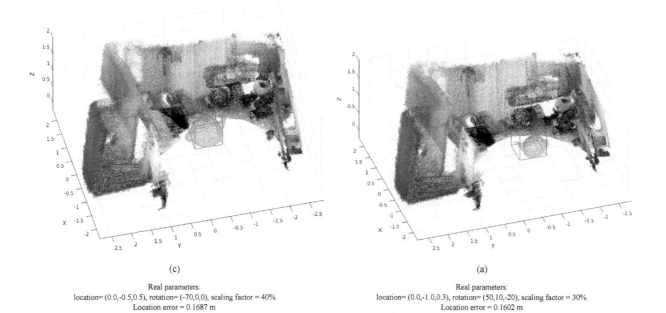

(c)

Real parameters:
location= (0.0,-0.5,0.5), rotation= (-70,0,0), scaling factor = 40%.
Location error = 0.1687 m

(a)

Real parameters:
location= (0.0,-1.0,0.3), rotation= (50,10,-20), scaling factor = 30%.
Location error = 0.1602 m

Fig. 4. Example of an output point cloud values from the correlation process.

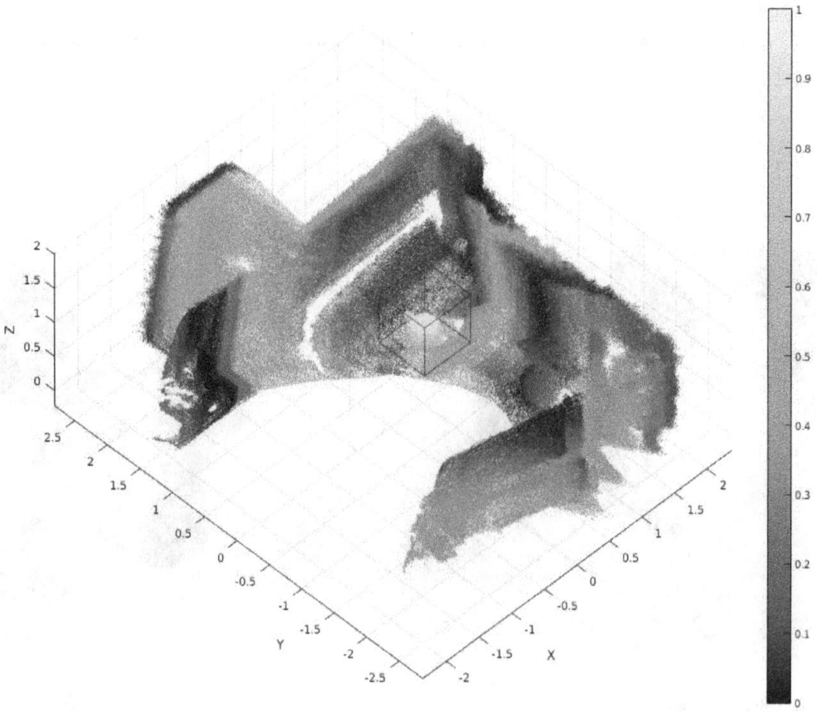

TABLE I. ALGORITHM PERFORMANCE AT DIFFERENT LOCATION COORDINATES OF THE TARGET.

X (m)	Y (m)	Z (m)	LE (m)	DC	X (m)	Y (m)	Z (m)	LE (m)	DC
-2.0	0.0	0.0	0.1539	0.8875	-2.0	2.0	0.00	0.1583	0.8876
-1.5	0.0	0.0	0.1574	0.8809	-1.5	1.5	0.25	0.1504	0.8939
-1.0	0.0	0.0	0.1618	0.8892	-1.0	1.0	0.50	0.1604	0.8947
-0.5	0.0	0.0	0.1569	0.8863	-0.5	0.5	0.75	0.1522	0.8908
0.0	0.0	0.0	0.1604	0.8850	0.0	0.0	1.00	0.1620	0.8812
0.5	0.0	0.0	0.1607	0.8900	0.5	-0.5	1.25	0.1627	0.8876
1.0	0.0	0.0	0.1582	0.8931	1.0	-1.0	1.5	0.1542	0.8891
1.5	0.0	0.0	0.1572	0.8832	1.5	-1.5	1.75	0.1541	0.8902
2.0	0.0	0.0	0.1586	0.8888	2.0	-2.0	2.00	0.1580	0.8849

TABLE II. Algorithm Performance at Different Rotation Angles of the Target.

ϕ_X (degrees)	ϕ_Y (degrees)	ϕ_Z (degrees)	LE (m)	DC	ϕ_X (degrees)	ϕ_Y (degrees)	ϕ_Z (degrees)	LE (m)	DC
-90.0	0.0	0.0	0.1602	0.8943	-90.0	180.0	-45.0	0.1623	0.8843
-60.0	0.0	0.0	0.1517	0.8948	-60.0	150.0	-30.0	0.1592	0.8868
-30.0	0.0	0.0	0.1574	0.8875	-30.0	120.0	-15.0	0.1584	0.8896
0.0	0.0	0.0	0.1555	0.8942	0.0	90.0	0.0	0.1684	0.8891
30.0	0.0	0.0	0.1571	0.8883	30.0	60.0	15.0	0.1659	0.8886
60.0	0.0	0.0	0.1631	0.8840	60.0	30.0	30.0	0.1643	0.8955
90.0	0.0	0.0	0.1499	0.8918	90.0	0.0	45.0	0.1605	0.8900

TABLE III. Algorithm Performance at Different Scaling Factor of the Target.

Scaling factor (%)	LE (m)	DC
0.0	0.0259	0.9488
5.0	0.0872	0.9150
10.0	0.1555	0.9024
15.0	0.2397	0.8935
20.0	0.3256	0.8859
25.0	0.3930	0.8892
30.0	0.4776	0.8813
35.0	0.5579	0.8728
40.0	0.6378	0.8675
45.0	0.7126	0.8705
50.0	0.7917	0.8615

REFERENCES

[1] M. Daoudi, A. Srivastava, and R. Veltkamp, 3D Face Modeling, Analysis and Recognition, Wiley (2013).

[2] S. Martínez-Díaz and V. Kober. Nonlinear synthetic discriminant function filters for illumination invariant pattern recognition. Opt. Eng. 47(6), pp. 1-9, 2008.

[3] E. Murphy-Chutorian, M.M. Trivedi. Head pose estimation in computer vision: A survey. IEEE Trans. Pattern Anal. Mach. Intell. 2009, 31, 607–626.

[4] A. Erol, G. Bebis, M. Nicolescu, R.D. Boyle, X. Twombly. Vision-based hand pose estimation: A review. Comput. Vis. Image Underst. 2007, 108, 52–73.

[5] T. Manzur, J. Zeller, and S. Serati, Optical correlator based target detection, recognition, classification, and tracking. Appl. Opt. 51, pp. 4976-4983, 2012.

[6] P. Henry, M. Krainin, E. Herbst, X. Ren, and D. Fox, RGB-D mapping: Using Kinect-style depth cameras for dense 3D modeling of indoor environments, The Int. Journal of Robotics Research, 2012.

[7] T. Whelan, M. Kaess, M. Fallon, H. Johannsson, J. Leonard, and J. McDonald, Kintinuous: Spatially extended KinectFusion, in RSS Workshop on RGB-D: Advanced Reasoning with Depth Cameras, Jul 2012.

[8] L. Ma, T. Whelan , E. Bondarev , P. de With, and J. McDonald, Planar Simplification and Texturing of Dense Point Cloud Maps, European Conf. on Mobile Robots (ECMR), 164–171, Sep 2013.

[9] M. F. Fallon, H. Johannsson, and J. J. Leonard, Efficient scene simulation for robust Monte Carlo localization using an RGB-D camera, in IEEE Intl. Conf. on Robotics and Automation (ICRA), May 2012.

[10] K. Picos, V.H. Diaz-Ramirez, V. Kober, A.S. Montemayor, J.J. Pantrigo, Accurate three-dimensional pose recognition from monocular images using template matched filtering, Opt. Eng. 55(6), 063102 (2016).

[11] A. Boreskov and E. Shikin, Computer Graphics: From Pixels to Programmable Graphics Hardware, Chapman & Hall, Taylor & Francis (2014).

[12] R. Kerekes and B. Vijaya-Kumar, Correlation filters with controlled scale response, IEEE Trans. Image Process. 15(7), 1794–1802 (2006).

[13] B. V. K. Kumar and L. Hassebrook, Performance measures for correlation filters, Appl. Opt. 29(20), 2997–3006 (1990).

[14] B. Javidi and J. Wang, Design of filters to detect a noisy target in nonoverlapping background noise, J. Opt. Soc. Am. A 11, 2604–2612 (1994).

[15] S. Jayaraman, S. Esakkirajan, and T. Veerakumar, Digital Image Processing, McGraw Hill (2009).

[16] V. Kober and J. Campos, Accuracy of location measurement of a noisy target in a nonoverlapping background, J. Opt. Soc. Am. A 13(8), 1653–1666 (1996).

[17] V. H. Diaz-Ramirez, K. Picos, and V. Kober, Target tracking in nonuniform illumination conditions using locally adaptive correlation filters, Opt. Commun. 323, 32–43 (2014).

[18] B. V. K. Vijaya-Kumar, A. Mahalanobis, and R. D. Juday, Correlation Pattern Recognition, Cambridge University Press (2005).

[19] M. Newell, Utah teapot 3D digital model. https://www.cs.utah.edu (1975). On-line; accessed 20 jun 2016.

Heurística Lógico Combinatoria para la Selección de Subconjuntos de Características en Diabetes Mellitus

Rodriguez de León Pablo, Torres Soto Maria Dolores, Torres Soto Aurora

Universidad Autónoma de Aguascalientes

Aguascalientes, México

pablo.rdz@live.com , mdtorres@correo.uaa.mx, atorres@correo.uaa.mx

Resumen: La diabetes mellitus es una patología que cobra muchas vidas día con día en nuestro país, de ahí la relevancia de investigar las razones importantes que describen cómo se desarrolla esta enfermedad, la cual es considerada, junto con la hipertensión como una de las más impactantes en nuestro país. Mediante esta investigación, se busca encontrar los factores de riesgo en la población de Aguascalientes.

En esta Investigación se presenta un marco de trabajo en el cual se realizan paralelamente dos estudios con información real de una base de datos del Hospital Tercer Milenio perteneciente al Instituto de Salud del Estado de Aguascalientes, la cual fue discretizada para su procesamiento en los estudios mencionados.

Para el primer estudio: uno experimental, haciendo uso del concepto de testor y testor típico se trabajó una línea de investigación en la que se desarrolló un algoritmo para la obtención de los testores. Éstos, nos proporcionan por medio del enfoque lógico-combinatorio información para ponderar las variables y así determinar la importancia de cada una de ellas. El segundo estudio: uno transversal analítico, se analizaron datos del antes y después de pacientes con la patología de diabetes mellitus. Mediante pruebas estadísticas se determinaron las variables significativas que se vieron modificadas después de que el paciente fue diagnosticado con este padecimiento.

Mediante el estudio experimental, se obtuvieron las variables importantes y el peso informacional de cada una de ellas, entre las cuales destacan: la frecuencia cardiaca, la tensión arterial y el nivel de glucemia. En el estudio transversal analítico se destacaron dos variables de suma importancia: el índice de masa corporal y la edad, las cuales son determinantes en el cambio de paciente probable diabético a paciente diabético confirmado.

Estos resultados proveen información relevante para investigaciones futuras de diabetes mellitus en la población de Aguascalientes.

I. INTRODUCCIÓN

En esta investigación se establece un marco de trabajo mediante el cual se analizó la información de pacientes del Estado de Aguascalientes con diabetes mellitus.

Mediante un preprocesamiento, que incluye: limpieza, ordenamiento de la información y discretización de las variables se preparó la base de datos para su posterior análisis en dos estudios:

Un estudio experimental en el cual por medio de heurística de lógica combinatoria se desarrolló un algoritmo para determinar los testores típicos (tarea de complejidad exponencial) [13]. Con los testores, se calificó la importancia de cada una de las variables. Los datos corresponden a pacientes diagnosticados con la patología así como pacientes sin diagnóstico de la misma.

Otro estudio en el cual por medio de pruebas estadísticas se identificaron las variables significativas de la comparación de datos de pacientes antes y después de confirmar la patología.

La importancia del uso de testores en esta investigación, radica en las múltiples ventajas que éstos reportan sobre otras metodologías utilizadas para identificación de factores de riesgo en problemas médicos. Uno de los beneficios más importantes de su uso radica en la independencia del insumo de datos de un tipo de distribución estadística específica; como los datos no se encuentran sujetos a supuestos de alguna distribución estadística, no están restringidos a características específicas (como normalidad y homocedasticidad), así como tampoco se exige la independencia entre las variables por lo que no necesitan ser sometidos a pruebas estadísticas convencionales.

Además, los testores, tienen la capacidad de atacar problemas complejos y no tienen limitaciones respecto al número de variables a analizar, son robustos, no tienen restricciones en tipo de datos o un orden específico de éstos. La máxima cantidad de datos a procesar por medio de testores, está limitada sólo por la capacidad de la infraestructura computacional utilizada y no por el problema a resolver. Por otro lado, los testores encuentran y ponderan todas las posibles soluciones y no sólo un conjunto limitado de ellas.

Mediante esta investigación, se determinaron los factores característicos de pacientes con diabetes mellitus en el Estado de Aguascalientes, ya que este diagnóstico es una de las primeras causas de muerte en el Estado [6], al grado que se ha llegado a considerar una epidemia.

II. Marco Teorico

Heurística, se deriva del griego heuriskein, que significa "encontrar " o "descubrir", hay entre otras definiciones la de Nyree Lemmens la define como: "proceso que puede resolver un cierto problema, pero que no ofrece ninguna garantía de lograrlo, se le denomina heurística para ese problema [9]. Otra definición sería la siguiente: Las heurísticas son técnicas que buscan soluciones de buena calidad (de valor cercano al óptimo) a un costo computacional razonable, aunque sin garantizar la optimalidad de la misma. En general, no se reconoce el grado de error. Pueden ser agrupadas de manera muy general en la clasificación de Rodríguez Bocca [11].

Testores, este concepto aparece a mediados de los años cincuenta, y fue empleado en la detección de fallas de circuitos eléctricos por Cheguis y Yablonskii [4] y después, se utilizó para solucionar problemas de clasificación supervisada y detección de variables en el área de Geología[2]. En los trabajos más recientes se encuentra el trabajo pionero de Dmitriev, Zhuravlev y Krendeleiev en 1966 [5].

Un testor típico es aquel que pierde su condición de testor si pierde cualquiera de sus rasgos [15], como menciona Pons en 2003 [15] o dicho de otra forma, un testor típico es un testor al ya se le eliminó toda redundancia o un testor en su mínima expresión [16].

El concepto de testor, comúnmente asociado al problema de reconocimiento de patrones, se encuentra dentro de lo que se conoce como enfoque lógico combinatorio, que permite la determinación de familias y subfamilias de testores: como es el caso de los testores típicos. Para determinar las subfamilias, se han desarrollado algunos algoritmos que se dividen en algoritmos de escala interior [1], [3] y los algoritmos de escala exterior; entre los que encontramos el algoritmo BT [1]. Hay evidencia de que el algoritmo BT has sido ampliamente utilizado [13] por ser considerado el paradigma de los algoritmos de escala exterior. Lamentablemente su desempeño computacional no ha sido totalmente conveniente debido a los tiempos de ejecución obtenidos

Diabetes Mellitus o simplemente la diabetes, es una enfermedad crónica que aparece cuando el páncreas no puede producir insulina o cuando el cuerpo no puede hacer un buen uso de la insulina que produce. La insulina es una hormona producida por el páncreas que actúa como una llave que permite que la glucosa de los alimentos que ingerimos pase de la sangre a las células del cuerpo para producir energía. Todos los alimentos ricos en hidratos de carbono se descomponen en glucosa en la sangre. La insulina ayuda a la glucosa a entrar en las células. [8]

La diabetes se está convirtiendo rápidamente en la epidemia del siglo XXI y en un reto de salud global. Estimaciones de la Organización Mundial de la Salud indican que a nivel mundial, de 1995 a la fecha casi se ha triplicado el número de personas que viven con diabetes, con cifra actual estimada en más de 347 millones de personas con diabetes.1, 2 De acuerdo con la Federación Internacional de Diabetes, China, India, Estados Unidos, Brasil, Rusia y México, son en ese orden los países con mayor número de diabéticos [7]

Este trabajo se enfocó principalmente en pacientes **diagnosticados** con diabetes tipo 2, en los cuales los factores de riesgo según El centro médico de La universidad de Maryland [10] publica que son:

- Edad superior a 45 años
- Diabetes durante un embarazo previo
- Peso corporal excesivo (especialmente alrededor de la cintura)
- Antecedentes familiares de diabetes
- Dar a luz un bebé que pese más de 4 kg (9 libras)
- Colesterol HDL de menos de 35 mg/dL
- Niveles sanguíneos altos de triglicéridos, un tipo de molécula de grasa (250 mg/dL o más)
- Hipertensión arterial (superior o igual a 140/90 mmHg)
- Trastorno en la tolerancia a la glucosa
- Bajo nivel de actividad (hacer ejercicio menos de tres veces a la semana)
- Síndrome metabólico
- Poliquistosis ovárica
- Una afección llamada acantosis pigmentaria, la cual provoca oscurecimiento y engrosamiento de la piel alrededor del cuello o las axilas.

La Subsecretaría de Prevención y Promoción de la Salud, en su boletín Epidemiológico de Diabetes Mellitus tipo 2 menciona que la IFD (federación internacional de Diabetes Mellitus) reportó en el año 2012 un gasto de 471 miles de millones de dólares.

La Organización Panamericana de la Salud pública, [11] establece que el propósito del CIE es permitir el registro sistemático, el análisis, la interpretación y la comparación de los datos de mortalidad y morbilidad recolectados en diferentes países o áreas, y en diferentes momentos. La clasificación permite la conversión de los términos diagnósticos y de otros problemas de salud, de palabras a códigos alfanuméricos de 4 dígitos que facilitan su almacenamiento y posterior recuperación para el análisis de la información.

III. METODOLOGÍA

Esta investigación toma como base principal la información del Hospital Tercer Milenio perteneciente al Instituto de Salud del Estado de Aguascalientes, en su Sistema de Consulta Externa Especializada la cual genera una base de datos de los pacientes consultados que es alimentada en la consulta diaria mediante los diagnósticos del Catálogo Internacional de Enfermedades en su versión 10.

Inicialmente se tomó la información del total de pacientes filtrando esa información a sólo los pacientes que fueron diagnosticados probables con Diabetes Mellitus y que en fechas futuras fueron diagnosticados confirmados, tomando información que no sea sensible a algún incidente legal, así mismo esta información se preproceso para eliminar registros de pacientes con datos incompletos así como una reducción de las variables iníciales dejando sólo las variables consideradas de importancia para el estudio.

La información seleccionada corresponde a pacientes consultados entre el año 2010 y 2015, en esta investigación se tomaron sólo datos no sensibles de los pacientes y las consultas, los cuales han sido consultados y confirmados con la Dirección de Servicios de Salud del Instituto de Servicios de Salud del Estado de Aguascalientes.

Objetivo.
El principal objetivo de la presente investigación es identificar los principales factores de riesgo que predisponen a un paciente para presentar la patología Diabetes Mellitus

Hipótesis
1. La edad en conjunto con el género de paciente son determinantes para desarrollar la patología de diabetes mellitus.
2. La frecuencia cardiaca, tensión arterial e índice de masa corporal son factores altamente relacionados con el diagnóstico de diabetes mellitus.
3. La hipertensión, el incremento en glucemia, el aumento en el índice de masa corporal y la diferencia en género son factores importantes en la determinación de la patología de diabetes mellitus.

Información utilizada.

La base de datos inicial cuenta con un registro de aproximadamente 200,000 pacientes de los cuales se seleccionaron los pacientes que fueron diagnosticados con probable Diabetes Mellitus quedando un total de más de 4000 registros, a continuación se le dio seguimiento a esos pacientes seleccionando los pacientes que fueron diagnosticados como confirmados con Diabetes Mellitus, para determinar nuestra población inicial se realizó un cruce de estos resultados obteniendo un total de 600 pacientes, los cuales se depuraron y analizaron para objeto de estudio inicial en esta investigación.
Las variables utilizadas en la investigación fueron: temperatura, índice de masa corporal, glucemia, frecuencia cardiaca, tensión arterial, sexo, estado civil, deciles, derechohabiencia, estado.
Temperatura: es uno de los signos vitales que representa el equilibrio entre el calor producido por el metabolismo, las actividades musculares, los alimentos y el oxígeno como fuente energética y el calor que se pierde a través de la piel, los pulmones y las excretas corporales
Índice de Masa Corporal: El índice de masa corporal (IMC) es un indicador simple de la relación entre el peso y la talla que se utiliza frecuentemente para identificar el sobrepeso y la obesidad en los adultos. Se calcula dividiendo el peso de una persona en kilos por el cuadrado de su talla en metros (kg/m2).
Edad: edad del paciente en el momento de la consulta
Glucemia: la cantidad de un azúcar o glucosa en una muestra de sangre.
Frecuencia Cardiaca: Es la frecuencia de vibraciones de las paredes de las arterias que se produce al pasar por estas una onda recurrente de sangre bombeada por la contracción ventricular.
Tensión Arterial: Es la fuerza creada por el corazón, mantenida por la elasticidad arterial y regulada por las resistencias periféricas.
Sexo: Masculino o Femenino.

Estado Civil: Condición de una persona según el registro civil en función de si tiene o no pareja y su situación legal respecto a esto.

Deciles: Es un nivel de clasificación otorgado por el departamento de trabajo social el cual define el nivel de apoyo económico que recibe el paciente.

Derechohabiencia: Tipo de servicio o prestaciones sanitarias públicas el cual el paciente tiene derecho a recibir

Estado: Colonia, municipio y estado de residencia del paciente.

Infraestructura Computacional.

Equipo: Laptop Core i5 a 2.5 GHz, 12 Gb RAM.

Lenguaje utilizado: Delphi versión RadStudio XE2.

Sistema Operativo: Windows 8.1.

Tiempo aproximado de ejecución 45 minutos.

Marco de Trabajo.

Los Pasos Generales para realizar la investigación (Diagrama 1) fueron:

Seleccionar un grupo de pacientes con el diagnóstico de Diabetes Mellitus basados en el CIE 10, simultáneamente seleccionar un grupo de pacientes considerados como sanos o sin diagnóstico relacionado con Diabetes Mellitus para poder realizar la comparación.

Preprocesar mediante una discretización la información de los 2 grupos antes mencionados.

Realizar un Estudio Experimental en el cual se someterán los grupos pre procesados anteriormente a la teoría de testores típicos para obtener los factores de Diabetes Mellitus.

Realizar de un Estudio Transversal Analítico mediante la comparación de los datos discretizados de un grupo pacientes con el diagnóstico de probable Diabetes Mellitus, contra los datos de estos mismo pacientes con el diagnóstico de confirmado Diabetes Mellitus.

Interpretar los resultados de los 2 análisis anteriores para emitir conclusiones acerca de la población analizada y hacer las recomendaciones para en un futuro tomar las acciones preventivas necesarias en la población del Estado de Aguascalientes.

Diagrama 1: Marco de Trabajo de la Investigación

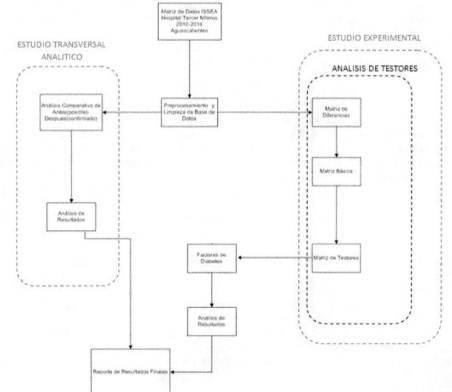

La información obtenida de la bases de datos se procesó mediante la eliminación de registros duplicados, con datos erróneos ya sea fuera de rango o nulos. A continuación se procedió a realizar consultas con las cuales se logró discretizar directamente sobre la base de datos como se muestra a continuación en la Tabla 1.

Tabla 1. Variables discretizadas.

VARIABLE	NIVEL	DOM. DE FUNC.	CRIT. DE COMP.
TEMPERATURA	CLINICO	1,2,3,4,5,6	Igualdad Estricta
IMC	CLINICO	1,2,3,4	Igualdad Estricta
EDAD	CLINICO	1,2,3,4	Igualdad Estricta
GLUCEMIA	CLINICO	1,2,3	Igualdad Estricta
FC	CLINICO	1,2,3,4,5,6	Igualdad Estricta
T.ALTA Y T.BAJA	CLINICO	1,2,3,4,5,6,7	Igualdad Estricta
SEXO	CLINICO	1,2	Igualdad Estricta
ESTADOCIVIL	POBLACIONAL	1,2,3,4,5,6,7	Igualdad Estricta
DECILES	POBLACIONAL	1,2,3	Igualdad Estricta
DERECHOHABIENCIA	POBLACIONAL	1,2,3,4,5,6,7,8	Igualdad Estricta
ESTADO	POBLACIONAL	1-32(CATALOGO)	Igualdad Estricta

Estudio Experimental

Para realizar el Análisis de Testores se siguieron los siguientes pasos:

1. Las matrices de aprendizaje definidas como MA1 la cual contiene la información de los pacientes diagnosticados con Diabetes Mellitus y MA2 la cual contiene la información de los pacientes sanos o sin relación a Diabetes Mellitus.
2. Se genera la matriz de diferencias la cual está conformada por las diferencias entre los datos discretizados de las matrices de aprendizaje, estas comparaciones son rasgo a rasgo para cada par de objetos de clases distintas.
3. A partir de esta matriz se obtiene la Matriz básica la cual contiene solamente las diferencias básicas encontradas en la matriz de diferencias, por lo cual la matriz de diferencias es reducida a su mínima expresión, eliminando duplicados, descartando las subfilas o menores, las cuales son incomparables o mínimas.
4. A continuación se genera una Matriz de Testores, con todas las combinaciones de los n-bits que conforma el número de variables comparadas en este estudio experimental, cada uno de estos se compara con cada una de las filas de la matriz básica para determinar su condición de **testor** o **no testor.**
5. Se obtiene la Matriz de Testores típicos la cual se genera al reducir a su mínima expresión la matriz de testores.
6. Obtenido el conjunto de todos los testores típicos, se continua a la valoración de los subconjuntos de características mediante el cálculo del peso informacional de las variables que conforman los testores típicos encontrados.

Estudio Transversal Analítico (probables-confirmados diabéticos)

Se realizó por medio del análisis de información de las variables de pacientes en dos etapas:

1. La primera es de los identificados como probables a padecer la patología.
2. La segunda es de los mismos pacientes confirmados de padecer la patología en una fecha posterior.

Se discretizaron los datos de las variables y se realizaron pruebas estadísticas como son la prueba de homocedasticidad u homogeneidad de varianzas y normalidad, para después analizar las variables por estadística paramétrica o no-paramétrica según sea el caso del resultado, y así obtener que variables son estadísticamente significativas y finalmente se emitir el reporte de resultados.

IV. RESULTADOS

Analisis y Estudio Experimental.

El proceso para obtención de testores, la heurística elaborada es el siguiente:
A. Generar MA1 y MA2 mediante la extraccion de los datos de la base de datos.
B. Generar MD mediante la comparacion de las matrices ma1 y ma2
C. Generar MB apartir de md
D. Encontrar MT a travez de la comparacion de mb y mbin
E. Reducir MT a MTT

Donde:
MA1: Matriz de aprendizaje grupo 1.
MA2: Matriz de aprendizaje grupo 2.
MD: Matriz de diferencias.
MB: Matriz básica.
MBIN: matriz de las posibles combinaciones de 12 bits.
MT: Matriz de testores.
MTT: Matriz de testores.

Análisis y Resultados Estudio Experimental

Como resultado del análisis se identificaron a la frecuencia cardiaca (FC), tensión arterial alta (TALTA), tensión arterial baja (TBAJA) y la glucemia (GLUCEMIA) como las mas importante y las cuales presentaron un peso informacional del 100%, además se encontró a la temperatura (TEMPERATURA), el índice de masa corporal (IMC), la edad (EDAD), deciles (DECILES) y estado civil (ESTADOCIVIL), con un peso informacional del 50%, como se muestra en la siguiente Tabla 2 (Pacientes diabéticos contra no diabéticos)

Tabla 2. Resultados Testores Típicos

X1	FC	100%
X2	TALTA	100%
X3	TBAJA	100%
X4	TEMPERATURA	50%
X5	IMC	50%
X6	GLUCEMIA	100%
X8	EDAD	50%
X10	DECILES	50%
X12	IDESTADOCIVIL	50%

Una de las variables encontradas con mayor peso informacional es la frecuencia cardiaca (FC) en la cual solo un 10% de los diabéticos presentan una frecuencia cardiaca buena en comparación con el 13% del grupo analizado de pacientes sanos, así como en frecuencia cardiaca pobre se encontró un 12% del total de la población diabética contra solo el 9% de la población de pacientes sanos, de ahí proviene el por qué el análisis de testores nos indica esa ponderación en peso informacional.

En relación a la tensión arterial en la cual los niveles de hipertensión arterial baja como alta son mayores en el grupo de diabéticos respecto al grupo de pacientes sanos, se encontró que la en tensión arterial alta (TAA) el 25% de los pacientes diabéticos presentan hipertensión grado 1 en comparación de solo el 8% del grupo de los pacientes sanos; otro dato a considerar es que 5% de la población del grupo de pacientes diabéticos presenta hipertensión grado 2 en comparación con el grupo de los pacientes sanos, para quienes solo llega a menos del 1%. En lo que respecta a la tensión arterial baja la diferencia de importancia está en la hipertensión grado 1 la cual es de 15% en la población de diabéticos y un 5% menor en la población de sanos, esto debido a que la hipertensión es una patología que acompaña constantemente a la diabetes.

Respecto a la glucemia se puede argumentar que su importancia determinada por testores es debido a dos clasificaciones con grandes diferencias, la primera es el de las personas sin riesgo de padecer diabetes la cual es solo de un poco más del total de la mitad del grupo de pacientes diabéticos en comparación con el 91% del grupo de los pacientes sanos, así mismo la clasificación de personas con riesgo diabético asciende al 30% del grupo de los pacientes diabéticos en comparación con solo del 3% del grupo de los pacientes sanos.

En el grupo de las variables que presentaron un peso informacional del 50% encontramos la temperatura corporal (TC), la cual solo presenta diferencias mínimas de 3 a 4% de diferencia entre el grupo de pacientes diabéticos y el grupo de pacientes sanos, esta diferencia puede ser debido a que la información de la consulta no fue intencionada para fines de esta investigación y estos pueden ser de cualquier tipo de consulta externa especializada.

En la variable de índice de masa corporal (IMC), las diferencias en esta variable radican en el nivel de sobrepeso el cual es de un 50% del grupo de pacientes diabéticos y de solo 43% en el grupo de los pacientes sanos otra diferencia notable esta en el nivel de obesidad el cual es de 35% en el grupo de pacientes diabéticos y del 30% en el grupo de los pacientes sanos.

Analizando la variable de edad (EDAD) se localizaron diferencias mínimas pero no insignificantes las cuales son de un 20% en el grupo de diabéticos y del 12% en el grupo de los pacientes sanos respecto la clasificación de personas en la senectud, y una diferencia de un 2% menos en referencia al 10% encontrado en el grupo de los pacientes diabéticos, ya que a mayor edad mayor riesgo de padecer esta patología.

En la variable de estado civil (ESTADOCIVIL) podemos aseverar que la importancia marcada por el experimento de testores reside en las comparaciones de personas casadas, la cual es de 65% en el grupo de los pacientes diabéticos y del 54% en el grupo de pacientes sanos, respecto a las personas en unión libre se encontró una diferencia del 3%, respecto al 3.5% del grupo de pacientes diabéticos en comparación al grupo de pacientes sanos, esto puede deberse al sedentarismo el cual es más común en pacientes casados en contraste con los pacientes solteros o en unión libre.

Análisis y Resultados del Estudio Transversal Analítico Pareado.

Se consideraron las variables FC, TAA, TAB, TEMP, IMC, GLUCEMIA, EDAD, EDAD2, y se sometieron a pruebas de normalidad para saber cuál de estas poseen una distribución normal y es candidata a usar estadística paramétrica. (Sólo la edad se pudo analizar con estadística paramétrica)

Se realizó la prueba de Homogeneidad de Varianzas para comprobar la característica de homocedasticidad, se dice que la variable es homocedástica al cumplir con la característica de la prueba ya que el nivel de significancia es mayor a 0.05. Las demás variables deben analizarse con estadística no paramétrica por tratarse de variables que no cumplen con ambas consideraciones (normalidad y homocedasticidad) aún tratándose de variables escalares. Por otro lado, variables nominales u ordinales tienen otros criterios de selección de pruebas estadísticas.

Se realizó prueba de muestras pareadas, la cual compara dos medias de población que están correlacionadas. La variable de Edad demuestra modificaciones estadísticas entre antes y después con una significancia < 0.05, ya que al incrementar la edad aumenta la probabilidad de presentar la patología.

De las pruebas anteriores, podemos considerar que la variable de edad demuestra modificaciones estadísticas entre el antes y después en el grupo de casos y controles, con una probabilidad < 0.05, por lo cual al incrementar la edad incrementa la probabilidad de presentar la patología.

A continuación se analizaron con estadística no-paramétrica las demás variables, por medio de pruebas con Wilcoxon-Mann Whitney se encontró una diferencia estadística entre el grupo de pacientes antes de ser diagnosticados con diabetes y después de habérseles diagnosticado con este padecimiento, principalmente en el índice de masa corporal.

Se encontró que la variable de IMC estadísticamente es significativa ya que es menor de 0.05, otra variable es la de la glucemia la cual es estadísticamente cercana al límite y es una variable considerablemente observable cuando se considera una confianza por debajo del 95%.

V. Conclusiones

Se logró el objetivo de identificar y ponderar los factores de riesgo de los pacientes con la patología de diabetes mellitus, además se alcanzó el objetivo específico 1 mediante el desarrollo, implementación y puesta a punto de un algoritmo de testores con el que se determinó el peso informacional y el nivel de importancia de cada variable analizada.

Se acepta la hipótesis ya que por medio de los testores se logró la identificación y ponderación de los factores de diabetes mellitus. Así mismo se encontró evidencia suficiente en los estudios realizados para afirmar que la frecuencia cardiaca, la tensión arterial y el índice de masa corporal son factores altamente relacionados con el diagnóstico de diabetes mellitus.

Mediante el alcance del objetivo se analizó la información resultante y se establecieron las siguientes conclusiones por medio de los testores, los cuales indicaron que las variables de frecuencia cardíaca, tensión arterial y glucemia son las de mayor importancia con un 100% de peso informacional y ponderando como de mediana importancia con un peso informacional de 50% a las variables de temperatura, índice de masa corporal, edad, deciles y estado civil.

Mencionado lo anterior se puede descartar al índice de masa corporal como principal factor de comparación de pacientes diabéticos contra sanos, ya que los testores no lo determinan como uno de los factores con 100% de peso informacional dejando sólo a la frecuencia cardiaca y a la tensión arterial como los factores que se pretendía comprobar si tenían una estrecha relación con la diabetes mellitus.

En referencia a la tensión arterial, los testores la determinaron como variable de importancia, por lo que se puede mencionar es mucho mayor la incidencia de pacientes con hipertensión arterial grado 1, 2 y 3 en la población de pacientes con diabetes mellitus y menor en la población de pacientes sanos.

Otra variable interesante que los testores determinaron fue el estado civil, en la cual se ven diferencias muy marcadas, ya que se encontró que los pacientes casados son más propensos a padecer diabetes mellitus y que los pacientes solteros son menos propensos a padecer esta patología.

En comparación con los factores comúnmente asociados a la diabetes se puede afirmar que:

El estudio experimental de testores arrojó que la variable de frecuencia cardiaca es de suma importancia, lo cual no coincide con los factores comúnmente asociados a la diabetes mellitus que en general son la obesidad, la hipertensión arterial, los altos niveles de glucemia y la edad. Estos resultados dejan la pauta para las investigaciones futuras de esta patología. Respecto al estudio transversal analítico mediante el que se analizo el estado de probable al confirmado de la patología, se encontraron coincidentes las variables estadísticamente significativas de edad e índice de masa corporal, confirmando que estas variables son determinantes del desarrollo de diabetes mellitus.

Por último se determinó que los factores que coinciden totalmente tanto en los estudios realizados como en la literatura son solo la glucemia, la tensión arterial, la edad y el índice de masa corporal del paciente.

REFERENCIAS

[1]   Aguila, F. L., & Ruiz, S. J. (1984). *Algoritmo MB para la elaboración de la informacion k-valente en Problemas de Reconocimiento de Patrones. Revista Ciencias Matemáticas* (Vol. V3). Habana, Cuba.

[2]   Alba, C., Santana, R., Ochoa, R., & Lazo, C. M. (2000). Finding Typical Testors By Using an Evolutionary Strategy. *Proceedings of V Iberoamerican Workshop on Pattern Recognition*, 267–278.

[3]   Bravo Martinez, A. (1983). Algoritmo CT para el cálculo de los testores típicos de una matriz kvalente. *Revista Ciencias Matemáticas*, *4*(Cuba), 123–144.

[4]   Cheguis, I. A., & Yablonskii, S. V. (1955). About testors for electrical outlines. *Uspieji Matematicheskij, Nauk 4*, 188–184.

[5]   Dmitriev, A. N., Zhuravlev, Y. I., & Krendeleiev, F. P. (1966). On the mathematical principles of patterns and phenomena classification. In *Diskretnyi Analiz 7* (pp. 3–15). Novosibirsk, Russia

[6]   FID, F. I. (2015). Factores de Riesgo asociados a diabetes mellitus. Retrieved from http://www.idf.org/node/26455?language=en

[7]   Herrera, F. C. de la C. e I. A. U. de G. X. C. de la A. E. de I. A. (2009). Introducción a los Algoritmos Metaheurísticos. *Soft Computing and Intelligent Information Systems*.

[8]   INEGI, I. N. de. (2011). *ESTADÍSTICAS A PROPÓSITO DEL DÍA MUNDIAL DE LA DIABETES*.

[9]   Lemmens, N., de Jong, S., Tuyls, K., & Nowe, A. (2007). A Bee Algorithm for Multi- Agent Systems. *Recruitment and Navigation Combined, In Proceedings of AAMAS 2007*.

[10]   MU. (2013). Factores de riesgo para la diabetes tipo 2. Retrieved from http://umm.edu/Health/Medical/SpanishEncy/Articles/Factores-de-riesgo-para-la-diabetes-tipo-2#ixzz3cTC6YmlR

[11]   OPS. (2015). Clasificación Internacional de las Enfermedades. Retrieved from http://www.paho.org/hq/index.php?option=com_content&view=article&id=3561%3Aclasificacion-internacional-enfermedades-cie&catid=2641%3Acha-clasificacion-internacional-enfermedades-cie&Itemid=2560&lang=en

[12]   Rodríguez Bocca, P. (2008). *Metaheurísticas y Optimización sobre Redes: Introducción y Fundamentos. Facultad de Ingeniería Universidad de la Republica INRIA*. Rennes, Francia.

[13]   Sanchez Diaz, G., & Lazo Cortez, M. (2008). CT-EXT: An Algorithm for Computing Typical Testor Set, 506–514.

[14]   Sánchez, D. G., & Lazo, C. M. (2002). Modificaciones al algoritmo BT para mejorar sus tiempos de ejecucion. *V 20*, 129–136.

[15]   Santiesteban, A., & Pons, P. A. (2003). Lex: Un Nuevo Algoritmo para el Cálculo de los Testores Típicos. *Revista Ciencias Matemáticas V 21*, 88–95.

[16]   Torres Soto, M (2010). Metaheurísticas Hibridas en Selección de Subconjuntos de Características para Aprendizaje no Supervisado, 85-87.

Artículos técnicos presentados en modalidad de cartel

Migración de Bases de Datos NoSQL con MDA

Leopoldo Zepeda, Elizabeth Ceceña, Luis Santillán, Carlos García

Departamento de sistemas y computación

Instituto Tecnológico de Culiacán

Culiacán, México

Leopoldozpd@gmail.com

Resumen— **Este artículo, se enmarca en el área de migración de bases de datos NoSQL empleando la arquitectura dirigida por modelos (MDA). En esencia se propone la definición de un conjunto de metamodelos que capturen las características de las principales bases de datos NoSQL así como una estrategia de derivación semiautomática de un esquema de base de datos NoSQL a partir de otro, empleando para ello un conjunto de reglas de transformación definidas en el contexto de MDA.**

Palabras Clave—Bases de datos NoSQL ; MDA; Migración de datos

I. INTRODUCCIÓN

A partir de la introducción de la WEB 2.0, las fuentes de datos se han incrementado desde la generación de contenido por parte de los usuarios a través de las redes sociales hasta la generación de datos científicos por medio de sensores de red inalámbrica. Los Sistemas Manejadores de Bases de Datos Relacionales (SMBDRs) no pueden manejar el incremento en tamaño, la diversidad y los cambios de los datos originados en la WEB [1]. Las bases de datos NoSQL son una alternativa tecnológica emergente para manejar grandes volúmenes de información y proporcionar disponibilidad de los datos. Las características especiales para lograr la disponibilidad y la consistencia de los datos masivos en este tipo de bases de datos, han abierto nuevas direcciones de estudio e investigación en el área de bases de datos: nuevas estructuras de almacenamiento, estrategias de optimización, herramientas para el análisis de datos masivos, etc. Sin embargo, después de realizar un estudio del estado del arte se observa que a pesar de la importancia y el auge que en los últimos años han tenido las bases de datos NoSQL el área ha tardado en mostrar interés en aspectos importantes como son: metodologías de diseño conceptual, migración de bases de datos, entre otros, debido posiblemente a que esta tecnología se desarrolló originalmente en el ámbito industrial, preocupado más por los aspectos tecnológicos que por los aspectos metodológicos y de diseño.

Por otro lado, un enfoque que ha irrumpido con fuerza en los últimos años, en el área de diseño ha sido el "diseño dirigido por modelos". En esta dirección la Object Management Group (OMG) ha propuesto el estándar Model Driven Architecture (MDA). MDA consiste en un conjunto de estándares que permiten la creación, implementación, evolución y desarrollo de sistemas por medio de la transformación de modelos [2]. El uso de la arquitectura dirigida por modelos (MDA) permite elevar el nivel de abstracción tecnológico puesto que los modelos pueden usarse para favorecer el uso de lenguajes específicos de dominio que los diseñadores de bases de datos podrán utilizar para modelar los artefactos de sus propios conceptos de dominio. Este trabajo de investigación, se enmarca en el área de migración de bases de datos NoSQL empleando MDA. En esencia se propone la definición de un conjunto de metamodelos que capturen las características de las principales bases de datos NoSQL así como una estrategia de derivación semiautomática de un esquema de base de datos NoSQL a partir de otro, empleando para ello un conjunto de reglas de transformación definidas en el marco de MDA. Este conjunto de reglas de transformación será implementado en una aplicación que permita lograr la migración de una base de datos NoSQL a otra. Posteriormente los esquemas serán refinados a partir de los requisitos de los usuarios. El problema a resolver podría resumirse de la siguiente manera: "es posible migrar los datos de distintas bases de datos NoSQL usando una arquitectura dirigida por modelos como MDA?".

Este artículo se ha organizado de la siguiente manera: en la sección 2, se muestran brevemente los conceptos relacionados con las bases de datos NoSQL. El estado del arte se describe en la sección 3. La sección 4 muestra nuestra propuesta metodológica. Finalmente, en la sección 5 se describen las conclusiones.

II. MARCO TEÓRICO

Las bases de datos NoSQL son impulsadas por la necesidad de procesar grandes cantidades de datos en clústeres de computadoras, de manera más eficiente que los SMDBRs. Este incremento en el desempeño y eficiencia se logra sacrificado en ocasiones la consistencia de los datos o la disponibilidad. Estas bases de datos se clasifican en cuatro grupos:

- Bases de datos orientadas a Clave-Valor.- Las bases de datos Clave-Valor (en ingles Key-Value) son similares a las estructuras de datos Hash, ya que permiten recuperar un valor dado (values) en base a su clave (key). Ejemplos de este tipo de bases de datos son: MemcacheDB, Riak, BerkeleyDB, etc.

- Bases de datos Orientadas a familia de columnas.- Una de las primeras bases de datos NoSQL de este tipo fue Google BigTable. Su arquitectura hace referencia a una estructura tabular compuesta por columnas dispersas y sin esquema. Esta base de datos influyó en la siguiente generación de bases de datos de este tipo como HBase y Cassandra. Bigtable y sus descendientes siguen el concepto de almacenamiento de familia de columnas.

- Bases de datos orientadas a documentos.- Las bases de datos tipo documentos son usadas para almacenar datos semi-estructurados los cuales son llamados documentos. Cada documento puede contener un identificador único que es usado para identificar otros campos dentro del documento. Los formatos más usuales de un documento son: JSON, XML, YAML y BSON. Ejemplos de este tipo de bases de datos son: MongoDB, CouchDB, MarkLogic, etc.

- Bases de datos orientadas a grafos.- Las bases de datos de grafos son usadas para representar grandes volúmenes de datos altamente interconectados. La información en estas bases de datos es almacenada como parte de cada nodo del grafo. Esto es muy útil en dominios tales como las redes sociales, donde la escalabilidad y la disponibilidad de los datos es más importante que la consistencia de los datos. Ejemplos de este tipo de bases de datos son: Neo4j, y OrientDB.

III. ESTADO DEL ARTE

Varios autores han observado que el desarrollo de metodologías y herramientas que proporcionen un soporte a la migración de bases de datos NoSQL es importante [3, 4]. Sin embargo, este tema de investigación ha sido explorado muy poco. Algunos autores proponen una serie de guías prácticas y recomendaciones para el modelado de bases de datos NoSQL, y hacen referencia solamente a un tipo de base de datos NoSQL en específico. Hasta donde nuestro conocimiento alcanza la propuesta que presentamos es la primera en incluir un método estandarizado para la migración de las bases de datos NoSQL y no se limita a un grupo específico de bases de datos. A continuación, se detallan las propuestas para la migración de bases de datos NoSQL que consideramos más relevantes:

En [5], se propone una metodología de diseño para bases de datos NoSQL. Esta metodología se basa en un modelo abstracto de alto nivel llamado (NoAM) el cual contiene la definición de las características en común de los sistemas NoSQL Key-Value mas importantes. Para lograr la migración de la base de datos los autores proponen la creación de varios modelos intermedios y una arquitectura compuesta por cuatro capas. Esta propuesta se limita a hacer la migración estructural de la base de datos sin considerar los datos, lo que puede ocasionar problemas de inconsistencia debido a la violación de las restricciones, otra característica importante de este trabajo es que solo considera la migración de bases de datos NoSQL tipo Key-Value.

En [6], se propone la migración de bases de datos NoSQL tipo familia de columnas a bases de datos de grafo empleando para ello patrones de diseño. Además el autor sugiere que la portabilidad entre Neo4j y Hbase puede ser llevada a cabo usando patrones de diseño. Aunque el conjunto de patrones propuesto logra la migración estructural y de los datos de estos dos tipos de base de datos, en esta propuesta no se consideran los requisitos del usuario, los cuales deben ser considerados como parte fundamental del proceso de migración y se limita solamente a dos bases de datos NoSQL en específico (Neo4j y Hbase).

En [7], se propone un proceso de migración de bases de datos relacionales a bases de datos NoSQL tipo grafo. En su propuesta los autores argumentan las ventajas de migrar de una capa de persistencia relacional a una de grafo, entre las que destacan el desempeño de las consultas en ambientes distribuidos sobre los nodos de un grafo y la interconexión entre nodos que pueden realizarse con las bases de datos de grafos. Los autores relacionan cada tabla del esquema fuente con un nodo de la base de datos de grafo y cada llave foránea con un vértice de la base de datos destino, sin embargo, estas dos conversiones no permiten explotar las capacidades de las bases de datos de grafos en su totalidad. Para concluir esta sección, podemos resumir lo siguiente

1.- Algunas de las propuestas analizadas emplean metamodelos y algoritmos particulares para realizar la migración entre las bases de datos. En este sentido nuestra propuesta propone el uso de un mecanismo estandarizado (basado en MDA) para realizar este proceso. (2) Las propuestas consideran superficialmente los requisitos de los usuarios para refinar el esquema generado como resultado de la migración. En este sentido proponemos el refinamiento de los esquemas considerando los requisitos de los usuarios. (3) Por último se observa que los autores se han concentrado en la migración de bases de datos NoSQL tipo grafos. En este trabajo se propone la definición de una herramienta y un proceso de migración más amplio, que permita la migración entre los principales tipos de bases de datos NoSQL: key-value, documentos, grafos y familia de columnas.

IV. METODOLOGÍA DE SOLUCIÓN

MDA propone la definición de un conjunto de modelos como base principal para la construcción de un sistema. Este se realiza transformando un modelo fuente en un modelo destino [2]. Esos modelos son organizados en tres puntos de vistas diferentes: un modelo CIM (Computation Independient Model) que describe los requisitos de los usuarios, 2) un modelo PIM (modelo independiente de la plataforma) que refleja la estructura y conducta del sistema pero no contiene información específica sobre la tecnología de implementación y 3) un modelo PSM (modelo específico de la plataforma) que contiene aspectos orientados a la tecnología donde se implementará el sistema. Usando una seria de transformación llamadas transformaciones de modelos, el sistema es desarrollado a partir de un PIM hasta el código fuente.

El propósito principal de este trabajo es diseñar y construir una aplicación que permita la migración entre diferentes tipos de bases de datos NoSQL aplicando MDA. Este tópico de investigación se vuelve más complejo e interesante conforme el número de bases de datos NoSQL se incremente debido a que este tipo de bases de datos aún no se encuentran estandarizas. El proceso de migración que proponemos utiliza un conjunto de modelos independientes de la plataforma (PIMs) definidos en el contexto de MDA los cuales agrupan las características en común de las bases de datos que participan en la migración. Esta definición permitirá reducir el impacto que la evolución de las bases de datos tiene en el desarrollo de aplicaciones, al permitir que una misma especificación pueda ser re-implementada en diferentes tipos bases de datos NoSQL. Una vez definido correctamente el conjunto de metamodelos será posible aplicar un conjunto de reglas de transformación que permitan trasformar la estructura de la base datos origen en su equivalente a la base de datos destino. Posteriormente los datos serán migrados de una base de datos a otra, considerando los requisitos de los usuarios y las restricciones de integridad. En nuestra propuesta se confiere a los modelos la mayor importancia en el proceso de desarrollo de la migración. El metamodelo se convierte en el elemento central puesto que, a partir de él, mediante una serie de transformaciones se puede obtener el código para generar la nueva base de datos. En la figura 1, se muestra a grandes rasgos la arquitectura del sistema de migración, la cual está compuesta por dos capas: la capa de migración estructural y la capa de migración de datos, las cuales se describen a continuación:

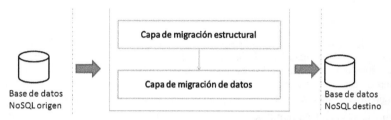

Fig. 1. Arquitectura general

A. *Capa de migración estructural.-* La capa de migración estructural (figura 2), es la parte central del proceso de migración. Esta capa es la encarga de implementar los procesos para realizar la migración estructural de la base de datos NoSQL empleado para ello la transformación de modelos propuesta en MDA.

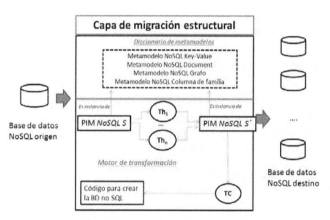

Fig. 2 Capa de migración estructural

Como se puede ver en la figura 2, esta capa se compone por dos secciones que se describen a continuación:

- **Diccionario de metamodelos.-** El diccionario de metamodelos consiste en un repositorio que contiene la definición de los metamodelos de las diferentes bases de datos NoSQL que podrán participar en la migración. Como se puede ver en la figura 2, en esta propuesta se contemplan cuatro tipos de bases de datos NoSQL: Key-Value, Documento, Grafo y Columna de familia. Cada metamodelo podrá ser utilizado por el motor de transformación para generar instancias o modelos que participan en el proceso de migración. La ventaja de tener una solución como la que proponemos es que cuando una nueva base de datos se introduce al mercado, es necesario agregar solamente la especificación conceptual de esta nueva base de datos en el diccionario de metamodelos y posteriormente definir las correspondencias semánticas entre las bases de datos fuente y destino por medio de un proceso de transformación.

- **Motor de transformación.-** En esta capa, se implementa el proceso de transformación entre las bases de datos que participan en el proceso de migración. El proceso de trasformación consiste en derivar un modelo destino (PIM NoSQL S) de la base de datos origen a partir de un modelo fuente (PIM NoSQL S) sustituyendo cada elemento C del PIM NoSQL S por un nuevo elemento C´de PIM NoSQL S´. En el motor de trasformación también se definen y se implementan un conjunto de correspondencias estructurales entre los modelos que participan en el proceso de transformación. Cada correspondencia estructural define una relación semántica entre dos elementos que participan en la transformación y es implementada por un conjunto de transformaciones (Th1...Thn). Una vez que se ha obtenido el modelo destino, es necesario generar el código que permita crear la nueva base de datos. Este proceso se realiza por medio de un conjunto de reglas de transformación (TC) de modelo a texto utilizando MOFscript [8].

B. Capa de migración de datos.- El objetivo de esta capa es realizar la migración de los datos de la base de datos origen a la base de datos destino. Debido a la diversidad de bases de datos NoSQl, el sistema de migración necesita implementar un mecanismo en común para realizar la migración de los datos de una base de datos fuente a una base de datos destino, nosotros planteamos el uso de una clase abstracta en lenguaje Java. En esta clase proponemos definir el conjunto de métodos abstractos necesarios para la implementación de la migración de datos. Posteriormente una clase derivada de esta clase base abstracta implementará el código de cada método abstracto definido en la clase base, para el tipo de base de datos que se pretende migrar. Durante el proceso de migración de datos es muy importante considerar los requisitos de los usuarios que permitan refinar el esquema NoSQL que se generará a partir del proceso de migración.

V. CONCLUSIONES

El uso de este sistema de migración permitirá al desarrollador de la base de datos seleccionar la base de datos adecuada para almacenar sus datos, aún después de haber realizado la selección incorrecta de la base de datos durante la fase inicial de desarrollo. También será útil cuando surja en el mercado una nueva base de datos NoSQL que sea más adecuada para una aplicación determinada. El sistema de migración de datos ofrecerá mayor flexibilidad ya que permitirá a los usuarios seleccionar como mover sus datos tomando en cuenta el tipo de resultado que se quiere lograr. Las principales contribuciones de este trabajo son:

- Un conjunto de metamodelos definidos en el contexto de MDA, que permitan abstraer las características y propiedades de las principales bases de datos NoSQL.

- Un conjunto de reglas de transformación que haga uso de los metamodelos y permita migrar la estructura de las bases de datos NoSQL.

- Una aplicación que permita migrar los datos entre las bases de datos considerando las reglas de integridad y los requisitos de usuario.

- Un sistema completo de migración de bases de datos NoSQL el cual emplee medios estandarizados específicamente MDA.

- Un medio estandarizado para lograr la evolución adaptativa del sistema de bases de datos NoSQL por cambios tecnológicos.

REFERENCIAS

[1] K. Krishnam. Data WArehouse in the age of Big Data (1St Edition) Morgan Kaufmann, 2013. ISBN 978-0-12-405891-0.

[2] Especificación de MDA. Recuperado de URL: http://www.omg.org/mda/ [accesado el 31-Ene-2016].

[3] C. Bizer. D2r map - a database to rdf mapping language. In WWW (Posters),2003.

[4] P. Atzeni, P. Cappellari, R. Torlone, P. A. Bernstein, and G. Gianforme. Model-independent schema translation. VLDB J., 17(6):13471370, 2008.

[5] M. Shirazi, H. Kuan, Design patterns to enable data portability between clouds' databases, in `Computational Science and Its Applications (ICCSA), 2012 12th International Conference on', pp. 117-120.

[6] M. Scavuzzo, E. Di Nitto, S. Ceri: Interoperable Data Migration between NoSQL Columnar Databases. EDOC Workshops 2014: 154-162.

[7] F. Bugiotti, L. Cabibbo,P. Atzeni, R. Torlone:Database Design for NoSQL Systems. ER 2014: 223-231.

[8] Mofscript Model Transformation, Recuperado de URL: "http://marketplace.eclipse.org/content/mofscript-model-transformationtool#. UiyCuphWboU /". [accesado el 02-FEb-2016].

Eficiencia de clasificación de imágenes de granitos ornamentales originarios de Brasil

José Trinidad Guillen Bonilla

Departamento de Electrónica, Centro Universitario de Ciencias Exactas e Ingenierías,
Universidad de Guadalajara, Blvd. M. García Barragán 1421
Guadalajara, Jalisco, México
guillen_trini@hotmail.com

Alex Guillen Bonilla

Departamento de Ciencias Computacionales, Centro Universitario de los Valles,
Universidad de Guadalajara, Ameca Km 45.5, C.P. 46600, Ameca, Jalisco, México.
Ameca, Jalisco, México
fanix_3@hotmail.com

Suri Sinaí Vázquez Cerda

Departamento de Biomédica, Centro Universitario de Ciencias Exactas e Ingenierías,
Universidad de Guadalajara, Blvd. M. García Barragán 1421
Guadalajara, Jalisco, México
suri.sinai@gmail.com

Héctor Guillen Bonilla y Verónica María Rodríguez Betancourtt

Departamento de Ingeniería de Proyectos, Centro Universitario de Ciencias Exactas e Ingenierías,
Universidad de Guadalajara, Blvd. M. García Barragán 1421
Guadalajara, Jalisco, México
hguillenbonilla@gmail.com; veronica.rodriguez@red.cucei.udg.mx

Resumen—En este trabajo se muestra la alta eficiencia del histograma de Cúmulos de Textura Local (CTL) en la identificación de imágenes de losetas de granitos ornamentales originarios de Brasil. En nuestro trabajo experimental, la eficiencia de clasificación de imágenes es hasta del 100% y la eficiencia de clasificación de subimágenes está dentro del intervalo de 51.8% a 95.75%. El histograma CTL tiene muy bajo espacio dimensional ya que se obtienen desde R^{22} a R^{890} dimensiones para ventanas de observación con tamaño de 3x3 hasta 7x7. Estos resultados muestran a la transformada CTL como un método prometedor en la identificación de imágenes digitales, además, su bajo espacio dimensional permite el desarrollo de sistemas de identificación de imágenes con tiempos de ejecución muy cortos.

Palabras Clave—*Histograma de Cúmulos de Textura Local; Eficiencia de Clasificación de Imágenes; Identificación de Imágenes Digitales; Bajo Espacio Dimensional.*

I. Introducción

La textura visual es un portador de información valiosa sobre las propiedades de materiales y es un tema bajo investigación en la actualidad. En consecuencia, el análisis, reconocimiento y clasificación de texturas adquieren gran importancia para la investigación y aplicaciones en muchas áreas, en particular, en sistemas de visión artificial. La clasificación de imágenes de texturas visuales, siendo un tema retador para la investigación y tecnología, se aplicó en el reconocimiento de imágenes de granitos ornamentales. Para hacer la identificación de estos granitos ornamentales se emplearon diversos espectros de textura reportados en las referencias [1-7]. Sin embargo, cabe mencionar que, este tema está aún en desarrollo ya que la ingeniería civil requiere de granitos ornamentales de excelente calidad para otorgarle belleza estética a las construcciones. En este trabajo de investigación se presentan los resultados experimentales obtenidos con un espectro de textura de muy bajo espacio dimensional, el espectro de textura fue llamado Histograma de Cúmulos de Textura Local (CTL). La eficiencia de clasificación de imágenes fue hasta del 100% pero la eficiencia en la identificación de subimágenes siempre fue menor, estuvo dentro del intervalo de 51.8% hasta 95.75%. Estos resultados muestran a la transformada CTL como una técnica prometedora en reconocimiento de imágenes digitales.

II. TRANSFORMADA DE CÚMULOS DE TEXTURA LOCAL Y LA CLASIFICACIÓN DE IMÁGENES

La transformada de Cúmulos de Textura Local (CTL) representa una imagen binaria a través de una función de densidad de probabilidad (histograma ecualizado) en términos de unidades de textura. El histograma ecualizado tiene R^K [$K=I(2^J-1)+1$] dimensiones donde IxJ definen el tamaño de una ventana de observación la cual se aplica para calcular al histograma CTL. El histograma CTL se interpreta como un espectro de textura y se usa como un vector característico multidimensional en un clasificador para múltiples clases. Este clasificador fue aplicado eficientemente en el reconocimiento de imágenes y en la medición de similitud entre clases de imágenes [6-8]. El clasificador consiste de dos etapas: aprendizaje y reconocimiento. En la etapa de aprendizaje, cada imagen de una base de datos de M imágenes conocidas se considera una clase. A cada imagen se le extrae aleatoriamente N subimágenes y enseguida a cada subimagen se le calcula su histograma CTL, $p_{mn}(g_k)$. Finalmente, el prototipo $p_m(g_k)$ de la clase se calcula con el promedio de todos los histogramas $p_{mn}(g_k)$. En la fase de reconocimiento, a una imagen de prueba desconocida se le extrae aleatoriamente Q subimágenes y a cada subimagen se le calcula su histograma CTL, $p_q(g_k)$. La subimagen se clasifica a través de la mínima distancia de Hamming entre los espectros de textura $p_{mn}(g_k)$ y $p_q(g_k)$. Mientras que, las imágenes se clasifican con la mínima distancia de Hamming entre los espectros de textura $p_m(g_k)$ y $p(g_k)$ donde el vector $p(g_k)$ es el promedio de los histogramas $p_q(g_k)$.

III. RESULTADOS EXPERIMENTALES

Para probar la eficiencia de clasificación de imágenes de la transformada de Cúmulos de Textura Local, se elaboraron diez series de experimentos donde se clasificaron imágenes y subimágenes. La base de datos consistió de M=29 imágenes a color de granitos ornamentales originarios de Brasil, el tamaño de cada imagen fue de 125x125 píxeles y los granitos ornamentales pueden observarse en la Fig. 1. En el clasificador [6-8] se utilizaron N=Q=100 subimágenes, ambas etapas (aprendizaje y reconocimiento) usaron las mismas imágenes y la ventana de observación tenia tamaño desde 3x3 hasta 7x7. Todas las imágenes a colores fueron binarizadas como un paso previo a la clasificación. En los experimentos numéricos se utilizó una computadora Laptop Toshiba 47C, memoria RAM de 504 MB y velocidad de 1.7 GHz.

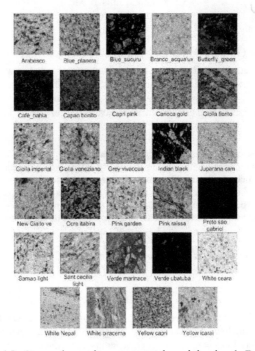

Fig. 1 Imágenes de granitos ornamentales originarios de Brasil

La Tabla 1 muestra la matriz de confusión para la clasificación de imágenes y la Tabla 2 muestra la matriz de confusión para la clasificacion de subimágenes. El porcentaje de eficiencia se mide en la siguiente manera: la suma de la diagonal entre la suma de todos los elementos y el resultado se multiplica por 100. Las eficiencias medidas en las matrices de confusión fueron de 100% (Tabla 1) y 51.86% (Tabla 2). Finalmente, la Tabla 3 presenta las eficiencias medidas en los diez experimentos numéricos.

Tabla 1 Matriz de confusión obtenida en la clasificación de imágenes (ventana de observación de 3x3)

Imágenes de prueba (columnas) — *Imágenes maestras* (filas)

1	2	3	4	5	6	7	8	9	10	11	12	13	14	15	16	17	18	19	20	21	22	23	24	25	26	27	28	29
1	0	0	0	0	0	0	0	0	0	0	0	0	0	0	0	0	0	0	0	0	0	0	0	0	0	0	0	0
0	1	0	0	0	0	0	0	0	0	0	0	0	0	0	0	0	0	0	0	0	0	0	0	0	0	0	0	0
0	0	1	0	0	0	0	0	0	0	0	0	0	0	0	0	0	0	0	0	0	0	0	0	0	0	0	0	0
0	0	0	1	0	0	0	0	0	0	0	0	0	0	0	0	0	0	0	0	0	0	0	0	0	0	0	0	0
0	0	0	0	1	0	0	0	0	0	0	0	0	0	0	0	0	0	0	0	0	0	0	0	0	0	0	0	0
0	0	0	0	0	1	0	0	0	0	0	0	0	0	0	0	0	0	0	0	0	0	0	0	0	0	0	0	0
0	0	0	0	0	0	1	0	0	0	0	0	0	0	0	0	0	0	0	0	0	0	0	0	0	0	0	0	0
0	0	0	0	0	0	0	1	0	0	0	0	0	0	0	0	0	0	0	0	0	0	0	0	0	0	0	0	0
0	0	0	0	0	0	0	0	1	0	0	0	0	0	0	0	0	0	0	0	0	0	0	0	0	0	0	0	0
0	0	0	0	0	0	0	0	0	1	0	0	0	0	0	0	0	0	0	0	0	0	0	0	0	0	0	0	0
0	0	0	0	0	0	0	0	0	0	1	0	0	0	0	0	0	0	0	0	0	0	0	0	0	0	0	0	0
0	0	0	0	0	0	0	0	0	0	0	1	0	0	0	0	0	0	0	0	0	0	0	0	0	0	0	0	0
0	0	0	0	0	0	0	0	0	0	0	0	1	0	0	0	0	0	0	0	0	0	0	0	0	0	0	0	0
0	0	0	0	0	0	0	0	0	0	0	0	0	1	0	0	0	0	0	0	0	0	0	0	0	0	0	0	0
0	0	0	0	0	0	0	0	0	0	0	0	0	0	1	0	0	0	0	0	0	0	0	0	0	0	0	0	0
0	0	0	0	0	0	0	0	0	0	0	0	0	0	0	1	0	0	0	0	0	0	0	0	0	0	0	0	0
0	0	0	0	0	0	0	0	0	0	0	0	0	0	0	0	1	0	0	0	0	0	0	0	0	0	0	0	0
0	0	0	0	0	0	0	0	0	0	0	0	0	0	0	0	0	1	0	0	0	0	0	0	0	0	0	0	0
0	0	0	0	0	0	0	0	0	0	0	0	0	0	0	0	0	0	1	0	0	0	0	0	0	0	0	0	0
0	0	0	0	0	0	0	0	0	0	0	0	0	0	0	0	0	0	0	1	0	0	0	0	0	0	0	0	0
0	0	0	0	0	0	0	0	0	0	0	0	0	0	0	0	0	0	0	0	1	0	0	0	0	0	0	0	0
0	0	0	0	0	0	0	0	0	0	0	0	0	0	0	0	0	0	0	0	0	1	0	0	0	0	0	0	0
0	0	0	0	0	0	0	0	0	0	0	0	0	0	0	0	0	0	0	0	0	0	1	0	0	0	0	0	0
0	0	0	0	0	0	0	0	0	0	0	0	0	0	0	0	0	0	0	0	0	0	0	1	0	0	0	0	0
0	0	0	0	0	0	0	0	0	0	0	0	0	0	0	0	0	0	0	0	0	0	0	0	1	0	0	0	0
0	0	0	0	0	0	0	0	0	0	0	0	0	0	0	0	0	0	0	0	0	0	0	0	0	1	0	0	0
0	0	0	0	0	0	0	0	0	0	0	0	0	0	0	0	0	0	0	0	0	0	0	0	0	0	1	0	0
0	0	0	0	0	0	0	0	0	0	0	0	0	0	0	0	0	0	0	0	0	0	0	0	0	0	0	1	0
0	0	0	0	0	0	0	0	0	0	0	0	0	0	0	0	0	0	0	0	0	0	0	0	0	0	0	0	1

Eficiencia (%) | 100

Tabla 2 Matriz de confusión obtenida en la clasificación de subimágenes (ventana de observación de 3x3)

Imágenes de prueba (columnas) — *Imágenes maestras* (filas)

1	2	3	4	5	6	7	8	9	10	11	12	13	14	15	16	17	18	19	20	21	22	23	24	25	26	27	28	29
40	0	0	0	18	0	0	0	0	0	0	24	0	0	0	0	1	2	0	0	1	3	0	0	8	3	0	0	0
0	43	0	0	0	4	0	1	0	0	0	0	0	0	0	0	12	10	0	18	0	0	12	0	0	0	0	0	0
0	2	56	0	0	0	0	0	0	0	0	0	10	0	0	0	0	0	8	0	0	0	20	0	4	0	0	0	0
0	2	0	32	0	2	0	0	0	0	0	9	0	0	0	6	0	2	1	0	23	0	0	22	0	0	0	0	1
16	0	0	0	14	0	0	0	0	4	0	28	0	0	0	0	0	1	0	0	4	2	0	0	31	0	0	0	0
0	0	0	0	0	75	0	1	8	0	0	0	0	0	0	2	0	0	1	0	0	0	13	0	0	0	0	0	0
0	2	0	0	0	7	27	11	0	0	0	0	0	0	0	36	0	0	7	0	0	0	0	8	0	0	0	2	0
0	4	0	0	0	5	20	31	0	0	0	0	0	0	0	5	0	0	1	0	0	0	1	0	0	0	0	33	0
0	0	0	0	0	0	1	2	64	0	0	0	0	0	15	8	0	0	0	2	0	0	0	0	0	0	0	8	0
4	0	4	0	12	0	0	0	0	29	0	21	0	0	0	0	3	0	0	4	0	4	0	13	6	0	0	0	0
0	2	0	0	0	0	4	0	0	0	24	18	0	0	0	9	0	9	1	0	27	0	0	6	0	0	0	0	0
8	0	0	0	3	0	0	0	0	5	1	67	0	0	0	0	0	6	0	0	0	0	7	3	0	0	0	0	0
0	0	0	0	0	0	0	0	0	0	0	0	100	0	0	0	0	0	0	0	0	0	0	0	0	0	0	0	0
0	0	7	0	0	0	0	0	0	0	0	2	0	39	0	0	0	0	0	15	0	0	20	0	6	11	0	0	0
0	0	0	0	0	0	0	0	6	0	0	0	1	0	93	0	0	0	0	0	0	0	0	0	0	0	0	0	0
0	0	0	1	0	8	0	2	13	0	0	0	0	0	0	66	0	0	1	2	1	0	0	0	0	0	5	1	0
0	0	0	0	0	0	0	0	0	0	0	3	1	0	0	0	85	3	0	0	7	0	0	0	1	0	0	0	0
1	7	0	2	0	0	0	0	0	0	1	9	0	0	0	0	0	58	0	0	6	15	0	0	0	0	1	0	0
0	3	0	0	0	8	2	17	9	0	0	0	0	0	2	13	0	4	10	0	9	6	0	4	2	0	0	11	0
0	0	0	0	0	0	0	0	0	0	0	0	3	0	0	0	0	0	0	97	0	0	0	0	0	0	0	0	0
0	2	0	1	0	0	0	0	0	0	0	2	0	0	0	9	0	6	0	0	53	0	0	27	0	0	0	0	0
2	3	0	1	6	0	0	0	0	3	2	1	0	0	0	0	0	13	0	0	23	26	1	0	18	1	0	0	0
1	0	0	0	0	0	0	0	0	4	0	13	0	0	0	0	0	6	0	0	13	3	41	0	5	2	12	0	0
0	0	0	0	0	0	0	0	0	0	0	0	0	0	0	0	0	0	0	0	0	0	0	100	0	0	0	0	0
1	0	0	0	0	0	0	0	0	0	0	0	0	0	0	0	0	0	0	0	5	0	0	0	92	0	0	0	0
0	0	1	0	2	0	0	0	0	4	0	0	0	0	0	0	0	2	0	0	0	0	0	34	34	23	0	0	0
8	8	0	0	6	0	1	0	0	9	0	0	0	2	0	10	0	6	7	0	18	0	9	0	1	0	15	0	0
0	0	0	0	0	0	4	4	16	0	0	0	0	0	0	0	0	0	0	0	14	0	0	0	0	0	0	62	0
2	0	0	0	0	0	0	0	0	0	0	25	0	0	0	0	1	0	3	0	0	27	0	0	0	0	0	0	42

Eficiencia (%) | 51.86

Tabla 3 Resultados experimentales

Base de datos		Histograma CTL		Eficiencia de clasificación	
	Tamaño de imagen (Píxeles)	IxJ	R^K [K=I(2^J-1)+1] dimensiones	Subimages (%)	Images (%)
Granitos ornamentales originarios de Brasil	150X150	3x3	22	51.01	100
		4x4	61	65.31	100
		5x5	156	75.82	100
		6x6	379	88.96	100
		7x7	890	95.75	100

A partir de la tabla 3, la transformada CTL es un método prometedor para el desarrollo de instrumentos de inspección visual con alta eficiencia de reconocimiento. En el reconocimiento de imágenes se obtiene siempre la máxima eficiencia (100%), no importa el tamaño de la ventana de observación y tampoco importa el espacio dimensional del histograma CTL. La alta eficiencia se logra porque el histograma CTL contiene suficiente información de textura y el clasificador usa la información completa de la imagen. El reconocimiento de subimágenes es más susceptible a los errores de identificación porque el clasificador no usa toda la información de la imagen, este efecto fue descrito por R. Sanchez-Yañes et al. [8] y fue aplicado para medir la similitud entre clases de imágenes por J.T. Guillen Bonilla et al [7]. El aumento de la eficiencia en la clasificación de subimágenes sucede porque el histograma CTL contiene mayor cantidad de información de textura cuando este histograma se calcula con ventanas de observación de mayor tamaño.

Con el objetivo de comparar los resultados obtenidos con otro espectro de textura, las imágenes de granitos ornamentales originarios de Brasil se clasificaron con la versión original de la representación LBP [9] (Local Binary Pattern por sus siglas en ingles). En este caso, el tamaño de la ventana de observación fue de 3x3, no se puedo aplicar ventanas de mayor tamaño porque la computadora tenía memoria insuficiente. El resultado numérico en la clasificación de imágenes fue del 100%. A partir de nuestros resultados, la transformada CTL tiene tan alta eficiencia como la representación CTL sin embargo la representación CTL tiene versatilidad ya que se puede calcular con ventanas de observación de mayor tamaño.

IV. CONCLUSIONES

Un nuevo espectro de textura llamado histograma de Cúmulos de Textura Local (CTL), fue presentado en este trabajo de investigación. El histograma CTL tuvo alta eficiencia de clasificación de imágenes, muy bajo espacio dimensional y se corroboró con una base de datos de imágenes de losetas de granitos ornamentales de origen brasileño. Este histograma CTL fue aplicado como vector característico multidimensional en un clasificador para múltiples clases y se clasificaron imágenes y subimágenes. La eficiencia en reconocimiento de imágenes fue muy prometedora ya que se obtuvieron eficiencias del 100%. Sin embargo, los errores de reconocimiento fueron más observables en la clasificación de subimágenes. La eficiencia de clasificación fue medida dentro del intervalo de 51.86 hasta 95.75% cuando la ventana de observación estaba con tamaño dentro del rango de IxJ=3x3 hasta IxJ=7x7. Cabe mencionar que, estos resultados experimentales muestran a la transformada CTL como una técnica eficiente de extracción de textura y factible para aplicaciones de sistemas de visión artificial.

AGRADECIMIENTOS

Los autores expresan su agradecimiento a la Universidad de Guadalajara por el apoyo otorgado durante el desarrollo del presente trabajo.

REFERENCIAS

[1] E. González, F. Bianconi, M. X. Alvarez and Saetta S. Automatic characterization of the Visual appearance of industrial material through colour and texture analysis: An overview of methods and applications. Advances in optical technology, ID:503541, pp. 1-11, 2013.

[2] X. Xie Review of Recent Advance in surface defect detection using texture analysis techniques. Electronic Letters on Computer Vision and Image Analysis, 7(3), pp. 1-22, 2008.

[3] C. Boukouvales, F. De Natale, G. De Toni, J. Kittler, R. Marik, M. Mirmehdi, M. Petrou, P. Le Roy, R. Salñgary and G. Vernanzza, ASSIST: automatic system for surface inspection and sorting of tiles. Journal Material Processes Technology, 82, pp 179-188, 1998.

[4] A. Fernández, M. X. Alvarez and F. Bianconi, Texture description through histograms of equivalent patterns. Journal of Mathematical Imaging and Vision, 45, pp. 76-102, 2013.

[5] R. E. Sánchez-Yáñez, E.V. Kurmyshev and A. Fernández, One-class texture classifier in the CCR feature space, Patt. Rec. Letts, vol.24 / 9-10, pp.1503–1511, 2003.

[6] E.V. Kurmyshev and J.T. Guillen-Bonilla, Complexity reduced coding of binary pattern units in image classification, Volume 49, Issue 6, pp. 718–722, 2011.

[7] J. T. Guillen Bonilla, E. Kurmsyhev and A. Fernández, Quantifying a similarity of classes of texture images. Applied Optics, 46 (23), pp. 5562-5570, 2007.

[8] Raúl S. Sánchez-Yáñez, Evguenii E. Kurmyshev and Franciso J. Cuevas, A framework for texture classification using the coordinated clusters representation, Patt. Rec. Letts, vol.24 / 9-10, pp. 21-31, 2003.

[9] T. Ojala, M. Pietikäinen and T. Mäenpää. Multiresolution Gray-scale and rotation invariant texture classification with local binary patterns, IEEE Transactions on Pattern Analysis and Machine Intelligence, Vol. 24, Issue 7, pp. 971-987, 2002.

ASISTE: Personal Mobile Health Assistant

Jose Lozano-Rizk, Alejandro Estrella-Gallego, Kedir M. Besher, Mabel Vazquez-Briseño

Facultad de Ingeniería, Arquitectura y Diseño
Universidad Autónoma de Baja California
Ensenada, B.C.

Abstract— **The motivation for every location based information system is: "To assist with the exact information, at right place in real time with personalized setup and location sensitiveness". Location based applications have been proposed for monitoring vital signs of patients at home or anywhere. This scenario requires mobile inter communication or connectivity. In this paper we propose an android system to assist remotely older people or people having physical disabilities in case of a fall or a cardiac disease, which is called ASISTE. The application executes its process by taking input from accelerometer and HxR sensor. The main objective of the system is sending user's location and health status information to a caregiver or family member. Though target user may be located anywhere in the surrounding (gym or home), he must have network connectivity and an ASISTE enabled mobile device. The application interacts with a sending data mechanism (like current location and status) to notify the health condition of the person; therefore, the application can stop or resume data sending, respectively. It prevents data loss during the process as much as possible. Initially, the system is developed for Android platform only, but can be improved to cross-platform use with device specific support in terms of Google Maps**

Keywords—mHealth; Android; mobile services; location based application

I. INTRODUCTION

A mobile location-based service (LBS) is a mobile service that is dependent on the location of a mobile device. A Location Based Service (LBS) can be an information and entertainment service, accessible with mobile devices through the mobile network and utilizing the ability to make use of geographical position of the mobile device. Android based location tracking and data accessing have seen immense growth in the last few years. The predicted deployment of these applications for the next decade resembles that of the Internet during the early 90s. Location based android applications provide not only convenient connectivity between users but also can be used as a tool to manage and control movement of the person. Moreover, these technologies can be used to find the user's current location and for protecting a mobile device from antitheft.

In this work we present ASISTE, a LBS that is intended to assist elder people or people with disabilities including heart diseases. ASISTE main features include heart activity detection, real-time location tracking, remote recording and sending data in case of a fall or heart malfunction. ASISTE provides remote healthcare monitoring by collecting vital signs from people (e.g., heart rate, movement, among others), which are continuously transmitted to a caregiver (e.g. physician or family member).

The received data is analyzed by caregivers to keep track of user's health remotely, eliminating the need to be physically present [2], [9]. Solutions for this sort of scenario require mobility-aware applications, to achieve their aim. One of the proposed technologies for implementing a location based application is the Android combination with geo-position mechanism, which was designed to build communications systems of low complexity, ultra-low power consumption and low cost. One of ASISTE's major restrictions is that it requires network connection constantly. If signal coverage is insufficient to satisfy user's mobility across different areas then the system will not send data timely to the server. It is important since any disconnection or long periods of network inaccessibility could have serious consequences for users [9]. Indeed, the robustness of the application depends greatly on the proper management of mobility to ensure connectivity [5], [6], [9]. Additionally, there are some vital sign monitoring devices, like HxR devices, that send data streams to the application constantly. Consequently, if the application has a network disconnection(Bluetooth), it is necessary to notify to the proper responsible; otherwise, the rest of the data packet transmission will be lost and the expected output will not be accomplished.

II. GENERAL SCENARIO

ASISTE works as follows:

1) Obtains user's location: - Using LBS procedures ASISTE answers these 4 questions :
   a. Where am I…?
   b. Where is the nearest …?.
   c. Where is my …?,

    d.   How do l get there?

2) Monitoring status and Notifications: The application uses as criteria decision based on the received data (HxR and accelerometer), and pre-established thresholds, to effectively measure the difference from the normal functioning of the body, avoiding unnecessary outputs. In addition, it sends notifications when required to an appropriate 3rd person when the user needs help sending the user's location.

We implement ASISTE in a physical test-bed to validate its operation, and measures its performance.

III. RELATED WORK

Several papers have been proposed in literature about location based applications. However, more applications efforts are still needed on location based application for android or IOS. Virrantaus et al[1] defined LBS services as follows: "Information services accessible with mobile devices through the mobile network and utilizing the ability to make use of the location of the mobile device ."Open Geospatial Consortium" [2] defined LBS service similarly: "A wireless-IP service that uses geographic information to serve a mobile user, any application service that exploits the position of a mobile terminal." In [4] authors mention that in order to make LBS services possible, some infrastructure elements are necessary, including mobile devices, applications, communication network, positioning component, and service servers. Mobile devices are tools used by users to access LBS services, to send requests and retrieve results. Most of the current LBS services do not require users to input location manually. Instead user's location can be obtained by using some positioning technologies, such as satellite positioning, cellular network positioning, WLAN stations or radio beacons [5]. LBS services can be categorized as triggered LBS services (push services) and user-requested LBS services (pull services) [3]. In a triggered (push) LBS service, the location of user's mobile device is retrieved when a condition set in advance is fulfilled. For example, a call to an emergency center can automatically trigger a location request [3].

IV. ASISTE IMPLEMENTATION

ASISTE is a location based android system for outdoor and indoor patient care in several facilities like gym, campus, or homes as shown in Fig.1. The scenario represents a physical space where patients (users) are moving freely, wearing a wireless sensor to track heart rate and ASISTE installed on an android OS mobile device. ASISTE is intended to detect heart problems, as well as falls, using accelerometers and gyroscopes embedded in the mobile device. The sensors collect and send data to ASISTE. The collected data is analyzed using an internal algorithm to determine if is necessary to send a notification. Data is also send to 3rd person for further analysis.

Fig 1 Components of ASISTE

A. Algorithm for detecting person's position (faller detection)

We use the following algorithm and equations in ASISTE to detect user´s falls:

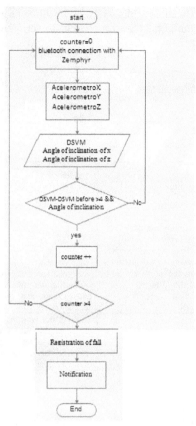

Fig 2 Algorithm to detect user´s fall

$$A_{\text{SVM}}(i) = \sqrt{A_x^2(i) + A_y^2(i) + A_z^2(i)}, \qquad (1)$$

$$\theta(i) = \tan^{-1}\left(\frac{\sqrt{A_y^2(i) + A_z^2(i)}}{A_x(i)}\right) \times \frac{180}{\pi}, \qquad (2)$$

$$A_{\text{DSVM}}(i)$$
$$= \left((A_x(i) - A_x(i-1))^2 + (A_y(i) - A_y(i-1))^2 \qquad (3)\right.$$
$$\left. + (A_z(i) - A_z(i-1))^2\right)^{1/2},$$

$$A_{\text{GSVM}}(i) = \frac{\theta(i)}{90} \times A_{\text{SVM}}(i), \qquad (4)$$

$$A_{\text{GDSVM}}(i) = \frac{\theta(i)}{90} \times A_{\text{DSVM}}(i), \qquad (5)$$

V FUNCTIONAL TESTING

Fall detection: To test the fall detection algorithm has been made ten falls to the right, ten falls to the left, ten to back and ten to front direction on a mattress Queen, the results are showed in Table I:

TABLE 1. User´s fall detection test

Fall Direction	Number of Falls	Fall detected
Front	10	9
Right	10	8
Left	10	7
Back	10	7

As it can be seen most attempts were detected successfully, however it will be necessary to handle the noise in the signals from the sensors and try other methods for detection of falls for future work. To verify the systems general functionalities, the test has presented in Table II were executed.

TABLE II. System functionalities test

id	Verification Element	Expected Result	Result obtained	Observation
TC1	User Registration from App	Remote server registration	Local and remote (server) registration	Registration occurs once at the time
TC2	User registry edition	User can edit the profile information previously stored	Is possible to edit users profile	None
TC3	Obtain accelerometer data when patient profile is activated	The app must show accelerometer data	Accelerometer data is show on smart device screen	Accelerometer work frequency is 5Hz
TC4	Fall simulation while patient profile is activated	The system must detect when a patient fall is detected, afterwards the HR sensor and location are activated. The system sends notifications to patient's doctor and tutor and save the fall's data on server. 70% of accuracy is expected.	The system indicates when a fall occur and sends push notifications to medical and tutor profiles. HR and location data are stored in remote server.	Ten fall simulations in front, left, right, and back position were made with 77.5% accuracy.
TC5	Medical profile can Access to patients data through a web site	Medical profile can access patients data and see location, HR and date if a fall occurs.	When a user with medical profile is logged on the web site can select a patient and see the historical data of HR, location and date. El usuario con rol.	The web site generates historical Hr data graphics.

V. CONCLUSIONS

In this paper, we presented ASISTE, a location based android system that provides mobility and control for users. To achieve this, ASISTE relies on two essential processes: Obtaining user's location and determining user's health conditions or falls. Using this information ASISTE sends notifications when required to a remote user's assistant such as a relative or physician. We conducted several performance and usability tests obtaining good results. The falls detection algorithm used in ASISTE has an 80% of successful detection rate. As a heart rate monitor a Zephyr Bluetooth sensor was used. Emanating from performance tests, the possibility of improving in the future heart rate acquisition with less power consumption (using latest technologies), and to design a more optimal fall detection algorithm. From the results, we can conclude that the ASISTE is an appropriate solution for location based android management of elders and people with disabilities in different locations (gym, home...).

REFERENCES

[1]. Virrantaus, K., Markkula, J., Garmash, A., Terziyan, V., Veijalainen, J., Katanosov, A., and Tirri, H ".Developing gissupported location-based services. In Web Information Systems Engineering (2001), IEEE,pp. 66-75.

[2]. Consortium, O. G. Open location services 1.1, 2005.

[3]. D'Roza, T., and Bilchev, G. "An overview of location-based services". BT Technology Journal 21, 1 (2003), pp 20-27

[4]. Schwinger, W., Grin, C., Prll1, B., and Retschitzegger, W. "A light-weight framework for location-based services". In Lecture Notes in Computer Science (Berlin, 2005), Springer, pp. 206_210

[5]. Zeimpekis, V., Giaglis, G., and Lekakos, G."A taxonomy of indoor and outdoor positioning techniques for mobile location services". SIGecom Exch. 3, 4 (2003), pp 19-27

[6]. Mohapatra, D.; Suma, S.B.; "Survey of location based wireless services", IEEE International Conference on Personal Wireless Communications Digital Object Identifier: 10.1109/ ICPWC. 2005.1431366 Publication Year: 2005, Page(s): 358 – 362.

[7]. Amit Kushwaha, Vineet Kushwaha, "Location Based Services using Android Mobile Operating System" Department of Electronics & Communication Engineering IIMT Engineering College, Meerut-250001, India

[8]. Parida, Asit Kumar. "Android Application Development for GPS Based Location Tracker & NITR Attendance Management System." PhD diss., 2013.

[9]. Lim, D. Chulho, P Nam, H Sang-Hoon, K Yun,S. "Fall-Detection Algorithm Using 3-Axis Acceleration: Combination with Simple Threshold and Hidden Markov Model". Journal of Applied Mathematics. Volume 2014 (2014), Article ID 896030.

Sistema robótico de búsqueda y rescate.

Benjamín Frías, Karina Badillo, Elda González, Cristian Sánchez, Albert Sánchez, Miguel Gárate.
[1]CETYS Universidad, Escuela de Ingeniería.
Av.CETYS s/n. Colonia Lago Sur CP 22550, Tijuana, Baja California.
benjamín.frias@cetys.edu.mx

[1,2]Adolfo Esquivel
[2]Instituto Politécnico Nacional, CITEDI.
Ave. Instituto Politécnico Nacional No. 1310 Colonia Nueva Tijuana CP 22435, Tijuana, Baja California
adolfo.esquivel@cetys.mx

Resumen- En el presente trabajo se expone el proyecto final de los cursos de *Diseño con Microcontroladores* y el de *Prototipos Mecatrónicos* de la carrera de Ingeniería Mecatrónica en CETYS Universidad campus Tijuana. El sistema consiste en dos sistemas robóticos, en donde uno adquiere el rol de "robot rescatador" ya que su misión es guiar al otro sistema "robot perdido" a una zona segura dentro de un ambiente controlado. La localización del robot dos es mediante un beacon con sensores infra-rojos, se comunican mediante red Wi-Fi, la localización de la zona segura es mediante reconocimiento de colores con una cámara de video en el robot rescatador y finalmente el seguimiento del robot rescatado utiliza el mismo algoritmo de localización con el beacon infra-rojo.

Palabras Clave—Mecatrónica, Beacon infra-rojo, reconocimiento de colores, robótica.

I.   INTRODUCCIÓN

El objetivo del proyecto es diseñar e implementar un sistema mecatrónico con microcontroladores, sensores, actuadores e interfaces de comunicación, que busque y localice a otro sistema, establezca comunicación y lo lleve a un destino predeterminado.

II.   MARCO DE REFERENCIA

Este apartado tiene el fin de dar información general acerca del material utilizado en el desarrollo del proyecto.

Raspberry Pi: Es un ordenador de placa pequeña y por lo mismo muy práctico. El software utilizado es open source, donde RaspBian es su sistema operativo, siendo una versión de Debian. El diseño incluye un system-on-a-chip Broadcom BCM2835, que contiene un procesador central, un procesador gráfico videocore IV, y 512 MB de memoria RAM. Para almacenamiento permanente se tiene una ranura para una tarjeta SD mini. El lenguaje de programación más utilizado para su "programación" es python.

Fig. 1 – Raspberry Pi 2 B.

Pixy Camera: Es aquel sensor de visión capaz de detectar objetos. La "pixy" procesa imágenes desde la imagen del sensor y solo manda la información útil para el microcontrolador, es decir la posición en "x" y "y" . Esta información la manda en un rate de 50Hz. La información puede estar disponible a través de las siguiente interfaces: UART serial, SPI, I2C, USB o salida digital/análoga.

Fig. 2 – Pixy Camera

Sensor Ultrasonico: Es un dispositivo que es capaz de detectar objetos a distancias de hasta 4.5 m. El sensor funciona por ultrasonidos que emite, ya que calcula la distancia en la que este tarda en regresar, es decir envia un pulso de arranque y mide la anchura del pulso del retorno. El tiempo mínimo de espera entre una medida y el inicio de otra es de 20 mS. La frecuencia con la que trabaja es de 40 KHz.

Fig. 3 – Sensor Ultrasónico

Pololu IR Beacon: Es una placa compacta utilizada en pares para localizar robots entre ellos. Cada una tiene emisores infrarrojos que brillan en todas las direcciones y 4 infrarrojos que reciben y detectan al otro beacon. Este tipo de sensores tiene un rango de 15ft.

Fig. 4 – Pololu IR Beacon

III. DESARROLLO

Programación y Control

La programación de los robots se encuentra dividida a grandes rasgos en dos algoritmos: el algoritmo de encontrar, que pone al robot rescatador en modo Find, y el algoritmo para regresar a la zona segura, que activa el modo Home de ambos robots. Se empezará por explicar el modo Find; en esta modalidad el robot rescatador utiliza los transmisores-receptores de infrarrojo para acercarse y eventualmente encontrar al robot rescatado, mismo que permanece inactivo hasta ser encontrado.

Debido a que son los componentes más importantes dentro del modo Find, es necesario explicar el funcionamiento de los Pololu IR Beacons y el modo en el que interactúan con los actuadores; estos dispositivos cuentan con cuatro transmisores y cuatro emisores de infrarrojo colocados en lo que serían los cuatro puntos cardinales tomando el frente del robot como Norte, el lado derecho como Sur, el izquierdo como Oeste y el derecho como Este, cuando se activan los beacons, estos utilizan lógica negativa para indicar en dónde están detectando la señal de su par; por ejemplo, si el robot a rescatar se encuentra a la izquierda del rescatador, la terminal del receptor Oeste tendrá un nivel bajo y las otras tres estarán en alto. Siguiendo esta lógica, se orienta el Norte del rescatador utilizando un control PWM en los motores, tomando como base la posición reportada por los componentes infrarrojos.

Una vez que el robot rescatado es encontrado, el sistema activa el protocolo Home por medio de un pulso de red, en el que el rescatador se encarga de conducir hacia la zona segura, misma que está definida por una cartulina de un color llamativo que será detectado por la Pixy Cam, mientras que el robot rescatado tiene la tarea de seguirlo hasta la zona segura. El reconocimiento de color logrado por la cámara debe ser configurado previamente por medio de un software especializado en el que se deben tomar en cuenta parámetros como brillo del objeto, la distancia a la que puede ser detectado y las condiciones de luz.

Una vez que la cámara ha sido configurada adecuadamente, su labor dentro del robot es reportar la posición del objeto que debe detectar (la cartulina de color rosa elegida por el equipo como zona segura). Utilizando la información brindada por la cámara para conocer la ubicación de la zona segura, se implementó un control proporcional para determinar la potencia que debe ser suministrada a los motores con el fin de mantener la cartulina en el centro del campo de visión de la cámara con el objetivo de llegar a la zona segura de forma rápida y con un uso eficiente de la energía. Por su parte, el robot rescatado utiliza una réplica del algoritmo Find para poder seguir al rescatador utilizando los transmisores-receptores de infrarrojo.

Fig. 5 – Diseño físico de Robot rescatador.

IV.   RESULTADOS

Como resultado, se obtuvieron dos sistemas funcionales, ya que cada uno cumplió con su objetivo. Por tanto se realizaron dos programas:

- Robot rescatador
- Robot rescatado

En donde el robot rescatador es aquel el cual cuenta con la cámara en la parte frontal y un transmisor-receptor infrarrojo, mientras que el robot rescatado únicamente cuenta con el transmisor-receptor para la localización.

Fig. 9 – Robot rescatador y rescatado

Evidencia videográfica del funcionamiento de ambos sistemas robóticos puede ser observada en el siguiente hipervínculo:

https://www.dropbox.com/s/fk083itfuj7noj8/Video%206-2-16%2C%202%2020%2018%20PM.mp4?dl=0

V.   Conclusiones

La solución implementada por el equipo, hizo uso extensivo de diversas tecnologías, entre las cuales destaca la plataforma de Raspberry Pi como principal medio de control y manejo de entradas/salidas. El hecho de haber manejado Linux (Raspbian) como sistema operativo en dicha plataforma implicó el uso de aprendizajes adquiridos en asignaturas como Aplicaciones de Redes de Computadoras, y facilitó en gran medida el correcto entendimiento de los comandos pertinentes, llevando entonces a la búsqueda de una solución holística, que integra las cuatro ramas básicas de la mecatrónica: diseño mecánico, electrónica, informática y control.

Surge entonces la inquietud de añadir en futuras versiones; una mayor cantidad de módulos al prototipo aquí propuesto; posteriores funciones tales como la detección de obstáculos, la utilización de tecnologías alternas de visión robótica, o inclusive la implementación de una segunda cámara al robot rescatado podrían representar retos a resolver en tiempos posteriores.

VI.   Referencias

[1] CMUcam5 (2011) *Hooking up Pixy to a Raspberry Pi*. Recuperado el 24 de mayo de 2016.
Disponible en: http://cmucam.org/projects/cmucam5/wiki/Hooking_up_Pixy_to_a_Raspberry_Pi

[2] Floyd, T. (2006) Fundamentos de sistemas digitales. México: Pearson Education.

[3] Floyd, T. (2007) Electronic Devices. Estados Unidos: Pearson Education.

[4] Hackster (s.f.) *Pi Car*. Recuperado el 20 de mayo de 2016. Disponible en: https://www.hackster.io/bestd25/pi-car-016e66

[5] McWhorter, P. (2015) *Raspberry Pi LESSON 27: Analog Voltages Using GPIO PWM in Python*. Recuperado el 24 de mayo de 2016.
Disponible en: http://www.toptechboy.com/raspberry-pi/raspberry-pi-lesson-27-analog-voltages-using-gpio-pwm-in-python/

[6] ModMyPi (2014) *HC-SR04 Ultrasonic Range Sensor on the Raspberry Pi*. Recuperado el 14 de mayo de 2016.
Disponible en: http://www.modmypi.com/blog/hc-sr04-ultrasonic-range-sensor-on-the-raspberry-pi

[7] Pololu (2007) *Pololu IR Beacon Quick-Start Sheet*. Recuperado el 24 de mayo de 2016.
Disponible en: https://www.pololu.com/file/0J31/irb02a_guide2.pdf

[8] Raspberry Pi Foundation (s.f.) *Getting Started with NOOBS*. Recuperado el 6 de mayo de 2016.
Disponible en: https://www.raspberrypi.org/help/noobs-setup/

[9]TutorialsPoint (2016) *Python – Tutorial*. Recuperado el 9 de mayo de 2016. Disponible en: http://www.tutorialspoint.com/python/index.htm

Autenticación Continua Usando Ritmo de Tecleo para Proveer Seguridad en Dispositivos Móviles

Carlos Gonzalez Flores
Facultad de Sistemas
Universidad Autónoma de Coahuila
Arteaga, Coahuila México
Gonzalezc757@gmail.com

Monica Avila Alcazar
Facultad de Sistemas
Universidad Autónoma de Coahuila
Arteaga, Coahuila México
avilamalcazar@gmail.com

Resumen— Este trabajo describe una metodología para la autenticación continua del usuario de un dispositivo móvil. Esta autentificación será llamada al interaccionar el usuario con el Sistema Operativo del dispositivo móvil, o por eventos promovidos por el usuario. La autenticación del usuario es hecha por medio de utilizar el ritmo de tecleo del usuario. Cuando la autentificación es negativa, una evaluación de la amenaza es hecha por el Sistema de Seguridad para encontrar el conjunto de amenazas actuales en el dispositivo móvil del usuario. Una pluralidad de acciones contramedidas son seleccionadas para responder a las amenazas encontradas, y estas son enviadas como comandos al Sistema Operativo.

Palabras Clave—Autenticación Continua, Ritmo de Tecleo, Seguridad, Dispositivos Móviles

I. INTRODUCCIÓN

Este trabajo fue realizado tomando como base la patente [01] "Continuous Authentication Using User's Typing Rhythm And Application Selection For Security Of Mobile Electronic Devices" sometida por los autores.

Los dispositivos electrónicos móviles con capacidad de comunicación, tales como computadoras personales, teléfonos celulares y asistentes digitales personales, se han convertido en herramientas indispensables para los participantes de la nueva economía. Con el tiempo, estos dispositivos acumulan grandes cantidades de información confidencial de los usuarios y de las organizaciones, y mientras que estos dispositivos ofrecen beneficios de productividad, implican nuevos riesgos.

II. RIESGOS

Dispositivos móviles como un teléfono celular o un PDA, presentan riesgos para sus usuarios incluyendo los siguientes [02]:

Una de las más graves amenazas de seguridad para cualquier dispositivo computacional es la suplantación de un usuario autorizado. [03]. La autenticación del usuario es la primera línea de defensa contra esta amenaza. Sin embargo, la administración de autenticación del usuario es un problema constante en los dispositivos electrónicos móviles y particularmente en los teléfonos celulares, que tiende a ser altamente personal y en los grupos marginados de la influencia organizacional.

Una vez que la autenticación fue activada, la autenticación periódica casi nunca es hecha.

III. AUTENTICACION

La autenticación se refiere al proceso de confirmar o negar la identidad pretendida de un individuo. Los mecanismos de autenticación se basan en uno o más de las siguientes tres clases de procedimientos:

Prueba por conocimiento – La identidad se establece a través de la información que sólo puede ser conocida o producida por la persona con esa identidad (p.ej., una contraseña). Prueba por posesión – La identidad de un individuo es establecida mediante la posesión de un objeto asociado y exclusivo de esa identidad (p. ej., una tarjeta inteligente). Prueba por propiedad – La identidad se establece a través de la medición directa de ciertas características (p. ej., biométricas), que concuerdan con los de la persona con esa identidad (p. ej., una huella digital). Solo algunos dispositivos manuales han incorporado la autenticación por huella digital.

La firma dinámica, que utiliza mediciones de velocidad, aceleración, dirección, presión, longitud del tecleo, patrones, y tiempo y distancia cuando el vehículo de escritura es levantado es una biometría más común, encaminada a dispositivos móviles que tienen una pantalla sensitiva al tacto y capaz de capturar las características de la firma.

El sistema que nosotros proponemos utiliza varios métodos de autenticación del usuario por prueba de conocimiento y por prueba de propiedad que incluye el ritmo de tecleo del usuario entre otros métodos.

IV. METODOLOGIA

La metodología propuesta aquí consiste en continuamente monitorear las entradas del usuario para autentificarlo. Esta autenticación será proveída localmente por el dispositivo móvil. La metodología en términos generales consiste en capturar tecleos del usuario y generar patrones, y comparar estos con los tecleos anteriores, decidir si hay algún ataque (cuando los tecleos estén fuera del patrón generado por el usuario inicial) y tomar las acciones necesarias para salvaguardar informacion y notificar a otras partes. Todo el software en la metodología utiliza múltiples técnicas de ofuscación para desalentar y hacer más difícil el romper el código, también se utilizaran técnicas contra la ingeniería-reversa.

El Sistema descrito en esta metodología está compuesto de cuatro componentes mayores: un Reconocedor Inicial, un Reconocedor Operacional, un Tomador de Acciones y un Cargador Inicial, todos ellos comunicándose con el Sistema Operativo del dispositivo móvil (ej. Android, Windows, etc.). La Figura 1 muestra este Sistema.

El Sistema tiene un periodo inicial en el cual el Sistema está aprendiendo los hábitos de tecleo del usuario. Después pasara a un periodo de transición que es el tiempo entre el periodo inicial y el momento en que el Sistema tiene alta confiabilidad en el método de autenticación. Finalmente el Sistema pasa a un periodo de estado estable una vez que el periodo de transición termina. Cuando alguien diferente del usuario está utilizando el dispositivo móvil, el Sistema pasa a un estado de emergencia y se prepara para manejar la amenaza.

Una vez que la informacion es catalogada y guardada, esta es comparada con informacion previa del usuario como son los patrones creados y guardados.

A-Patrones

Los patrones creados con la informacion de ritmo son:

- Latencia entre tecleos sucesivos (el tiempo entre dejar la primera Tecla y oprimir la segunda)
- Duración de cada Tecla (cuanto tiempo la Tecla es oprimida).
- Posición del dedo en la Tecla
- Presión aplicada a las teclas
- Rapidez general de tecleo
- Tiempo entre X dos letras más utilizadas
- Tiempo entre tres letras más utilizadas
- Numero de teclas oprimidas por unidad de tiempo.
- Numero Z de errores hachos, y tiempo de corrección.
- Ritmo y hora del día
- Ritmo y geografía

Esto patrones serán creados únicamente si el sistema operativo y el l dispositivo del usuario soportan el proveer esta mediciones.

Para hace que el sistema responda más rápido a las acciones del usuario, nosotros recomendamos que el sistema utiliza un subconjunto del alfabeto del usuario. Nosotros proponemos por ejemplo utilizar 10 o 15 de las letras más usadas en el lenguaje Español. Por ejemplo las más frecuentes [04] serian: E,A,O,S,R,N,I,D,L,T,C,M. Las doce más utilizadas constituyen aproximadamente el 82% del uso total. Podemos incluir filtros adicionales que usen las dos letras más comunes utilizadas [05] DE, ES, EN, EL, LA, OS, ON, AS, ER, RA, AD, AR, o las palabras de dos letras [05] más comunes son DE, LA, EL, EN, SE, UN, NO, SU, ES, AL, LO, LE

B-Acciones

Una vez que el nivel del atacante se determina, el sistema pasa esta informacion a la unidad de Tomador de Acciones. Este módulo hará un análisis de amenaza. Una amenaza es la combinación del activo, la vulnerabilidad y el atacante

En nuestro sistema los activos son el dispositivo y los datos (informacion y código). La vulnerabilidad será la captura y control de un activo en cualquier momento por un no-cliente (enemigo), un atacante será cualquier no-cliente (enemigo).

Nosotros queremos proteger la integridad de estos activos, y en el caso de datos, la confidencialidad. Integridad es la ausencia de cambios no-autorizados. Nosotros debemos rechazar el hacer cambios en todos los datos más críticos. Per ejemplo nosotros debemos rechazar cambios a cualquier archivo de configuración. Para proteger la confidencialidad nosotros debemos borrar (o esconder) todos los más críticos datos y programas. El Sistema utiliza tres pasos en el algoritmo:

- Paso uno es identificar que activos necesitan ser protegidos y que calificativos de estos activos necesitan protección. Esta es informacion que el usuario deberá de proveer inicialmente. El sistema pondrá al corriente la criticalidad de los activos a medida que estos sean cargados en el dispositivo del cliente.

- Paso dos es identificar vulnerabilidades conocidas y posibles en los activos y en el Sistema que directamente interactúa con ellas. Vulnerabilidades conocidas por supuesto son más fáciles de manejar a diferencia de las vulnerabilidades que son puramente especulativas. Si el Sistema detecta que un atacante está tratando con los activos que son críticos, esto deberá de apuntar a un nivel más alto de ataque. Un ejemplo del tipo de procesos que este paso hará: contar los números de diferentes ID que hay en el Sistema (ej. Ritmo de una sola Tecla, ritmo de dos tecleados, etc., y activar la señal cuando:
  - Cualquier ID esta fuera de rango (por ejemplo menos de 50% de confianza)
  - El total esta entre dos fronteras (por ejemplo entre 75% y 50% confianza) activar la confirmación del usuario (pedir clave secreta).

- Paso tres es cuando se considera posibles atacantes, casi cualquier tipo es posible. La clave es estimar cual es el atacante más posible.

Una vez que las acciones son seleccionadas, se convierten en un conjunto de comandos al Sistema Operativo para implementar tales acciones seleccionadas.

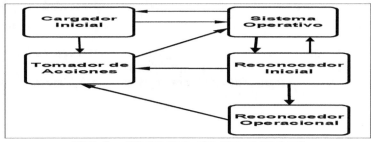

Fig 1. Sistema de Seguridad

V COLECCION DE DATOS

La recolección de datos no es complicada, pero requiere atención con cada teléfono que se utiliza. Primero hay que explicarle al usuario que es lo que estamos haciendo y pedirle si está dispuesto a cooperar con nosotros. Se le explica que nuestra aplicación (servicio) capturara las teclas que el usuario oprima, pero que no se captura ninguna informacion confidencial como claves secretas, números de tarjetas de crédito, etc. Si el usuario acepta ayudar, nosotros tenemos que descargar manualmente de nuestro teléfono al de él/ella, nuestra aplicación (vía Bluetooth). Posteriormente se tendrá que contactar al usuario después de 2-3 semanas y descargar de su teléfono la informacion capturada. Este proceso aunque no es complicado en sí, es laborioso y complicado por la logística.

A continuación presentamos los resultados de una de las capturas que tenemos hechas, en particular esta es sobre el tiempo de presión en la tecla. Los datos de Min, Max y Sum están en milisegundos.

ID	CARACTER	CONTADOR	MIN	MAX	SUM
97	a	188	3	218	20529
98	b	19	3	163	1818
99	c	37	3	149	3748
100	d	57	3	156	5760
101	e	157	3	167	15877
102	f	13	5	131	1292
103	g	25	3	152	2644
104	h	16	5	199	1835
105	i	82	3	169	8914
106	j	17	3	125	967
107	k	12	53	156	1203
108	l	90	3	234	9773
109	m	32	5	1440	4799
110	n	91	3	191	8953
111	o	116	2	209	12772

Tabla 1. Captura de Datos

Después de 3 semanas todos los usuarios reportaron que si alguna otra persona utilizaba su dispositivo, el sistema lo detecta y les mandaba un mensaje "Error - Time out of range". Esto era solo con el objeto de saber si la aplicación detectaba el cambio de usuario. Una vez que terminemos de tomar datos y depurar el Sistema, entonces si la aplicación detecta un cambio en el usuario, le pedirá al usuario que se identifique por medio de una clave secreta, otro modo la aplicación sabrá que este no es el usuario y actuara de acuerdo a lo programado.

VI. IMPLEMENTACION

El principal obstáculo que tuvimos con la implementación de la aplicación fue que para diferentes versiones de Android (ejemplo 5.1.1, 5.0.2 y 4.4) su funcionamiento no era igual. Lo mismo nos ocurrió con diferentes dispositivos (ejemplo Samsung Galaxy S6, Samsung A300H y Lanix Ilium S620). Aun con la misma versión de Android, su comportamiento tenía variaciones pequeñas.

Implementación Detallada
  La descripción completa de todos los algoritmos utilizados en la implementación se pueden ver en Ávila [06]
  Captura de Datos (sin ofuscación)

```java
public void onPress(int primaryCode) { time_start = System.currentTimeMillis();}
public void onKey(int primaryCode, int[] keyCodes) {
        String keypress = String.valueOf((char)primaryCode); boolean enoughInfo = false;
        time_end = System.currentTimeMillis();
        long timeMilliSeconds = time_end - time_start;
        try{ if(enoughInfo == false){
                SharedPreferences prefs =
                getSharedPreferences("skPreferences",Context.MODE_PRIVATE);
                SharedPreferences.Editor editPrefs = prefs.edit();
                editPrefs.putLong("time_elapsed", prefs.getLong("time_elapsed", 0) +
                timeMilliSeconds); editPrefs.commit();
                long aux_time_elapsed =
                TimeUnit.MILLISECONDS.toDays(prefs.getLong("time_elapsed", 0));
                if(aux_time_elapsed >= 1) enoughInfo = true;
//Populating DB
                if(primaryCode >= 97 && primaryCode <= 122){
                        open_helper = new DbSourceCode(this);
                        open_helper.updateCounter(primaryCode, keypress, timeMilliSeconds);
                        Log.d("Row Updated",keypress);    }
                else{ open_helper = new DbSourceCode(this);
                        open_helper.updateCounter(123, "Others", timeMilliSeconds);
                        Log.d("Row Updated",keypress);} }
        else{ //Toast.makeText(getBaseContext(), "Stop DB Update", Toast.LENGTH_LONG).show();
                open_helper.keyValidator(primaryCode, timeMilliSeconds);
                lock.reenableKeyguard();  }
        }catch(Exception e) { Log.d("EXCEPTION",e.getMessage());    }
```

VII. CONCLUSIONES

La principal conclusión que podemos sacar de este proyecto es que es posible la autenticación del usuario de un dispositivo móvil utilizando su ritmo de tecleo. Sin embargo, nosotros creemos que si el sistema de autenticación utiliza una pluralidad de métodos, esto hará que el sistema sea más rápido, pues aunque el ritmo de tecleo si detecta al usuario, esto lo hace únicamente cuando el usuario este tecleando texto. Probablemente podremos hacer la aplicación más rápida y ocupar menos espacio, una vez que hagamos esta aplicación con derechos de administrador. El no poder acceder a algunas funciones y estructuras de datos que solo son accesibles si tienes permiso del "root" hizo que nuestra programación fuera más compleja y algunas veces delimitante.

Como una futura continuación de este proyecto es el utilizar un procesador alterno para hacer las funciones de seguridad. Esto nos va a permitir el hacer estas funciones más rápidas y sin poner sobrecarga en el usuario y en el sistema del usuario. Además de que nos permitirá hacer más fácil la comercialización de nuestro sistema de seguridad.

REFERENCIAS

[01] Gonzalez Carlos, Monica Avila y Ricardo Moreno,] "Continuous Authentication Using User's Typing Rhythm And Application Selection For Security Of Mobile Electronic Devices"", US Patent Application #62295130, Feb 2016.

[02] Wayne Jansen and Karen Scarfone, Guidelines on Cell Phone and PDA Security, NIST Special Publication 800-124, October 2008.

[03] Wayne Jansen, Authenticating Users on Handheld Devices, Proceedings of the Canadian Information Technology Security Symposium, May 2003, http://csrc.nist.gov/groups/SNS/mobile_security/documents/mobile_devices/PP-AuthenticatingUsersOnPDAs.pdf

[04] Practical Criptography, ""Spanish Letter Frequencies"", http://practicalcryptography.com/cryptanalysis/letter-frequencies-various-languages/spanish-letter-frequencies/, accesado Marzo, 2016

[05] Real Academia Española, "Corpus de Referencia del Español Actual (CREA) - Listado de frecuencias" http://corpus.rae.es/lfrecuencias.html, accesado Marzo, 2016

[06] Avila Monica, "Autenticación De Usuario En Teléfono Celular Usando Ritmo De Tecleo", Tesis Profesional, Facultad de Sistemas , Universidad Autonoma de Coahuila, Dec 2016.

Una propuesta educativa en línea en el ámbito de la administración de tecnologías de la información

Javier Aguilar Parra
Departamento Académico de Sistemas Computacionales
Universidad Autónoma de Baja California Sur
La Paz, B. C. S., México.
jaguilar@uabcs.mx

Jaime Suárez Villavicencio
Departamento Académico de Sistemas Computacionales
Universidad Autónoma de Baja California Sur
La Paz, B. C. S., México.
jsuarez@uabcs.mx

Elvia Esthela Aispuro Félix
Departamento Académico de Sistemas Computacionales
Universidad Autónoma de Baja California Sur
La Paz, B. C. S., México.
aispuro@uabcs.mx

Resumen— Este artículo presenta la propuesta del programa educativo en línea Licenciatura en Administración de Tecnologías de la Información (LATI), así como los resultados de la propuesta la cual destaca en el diseño de la retícula del programa educativo. Es importante enfatizar que es el primer programa educativo a distancia que se oferta en cualquier institución de nivel superior pública o privada en el Estado de Baja California Sur (BCS), esta licenciatura en línea será ofertada por La Universidad Autónoma de Baja California Sur (UABCS), a través del Departamento Académico de Sistemas Computacionales (DASC).

Palabras clave—TIC, tecnologías de información, educación a distancia, educación en línea.

I. INTRODUCCIÓN

La globalización y sustentabilidad lleva a imponernos nuevos retos y desafíos educativos, tratando de encontrar nuevas ofertas formativas se acude al desarrollo de propuestas donde estén incluidas las Tecnologías de Información y Comunicación (TIC), Este escenario ya está contemplado en el plan de trabajo 2015-2019 de la UABCS, donde establece que se debe " Generar las condiciones para ofrecer al menos un programa de licenciatura, por área de conocimiento, en la modalidad de educación a distancia" [1]. Para poder hacer el estudio de factibilidad del programa educativo LATI se identificaron necesidades sociales, sobre todo de aquellas localidades donde no hay acceso a la educación superior, también se considero la necesidad de jóvenes trabajadores que son pilar fundamental del sostén de la economía familiar y tiene la imperante necesidad del desarrollo académico que les permita una mejora laboral. Un aspecto que no se debe dejar de lado es que con LATI, la UABCS dará cobertura educativa a todas las localidades urbanas y rurales de los cinco municipios del estado, y por supuesto al resto de la republica mexicana y el extranjero.

II. DESARROLLO

Para la realización del estudio de factibilidad se hizo una investigación documental que consistió en la revisión de material bibliográfico y estadístico relacionado con las TIC, también realizo una investigación de campo donde el principal instrumento de recolección de datos es la encuesta, las cuales se aplicaron en dependencias de gobierno e instituciones privadas, entre las que destacan Secretaría de Educación Pública, Ayuntamiento de la ciudad de La Paz, instituciones financieras, Colegio de Bachilleres, Colegio de Estudios Científicos y Tecnológicos entre otras dependencias del gobierno estatal.

La propuesta de educación a distancia que se hace, se encuentra situada en la combinación de estudio independiente y enseñanza que plantea A. W. Bates ya que los estudiantes en la dimensión de enseñanza aprendizaje tendrán que realizar actividades síncronas y asíncronas de manera remota [2]. Para ver la factibilidad del programa educativo en modalidad a distancia se realiza un análisis desde diferentes dimensiones, como lo sugiere A. W. Bates quien propone los siguientes criterios: **Acceso**, ¿Qué tan accesible es la tecnología para los estudiantes?; **Costos**, ¿Cuál es la estructura de costos de cada tecnología?; **Enseñanza aprendizaje**, ¿Qué tipo de aprendizaje se necesita?, ¿Qué planteamientos de instrucción satisfarán mejor estas necesidades?; Novedad, ¿Qué tan nueva es esta propuesta?; y Rapidez, ¿Qué tan rápido pueden montarse los cursos en esta tecnología? [2].

III. METODOLOGÍA

El estudio se desarrolló bajo dos enfoques: investigación documental y de campo, donde se analizaron las dimensiones educativa y social, revisando los principales indicadores que impactan en la factibilidad de abrir un programa educativo a distancia, desde las diferentes dimensiones como lo sugiere A. W. Bates. En la investigación de campo, se analizó la oferta educativa realizando un estudio de factibilidad, sustentado en el método cuantitativo de tipo descriptivo, acudiendo como instrumento de recolección de datos a la encuesta.

IV. ESTUDIO DOCUMENTAL

Acceso. Según la Organización para la Cooperación y el Desarrollo Económicos (OCDE) en México los hogares con acceso a internet en el 2011 se encuentran por encima de países como China e India [3]. Como se puede observar en la Fig. 1

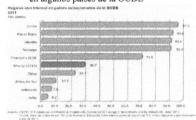

Fig. 1. Porcentaje de hogares con internet en algunos países de la OCDE

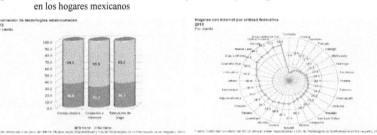

Fig. 2. Porcentaje de penetración de las TIC en los hogares mexicanos

Fig. 3. Porcentaje de hogares con internet en México

Tambien señala el Instituto Nacional de Estadística y Geografía (INEGI), en 2013, el 30.7% de los hogares en México tiene acceso a internet [3]. Esto se puede apreciar en la Fig. 2. Éste estadístico nos lleva a pensar que el acceso a internet debe de ser mayor para el 2016 en los hogares mexicanos.

El INEGI, destaca que los indicadores de disponibilidad por entidad federativa de los hogares con Internet, si bien el promedio nacional es comparable con el de otros países como se aprecia en la Fig. 3, las proporciones regionales muestran diferencias importantes. Y respecto de los resultados estatales del módulo 2011 los resultados muestran avances diferenciados. Para el 2011 "Solamente en seis entidades, Baja California Sur, Distrito Federal, Baja California, Quintana Roo, Nuevo León y Sonora, al menos un tercio de los hogares cuenta con conexión a la red mundial de información" [3]. Para el 2013, ya son trece entidades en dónde al menos un tercio de los hogares cuentan con Internet. De hecho, en Baja California Sur y el Distrito Federal la proporción es de poco más del 50 por ciento como se muestra en la Fig. 3. Esta situación favorece enormemente para la implementación de un programa educativo a distancia en la UABCS.

En el contexto local específicamente en localidades rurales de los cinco municipios que conforman la entidad de BCS, se solicita información a la Centro de Comunicación Tecnológica Educativa (CEOTED) encargado de coordinar cursos a distancia de la Secretaría de Educción Publica (SEP) del Estado de BCS, se informa por parte de este centro que existen 78 localidades ruarles con conexión satelital [4], distribuidos como de la siguiente manera: Los cabos 13 localidades, La Paz 25 localidades, Comondú 6 localidades, Loreto 4 localidades, y Mulegé 30 localidades. Cabe mencionar que estas localidades tienen instalaciones educativas de telesecundarias y/o telebachillerato, por lo que en estas comunidades rurales existe en sus estudiantes la experiencia educativa en su modalidad a distancia, esta condición los hace candidatos potenciales para cursar la LATI.

Costos. En lo que atañe a la dimensión a distancia se implementará la plataforma educativa Moodle, al ser software libre no tiene costo económico, solo hay que descargarlo, instalarlo y configurarlo en un servidor, al respecto la UABCS ya cuanta con este servicio. La aplicación que se recomienda implementar para las clases, asesorías o tutorías en el aula de medios virtual es Google Hangouts, esta herramienta forma parte de los servicio que se brindan con una cuenta de correo electrónico de Gmail, al respecto la UABCS gestiona las cuentas de correo electrónico con Gmail, por lo que todos el personal docente y estudiantes tiene acceso a Google Hangouts.

Enseñanza aprendizaje. El paradigma educativo institucional está basado en competencias, bajo este esquema una competencia que se promueve es el uso de las TIC en los procesos de enseñanza-aprendizaje, entonces es aquí donde encontramos un nicho de oportunidad, ya que los sistemas de educación a distancia, al haber adoptado enfoques tecnológicos de enseñanza y un paradigma socioeducativo básicamente conductista, sentaron las bases de lo que habría de ser el sistema de enseñanza incluyente ya que no importa la barrea de la distancia.

Fundamento pedagógico. Se toman como base los lineamientos de la Asociación Nacional de Instituciones de Educación en Tecnologías de la Información A.C. (ANIEI), y el Consejo Nacional de Acreditación en Informática y Computación (CONAIC).

ANIEI, establece el perfil de la Licenciatura en Tecnologías de la Información (LATI) como el Profesional con conocimientos sólidos de las tecnologías de información aplicadas al proceso administrativo de las organizaciones. Así como un estratega tecnológico que desarrolla e implanta soluciones informáticas para apoyar la competitividad de las empresas. Facilitador de la toma de decisiones y la reingeniería de procesos para administrar conocimiento y proveer agilidad a las organizaciones. Las áreas del conocimiento y el porcentaje de créditos que se sugiere para este perfil son: Entorno social 30%, Matemáticas 10%, Arquitectura de computadoras 5%, Redes 7.5%, Software de base 7.5%, Programación e ingeniería de software 17.5%, Tratamiento de información 17.5%, Interacción hombre-máquina 5%.

Por otro lado, el CONAIC propone que los programas del área de informática y computación deben contar con las siguientes unidades mínimas de cada área del conocimiento como se muestra: Ciencias Sociales, humanidades y otras 300 unidades mínimas 17.4%, Matemáticas y ciencias básicas 420 unidades mínimas 24.4%, Informática y Computación unidades mínimas 1000 58.2% Total de unidades mínimas de programa 1720.

Dentro del área de conocimiento Informática y Computación, se deben de cubrir las siguientes unidades mínimas, como se muestran: Entorno social 300 unidades mínimas 12.6%, Matemáticas 100 unidades mínimas 4.2%, Arquitectura de computadoras 50 unidades mínimas 2.1%, Redes 75 unidades mínimas 3.15% Software de base75 unidades mínimas 3.15%, Programación e ingeniería de software 175 unidades mínimas 7.35%, Tratamiento de información175 unidades mínimas 7.35%, e Interacción hombre - máquina 50 unidades mínimas 2.1%.

Plataforma educativa Moodle. La plataforma educativa que se utilizará es Moodle, definido por A. Fernández, M. Goicoechea, L. Hernández y D. López "como un sistema de gestión de cursos (Learning Management System, LMS) que ayuda a los educadores a crear comunidades de aprendizaje en línea" [5]. Esta plataforma educativa es de fácil acceso ya que garantiza interactividad, flexibilidad, escalabilidad, usabilidad, ubicuidad, funcionalidad, estandarización y soporte; cuanta con servicios como tareas, foros, gestión de contenido (recursos), cuestionarios con distintos tipos de preguntas, blogs, wikis, encuestas, chat, glosarios y evaluación entre pares [6]; además de ser software libre, es decir no tiene costo económico y las actualizaciones siempre se encuentran disponibles, al respecto la UABCS ya cuenta con esta plataforma educativa, la cual se utiliza como apoyo a la modalidad presencial.

Novedad. Esta propuesta educativa a distancia es la primera que se plantea en cualquier institución educativa de nivel superior ya sea pública o privada en el estado de BCS, más que novedosa es un proyecto viable, moderno y actual, además como valor agregado brinda una oportunidad única de estudio a los habitantes del estado de BCS y de la región, particularmente a los ciudadanos que tienen la ambición de desarrollarse en el área de las Tecnologías de Información y que por diversos motivos no pueden cursar una carrera en la modalidad presencial.

Rapidez. Se tiene todas las condiciones tecnológicas favorables, ya se cuenta con la plataforma educativa Moodle donde se configurara las materias conforme avances los semestres. Respecto al perfil y la experiencia del personal docente del DASC cuenta con el perfil deseado para esta empresa, ya que los profesores que tiene más de un semestre impartiendo cátedra en el DASC utilizan la plataforma educativa Moodle como herramienta de apoyo para sus estrategias de enseñanza y aprendizaje. Estos representan de 95% de los profesores. De la planta docente del DASC, que son 37 profesores, 12 de ellos cuentan con algún estudio de posgrado en la modalidad a distancia, lo que representa el 32% del personal académico. Esta experiencia formativa es muy valiosa e importante para la implementación del programa educativo a distancia.

V. Investigación de campo

Se analizó la oferta educativa realizando un estudio de factibilidad, sustentado en el método cuantitativo de tipo descriptivo, acudiente como instrumento de datos a la encuesta. El cuestionario se diseño como lo plantean G. Rodríguez, J. Gil y J. García "se realiza sobre la base de un formulario previamente preparado y estrictamente normalizado. Allí se anotan las respuestas, en unos casos de manera textual y en otros de forma codificada. Suelen contener entre cinco y veinticinco preguntas abiertas-cerradas" [7]. El cuestionario que se diseño fueron 15 preguntas, todas ellas relacionadas con el uso de las TIC en su vida en el hogar y en el trabajo; también se incluyeron preguntas sobre en el interés de realizar estudios en su modalidad a distancia.

VI. Resultados.

Descripción de la muestra. La muestra es de 168 personas y se realizaron en diferentes entidades laborales destacado la Secretaría de Educación Pública, Ayuntamiento de la ciudad de La Paz, instituciones financieras, Colegio de Bachilleres, Colegio de Estudios Científicos y Tecnológicos entre otras dependencias del gobierno estatal. La información recolectada en la encuesta nos muestra en la Fig, 4, que los encuestados fueron exactamente el 50% de hombre y 50% de mujeres.

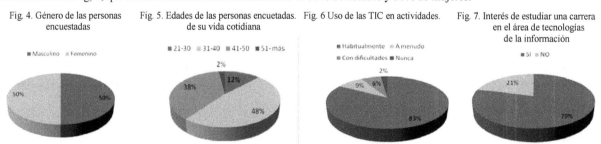

Fig. 4. Género de las personas encuestadas

Fig. 5. Edades de las personas encuestadas de su vida cotidiana

Fig. 6 Uso de las TIC en actividades.

Fig. 7. Interés de estudiar una carrera en el área de tecnologías de la información

Las edades de los encuestados fueron mayores de 20 años de edad como se observa en la Fig. 5. Destacando que los que fluctúan entre 31-40 años que representan el 48% de los encuestados. Una de las preguntas que se hizo fue sobre el uso de las TIC en su vida cotidiana, es decir para actividades en el hogar, en el trabajo o de esparcimiento, los resultados se muestran en la Fig. 6. El dato que destaca es que el 83% de los encuestados habitualmente utiliza las TIC en las actividades de su vida cotidiana.

A la pregunta si ofrecieran una carrera en línea en la área de tecnologías de la información ¿te gustaría estudiarla? El 79% de los encuestados respondió que si, como se observa en la Fig. 6. Con esta información recolectada podemos concluir que si existe un interés real por personas laboralmente activas, por estudiar una carrera en la disciplina de tecnologías de la información, y que además no le son ajenos el uso de la las TIC en su vida cotidiano, incluyendo por supuesto la laboral.

Después de todo el análisis hecho se obtiene como resultado la retícula de la Licenciatura en Administración de Tecnologías de la Información (LATI) que a continuación se muestra en la Fig. 8.

Fig. 8. Retícula de la Licenciatura en Administración de Tecnologías de la Información (LATI).

1	2	3	4	5	6	7
Metodología de la programación	Programación	Programación Web	Seguridad Informática	Programación Móvil	Diseño de interfaces	Desarrollo de emprendedores
Introducción a las tecnologías de la información	Estructura de Datos	Interacción humano maquina	Administración de tecnologías de la Información	Optativa 1	Optativa 2	Evaluación de normas de seguridad físicas y lógicas.
Estrategias de aprendizaje y habilidades digitales	Paradigmas Tecnológicos	Base de datos I	Base de datos II	Métodos numéricos	Optativa 3	Optativa 4
Matemáticas	Algebra lineal	Investigación de operaciones	Virtualización	Estadística aplicada	Graficación y MuLATImedia	Optativa 5
Ética profesional y derecho informático	Modelo Organizacional y SI	Modelos de Negocios	Modelos de Calidad	Ingeniería de software	Seminario de Proyectos de TI	Optativa 6
Inglés I	Inglés II	Redes I	Redes II	Sistemas de Información Gerencial	Sistemas para la toma de decisiones	Desarrollo de un proyecto en tecnologías de la información
Entorno social 30% = 10.8 Mat.	Matemáticas10% = 3.6 Mat.	Arquitectura de computadoras5% = 1.8 Mat.	Redes7.5%=2 .17 Mat.	Software Base 7.5%=2.17 Mat	Programación e Ing-Software 17.5% =6.3 Mat.	Tratamiento de información 17.5% = 6.3 Mat	Interacción hombre-máquina 5% = 1.8 Mat.

VII. CONCLUSIONES

Los primeros resultados permiten concluir que en el rubro de Acceso no existen inconvenientes, ya que en BCS el 50% de los hogares tiene acceso a internet, y además es el primer lugar nacional en este rubro, lo que se considera un punto favorable para emprender el proyecto educativo a distancia.

Respecto a la dimensión de enseñanza y aprendizaje se tiene a favor que se cuenta con la infraestructura y el personal docente necesario para emprender un proyecto educativo a distancia de esta magnitud, ya que actualmente ninguna institución de nivel superior pública o privada en el estado de BCS tiene en sus ofertas educativas programas a distancia, resaltando que esta modalidad educativa permite a jóvenes que no tienen la posibilidad de estudiar en la modalidad presencial, una alternativa seria que les permita cursar una licenciatura que contribuirá a su desarrollo personal, profesional y laboral, esta consideración emana de las encuestas hechas a 168 trabajadores encuestados, el 79% de estos, lo ven como una opción para prepararse profesionalmente.

Cabe mencionar que la novedad del programa educativo a distancia LATI es una aérea de oportunidad que permitirá a la UABCS tener presencia en todo el territorio nacional y más allá de sus fronteras, y el DASC tiene todos los elementos tecnológicos y pedagógicos para hacerlo, respecto a la infraestructura en la UABCS desde hace una década cuanta con los servicios de Moodle plataforma educativa que permite el proceso enseñanza a distancia, resaltando que los docentes del DASC tienen la experiencia y competencias que se necesitan para el manejo de la plataforma educativa en cuestión.

REFERENCIAS

[1] Programa de Trabajo 2015-2019. Universidad Autónoma de Baja California Sur. México. 2015.

[2] A. W. Bates. La tecnología en la enseñanza abierta y la educación a distancia. Editorial Trillas. México. 1999.

[3] Instituto Nacional de Estadística y Geografía (INEGI). Estadísticas sobre disponibilidad y uso de tecnología de información y comunicaciones en los hogares, 2013. INEGI. México. 2014.

[4] Centro de Comunicación Tecnológica Educativa (CEOTED). Informe Ciclo Escolar 2014-2015. SEP-BCS. México. 2015.

[5] A. Fernández, M. Goicoechea, L. Hernández y D. López. Filología y Tecnología: introducción a la escritura, la informática, la información. Editorial Complutense, S. A. Madrid. 2012.

[6] Moodle. Características de Moodle. Consultado en junio de 2016 de https://docs.moodle.org.

[7] G. Rodríguez, J. Gil y J. García. Metodología de la investigación cualitativa. Ediciones Aljibe. España. 1996.

[8] Consejo Nacional de Acreditación en Informática y Computación (CONAIC) y Asociación Nacional de Instituciones de Educación en Tecnologías de la Información (ANIEI). Modelos Curriculares del Nivel Superior de Informática y Computación. Consultado en junio de 2016 de http://www.impulsati.org/ANIEI/modelos-curriculares-2/modelos-curriculares/

Sistema digital para la detección de BSR en imágenes de sísmica de reflexión

Perla Karina Barba Rojo, Selene Solorza Calderón,
Facultad de Ciencias,
UABC,
Ensenada, B.C., México.
karina@uabc.edu.mx, selene.solorza@uabc.edu.mx

Antonio Gonzalez Fernandez,
División Ciencias de la Tierra,
CICESE,
Ensenada, B.C., México.
mindundi@cicese.mx

Resumen—En este trabajo se presenta un sistema automatizado para la detección del reflector simulador del fondo marino (BSR; por sus siglas en inglés) en imágenes de sísmica de reflexión. El sistema utiliza el control automático de ganancia (AGC; por sus siglas en inglés) para mejorar la continuidad lateral, así como la técnica de umbralización para la detección de bordes y segmentación del BSR. Mediante la transformada de Radon se lleva a cabo la detección del ángulo de inclinación del BSR y con el análisis multiresolución 2D (MRA 2D; por sus siglas en inglés) la extracción del BSR. El sistema demostró ser eficiente en la detección del BSR en imágenes sísmicas sintéticas.

Palabras clave—*MRA 2D; transformada de ondícula; transformada Radon; BSR; reconocimiento de patrones*

I. INTRODUCCIÓN

A. Área de Aplicación

Comúnmente, BSR es un indicador de la presencia de hidratos de gas. El BSR aparece en los sismogramas como el reflector de más intensidad entre el fondo marino y el basamento, generalmente imita la forma del fondo marino (SBR; por sus siglas en inglés) y cruza a través de otros reflectores litológicos. Éste se forma por procesos que dependen de la profundidad del subsuelo y el contraste de velocidades entre capas, las cuales pueden influir en la presión y la temperatura de los sedimentos [1]. Puesto que el BSR se usa principalmente como marcador de la presencia de hidratos de gas, es de gran utilidad tener un sistema que automatice el proceso de localización del mismo; en la actualidad este proceso se realiza a mano por intérpretes entrenados. Por ejemplo, en la Fig. 1 se muestra un registro sísmico de la Cuenca Farallón localizada en el Golfo de California, México, el cual presenta un BSR que es paralelo al SBR.

B. Planteamiento de la solución

Aprovechando la similitud que guarda el BSR con respecto al SBR, en este trabajo se desarrolla un sistema de reconocimiento de patrones con el fin de detectarlo, ya sea que el BSR esté paralelo al fondo o que presente cierta inclinación con respecto a este reflector. La metodología se basa en el análisis multiresolución en dimensión dos aplicado a un sismograma que ha sido preprocesado para obtener una versión del mismo, pero con la curva del fondo marino transformada en una recta horizontal.

II. METODOLOGÍA

A continuación se describen los pasos que se llevan a cabo en esta metodología para la detección del BSR. Estos incluyen el realce de la imagen, detección de bordes, segmentación, análisis multiresolución 2D, reconocimiento de patrones en imágenes sísmicas de reflexión y el uso de la transformada de Radon.

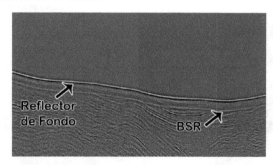

Fig. 1. Registro sísmico de la Cuenca Farallón en el Golfo de California, México, el cual presenta un BSR paralelo al SBR.

A. Pre-procesamiento de las imágenes

En imágenes de sísmica de reflexión pueden existir discontinuidades laterales debido a bajas amplitudes, resolución de los datos, ruido, entre otros. La Fig. 2(a) muestra un ejemplo de un SBR con discontinuidades laterales. Una manera de reducir dichas discontinuidades es usar un proceso de ecualización, como el AGC. Con el AGC se aplica una ganancia a cada muestra, la cual corresponde al promedio de amplitud de la ventana utilizada. El AGC proporciona balance entre las amplitudes verticales para destacar áreas con baja amplitud o enfatizar cambios de amplitud con respecto al tiempo, dando como resultado que fases de baja amplitud bien correlacionadas sean más visibles, por lo que la imagen resultante es una imagen sísmica con continuidad lateral mejorada, como se muestra en el ejemplo de la Fig. 2(b).

B. Segmentación del fondo marino

El siguiente paso del proceso es la obtención de la forma del SBR. Aquí se aplica la técnica de umbralización [2] en la imagen sísmica con continuidad lateral mejorada, para generar una imagen binaria como la Fig. 3(a). Debido a la existencia de bajas amplitudes por arriba del SBR, mediante la umbralización dichos valores serán eliminados, por lo tanto la curva del fondo marino consistirá de los primeros valores distintos de cero en cada traza sísmica. En la Fig. 3(a) se muestra en color azul la curva del SBR detectada a través esta técnica. Además, con el fin de tener una curva suavizada, se le aplica un filtro de medianas (Fig. 3(b)).

C. Traslación de las trazas sísmicas con respecto a los tiempos de arribo del reflector de fondo marino

El sistema de reconocimiento de patrones utiliza la curva del SBR como patrón de referencia a reconocer. En el paso anterior se detectó el SBR como el primer arribo distinto de cero en el tiempo t_k en la traza sísmica $x_i(t_j)$, donde $j=0,1,...,k,...n$. Cada traza se traslada dicha cantidad de tiempo ($x_i(t_j-t_k)$) para transformar la curva del SBR en una recta horizontal, además todas aquellas curvas que tengan la forma del fondo marino, como es el caso del BSR, serán transformadas a rectas con un cierto ángulo de inclinación, por ejemplo Fig. 4.

D. Identificación del ángulo de inclinación

Con el fin de detectar apropiadamente el BSR, es necesario conocer el ángulo de inclinación. Para esto se hace uso de la transformada de Radon.

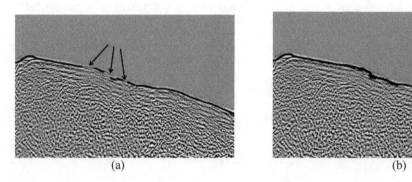

(a) (b)

Fig. 2. Pre-procesamiento de la imagen sísmica. (a) SBR con discontinuidades laterales. (b) Aplicación del AGC con una ventana de 200 milisegundos.

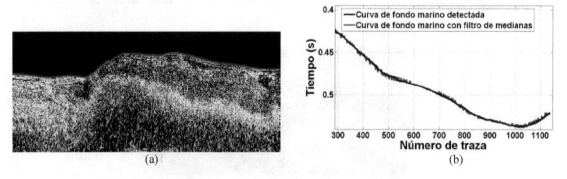

(a) (b)

Fig. 3. Umbralización de la imagen sísmica. (a) Detección del SBR. (b) Suavizado de la curva del SBR.

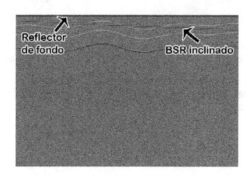

Fig. 4. Ejemplo de una imagen sísmica aplicando una traslación con respecto a los tiempos de arribo del SBR.

1) Transformada de Radon.

Tomando en cuenta que, si una función bidimensional *f* representa una densidad desconocida, entonces su transformada de Radon está definida como la integral a lo largo de *L* dada por [5],

$$\mathcal{R}\{f(x,y)\} = \int_L f(x,y)ds,$$

(1)

donde *L* es cualquier línea recta en el plano $\mathbb{R}^2$ y *ds* la longitud del arco a lo largo de *L*.

2) El ángulo de inclinación

En el caso de imágenes sísmicas como las de la Fig. 4 donde el SBR es una recta horizontal y el BSR es una recta no paralela al SBR, con la transforma de Radon se obtiene el ángulo de inclinación de la misma. El resultado de dicha transformación en una gráfica 3D donde se observa una serie de picos que dependen de la longitud, el ángulo e intensidad de cada recta. La recta correspondiente al SBR es la que contiene los valores de mayor intensidad, por lo que la transformada de Radon produce un pico de altura máxima y debido a su naturaleza está ubicado a *90°* de inclinación. El segundo pico de mayor altura representará al BSR y estará localizado a *θ* grados de inclinación. La Fig. 5 muestra un ejemplo de la transformada de Radon aplicado a la imagen sísmica de la Fig. 4. Para simplificar la identificación del ángulo de inclinación del BSR, en la imagen sísmica se elimina la recta del SBR ya que siempre se encuentra a *90°*, por lo que en la Fig. 5 se observa que el pico de máxima altura está ubicado a *85°*, entonces el BSR se encuentra inclinado *-5°* con respecto al SBR. Una vez determinado el ángulo de inclinación del BSR, se conoce el tiempo de arribo del mismo en cada una de las trazas sísmicas, por lo que es posible aplicar una traslación de manera que el BSR sea una recta horizontal, esto con el objetivo de poder aplicar el MRA 2D [3,4].

E. Detección del BSR

1) Análisis multiresolución y función de discriminacion de rectas horizontales

Para automatizar la detección del BSR, se aplica la técnica de detección de rectas horizontales del MRA 2D [3,4]. Dicha técnica consiste en realizar una descomposición espectral 2D utilizando ondículas. De la descomposición espectral se obtienen cuatro sub-señales: LL, HL, LH y HH (bajas frecuencias horizontales y verticales; altas frecuencias horizontales y bajas frecuencias verticales; bajas frecuencias horizontales y altas frecuencias verticales; altas frecuencias horizontales y verticales; respectivamente). De las cuatro sub-señales, la que realza las rectas horizontales y atenúa las rectas verticales es la sub-señal HL, sin embargo esta imagen es de la mitad del tamaño de la imagen original, por lo que para recuperar el tamaño se reescala la sub-señal usando un factor de dos (en el proceso se utilizó una interpolación bicúbica).

Al calcular los marginales por renglón de la sub-señal HL (que es una señal bidimensional o imagen), se obtiene una serie de tiempo donde los valores máximos están localizados en las líneas horizontales detectadas. Notemos que esta serie de tiempo tiene media $\mu=0$ y la amplitud de los picos de los reflectores que no son horizontales están contenidos en el intervalo $\mu \pm 2EE$ (*EE*=error estándar). Las pruebas hechas al sistema mostraron que para incluir los casos atípicos $\mu \pm 5EE$ es el criterio adecuado para discriminar entre los reflectores horizontales de aquellos que no lo son. En la Fig. 6(a) se muestran la gráfica de la serie de tiempo de la Fig. 4, donde se observa que el valor más grande se localiza en t=0.03s por debajo del SBR y corresponde al BSR detectado.

III. RESULTADOS Y CONCLUSIONES

Para analizar la eficiencia de la metodología propuesta se construyó una base de datos de 138 sismogramas sintéticos creados usando la ondícula Ricker. Dichos sismogramas simulan reflectores de fondo marino horizontales, diagonales y sinusoidales. Además, se agregaron otros reflectores no paralelos y BSR con inclinaciones desde 0° hasta 45° (para el cálculo del ángulo se utilizó el número de traza y el número de muestra por traza). Del total de sismogramas sintéticos, el sistema digital detectó el 100% de los BSR. Un ejemplo del resultado obtenido por el sistema se muestra en la Fig. 6(b).

Para probar el sistema en presencia de ruido, se agregó a los 138 sismogramas sintéticos ruido blanco gaussiano de 10dB a 0dB en intervalos de 1dB y, ruido sal y pimienta con densidad de 0.1 a 0.9 en intervalos de 0.1. Los resultados mostraron que en presencia de ruido blanco gaussiano de hasta 4dB el sistema digital sigue detectando eficientemente los BSR, decayendo a 80% al aumentar el ruido a 3dB. En presencia de ruido sal y pimienta el sistema, solo soporta hasta 0.3 de densidad.

Estos resultados permiten concluir que el sistema digital propuesto realiza la detección eficiente del reflector BSR, incluyendo los casos donde estos presenten inclinación con respecto a SBR. Además, el sistema sigue detectando eficientemente los BSRs en presencias altas de ruido blanco gaussiano.

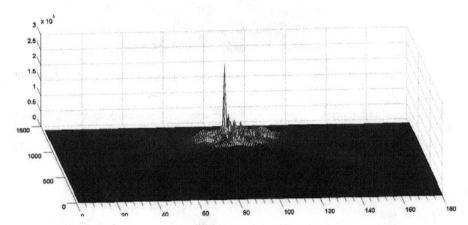

Fig. 5.   Resultado de la transformada de Radon aplicada a la imagen sísmica de la Fig. 4.

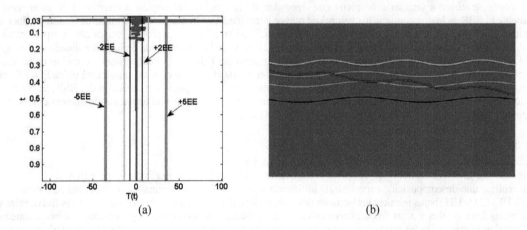

(a)   (b)

Fig. 6.   Proceso de discriminación. (a) Serie de tiempo para determinar la existencia y la localización del BSR. (b) Resultado del sistema.

AGRADECIMIENTOS

Perla Karina Barba Rojo es una estudiante del Programa de Doctorado MyDCI, UABC y cuenta con una beca de la UABC.

REFERENCIAS

[1]   MacKay ME, Jarrard RD, Westbrook GK, Hyndman RD. Origin of bottom-simulating reflectors: Geophysical evidence from the cascadia accretionary prism. Geology 1994;22(5):459-62.

[2]   Gonzalez RC, Woods RE. Digital Image Processing (3ra ed.). Pearson/Prentice Hall; 2008.

[3]   Tang Y, Ma H, Liu J, Li BF, Xi D. Multiresolution analysis in extraction of reference lines from documents with gray level background. Pattern Analysis and Machine Intelligence, IEEE Transactions on 1997;19(8):921-6. doi:10. 1109/34.608296.

[4]   Mallat SG. A theory for multiresolution signal decomposition: the wavelet representation. IEEE Transactions on Pattern Analysis and Machine Intel ligence 1989;11(7):674-93. doi:10.1109/34.192463.

[5]   Verdugo-Olachea Jonathan: Reconocimiento de patrones en imagenes digitales usando la transformada de Radon. Tesis de licenciatura, Facultad de Ciencias,UABC, 2015.

Pirámide de Escalas
Utilizando Transformada Wavelet

Carolina Barajas García, Selene Solorza Calderón

Facultad de Ciencias

UABC

Ensenada, B.C., México

cbarajas@uabc.edu.mx, selene.solorza@gmail.com

Resumen— En este trabajo se presenta una modificación del sistema digital de reconocimiento de patrones Scale Invariant Feature Transform (SIFT), la cual consiste en cambiar la función gaussiana utilizada en SIFT para generar la pirámide de escalas por la transformada wavelet de Haar. Los resultados muestran que el sistema modificado detecta un 33% menos de puntos clave, lo cual genera un sistema con menor costo computacional, además se obtiene un incremento del 11.46% en la cantidad de puntos correctos detectados del total de puntos clave obtenidos.

Palabras clave—SIFT, wavelets, pirámide de escalas.

I. INTRODUCCIÓN

Desde mediados del siglo pasado, la extracción de características a una imagen ha sido un área activa en el campo del reconocimiento de patrones. Una característica es una pieza de información que es relevante para la resolución, mediante imágenes digitales, de alguna tarea computacional específica. Las características pueden ser estructuras en la imagen: como puntos, bordes u objetos. Un ejemplo de estos son los descriptores de rasgos locales SIFT (por sus siglas en inglés: Scale Invariant Feature Transform), introducidos por D. G. Lowe en 2004 [1, 2]. Los sistemas de reconocimiento de patrones SIFT son invariantes a traslación, escala y rotación angular, pero se ha demostrado que en presencia de poco ruido su eficiencia decae notoriamente [3, 4], además, aunque se han propuesto varios algoritmos para reducir el costo computacional de SIFT, éste sigue empleando un tiempo considerable como para ser aplicado a problemas de tiempo real.

En 2012, Zhang y colaboradores [5] propusieron un algoritmo llamado AHWT- SIFT (A Haar Wavelet Transform-SIFT), el cual es una alternativa para reducir el costo computacional de SIFT. El sistema AHWT-SIFT aplica a la imagen la transformada wavelet de Haar, después se eliminan las altas frecuencias y la imagen resultante se introduce al algoritmo SIFT, de esta manera se eliminan datos que no son necesarios. Aunque el tiempo del sistema se reduce considerablemente, se siguen manteniendo otros problemas de SIFT: no trabaja con imágenes que presentan ruido, iluminación no homogénea o variaciones azimutales.

Una propuesta prometedora, es la de construir sistemas de reconocimiento de patrones híbridos entre las técnicas SIFT y las transformadas wavelets, generar un sistema más eficiente y con menor costo computacional al aprovechar las ventajas que proporciona las transformadas wavelets, como realce de bordes, eliminación de ruido, análisis de multiresolución. En este trabajo se propone cambiar la pirámide de escalas gaussiana que utiliza SIFT por una pirámide de escalas utilizando la transformada wavelet. En la sección II se presenta el sistema de reconocimiento de patrones SIFT. La sección III trata sobre las transformadas wavelet. La sección IV presenta la construcción de la pirámide de escalas utilizando la transformada wavelet de Haar. Los resultados obtenidos se muestran en la sección V. Finalmente, las conclusiones están dadas en la sección VI.

II. SIFT

SIFT es un sistema de reconocimiento de patrones basado en extracción de características, el cual detecta puntos clave en una imagen de referencia, estos puntos servirán para compararlos con los puntos clave de una imagen problema. Este sistema consta de cuatro etapas principales:

A. Detección de extremos en el espacio-escala.

La detección de los puntos que son invariantes a escala se logra mediante la búsqueda de características estables en una pirámide de escalas, para esto se utiliza una función de escala continua, por ejemplo D.G. Lowe [1] utiliza la función gaussiana. El espacio-escala de una imagen se define como una función $L(x,y,\sigma)$ que se produce a partir de la convolución de una función gaussiana, $G(x,y,\sigma)$, con una imagen de entrada $I(x,y)$, esto es

$$L(x,y,\sigma)= G(x,y,\sigma)* I(x,y), \tag{1}$$

donde * es la operación de convolución, σ es el parámetro de desviación estándar y

$$G(x,y,\sigma) = (1 / 2\pi\sigma^2) \, exp(-(x^2+y^2) / 2\sigma^2). \tag{2}$$

Para detectar puntos clave en el espacio-escala, D.G. Lowe utiliza la función generada a partir de una diferencia de gaussianas, ésta se calcula a partir de las diferencia de dos escalas cercanas que están separadas por un factor constante k, para después realizar la convolución con la imagen $I(x,y)$; matemáticamente esto es,

$$D(x,y,k) = (G(x,y,k\sigma) - G(x,y,\sigma)) * I(x,y) = L(x,y,k\sigma) - L(x,y,\sigma), \tag{3}$$

donde k es el factor de espacio-escala.

B. Localización de los puntos clave.

Para detectar los primeros candidatos a puntos clave en el espacio-escala, se toma un punto y se compara con sus ocho vecinos en la misma escala y con los 18 puntos equivalentes a su posición en las escalas adyacentes. Si el píxel seleccionado es el máximo o el mínimo del conjunto de los 27 puntos se toma como candidato a punto clave.

Una vez que se seleccionan todos los candidatos a puntos clave, estos tienen que pasar por un siguiente filtro, que sirve para excluir a los puntos de bajo contraste. Esto se realiza utilizando la expansión de Taylor de segundo orden a la función de espacio-escala $D(x,y,k)$. Posteriormente, se procede a eliminar los puntos que son falsos bordes, esto se hace verificando si la curvatura del punto es o no menor a un umbral predeterminado. La curvatura se calcula a partir de la matriz Hessiana de 2×2 evaluada en la ubicación y la escala del punto clave.

C. Asignación de orientación.

Ya que se tienen los puntos clave seleccionados, el siguiente paso es asignarle a cada punto una orientación, esto se lleva a cabo utilizando el histograma de gradientes orientados. Esta técnica cuenta las ocurrencias de la orientación del gradiente en las áreas donde se encuentran los puntos clave, de esta manera se puede caracterizar la apariencia de un objeto por la distribución de los gradientes o por la dirección de los bordes.

D. Emparejamiento de los puntos clave.

El último paso en el sistema de reconocimiento de patrones SIFT, es la comparación de los puntos clave de diferentes imágenes, para esto se usa la distancia euclidiana de dos vectores de puntos calve. Sea R_1 el vector de puntos calve de la imagen de referencia y sea R_2 el vector de puntos clave de la imagen problema, la distancia euclidiana se define como

$$D(i) = \| R_1(i) - R_2(j) \|, \tag{4}$$

donde $i = 1,...,m$, $j = 1,...,n$ y m,n son números naturales. El propósito de (4) es calcular la distancia euclidiana del i-ésimo punto clave de la imagen de referencia y el j-ésimo punto clave de la imagen problema. Cuando la distancia euclidiana de los dos puntos cumple con ser la distancia mínima y si la siguiente distancia más pequeña es menor que un determinado umbral, se considera que ese par de puntos coinciden.

III. TRANSFORMADA WAVELET

La transformada wavelet, o transformada de ondícula, es un tipo especial de transformada matemática que representa a una señal en términos de versiones trasladadas y escaladas de una onda finita, denominada wavelet madre. Su principal ventaja es que permite llevar a cabo un análisis a diferentes escalas o resoluciones (análisis de multiresolución), esto conlleva a que se puedan estudiar las señales en el dominio del tiempo y la frecuencia simultáneamente sin perder resolución.

A. Definición: Transformada wavelet.

Dada una función $f(t) \in L^2(\mathbb{R})$, la transformada wavelet se define como

$$W_\psi[f(a,b)] = \int_{-\infty}^{\infty} f(t)\overline{\psi_{a,b}(t)}dt, \tag{5}$$

donde

$$\psi_{a,b}(t) = |a|^{-\frac{1}{2}} \psi\left(\frac{t-b}{a}\right), \tag{6}$$

siendo ψ la wavelet de análisis y a,b los parámetros de escala y traslación, respectivamente.

(a)   (b)

Fig. 1. (a) Imagen de referencia I. (b) Pirámide de escalas utilizando la transformada wavelet de Haar de I.

B. Transformada wavelet de Haar.

En la wavelet de Haar el término ψ está definido como

$$\psi(t) = \begin{cases} 1, & 0 \le t < \frac{1}{2}, \\ -1, & \frac{1}{2} \le t < 1, \\ 0, & \text{de otra manera.} \end{cases}$$

(7)

Una de las propiedades de las transformadas wavelets es poder separar las altas y bajas frecuencias de una imagen. Al aplicar la wavelet de Haar en dos dimensiones, ésta separa la imagen en cuatro sub-imágenes con diferentes frecuencias: altas-altas, altas-bajas, bajas-altas, bajas-bajas. En este trabajo se utilizó la imagen de las altas-altas frecuencias.

IV. PIRÁMIDE DE ESCALAS UTILIZANDO TRANSFORMADA WAVELET

En la sección II.A se menciona como SIFT genera la pirámide gaussiana. La pirámide wavelet se genera de igual manera que la utilizada en SIFT, solamente se cambia la función gaussiana por la transformada wavelet de Haar, utilizando la imagen de las altas-altas frecuencias. La Fig. 1b muestra la pirámide de escalas (de la Fig. 1a) a cinco niveles obtenida mediante la wavelet de Haar.

V. RESULTADOS

El objetivo del trabajo es analizar el porcentaje de puntos correctos al usar la pirámide gaussiana y la pirámide wavelet, este porcentaje representa la cantidad de puntos correctos del número total de puntos detectados. Para llevar a cabo dicho análisis se utilizó una base de datos de 35 imágenes (Fig. 2), comparando cada una con una versión de la misma imagen reducida 10%, en la Fig. 3 se muestra un ejemplo del emparejamiento de puntos clave utilizando los dos sistemas. En la Tabla I se presentan los resultados obtenidos de estas pruebas, obteniendo que el sistema que utiliza la pirámide gaussiana detecta más puntos clave que el que utiliza la transformada wavelet, sin embargo al detectar más puntos se requiere más tiempo de cómputo. Tomando en consideración el porcentaje de puntos correctos, en promedio el sistema que utiliza la pirámide gaussiana tiene un 14.42% de puntos correctos, mientras que el sistema que utiliza la pirámide wavelet presenta un 25.88% de puntos correctos.

Fig. 2. Imágenes en la base de datos.

(a)   (b)

Fig. 3.   Ejemplo del emparejamiento de puntos clave. (a) Sistema utilizando la pirámide gaussiana. (b) Sistema utilizando la pirámide wavelet.

TABLA I.   Resultados Obtenidos

Imagen	SIFT – pirámide gaussiana			SIFT – pirámide wavelet			Imagen	SIFT – pirámide gaussiana			SIFT – pirámide wavelet		
	#puntos totales	# puntos correctos	% correcto	#puntos totales	# puntos correctos	% correcto		#puntos totales	# puntos correctos	% correcto	#puntos totales	# puntos correctos	% correcto
I_1	88	4	4.5%	31	7	22.6%	I_{19}	139	20	14.4%	40	9	22.5%
I_2	189	35	18.5%	44	13	29.5%	I_{20}	181	17	9.4%	28	6	21.4%
I_3	82	8	9.8%	16	4	25%	I_{21}	92	20	21.7%	42	13	31%
I_4	143	22	15.4%	78	22	28.2%	I_{22}	170	7	4.1%	63	8	12.7%
I_5	95	11	11.6%	39	11	28.2%	I_{23}	231	30	13%	99	16	16.2%
I_6	49	7	14.3%	12	0	0%	I_{24}	222	24	10.9%	84	9	10.7%
I_7	83	14	16.9%	11	4	36.4%	I_{25}	16	4	25%	10	6	60%
I_8	65	14	21.5%	33	8	24.2%	I_{26}	52	10	19.2%	7	4	57.1%
I_9	111	7	6.3%	39	6	15.4%	I_{27}	354	24	6.7%	47	8	17%
I_{10}	133	15	11.3%	74	10	13.5%	I_{28}	84	8	9.5%	14	3	21.4%
I_{11}	142	21	14.8%	49	13	26.5%	I_{29}	58	16	27.6%	18	9	50%
I_{12}	117	19	16.2%	47	9	19.1%	I_{30}	94	24	25.5%	28	10	35.7%
I_{13}	150	16	10.7%	55	19	34.5%	I_{31}	167	10	6%	34	6	17.6%
I_{14}	62	10	16.2%	13	4	30.8%	I_{32}	117	19	16.2%	65	7	10.8%
I_{15}	86	10	11.6%	42	10	23.8%	I_{33}	63	12	19%	23	8	34.8%
I_{16}	152	30	19.7%	43	5	11.6%	I_{34}	105	12	11.4%	34	12	35.3%
I_{17}	90	15	16.7%	19	4	21.1%	I_{35}	246	36	14.6%	80	26	32.5%
I_{18}	91	13	14.3%	21	6	28.6%							

VI.   Conclusiones

En este trabajo se presentó una modificación del sistema SIFT, la cual consiste en reemplazar la función gaussiana por la transformada wavelet al momento de construir la pirámide de escalas. Las pruebas arrojaron que el sistema que utiliza la pirámide wavelet detecta un 33% menos de puntos clave que el sistema original, esto implica una reducción en el costo computacional. Además, se incrementó la cantidad de puntos que son detectados correctamente, obteniendo un 25.88% contra un 14.42% que presenta el sistema original.

Agradecimientos

Carolina Barajas-García es estudiante de doctorado en el programa MyDCI de la UABC y es apoyada con beca CONACyT.

Referencias

[1] David G. Lowe, "Object recognition from local scale-invariant features," Computer Vision. The proceedings of the seventh IEEE international conference, vol 2, 1999, pp.1150-1157.

[2] David G. Lowe, "Distinctive image features from scale-invariant keypoints", International Journal of Computer Vision, vol 2, 2004, pp.91-110.

[3] Claudia Fimbres-Castro, Josué Álvarez-Borrego y Mario A. Bueno-Ibarra, "Invariant nonlinear correlation and spectral index diatoms recognition", Optical Engineering", vol 51, 2012.

[4] Selene Solorza y Josué Álvarez-Borrego. "Position and rotation invariant pattern recognition system by binary rings masks", Journal of Modern Optics", vol 62, 2015, pp.851-864.

[5] Mengmeng Zhang, Zeming Li, Nian Zhang, Chang, y Huihui Bai, "Adaptive feature extraction and image matching based on Haar wavelet transform and SIFT", JDCTA: International Journal of Digital Content Technology and its Applications, vol 6, 2012, pp.1-8.

User Requeriments and MDA for Data Warehouse

Leopoldo Zepeda, Elizabeth Ceceña, Ma. del Rosario González, Carlos Ángulo

Sistemas y Computación

Instituto Tecnológico de Culiacán

Culiacán Sinaloa, México

Lzzepeda@hotmail.com

Abstract—In this paper we present a Model Driven method that achieves the integration of user requirements with the multidimensional structures available in the operational data sources.

Keywords— Data WareHouse, MDA, User Requeriments

I. INTRODUCTION

A Data Warehouse (DW) is a database used for analytical processing whose principal objective is to maintain and analyze historical data. In this paper, we present a methodological guide that helps DW developers in the construction process of this kind of systems. This paper is structured as follows: in section 2 we review previous approaches on DW design. Section 3 introduces our method. Finally, Section 4 draws some conclusions and future works.

II. RELATED WORKS

In [1] a method for developing multidimensional schemas is presented. The design method starts from an existing Entity Relationship (ER) schema, derives a multidimensional schema, and provides implementations in terms of relational tables as well as multidimensional arrays. In [2] the authors present a DW design method. The design of a conceptual schema is carried out by producing a fact schema for each fact, which can be derived from an ER schema using an algorithmic procedure. The above contributions are concerned with DW conceptual design starting only from conceptual operational schemas. The most valuable contribution of those proposals is that they incorporate concepts and notations to the model to reflect graphically multidimensional aspects. Nevertheless, the use of proprietary notation is a deficiency, since turns these methods in particular and isolates solutions. On the other hand, to the best of our knowledge, only one effort has been development for aligning the design of DWs with the general MDA paradigm. In [3] the authors apply MDA to the logical stage of the DW development. They present a set of transformation rules between the OLAP and Relational PIM. However, the OLAP PIM is very simple and does not offer the necessary details used in real models.

III. OUR METHOD

The Model Driven Architecture (MDA) approach [4], proposes defining the software building process based on a set of models a new way to develop software by transforming an input model into an output model. These models are organized and aligned in three viewpoints: 1) The Computation Independent Model (CIM) describes the system without showing details about how it is constructed. 2) The Platform Independent Model (PIM) reflects the functionalities, structure and behavior of a system and contains no information specific to the platform or the technology that is used in the realization of it on a specific platform. 3) The Platform Specific Model (PSM) is more implementation oriented and corresponds to a first binding phase of a given PIM to a given execution platform. Using a series of transformations, also called model transformations, the software system is developed from a PIM to source code. Following this approach we propose to overcome the DW generation process in three steps (Figure 1): first one identifies end-user requirements. In step 2, an automatic process, starts with the identification of the multidimensional schemas in the operational database and creates different instances of the Multidimensional PIM. In step 3 a model-to-model transformation rules produces the multidimensional schema from the relational models. Finally the final step (4), integrates these two viewpoints.

A. Step 1: Defining the CIM.

According to MDA, a CIM must describe the requirements of the system. We specify the early requirements of a DW by means of a goal model. We propose two steps to define the goal model:

1) Goal identification.: We identify the set of goals that both, the system together and an actor must achieve to accomplish each requirement. The set of identified goals are organized in a Goal Refinement Tree (GRT).

Fig. 1. DW generation process

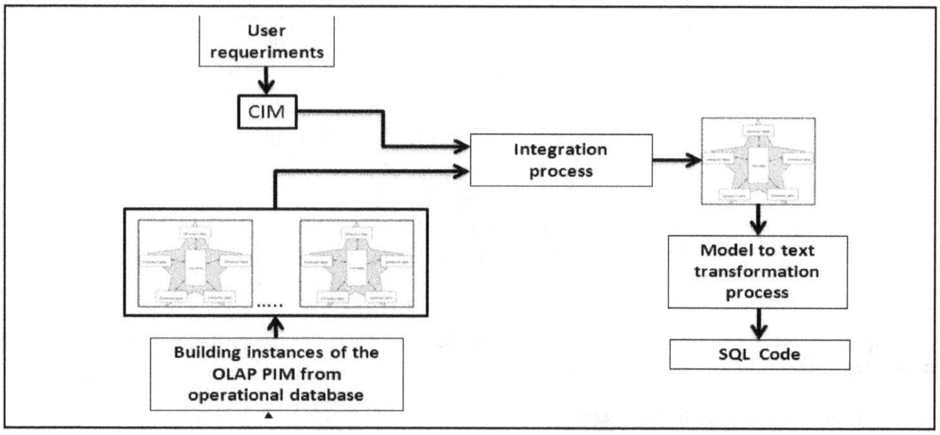

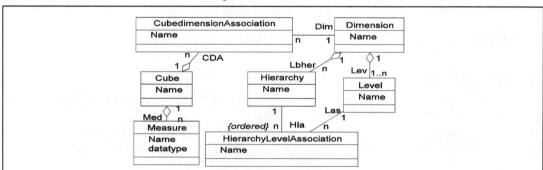

Part I: Example.- In this section we provide an example of our approach, related to the information system of a self-service store. In our example the strategic goals of the sales manager are: *G1.- Increase return on investment* and *G2.- Increase customer fidelity.* For instance the strategic goal: *Increase return on investment* may be AND decomposed into *G.1.1.- Increase sales volume* and *G1.2.- Increase sales profit.* In our example, at least two well-established tasks can be to Increase sales profit: *G.1.2.1.- Increase sales price* or *G.1.2.2.- Lower production costs.*

2) Goal Description: we describe the set of actions to obtain some goal of the organization. This description is completed by using UML Activity Diagrams (UAD). During this step, each task is related to the actions that stakeholders consider necessary in order to satisfy each task. In these diagrams, we distinguish two different types of Data Objects (Dos): 1) Output DO: the system provides actors with information about data. 2) Input DO: the system is waiting for the user to introduce some data.

Part II: Example.- In this example we shows the description of the task *G.1.2.1: increase sales price* task. This task is related with two actions: *analyze the margin profit and the quantity sold.* The task starts with the selection of an individual action. Thus, for instance if the selected action is *quantity sold*, this action will search information that matches with the information provided by the DW user through an Input DO (*Year, Promotion* and *Store*). According to this, the information that the DW must store about the *increase sales price* task is: *Promotion, Year, Day, Store, Quantity sold* and *Margin profit.*

B. Step 2: Building models of the Relational PIM

The aim of this step is to automatically create different instances of the Multidimensional PIM from OLAP schemas. For this; we have developed an algorithm that identified the multidimensional elements in the relational schema of the operational database and creates different instances of this PIM. In this section, we first describe the OLAP PIM metamodels. Next, we describe the algorithm.

1) The OLAP PIM.- In the OLAP PIM [5], each *Dimension* is a collection of *Members*. *Cubes* are used to store *Measures* and they are related to the *Dimensions* through the *CubeDimensionAssociation* class (Figure 2). *Dimensions* can contain multiple and diverse hierarchical arrangements of *Members* including a specialized *Hierarchies* that support ordering *Members* by Hierarchy Levels (*HierarchyLevelAssociation*).

Fig. 2. OLAP Metamodel

2) The Search Algorithm.- The algorithm to get a set of relational schemas starting from the logical schema of the operational database, consists in performs an exhaustive analysis to it. The goal is identifying the tables that are candidates to be cubes in the OLAP schema. Once the candidate cubes are identified a search for dimensions and levels must be done. The goal is to add dimensions so we can produce a multidimensioanl schema for each cube identified. The algorithm follows the next three principal steps:

[Step 1].- Identifying cubes.- A table T is mapped to a cube C in the relational model if T has the following features: big size cardinality and the possible presence of measures.

[Step 2].- Identifying measures.- Each numeric attribute from C is mapped to a measure M in the relational model.

[Step 3].- *Identifying dimensions and levels.-* Dimensions and levels are identified as follow:

a.- Let *FK* be a foreign key between the tables (C, E), where *FK* has multiplicity $C(1,1)$, $E(0,N)$ and C is a cube, then:
 − *FK* is mapped to a dimension D in the relational model.
 − E is mapped to a level L of the dimension D in the relational model.

b.- Let *FK* be a foreign key between the tables (E_j, E_k), where E_j has been mapped to a level of the dimension D then:
 − E_k is mapped to a level L_k of the dimension D in the relational model.

Part III: Example.- figure 3 shows the *Sales* operational database schema. First one the algorithm looks for tables with numeric attributes and big size cardinality (step 1). Following this condition, the set of cubes identified in the operational schema are: *Line* and *Forecast*. Then, the algorithm selects a table from this set, for example: *Line*. Then the numeric attributes *Price* and *Quantity* belonging to the *Line* table are considered measures of the OLAP model (Step 2). According to the step 3, the foreign keys attributes of *Line* (*Ticket_id, Prom_id* and *Article_id*) are considered dimensions. The algorithm continues the search of levels following the foreign key chain until the chain end.

Fig. 3. The Sales operational Database schema

```
Promotion (Prom_id, Description)
Client (Client_id, Name)
Store (Store_id, Name)
Article (Article_id, Manufacturer_id, Price, Description)
Manufacturer (Manufacturer_id, Description)
Forecast (Forecast_id, Article_id, Store_id, Total)
Ticket (Ticket_id, Store_id, Client_id, Total)
Line (Line_id, Ticket_id, Prom_id, Article_id, Price, Quantity)
```

C. Step 3: Transformation Rules

The purpose of this subsection is to present the transformations rules. We have development every transformation to obtain the OLAP PIM from the Relational model. Due to space constraints we can only describe two of the defined transformations:

TableToCube. In this rule a candidate cube *table* gets transformed to a corresponding *Cube*, having the same name of the table. Once this transformation is done, the transformation rules *ForeignKeyToCDA* and *AttributeToMeasure* must be done.

ForeignKeyToCDA. In this rule a *Foreign Key* gets converted to a corresponding *Dimension*, having the same name as the *Foreign Key*, but prefixed with a "D". In this transformation in the following way: 1) each path identified is matching with a *Hierarchy* through the transformation rule *HierarchyAuxToHierarchy*. 2) Each *table* in the path is matching with a *level* through the transformation rule *TableToLevel*.

Part IV: Example.-. Using a textual representation a partial transformation for the candidate cube table *Line* can be tracked from T1 to T6. In T1, the candidate cube table Line is transformed into a Cube class. Once this transformation is executed, the following transformation rules *AttributetoMeasure* and *ForeignKeyToCDA* are executed (T2-T6).

```
T1:Table (Name="Line") → TableToCube → Cube (name="CLine").
T2:Attribute (Name="Quantity") → AttributetoMeasure → Measure ("Quantity")
T3:Attribute (Name="Price") → AttributetoMeasure → Measure ("MPrice")
T4:ForeignKey (Name="Lin_Tic") → ForeignKeyToCDA → Dimension(Name="DLin_Tic)
T5: ForeignKey (Name="Lin-Pro") → ForeignKeyToCDA → Dimension(Name="DLin-Pro)
T6: ForeignKey (Name="Lin-Art") → ForeignKeyToDimension → Dimension (Name="DLin-Art)
```

D. Step 4: Integration Process

Finally the requirements identified in step 1 are mapped with the elements of the candidate multidimensional schemas to generate the schema for the DW. Two steps are involved: 1) Selection, where a candidate multidimensional schema is selected; and 2) Refinement, where the selected multidimensional schema is manually modified with the goal of represent the user expectations.

Selection.- Given user requirements and candidate multidimensional schemas, the problem is to find semantic mappings between their elements. For this, we use a structure-level matching technique [6]. For example, the Level *LPromotion* of the multidimensional schema (Figure 4), matches with the dimension *promotion* identified in Step 1 and the measure *Quantity* matches the measure *Quantity sold*.

Refinement.- This step is aimed at reorganizing the selected multidimensional schema in order to better fit them to the users´ requirements. For instance, in the final multidimensional schema (figure 4), we assume that the user want to classify the information directly by *Client* and *Store* levels without considering the *Ticket* Level (of the selected schema) generating two new dimensions: *DLin_Cli* and *DLin_Sto*.

Fig. 4. Final Multidimensional Schema

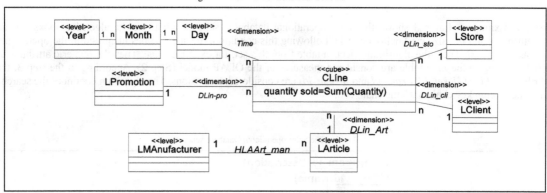

IV. CONCLUSIONS

In this paper, we have introduced our MDA method for DW conceptual design. The choice of MDA as a guiding methodology for is justified by the need of exploiting the schemas using standardized means. There are a number of advantages of using MDA for DW design: (a) It is possible to check the transformation rules for correctness given that they are specified in a structured, precise way, independent of any implementation. (b) The use of a uniform and standard way for DW conceptual design. In conclusion, the experience we have gathered by applying the proposed method in our case study is encouraging. The method can be essential to direct the designer toward a solution that is both efficient to implement and consistent with users' requirements. We think that the description of each metamodel and its transformations is a good example about the use of MDA in conceptual design of DWs, at the same time the final DW schema is strongly rooted to the operational database which makes the design of Extraction Transformation and Loading (ETL) simpler.

REFERENCES

[1] L. Cabibbo and R.Torlone, "A Logical Approach to Multidimensional Databases". In Proceedings of the International Conference on Extending Data Base Technology (EDBT '98, Valencia, Spain, Mar.), pp. 183–197, 1998.

[2] M. Golfarelli, D. Maio and S. Rizzi, "Conceptual Design of Data Warehouses from E/R schemes", In Proceedings of the 31st Hawaii International Conference on System Sciences (HICSS '98, Kona, Hawaii), 1998.

[3] J-N. Mazón, J. Trujillo, M. Serrano, M. Piattini, "Applying MDA to the development of data warehouses", ACM 8th International Workshop on Data Warehousing and OLAP, Bremen, Germany DOLAP, pp. 57-66, 2005.

[4] A. Kleppe, J. Warmer, W. Bast, "MDA Explained. The Practice and Promise of the Model Driven Architecture". Addison Wesley. 2003.

[5] OMG, Common Warehouse Metamodel specification. http://www.omg.org/cgi-bin/doc?ad/2001-02-02.

[6] Rahm, E. Bernstein, P.: A survey of approaches to automatic schema matching. Very Large Databases (VLDB'01), pp. 334-350, 2001.

Generación de trayectoria para cuadricóptero a partir del análisis de un escenario real y periódico

José Trinidad Guillen Bonilla y Gustavo Adolfo Vega Gómez

Departamento de Electrónica, Centro Universitario de Ciencias Exactas e Ingenierías (C.U.C.E.I.),
Universidad de Guadalajara, Blvd. M. García Barragán 1421
Guadalajara, Jalisco, México
guillen_trini@hotmail.com; vggustavo@yahoo.com

María Eugenia Sánchez Morales, Cuauhtemoc Acosta Lúa y Gerardo de Jesus Diaz

Centro Universitario de la Ciénega (CUCI), Av. Universidad, Núm.1115, Col. Lindavista, Ocotlán, Jalisco. México.
Eugenia.sanchez@cucei.udg.mx; temo09@gmail.com; gera.djz@gmail.com

Alex Guillen Bonilla

Departamento de Ciencias Computacionales, Centro Universitario de los Valles (CUValles),
Universidad de Guadalajara, Ameca Km 45.5, C.P. 46600, Ameca, Jalisco, México.
Ameca, Jalisco, México
fanix_3@hotmail.com

Resumen— En este trabajo, reducimos de un problema vectorial a un problema escalar y generamos una trayectoria para un cuadricóptero a partir del análisis sobre un escenario natural. El escenario natural consistió de una serie de árboles plantados en forma periódica. La trayectoria se define como una función sinusoidal sobre el plano x-y ya que la altura (eje z) se considera constante. Los parámetros de la trayectoria se midieron en base a la fotogrametría: La amplitud de la función sinusoidal fue de 2.989 m y la frecuencia fue de 0.1412 ciclos/m. Esta trayectoria se simula numéricamente y se muestran los resultados. Además, esta trayectoria es aplicable a un controlador el cual es requerido en un sistema de navegación autónomo como el cuadricóptero.

Palabras Clave— *Trayectoria para Cuadricóptero; Controlador; Sistema de Navegación Autónomo; Fotogrametría.*

I. INTRODUCIÓN

En los sistemas de navegación autónomos, el cuadricóptero tiene una gran gama de aplicaciones como por ejemplo: análisis estructural de edificios, análisis estructural de catedrales antiguas, análisis de fracturas en puentes, análisis de fracturas en alas de aviones por vibraciones y desgaste, ubicación de personas, sensado remoto y seguridad social. Independientemente de la aplicación, estos sistemas de navegación requieren del diseño de un controlador [1-3] el cual necesariamente requiere a su vez una trayectoria a seguir. Esta trayectoria se genera desde un escenario natural o un escenario controlado, para evitar colisiones del cuadricóptero con objetos en la medida de lo factible, ya que un cuadricóptero con mucha masa, no podrá hacer giros con ángulos pequeños o altas velocidades. La generación de la trayectoria se ha hecho a través del análisis de imágenes, algunos ejemplos se encuentran en las referencias [4-6]. En este trabajo se propone generar la trayectoria para un cuadricóptero, a partir de un escenario natural mediante el análisis de imágenes digitales, la trayectoria será aplicable en un controlador. El escenario consiste en una serie periódica de árboles plantados en las jardineras del Centro Universitario de la Cienéga, el periodo menor de los árboles es 2.72 m y su ancho está dentro del intervalo de ~0.55 m a ~0.85 m. La trayectoria se define como una función periódica y se elabora una simulación numérica para la demostración de los resultados.

II. PLANTEAMIENTO DE PROBLEMA

Para iniciar la generación de la trayectoria del cuadricóptero, consideramos el escenario esquemático de la Fig. 1. Este escenario consiste en seis árboles plantados en serie, el periodo menor entre los árboles es de 2.72 m y el grosor de los árboles está dentro del intervalo de ~0.55 m hasta ~0.85 m. El origen del sistema geométrico se localiza a una distancia de 1.5 m a la izquierda del primer árbol (A1). Ahora, nuestro interés se centrará, en construir una trayectoria de navegación definida como la función matemática $f(x,y,z)$. Esta trayectoria $f(x,y,z)$ tiene la siguiente funcionalidad y características: evitar colisiones entre el cuadricóptero y los árboles puesto que éste debe pasar entre ellos, su altura será constante y será aplicable en un control para navegación.

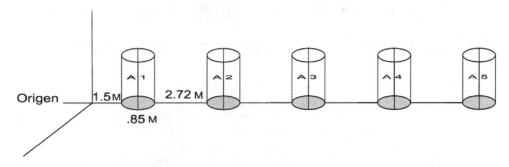

Figura.1 Diagrama esquemático de escenario considerado para generar la trayectoria (A1→árbol 1; A2→árbol 2; A3→árbol 3; A4→árbol 4 y A5→árbol 5)

Ya que la trayectoria tiene altura constante, el problema vectorial se reduce a un problema escalar y la trayectoria se puede definir por

$$f(x,y,z) = Ck + f(x,y) \qquad (1)$$

donde C indica la altura constante cuya dirección está en k y $f(x,y)$ es una función trigonométrica sinusoidal en fase. La función $f(x,y)$ oscila solamente sobre el plano x-y y se puede expresar como

$$f(x) = A sin(2\pi f x) \qquad (2)$$

donde A corresponde a la amplitud de la función trigonométrica, f es su frecuencia y x indica el espacio. Así, nuestro problema se reduce a estimar solamente a la amplitud A y la frecuencia f. La frecuencia f se calculará a través de

$$f = 1/T_S \qquad (3)$$

donde T_S es el periodo de la función trigonométrica.

III. TRAYECTORIA

Basados en fotogrametría, calculamos el ancho del árbol con mayor grosor W y el periodo menor entre los árboles T_A. Las medidas fueron W = 0.854 m y T_A = 2.72 m. A partir de las mediciones fotogramétricas, proponemos que, la amplitud A sea

$$A = 7(W/2) = (0.854/2) = 2.989 \text{ m} \qquad (4)$$

y el período de la función sinusoidal será

$$T_S = 2(W + T_A) = 2(0.85 + 2.72) = 7.08 \text{ m} \qquad (5)$$

Por consiguiente, la frecuencia tiene un valor f = 0.1412 [Ciclos/m]. Finalmente, sustituyendo el periodo Ts y la amplitud A en la expresión (2), la trayectoria del cuadricóptero tendrá la forma

$$f(x) = 2.989 sin(2\pi(0.1412)x) \text{ m} \qquad (6)$$

La Fig. 2 presenta los resultados de las simulaciones numéricas para la trayectoria del cuadricóptero.

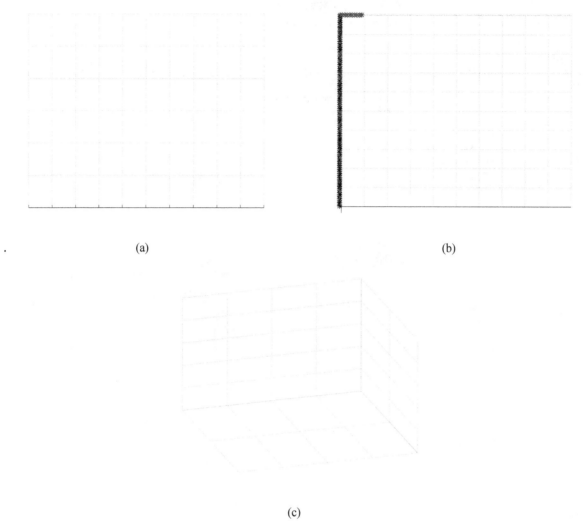

(a)

(b)

(c)

Figura. 2. Trayectoria $f(x,y,z)$ obtenida para el cuadricóptero: a) vista perpendicular al plano x-y, b) vista perpendicular al plano z-x y c) vista fuera de los ejes x, y o z.

La Fig. 2a confirma que la trayectoria es una función priodica sobre el plano x-y, la Fig 2b confirma que la altura se mantiene siempre constante y la Fig. 2c ratifica que la trayectoria es una función del tipo $f(x,y,z)$. Si esta trayectoria se aplica en un controlador de un cuadricóptero, esta podrá evitar la colisión entre el cuadricóptero y los árboles lo cual corresponde a la meta a lograr en este trabajo.

IV. CONCLUSIONES

Proponemos una trayectoria aplicable a un cuadricóptero después de la reducción de un problema vectorial a un problema escalar. La trayectoria corresponde a una función sinusoidal la cual oscila solamente sobre el plano x-y ya que la altura se considera constante. Los parámetros de la función trayectoria son medidos a través de fotogrametría desde un escenario real y los resultados son simulados numéricamente. Estos resultados numéricos demuestran la factibilidad de elaborar trayectorias periódicas desde escenarios reales con elementos periódicos.

AGRADECIMIENTOS

Los autores expresan su agradecimiento a la Universidad de Guadalajara (U. de G.) por el apoyo otorgado durante el desarrollo del presente trabajo.

REFERENCIAS

[1]   R. Okfati-Saber, Nonlinear control of understuated mechanical systems with application to robots and aerospace vehicles, AIAA Journal of Guidence and Dynanmics, February 2001.

[2]   E. Johnson and S. Kannan, Adaptative trajectory control for autonomous helicopters, AIAA Journal of Guidence and Dynanmics, Vol 28, No. 3, (2005), pp. 524-538

[3]   J- M- Pflimlin, commande d'un minidrone à hélice carénée: de la stabilisation dans le vent à la nevigation autonome, HAL Archive-Ourtes, HAL Id: tel-00132352, Feb (2007).

[4]   V. Mezaris, I. Kompatsiaris and M. G. Strintzis, Video object segmentation using Bayes-based temporal traking and trayectory-based region merging, IEEE Transaction on Circuits and Systems fir video technology, Vol 14, No. 5 (2004), pp. 782-795.

[5]   U. Handmann, T. Kalinke, C. Tzomaskas, M. Werner and W. V. Seelen, An image processing systems for driver assistance, Image and Vision Computing 18, (2000), pp. 367-376.

[6]   W. Chen and S. F. Chang, Motion trajectory matching of video objects, SPIE Proceedings, Vol 3972, Store and Retrieval for media database 2000, 544 (December 23, 1999) doi: 10.1117/12.373587

Realidad Aumentada: Descubriendo el interior del ser humano

Camiseta Anatómica

Joaquin Roberto Pecina del Ángel[1], Hugo Eduardo Camacho Cruz[1], Palmira Estrada Saucedo[1]

[1]Universidad Autónoma de Tamaulipas

Facultad de Medicina e Ingeniería en Sistemas Computacionales de Matamoros, Sendero Nacional Km. 3 Ciudad H. Matamoros, Tamaulipas, México

a2153620118@alumnos.uat.edu.mx
hcamachoc@docentes.uat.edu.mx
paestrada@docentes.uat.edu.mx

Resumen — El cuerpo humano ha sido siempre un tema de interés y de asombro para el conocimiento de las personas. El saber cómo está formado hasta el cómo funciona permite que se formulen ciertas preguntas: ¿Y cómo es en realidad?, ¿De qué color es? Hoy en día si bien existen gran variedad de herramientas para poder obtener dicho conocimiento que van desde libros, artículos, revistas científicas, sistemas multimedia hasta el modelaje en tercera dimensión; no todas las personas tienen acceso a ellas, lo que limita el aprendizaje y deja sin respuestas. En este trabajo se propone descubrir parte del interior del cuerpo humano mediante el uso de herramientas de cómputo e imágenes aplicadas sobre un entorno real. La camiseta anatómica es una iniciativa que ofrece al usuario la interacción con la realidad aumentada mediante la implementación imágenes y videos a través de marcadores facilitando la comprensión y entendimiento de la función que nuestros órganos realizan.

Palabras clave — *Cuerpo Humano, herramientas de cómputo, modelado de imágenes, aprendizaje, realidad aumentada*

Abstract - The human body has always been a topic of interest and wonder for knowledge of people. Knowing how is made to how it works allows certain questions are asked: And how is it really? What color is it? Today while there are a variety of tools to obtain such knowledge ranging from books, articles, journals, multimedia systems to three-dimensional modeling; not all people have access to them, which limits learning and leaves unanswered. This paper sets out to discover part of the interior of the human body by using computational tools and images applied to a real environment. The anatomical shirt is an initiative that provides user interaction with augmented reality by implementing images and videos through markers facilitating the comprehension and understanding of the role that our bodies perform.

Keywords — *Human Body, computational tools, solid modeling, learning, augmented reality.*

I. INTRODUCCIÓN

Una tecnología que día a día gana terreno, es el uso de la realidad aumentada; este tipo de tecnología complementa la percepción con el mundo en tiempo real y permite al usuario estar en su entorno natural con información "aumentada" adicional que es generada por un ordenador y que es perceptible de manera visual siendo así más fácil su comprensión. Este avance tecnológico se ha empezado a implementar en los patrimonios históricos, en procesos industriales, en grandes empresas de marketing, museos entre otros. En el sector de la docencia países como España, EU y Japón ya hacen uso de estas tecnologías en sus aulas. En México su implementación está creciendo de manera gradual volviéndose más relevante en el ámbito de la enseñanza.

El proyecto camiseta anatómica tiene como objetivo general llevar al exterior lo interior del cuerpo humano; es decir poder proyectar en tiempo y lugar real los órganos que se encuentran en el cuerpo humano, facilitando la comprensión, en primera instancia, de los estudiantes de cualquier nivel educativo e invitándolos a que conozcan más sobre ellos mismos. Se tiene contemplado que no solamente los alumnos tengan acceso a esta herramienta si no también el público en general así fomentando la auto exploración de su cuerpo y el uso de esta herramienta. De manera específica la camiseta anatómica tiene como misión buscar la innovación en la rama de la educación mediante el uso de herramientas no convencionales de ver en este ámbito. El presente documento se divide de la siguiente manera: la sección II describe los aspectos más relevantes sobre lo que es la realidad aumentada, en la sección III se definen los elementos necesarios para el diseño e implementación de la camiseta anatómica, en la sección IV abordamos la funcionalidad de esta herramienta, por último, en la sección V se establecen las conclusiones generales, así como los trabajos a futuro con esta herramienta.

II.   REALIDAD AUMENTADA

El término de realidad aumentada fue acuñado por primera vez por los investigadores de la Boeing, Tom Caudell y Davis Mizell [1] en 1990; a quienes se les asignó la tarea de mejorar los dispositivos de marcado utilizados para los trabajadores de una fábrica. Ellos propusieron sustituir las grandes placas que contenían las instrucciones que debían de seguir los trabajadores por unos esquemas específicos proyectados hacia múltiples tableros que posteriormente podrían ser reutilizados con el fin de obtener información complementaria a la realidad física. Algunos autores como Natalia Arroyo [2], definen la realidad aumentada como la superposición de objetos (imagen, video y sonido) y datos digitales sobre la realidad, por tanto, se podría decir que se trata de una forma de visualización enriquecida del entorno que nos rodea.

Josep Mengual [3] dice que la realidad aumentada es una transformación radical de nuestra relación con la imágenes, la realidad y el conocimiento; se refiere a los dispositivos capaces de superponer a la imagen, o directamente sobre la propia realidad. Según Bimber y Raskar [4], la realidad aumentada posee 3 grandes pilares para su funcionamiento:

- El registro de lo que se desea proyectar
- La tecnología de visualización
- La generación de la imagen en tiempo real

La realidad aumentada al ser una tecnología con la que se interactúa en un entorno real, debe contar con una visualización en tres dimensiones. Lo anterior hace necesario que se implemente un modelo de proyección plausible y preciso. Es importante señalar que el usuario no permanecerá de manera estática analizando nuestra proyección, en otras palabras, estará en constante movimiento, por lo anterior, el seguimiento de nuestra imagen debe de ser fácil de reconocer para la tecnología encargada de la visualización. Por último, la renderización en tiempo real hará posible el proceso de mostrar información adicional al entorno en que se encuentre.

III.   DISEÑO E IMPLEMENTACIÓN

El proyecto de la camiseta anatómica nace como una idea en la búsqueda a la respuesta de la siguiente pregunta: ¿De qué manera se puede fomentar el acercamiento de la sociedad estudiantil a diferentes herramientas tecnológicas para adquirir conocimiento?, se consideró la idea de realizar un libro en el cual estuvieran plasmados los elementos más importantes del cuerpo humano y que el usuario pudiera interactuar con ellos mediante el uso de la realidad aumentada. Fue entonces cuando se formuló un nuevo cuestionamiento: ¿Cómo sería una simulación de nuestros órganos en tiempo real? Los requerimientos que necesitábamos cubrir eran claros: apreciar los órganos en tiempo real y en su respectivo lugar formando los aparatos con los que trabaja el cuerpo humano; la forma que consideramos más adecuada fue colocando los marcadores sobre nosotros, de esta manera surge la camiseta anatómica. Como se mencionó anteriormente el uso de realidad aumentada necesita 3 elementos principales: aquello que deseamos llevar a la realidad mediante la virtualidad, un dispositivo donde se visualice el objeto que seleccionamos y un software que se encargue del renderizado de la información en tiempo real.

Debemos iniciar con él objeto que deseamos aumentar; para conseguir realizarlo es esencial disponer de un marcador que nos sirva de puente entre el software que evaluará la información que en él se presente y el dispositivo que permite la visualización de dicha información en el medio donde nos encontremos. Posteriormente se encuentra el despliegue de la información la cual está cubierta con la pantalla de cualquier dispositivo electrónico, y la parte más importante, él software que nos permitirá realizar todo el proceso de realidad aumentada, del cual podemos mencionar unos de los algoritmos primordiales para su ejecución llamado algoritmo de reconocimiento de objetos en escenas complejas (SIFT). El SIFT es un algoritmo de visión artificial publicado por David Lowe [5] en el año de 1999, este procedimiento se encarga de distinguir aquellas características especiales de una imagen en escala de grises mediante el reconocimiento de puntos clave de la misma, una vez realizado esto, es posible lograr reconocer la imagen analizada dentro de una base de datos, las características que nos proporcionará la imagen son invariantes debido a factores como la escala, el movimiento que presente, iluminación, rotación entre más factores.

La camiseta anatómica es como su nombre indica una camiseta en la cual de manera estratégica se encuentran posicionados nuestros marcadores, como se mencionó anteriormente, son el puente entre el software y la pantalla de nuestro ordenador. Los marcadores no son estáticos, es decir; dichos marcadores pueden ser retirados por el espectador para su mejor observación, haciendo que su experiencia con la camiseta anatómica sea aún más completa. En la primera etapa el proyecto consta de 13 marcadores que tienen la representación de los órganos más conocidos del cuerpo humano tales como corazón, pulmones, estomago, hígado, entre otros. Durante esta fase utilizamos el software de la empresa española Aumentaty [6], debido a la versatilidad que nos ofrecía la herramienta para realizar este tipo de trabajo. Durante ésta etapa el tipo de marcadores empleados fueron los predefinidos por la herramienta, sin embargo existe la posibilidad de crear los marcadores personalizados al tipo de proyecto que se requiera, para ello es importante mencionar que un marcador debe ser elaborado según su geometría y color ya que estas serán las características que el sistema reconocerá, estos mecanismos requieren una alta capacidad de cálculo por lo tanto entre más sofisticado sea el marcador que el sistema tendrá que reconocer mayor será el tiempo de respuesta, esto aunado a factores como distancia e iluminación [7]. Ver figura 1.

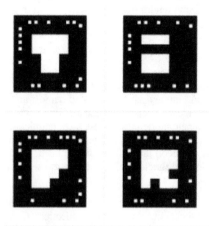

Figura 1. Ejemplo de marcador en realidad aumentada

IV.   FUNCIONABILIDAD

Para hacer una experiencia más amena y completa para el espectador se implementó el uso de modelos tridimensionales de la mayoría de los órganos que se estudiaran, todo con la finalidad de hacer la experiencia más dinámica y didáctica debido a que al momento de desprender un marcador, el expectante tiene la opción de poder contemplar desde varios ángulos el mismo órgano, tal como si éste lo tuviera de manera real en la palma de su mano. El funcionamiento de la camiseta anatómica es sencillo de tal manera que cualquier persona pueda interactuar con ella sin necesidad de tener conocimientos previos sobre realidad aumentada, consta de posicionar ya sea la camiseta por sí sola, o que el usuario la vista, en frente del lente de la cámara que recibirá la imagen de los marcadores que tendrá que proyectar a una distancia no mayor a 3 metros respecto a la cámara, esto se hace con la finalidad de que la imagen se aumente de una manera óptima y para que sea más estable su manejo en caso de que el marcador sea desprendido por el usuario. Ver figura 2.

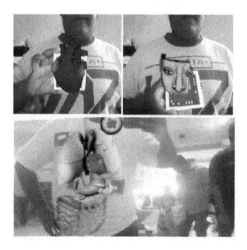

Figura 2. Funcionamiento de la camiseta anatómica

Es importante señalar que las imágenes en 3D utilizadas en ésta primera fase son de libre acceso a través de la red, sin embargo, en fases posteriores se implementarán modelos propios. Una parte de vital importancia y la razón principal de que este proyecto esté orientado para su utilización mediante un ordenador se debe a que en nuestro actual sistema educativo en una gran mayoría de las instituciones se cuenta con un laboratorio de cómputo para la institución o que cada aula está integrada con alguna de las herramientas necesarias para desarrollar la actividad que propone este proyecto, si bien se pudo haber realizado para su uso en plataformas móviles, esto presentaría un obstáculo para llegar al mayor número de usuarios posibles. No todos los alumnos tienen alcance a un teléfono inteligente o a una tablet, mientras que por el contrario al estar destinado al uso mediante una computadora el conocimiento adquirido mediante esta herramienta tendrá un mayor alcance, sin importar si el individuo posee de las tecnologías mencionadas con anterioridad.

V. CONCLUSIONES

La realidad aumentada es una herramienta que día tras días va ganando terreno en nuestra vida. Su utilización en el sector educativo es cada vez mayor en nuestro país; por ello éste proyecto busca fomentar el uso de nuevas tecnologías para la enseñanza de conocimientos en los alumnos, y mejor aún también para la sociedad demostrando que hay métodos y técnicas que no se han puesto en práctica para obtener mejores resultados. Esta primera etapa del proyecto tiene como función saber cómo reacciona la población mexicana ante una manera no convencional de impartir estos conocimientos. En fases posteriores se pretende que todos los recursos que sean utilizados sean propios tanto como de las imágenes bidimensionales-tridimensionales y vídeos de los órganos, así como del software de realidad aumentada, esto con la finalidad de que las herramientas sean más precisas en comparación con las que se disponen ahora y también para mejorar el funcionamiento de nuestro sistema de realidad aumentada.

AGRADECIMIENTOS

Agradecemos a los departamentos de Dirección, Secretaría Académica, Coordinación de Planeación, Coordinación de Investigación y Secretaría Administrativa de la Facultad de Medicina e Ingeniería en Sistemas Computacionales de Matamoros de la Universidad Autónoma de Tamaulipas por facilitar los medios para la realización de este proyecto.

REFERENCIAS

[1]   Basogain, X. et al. Realidad Aumentada En La Educación: Una Tecnología Emergente. 1st ed. Bilbao: N.p. Web. 8 Aug. 2016.Print.

[2]   Arroyo Vázquez, Natalia. Información En El Móvil. Barcelona: Editorial UOC, 2011. Print.

[3]   Català Doménech, Josep M and Rafael Argullol. La Imagen Compleja. Bellaterra: Universitat Autònoma de Barcelona. Servei de Publicacions, 2005. Print.

[4]   Bimber, Oliver and Ramesh Raskar. Spatial Augmented Reality. Wellesley, Mass.: A K Peters, 2005. Print.

[5]   G. Lowe, David. Object Recognition From Local Scale-Invariant Features. 1st ed. Vancouver, Canada: N.p., 1999. Web. 10 Aug. 2016.

[6]   "Aumentaty - El Valor De La Realidad Aumentada". Aumentaty. N.p., 2016. Web. 8 Aug. 2016.

[7]   Lopéz Pombo, Hectór. "Análisis Y Desarrollo De Sistemas De Realidad Aumentada". Master. Universidad Complutense de Madrid, 2010. Print.

Gestión de recursos computacionales a través de software distribuido en el ITSPP

Diana Elizabeth Lopez Chacon[1], Daniel Alonso Osuna Talamantes[2], Ana Balvaneda Soto Ayala[3]

Instituto Tecnológico Superior de Puerto Peñasco
Puerto Peñasco, Sonora. México.
dianaelopez@hotmail.com[1], daosuna@hotmail.com[2], soto-balvaneda@itspp.edu.mx[3]

Resumen. Buscando potenciar el desarrollo profesional de los jóvenes con la implementación de tecnología y automatización de procesos, la carrera de Ingeniería en Sistemas Computacionales ha desarrollado diversos proyectos, en particular el utilizar software distribuido para la gestión de entradas y salidas de los laboratorios del Instituto Tecnológico Superior de Puerto Peñasco (ITSPP), así como el implementar dispositivos electrónicos como la chapa electromagnética y lectores de códigos de barra, lo que permite llevar un control más efectivo sobre estadísticas y buen uso de las instalaciones de la institución.

Palabras clave: *Automatización, Procesos, ITSPP.*

I. INTRODUCCIÓN.

En el presente artículo se describe, la factibilidad para llevar la implementación del software distribuido, cajeros, chapas electromecánicas y lectores de códigos de barra, para el control de entradas y salidas de alumnos, docentes y personal autorizados en los talleres y laboratorios del Instituto Tecnológico Superior De Puerto Peñasco.

El sistema de "Control de accesos a los laboratorios" plantea mantener la seguridad e integridad de los centros de cómputo para brindar un buen servicio a los usuarios. Actualmente el control de entradas y salidas del laboratorio es de manera manual, llevando el registro en papel, lo cual es más propenso a pérdidas de información siendo este un trabajo tedioso y poco confiable ya que no todos los alumnos realizan su registro

II. JUSTIFICACION.

El Instituto Tecnológico Superior De Puerto Peñasco no cuenta con un registro digital de entradas y salidas de alumnos, docentes y personal autorizado a los laboratorios que se encuentran en los diferentes edificios. Es por ello que surgió la necesidad de mejorar la calidad del control de acceso a los centros de cómputo. Además este proyecto se deriva de recomendaciones realizadas por organismos externos que ayudan a mejorar la calidad de los programas educativos como El Consejo de Acreditación de la Enseñanza de la Ingeniería (CACEI).

Actualmente como se hace referencia anteriormente, el control de entradas y salidas a los laboratorios de lleva a cabo manualmente. Dado esta situación, no existe un registro electrónico que lleve el control de las horas utilizadas por las diversas carreras, así como de maestros y alumnos que realizan prácticas y/o que dedican tiempo para investigación, es por ello que se vio la necesidad de implementar un sistema de información que genere reportes del tiempo de uso de los laboratorios, optimizando los procesos de registro y consultas de servicios de los centros de cómputo.

III. PLANTEAMIENTO DEL PROBLEMA.

En el ITSPP se han desarrollado proyectos de desarrollo de software, para la comunidad y para otras instituciones educativas de nivel básico, sin embargo, el implementar este proyecto por etapas, primeramente en los laboratorios de la carrera de Ingeniería en Sistemas Computacionales y posteriormente a las otras carreras puede llegar a potencializarse, teniendo como meta el compartir este proyecto con otras instituciones y adaptarlo a las necesidades de las mismas.

Es por ello que se realizó el estudio de factibilidad de la implementación de los cajeros para controlar la entrada y salida a los laboratorios.

IV. OBJETIVOS.

Implementar un sistema de control de acceso en los laboratorios de cómputo del ITSPP, para llevar un registro digital de entradas y salidas de alumnos, docentes y personal autorizado.

V. OBJETIVOS ESPECÍFICOS.

- Desarrollar un sistema de control de acceso y registro de entradas y salidas en los laboratorios de cómputo, que contenga el diseño de una red sólida y confiable para la conexión de los equipos que controlaran el acceso a los laboratorios de cómputo.
- Crear una interface y software distribuido que permitan la comunicación de dispositivos electromagnéticos y digitales.
- Generar la documentación, mediante la planificación del proyecto del control de acceso a los laboratorios así como manuales de usuario, técnico y elaboración de políticas de seguridad, para tener una fundamentación fidedigna del mismo.

VI. METODOLOGIA.

Aplicación de encuestas a estudiantes, alumnos y personal del ITSPP.

El propósito de este análisis es conocer la opinión y/o necesidades de los alumnos, maestros y en cargados de los laboratorios del Instituto Tecnológico Superior de Puerto Peñasco, en relación al proyecto propuesto del control de acceso a los centros de cómputo. Para este análisis se realizaron encuestas, de las cuales se tomó una muestra representativa de la población estudiantil y docente con un rango de aceptación del 95%.

Las técnicas que se utilizaron para la recopilación de datos fueron encuestas, mismas que se aplicaron en los salones del ITSPP, las encuestas eran de dos tipos, una encuesta dirigida a los maestros, que se enfocaba en el ventajas o desventajas que nuestro proyecto daría, y si sería viable aplicarlo o no. La otra encuesta dirigida a los alumnos, con el fin de recopilar información de que tan frecuente ingresan al laboratorio, y si piensan que podría ser útil este proyecto para ellos. Y por último se realizó una encuesta dirigida a los encargados de los laboratorios, con esta se obtuvo información si el proyecto es o no de apoyo para sus funciones.

Aplicación de encuestas.

Encuesta a Docentes

1.- ¿Con que frecuencia utiliza los laboratorios y centro de cómputo?

Mucho Poco Nada / Con el fin de conocer si los laboratorios tienen uso frecuente

2.- ¿Qué le parecería si en cada centro de cómputo existiera un sistema que registrara las entradas y salidas?

Muy bien Bien Mal /

3.- ¿Cómo le gustaría que fuera la entrada a los laboratorios?

Puerta de ruido Rehilete Pluma de acceso / Para elegir los dispositivos a instalar y que sean aceptados por los usuarios

4.- ¿Le gustaría que existiera un registro de acceso en el centro de cómputo o laboratorios mediante su credencial?

Sí No / Para conocer la aceptación del proyecto como usuarios

5.- ¿Qué ventaja o desventaja cree que le causaría la implementación de este proyecto? / Identificar aspectos que no hayamos tomado en cuenta

6.- ¿Cuál es su opinión y/o sugerencia sobre esta iniciativa que están realizando los alumnos de ingeniería en sistemas computacionales?

Encuesta a Estudiantes

1.- ¿Con que frecuencia visitas los laboratorios y centro?

Mucho   Poco   Nada

2.- ¿Qué le parecería si en cada centro de cómputo existiera un sistema que registrara las entradas y salidas?

Muy bien Bien   Mal

3.- ¿Cómo le gustaría que fuera la entrada a los laboratorios?

Puerta de ruido   Rehilete   Pluma de acceso

4.- ¿Le gustaría que existiera un registro de acceso en el centro de cómputo o laboratorios mediante tu credencial?

Sí No

5.- ¿En qué le beneficiaria la implementación de este proyecto?

Encuesta a Laboratoristas

1.- ¿Cuenta con un tipo de control para el acceso al laboratorio? / Tener un antecedente para el proyecto

2.- ¿Cómo se maneja el registro de acceso al laboratorio? (pedir una muestra)

3.- ¿En dónde se realizan los registros de accesos? / Contar con documentación fuente

4.- ¿Quiénes llevan el control de los registros y en cuánto tiempo lo realizan? / Ubicar al personal con el cual podemos obtener datos o información para el proyecto, verificar los tipos de usuarios al software propuesto y sus restricciones.

5.- ¿Quiénes tienen acceso a los laboratorios? / verificar los tipos de usuarios al software propuesto y sus restricciones.

6.- ¿Con que frecuencia utilizan los laboratorios los maestros, alumnos y grupo en general?

7.- ¿Quiénes emplean la información resultante? / Identificar los tipos de reportes que la aplicación debe generar.

8.- ¿En qué le ayudaría a usted contar con un sistema de acceso al laboratorio? / Identificar los beneficios del proyecto

9.- ¿Necesitara reportes de los accesos? ¿Qué tipo de reportes? (estadísticas)

VII. RESULTADOS.

Resultados de encuestas.

Los resultados arrojados por los estudiantes coincidieron en que asisten a los centros de cómputo con poca frecuencia, a la mayoría les parece bien que exista un control de acceso, la puerta con pluma de acceso les parece más factible para este proyecto, la mayoría de los alumnos están de acuerdo con que se realice este proyecto, los alumnos consideran que con este proyecto se va a tener un mejor control y seguridad en los equipos de cómputo para evitar robos o daños.

En el caso de las encuestas realizadas a los maestros se mostró que utilizan poco los centros de cómputo, a la mayoría les parece muy bien que existiera un sistema de control, la puerta electromagnética les parece la más adecuada, la mayoría coincide en que está de acuerdo que se realice este sistema y que sería de mucha utilidad, los maestros están de acuerdo en que al realizarse el proyecto se aplicaran los conocimientos adquiridos en la carrera e ingeniería en sistemas computacionales además de tener un mayor control de acceso y de estadísticas de los programas amas utilizados por los alumnos.

VIII.LOGOTIPO.

Figura 1. Logotipo del proyecto Cajero automático   Figura 2. Logotipo del software

IX. PRESUPUESTO.

Ante el análisis que se realizó, al efectuar la propuesta, la mejor opción es la de realizar los cajeros automáticos (cajas para resguardar los equipos de cómputo y lectores de códigos de barra).

Presupuesto General

Nombre	Cantidad	Precio unitario	Precio general
HOJA DE MOF ½ X4X8	6	$132.84	$797.01
Barniz Poliuretano Blanco	1	$154.00	$154.00
Enduresayer Cristal ½ LT	1	$104.00	$104.00
Catalizador estable reduce el amarillento	1	$145.00	$145.00
Diluyente para poliuretano	1	$64.00	$64.00
Bondo litro sayer+Catalizador 25GRS PEQUEÑO	1	$32.00	$32.00
Chililio Negro 1-1/2 CAJA C/6 MIL PZ (KG543)	1	$60.00	$60.00
PEG. Amarillo Super Higt Tack LITRO	1	$79.70	$79.70
Lija Num.100 C/50 P/Madera C081	5	$0.90	$4.50
Lija num.120 P/Madera C081	5	$0.80	$4.00
Banda X-88 080 Fandeli .101M X 533M Tela 4X21	1	$18.00	$18.00
Ancla camisa 3/8X3	4	$1.25	$5.00
Pistola scanner	6	$225.00	$1,350.00
Cerradura electrica	1	$861.00	$861.00
Soporte	1	$250.00	$250.00
Reja de ventilacion	1	$90.00	$90.00
Seguros	2	$40.00	$80.00
Computadora	4	$3,000.00	$12,000.00
Bullet M2-HP, 2.4Ghz, 802.11b/g/N, 630mW y Conector N Macho	1	$1,799.16	$1,799.16
Nanostation Loco M2, 2.4Ghz, 802.11b/g/N, 200mw, 8dbi LOCOM2	2	$2,098.08	$4,196.16
Antena Omni Direccional para 2.4Ghz con 8dbi de Ganancia y conector N hembra	1	$645.78	$645.78
Adaptador PoE 24Volts y 0.5A con cordón de corriente tipo US POE	1	$208.68	$208.68
Mano de obra por la elaboracion de los cajeros	1	$4,000.00	$4,000.00
		SUBTOTAL	$26,947.99
		IVA	$4,311.68
		TOTAL	$31,259.67

Figura 3. Presupuesto de equipos necesarios para la implementación del proyecto.

Fig. 5 Chapa electromagnética

Figura 4. Cajero automático para checar entradas y salidas a laboratorios.

X. CONCLUSIÓN.

Este proyecto se realizó en el Instituto Tecnológico Superior de Puerto Peñasco, con el fin de mejorar el control de acceso a los laboratorios y estadísticas del uso de los mismos.

El propósito de este proyecto es que la institución tenga un control de las entradas y salidas de los alumnos en los centros de cómputo y así poder evitar pérdidas o daños a los equipos.

Después de haberse implementado los distintos instrumentos y de haber realizado el prototipo de cajero podemos concluir que este proyecto es viable y que sin lugar a duda será de gran apoyo y fortalecimiento para la generación de estadísticas del uso y manejo de los laboratorios del ITSPP.

Automatización en los Trámites y Servicios de los Alumnos a Través de un "Cajero Automático" en el ITSPP

Ana Balvaneda Soto Ayala [1], Diana Elizabeth Lopez Chacon[2], Daniel Alonso Osuna Talamantes [3]
Instituto Tecnológico Superior de Puerto Peñasco
Puerto Peñasco, Sonora. México.
soto-balvaneda@itspp.edu.mx [1], dianaelopez@hotmail.com[2], daosuna@hotmail.com [3]

Resumen. A través de este proyecto la academia de Ingeniería en Sistemas Computacionales del Instituto Tecnológico Superior de Puerto Peñasco, en colaboración con los alumnos de 7mo semestre, existe la demanda por parte del alumno de solicitar kardex y constancias la cual es constante, con este proyecto se pretende facilitar el proceso tanto a los alumnos como al personal de servicios escolares quienes son los encargados de otorgar dichos documentos, ya que el estudiante acudiría al cajero e ingresará su número de control y se podrá obtener el documento, sin esperar un horario de entrega de los mismos.

Palabras clave: *Cajero, alumnos, automático, documentos.*

I. INTRODUCCIÓN.

Este proyecto tiene como propósito definir las especificaciones funcionales para el desarrollo de un sistema y el diseño de un cajero automático de kardex y constancias a partir de un prototipo ya existente aplicando las modificaciones pertinentes el cual permitirá a los alumnos del Instituto Tecnológico Superior de Puerto Peñasco realizar un proceso que actualmente no se les facilita, ya que hay horarios para la solicitud y entrega de los mismos, por ello con esta propuesta del proyecto "cajero automático de kardex y constancias" les será más fácil realizar dicho proceso.

Con esto se pretende mejorar la calidad, eficiencia y rapidez de los servicios que proporciona el departamento de Servicios Escolares, buscando brindar una mejor atención a la comunidad estudiantil, a través de estos cajeros no será necesario ir a una oficina a solicitar el trámite en un horario establecido, sino que bastará ir a uno de estos cajeros inteligentes y obtener el documento correspondiente. Ver figura 1 y 2.

II. JUSTIFICACION.

Dentro del Instituto Tecnológico Superior de Puerto Peñasco no cuenta con un cajero que expida kardex y constancias es por eso que surgió la necesidad de realizar este proyecto. El proceso para tramitar estos documentos tal vez nunca ha sido un grave problema, pero si tardado ya que el principal inconveniente aquí es el tiempo de entrega, con esta propuesta se pretende mejorar el servicio.

La duración para obtener un kardex o constancias puede tardar varias horas, pero con el cajero establecido en un área de fácil acceso se podrá utilizar en horario de clases de la Institución, de esta manera el alumno logrará obtener los documentos de manera rápida en caso de que así lo requiera para poder realizar diversos trámites personales y de índole académica.

Además con esta propuesta se pretende disminuir la carga de trabajo para el área de servicios escolares, dando mayor atención a otras actividades que ofrecen al alumno.

III. PLANTEAMIENTO DEL PROBLEMA.

El problema que se presenta en este caso es el tiempo de espera para obtener un kardex o constancia. Los horarios de solicitud son de 8:00 a.m. a 3:00 p.m. en la oficina de servicios escolares donde se realiza el trámite y se entrega al día siguiente después de las 11:00 a.m. Además en el área de biblioteca se puede solicitar únicamente en horario de 3:00 p.m. a 6:00 p.m.

En ocasiones el alumno requiere una constancia de estudios para poder realizar un trámite personal como es solicitar la visa láser, el pasaporte mexicano o bien que el alumno en su momento no activo su seguro facultativo y este lo requiere de inmediato, también puede necesitar un kardex para realizar una solicitud de becas como manutención, crédito educativo, entre otros, tiene que realizar el mismo proceso el cual puede tardar varias horas para poder obtenerlo.

El alumno a veces suele olvidar solicitar en tiempo y forma estos documentos cuando lo requiere para realizar diversos trámites, es por ello, que el cajero automático que expida constancias y kardex agilizará el proceso de entrega del documento.

IV. OBJETIVOS.

Desarrollar un sistema de consultas así como realizar las modificaciones pertinentes a un prototipo ya existente para crear un cajero automático que expida kardex y constancias con la finalidad de brindar un mejor servicio en la obtención de estos documentos en el Instituto Tecnológico Superior de Puerto Peñasco

V. OBJETIVOS ESPECÍFICOS.

- Realizar un análisis para determinar cuál es la necesidad de los alumnos respecto a la solicitud de kardex y constancias y revisar la metodología de entrega de estos documentos en el área de servicios escolares.
- Desarrollar una aplicación y una base de datos para el cajero automático de kardex y constancias utilizando los diferentes programas pertinentes para cada uno.
- Configurar y crear una red confiable que se utilizara para la conexión del servidor con los cajeros instalados en la Institución.

VI. METODOLOGIA.

Aplicación de entrevista.

Se efectuó entrevista a la jefa de oficina de Servicio Escolares que es la que se encarga de realizar los diferentes tramites haciéndole preguntas acerca de cómo se lleva a cabo el proceso de solicitud de kardex y constancias, la cual ella comenta que el alumno debe de acudir en un horario establecido para realizar el trámite y llenar un formato determinado, posteriormente ella expide el documento requerido y el alumno regresa en el horario fijado para entrega de documentos. En base a ello se pudo determinar la problemática para los alumnos que requieren los mencionados documentos.

Aplicación de encuestas.

Se aplicaron encuestas a la comunidad estudiantil. La delimitación de la población se hizo utilizando la base de datos de estudiantes inscritos. El objetivo de la encuesta era medir el nivel de interés de los alumnos a este proyecto. Se formularon en total 4 reactivos que se enlistan a continuación:

1. *¿Te gustaría contar con un cajero automático de kardex y constancias?* Esta pregunta es para determinar la opinión de los estudiantes.

2. *¿Cuánto estas dispuesto a pagar?* Conocer cuánto está dispuesto a pagar por el servicio.

3. *¿Se te dificulta el proceso de solicitud?* Se requiere determinar si la solicitud es fácil de tramitarla.

4. *¿Dónde te gustaría que estuviera ubicado?* Determinar donde hay más afluencia de estudiantes.

VII. RESULTADOS.

Resultados de encuestas.

1. El 93% de los estudiantes de las diferentes carreras del ITSPP mostraron su interés acerca de contar con un cajero automático que expida kardex y constancias en la Institución, mientras que el 7% no mostro su interés de contar con dicho cajero.

2. Los alumnos decidieron con un 61% que el costo por kardex y constancia sea de $30.00 m.n. que fue el costo mínimo que se puso en la encuesta, un 25% está dispuesto a pagar $40.00 m.n. y un 14% eligió que el precio fuera de $50 m.n.

3. Al 64% de los alumnos del ITSPP se les dificulta el proceso de la solicitud, mientras que a un 36% realizar este trámite no les parece difícil de efectuar.

4. Los alumnos concluyeron que los cajeros se instalaran en los edificios A con 48% y en el edificio B con el 27%, y con un 25% en el edifico C, tomando en cuenta que son dos cajeros se propone que se implementen en los edificios con mayor porcentaje.

VIII. UBICACIÓN CAJERO.

Figura 1. Ubicación cajero Edificio A.

Figura 2. Ubicación cajero Edificio B.

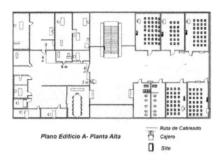

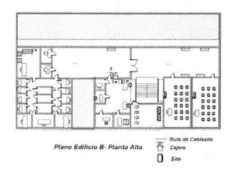

IX. DIAGRAMA DE CLASE.

En la figura 3 se describe la estructura del sistema del cajero automático de kardex y constancias mostrando las operaciones a realizar.

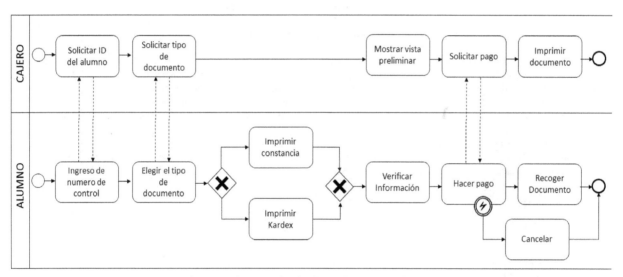

Figura 3. Diagrama de clase del cajero automático.

X. CONCLUSIÓN.

Se concluye que este proyecto de nombre "Cajero Automático de Kardex y Constancias" tendrá gran aceptación ya que se aplicaron encuestas a los alumnos del ITSPP para obtener información estadística y así determinar dicho éxito. En cuanto a las características del sistema se le dio un enfoque a la interfaz amigable porque así el usuario podrá interactuar sin ser experto en las funciones del proyecto así facilitando el uso de una manera sencilla.

XI. REFERENCIAS

JACOBSON, Ivar; BOOCH, Grady; RUMBAUGH, James (2000) (en Español). El Proceso Unificado de Desarrollo de Software. Pearson Addisson-Wesley.

Pressman, Roger S. (2003) (en Español). Ingeniería del Software, un enfoque Práctico (Quinta edición edición). Mc Graw Hill. ISBN 84-481-3214-9.

Correlación entre personalidad y el diseño de presentaciones académicas

Elizabeth Díaz Adame

Ingeniería en Computación
Universidad Autónoma de Baja California, UABC
Mexicali, México
elizabeth.diaz.adame@uabc.edu.mx

Oliver Santamaría

Ingeniería en Computación
Universidad Autónoma de Baja California, UABC
Mexicali, México
oliver.santamaria@uabc.edu.mx

Marcela D. Rodríguez

Ingeniería en Computación
Universidad Autónoma de Baja California, UABC
Mexicali, México
marcerod@uabc.edu.mx

Resumen— Presentamos un experimento conducido para encontrar la correlación entre la personalidad y el estilo de diseño en presentaciones académicas. Para ello, 22 estudiantes de Ingeniería en Computación asistieron a un taller sobre la elaboración correcta de las presentaciones, posteriormente realizaron una presentación académica y contestaron la Prueba de Personalidad de los Cinco Grandes. Con esta información recolectada, 3 profesores expertos en su rama (dos expertos en computación y un experto en diseño gráfico) juzgaron los elementos de diseño de las presentaciones (tal como tipo de fuente, uso de imágenes, colores y manejo del espacio negativo) indicando mediante una escala Likert como contribuyen a un estilo minimalista. Un análisis Spearman rho reveló que extroversión (E) se asocia con uso de espacio negativo, responsabilidad(C) con uso de plantillas minimalistas y con tipo de fuentes de letra sin serifa; y finalmente, apertura a la experiencia(O) se asoció con la cantidad de imágenes usadas. Estos resultados, son evidencia preliminar de que el diseño de las presentaciones podría ser utilizado como herramienta de apoyo del análisis de la personalidad.

Palabras Clave— Personalidad, presentaciones académicas, correlación

I. INTRODUCCIÓN

Nuestro estudio parte del hecho de que la personalidad se refleja en diferentes ámbitos de la vida cotidiana, entre los cuales, se encuentra el ámbito escolar, el cual es parte importante de la formación de todo ser humano, ya que le proporciona herramientas con las cuales se pueda desarrollar en la vida de forma personal y profesional. Partiendo de esto y tratando de comprender el por qué los estudiantes presentan de cierta manera sus presentaciones o exposiciones, utilizamos como herramienta la Prueba de Personalidad de los cinco grandes [1], la cual se refiere a los cinco rasgos que los psicólogos consideran proveen una imagen de la personalidad. Estos rasgos se han correlacionado con varios aspectos de la vida, como por ejemplo, escoger una carrera [2].

A lo largo del tiempo se ha estudiado como la personalidad influye en las aplicaciones tecnológicas que usamos; tales como el uso de aplicaciones de Internet [3], uso de Facebook [4], o en la selección de videojuegos [5]. Es por ello que nuestra investigación se centra en encontrar la correlación entre la personalidad y el estilo de diseño en presentaciones académicas utilizando esta prueba de personalidad. Consideramos que nuestros resultados son un paso que posteriormente permitirá proponer aplicaciones tecnológicas, tal como herramientas de diagnóstico de la personalidad con base a las características de diseño de las presentaciones.

II. Diseño del estudio

A. Etapa 1: Diseño de presentaciones

Esta consistió de una sesión de aproximadamente 2 horas, en la que participaron 22 estudiantes, 17 hombres y 5 mujeres, entre 18 y 22 años de edad, que cursaban al menos el 4to semestre de la carrera de Ingeniería en Computación de la Facultad de Ingeniería de nuestra Universidad. Primero, explicamos el propósito del proyecto, les pedimos que aceptaran participar firmando un formato de consentimiento informado en la que nos autorizaban a hacer uso de la información que nos proporcionaran y al mismo tiempo nos comprometíamos a darles la seguridad de que sería usada únicamente con fines de llevar a cabo esta investigación. Para mantener el anonimato de los sujetos, les proporcionamos un código para que nombraran los archivos que generarían durante la sesión como producto de las siguientes actividades.

La primera actividad tuvo como objetivo proporcionarles los criterios a seguir para realizar una presentación académica que resulte clara y fácil de seguir por la audiencia. Para lo anterior usamos los criterios proporcionados por la American Psychological Association [6], la cual da sugerencias acerca de las combinaciones de colores a utilizar, tamaño de letra, cantidad de texto, uso apropiado de las animaciones y proporciona sugerencias sobre la estructura de la información. Posteriormente, les presentamos una situación hipotética que planteaba que ellos habían sido contratados como profesores del curso Introducción de la Programación de una Preparatoria, y necesitaban preparar su primera clase, en la cual explicarían lo que es un algoritmo. Elegimos esta temática ya que todos nuestros participantes tienen conocimientos básicos en el tema.

La actividad consistió de tres partes:
a) Búsqueda de información: tuvo una duración de 15 minutos y tuvo como objetivo que nuestros sujetos de estudio obtuvieran información relevante del Internet, tal como imágenes, ejemplos, descripciones de algoritmos, que pudieran utilizar de apoyo para las siguientes actividades en las que desarrollarían su presentación.
b) Preparación de contenido: esta etapa consistió en preparar el contenido de la presentación, integrando la información que encontraron. Esta tuvo una duración de 10 minutos.
c) Dar estilo a las presentaciones. Los estudiantes tuvieron 15 minutos para identificar el estilo de diseño de su preferencia y/o decidir si integraban animaciones, imágenes, asignar colores y seleccionar tipos de letra de su preferencia.

Al finalizar la actividad, los participantes contestaron la Prueba de Personalidad de los Cinco Grandes disponible en línea [7]. El resultado que obtuvieron, la adjuntaron como un slide adicional al final de la presentación, la cual fue almacenaran en un USB que les proporcionamos. Cada archivo que recibimos de los estudiantes, fue nombrando con el código que les proporcionamos para mantener su anonimato.

B. Etapa 2: Evaluación de presentaciones

La siquiente etapa tuvo como propósito evaluar el grado de minimalismo de las presentaciones. Debido a que no encontramos ningún marco de referencia para evaluar el diseño de las presentaciones específicamente, tomamos como base el concepto de minimalismo, que se aplica al diseño de sitios web [8]. Las características que propusimos se analizaran de las presentaciones fueron: diseño de plantilla, utilización del espacio negativo, estilo de fuente, utilización de las imágenes, cantidad de información y tipo de animación que utilizaron (si utilizaban animaciones, si no las usaban y si cuando las usaban de forma adecuada, según les fue indicado en el taller impartido sobre la realización correcta de presentaciones según los criterios establecidos por APA).

Con base a lo anterior, se realizó una sesión con tres (3) profesores externos al proyecto, quienes juzgaron el grado de minimalismos de los elementos de diseño que los estudiantes utilizaron en sus presentaciones. Los profesores tenían experiencia presentando sus trabajos en Congresos. Uno de ellos es profesor de la Escuela de Arquitectura y Diseño Gráfico y 2 de la Facultad de Ingeniería. Al inicio de la sesión, a los profesores se les explicó el propósito del proyecto, los criterios de APA para realizar presentaciones y los elementos de diseño a evaluar, para ,explicar los elementos a evaluar realizamos una presentación introductoria donde hacíamos referencia al minimalismo como un estilo de diseño muy marcado en diferentes ámbitos, entre ellos, el diseño de páginas web, tal como lo demostraba un estudio que tomamos como base al momento de generar las características que estudiaríamos de las presentaciones para este estudio. Finalmente, revisaron cada presentación e indicaron (en común acuerdo) con una escala Likert de 1 a 7, cómo cada una cumplía con un estilo minimalista o no.

C. Etapa 3: Análisis de los datos

Existen 55 posibles correlaciones entre los rasgos de personalidad y las características de presentaciones seleccionadas. Para identificarlas, se utilizó Spearman rho y la herramienta "Social science statistics" [9], en ellas ingresamos la información proporcionada en nuestra sesión con expertos, utilizando los criterios que nos proporcionaron en la escala Likert de 1 a 7 sobre que tan minimalistas eran las presentaciones proporcionadas por nuestros sujetos de estudio, esta información la comparamos con los resultados de los test de personalidad de cada uno de nuetsros sujetos de estudio para de esa forma poder obtener un promedio y una desviación estándar. Haciendo uso de las cinco características que evalúa la prueba de personalidad que utilizamos logramos encontrar la correlacion entre los cinco aspectos y los cuatro puntos que evaluaron nuestros expertos, los cuales fueron: diseño de plantilla, espacio negativo, estilo de fuente y cantidad de imágenes.

III. RESULTADOS

Los resultados de la personalidad de nuestros 22 participantes, se presentan en la Tabla I, mientras que la Tabla II muestra la correlación entre los rasgos de personalidad que evalúa la prueba de personalidad con las características tomadas en cuenta para la evaluación de las presentaciones de nuestros participantes.

Tabla I. Rasgos de personalidad de los participantes (*Big five personality traits*).

Características que evalúa la prueba de personalidad	Promedio	SD (desviación estándar)
(A) Afabilidad	0.63	24.69
(O) Apertura a la experiencia	0.67	13.14
(E) Extroversión	0.55	14.79
(C) Responsabilidad	0.63	13.71
(N) Neuroticismo	0.35	14.76

Spearman rho revela una relación estadística significativa entre solo cuatro de las características de las presentaciones y tres rasgos de personalidad presentados en la Tabla II. En general, existe una correlación positiva entre extroversión y uso del espacio negativo $r(22)=0.47$, $p<0.10$. Lo que significa un incremento en extraversión (E) a mejor uso del espacio negativo. Además, hay una correlación positiva entre responsabilidad (C), con estilo de fuente, $r(22)=0.58$, $p<0.10$ y con diseño de plantilla, $r(22)=0.47$, $p<0.10$. Donde el incremento en responsabilidad está relacionado con plantillas minimalistas y estilo de fuente sin serifa. Para finalizar, hubo una correlación positiva entre apertura a la experiencia (O) y cantidad de imágenes utilizadas $r(22)=0.47,p<0.10$. Donde una mayor apertura a la experiencia está relacionada con una mayor cantidad de imágenes utilizadas.

En la imagen 1, se presentan un conjunto de diapositivas, tomadas de diferentes participantes, las cuales presentan la definición de un algoritmo y un ejemplo. Las diapositivas de la izquierda muestran un uso constante de imágenes acompañado, mientras la presentación de la derecha emplea mayor espacio negativo. A pesar de no existir una gran diferencia entre los valores de su personalidad, ambos sujetos ejecutan la presentacion de forma diferente.

Tabla II. Resumen de correlaciones encontradas.

Elementos de diseño evaluados en las presentaciones	Características que evalúa la prueba de personalidad				
	A	O	E	C	N
Diseño de plantilla				+	
Espacio negativo			+		
Estilo de fuente				+	
Cantidad de imágenes		+			

Imagen I: Las diapositivas de la izquierda corresponden a un sujeto con extraversion moderada (45), conciencia moderada (57.5) y altamente abierto a la experiencia (95). Las diapositivas de la derecha corresponden a un sujeto con extraversion alta(70), alta conciencia (72.5) y con alta apertura a la experiencia (75).

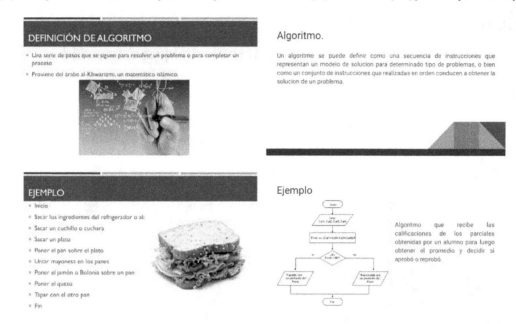

IV. Conclusión

El rasgo de personalidad con más correlaciones es responsabilidad (C), cuya sub-dimensión describe formalidad y claridad, ambas podrían relacionarse al minimalismo. La apertura a la experiencia se refiere a la creatividad, curiosidad y apreciación del arte, que influye directamente en la cantidad de imágenes mostrada por cada autor. La correlación más intrigante es extroversión con uso del espacio negativo. El espacio negativo es usado para atraer la atención a un punto específico o generar un ambiente más limpio. Personas extrovertidas podrían procurar la atención de sus oyentes y mejorar el entendimiento de diapositivas usando este método. Mientras individuos más introvertidos podrían prestar menos atención a dichos detalles, diseñando plantillas con más información. Estos resultados, son evidencia preliminar de que el diseño de las presentaciones podría ser utilizado como herramienta para el análisis de algunos rasgos de la personalidad. Es importante indicar que los sujetos pertenecían a la misma carrera y compartían varias características de personalidad mostrando poca dispersión. Como trabajo futuro estamos considerando extender este estudio, contando con mayor diversidad de sujetos en cuanto a su formación académica, y una mayor muestra.

Referencias

[1] Goldberg, L. R. (1992). The development of markers for the Big-Five factor structure. Psychological Assessment, 4, 26-42

[2] Bacanli, F. (2006). Personality characteristics as predictors of personal indecisiveness. Journal of Career Development 32, 320–332.

[3] Tan, W. K., & Yang, C. Y. (2014). Internet applications use and personality. Telematics and Informatics, 31(1), 27-38.

[4] Yoram Bachrach, Michal Kosinski, Thore Graepel, Pushmeet Kohli, and David Stillwell. 2012. *Personality and patterns of Facebook usage.* In Proceedings of the 4th Annual ACM Web Science Conference (WebSci '12). ACM, New York, NY, USA, 24-32.

[5] Park, E., Henley, T.B.(2007). Personality and fantasy game character preferences. Imagination, Cognition and Personality 27 (1), 37–46.

[6] American psychological association (2012).*Worst presentation ever.* Available at: https://www.apa.org/.

[7] Truity. 2012. *The big five personality test.* [ONLINE] Available at: http://www.truity.com/test/big-five-personalitytest [Accessed 29 May 2016].

[8] Meyer, K.(2015 July 12) *The Characteristics of Minimalism in Web Design.* Available at: https://www.nngroup.com

[9] Social Science Statistics. 2016. *Pearson Correlation Coefficient Calculator.* [ONLINE] Available at: http://www.socscistatistics.com/tests/pearson/. [Accessed 29 May 2016].

Prototipo de diseño de un modelo de referencia para implementar técnicas de promoción turística a través de la Web 2.0 en la ciudad de La Paz. B.C.S.

Jaime Suárez Villavicencio
Departamento Académico de Sistemas Computacionales
Universidad Autónoma de Baja California Sur
La Paz, Baja California Sur, México
jsuarez@uabcs.mx

Elvia Esthela Aispuro Felix
Departamento Académico de Sistemas Computacionales
Universidad Autónoma de Baja California Sur
La Paz, Baja California Sur, México
aispuro@uabcs.mx

Javier Aguilar Parra
Departamento Académico de Sistemas Computacionales
Universidad Autónoma de Baja California Sur
La Paz, Baja California Sur, México
jaguilar@uabcs.mx

Resumen.- Los avances tecnológicos en los últimos años han revolucionado la forma de hacer negocios, numerosas empresas están analizando y adaptando sus modelos, tratando de mejorar la parte de la comunicación con sus clientes, esto, gracias al alto porcentaje de acceso que hoy en día se tiene a través de internet a los distintos canales de comunicación como; blogs, wikis y redes sociales. El sector turismo no es la excepción, las tecnologías Web 2.0 juegan un papel importante tanto en la demanda como en la oferta, y permite a las empresas dedicadas a este sector, interactuar directamente con los visitantes a través de diversas plataformas en internet, beneficiando así conocer las opiniones y evaluaciones de los productos que ofertan, lo cual, permite conocer más al cliente. El presente artículo exhibe un proyecto de construcción de un modelo de referencia tecnológico basado en Web 2.0 como estrategia para fortalecer los mecanismos de atracción al turismo local, nacional e internacional en la región turística de la ciudad de La Paz, Baja California Sur, México, la cual cuenta con más de 100 prestadores de servicio de hospedaje y más de 140 establecimientos prestadores de servicios de alimentos, así como diferentes tipos de tours para sus visitantes.

Palabras claves. TIC; Web 2.0; Modelo de referencia; Medios de comunicación; Turismo.

I. INTRODUCCIÓN

La Web 2.0 tuvo sus inicios a principios del 2000, se introdujo como una nueva tecnología web que permite una comunicación más interactiva y personalizada entre las personas [1], pronto se suscitó la atención de muchas empresas debido a su capacidad para mejorar la relación entre las organizaciones y los consumidores [2].

Servicios de redes sociales, como Facebook y Twitter, son ejemplos reales de cómo se utiliza tecnología web 2.0 en este tipo de relaciones. YouTube también ha transformado su identidad a partir de una plataforma de almacenamiento sencilla de numerosos vídeos, a un canal de medios en donde se pueden especificar consumidores según sus intereses y perspectivas similares [3]. Dado su gran potencial para construir relaciones más fuertes y altamente específicos con los consumidores, la adopción rápida e inteligente de las aplicaciones Web 2.0 en las organizaciones es considera una decisión integral. Lograr que las organizaciones tengan un uso exitoso de aplicaciones Web 2.0 sigue siendo poco claro. La formulación de una estrategia a nivel de organización para interactuar con los consumidores a través de diversas aplicaciones Web 2.0 fue, y sigue siendo, un proceso complicado.

Aplicaciones web 2.0 en los medios sociales.

Los medios sociales se refieren a menudo en el contexto Web 2.0 como la designación de herramientas basadas en web que conectan a las personas y hacen posible compartir información, fotos y vídeos. Estas herramientas y funciones comprenden blogs, wikis, trackback, podcasts, blogs de vídeo, YouTube, Slideshare, Flickr y redes sociales como Myspace,Twitter y Facebook.

Puede definirse la red social como una unión de personas o entidades conectadas entre sí debido a un interés común. Por lo tanto, son lugares en Internet donde se publica y comparte todo tipo de información, personal y profesional, con terceras personas, conocidos y absolutamente desconocidos. Se centran en la satisfacción de determinadas necesidades como la comunicación, la información, el entretenimiento, las ventas, el contacto, el intercambio y la curiosidad [4].

"Las redes y medios sociales conforman un fenómeno cultural en constante ascenso y se caracterizan por ser colaborativo e involucrar personas que están en constante transformación" [5]. Debido al gran crecimiento que están experimentando las redes sociales en los últimos años, parece necesario que las redes sociales estén incluidas en los planes de marketing de las empresas turísticas [6], dando origen al denominado Turismo 2.0.

Comportamiento de los turistas 2.0

Se podría entender el término de turista 2.0 a aquella persona que hace uso de las tecnologías web 2.0 para sacar el máximo provecho en los viajes que pretende realizar, pues estas, le proporcionarán información valiosa que puede ayudarle a decidir respecto a que visitar, donde alojarse, divertirse y alimentarse [7].

Como lo comenta Antoni Febrer Barber en su publicación, cada día son más las personas que antes, durante y después del viaje utilizan internet para obtener y mostrar información acerca de los destinos turísticos [8].

1. *Antes del viaje*

   El cliente reserva o compra los servicios y productos necesarios. Para ello utilizan herramientas y visitan espacios como: buscadores, blogs especializados, comunidades y redes sociales. Un proceso que no se limita exclusivamente a los usuarios que compran por Internet, sino también a los que finalmente reserva o adquiere los productos o servicios en establecimientos offline. Por tanto, hoy en día existen clientes más informados, que saben mejor lo que quieren y que pueden comparar con mayor facilidad.

2. *Durante el viaje*

   Aquí es donde las nuevas tecnologías tendrán un mayor impacto a medio plazo, permitiendo mejorar significativamente la experiencia del viaje. Realidad aumentada, dispositivos móviles avanzados, geo-referenciación, domótica, etc. contribuirán a superar las expectativas previas de nuestros clientes.

   Actualmente, durante el viaje los turistas utilizan Internet en dos sentidos: en la generación de contenidos, realizando fotos, vídeos, podcasts y comentarios y valoraciones de sus experiencias.

3. *Después del viaje*

   En la última estadía al finalizar el viaje, el turista realiza las tres acciones más determinantes para las empresas y destinos turísticos: comparte las fotos, los vídeos, los podcasts, las experiencias, las sensaciones de su viaje tanto en su red de contactos directos cómo en entornos más abiertos.

   En este sentido se encuentran con el mayor reto las empresas y los destinos: saber dónde, cómo y quién habla de la empresa, de los productos y servicios que ofrece. No tanto para contrarrestar las valoraciones negativas, sino para conocer el grado de satisfacción real de los clientes y que esto permita aplicar sistemas de mejora continua para contar con un mejor posicionamiento frente a la competencia.

   Estamos ante un cambio sin precedentes, donde los usuarios han tomado la iniciativa y en el que las empresas y los destinos no pueden quedarse de brazos cruzados, sino que deben cambiar profundamente los sistemas de comercialización, atención y relación con los clientes.

II.   LA PAZ COMO DESTINO INTELIGENTE

Los turistas demandan información para conocer, planear y elegir entre múltiples opciones, por lo que se ha incrementado la implementación de tecnologías en las empresas de servicios con la finalidad de brindar ese apoyo a los clientes, por tanto, nos encontramos con clientes más informados, que saben mejor lo que quieren y que pueden comparar con mayor facilidad.

De acuerdo a los resultados de la Encuesta Nacional de INEGI [9], para el municipio de la Paz se observan las siguientes características, registros al 31 de diciembre de 2013: El municipio de la paz maneja un total de 101 establecimientos de hospedaje, de los cuales 92 son considerados hoteles y 5 moteles. Con esto, son 2947 cuartos y unidades de hospedaje registrados en el municipio, de los cuales 364 son categoría 5 estrellas, 820, cuatro, 587 tres, 237 dos, 141 una y 798 sin categorías. El porcentaje de ocupación hotelera en el municipio de la Paz fue de 49.5%, registrando los turistas una estadía promedio de 1.9 días.

La tabla 1 muestra la cantidad de establecimientos en la entidad, clasificados por municipio, en donde se puede observar que el municipio de la paz cuenta con un total de 101 establecimientos divididos entre categorías donde la mayoría no cuenta con una clasificación y solo 12 cumplen con la máxima.

Tabla 1. Cantidad de establecimientos por Municipio

Municipio	Total	Cinco estrellas	Cuatro estrellas	Tres estrellas	Dos estrellas	Una estrella	Sin categoría
Estado	352	72	36	48	32	28	136
Comondú	30	0	0	5	3	0	22
La Paz	101	12	16	14	9	8	42
Loreto	35	6	2	9	10	5	3
Los Cabos	121	53	15	11	7	11	24
Mulegé	65	1	3	9	3	4	45

La siguiente tabla 2 presenta información referente a la cantidad de llegadas de turistas y la estadía promedio por noche en el municipio de la paz y divididos por turistas nacionales y extranjeros.

Tabla 2. Llegadas de turistas por Municipio

Centro turístico Residencia	Llegada de turistas	Turistas por noche	Ocupación hotelera (%)	Estadía promedio (noches x turista)
La Paz	299,354	521,182	49.5	1.7
Residentes del país	272,973	459,726	43.6	1.7
Extranjeros	26,381	61,456	5.9	2.3

Uso de Tecnología para la promoción turística en la ciudad de La Paz desde gobierno.

Extendiéndonos en todo lo relacionado con la oferta turística para el municipio de la paz, se han encontrado grandes sitios web que manejan una muy buena promoción de los destinos, actividades y sitios de interés que puedes visitar, sin embargo los establecimientos como hoteles y restaurantes presentan un pobre contenido y una falta de uso de las tecnologías para apoyar su actividad empresarial. Solo 43 hoteles presentan algún tipo de contenido web y 62 ninguna clase de promoción utilizando tecnologías web 2.0. De los restaurantes solo 9 establecimientos cuentan con un sitio web que proporcione servicio de promoción y 28 no cuentan con un dominio web como lo muestra la gráfica 1.

Gráfica 1. Hoteles y restaurantes con presencia en la Web

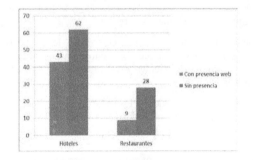

III.   BOSQUEJO DEL MODELO DE REFERENCIA TECNOLÓGICO BASADO EN WEB 2.0

El modelo a implementar se base en capas, similar a lo presentada por el modelo OSI. Este modelo pretende implementar las normas y estándares por capas para que todos los negocios prestadores de servicios orientados al turismo tengan un estándar referente a diseño, contenido, tecnología y usabilidad y así mantengan una presencia en la web para dar a conocer sus servicios en línea ayudando a promover el destino turístico de la ciudad de la Paz.

El modelo propuesto pretende desarrollar las especificaciones necesarias para operar en cada una de las capas y que estas sean implementadas. En la gráfica 2 se define un bosquejo de las capas.

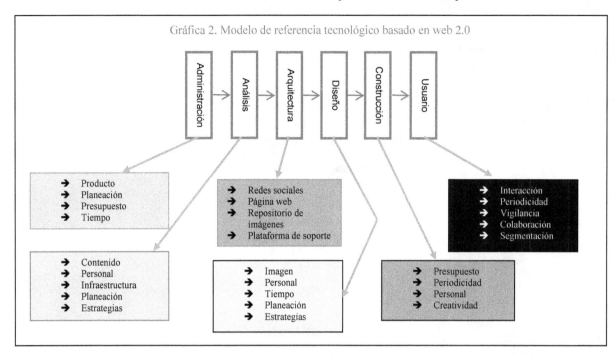

Gráfica 2. Modelo de referencia tecnológico basado en web 2.0

En cada una de las capas desde el nivel más bajo administración del proyecto, hasta la capa de usuario, que es el nivel más alto, se establecerán una serie de estándares y procedimientos a seguir el cual le proveerá de información a la siguiente capa hasta llegar a nivel usuario, que es lo que el cliente observara.

Población y muestra.

Se analizará el diseño, contenido, tecnología y accesibilidad de los sitios web orientado a la promoción del destino turístico de la Paz Baja California Sur, México. Se aplicarán la recolección de datos de manera secuencial, primero para una análisis cuantitativa se tomará una muestra completa de los 25 establecimiento de los 101 que representan la población de hoteles en el ciudad de La Paz, además se tomará una muestra de 15 establecimiento relacionados al giro restaurantero con opciones de menú de los 38 registrados según censo de INEGI **[9]** dándoles el mismo trato.

RESULTADOS ESPERADOS.

Se pretende proveer de un modelo de referencia tecnológico basado en Web 2.0 para ser implementado como estrategia para poder construir de la ciudad de la paz, una destino turístico más inteligente capaz de brindar todo el apoyo a través de la tecnología donde se implemente un modelo de marketing web 2.0 integral, que involucre los pequeños y grandes empresarios dedicados a proveer los servicios turísticos en la ciudad de la Paz.

REFERENCIAS

[1] Eccleston y Griseri (2008). Derek Eccleston and Luca Griseri, International Journal of Market Research, Vol. 50, No. 5, 2008, pp. 575-590

[2] Andriole (2010) S.J. Andriole Business impact of Web 2.0 technologies Commun. ACM, 53 (2010), pp. 67–79

[3] Berthon, Pitt, Plangger y Shapiro (2012) P.R. Berthon, L.F. Pitt, K. Plangger, D. Shapiro, Marketing meets Web 2.0, social media, and creative consumers: implications for international marketing strategy Bus. Horiz., 55 (2012), pp. 261–271

[4] Celaya (2011). La empresa en la web 2.0: el impacto de las redes sociales y las nuevas formas de comunicación en la estrategia empresarial, Javier Celaya , ediciones Gestion 2000, 2011 ISBN 9788498751734

[5] Mendes, Augusto y Gandara (2013). Mendes, Guilherme; augusto, Alexandre; G. Gândara,. Innovación en la promoción turística en medios y redes sociales. Un estudio comparativo entre destinos turísticos. Universidad Federal de Paraná, 2013, v. 22, p. 102-119

[6] Buhalis (2013) Buhalis, Dimitrios. Informe Tendencias y retos del turismo electrónico en las redes sociales. In: seminario técnico sobre turismo y nuevas tecnologías. Universidad de Bournemouth, 2013 https://s3-eu-west-1.amazonaws.com /staticunwto/ cam55/ Reporte + Seminario + OMT+ sobre+eTourism_Costa+Rica_+SP.pdf

[7] Maldonado Tirzo (2006). El papel de las tecnología sociales en la hotelería, http://innovamos.blogspot.com/. Enero 2016.

[8] Antoni Febrer Barber, 2010. El turista 2.0: antes, durante y después del viaje. Publicaso en blog en 2010 http://www.afcontext.com/el-turista-20-travel-20/

[9] ÍNEGI (2014). Anuario estadístico y geográfico de Baja California Sur http://www3.inegi.org.mx/sistemas/biblioteca/ficha.aspx?upc=702825065331, Agosto 2015

Centro Masivo de Datos del Instituto de Astronomía

Proyecto TAOS-2

Benjamín Hernández Valencia
Instituto de Astronomía sede Ensenada
UNAM
Ensenada, Baja California
benja@astrosen.unam.mx

Mauricio Reyes Ruiz
Instituto de Astronomía sede Ensenada
UNAM
Ensenada, Baja California
maurey@astrosen.unam.mx

Joel H. Castro Chacón
Instituto de Astronomía sede Ensenada
UNAM
Ensenada, Baja California
joelhcch@astrosen.unam.mx

Alma Lilia Maciel Angeles
Instituto de Astronomía sede Ensenada
UNAM
Ensenada, Baja California
alma@astrosen.unam.mx

Resumen: Se describen las directrices generales para la creación de un "Centro de Datos Masivo", para albergar las observaciones producidas por los tres telescopios del proyecto TAOS-2. Asimismo se describe la construcción de una solución basada en el sistema de archivos LUSTRE de 430 Tera Bytes (TB) de datos disponibles para los clientes y su red de datos. También se muestran las características de los clientes que explotarán este centro de datos y la forma en que actuarán con él. Finalmente se exponen los planes de crecimiento para alcanzar 4 Peta Bytes (PB) de almacenamiento.

Palabras clave: Centro de Datos, LUSTRE, Cómputo de Alto Rendimiento

I. INTRODUCCIÓN

El Instituto de Astronomía de la UNAM (IAUNAM), en colaboración con el Instituto de Astronomía y Astrofísica de la Academia Sínica de Taiwán (ASIAA) y el Centro para Astrofísica de la Universidad Harvard (CfA) está llevando a cabo el proyecto denominado TAOS-2[1]. El objetivo principal de TAOS-2 es llevar a cabo un censo de las ocultaciones estelares producidas por objetos más allá de la órbita de Neptuno, TNO[2], que permitirá conocer con detalle y sin precedentes, la distribución de los objetos menores que habitan en la periferia del Sistema Solar[1][2]. Asimismo, los datos del proyecto harán posible atacar otros problemas de gran importancia en la astrofísica actual, como son el descubrimiento de nuevos planetas extrasolares y la micro-variabilidad de estrellas similares al Sol.

TAOS-2 consta de tres telescopios robóticos de campo amplio con un espejo primario de 1.3 metros de diámetro, el cual se están construyendo en la sierra de San Pedro Mártir, en Ensenada, Baja California, México, en el marco de lo que será la primera colaboración internacional para instalar un nuevo telescopio en el Observatorio Astronómico Nacional (OAN) después de más de 35 años desde la construcción de su último telescopio. Durante su operación, TAOS-2 será el mejor instrumento en el

---

[1] Por sus siglas en inglés *Transneptunian Automated Occultation Survey*
[2] Por sus siglas en inglés *Trans-Neptunian Object*

mundo para la detección de objetos en el cinturón de Kuiper cuyo diámetro oscila entre 0.5 y 10 km, y el único capaz, en principio, de detectar objetos pequeños tipo Sedna en el disco extendido y objetos en la nube de Oort.

TAOS-2 estará censando cerca de 10,000 estrellas simultáneamente en cada uno de los campos que observara noche tras noche durante 5 años. En base a las especificaciones de diseño de los detectores, cámaras y telescopios del proyecto, así como la calidad del sitio astronómico, en la sierra de San Pedro Mártir, podemos suponer que los datos qué se obtendrán serán de muy buena calidad, sobre todo para las estrellas más brillantes. Con el resultado acumulado del censo, se constituirá una gigantesca base de datos fotométricos de alta cadencia, que con el procesamiento adecuado aumente la razón señal a ruido combinando mediciones. El resultado será de una calidad incomparable para las observaciones realizadas desde la superficie de nuestro planeta. En particular, se espera que los tres telescopios produzcan cada noche del orden de 2.25 TB durante la vigencia del proyecto, de tal forma que al final de los 5 años se calcula tener almacenado del orden de 3.8 PB.

En este trabajo se presentan las directrices generales para la creación de un "Centro de Datos Masivo", que en el futuro llamaremos "Centro de Datos" y cuya función principal será albergar las observaciones producidas por los tres telescopios del proyecto TAOS-2. Asimismo, se describe la construcción de una solución basada en el sistema de archivos LUSTRE de 430 TB de datos disponibles para los clientes y su red de datos[3]. Adicionalmente se plantea el tipo de clientes que explotarán este Centro de Datos y la forma en que actuarán con él. Finalmente se muestran los planes de crecimiento para alcanzar 4 PB de almacenamiento.

II. Requerimientos

(a) Un sistema de almacenamiento que pueda crecer hasta 4 PB de almacenamiento, en done los volúmenes lógicos de almacenamiento puedan aumentar sin necesidad de suspender el servicio. Esto es calculado mediante la fórmula siguiente:

$$n \times nb \times nt \times ne \times no$$

En donde: $n = 144{,}000$ que corresponde al número de muestras obtenidas por el sensor de un telescopio con una frecuencia de 20Hz, en las dos horas que dura una observación "o"; $nb = 110 Bytes$ es el espacio necesario para almacenar la información de la imagen de una estrella, su curva de luz y sus parámetros de control; $nt = 3$ que son el numero de telescopios; $ne = 10{,}000$ que son el numero de estrellas que se están monitoreando simultáneamente en "o" y $no = 5$ es el numero de campos que se observarán en una noche. Es así que se requiere de al menos 2.25 TB por noche. Si se tiene un estimado de 300 noches en cada año y la vigencia del proyecto es de 5 años, se estima que al menos se requiere tener almacenado 3.4 PB de datos.

(b) Un sistema de almacenamiento que contenga discos de alta densidad de almacenamiento y que sean "exportados" en un solo bloque de **solo lectura**, hacia los diferentes usuarios o colaboradores locales o extranjeros.

(c) Un sistema de almacenamiento que contenga discos de alta densidad de almacenamiento y que sean "exportados" en un solo bloque de **lectura/escritura**, hacia los diferentes usuarios o colaboradores locales o extranjeros. El objetivo de este volumen es que ciertos usuarios puedan realizar procesos de lectura/escritura masiva para generar datos intermedios que se generan en los procesos de reconocimiento de objetos o bien almacenamiento secundario, ya sean generados por el proyecto TAOS-2, o ajenos a él.

(d) Un sistema de almacenamiento que contenga discos redundantes para evitar pérdidas de información.

(e) Un sistema de almacenamiento que sea flexible para operar diferentes clases de clientes. Un cliente lo definimos como un servidor que se encargará de una tarea específica. En este sentido, un cliente puede ser un solo servidor, una máquina virtual o un clúster de procesamiento de detección de patrones de interés. En esta primera etapa hemos detectado a los clientes siguientes:

1. *Cliente de Acceso a usuarios externos.* La función de este cliente es proveer un interfaz que permita a los usuarios consultar una base de datos y hacer una petición de un conjunto de datos ya sea por tipo o tipos de estrella observada, magnitud, posición, rango de fechas u otras características de interés. Seguido se generará en un espacio temporal ese conjunto de archivos y se le indica al usuario un tiempo perentorio para su transporte.

2. *Cliente de Transferencia OAN-Centro de Datos.* Dado que en las instalaciones del Observatorio Astronómico Nacional de San Pedro Mártir existe actualmente un ancho de banda reducido, 10 Mbps, el transporte de datos desde el OAN hacia Ensenada, se llevará mediante el transporte físico de los discos con los datos capturados. Seguido, se generará una base de datos de ubicación del archivo y su información básica en el volumen de lectura/escritura del Centro de Datos y se transferirán al volumen de "solo lectura" y se marcará al archivo como lectura/escritura.

3. *Cliente PipeLine.* Las imágenes obtenidas por los telescopios requieren de procesos y algoritmos fotométricos para generar curvas de luz. Una curva de luz es un vector con la cantidad de señal pondera producida por una estrella. En este sentido, este cliente producirá una base de datos con los datos de ubicación de la curva de luz y características

astronómicas relevantes que serán almacenadas en una segunda base de datos ubicada en el volumen de escritura/lectura. Seguido, la curva de luz, será almacenada en el volumen de "solo lectura" y se marcará el archivo como solo de lectura. Es importante enfatizar que el cliente de Transferencia y el PipeLine serán los únicos que hemos definido que tengan la característica de escribir en el volumen de "solo lectura".

4. *Cliente NFS*. Este cliente exportará ambos volúmenes vía NFS para los usuarios de Linux, y vía CIFS para los de Windows.

5. *Cliente de detección de patrones*. Es un cliente de proceso para detectar patrones de interés, en donde se generará código basado en las técnicas de visión por computadora y reconocimiento de patrones. Este tipo de clientes accederá a los volúmenes de escritura/lectura y solo de lectura para la consulta y generación de archivos intermedios. En particular se adquirio el primero de ellos, con una capacidad en memoria de 400 GB. Ahora bien, para analizar el comportamiento de un patrón en una noche de observación con esa memoria RAM, se requiere de una taza sostenida de 290 MB/s por el puerto de red las 24 horas del día. Dependiendo del número de clientes de procesamiento y del número de experimentos que se plantean, los requerimientos de transferencia de solo lectura desde el Centro de Datos hacia cada cliente se verán incrementados en forma lineal.

(f) Un sistema de almacenamiento que tenga una mejor relación Giga-bytes por pesos invertidos.

Atendiendo a estas características, se decidió construir el Centro de Datos basado en el sistema de archivos "LUSTRE" de almacenamiento en paralelo. LUSTRE es el líder en el ambiente de Cómputo de Alto Rendimiento. Además LUSTRE es el único sistema de archivos que está en producción arriba de los 5 PB de espacio de almacenamiento, vea por ejemplo el National Energy Research Scientific Computing Center, Texas Advanced Computing Center entre otros.

Es importante enfatizar, que en esta primera etapa se invertirá en construir un centro de datos de 430 TB y la infraestructura de comunicaciones necesaria para generar los datos iniciales, para experimentar con los algoritmos necesarios para los clientes que hemos detectado. Asimismo, se establece también la infraestructura para que los colaboradores externos experimenten con sus propios algoritmos de detección y reconocimiento de patrones.

III. CONSTRUCCIÓN DEL CENTRO DE DATOS

De la capacidad de almacenamiento. El centro de datos consta de dos volúmenes para uso de los usuarios: el primero para lectura/escritura (V1) con una capacidad de almacenamiento de 172 TB. El segundo solo de lectura (V2) con una capacidad de 260 TB. Cada conjunto de discos consta de 14 discos, organizado en un arreglo que soporta la pérdida de dos discos sin afectarlo, en la literatura es conocido como RAID6, ver Figura 1. V1 se empleará para albergar proyectos externos a TAOS-2 y está a disposición de la comunidad científica local o nacional en base al establecimiento de convenios de colaboración. V2 albergará la base de datos del Proyecto TAOS-2 y los trabajos del grupo de desarrollo. Cada uno de los arreglos son discos del tipo "Enterprise" a una velocidad de 7200 RPM.

Estos discos están controlados por 3 Servidores de Almacenamiento de Objetos (OSS[3]), con sus respectivas cajas de expansión de discos. Cada uno de ellos maneja 2 conjuntos de discos y tanto el servidor OSS como su caja de expansión, tiene instalados 2 discos de emergencia que entran en operación cuando falla algún disco del los arreglos.

Adicionalmente el servidor de metadatos (MDS[4]) consta de dos discos de estado sólido para la carga del sistema operativo y 4 discos de 15,000 RPM configurados en arreglos R10. V1 tiene un tamaño de 200 TB y V2 de 400 TB, por lo que V1 puede contener hasta 100 millones de archivos y V2 hasta 200 millones. Esto implica que la capacidad máxima de crecimiento considerando que en promedio cada archivo es de 50 MB, V1 puede crecer hasta 5 PB y V2 hasta 10 PB.

De la capacidad de transferencia. El acceso a su red de datos está basado en un switch infinband FDR10 y sus tarjetas controladoras hacia los servidores, con una velocidad de transferencia de 40 Giga bits por segundo (Gbps) y con 36 puertos de este tipo. Dado que la lectura o lectura/escritura está distribuido en 3 canales, la velocidad máxima teórica de transferencia será de 120 Gbps.

De los clientes. Cada cliente que requiera acceder al centro de datos, deberá contar con dos tarjetas de comunicación. La primera debe ser Infiniband compatible con FDR10 para el acceso a V1 y V2 y la segunda de 10 Gbps para la red global de datos. Es importante mencionar que a partir de este año el Instituto de Astronomía sede Ensenada cuenta con un switch de 48 puertos 10Gbps base TX marca Brocade. Asimismo, el canal de Internet 2 de este Instituto es también de 10 Gbps, compartido con el

---

[3] Por sus siglas en inglés *Object Storage System*
[4] Pos sus siglas en inglés *Meta Data Server*

Centro de Nanociencias y Nanotecnología de la UNAM y el Centro de Investigación Científica y de Educación Superior de Ensenada

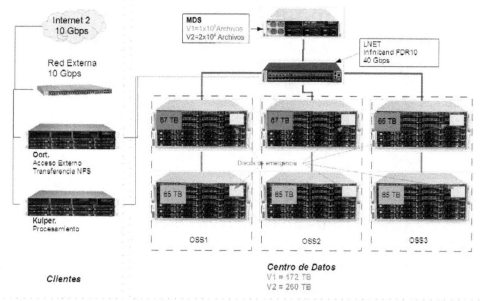

Figura 1: Centro de Datos del Instituto de Astronomía UNAM, con una capacidad actual de 430 TB.

Del crecimiento. En esta primera etapa, por motivo de presupuesto, se adquirieron 6 arreglos de discos para la construcción de V1 y V2 y están disponibles para su expansión 9 arreglos adicionales. Esto implica, que si se adquieren arreglos de discos de 8 TB y se asignan a V2, este último puede crecer hasta 1 PB. La segunda etapa de crecimiento consiste en adquirir nuevos OSS y conectarlos al Centro de Datos. La capacidad de estos elementos, dependerá de la tecnología disponible en el momento de su compra.

IV. Conclusiones

Se ha mostrado la motivación y construcción de un *Centro de Datos* en las instalaciones del Instituto de Astronomía en su sede de Ensenada, Baja California, que representa el primer centro masivo de su tipo en la región. Con un capacidad total de 430 TB en su primera etapa. El sistema está basado en equipos marca SuperMicro, debido a qué no existe restricción en la marca de discos duros que son utilizados en los arreglos, no así los sistemas LUSTRE propuesto por HP, DELL, IBM o FUJITSU. En lo referente a comunicaciones se instalaron equipos Infiniband FDR10 marca MELLANOX. El sistema operativo utilizado en su construcción es CentOS[5] 6.7.

En su diseño se consideró, que el *Centro de Datos* implementado por el Instituto de Astronomía de la UNAM, sea empleado no solo por los involucrados en el proyecto TAOS-2, sino que se presenta como una semilla que intenta fortalecer la creación, explotación y desarrollo de un Centro de Alto Rendimiento, que impulse de manera sustancial el desarrollo científico y tecnológico de la región.

Referencias

[1]   *Batalha et al. 2013, ApJS, **204**, p. 24*

[2]   Borucki, W. J., Summers, A. L. 1984, Icarus, 58, 121

[3]   http://lustre.org, European Open File System &Open Scalable File System

---

[5]   Por sus siglas en inglés *Community Enterprise Operating System*

Competencia Académica Para Promover el Interés en la Computación

Jorge Sandoval Lezama
Departamento de Eléctrica Electrónica
IPN ESIME TICOMAN
México, D.F.
josandoval@ipn.mx

Jose Arturo Correa Arredondo
Departamento de Ingeniería Aeronáutica
IPN ESIME TICOMAN
México, D.F.

Arturo Iván Sandoval Rodríguez
Departamento de Ingeniería en Sistemas Computacionales
IPN ESCOM
México, D.F.

Resumen—. **Este trabajo tiene como objetivo compartir las experiencias educativas innovadoras que den respuesta a los retos de cobertura, acceso y calidad a la educación superior que enfrentan los estudiantes en la Escuela Superior de Ingeniería Mecánica y Eléctrica (ESIME) Ticomán, del Instituto Politécnico Nacional (IPN), a través los concursos académicos de fin de curso para promover el interés y resaltar la importancia de la computación en el área de la Ingeniería Aeronáutica con el enfoque de la Ingeniería de Sistemas en donde es importante la Aerodinámica, las Estructuras, los Motores y la Aviónica. Las estrategias pedagógicas de enseñanza que se privilegian son el Aprendizaje Colaborativo, el Aprendizaje Activo, el Aprendizaje Basado en Proyectos y la Gestión del Aprendizaje.**

Palabras clave: computación educativa; competencia académica; colaboración.

I. INTRODUCCIÓN

La ESIME (Escuela de Ingeniería Mecánica y Eléctrica) unidad Ticomán, IPN (Instituto Politécnico Nacional) en México imparte las carreras de Ingeniería Aeronáutica e Ingeniería en Sistemas Automotrices. Una de las materias clave en la carrera de Ingeniería Aeronáutica es la unidad de aprendizaje " Sistemas Electrónicos Digitales". Se imparte en el sexto semestre, cubre 4,5 horas de teoría y 1,5 horas de laboratorio a la semana para un total de 108 horas por semestre. El objetivo general del curso: El alumno diseñará sistemas electrónicos digitales básicos relacionados con la aviónica de las aeronaves. Contenido sintético del curso: I. Electrónica Digital en Aeronaves, II. Amplificadores Operacionales y Sensores, III. Conversión Analógica Digital, V. Diseño y Aplicación con Microcontrolador de 8 Bits. La acreditación del curso requiere de un proyecto terminal.

Metodología: Búsqueda de información por parte del alumno, discusión en clase con la coordinación del profesor, resolución de ejercicios en clase y extra-clase, uso de recursos audiovisuales. Exposiciones realizadas en diversas paqueterías por el alumno, exposiciones por parte del coordinador. Se proporcionará material de apoyo, se promoverá la investigación bibliográfica y de campo, así como el trabajo grupal para el desarrollo de prototipos y la realización de prácticas de laboratorio. El método didáctico será preponderantemente participativo y activo.

Evaluación y Acreditación: Se requiere del alumno la participación, entrega de tareas, exposiciones de información investigada, análisis del material de apoyo proporcionado por el coordinador, la presentación de exámenes parciales, así como la realización de prácticas de laboratorio, prácticas con software de simulación y el desarrollo de un proyecto terminal.

Citando textualmente al Nuevo Modelo Educativo del IPN página 73 "Supone que los profesores distribuyen su tiempo de dedicación entre la planeación y el diseño de experiencias de aprendizaje, más que en la transmisión de los contenidos por el dictado de clases. Supone también que los profesores no trabajan de manera aislada, sino que, en el marco de academias

Se agradece a la Secretaría de Investigación y Posgrado del IPN a través del Proyecto autorizado SIP IPN 20160870.

revitalizadas, conformadas por cuerpos académicos de más de una Unidad Académica, en ocasiones de más de una institución, colaboran a fin de proporcionar visiones integrales de la formación profesional" [1].

También otra premisa del Nuevo Modelo, página 78 establece que: "Incorpora la internacionalización en la formación de los estudiantes, de manera tal que les permita desarrollarse en un mundo multicultural. Significa también la asimilación de la dimensión internacional a la esencia, identidad y cultura de la institución. Ello requiere de disposición al cambio y a la transformación, programas flexibles y normatividad que facilite el reconocimiento de créditos y la revalidación de estudios realizados en otras instituciones educativas, y la participación en programas y proyectos que desarrollen competencias, actitudes valores y habilidades que formen a los estudiantes para su incorporación al entorno local, nacional e internacional" [1].

Por otro lado recordando que el IPN es una institución que pertenece a la ANUIES y revisando el suplemento educativo Confluencia Junio 2016 de la ANUIES, citando textualmente el artículo "Incentiva la ANUIES la internacionalización de la educación superior: La internacionalización de la educación superior, entendida como el proceso de integración de la dimensión intercultural en las funciones sustantivas y de gestión administrativa, es uno de los asuntos centrales que debe asumir la y atender la universidad del siglo XXI, misma que se encuentra en un entorno globalizado y que aspira a jugar un papel importante en el desarrollo de la economía y de la sociedad del conocimiento" [2].

Socios para el Avance de la Colaboración en la Formación de Ingenieros (PACE=Partners for the Advancement of Collaborative Engineering Education) es un programa de vinculación de la industria con algunas instituciones académicas de todo el mundo con el fin de desarrollar la Gestión del Ciclo de Vida de Productos Automotores (PLM) del futuro. La definición de PLM es ingeniería integrada para todos los aspectos de la vida de un producto, desde su creación, el diseño hasta la fabricación, comercialización, distribución y mantenimiento, y en última instancia, el reciclaje y el enfoque de disposición. Los socios industriales incluyen entre otros General Motor (GM), Autodesk, HP, Oracle y Siemens [3].

El objetivo de PACE es permitir que los estudiantes de ingeniería reciban experiencia práctica con las herramientas actuales de CAD / CAE / CAM utilizados en la industria del automóvil. El PACE consta de 22 compañías de clase mundial y 57 universidades que representan a 12 países. El IPN ha participado activamente en representación de México en el programa PACE. El PACE actualmente promueve el foro anual para la competencia global con una duración de dos años 2015-2016 "Vehículo Reconfigurable el Uso Compartido"

Como parte de su compromiso de alentar a los estudiantes a utilizar datos digitales, modelos matemáticos y software de PACE en los cursos de ingeniería, así como en el análisis y fabricación de proyectos de diseño, PACE patrocina concursos académicos de fin de curso en las unidades de aprendizaje que incluyen en su currícula al software PACE.

La competencia de fin de curso se integra fácilmente en cursos existentes CAD/CAE/CAM que involucran proyectos de los estudiantes usando software PACE (por ejemplo, NX, NX-CAM, Solid Edge, Autodesk Alias Automotive, Maya, Moldflow, Altair HyperWorks, OptiStruct, MSC Nastran, MSC Adams, FLUENT, MATLAB, Simuilnk, Stateflow, dSPACE, STAR-CCM +), no importa qué tan elemental. El trabajo más importante del profesor es promover y motivar a los alumnos con el enfoque de responsabilidad social. Estas competencias proporcionan beneficios para los estudiantes, tal como presentar ante un grupo de representantes de la industria y académicos sus resultados y recibir retroalimentación sobre sus proyectos. Una oportunidad para (virtualmente o en persona) conocer y hablar con expertos en el tema de GM y en su caso, otros colaboradores PACE.

Los proyectos son evaluados con los siguientes criterios: forma, tamaño, función, la presentación y el trabajo en equipo/colaboración. Los estudiantes se benefician de trabajar en equipo, el uso de herramientas de alta tecnología y la interacción con los socios de la industria. Para el semestre Enero a Junio del 2016 los objetivos del Proyecto Final fueron: a. Realizar el control de un vehículo de 4 ruedas, basado en el concepto "Steer By Wire". b. Diseñado en el software NX, basado en la plataforma Arduino y en MATLAB/SIMULINK, integrando el control de actuadores y sensores. Foto 1 y Foto 2.

Foto 1 y 2 COURSE COMPETITION. Presentación de Prototipos ante Jurado PACE 2016 (100 años de ESIME/80 años IPN)

II. Fundamentación

Cuando se hablaba en la década de los 70 de aeronaves, se refería en general a la estructura, la aerodinámica y a los motores, pero el F8-C que era un avión de combate, el cual se construyó en 1958, el 25 de mayo de 1972 se convirtió en el primer avión en volar con la primera computadora digital. Así mismo El ala voladora B-2 se diseñó en 1980 y es un vehículo inherentemente inestable el cual a través de la tecnología Vuelo por Cable Digital (DFBW: Digital Fly By Wire) se estabiliza y controla; concepto llamado control activo. El componente fundamental de todo Sistema de Vuelo Por Cable es la computadora. La computadora usa leyes de control específicas para cada aeronave con el fin de calcular los comandos necesarios para mantener la estabilidad e implementar los deseos del piloto. Las leyes de control se refieren a las ecuaciones de movimiento que se deben de resolver para controlar continuamente una aeronave inestable. Los sistemas como el autopiloto en las aeronaves están basados en software. Con el fin de disminuir las posibilidades de falla la FAA-USA requiere que todo el software en los equipos de a bordo cumplan con un conjunto de directrices conocido como DO-178C. El DO-178C es un estándar para el desarrollo de software en el sector de seguridad crítica de la aviación y el ISO 26262 es un estándar internacional que define la seguridad funcional, el ciclo de vida eléctrico-electrónico y de componentes basados en software de los vehículos de pasajeros terrestres [4], [5].

Partiendo de la premisa de que la información por si misma puede carecer de significado y es irrelevante sin un contexto, en nuestros cursos a partir de información tal como la antes mencionada y la cual proporcionamos a nuestros alumnos a través de libros, papers, internet, utilizando la metodología pedagógica de aprendizaje basado en cuestionamientos, planteamos preguntas a nuestros alumnos tales como:

¿Qué es la aviónica?, ¿Porque es importante actualmente la aviónica en las aeronaves?, ¿Cuantas computadoras tiene un Boeing 777?, ¿Cuantas líneas de código tenía la computadora digital que uso el F8-C?, ¿Podría la plataforma Arduino Mega controlar el avión F8-C?, ¿Que lenguaje de programación debo aprender?, ¿Con un solo lenguaje la voy a hacer?, ¿A qué se refiere el software de seguridad crítica?, ¿Qué diferencias y que similitudes existen entre un vehículo aéreo y un vehículo terrestre?, ¿Qué diferencias y que similitudes existen entre un uniciclo y un ala voladora?, ¿Qué relación existe entre un autopiloto para un automóvil y un autopiloto para un avión?, ¿Como ingeniero en un futuro cercano, ayudaré a desarrollar un vehículo con cero accidentes?

III. Competencia Institucional

La Ingeniería de Sistemas es un enfoque metódico y disciplinado para el diseño, realización, gestión técnica, operaciones, y el retiro de un sistema. Un Sistema es una colección de diferentes elementos que producen juntos resultados que no pueden obtenerse por los elementos solos. Los elementos o partes, pueden incluir a las personas, hardware, software, instalaciones, políticas y documentos; es decir, todas las cosas necesarias para producir resultados a nivel de sistema. Los resultados incluyen cualidades a nivel de sistema, propiedades, características, funciones, comportamiento y rendimiento [6].

Como referencia al poner la palabra Arduino en el buscador de la IEEE, ieeexplore aparecen 871 documentos/resultados con fechas en general del 2013 a la fecha y que presentan autores tales como S. Zulkifli [7] de la Universiti Tun Hussein Onn Malaysia del 2014, W J. Esposito [8] de Stanford University USA del 2015, V Cvjetkovic [9] de la University of Kragujevac, Serbia 2016. Lo que pone de manifiesto la popularidad de las tarjetas Arduino y aplicación en entornos educativos. Arduino es una plataforma de código abierto basada en microcontrolador.

Seleccionamos la plataforma Arduino debido al impacto que tiene en la educación, tal como su versatilidad, disponibilidad y a su relativo bajo costo además de la gran comunidad de usuarios que comparten ideas, proyectos y soluciones. Específicamente el Arduino Mega 2560 es soportado por Mathworks para el desarrollo de los sistemas de control retroalimentado; es decir el Arduino se programa con el Matlab/Simulink de Mathworks. Así mismo en el caso del Simulink, los detalles de programación de bajo-alto nivel son transparentes para el estudiante ya que se utiliza programación gráfica a nivel de bloques [10]. Sin embargo softwares como Matlab/Simulink de Mathworks y Labview de National Instruments requieren de pago de licencia a costos no excesivos aunque bien pueden ahorrar tiempo; pero también existen otros como Processing que no requiere de ningún pago, no obstante requieren de más tiempo de programación para realizar las mismas tareas que en Matlab/Simulink y/o Labview; por lo tanto es importante tomar en cuenta el costo/beneficio de cada software y que conviene más.

Por otro lado los sistemas de electrónica digital y de control educativos, en general, son fabricados por empresas especializadas lo que implica que su costo sea muy elevado (pago de derechos, pago de patentes, ganancias del fabricante, etc.) y su uso está limitado a los laboratorios de las universidades mientras que el sistema Arduino es una herramienta que puede ser adquirida por el alumno a un bajo costo para trabajar tanto en la escuela, como en su casa.

Para el desarrollo del curso nos hemos planteado el reto de cubrir el contenido del curso de sexto semestre al 100% y además considerar temas como la retroalimentación en términos de los sistemas de control con compensadores de tipo proporcional, tema que se cubre en el único curso que se imparte en la ESIME TIC, denominado Sistemas de Control en Aeronaves en el 8avo semestre de la carrera de Ing. Aeronáutica, así como el manejo de Matlab/Simulink a través de la plataforma Arduino. En el desarrollo del curso, con sensores, sistemas digitales y microcontroladores los alumnos mejoran sus habilidades de programación de los dos primeros semestres cursados en el primer año de la carrera: Fundamentos de programación y Programación orientada a objetos, ya que de acuerdo al "Paradigma de la Computación Física", que se refiere a que los conceptos computacionales son llevados fuera de la pantalla hacia el mundo real, para que el alumno pueda interactuar y hacer más significativo su aprendizaje.

El segundo reto planteado en el curso fue diseñar un vehículo a escala de cuatro ruedas con un motor cada una con el enfoque del drive by wire en lugar de diseñar sistemas electrónicos digitales básicos relacionados con la aviónica de las aeronaves, por cuestiones de limitantes del tiempo y por experiencias previas pues volar un aeromodelo es más caro. Consideramos que esta experiencia les puede ser más beneficiosa para cuando el estudiante curse el octavo semestre. Fotos 3 y 4.

Finalmente, como parte de la estrategia metodológica del Course Competition recientemente hemos utilizado el software WonderShare QuizCreator, el cual es un software profesional que permite construir, crear y desarrollar toda clase de pruebas, cuestionarios y exámenes, con el fin de gestionar, administrar y realizar un seguimiento de los resultados. Es de gran ayuda en la planeación pedagógica de los profesores. Se pueden hacer exámenes de varios tipos desde preguntas de falso o verdadero hasta preguntas de elección múltiple (con una o más respuestas) [11].

Foto 3 y 4 Prototipos desarrollados por alumnos de 6to semestre Ing. Aeronáutica, con tarjetas Arduino y CAD realizado con software NX de Siemens

IV. CONCLUSIONES

Al participar en competencias/concursos y aplicar las estrategias pedagógicas de grupos de colaboración y de aprendizaje basado en proyectos en donde comparten actividades, compromisos y metas, los estudiantes se motivan para elaborar/autogenerar su conocimiento con mayor significado y comprensión. Podemos mencionar que los resultados fueron más que satisfactorios de acuerdo a los comentarios de los jueces y a la satisfacción expresada por los estudiantes.

La colaboración de alumnos que participan en la competencia global PACE del Vehículo Reconfigurable de Uso Compartido, trabajando con software CAD y CAE, tal como NX de Siemens y que cursan la unidad de aprendizaje de Sistemas Electrónicos Digitales, ha beneficiado a los grupos en el desarrollo de sus proyectos terminales institucionales, en este caso del Steer By Wire.

Consideramos que hemos podido romper con el paradigma de que los alumnos de Ing. Aeronáutica solo deben aprender de aviones.

REFERENCIAS

[1] Elementos del Nuevo Modelo Educativo. 2da edición 2004, IPN México ISBN 979-36-0077-8 (obra completa) http://www.ipn.mx/SiteCollectionDocuments/RYSDocentes/PUBLICACI__N_18437.pdf

[2] Confluencia Suplemento Educativo, ANUIES Junio 2016 http://www.anuies.mx/media/docs/avisos/pdf/Suplemento_Anuies_Junio124.pdf

[3] Partners for the Advancement of Collaborative Education www.pacepartners.org

[4] DO-178C, Software Considerations in Airborne Systems and Equipment Certification https://en.wikipedia.org/wiki/DO-178C

[5] Certifiably Safe Software-Dependent Systems: Challenges and Directions, John Hatcliff, Alan Wassyng, Tim Kelly, Work supported in part by the US National Science Foundation (NSF) (#1239543), http://santoslab.org/pub/high-assurance/module-intro/reading/Hatcliff-al-ICSE-FOSE-2014-Certification.pdf

[6] NASA Systems Engineering Handbook. Pagina 3 http://ocw.mit.edu/courses/aeronautics-and-astronautics/16-842-fundamentals-of-systems-engineering-fall-2009/readings/MIT16_842F09_handbook.pdf

[7] MATLAB-Arduino as a Low Cost Microcontroller for 3 phase inverter S. Aizam, Universiti Tun Hussein, Malaysia 2014

[8] The lab-in-a-box project: an arduino compatible signals and electronics teaching system, W J. Esposito1, Stanford University 2015

[9] Overview of architectures with Arduino boards as building blocks for data acquisition and control systems, V. Cvjetkovic University of Kragujevac, Serbia 2016

[10] Engaging students with open source technologies and Arduino, Lorraine H. Herger, Mercy Bodarky, Integrated STEM Education Conference (ISEC), 2015 IEEE, DOI:10.1109/ISECon.2015.7119938

[11] Wondershare QuizCreator, http://www.wondershare.net/pro/quizcreator.html?gclid=CJHdqfrzxM4CFQuRaQodQ3cOAg

Reconocimiento de Imágenes en Vehículos de Búsqueda y Rescate

Carlos M. Cabada., [1]Ramón A. Vega., [1]Javier A. Ramos., [1]David Maciel.

[1]Ricardo A. Martínez., [1,2]Adolfo Esquivel.

[1]CETYS Universidad, Av.CETYS s/n. Colonia Lago Sur CP 22550, Tijuana, Baja California.

[2]Instituto Politécnico Nacional, CITEDI. Ave. Instituto Politécnico Nacional No. 1310 Colonia Nueva Tijuana CP 22435, Tijuana, Baja California.

carlos.cabada93@gmail.com adolfo.esquivel@cetys.mx esquivel@citedi.mx

Resumen- Como evidencia del resultado del curso Diseño con Microcontroladores de la carrera de Ingeniería Mecatrónica, se desarrolló un sistema integrador de dos vehículos, simulando una búsqueda y rescate; donde el vehículo "A", realizará un reconocimiento por la zona para encontrar al vehículo "B", llegar a su ubicación y dirigirlo a la zona de seguridad. La localización del vehículo a rescatar se logra por reconocimiento de imágenes utilizando una cámara PI, la localización del sitio seguro es con la cámara pero con reconocimiento de color. El vehículo rescatado sigue al líder empleando también técnicas de reconocimiento de imágenes.

Palabras Claves: Mecatrónica, cámara Pi, Open CV, reconocimiento de imágenes.

I. INTRODUCCIÓN

La búsqueda y rescate de un vehículo corresponde a una situación que puede resultarnos típica; ya que es una posibilidad tecnológica para utilizarse en nuestra vida diaria, ya sea un automóvil extraviado o robado, para la automatización de sistemas en la industria, hasta misiones con robots en lugares inhóspitos para el ser humano. Es un problema común al que la ingeniería le ha hecho frente desde distintos enfoques, llegando a sistemas integrales que permiten la eficiencia de cumplir con esta problemática.

Sistema de Visión Computarizado.

Un sistema de visión computarizado figura 1, es el uso de algún método para adquirir, procesar, analizar y obtener datos de una imagen en tiempo real. Generalmente estos sistemas van enfocados a replicar la visión del ser humano. Estos sistemas tienen el objetivo de hacer que una computadora tenga la capacidad de observar el ambiente externo y ejecutar decisiones a partir de él.

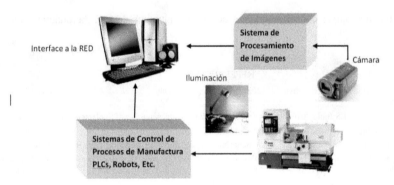

Figura 1. Sistema de Visión Computarizado

Segmentación de color.

Técnica de extracción de información de un sistema de visión computarizada. Esta técnica se basa en dividir la imagen en áreas bajo un parámetro de un cierto color o rango. Generalmente se filtra un solo color, para poder obtener información de dicha referencia.

Reconocimiento facial con cascadas Haar.

La detección de objetos usando clasificadores de cascada de Haar es un enfoque de "aprendizaje máquina" donde se usa una función para reconocer objetos en imágenes. El algoritmo necesita imágenes con el objeto a reconocer (positivas) e imágenes sin el objeto (negativas) para "entrenar" al clasificador. Una vez entrenado el clasificador, se extraen las características Haar, que son lo que se utiliza para reconocer el objeto en otras imágenes, en este caso, rostros, como se muestra en las figuras 2 a y b.

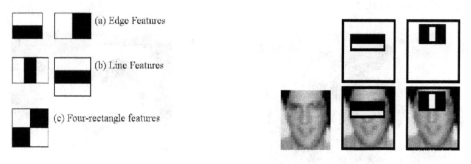

Figura 2. a) Características de Haar, b) Detección de características Haar. Imágenes tomadas de [4]

El procesamiento de imágenes se realizó en una Raspberry Pi, microcomputadora que ofrece una buena capacidad de procesamiento y control, bajo un mínimo espacio físico. Se aprovecharon las bibliotecas para visión computarizada de OpenCV, que facilitan el reconocimiento de imágenes a través de distintos parámetros como color, textura o forma. Esta biblioteca permite a partir de la imagen capturada su procesamiento para ser usada como variable de control.

La programación se desarrolló en Python, lenguaje de alto nivel, orientado en objetos con semántica dinámica (Python, 2015). Se eligió este lenguaje de programación (Python 2), debido a la compatibilidad con Raspberry Pi y OpenCV

2. DESARROLLO

El sistema de búsqueda y rescate está desarrollado para funcionar bajo los siguientes parámetros:

- Espacio iluminado con un área no mayor a 5x5 metros, el cual no cuente con objetos que obstruyan la visión entre los dos vehículos.

- La cámara del vehículo usa como referencia para la ubicación el color amarilla y reconocimiento de rostros. Por lo cual, el sistema no podrá ubicar adecuadamente el segundo vehículo y la base, si en el campo de visión del vehículo se encuentran dichos parámetros a partir de otro objeto.

- Superficie plana sin irregularidades que dificulten el movimiento del vehículo. El vehículo no cuenta con detección de obstáculos, ni capacidad para movimiento bajo condiciones inadecuadas del suelo.

- En caso de pérdida del objetivo, el sistema volverá a entrar en modo de búsqueda, hasta volver a obtener visión del objetivo a rescatar.

- El sistema completará su ciclo y finalizará su funcionamiento tras haber regresado a la base.

3. PROGRAMACIÓN

El código para el funcionamiento del rescata robots se realizó a través de la *Raspberry Pi* en Python un lenguaje de alto nivel de fácil comprensión orientado a objetos. Cabe mencionar también que las librerías claves para el funcionamiento del proyecto fueron, a grandes rasgos: OpenCV para el manejo de la cámara; Numpy para el manejo de datos numéricos; RPI.GPIO para el uso de los pines *GPIO* como entradas y salidas digitales, y salidas PWM. Para más información al respecto, consultar la bibliografía.

La programación realizada obedece al siguiente flujo de eventos. Primero, se parte de que hay un *robot* extraviado, "B", y otro que debe buscarlo, un *robot* "A". El robot A no tiene ubicado al robot B, pero puede identificarlo si lo ve, pues puede reconocer caras humanas y el robot B tiene caras en cuatro lados. En Figura 3 observamos la parte mecánica y electrónica del vehículo también se observa el con las mascaras para reconocimiento de la imagen.

El robot A entonces avanza girando ligeramente a la izquierda a medida que avanza, para cubrir con su cámara un área de 360 grados. El robot A avanza de esta forma hasta detectar una cara. Una vez que esto sucede, el robot A se alinea con la cara que detectó, que debe ser la del robot B.

Figura 3. Vehículo armado y vehículo B con máscaras.

Este alineamiento se hace girando el robot A sobre su propio eje paso por paso en cierto sentido, dependiendo de la ubicación del centro de la cara con respecto al centro de la cámara. Es decir, la cámara detecta un rostro en el lado derecho de su visión. El robot A entonces detiene su búsqueda y comienza a girar a la derecha paso a paso hasta que el centro de la cara se encuentra en un rango central de la visión de la cámara.

Una vez que el centro de la cara está dentro del rango establecido, el robot avanzará hasta que el ancho de la cara detectada alcance cierto valor. Si por alguna razón se pierde la cara o se desalinea, vuelve a realizar lo que hace en cada estado.

Después que se encontró la cara, se alineó con ella y la alcanzó, el robot A manda un datagrama por IP al robot B, para indicarle que lo encontró y lo alcanzó. Durante todo esto, el robot B sólo está escuchando al puerto al que llega el mensaje del puerto A.

A partir de este momento, el robot B espera unos segundos, el robot A gira 180 grados y comienza a buscar un color. Mientras el robot A busca y avanza hacia este color, el robot B sigue al robot A siguiendo los mismos pasos que el robot A usó para encontrar y alcanzar al robot B.

El proceso de reconocimiento de color sigue el siguiente esquema, para obtener un dato a partir de una variable física, Figura 4.

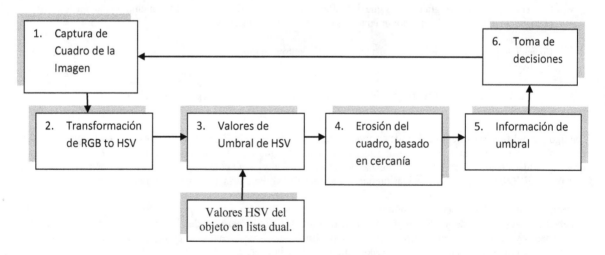

Figura 4. Proceso de reconocimiento de color.

1. Captura de cuadro. Se obtiene la imagen a partir de la cámara.
2. Transformación de RGB a HSV. Esta conversión del formato de la imagen nos permite una mejor diferenciación de colores en la imagen, y así poder diferenciar los objetos del color que corresponden a lo buscado.
3. Comparación de colores. Se delimita los rangos HSV para el color seleccionado, en este caso el amarillo, y así obtener un objeto dentro del cuadro de la captura.
4. Erosión del cuadro basado en cercanía. Se crea un objeto a partir de obtener un área que corresponda a los valores deseados de HSV.
5. Obtención de información. Se calcula el área del objeto, y a su vez se obtiene la posición del objeto en base al área que abarca el cuadro.
6. Toma de decisiones. Ya que se tienen datos a partir de lo que ve la cámara; se toman decisiones basados en el área que nos dará información de la cercanía del objeto, y del centro del objeto, así podemos obtener información de que tan alineados nos encontramos y así decidir hacia a dónde avanzar.

4. CONCLUSIONES

Para este proyecto se necesitó de mucha investigación (ver bibliografía). Se partió de las habilidades y conocimientos adquiridos, a lo largo del curso, para investigar otras opciones, otras tecnologías y compararlas. Cabe resaltar que antes de este proyecto no se había trabajado la plataforma Raspberry Pi, no obstante, al ser tan ampliamente utilizada, contar con tantos recursos, ser económicamente más accesible; trabajar en este ambiente resultó agradable y revelador.

El desarrollo de software presentó uno de los retos más complicados para el proyecto, gracias al uso de open source como Open CV y clasificadores por cascadas de Haart se logró el reconocimiento facial para el entendimiento del microprocesador, esto ayudó a formar la base del código utilizado, el adaptar el reconocimiento facial al control de los motores del robot para la búsqueda y el seguimiento de los robots presentó varias complicaciones, dando como resultado un retraso al momento de seguir al objeto encontrado.

Las mejoras más pertinentes para el proyecto, van dirigidas hacia el perfeccionamiento de la funcionalidad; como el uso de encoders, controladores PID en ambos vehículos, y la sustitución del reconocimiento facial, por el reconocimiento por color, ya que involucra menor carga de procesamiento a la Raspberry Pi.

REFERENCIAS

[1]"Overview — Python 2.7.11 documentation", Docs.python.org, 2016. [Online]. Available: https://docs.python.org/2/. [Accessed: 02- May- 2016].

[2]"Percepción Activa para Seguimiento de Objetos en Entornos Urbanos", 2016. [Online]. Available: http://bibing.us.es/proyectos/abreproy/70077/fichero/capitulo4.pdf. [Accessed: 16- May- 2016].

[3]2016. [Online]. Available: https://www.ecse.rpi.edu/Homepages/qji/CV/3dvision_intro.pdf. [Accessed: 02- Jun- 2016].

[4]"OpenCV: Face Detection using Haar Cascades", Docs.opencv.org, 2016. [Online]. Available: http://docs.opencv.org/master/d7/d8b/tutorial_py_face_detection.html#gsc.tab=0. [Accessed: 09- May- 2016].

[5]"L298 Data Sheet", 2016. [Online]. Available: https://www.sparkfun.com/datasheets/Robotics/L298_H_Bridge.pdf. [Accessed: 17- May- 2016].

[6]B. Landoni, "Computer Vision with Raspberry Pi and the Camera Pi module",Open Electronics, 2016. [Online]. Available: http://www.open-electronics.org/computer-vision-with-raspberry-pi-and-the-camera-pi-module/. [Accessed: 08- May- 2016].

[7]"How to use soft PWM in RPi.GPIO 0.5.2a pt 2 – led dimming and motor speed control", RasPi.TV, 2013. [Online]. Available: http://raspi.tv/2013/how-to-use-soft-pwm-in-rpi-gpio-pt-2-led-dimming-and-motor-speed-control. [Accessed: 17- Mar- 2016].

[8]"Python Programming Tutorials", Pythonprogramming.net, 2016. [Online]. Available: https://pythonprogramming.net/haar-cascade-face-eye-detection-python-opencv-tutorial/. [Accessed: 04- May- 2016].

[9]Mrhobbytronics.com, 2014. [Online]. Available: http://www.mrhobbytronics.com/raspberry-pi-communicating-between-pis/. [Accessed: 03- Jun- 2016].

Implementación del Método Húngaro para la Asignación de Recursos en un Proyecto CMMI-DEV

P. E. Velazquez-Solis, B. L. Flores-Rios, L. Burtseva, M. A. Astorga-Vargas
Instituto de Ingeniería Universidad Autónoma de Baja California
Mexicali, Baja California México
{paola.velazquez, brenda.flores, burtseva, angelicaastorga}@uabc.edu.mx

F. J. Pino
Facultad de Ingeniería Electrónica y Telecomunicaciones, Universidad del Cauca
Popayan, Cauca Colombia
fjpino@unicauca.edu.co

Resumen— **El problema de determinar la asignación de recursos limitados para el cumplimiento de un objetivo es conocido en la Programación Matemática como una extensión del problema de transporte equilibrado entre los suministros y los depósitos. En este documento, se muestra una adaptación del Método Húngaro, el cual es un método matemático para solucionar el problema de asignación, para la implementación de un algoritmo que apoye a una organización de desarrollo de software en la asignación de su recurso humano, asociando el perfil por nivel de conocimiento que posee cada uno de ellos para la ejecución de las categorías de procesos propuestas por el modelo CMMI-DEV. De esta forma, se presenta una herramienta para apoyar la asignación de recursos a través de una solución heurística al problema que permite garantizar el perfil de conocimiento más idóneo para una determinada categoría.**

Palabras Clave—Problema de Transporte; Asignación de Recursos; Método Húngaro; CMMI-DEV

I. INTRODUCCIÓN

En la actualidad, es frecuente que las organizaciones de desarrollo de software busquen elevar su madurez apoyándose de procesos rigurosos y controlados, que les permitan identificar nuevos factores o estrategias que influyan en la estimación de los recursos que requiera un proyecto de mejora de procesos de software (SPI). En un proyecto SPI la asignación efectiva de recursos humanos, para desempeñar ciertos roles, impacta tanto en la ejecución de los procesos como en la calidad de sus productos [1]. Algunas de las dificultades que dichas organizaciones presentan están relacionadas a la gestión de sus proyectos, que incluye la planificación, estimación, gestión de recursos, entre otros [2]. Desde la perspectiva de recursos, los roles representan el conocimiento implícito y son quienes realizan las actividades asignadas en cada proceso. Como evidencia de la implantación de las áreas de procesos, CMMI-DEV v1.3 utiliza la revisión de la ejecución de las prácticas, artefactos y entrevistas dirigidas a los roles involucrados [3]. Sin embargo, no existe el concepto de recurso humano o rol pero si se considera la importancia del término *people*. Por tal motivo, se enfatiza el aprovechar y optimizar el tipo y nivel de conocimiento requerido por los roles en cada ciclo de mejora [4]. La Gestión de Conocimiento (GC) como disciplina, provee los métodos, técnicas y recursos orientados a apoyar a que los roles, involucrados en el proyecto SPI, hagan uso del conocimiento implícito (tácito) y documentado (explícito) para facilitar el flujo del mismo y realizar, de la mejor manera, las actividades de los procesos requeridos por los modelos de referencia de procesos, nacionales o internacionales, logrando así el propósito de los mismos. En la NMX-I-059 [5] y COMPETISOFT [6], el proceso de Gestión de Recursos tiene como propósito conseguir y dotar a la organización de los recursos humanos, infraestructura, ambiente de trabajo y proveedores, así como crear y mantener la base de conocimiento, apoyando el cumplimiento de los objetivos en el plan estratégico de la organización [5]. En este proceso son requeridas las tareas de selección, asignación, aceptación, capacitación, evaluación y desempeño del recurso humano, por lo que es importante identificar técnicas o métodos que permitan que el proyecto SPI se realice en el calendario establecido. Este documento se enfoca sólo en la tarea de asignación de recurso humano identificando su nivel de conocimiento tácito.

El problema de asignación es un tipo de problema de transporte equilibrado en el que las restricciones de asignación de los suministros y demandas se interpretan en una forma binaria, son iguales a 1, para asegurar la asignación de actividades a roles, los trabajos a celdas de manufactura, entre otros. El objetivo está relacionado con la disposición de recursos para la realización de productos a costo mínimo. Por tal motivo, este problema es uno de los principales en la optimización discreta. Un algoritmo para la asignación de recursos es el Método Húngaro, recomendado para brindar una solución inadmisible y del tipo primal (minimización) [7].

En este artículo se presenta la problemática de la asignación de recursos en un proyecto SPI, y un modelo de asignación implementando el Método Húngaro a partir de la gestión del nivel de conocimiento identificado en cada recurso humano. El modelo de asignación propuesto permite establecer el perfil de conocimiento más idóneo de cada uno de los integrantes para encargarse de cada una de las categorías propuestas a partir del conocimiento de cada uno de ellos. En la sección 2 se describe el algoritmo del Método Húngaro y la Gestión del Conocimiento en proyectos SPI. En la sección 3 se muestra la implementación de la práctica del método heurístico y finalmente, se exponen las conclusiones.

II. CONTEXTO

A. El Método Húngaro en el Problema de Asignación de Recursos

La asignación de recursos es un modelo de la programación lineal, en el cual la variable x_{ij} es del tipo binario, es decir, sólo toma valores de 0 y 1. La definición formal del problema de asignación (o problema de asignación lineal) es dado por dos conjuntos, A y T de igual tamaño, donde A son los suministros y T son los depósitos, juntos con una función peso $C: A \times T \to \mathbb{R}$, encuentra una biyección $f: A \to T$ como la función de costo mínimo:

$$\sum_{a \in A} C(a, f(a)) X \to \min (1)$$

$$\text{s.a.} \sum_{1 \le i,j \le m} x_{ij} = 1$$

$$x_{ij} \in \{1,0\}.$$

El problema es lineal porque la función a optimizar así como todas las restricciones contiene sólo términos lineales.

El algoritmo utilizado en el Método Húngaro modela un problema de asignación como una matriz de orden $m \times m$, donde cada elemento (variable) representa un recurso (costo, esfuerzo, tiempo) que impacta en la asignación de alguna tarea o actividad. Las variables son asignaciones x_{ij} o x_{ji} [7]. El algoritmo se realiza en los siguientes pasos:

1. Encontrar el elemento menor de cada renglón en la matriz $m \times m$.
2. Construir una nueva matriz restando de cada valor el mínimo en su renglón.
3. Para la nueva matriz determine el menor por columna.
4. Construir una nueva matriz restando de cada uno el mínimo en su columna.
5. Trazar el número de líneas (horizontales o verticales) necesarias para cubrir todos los ceros de la última matriz. Si son necesarios menor de m líneas trazadas proceda al paso 6.
6. Determinar el elemento no cero mínimo (k) en la matriz que no cubren las líneas trazadas en el paso 5.
7. Construir una nueva matriz donde se reste el valor de k a los elementos no cubiertos por las líneas. Regrese al paso 5.

B. Gestión del Conocimiento en Mejora de procesos de software con CMMI

En una organización de software, el conocimiento de los roles se conforma de su conocimiento tácito y técnico que cuenta al ser contratado y del aprendizaje adquirido al hacer reiteradamente las actividades asignadas en los proyectos. En un equipo de trabajo tanto la adquisición del conocimiento como la transferencia del mismo es deseable que se extienda a través de toda la organización. Se ha identificado que el nivel de conocimiento fue clasificado dependiendo del dominio y uso del mismo en una tarea específica [8], donde los niveles se definen como: 4) Principiante, 3) Competente, 2) Experto y 1) Maestro. Esto significa que en un equipo de desarrollo de software un rol en nivel 4 representa un mayor esfuerzo de adquisición de conocimiento a diferencia de un rol con nivel de 1 quien posee un nivel de conocimiento tácito mayor con una combinación más amplia de visión, principios, información, contexto y experiencia (Tabla I). En la medida de que los roles del equipo de trabajo comprendan y ejecuten los procesos de software, se sientan parte de las soluciones a las problemáticas identificadas, exterioricen y documenten sus experiencias, lecciones aprendidas y mejores prácticas, replanteen, optimicen y exterioricen resultados, el dominio de conocimiento del equipo se aproximará a los primeros niveles.

TABLA I.   DESCRIPCIÓN DE NIVELES DE CONOCIMIENTO. ADAPTADO DE [8]

Nivel de conocimiento	Descripción
1) Maestro	Interioriza totalmente el conocimiento, cuenta con un profundo entendimiento e integración con los valores, juicios y consecuencias de utilizar conocimiento. Dependiendo la cantidad de tópicos de conocimiento que conoce sobre un tema específico, cuenta con conocimiento teórico, procedural, declarativo, tópico y episódico.
2) Experto	Conoce a cerca del conocimiento, lo contiene en su memoria (conocimiento tácito), entiende dónde aplicarlo y razona a cerca del mismo en ocasiones sin la ayuda externa.
3) Competente	Conoce a cerca del conocimiento, puede usarlo y razonar acerca del conocimiento con la colaboración de otros roles (socialización), gestiona documentos (interiorización), bases de conocimiento, entre otros.
4) Principiante	Conoce que existe un tipo de conocimiento y dónde obtenerlo, pero no puede razonar con éste.

Los modelos de madurez de Gestión de Conocimiento (GC), basados en el modelo CMMI, describen las etapas de crecimiento que se espera que una organización realice a través del desarrollo de técnicas de GC [4] y que a su vez impactan al nivel de madurez de la organización. En la representación escalonada de CMMI v1.3 se establecen cinco niveles de madurez (del 1 al 5) en función de un grupo de áreas de procesos [3]. Desde el nivel 2 (Gestionado) se garantiza que los procesos se planifican y ejecutan de acuerdo con las políticas; los proyectos de software se conforman con recurso humano calificado que dispone de recursos adecuados para producir resultados controlados. El mayor número de evaluaciones en 2015 corresponde a organizaciones con nivel

3 de madurez (Definido), considerado el nivel que requiere más esfuerzo y conocimiento técnico, tomando en cuenta el mayor número de áreas de procesos asociadas a las categorías que se evalúan dentro de este nivel.

III. Implementación en la Práctica

A. Planteamiento del Problema

A continuación, se plantea el siguiente problema de asignación: Una organización de desarrollo de software desea asignar los niveles de conocimiento de cada uno de sus 4 integrantes de un equipo de trabajo para la implantación de las áreas de procesos de las 4 categorías del modelo de CMMI-DEV v1.3 con un nivel 3 de madurez. Cada nivel de conocimiento tiene una relación de esfuerzo (*t1, t2, t3, t4*) en tiempo invertido por persona que es necesario asignar para la implantación de cada categoría (Tabla II). La Tabla III representa una matriz *m x m*, donde la asignación de cada integrante está basada en la experiencia y conocimiento técnico, con la restricción que a dos integrantes diferentes no se les asigna una misma categoría. El objetivo es optimizar la asignación de los integrantes en cada categoría de procesos, tomando en cuenta su perfil de nivel de conocimiento.

TABLA II.   PERFILES POR NIVEL DE CONOCIMIENTO EN RELACIÓN AL TIEMPO

Nivel de Conocimiento	Tiempo (día, sem, mes)
1 - Maestro	t1
2 - Experto	t2
3 - Competente	t3
4 - Principiante	t4

TABLA III.   ASOCIACIÓN DE NIVEL DE CONOCIMIENTO DE CADA INTEGRANTE A CADA CATEGORÍA DE ÁREAS DE PROCESOS DE CMMI

	Categorías de áreas de procesos de CMMI v1.3			
Integrante	1) Gestión de Procesos	2) Gestión de Proyectos	3) Ingeniería	4) Soporte
1	4	2	3	3
2	3	2	4	1
3	1	2	2	4
4	3	4	2	3

B. Resolución por el Método Húngaro

El problema se modela como un grafo bipartido completo ponderado (Fig. 1a), donde el número de vértices es igual al número de renglones en la Tabla III, donde a cada arista se le asigna un peso (nivel de conocimiento). El problema consiste en encontrar un subconjunto de aristas (nivel de conocimiento de cada integrante en cada categoría) de forma que cada vértice pertenezca exactamente a una arista y la suma de los pesos de aristas seleccionadas sea mínima. De esta forma, se define el siguiente modelo:

$$\min Z = 4x_{11} + 2x_{12} + 3x_{13} + 3x_{14} + 3x_{21} + 2x_{22} + 4x_{23} + x_{24} + x_{31} + 2x_{32} + 2x_{33} + 4x_{34} + 3x_{41} + 4x_{42} + 2x_{43} + 3x_{44} \qquad (2)$$

Cada integrante sólo trabaja en una de las categorías: $(x_{11} + x_{12} + x_{13} + x_{14} = 1, \; x_{21} + x_{22} + x_{23} + x_{24} = 1, \; x_{31} + x_{32} + x_{33} + x_{34} = 1, \; x_{41} + x_{42} + x_{43} + x_{44} = 1)$

y cada categoría sólo se asigna a uno de los integrantes: $(x_{11} + x_{21} + x_{31} + x_{41} = 1, \; x_{12} + x_{22} + x_{32} + x_{42} = 1, \; x_{13} + x_{23} + x_{33} + x_{43} = 1, \; x_{14} + x_{24} + x_{34} + x_{44} = 1)$

Todo lo anterior para $x_{ij} \in \{1, 0\}, \; \forall \; i, j = 1, \ldots, m$.

Fig. 1. Problema modelado en un grafo bipartido completo

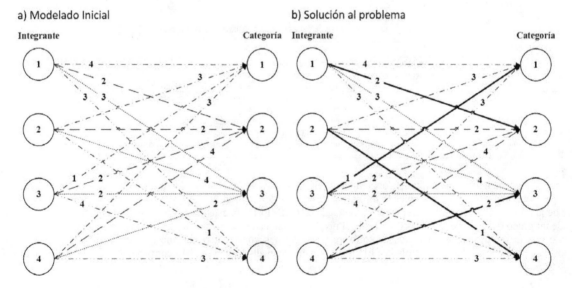

C. Interpretación de Resultados

La interpretación de la solución (Fig. 1b) visualiza cómo optimizar la asignación del nivel de conocimiento de cada integrante a una categoría de procesos:

$$z = x_{31} + x_{12} + x_{43} + x_{24} \quad (3)$$

Se relaciona que el integrante 1 sería más idóneo para la categoría 2) Gestión de Proyectos, así como el integrante 4 en la categoría de 3) Ingeniería. De esta forma, los expertos de las categorías 1) Gestión de Procesos y 4) Soporte, serán asignados de acuerdo a su mayor dominio de conocimiento técnico. Además, los valores *t1, t2, t3, t4* apoyan en el cálculo de una estimación de tiempo que está directamente relacionado con el nivel de conocimiento del integrante y el esfuerzo para realizar la actividad.

La problemática de asignación de recursos que se expone en esta sección, propicia el considerar algunos aspectos relevantes en la distribución del conocimiento tácito (competencias, habilidades y aptitudes) y conocimiento técnico de los miembros del equipo asociado a las categorías propuestas por un modelo de referencia. Sin embargo, la asignación examina otras variables cuantitativas además de la duración, como los costos, defectos, número de proyectos en los que ha participado, esfuerzo o etapas del modelo de desarrollo ayudando a controlar y predecir la calidad del producto de software. Así mismo, otros escenarios se presentan en extensión del problema, cuando existen más de un perfil de conocimiento para más de una categoría (recurso), o que más de un integrante posean el mismo perfil para una misma categoría, o que un integrante posea un mismo nivel de conocimiento en más de una categoría y sea el mayor, en estos casos el algoritmo brindaría diferentes subconjuntos de soluciones dejando a criterio del equipo asignar los perfiles.

IV. CONCLUSIONES

La programación lineal propone formas específicas para abordar problemas de optimización, considerando la asignación de recursos, tanto humanos como tecnológicos, para su resolución. En este documento, se presenta la utilidad de implementar el Método Húngaro, como un método heurístico que brinda una solución al problema de asignación de los integrantes de un equipo de trabajo, tomando en cuenta los perfiles por nivel de conocimiento con que se valora el esfuerzo requerido para implementar las cuatro categorías de procesos del modelo CMMI-DEV v1.3.

Es muy importe que este tipo de estudios lleguen al contexto cultural de una organización de desarrollo de software, debido a que apoyaría a caracterizar las variables o recursos mayormente utilizados para su asignación permitiendo a un equipo de trabajo potencializar el modelo obtenido. Para un nivel 3 de madurez o superior el conjunto de procesos se establece y mejora a lo largo del tiempo generando que la organización establezca objetivos cuantitativos para la calidad y gestión de sus proyectos.

Como trabajo futuro, se ha identificado validar la eficiencia del modelo obtenido con un experimento computacional y aumentando el tamaño de la matriz para dimensionar proyectos de software de mayor complejidad con variables cuantitativas que influyan en la asignación de recursos, siempre y cuando se respete su naturaleza cuadrada. En una matriz del tipo *m x n*, el Método Húngaro no podría satisfacer una solución óptima, recurriendo a modelos de asignación de recursos con programación dinámica.

AGRADECIMIENTOS

Se agradece al Consejo Nacional de Ciencia y Tecnología (CONACYT) por el apoyo económico brindado al primer autor.

REFERENCIAS

[1] C. Pardo, J. A. Hurtado, and C. A. Collazos, "Mejora de procesos de software ágil con Agile SPI process," Dyna, vol. 77 num.164, pp. 251-263, 2010.

[2] Y. H. Retamal Echeverría, Análisis de variables relevantes para la obtención de modelos de estimación de proyectos de software. Universidad de Valparaíso, Chile, 2006.

[3] M. B. Chrissis, M. Konrad, and S. Shrum, CMMI for Development®: Guidelines for Process Integration and Product Improvement. 3rd Edition, Addison-Wesley Professional, 2011.

[4] B. L. Flores Ríos, O. M. Rodríguez-Elías, and F. J. Pino, "Research on CMM based Knowledge Management Maturity Models," [En: 4to. Congreso Internacional en Ciencias Computacionales, CICOMP 2011, México, pp. 145-152, 2011].

[5] NMX-I-059/02-NYCE-2011, Tecnología de la Información - Software – Modelos de Procesos y Evaluación para el Desarrollo y Mantenimiento de Software, Parte 02, Requisitos de Procesos (MoProSoft). NYCE, México, 2011.

[6] H. Oktaba, F. García, M. Piattini, F. Ruiz, F. J. Pino, and C. Alquicira, "Software Process Improvement: The Competisoft Project," Computer, vol. 40, pp. 21–28. doi:10.1109/MC.2007.361, 2007.

[7] J. P. Witenberg, Métodos y modelos de investigación de operaciones. vol. 1, Editorial Limusa, 2000.

[8] K. Dalkir, Knowledge management in theory and practice. Second Edition, USA: The MIT Press, 2011.

Robot móvil educativo

Virgilio R. Pérez, Mario A. Rodríguez, Martha Cárdenas Maciel

Universidad Tecnológica de Tijuana, Área Mecatrónica.

Carretera libre Tijuana-Tecate km 10 Fraccionamiento El refugio quintas campestre CP. 22253

virgilio.perez@uttijuana.edu.mx, martha.cardenas@uttijuana.edu.mx

Andrés Calvillo Téllez

Instituto Politécnico Nacional CITEDI-IPN

Av. Instituto Politécnico Nacional No. 131O, C.P. 22435,

Tijuana, Baja California, México.

acalvillo@ipn.mx

Resumen—Se presenta la integración del algoritmo cuaternión en un robot móvil con aprendizaje colaborativo utilizando algoritmos para el cálculo de ángulo de rotación de las ruedas. Se identifica el sistema mecánico, sensores, actuadores y el sistema de control como elemento básico para la actuación. Se presenta la gráfica de la trayectoria.

Palabras Clave— Robot Móvil, EZ-Robot, SLAM, cuaternion. C#, Aprendizaje Colaborativo.

I. Introduccion

Este trabajo trata acerca de la formulación e implementación de un algoritmo base cuaternión, para mapeo y localización de un robot, empleando notación matemática que representa la orientación y rotación de objetos en tres dimensiones utilizadas por William Rowan Hamilton. Un tópico de la robótica es determinar el ambiente que rodea al robot; hay trabajos que están orientados a optimizar una sola función, en la que el problema es establecer una posición desconocida en un entorno desconocido y a partir de ahí construir un mapa de la zona y al mismo tiempo determinar su pose (posición y orientación) dentro del entorno [1, 2]. Un robot móvil bioinspirado emplea técnicas de optimización e imitación de procesos biológicos, en la búsqueda de trayectorias en su espacio de trabajo y ejecutar diferentes tareas que se pueden mostrar en un ambiente virtual como interfaz de usuario [3].

II. Desarrollo

Para establecer la pose relativa del "EZ-Robot" se mapea la zona y la localización, Se implementó dos algoritmos en el sistema, el primero Quaternion [x] para la rotación de los ángulos a través de los ejes X, Y, Z; el segundo para la métrica de localización y mapeo simultáneos SLAM [x]. (del Inglés Simultaneous Localization And Mapping) [4-8].

III. Modelo

El robot cuenta con dos ruedas fijas con atracción para determinar la dirección y una rueda sin atracción, tal como se aprecia en la Figura 1. Las ruedas están sujetadas a un servomotor con giro de 360o, teniendo atracción y dirección, es decir diferentes propiedades cinemáticas cuyas posiciones en el plano (X, Y) y orientación (θ). Idealmente, independiente de donde inicie, el robot debe moverse a cualquier posición y orientación (X, Y, θ), tal como se aprecia en la Figura 1a. La Figura 1b y c, muestran la rueda en el plano cartesiano, representando el giro de acuerdo al ángulo en movimiento.

La forma general para la rotación de un cierto ángulo se tiene la ecuación 2; Donde velocidad Angular (ω), Radio de Giro (R), Distancia entre las Ruedas (d), Velocidad Rueda (v) y Ángulo de Giro (α).

La forma general para la rotación de un cierto ángulo se tiene la siguiente ecuación:

$$R = d \cdot tan\left(\frac{\pi}{2} - \alpha\right) \tag{1}$$

Para la velocidad angular se propone el siguiente modelo.

$$w = \frac{v}{d^2 + R^2} \tag{2}$$

La ecuación propuesta es la representación de cuerpo rígido en la rotación a través de cuaternión.

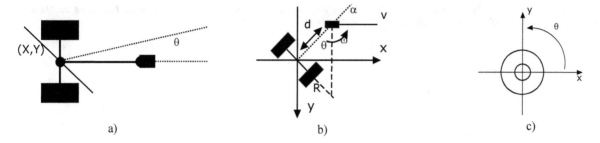

a)   b)   c)

Figura 1. A) Diagrama de Robot Triciclo, b) Representación de los ejes en plano. c) Representación rueda en un eje.

El cuaternión es una extensión de números complejos, que está formado por un número real y tres imaginarios, y es una forma de representar la rotación de cualquier eje, además se puede hacer una combinación de cada uno de ellos para formar otras ecuaciones hasta complementar una de doce combinaciones. Un número complejo es un número imaginario que se define en términos de i, mientras que un cuaternión es una extensión de un número complejo, en lugar de solo definirse en i se tiene (i, j, k). El cuaternión cumple con las siguientes condiciones:

$$
\begin{aligned}
i * i &= -1 \quad j * j = -1 \quad k * k = -1 \\
i * j &= k \quad\quad j * i = -k \\
j * k &= i \quad\quad k * j = -i \\
k * i &= j \quad\quad i * k = -j
\end{aligned}
\tag{3}
$$

La representación de un cuaternión se muestra a continuación. Donde (X, Y, Z) son números complejos.

$$
Q = W + Xi + Yj + Zk
\tag{4}
$$

Otras representaciones de un cuaternión son las siguientes:

$$
Q = [W, (X, Y, Z)]
\tag{5}
$$

$$
Q = [W, V]
\tag{6}
$$

Dónde: V=(X,Y,Z) y la representación de W es un escalar y (X, Y, Z) es un vector. Por lo que una rotación se puede representar con el cuaternión Q=[W,(X, Y, Z)], en donde (X, Y, Z) representan los ejes para la rotación y W el valor del ángulo de rotación. En la simulación de las ecuaciones anteriores se utilizó la librería Robotics Toolbox versión 9.9, [9], la librería permite simular las rotaciones en diferentes ejes y en diferentes ángulos, la primera prueba fue alrededor del eje Z mediante cuaternión como se muestra en la Figura 2.

IV. RESULTADOS

En la simulación de las ecuaciones anteriores se utilizó la librería Robotics Toolbox versión 9.9, [9], la librería permitió simular las rotaciones en diferentes ejes y en diferentes ángulos, la primera prueba fue alrededor del eje Z mediante cuaternión como se muestra en la Figura 2 a), b) c) y d).

En la Figura 3 se buscó una rotación en el eje Z cuaternión con un ángulo de 0o, si se requiere un ángulo diferente se podrá modificar los parámetros hasta los grados deseados. En la Figura 2b, muestra la gráfica con un ángulo de 90 grados con respecto a eje Z. Los casos prácticos de la implementación del algoritmo cuaternión en el robot son determinados por la cámara de acuerdo al ángulo que detecte el objeto.el SLAM [X], es una técnica en la cual un robot o vehículo autónomo opera en un entorno desconocido, utilizando únicamente sus sensores abordo, mientras construye un mapa de su entorno [10]. Las simulaciones de SLAM se llevaron a cabo en MatLab con la librería Robotics Toolbox [10]. La figura 3e muestra la localización y trayectoria que el robot recorrió es decir, determinando la posición de acuerdo a los parámetros preestablecidos para la localización.

Después de la simulación de posición del robot, se mapeo la trayectoria del recorrido en un cierto tiempo y distancia tal como se aprecia en la figura 3b. Para la implementación de mapeo de trayectoria se utilizó el microcor EZ Robot, tomado en cuenta todos los factores que pueda impedir el funcionamiento del robot (figura 4).

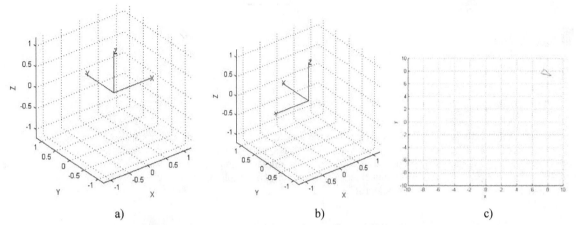

a)   b)   c)

Figura 2. a) Ángulo de 0°, b) Ángulo de 90°, c) Simulación del recorrido del robot.

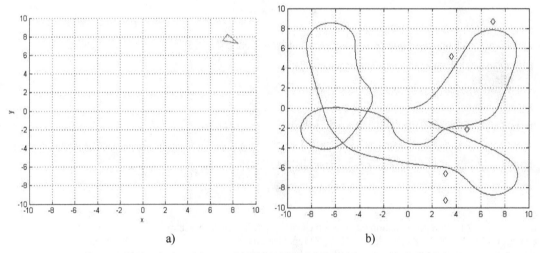

a)   b)

Figura 3.a) Simulación del recorrido del carro, b). Mapeo de trayectoria del robot.

Figura 4. Robot prototipo.

V. CONCLUSIONES

La implementación de dos algoritmos en un robot móvil es un reto importante. El diseño de la plataforma del robot se emplea principalmente para uso educativo donde los estudiantes lo podrán implementar en diferentes áreas, al mismo tiempo, fomentar la generación de una nueva cultura tecnológica mediante la generación de conocimiento en diferentes áreas basado en las actividades de los estudiantes, utilizando herramientas de programación complejas para su implementación en el robot. Además se incrementa la experiencia del personal docente con dispositivos tecnológicos de última generación lo que beneficia a los alumnos, ya que permite la mejora en los planes de estudio actuales para que incluyan temas relacionados a la carrera en base a las tecnologías emergentes del campo robótico móvil. De tal forma el desarrollo de este tipo de proyectos genera interés en el alumnado para incorporarlo al campo de la investigación aplicada.

REFERENCIAS

[1]   Luca Carlone, Vito Macchia, Federico Tibaldi and Basilio Bona (2015). Quaternion-based EKF-SLAM from relative pose measurements: observability analysis and applications. Robotica, 33, pp 1250-1280. doi:10.1017/S0263574714000678.

[2]   Luis Pedraza Gómara, "SLAM Geométrico con modelado basado en Curvas Spline", Tesis Doctoral, Universidad Politécnica de Madrid, Escuela Superior de Ingenieros Industriales, Madrid, 2009, 1-236.

[3]   S. Thrun, Y. Liu, D. Koller, A.Y. Ng, Z. Ghahramani, H.

[4]   Durrant-Whyte, "Simultaneous localization and mapping with sparse extended information filters," International Journal of Robotics Research, vol. 23, pp. 693-716, 2004.

[5]   Ez-Robots. Disponible en: https://www.ez-robot.com/. Acceso: 08 de Enero de 2014.

[6]   Vázquez Reyna Jesús E. Cloud Computing. CICos2009. ISNB: 978-607-00-1970-8. Pp 368-3796-2009

[7]   Alonso, J.C. Arduino. Disponible en: http://arduino.cc. Acceso en: 17 de Febrero de 2014

[8]   Digilent. Basys™2 Spartan-3E FPGA Board. Disponible en: https://www.digilentinc.com/Products/Catalog.cfm?NavPath=2,400&Cat=10&FPGA. Ac-ceso en: 03 de marzo de 2014.

[9]   Chips Microchips. Disponible en: http://www.microchip.com/ Última visita: 29 de mayo de 2014.

[10] María A. Guzmán, Cristhian A. Peña, "Algoritmos bioinspirados en la planeación off-line de trayectorias de robots seriales", enero de 2012, Revista Visión Electrónica año 7 número 1 pp. 27 - 39 enero - junio de 2013

[11] Robotics Toolbox. Disponible en: http://www.petercorke.com/robot. Acceso en: 26 de Mayo del 2014.

[12] Munguía-Alcalá Rodrigo Francisco, "Bearing-Only SLAM: Stochastic Triangulation Method, SLAM con mediciones angulares: método por triangulación estocástica", Departamento de Ciencias Computacionales, Centro Universitario de Ciencias Exactas e Ingenierías.

[13] David Bartlett, Essentials of Positioning and Location Technology, Cambridge University Press, Print ISBN: 978-1-107-00621-8, Abril 30, 2013.

Interfaz gráfica para automatizar el procesamiento de información capturada en el prototipo de innovación denominado Motion Scanner

Eduardo Barba, José Ma. Montoya, Branko Ivankovic, Adolfo Esquivel

Instituto Politécnico Nacional, CITEDI.
Ave. Instituto Politécnico Nacional No. 1310 Colonia Nueva Tijuana CP 22435, Tijuana, Baja California
ebarba@citedi.mx jmontoya@citedi.mx bivankov@citedi.mx esquivel@citedi.mx

Resumen- **El proyecto consistió en diseñar y desarrollar un programa, para el manejo de datos obtenidos de una hoja de trabajo de Excel. Este trabajo se desarrolló con la plataforma de LabView 2015, lográndose de manera automatizada obtener las gráficas, datos y reportes de la posición, velocidad, y torque del Motion Scanner. (SIP20144698 Banco de pruebas para sistemas de control de movimientos Motion Scanner).**

Palabras clave: **Instrumentación Virtual, Sensor de Torque, Motion Scanner**

I.   INTRODUCCIÓN

Este programa se puede utilizar con cualquier base de datos que sea entregada por algún sensor conectado a una tarjeta de adquisición de datos y obtener por medio de gráficas el comportamiento del sistema utilizado en algunos de los laboratorios de control, de robótica y de mecatrónica para ver los resultados de una manera rápida. En el año 2014 se desarrolló un prototipo de un sensor de torque para sistemas electromecánicos denominado Motion Scanner [1], Figura 1. Este prototipo entrega los datos de torque, posición y velocidad del motor eléctrico en un formato de lista que se puede visualizar en la hoja de cálculo Excel. Estos datos deben ser procesados en forma manual para obtener las gráficas de torque para un análisis visual rápido y claro, por lo que en este proyecto se propone modificar esta manipulación de datos en forma automática a través de la plataforma LabView.

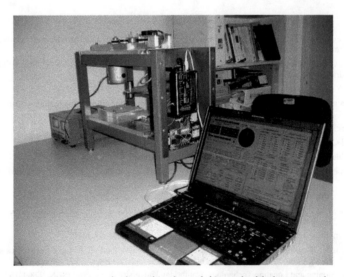

Figura 1. Motion Scanner Instrumento de detección de posición, velocidad y torque de motores eléctricos.

II. DESARROLLO

1. El programa utiliza los datos entregados por un codificador para conocer la posición y velocidad del motor; y los datos de un sensor colocado en la banda de transmisión para obtener el torque generado por el motor. En la Figura 1 se muestra el instrumento y el software empleado para captura de datos. La figura 2 muestra el programa en LabView , desarrollado.

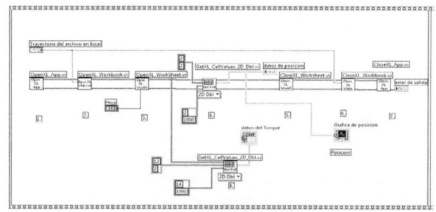

Figura 2.- Esquema en LabView para obtener datos para la posición "datos de posición" y del torque "datos de Torque".

Procedimiento de captura y procesamiento de datos:
1.- Se abre la aplicación referente al Excel.
2.- Se da la trayectoria en donde se encuentra el archivo de Excel.
3.- Se especifica el nombre y número de la hoja de trabajo del libro de trabajo.
4.-Obtiene el rango de las celdas con que se va a trabajar, tanto en columnas como en filas, para nuestro caso la columna 2 corresponde a la posición del motor cada 100 milisegundos, así como las 1000 filas que la componen formándose el arreglo en "datos de posición". El tiempo de muestreo y la cantidad de muestras son seleccionadas previamente en el programa, puede ser modificada manualmente.
5.-Se cierra la hoja de Excel.
6.- Se cierra el libro especificado por la trayectoria de en donde se encuentra el archivo.
7.- Se cierra la aplicación de Excel referenciada.
8.- Se obtienen los valores de las celdas de las columnas 13 y 14, formándose el arreglo "datos de Torque" que corresponden a la respuesta del torque del motor. El torque se obtiene de una celda de carga subminiatura tipo botón FUTEK LLB250 [2]

III RESULTADOS.

En la figura 3a se muestra el tablero en donde se obtiene de manera automática la columna 2 y las 1000 filas que contienen la información de la posición, para obtener su gráfica.

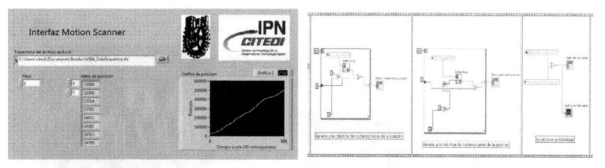

Figura 3. a) Tablero de la Interfaz Gráfica. b) Cálculos realizados para obtener los cambios de la velocidad.

En la figura 3b se descomponen los datos de la posición en números pares y nones, que al restarlos nos da la gráfica de la velocidad del motor mostrada en la figura 4.

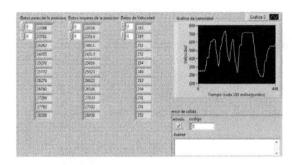

Figura 4.- Datos y gráfica de la velocidad.

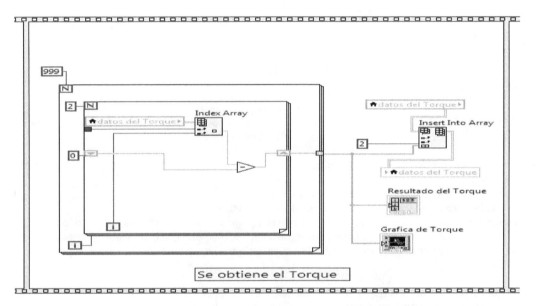

Figura 5.- Se restan los valores de la columna 14 de la columna 13 para obtener el torque.

La figura 5 muestra parte del programa para manipular los datos de las columnas 13 y 14 que corresponden a los sensores de torque que al restarlos nos dan la torsión del comportamiento del motor.

En el tablero se muestra de manera automática las columnas 13 y 14 utilizadas para obtener el torque y presenta el resultado con su gráfica, figura 6.

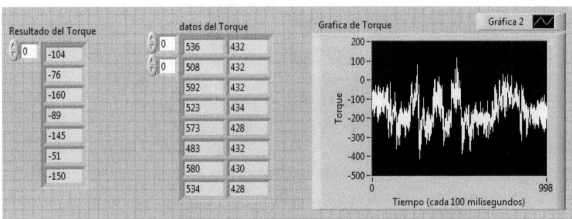

Figura 6.- Datos y gráfica de la torsión del motor.

Con los siguientes cuadros se genera el reporte de los datos y las gráficas en Excel del torque, posición y velocidad respectivamente.

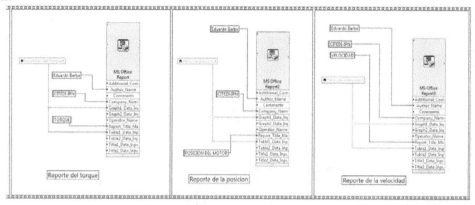

Figura 7.- Instrucciones que generan el reporte en Excel de Torque, Posición y Velocidad.

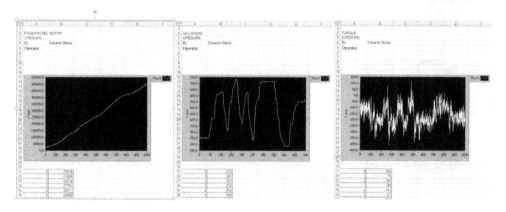

Figura 8.- Reportes obtenidos de la posición, velocidad y torque en diferentes archivos de Excel.

IV CONCLUSIONES.

Con esta interfaz gráfica el manejo del equipo de medición Motion Scanner es más práctico, amigable y sencillo, se enlazaron varias etapas del procesamiento de datos que anteriormente se hacían en forma individual manejando archivos en Excel separados. Ahora la obtención automática de gráficas se solicita previamente mediante una opción del menú. El análisis visual de datos es inmediato. Esta interfaz agrega valor al instrumento de medición de torque. Esta medición no es en tiempo real, ya que el sensor tiene su propia tarjeta de adquisición y genera el archivo Excel, la interfaz utiliza este archivo para generar las gráficas. Lo anterior da la oportunidad de proponer una extensión de este proyecto para lograr el análisis en tiempo real.

REFERENCIAS

[1] B. Ivankovic, E. Barba, J.M. Montoya, A. Esquivel. "Banco de pruebas para sistemas de control de movimientos (Motion Scanner)". Instituto Politécnico Nacional, Reporte final de Proyecto SIP 20144698.
[2] www.futek.com
[3] User Manual encoder data acquisition USB devices. http://www.usdigital.com/products/interfaces/pc/usb/usb4
[4] José Rafael Lajara Vizcaino, José Pelegrí Sebastiá, "LabView. Entorno gráfico de programación." Ediciones técnicas Alfaomega, Marcombo

AGRADECIMIENTOS.

Este proyecto se realizó con el apoyo del Instituto Politécnico Nacional a través de la Secretaría de Investigación y Posgrado, en su convocatoria de Proyectos de Innovación. Proyecto SIP 20152189

Interconectividad de IoT

Teodoro Álvarez Sánchez, Roberto Herrera Charles, José María Montoya Flores

Instituto Politécnico Nacional CITEDI,
Ave. Instituto Politécnico Nacional No. 1310, Col. Nueva Tijuana
Tijuana, B. C. México.
talvarez@citedi.mx, robccharles@citedi.mx, *jmontoya@citedi.mx*

Resumen—El internet de las cosas se refiere a la interconectividad de las *cosas físicas* a través de una red que es parte de la vida diaria del ser humano, es lo que comenta Kevin Ashton. Esta modalidad de interconectividad pretende proporcionar grandes cambios para el usuario en la información sobre el mundo real, dando lugar a servicios con diversas aplicaciones potenciales e innovadoras. En este artículo se pretende motivar la importancia de la interconectividad (IoT) en la cual favorecen a toda la sociedad, así como en diversas empresas dedicadas a diseñar y fabricar microprocesadores, que son las impulsoras tecnológicas, además Carla Belitardo comenta las limitantes de 4G y que es inevitable una quinta generación para los beneficios a las distintas industrias en el aumento a la velocidad en aplicaciones actuales y que será necesaria otra evolución del internet que será a una red 5G, también se tiene una encuesta GSMA realizada por KRC Research, en la cual realiza preguntas interesantes de la problemática de IoT en el aspecto *del ahorro, seguridad, comodidad y acceso a la información* con las personas que utilizan el internet.

Palabras clave— IoT; Internet; Wireless; Escalabilidad; 4G; 5G.

I. INTRODUCCIÓN

Internet de las cosas (**IoT**), como se muestra en la Fig. 1, fue propuesto por Kevin Ashton en el año 2009 señalando que toda la información que manejaban las computadoras, incluido el internet, dependía completamente de los seres humanos, en el cual tienen sus limitaciones: exactitud y captura en tiempo real, en la atención a este último se involucra la captura de la información introducida por diversos medios del mundo real. Además se reflexiona sobre el futuro de las computadoras que puedan ser capaces de ver, oír e incluso oler el mundo real por ellas mismas como lo haría el ser humano de manera física [2][5].

Fig. 1. Internet de las Cosas IoT [15].

Los pioneros de la industria de las TIC están implementando nuevas formas de conectar a las personas con los dispositivos para traer nuevos servicios al mercado. Aunque siempre se han tenido los servicios, ahora tenemos servicios con conectividad inalámbrica. En los últimos años, el internet de las cosas ha llamado la atención a investigadores y profesionales de todo el mundo. Por las implementaciones de IoT en diversa áreas: redes inteligentes en fabricación, hogares inteligentes, redes de agua inteligentes, robots inteligentes y transporte inteligente que son los sistemas de infraestructura que conectan a nuestro mundo con dispositivos móviles o sistema móvil ver la Fig. 1.

Por otro lado el IoT ofrece la oportunidad de nuevos modelos de negocio entre las industrias, la sociedad y los individuos en el cual, se ha identificado como una oportunidad de ingresos para todo el mundo que es alrededor de €50 mil millones para finales de 2020, es lo que pronostica Emil Berthelsen analista principal de investigación de Machina [13] y otro pronóstico de importancia son los cambios que comenta Jim Morrish, fundador y director de investigación de Machina que habrá oportunidades de mercado global del IoT que alcanzará USD 4 Trillones en 2025 [14]. Lo equitativo del artículo tiene un objetivo de motivar y describir la importancia que tienen esta tecnología que conecta a personas y objetos provistos de identificadores únicos con los que existe la posibilidad de transferir datos sobre ellos a través de la red sin necesidad de interacción entre persona-persona o persona-computadora, gracias a la evolución del internet.

II. METODOLOGÍA

Esta investigación se inicia planteando la pregunta: *¿Que tecnología se utilizará a futuro en el área de sistemas Embebidos?* Desde hace tiempo, hogares, empresas, centros educativos y edificios de gobierno cuentan con cámaras de seguridad y sistemas de vigilancia conectados con quienes gestionan las incidencias y los propios usuarios. A fin de cuentas se trata de lo que están hablando los dispositivos como cámaras y sensores conectados y controlados remotamente. Se podría decir, que es el inicio de una concepción, que pretende ir mucho más allá, en cuanto a tipo de conexiones, velocidad, ancho de banda, procesamiento de datos y automatización en cualquier campo. Este artículo comprende dos partes, la primera es analizar y explorar la propuesta de estudio de las nuevas tecnología en la cual la investigación se realiza con un método cualitativo y la segunda muestra algunos resultados cuantitativos.

La primera etapa es un enfoque cualitativo. Se supone la utilización del internet, la identificación de cada tipo de dispositivo en la red, la utilización de distintos sistemas de comunicación inalámbrica como chips de proximidad RFID o NFC además de Bluetooth y Wifi, la utilización computacional de la nube como contenedor del Big Data y la sinergia entre dispositivos diferentes[1]. El estudio plantea como hipótesis las siguientes preguntas: *¿Será IoT la tecnología adecuada para satisfacer y resolver las comunicaciones inteligentes?*; *¿(5G)?* y *¿el crecimiento de las ciudades?* [6][10].

Las anteriores preguntas es un desafío, en el contexto del internet actual, emerge a relucir el internet de las cosas (IoT), en esta primera etapa de la investigación se observa el análisis la escalabilidad del IoT, este es un gran problema a resolver que implica un análisis muy severo. Ejemplos de estos desafíos son:

- **La gama de dominios**. Mientras que el internet actual ya ha hecho incursiones en la vida de los habitantes, en las empresas y organizaciones, esta penetración tecnológica se incrementará con la presencia del internet de las cosas.
- **La diferencia en los modelos de negocio**. Mientras que la Web 2.0 ya ha dado lugar a la diversificación de modelos de negocios, se espera que esta tendencia se amplifique una vez que el internet de las cosas se convierta en una parte considerable del internet del futuro.
- **La propiedad y el arrendamiento**. En el internet actual la propiedad exclusiva y el uso exclusivo (son mucho la regla), pero de *la sociología del internet de las cosas será diferente*. Se puede decir que los sistemas complejos, con redes de sensores en toda una ciudad, no lo hará necesariamente propiedad de un grupo, se espera que la influencia en los organismos públicos, entre otros, estén los objetos cubiertos: el rango de cosas que va a ser detectado, seguido y manipulado a través del internet de las cosas, que será abrumador. Esto abarcará entidades entre ciudades del país [3].
- **La Fiabilidad y tiempo**. El IoT se aplicará a las áreas en las que se tienen un control en tiempo real, será obligatorio y de alta fiabilidad, mientras que otras aplicaciones podrían llevarse a cabo de una manera fuera de tiempo real, considerando escalas de tiempo de minutos a años. La magnitud del desafío mencionado dará lugar a diversos problemas de sistemas de internet de las cosas que se tendrán que resolver los diseñadores arquitectos de estos sistemas como la escalabilidad, seguridad, compatibilidad y divergencia, entre otros.

- **La tecnología 5G**. Esta tecnología tiene un rango de transferencia de 100 veces más rápido que las redes 4G, en el cual se reduce el tiempo de respuesta en las comunicaciones entre máquinas. También mejora el rendimiento de las baterías de los objetos a tal grado que muchos de ellos podría operar hasta 10 años sin necesidad de carga. Muchos se preguntan para qué sirve el 5G. Creen todavía no es algo muy concreto y que se pueda hacer mucho todavía con 4G. Pero, se sabe que las industrias especifican que van a tener un gran cambio cuando llegue 5G. Belitardo agregó que este tipo de conexión va a traer grandes cambios en la experiencia del usuario. Sin embargo, aclaró que en los primeros años va a ser una tecnología de nicho, es decir que no llegará a un público masivo. Respecto al interés de este esquema en Latinoamérica, su opinión fue que en zonas rurales no tienen ni 2G. Hay un reto de conectividad pero también existen polos tecnológicos, de grandes ciudades e industrias que están innovando y ya saben del potencial del 5G. Otros ejemplos para dar vida a los autos autónomos, las intervenciones médicas a distancia, la entrada de mas robots a los procesos de manufactura y poder transmitir videos en mayor definición el uso de redes 5G es más que necesario, imprescindible. Recientemente la empresa de telecomunicaciones Ericsson realizó también un estudio a través del cual predice las oportunidades que traerá la tecnología móvil de quinta generación a las distintas industrias. En entrevista con Carla Belitardo, Vicepresidente de estrategia en Ericsson Latinoamérica, detalló que luego de encuestar a 650 ejecutivos, de ocho sectores, concluyeron que este sector ya piensa en invertir en tecnologías móviles para fomentar la innovación e impulsar el desarrollo estratégico de los negocios con el fin de tomar ventaja de las redes 5G.

Sin embargo, Ericson estima que será hasta 2020 cuando esta tecnología sea una realidad en el mercado. No obstante, ya se están llevando a cabo las pruebas. La primera en latinoamerica es en Brasil con América Móvil, aunque en Europa y Naciones como Estados Unidos o Corea ya están más adelantados en el tema [17].

Algunos tipo de redes:

> 2G. Permitía la movilidad y la transmisión de voz y mensajes multimedia.
> 3G. Esta red inicia la banda ancha y transmisión de datos.
> 4G. Incrementa la velocidad de los datos.
> 5G. Rango de transferencia de cien veces más rapido que 4G.

El internet actual es un éxito, es una plataforma de infraestructura de comunicaciones y de servicio integrado que sustenta la estructura de la economía y la sociedad en general. Sin embargo este internet fue diseñado en la década de los 70 para los propósitos que tienen poca semejanza con los escenarios de uso actual. Nuevas capas de internet y tecnologías se seguirán añadiendo tal que han ampliado enormemente el alcance de lo que es actualmente internet. Los desajustes entre los objetivos de diseño original y utilización actual están empezando a obstaculizar el potencial de internet. Hay muchas actividades en curso en el área de internet del futuro, incluidos los proyectos financiados por países vanguardistas sobre el trabajo de internet por las plataformas tecnológicas que establecen iniciativas globales [4][7].

III. Resultados

Se muestran algunos interesantes resultados cualitativos más significativos de las problemáticas planteadas de la interconectividad de las cosas. Uno de cada cuatro usuarios reconoce que tiene dispositivos de internet de las cosas por el **ahorro de dinero** que conlleva, mientras que un 19% los elige por la **comodidad** y un 16% por la **seguridad** que ofrecen, según datos de la encuesta de GSMA (*Groupe Spécial Mobile Association*) realizada por KRC Research [8][9].

En las figura 2 y 3 se tiene muestras de datos de la problemática del **ahorro, seguridad, comodidad y acceso a la información** los cuales son algunas razones por las que debe tener en cuenta al entrar en el mundo de internet de las cosas.

Fig. 2. Conectividad del Internet de las cosas [9].

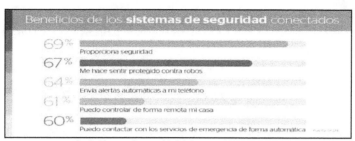

Fig. 3. Sistema de seguridad del Internet de las cosas [9].

CONCLUSIONES

Estamos ante una plataforma que ya inicio en la cual se recomienda para todo aquel interesado en iniciarse sobre internet de las cosas que sea observador en las necesidades de la sociedad y que implemente aplicaciones porque hay un mercado que espera diversas aplicaciones, en el cual esas aplicaciones facilitarán las tareas de la vida diaria. El procedimiento que se realizó fue buscar innovaciones tecnológicas que impacten a la comunidad, la segunda etapa se contempla de continuar y verificar datos llevando un método cualitativo o cuantitativo para IoT, que nos proporciona datos importantes de las encuestas para un nicho de oportunidades y necesidades al estar conectados con el cliente a través un smartphone, tablet o cualquier otro dispositivo electrónico. Según los datos obtenidos, la seguridad es uno de los beneficios más valorizados seguido por la protección de robos en tiendas, así como aplicaciones industriales, educativas y aeronáuticas en las cuales la red 5G pronostica resolver estos problemas.

Para concluir se puede citar a Steve Wozniak, cofundador de Apple, quién advierte que, *La floreciente industria que surge en torno a la llamada "Internet de las cosas" ya muestra signos de ser una burbuja* [16].

REFERENCIAS

[1] RFiD Journal, http://www.rfidjournal.com/articles/view?4986.

[2] Kevin Ashton, https://en.wikipedia.org/wiki/Kevin_Ashton.

[3] Building Smart cities on the IoT, http://smartcity.org.tw/info_en.php.

[4] Per Persson, Ola Angelsmark ERICSSON, "Calvin – Merging Cloud and IoT," http://www.ericsson.com/oss-bss/offerings/.

[5] Jurado Pérez Luis Alberto,Velásquez Vargas Washington Adrián,Vinueza Escobar Nelson Fernando, "Estado del Arte de las Arquitecturas de Internet de las Cosas (IoT)," adfa, p. 1, 2014.© Springer-Verlag Berlin Heidelberg 2014.
:https://www.academia.edu/7197061/Estado_del_Arte_de_las_Arquitecturas_de_internet_de_las_Cosas_IoT.

[6] ComputerHoy, http://computerhoy.com/noticias/internet/que-es-5G-todas-claves-que-debes-saber-40913.

[7] Feria de Barcelona, Junio 2016. http://www.manutencionyalmacenaje.com/es/notices/2015/09/el-internet-de-las-cosas-iot-se-cita-en-barcelona-38442.php#.V3L_YPkrKCg.

[8] Bonilla F. I, Tavizon S. A, Morales E. M, "IoT, el Internet de las Cosas y la Innovación de sus aplicaciones," mayo 16.
2016.http://www.web.facpya.uanl.mx/vinculategica/Revistas/R2/24742501%20%20IoT,%20el%20Internet%20de%20las%20Cosas%20y%20la%20Innovacion%20de%20sus%20Aplicaciones.pdf.

[9] Innovationcenter, http://www.centrodeinnovacionbbva.com/noticias/cuatro-motivos-para-poner-internet-de-las-cosas-en-tu-vida.

[10] Q. Z. Sheng, Xue Li and S. Zeadally, "Enabling Next-Generation RFID Ap-plications," Solutions and Challenges, Computer, vol. 41, pp. 21-28, 2008.

[11] Ruben Loureiro Garrido, "PFC Estudio Plataformas IoT," http://openaccess.uoc.edu/webapps/o2/bitstream/10609/42812/6/rloureiroTFC0615memoria.pdf .

[12] Mike Krell, "Does The Internet Of Things Really Need Dedicated Low-Power WANs?," http://www.forbes.com/sites/moorinsights/2016/01/25/does-the-internet-of-things-really-need-dedicated-low-power-wans/#418f268b2995.

[13] Emil Berthelsen, "Defining a single enterprise mobile and IoT strategy," IoT Business News. http://iotbusinessnews.com/2015/06/02/62365-explosive-internet-of-things-spending-to-reach-1-7-trillion-usd-in-2020-according-to-idc/.

[14] Machina Research, "The Global IoT market opportunity will reach USD4 trillion by 2025," IoT Business News. http://iotbusinessnews.com/2016/05/03/1033-global-iot-market-opportunity-will-reach-usd4-trillion-2025/.

[15] Interprise IoT. Why a Marriage Between the Cloud and Internet of Things Is Inevitable - Infinitive recuperado de http://enterprise.m-iot.io/articles/9302/why-a-marriage-between-the-cloud-and-internet-of-t/# sept, 2016.

[16] Wozniak,S.http://www.afr.com/technology/apple-cofounder-steve-wozniak-warns-of-coming-internet-of-things-bubble-20150528-ghbjw9?linkId=14563622 . Recuperado 4 de junio, 2015.

[17] Adriana Cruz,TECBIT. http://www.eluniversal.com.mx/articulo/techbit/2016/09/26/redes-5g-cambiaran-el-mundo.

Generando un Mapa de Radio para Localización en Interiores Mediante la Colaboración Abierta Distribuida

Isabel Lebasi Ambriz-Silva, Juan Pablo García-Vázquez, Luis E. Vizcarra Corral

Facultad de Ingeniería, Universidad Autónoma de Baja California, MyDCI, Mexicali, B.C., México

{iambrizsilva, pablo.garcia, luisvi}@uabc.edu.mx

Resumen— La colaboración abierta distribuida es un nuevo paradigma que permite a los usuarios contribuir con datos detectados o generados en sus dispositivos móviles. Este paradigma está siendo utilizado en el área de localización para la creación automática de los planos de un entorno de interiores, y para facilitar la etapa de recolección de datos. En este artículo se presenta una evaluación de eficacia de la colaboración abierta distribuida para crear un mapa de radio de campo magnético que será utilizado para estimar la localización de un sujeto en un entorno de interiores. Los resultados indican que el mapa de radio de señal de campo magnético generado a partir de la colaboración abierta distribuida puede estimar la localización de un usuario con un 95.53% de precisión.

Palabras clave—mapa de radio; campo magnético; colaboración abierta distribuida; localización en interiores.

I. INTRODUCCIÓN

La localización física de un usuario se ha convertido en uno de los aspectos más importantes de su contexto, ya que permite generar sistemas que se adapten a su situación actual [1]. En escenarios al aire libre, el sistema de posicionamiento global (GPS, de sus siglas en inglés) ha tenido un tremendo impacto en nuestra vida cotidiana, ya que no sólo proporciona una guía para llegar a los lugares en automóvil o caminando, sino también como apoyo en una amplia variedad de aplicaciones, en las que destacan las guías de turismo, sistemas para personas con capacidades diferentes (p. ej. invidentes, adultos mayores), sistemas de noticias, entre otros [2,3]. Sin embargo, en entornos de interiores utilizar los sistemas de localización basados en GPS, está limitada, debido a la atenuación de las señales en estos entornos, y a la mayor concentración de lugares, en comparación con los escenarios al aire libre. En la literatura se reporta que sin la visibilidad de 3 o 4 satélites, los sistemas GPS podrían cometer errores mayores a 100 metros [4]. Por lo anterior sería una tarea difícil tratar de localizar a un sujeto u objeto, ya que con un error de 50 metros o más el individuo podría ya no estar ubicado en el mismo edificio.

Con el desarrollo de sensores y dispositivos más sofisticados, han surgido diversos enfoques tecnológicos que abordar el problema de localización en interiores que van desde el uso de Wi-Fi, RFID, ZigBee, Bluetooth, acelerómetros, magnetómetro, sensor de luz, por mencionar algunos [5, 6,7]. Así como diversas técnicas de localización para desarrollar este tipo de sistemas, tales como: (i) *Triangulación* que utiliza las propiedades de los triángulos para obtener la posición del objeto o persona [8]; (ii) *Proximidad* que consiste en determinar cuándo un objeto está cerca de una localización conocida [8]; y (iii) *Firmas de señal* que consiste de dos fases: entrenamiento y determinación de la posición [9]. En la fase de entrenamiento se genera un mapa de las señales de radio mediante la captura de una medición de la señal de interés (p. ej., intensidad de campo magnético) en un entorno de interiores. En la fase de determinación de la localización, una muestra de la medida de la señal es recolectada por un dispositivo que es portado por el usuario; la medida es comparada con los valores del mapa de radio generado en la clase de entrenamiento utilizando algoritmos de proximidad, por ejemplo vecinos más cercanos, con el objetivo de inferir la localización actual del usuario.

Las técnicas descritas anteriormente, han demostrado ser de utilidad en la estimación de la localización. Sin embargo, presentan limitaciones, por ejemplo, los sistemas de localización que utilizan la técnica de proximidad o triangulación se caracterizan por requerir de infraestructura disponible en el entorno de interiores, es decir, dispositivos emisores y receptores desplegados en el entorno de interiores, lo que limita su rango de cobertura. Mientras que, los que utilizan la técnica de firmas de señal, presentan la desventaja de una etapa de recolección de datos laboriosa, pues se deben tomar muestras minuciosas de una determinada señal de interés del entorno de interiores. Además, si el entorno cambia, la fase de recolección de datos debe realizarse nuevamente, ya que la información coleccionada podría no ser útil para desarrollar un modelo de localización.

En este artículo se propone utilizar la colaboración abierta distribuida como etapa de entrenamiento en la técnica de firmas de señal. Por lo que se tiene la hipótesis que esto reduce la tarea de recolección de datos y podría generar un mapa de radio más eficaz para estimar la localización del usuario. Como parámetro de medición de la señal se propone utilizar el campo magnético de la tierra, ya que este se encuentra disponible en todos los entornos de interiores y no requiere de infraestructura dedicada.

El artículo se organiza de la siguiente manera. En la siguiente sección se presentan proyectos que utilizan colaboración abierta distribuida en localización en interiores. Las tareas realizadas para alcanzar el objetivo de están investigación son presentadas en la sección III. Enseguida se presentan los resultados preliminares de este trabajo de investigación, sección IV; y finalmente, las conclusiones y el trabajo futuro son presentadas en la sección V.

II. TRABAJO RELACIONADO

Se han identificado dos maneras en las que la colaboración abierta distribuida es aplicada en el área de localización para interiores: (i) *Para automáticamente construir los planos de un entorno de interiores*, por ejemplo, en [11] proponen un sistema llamado *CrowdInside* que utiliza las mediciones del acelerómetro de un dispositivo móvil para construir los trazos de movimientos generados por un usuario al desplazarse naturalmente dentro de un entorno de interiores. Estos datos son fusionados con información semántica para construir y describir el plano de un entorno de interiores. De manera similar, en el proyecto *Piloc* se capturan los movimientos del desplazamiento de un usuario en un entorno de interiores (distancia y dirección), así como también los nombres de los puntos de acceso e intensidad de la señal de Wi-Fi. La información capturada es fusionada para construir un plano indicando el desplazamiento de un usuario dentro de un entorno de interiores [12]. Con respecto a señales ambientales, tal como el campo magnético, en el proyecto llamado *GROPING* se recolectan muestras de campo magnético provenientes de colaboración abierta distribuida, las cuales son capturadas cuando un usuario camina en un entorno de interiores y son utilizadas para generar el plano de un entorno de interiores.

El segundo enfoque identificado es la aplicación de la colaboración abierta distribuida para *la construcción de los mapas de radio*. En [13] propusieron un sistema de localización llamado *freeloc* el cual estima la posición de un usuario utilizando un mapa de radio de Wi-Fi que fue creado a partir de la colaboración abierta distribuida. De manera similar, en el proyecto llamado *Zee* mediante colaboración abierta distribuida para generar un mapa de radio con información de Wi-Fi y datos de aceleración y dirección del desplazamiento de un usuario [14]. En este trabajo de investigación de manera similar que [13,14] se propone utilizar la colaboración abierta distribuida para generar un mapa de radio, a diferencia de estos trabajos en este se propone utilizar una señal ambiental, ya que se encuentran disponibles en todos los entornos de interiores, y no requieren de un infraestructura disponible en el entorno (p. ej. puntos de acceso) [7].

III. DISEÑO DEL EXPERIMENTO

Para alcanzar el objetivo de este trabajo de investigación se realizaron tres tareas, las cuales se describen a continuación.

A. Recolección de datos

Para capturar la señal de campo magnético de un entorno de interiores, se desarrolló una aplicación para dispositivos móviles Android compatibles con versiones 4.3 en adelante (ver Fig. 1). La aplicación utiliza el sensor magnetómetro en modo no calibrado, a una tasa de muestreo de 20 Hz, lo que permite medir la intensidad del campo magnético en tres ejes (x, y, z) en unidades de µT (Teslas), así como otros parámetros del campo magnético (p. ej. el sesgo de hierro de cada parámetro). Los datos capturados por la aplicación son almacenados en Firebase[1], una base de datos en la nube del tipo NoSQL que proporciona una API a los desarrolladores para implementar aplicaciones que puedan almacenar y sincronizar los datos a través de múltiples clientes en un documento JSON (del inglés JavaScript Object Notation). Seis estudiantes realizaron la captura del campo magnético en los salones marcados en el plano de la Fig. 2.

Fig. 1. Interfaz de la aplicación

Fig. 2. Plano del Laboratorio de Sistemas Computacionales

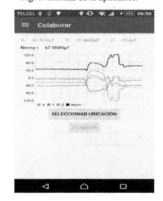

[1] https://www.firebase.com/

B. Preparación de los datos

Los datos crudos son susceptibles a ruido, valores perdidos, mal etiquetados o inconsistentes. La calidad de los datos influye en la estimación de la localización. Para mejorar la calidad de los datos y consecuentemente, obtener una precisión en los resultados de la estimación de la localización, el documento tipo JSON fue convertido a un archivo tipo ".csv"[2], utilizando la herramienta "Opal convert.exe"[3], formato compatible para la manipulación de los datos en diferentes herramientas computacionales para análisis de datos. Los valores de intensidad de campo magnético y la magnitud de estos valores fueron normalizados para obtener un vector con media igual a cero, y para mantener los valores de los datos en un rango de 0 a 1, utilizando las ecuaciones propuestas en [7], en donde x es un vector.

$$normalizacion.z = \frac{(x - mean(x))}{sd(x)} \quad (1)$$

$$rango.percentil = \frac{trunc(rank(x))}{length(x)} \quad (2)$$

C. Evaluación

Para evaluar la eficacia de la colaboración abierta distribuida para generar un mapa de radio de señal de campo magnético. Se utilizó el clasificador J48 del paquete WEKA[4]. Este algoritmo construye un árbol a partir de datos. La construcción es iterativa al ir agregando nodos o ramas que minimicen la diferencia entre los datos. Dos parámetros son calculados para construir el árbol: la entropía, que es utilizada para dividir los nodos en el árbol, y la ganancia de la información, que es utilizada para seleccionar el atributo que proporciona información con mayor peso para clasificar.

IV. RESULTADOS

En la tarea de recolección de datos se obtuvieron un total de 460,716 muestras de señal de campo magnético provenientes de 6 diferentes dispositivos móviles (p. ej. Google Nexus 7, Sony D6503, Verizon SM-G900V). Los datos obtenidos fueron utilizados para generar un árbol de decisión con el clasificador J48.

Para evaluar el clasificador se utilizó un proceso de validación cruzada sobre k=10 carpetas, esto significa que el conjunto de datos es dividido en diez carpetas, y en cada evaluación se toman las instancias de una carpeta como datos de prueba y el resto de las carpetas como datos de entrenamiento.

Los resultados de la validación cruzada indican que el mapa de radio generado puede estimar la localización del usuario con una precisión del 95.53%. En la tabla I se presenta la matriz de confusión, en esta se puede observar que los valores de la diagonal son los aciertos de estimación de la localización, y el resto son los errores. En la matriz se puede identificar que el salón con mayor precisión de clasificación fue el LAB B con un 96.60%, ya que de 63,679 instancias, 61,519 fueron clasificadas correctamente y 2,160 fueron clasificadas incorrectamente; mientras que el LAB A presenta una menor precisión de clasificación con un 89.24%, ya que 79595 instancias fueron clasificados correctamente, mientras que 5,111 fueron clasificadas incorrectamente. Es importante mencionar que el Laboratorio A y C son los únicos que cuentan con equipo electrónico, aspecto que podría variar a la señal de campo magnético.

TABLA I. ESTIMACIÓN DE LOCALIZACIÓN UTILIZANDO J48

Salón	LAB B	LAB D	LAB C	LAB A	LAB E	Precisión de clasificación
LAB B	61519	502	533	877	248	96.60%
LAB D	624	93513	1282	1174	1542	95.29%
LAB C	576	1418	114048	2049	751	95.96%
LAB A	895	1106	2062	79595	1050	89.24%
LAB E	317	1665	737	1157	91476	95.93%

[2] archivo separado por comas
[3] Opal convert
[4] http://www.cs.waikato.ac.nz/ml/weka/

V. Conclusiones y trabajo futuro

En este artículo se demostró la eficacia de la colaboración abierta distribuida para generar un mapa de radio de señal de campo magnético que será utilizado para estimar la localización de un usuario en un entorno de interiores. Los resultados indican que con el mapa se puede estimar la localización de un sujeto con una precisión de 95.5363%. Como trabajo futuro, se tiene considerado realizar un estudio comparativo entre un mapa de radio de campo magnético formado con colaboración abierta distribuida y firmas de señal en el mismo entorno de interiores.

Agradecimientos

A los estudiantes que participaron en la etapa de recolección de datos. Al Consejo Nacional de Ciencia y Tecnología (CONACyT) por la beca otorgada para la realización de mis estudios de maestría (CVU-692550).

Referencias

[1] J. Y. Hong, E. H. Suh, S. J. Kim, "Context-aware systems: A literature review and classification". Expert Systems with Applications, vol. 36, No.4, 2009, pp. 8509-8522.

[2] M. Bousbia-Salah, M. Fezari, M. "A navigation tool for blind people". In Innovations and Advanced Techniques in Computer and Information Sciences and Engineering, Springer Netherlands, 2007, pp. 333-337.

[3] Y. Charlon, N. Fourty, E. Campo. "A telemetry system embedded in clothes for indoor localization and elderly health monitoring". Sensors, vol. 13, No.9, 2013, pp. 11728-11749.

[4] G. Xu, "Applications of GPS Theory and Algorithms". Chapter 10, Springer, 200, pp.219-241.

[5] H. Liu, H. Darabi, P. Banerjee, J. Liu, "Survey of wireless indoor positioning techniques and systems". IEEE Transactions on Systems, Man, and Cybernetics, Part C (Applications and Reviews), vol. 37, No. 6, 2007, pp. 1067-1080.

[6] Y. Gu, A. Lo, I. Niemegeers, "A survey of indoor positioning systems for wireless personal networks". IEEE Communications surveys & tutorials, vol. 11, No. 1, 2009, pp. 13-32.

[7] C. E. Galván-Tejada, J.P. García-Vázquez, J.I. Galván-Tejada, J. R. Delgado-Contreras, R. Brena, "Infrastructure-less indoor localization using the microphone, magnetometer and light sensor of a smartphone". Sensors, 15(8), 20355-20372, July 2015.

[8] J. Hightower, G. Borriello, A survey and taxonomy of location systems for ubiquitous computing. IEEE computer, vol. 3, No, 8, 2001, pp. 57-66.

[9] A. Taheri, A. Singh, A. Emmanuel, "Location fingerprinting on infrastructure 802.11 wireless local area networks (WLANs) using Locus". In Proceedings od 29th Annual IEEE Intl. Conf. on Local Computer Networks, IEEE, 2004. pp. 676-683.

[10] L. Pei, M. Zhang, D. Zou, R. Chen, Y. Chen, "A Survey of Crowd Sensing Opportunistic Signals for Indoor Location", Mobile Information Systems, vol. 2016, pp.1-16, April 2016.

[11] M. Alzantot, M. Youssef, "Crowdinside: automatic construction of indoor floorplans". In Proceedings of the 20th International Conf. on Advances in Geographic Information Systems, ACM, 2012, pp. 99-108.

[12] C. Luo, H. Hong, M. Chan, "Piloc: A self-calibrating participatory indoor localization system". In Proceedings of the 13th Intl. Symposium on Information Processing in Sensor Networks, IPSN-14 , IEEE, 2014, pp. 143-153.

[13] S. Yang, P. Dessai, M. Verma, M. Gerla, "FreeLoc: Calibration-free crowdsourced indoor localization". In INFOCOM, IEEE, 2013, pp. 2481-2489.

[14] A. Rai, K.K Chintalapudi, V. N. Padmanabhan, R. Sen, "Zee: zero-effort crowdsourcing for indoor localization2. In Proc. of the 18th annual intl. conf. on Mobile computing and networking , ACM. 2012, pp. 293-304.

[15] R. Wirth, J. Hipp, J. "CRISP-DM: Towards a standard process model for data mining". In Proc. of the 4th intl. conf. on the practical applications of knowledge discovery and data mining, 2000, pp. 29-39.

[16] I.H. Witten, E Frank.. (2005). *Data Mining: Practical machine learning tools and techniques*. Morgan Kaufmann.

Estudio de la Satisfacción Obtenida con el uso de Objetos de Aprendizaje

César Velázquez, Francisco Álvarez, Jaime Muñoz, Pedro Cardona

Centro de Ciencias Básicas,
Universidad Autónoma de Aguascalientes,
Av. Universidad 940, Col. Ciudad Universitaria, C.P. 20100, Aguascalientes, Ags., México.
vace555@hotmail.com, {fjalvar,jmunozar,jpcardon}@correo.uaa.mx

Resumen— El presente artículo explora el cálculo de la satisfacción del estudiante al usar objetos de aprendizaje (OAs) con la finalidad de mejorar la calidad de los mismos. Los OAs son elementos que debido a su naturaleza presentan dificultades especiales al momento de su desarrollo y evaluación, ya que poseen simultáneamente las características de una aplicación de software y de un elemento instruccional. Otro problema encontrado en la determinación de la calidad de objetos de aprendizaje es que en la mayoría de los procesos documentados en la literatura se considera exclusivamente la opinión del experto en el área, relegando la participación del usuario en el proceso de evaluación. Con la finalidad de mejorar la calidad en los OAs, se ha propuesto integrar la teoría de servicios en la evaluación de los mismos; con la integración de la teoría de servicios se espera, se pueda proveer una evaluación integral a estos recursos educativos al considerar la satisfacción del usuario y con esto en consecuencia lograr una mejora en la calidad de los mismos. En el artículo se presenta una explicación del proceso de determinación de la satisfacción, un análisis de los elementos de la teoría de servicios que se integraron en la evaluación de objetos de aprendizaje, se exponen las características del instrumento desarrollado para determinar la satisfacción con el uso de objetos de aprendizaje, así como los resultados obtenidos al aplicar el instrumento a estudiantes universitarios.

Palabras Clave—Satisfacción; Objeto de Aprendizaje; Teoría de Servicios

I. INTRODUCCIÓN

No existe una definición completamente aceptada del término Objeto de Aprendizaje (OA), una definición es: "Es una entidad digital o no digital, el cual puede ser usado, reusado o referenciado durante el aprendizaje soportado por la tecnología". Existen 3 características básicas de un objeto de aprendizaje: Accesibilidad, Reusabilidad/Adaptabilidad e Interoperabilidad [1].

Los Objetos de Aprendizaje son elementos que debido a su naturaleza presentan dificultades especiales al momento de su evaluación, ya que poseen tanto características de una aplicación de software como de un elemento instruccional [2]. Con la finalidad de mejorar la calidad de estos recursos instruccionales se propone la integración de la teoría de servicios en la gestión de la calidad de los mismos.

El estudio de satisfacción pertenece al dominio de la Teoría de Servicios. La Teoría de Servicios se refiere a todo aquello que es permanente y normal en la producción de un servicio [3]. Un servicio se define como la aplicación de competencias para el beneficio de otro, significando que un servicio es un tipo de acción, desempeño, o promesa que es intercambiada por valor entre el proveedor y el cliente [3].

La satisfacción del usuario depende de la percepción de la calidad del servicio, esta se puede definir como la diferencia entre las expectativas del cliente sobre el servicio y el servicio percibido. Si las expectativas son mayores que el rendimiento, entonces la calidad percibida es menos que satisfactoria y por lo tanto se produce la insatisfacción del cliente [4], [5].

Íntimamente vinculado a la calidad del servicio y como elemento reconocido en la teoría de servicios, tenemos el uso del SERVQUAL; el cual es un instrumento para medir la calidad del servicio; este instrumento es una escala multi-item desarrollada para evaluar la percepción del cliente sobre la calidad del servicio en negocios de venta de mercancías y proveedores de servicios [4].

En el contexto del e-learning, se puede considerar a los estudiantes como el cliente final, ya que la satisfacción con un producto/servicio educativo es una de las consecuencias del intercambio entre los sistemas de e-learning y los estudiantes [6].

El empleo de un enfoque basado en servicios en la gestión de la calidad en OAs, se espera brinde una mayor satisfacción al usuario, esto debido a que la evaluación los tratará no simplemente como un producto, sino como un servicio y se podrá obtener información valiosa sobre la calidad del OA de primera mano.

II. Materiales y Métodos

La siguiente propuesta está diseñada para determinar la satisfacción obtenida con el uso de OAs agregados (Objetos de Aprendizaje conformados por otros OAs). Para aplicarse a OAs atómicos o de granularidad muy fina, debe hacerse una adaptación de los instrumentos presentados.

El instrumento empleado para determinar la satisfacción esperada con el uso de OAs consta en total de 40 preguntas y es una adaptación del SERVQUAL [4].

Con relación al instrumento para determinar la satisfacción obtenida con el uso del OA, se emplean las preguntas del instrumento para determinar la satisfacción esperada, pero redactadas en pretérito. Por medio de estos dos instrumentos es posible conocer tanto la satisfacción esperada, como la obtenida al usar el OA.

Proceso para Determinar la Satisfacción del Usuario

Para determinar la satisfacción del usuario es necesario primeramente determinar la satisfacción esperada antes de usar el OA, y una vez que se ha trabajado con el mismo se determina la satisfacción obtenida. De la diferencia entre la satisfacción obtenida y la satisfacción esperada se obtiene una brecha (Gap), de la cual, cuando la medición de la satisfacción obtenida es igual o superior a la medición de la satisfacción esperada se obtiene una brecha de cero o positiva, lo que indica que existe satisfacción de uso. Cuando se obtiene una brecha negativa se tiene un OA que no cumple con las expectativas del usuario, por lo que se puede hablar de una evaluación negativa del mismo. El proceso para determinar la satisfacción del usuario se presenta en la Figura 1.

La parte experimental se realizó en la Universidad Autónoma de Aguascalientes, participando un total de 55 estudiantes de la Licenciatura en Tecnologías de Información y de la Ingeniería en Sistemas Computacionales esto debido a que se encontraban cursando la materia de Análisis y Diseño Orientado a Objetos, por lo que los OAs seleccionados se emplearon como refuerzo a diversas temáticas de UML (Lenguaje de Modelado Unificado) que en ese momento se estaban estudiando.

En la investigación se emplearon tres OAs con los cuales los estudiantes experimentaron. El primer OA (OA número 1) se encontró en el Latin American Federation of Learning Object Repositories, también conocido como LA FLOR [7], esta federación aglutina más de 50.000 materiales educativos en español, portugués e inglés. Este OA es un documento de PowerPoint que corresponde a un recurso sobre el tema de Casos de Uso en UML.

El segundo OA (OA número 2) se encontró en GLOBE [8], Federación Mundial de Repositorios de OAs, el cual proporciona acceso a casi un millón de materiales educativos de Europa, Norteamérica, América Latina, Asia y África. Este OA es un documento PDF que proporciona una Introducción al Modelado y a UML.

El primer y el segundo OA se eligieron debido a que se deseaba trabajar con elementos reales que pueden ser localizados en repositorios de libre acceso, ejemplificando lo que un estudiante o profesor comúnmente puede encontrar al buscar un OA.

El tercer OA (OA número 3) se elaboró en la Universidad Autónoma de Aguascalientes, se hizo sobre la temática de Casos de Uso en UML; en el desarrollo del OA se consideraron los aspectos de calidad tradicional (elementos tecnológicos, pedagógicos, de contenido y estéticos y ergonómicos), este OA cuenta también con actividades de aprendizaje, evaluación y adicionalmente se tomaron en cuenta aspectos de la teoría de servicios, como son el proporcionar retroalimentación (tanto sobre las actividades de aprendizaje como sobre las de evaluación), soporte pedagógico y soporte técnico. Este fue el tercer OA usado y evaluado por los estudiantes.

Fig. 1. Proceso para determinar la satisfacción del estudiante.

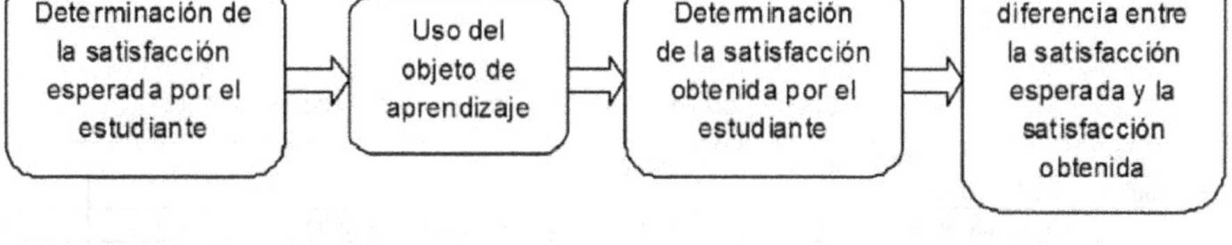

El proceso para la recolección de datos consistió en aplicar al Instrumento de Satisfacción Esperada con el Uso del OA (una sola vez y antes de usar los OAs), a continuación se procedió al uso del OA número 1 y su evaluación; se repitió ese proceso con el OA número 2 y número 3. Una vez recolectados los datos, se capturaron en EXCEL, para después proceder a calcular la brecha. Se empleó el EXCEL debido a que el cálculo de la brecha consiste en la obtención de una diferencia entre la satisfacción obtenida menos la satisfacción esperada; debido a la sencillez de la operación el empleo de una hoja de cálculo es lo más apropiado. Finalmente se uso el SPSS para efectuar un análisis de frecuencias para cada uno de los OAs evaluados.

III. RESULTADOS Y DISCUSIÓN

En la Tabla 1 se presentan las preguntas (factores) en los que se presentó tanto una mayor satisfacción como aquellos en los que se presentó una mayor insatisfacción al usar el OA 1.

TABLE I.   FACTORES CON MAYOR SATISFACCIÓN E INSATISFACCIÓN DEL OA1

Preguntas que presentaron mayor satisfacción	Satisfacción
7.- El funcionamiento del OA se realiza sin problemas.	0.27
3.- El funcionamiento del OA es rápido.	0.11
4.- Es fácil usar y navegar en el OA.	0.05
2.- El OA se carga o accede rápidamente.	0.04
5.- Es fácil llegar a cualquier parte del OA.	0.00
Preguntas que presentaron mayor insatisfacción	**Satisfacción**
25.- El OA ofrece ayuda cuando surge un problema técnico durante el proceso de aprendizaje.	-1.80
26.- El OA ofrece ayuda cuando surge un problema pedagógico durante el proceso de aprendizaje.	-1.73
27.- Las funciones de ayuda en el OA son útiles.	-1.71
32.- El OA es divertido.	-1.65
31.- El OA es motivador.	-1.31

Como puede observarse en la Tabla 1, varias de las preguntas relacionadas a los aspectos tecnológicos, entre los que se incluye la usabilidad (preguntas 2, 3, 4, 5 y 7), resultaron con una evaluación positiva. Con relación a las preguntas que presentaron una mayor insatisfacción se encuentran aquellas relacionadas a los factores que se han identificado como determinantes de la calidad del servicio (preguntas 25, 26 y 27), estos factores son el proporcionar retroalimentación, soporte pedagógico y soporte técnico.

En la Tabla 2 se presentan las preguntas en los que se presentó tanto una mayor satisfacción como aquellos en los que se presentó una mayor insatisfacción al usar el OA 2.

TABLE II.   FACTORES CON MAYOR SATISFACCIÓN E INSATISFACCIÓN DEL OA2

Preguntas que presentaron mayor satisfacción	Satisfacción
3.- El funcionamiento del OA es rápido.	0.20
7.- El funcionamiento del OA se realiza sin problemas.	0.20
2.- El OA se carga o accede rápidamente.	0.15
4.- Es fácil usar y navegar en el OA.	0.00
10.- Los objetivos de aprendizaje del OA se establecen claramente.	0.00
Preguntas que presentaron mayor insatisfacción	**Satisfacción**
25.- El OA ofrece ayuda cuando surge un problema técnico durante el proceso de aprendizaje.	-1.53
27.- Las funciones de ayuda en el OA son útiles.	-1.51
32.- El OA es divertido.	-1.51
24.- El OA lleva un registro de mi desempeño en las evaluaciones y actividades de aprendizaje.	-1.51
23.- El OA me ofrece retroalimentación adecuada y oportuna sobre mi desempeño en las evaluaciones y actividades de aprendizaje.	-1.47

Como puede observarse en la Tabla 2, nuevamente varias de las preguntas relacionadas a los aspectos tecnológicos, entre los que se incluye la usabilidad (preguntas 2, 3, 4 y 7), resultaron con una evaluación positiva. Con relación a las preguntas que presentaron una mayor insatisfacción se encuentran nuevamente aquellas relacionadas a los factores que se han identificado como determinantes de la calidad del servicio (preguntas 23, 24, 25 y 27), estos factores son el proporcionar retroalimentación, soporte pedagógico y soporte técnico.

TABLE III.   FACTORES CON MAYOR SATISFACCIÓN E INSATISFACCIÓN DEL OA3

Preguntas que presentaron mayor satisfacción	Satisfacción
7.- El funcionamiento del OA se realiza sin problemas.	0.69
26.- El OA ofrece ayuda cuando surge un problema pedagógico durante el proceso de aprendizaje.	0.69
3.- El funcionamiento del OA es rápido.	0.67
5.- Es fácil llegar a cualquier parte del OA.	0.67
2.- El OA se carga o accede rápidamente.	0.65
Preguntas que presentaron mayor insatisfacción	**Satisfacción**
29.- El OA protege y no comparte la información de mis actividades de aprendizaje.	-0.04
30.- El OA protege y no comparte mi información personal con otros sitios o personas.	-0.02

En la Tabla 3 se presentan las preguntas en los que se presentó tanto una mayor satisfacción como aquellos en los que se presentó una mayor insatisfacción al usar el OA 3.

Como puede observarse en la Tabla 3, nuevamente varias de las preguntas relacionadas a los aspectos tecnológicos, entre los que se incluye la usabilidad (preguntas 2, 3, 5 y 7), resultaron con una evaluación positiva. Es importante señalar que una de las preguntas que presentó una mayor satisfacción fue la 26, la cual se relaciona a un factor identificado como determinante de la calidad del servicio. Con relación a las preguntas que presentaron una mayor insatisfacción se tienen únicamente la 29 y la 30, las cuales se relacionan a la protección tanto de las actividades de aprendizaje como de la información personal.

Con relación a la satisfacción obtenida con cada OA (la cual se obtiene calculando el promedio de la satisfacción de todas las preguntas por cada OA), esta puede apreciarse en la Tabla 4, tenemos que el OA número 1 presentó una satisfacción de -0.8, el OA número 2 presentó una satisfacción de -0.7 y el OA número 3 presentó una satisfacción de 0.4, por lo anterior se puede concluir que los usuario manifestaron insatisfacción con los OAs 1 y 2 y se expresaron satisfechos con el uso del OA 3.

TABLE IV.   SATISFACCIÓN OBTENIDA CON EL USO DE LOS OBJETOS DE APREDIZAJE

Objeto de Aprendizaje	Satisfacción	Resultado obtenido
OA1	-0.8	Insatisfacción
OA2	-0.7	Insatisfacción
OA3	0.4	Satisfacción

IV. CONCLUSIONES

En el presente trabajo se expuso un proceso y los instrumentos para determinar la satisfacción con el uso de objetos de aprendizaje, así como los resultados obtenidos en la Universidad Autónoma de Aguascalientes, al trabajar con tres OAs y efectuar el estudio para determinar su satisfacción obtenida con el uso de los mismos.

Se obtuvieron mayores valores de satisfacción con el OA número 3, el cual se desarrolló considerando los aspectos de calidad tradicional (elementos tecnológicos, pedagógicos, de contenido y estéticos y ergonómicos) y los aspectos de la teoría de servicios (proporcionar retroalimentación, soporte pedagógico y soporte técnico) Con lo anterior se tiene una evidencia inicial de que al estudiante le proporciona una mayor satisfacción el usar un OA semejante al número 3.

Resulta interesante señalar que los máximos valores de satisfacción se encontraron en las preguntas relacionadas a los aspectos tecnológicos, entre los que se encuentra la usabilidad, esto puede ser un indicador de que desde hace algún tiempo los creadores de OAs han prestado una especial atención a estos factores, por lo que probablemente muchas cuestiones de usabilidad actualmente ya son consideradas al desarrollar objetos de aprendizaje.

Los autores de este artículo agradecen a la Universidad Autónoma de Aguascalientes por el apoyo brindado a través del proyecto PIINF14-6, "Estudio de la Satisfacción obtenida en Estudiantes Universitarios al usar Objetos de Aprendizaje desarrollados integrando un Enfoque a Servicios".

REFERENCIAS

[1]   J. Aguilar, J. Zechinelli, and J. Muñoz, "Hacia la creación y administración de repositorios de objetos de aprendizaje," IV Congreso Internacional de Ciencias de la Computación, ENC 2003, México, 2003

[2]   C. Velázquez, J. Muñoz, F. Álvarez, and L. Garza, "La Determinación de la Calidad de Objetos de Aprendizaje," VII Encuentro Internacional de Ciencias de la Computación ENC 2006, 2006, pp. 346-351

[3]   J. Spohrer, P. Maglio, J. Bayley, and D. Gruhl, "Steps Toward a Science of Service Systems," IEEE Computer Society, pp. 71-77 (2007)

[4]   A. Parasuraman, V. Zeithaml, and L. Berry, "A conceptual model of service quality and its implication," Journal of Marketing, 49 Fall, 1985, pp. 41-50

[5]   B. Lewis, and V. Mitchell, "Defining and measuring the quality of customer service," MARKETING INTELLIGENCE & PLANNING. 8(6), 1990, pp. 11-17.

[6]   L. Chen, and C. Lin, "Integrating Kano's model into E-learning satisfaction," Industrial Engi-neering and Engineering Management, 2007 IEEE INTERNATIONAL CONFERENCE, 2007, pp. 297-301

[7]   Repositorio LA FLOR, Latin American Federation of Learning Object Repositories, http://laflor.laclo.org, último acceso: 7 de noviembre de 2015.

[8]   Repositorio GLOBE, Federación Mundial de Repositorios de Objetos de Aprendizaje, http://www.globe-info.org, último acceso: 7 de noviembre de 2015.

Uso de Leap Motion para la Medición de Valores Goniométricos de la Mano

Ricardo López Trejo[1], Juan Pablo García Vázquez[1], Luis Vizcarra Corral[1], Andrés Castillo Lozoya[2],

[1]Facultad de Ingeniería, Universidad Autónoma de Baja California (UABC), MyDCI, Mexicali, B.C., México
[2]Licenciado en Fisioterapia, Universidad del Valle de México (UVM), Mexicali, B.C., México
{jrtrejo, pablo.garcia, luisvi}@uabc.edu.mx, andrescastillo_1@hotmail.com

Resumen—Las mediciones goniométricas son utilizados en la terapia ocupacional para identificar patologías, dar seguimiento a la efectividad de una terapia de rehabilitación física o determinar la capacidad de un individuo para realizar sus actividades de vida diaria. En este trabajo se propone el desarrollo de una plataforma de software que utiliza el sensor *Leap Motion* como un método alternativo para medir valores relacionados con el rango de movimiento de la mano. Los resultados de un experimento piloto muestran que los valores de los ángulos de movimiento entre los dedos de la mano, medidos a través de la plataforma de software y mediante un goniómetro, son muy similares, ya que tienen una variación de un grado. Por lo que la plataforma podría ser utilizada como una herramienta durante la valoración clínica de la mano.

Palabras clave—*mano, goniómetro, rango de movimiento, leap motion.*

I. Introducción

La goniometría en la ciencia médica, es una técnica para evaluar la posición de una articulación en el espacio, y para evaluar los ángulos de movimiento de una articulación en cada uno de los tres planos del espacio [1]. La medición del rango de movimiento se refiere al máximo grado y dirección que una articulación se puede mover [2]. Esta medida es utilizada por los terapeutas ocupacionales para evaluar la ganancia o pérdida fisiológica, identificar patologías, dar seguimiento a la efectividad de una terapia de rehabilitación física o para determinar la capacidad de un individuo para realizar sus actividades de vida diaria [1, 3, 4].

El goniómetro es la herramienta convencional utilizada para medir los ángulos de movimiento de una articulación [4]. Este es un instrumento de plástico o metal, en forma de semicírculo o círculo graduado en 180 ° a 360 ° (ver Fig.1). Sin embargo, existen diversos trabajos que reportan limitaciones del instrumento, tales como: (i) pueden dificultar el gesto motor que se mide [4], (ii) hay variabilidad en las mediciones debido a que es difícil alinear el dispositivo con el eje de la articulación que se desea medir [5] y (iii) hay estudios que reportan que el contacto físico del goniómetro con la mano puede aumentar el riesgo de infección, específicamente en pacientes que tienen laceraciones en la piel [6].

Considerando lo anterior, este artículo se propone el uso del sensor *Leap Motion*[1] como un método de libre contacto para medir valores relacionados con el rango de movimiento de la mano, específicamente ángulos entre los dedos: índice a medio, medio a anular, anular a meñique; y de pulgar a índice.

El presente documento se organiza de la siguiente manera. En la sección II se presentan algunos trabajos de investigación que describen tecnologías para medir aspectos funcionales de la mano. Las actividades realizadas para lograr el objetivo de este trabajo de investigación se describen en la sección III. La sección IV aborda los resultados de este trabajo de investigación; y finalmente, las conclusiones y trabajo futuro son presentadas en la sección V.

Fig. 1 Goniómetro

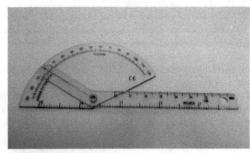

---

[1] https://www.leapmotion.com/

II. Trabajo Relacionado

Diversos proyectos de investigación reportan sistemas y/o dispositivos que han sido diseñados para medir aspectos funcionales de la mano. En *Friedman et al.* [7] propusieron un sistema llamado *MusicGlove*, este consiste de un guante que contiene conductores eléctricos localizados en cada una de las yemas de los dedos, y otro en la articulación interfalangica proximal (en el lado lateral del dedo índice). Cuando cualquiera de los conductores se toca entre sí, se registra una señal en una computadora. El guante es utilizando en conjunto con un videojuego similar a *Guitar Hero*™ (Frets of Fire[2], FOF). En el cual el sujeto debe realizar movimientos de oposición para tocar notas musicales. Estos movimientos son utilizados por el sistema para medir dos aspectos de la funcionalidad de la mano: la destreza y la velocidad. De manera similar en *Chuang et al.* [3] se proponen un guante llamado *Dataglove*, un dispositivo de detección de movimiento que contiene 10 sensores de fibra óptica con la capacidad de doblarse, tal como lo hace un dedo. Así como una plataforma de realidad virtual diseñada para medir habilidades óptico – cinéticas, esto es, la habilidad del sujeto para tomar un objeto (cilindro o prisma) dentro del entorno de realidad virtual y empotrarlo en su forma geométrica correspondiente. De estas actividades se mide el tiempo y la precisión de ejecutar la tarea.

En *Shefer et al.* [8], proponen un sistema que se compone de un módulo de detección de movimiento que consta de dos video cámaras, las cuales rastrean dos diodos que son utilizados en un entorno de realidad virtual para hacer virar un avión con el movimiento de la muñeca. La plataforma mide el rango de movimiento de flexión y extensión de la muñeca.

Los proyectos anteriores se centran en medir el tiempo y la eficacia de un paciente para realizar una tarea. Sin embargo, no proveen mediciones goniométricas de la mano relacionadas con la medición de ángulos de movimiento de los dedos y sus articulaciones, mediciones que son necesarias para evaluar la funcionalidad de la mano [8].

III. Materiales y Métodos

Para alcanzar el objetivo de este trabajo de investigación se realizaron las siguientes actividades, las cuales se describen a continuación.

A. Entrevistas a expertos

En esta etapa se realizaron entrevistas a seis expertos quienes contaban con una licenciatura en fisioterapia y/o carrera técnica en rehabilitación física. La entrevista consistió de una presentación de diez minutos, en la cual se les daba a conocer al experto el objetivo del proyecto, se presentaron sistemas que muestran el uso del sensor *Leap Motion* y se aplicó una entrevista semi-estructurada para conocer sobre los índices médicos, instrumentos y/o actividades que utilizan para medir la funcionalidad de la mano.

B. Descripción de la plataforma software

Se desarrollo una plataforma de software para realizar la medición de valores goniométricos de la mano utilizando el sensor *Leap Motion* (modelo: LM-010). Las especificaciones técnicas del sensor utilizado se presentan en la tabla I.

TABLA I. Especificaciones

Aspectos técnicos	Valor
Precisión	0.1mm
Tasa de muestreo	250 fps
Ángulo de visión	150°
Número de dedos que detecta	10
Interfaz de conexión	USB

La interfaz gráfica preliminar de la plataforma se presenta en la Fig 2. Esta consta de tres secciones, en la primera se muestran botones de selección para elegir el ángulo de movimiento a medir. Las opciones son ángulos de abducción de los dedos: (i) índice a medio, (ii) medio a anular, (iii) anular a meñique; y (iv) de pulgar a índice. En esta ventana también se encuentra el botón de "Iniciar", que activa la función de medición. Las indicaciones que el paciente debe seguir para poder realizar la medición son proporcionadas en la segunda sección de la interfaz gráfica; y finalmente, los resultados de la medición del ángulo son presentados en la tercera sección.

---

[2] https://es.wikipedia.org/wiki/Frets_on_Fire

La aplicación fue desarrollada en lenguaje JAVA usando el ambiente de desarrollo NetBeans (versión 8.1) y las bibliotecas nativas proporcionadas por el fabricante del sensor. Para calcular los ángulos, el software utiliza la información de la posición de los huesos de la mano. En el caso del ángulo de abducción de los dedos, se toma como referencia las falanges proximales de los dos dedos seleccionados y calcula el ángulo por medio de la orientación de los dedos.

Fig. 2 Secciones de la interfaz gráfica del usuario: (1) ángulo a medir, (2) ejemplo de instrucción a ejecutar, y (3) resultado de la medición

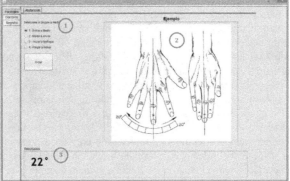

C. Experimento piloto

Con el objetivo de obtener resultados preliminares con respecto a la capacidad del sensor *Leap Motion* para capturar datos relacionados con el rango de movimiento de la mano. Se realizó un experimento en el cual participaron tres sujetos hombres (promedio de edad 38.33 años), diestros, quienes no presentaban problemas de movilidad en sus extremidades superiores. A cada participante un licenciado en fisioterapia le midió el ángulo de movimiento entre los dedos de la mano utilizando un goniómetro convencional (ver figura 3). Posteriormente, se les solicito que utilizaran la aplicación desarrollada. En la aplicación los sujetos realizaron un movimiento de abducción con su mano dominante tal como se muestra en la figura 4.

Fig. 3 Medición tradicional de ángulos de movimiento   Fig. 4 Medición con el sensor *Leap Motion*

 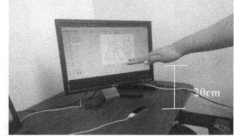

IV. RESULTADOS

Como resultado de las entrevistas se identificó que para evaluar clínicamente la mano de un paciente se deben considerar tres aspectos: (i) medir los ángulos de movimiento de las articulaciones de la mano; (ii) evaluar la sensibilidad en la palma y dorso; y (iii) medir la fuerza que el paciente ejerce al realizar pinzas finas y gruesas. Adicionalmente, los expertos comentaron que se deben considerar otros aspectos en la valoración, tal como la estética de la mano (p. ej. identificar deformidades), la edad del paciente y sus antecedentes laborales. Con respecto al uso del sensor, en las entrevistas se identificó que *Leap Motion* podría tener limitaciones para medir o valorar aspectos relacionados con la fuerza y la sensibilidad de la mano, ya que desde su punto de vista se requieren objetos con texturas y peso para realizar su valoración.

Los resultados de la experimento muestran que el sensor puede hacer mediciones goniométricas, tales mediciones tienen una variación menor o igual a un grado, tal como se muestra en la tabla II. Durante el experimento se observó que el software desarrollado ofrece diversas ventajas sobre la medición tradicional, tales como, no se requiere contacto físico con el paciente, y no se requieren realizar múltiples mediciones para estimar los ángulos de movimiento. Por lo que el tiempo de medición es menor, en el experimento fue de aproximadamente 10 segundos por sujeto. También se observó que la mano del sujeto debería estar a 20 cm sobre el sensor para tener un mejor resultado en las mediciones.

TABLAII. Mediciones del Ángulo de Movimiento entre el dedo Índice y medio

Sujeto	Edad	Goniómetro	Tiempo (segundos)	Aplicación con leap motion	Tiempo (segundos)	Diferencia
S1	48 años	17 °	400s	17 °	10s	0 °
S2	36 años	18 °	126s	19 °	10s	1 °
S3	30 años	19 °	140s	20 °	10s	1 °

V. CONCLUSIONES Y TRABAJO FUTURO

En este trabajo se presentaron los resultados de un experimento piloto realizado para determinar la capacidad del sensor *Leap Motion* para medir los ángulos de movimiento de la mano. Los resultados del experimento indican que el sensor puede proporcionar mediciones similares a las otorgadas por un goniómetro convencional. Además, de que ofrece ciertas ventajas tales como, no requiere un contacto físico con la mano, las mediciones se obtienen con mayor rapidez e incluso se pueden realizar mediciones simultáneas de diversos ángulos de movimiento. Como trabajo futuro se tiene planeado extender la aplicación desarrollada para que pueda proporcionar mediciones de la flexión y extensión de los carpos, interfalángica proximal, interfalángica distal y muñeca. Así como se realizará un experimento en el que se involucre a más sujetos, sanos y con problemas motores en extremidades superiores.

Agradecimientos

Expresamos nuestro agradecimiento a los sujetos que participaron en las mediciones. Al Consejo Nacional de Ciencia y Tecnología (CONACyT) por la beca otorgada para la realización de mis estudios de maestría (CVU:687483).

Referencias

[1] C.H. Taboadela, "Goniometría. Una herramienta para la evaluación de las incapacidades laborales", capitulo 1. Introducción a la goniometría, Asociart ART, (1a ed.). Buenos Aires, 2014.

[2] M.L. Palmer, M.E. Epler, "Fundamentos de las técnicas de evaluación musculoesquelética", Volumen 85 de Fundamentos de Fisioterapia y Rehabilitación, Editorual Paidotribo, 2002, pp. 30.

[3] T. Chuang, W. Huang, S. Chiang, Y. Tsai. "A virtual reality-based system for hand function analysis", vol. 69, 2002, pp. 189–196.

[4] C.M. Sanz, E. C.Moreno, A.V. Aparicio, S.N.Ballabriga, T.M. García, "Análisis cinemático del codo en las actividades de vida diaria", Rehabilitación, vol. 22, no. 5, 1999, pp. 1-9.

[5] D.S. Eini, N. Ratzon, A.A Rizzo, S.C. Yeh, B. Lange, B. Yaffe, R. Kizony, "A simple camera tracking virtual reality system for evaluation of wrist range of motion". In Proc. 8th ICDVRAT, 2010, pp. 123-130.

[6] T. Pham, P.N. Pathirana, H. Trinh, P. Fay, " A Non-Contact Measurement System for the Range of Motion of the Hand", sensors, vol, 15, no.8, 2015, pp. 18315-18333.

[7] N. Friedman, V. Chan, A.N. Reinkensmeyer, A. Beroukhim, G. Zambrano, M. Bachman, D. J. Reinkensmeyer. "Retraining and assessing hand movement after stroke using the MusicGlove: comparison with conventional hand therapy and isometric grip training". Journal of neuroengineering and rehabilitation, 2014, vol 11, no. 1, 1-14.

[8] D. Shefner, "A Simple Camera Tracking Virtual Reality System For Evaluation Of Wrist Range Of Motion". 1st ed. Valparaiso/Chile: Proc. 8th Intl Conf. Disability, Virtual Reality & Associated Technologies, 2010. pp. 124-125.

Implementación de un ambiente federado para la gestión de servicios educativos entre Instituciones de Educación Superior

Adriel Guerrero Rosas, Adrián Enciso Almanza, Omar Álvarez Xochihua, José Ángel González Fraga, Evelio Martínez Martínez, Juan Manuel Wagner Gutiérrez

Facultad de Ciencias, Universidad Autónoma de Baja California,
{adriel, aenciso, aomar, angel_fraga, evelio, jwagner}@uabc.edu.mx

Pedro Damian Reyes

Facultad de Telemática, Universidad de Colima
damian@ucol.mx

Resumen—Establecer un círculo de confianza entre los usuarios de diversas instituciones, con el objetivo de compartir recursos, servicios e identidades de los usuarios, todo esto bajo un ambiente de identificación único, son algunos de los beneficios de la federación de sistemas. La federación de sistemas elimina la necesidad de tener que autenticarse en cada una de las instituciones que forman parte de una red. La implementación de un ambiente federado le permite al estudiante tener acceso a los servicios didácticos disponibles, los cuales son desarrollados y utilizados por cada una de las instituciones educativas que forman parte de esta red. Este artículo presenta la implementación del ambiente federado entre dos universidades, como apoyo a la nivelación educativa y conductual de estudiantes de nuevo ingreso.

Palabras clave— Red federada; servicios compartidos; tecnología educativa

I. INTRODUCCIÓN

El tiempo y costo que implica desarrollar soluciones de software, que atiendan las necesidades administrativas y operativas de las instituciones, es significativamente alto. Específicamente, la diversidad de aplicaciones requeridas por las instituciones de educación, particularmente las orientadas a la enseñanza, presentan un gran reto para las autoridades educativas. Sistemas orientados a la enseñanza son requeridos por instituciones educativas públicas y privadas, dirigidos a los distintos niveles educativos y atendiendo las diversas áreas de conocimiento. Con base en lo anterior, múltiples esfuerzos en el desarrollo de estas aplicaciones ha dado como resultado una gran variedad de software educativo, de libre uso o comercial. Sin embargo, existe poca o nula integración entre estas aplicaciones, derivando en tres problemáticas principales: 1) la necesidad de una diversidad de cuentas de acceso por parte de los usuarios, generalmente una por aplicación a utilizar; 2) la redundancia y posible inconsistencia de información de los usuarios; y 3) la ausencia de funcionalidades que permitan compartir y explotar datos generados por los mismos usuarios al utilizar las aplicaciones; por ejemplo, horarios de uso preferente, estilo de aprendizaje, nivel cognitivo, entre otros.

La implementación de aplicaciones educativas que sean utilizadas de manera global es actualmente una constante. Iniciativas como el desarrollo de Cursos Masivos a Distancia de Uso Libre (MOOC, por sus siglas en inglés) es un ejemplo de grandes repositorios de material educativo dirigido a cualquier audiencia que lo requiera.

En este trabajo se presenta la configuración e implementación de un repositorio de contenidos educativos que permite integrar aplicaciones heterogéneas con relación a su ambiente de desarrollo y formato de material educativo. Un ambiente que permite, con un mínimo esfuerzo, de una forma robusta y escalable, integrar aplicaciones desarrolladas previamente con nuevas implementaciones. Aplicaciones que pueden residir en servidores propietarios de las instituciones que las generan, o en servidores compartidos. Usuarios que, mediante una única cuenta, pueden hacer uso, de una forma segura y transparente, de aplicaciones disponibles en la red de servicios. Permitiendo que los datos que se generan en el uso de todas y cada una de las aplicaciones, sean utilizados en favor de los mismos usuarios. Lo anterior, se ha logrado mediante la implementación de una red de servicios educativos, soportada por la arquitectura de autentificación, comunicación e intercambio de servicios proveída por un sistema federado.

En el presente artículo se describen los aspectos de diseño e implementación del ambiente federado que soporta la red de servicios didácticos y educativos. Adicionalmente, se mencionan las características operativas de la red propuesta y los mecanismos para formar parte de la misma.

II. Implementación de un Ambiente Federado

Un sistema federado es la implementación de un ambiente tecnológico, que aporta confianza entre las organizaciones que desean compartir información sobre la identidad de un usuario, para así, facilitar su autenticación que permita el uso de diferentes servicios. Por ejemplo, suponga que varias universidades pueden compartir libros y publicaciones de manera electrónica. Un estudiante emplea una identidad única para registrarse y acceder a los servicios que ofrece su propia universidad, pero al pertenecer a un sistema federado, las otras universidades usaran las mismas credenciales de acceso para ofrecer sus servicios. La universidad donde estar registrado el estudiante, es responsable de mantener las credenciales de información y autenticación del estudiante. [1]

La identidad federada, es decir, las credenciales de acceso de un usuario en el ambiente federado, facilita de esta forma a las organizaciones que sus usuarios empleen la misma identificación (normalmente, usuario y contraseña) para acceder a cualquier servicio o aplicación. De esta forma, también se permite que las organizaciones puedan compartir información autorizada de los usuarios, sin que las demás organizaciones accedan a los directorios y/o información confidencial o no autorizada. Es decir, entre las organizaciones se establece un círculo de confianza, en el cual un usuario, una vez autenticado, tiene acceso a diferentes recursos o servicios autorizados por cada organización de la misma federación.

La autenticación se realiza mediante los Proveedores de Identidad (IdP, por sus siglas en inglés). El proveedor de servicio (SP, por sus siglas en inglés) al que accede el usuario confía en la correcta autenticación en el IdP (ver Figura 1).

- Proveedor de Identidad (IdP). Organización que provee la autenticación del usuario y devuelve los datos del usuario que el SP requiere para autorizar su acceso al recurso o servicio.

- Proveedor de Servicio (SP). Cualquier organismo o institución registrada en la federación que provee acceso al usuario final a algún servicio o recurso basándose en una serie de atributos que satisfacen sus requerimientos de autorización.

Fig. 1. Federación de identidades: modelo de autenticación..

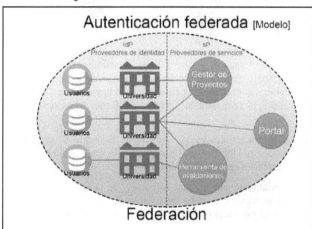

A. Lenguaje de Marcado para Confirmaciones de Seguridad

El Lenguaje de Marcado para Confirmaciones de Seguridad (SAML, por sus siglas en inglés) es un estándar abierto que define un esquema XML para el intercambio de datos de autenticación y autorización. Fue aprobado en el año 2005 por la organización OASIS (Organization for the Advancement of Structured Information Standards). [1] OASIS ofrece el estándar SAML 2.0 de manera gratuita a través de su software SimpleSAMLPHP. [2] La instalación del software se lleva de forma privada en cada servidor de cada organización. Durante la instalación se generan metadatos privados, los cuales se requiere enviar a las diferentes organizaciones para empezar a crear el vínculo de confianza. Al realizar esta tarea, automáticamente, el sistema detecta y comprueba que la información sea la correcta, y así se formará el círculo o vínculo de confianza.

B. Arquitectura del sistema federado implementado

La federación de malla completa, es la arquitectura de federación más común que se utiliza, y también más sencilla de implementar, ya que este tipo de federaciones están distribuidas y no hay necesidad de un componente central que tenga que ser específicamente protegido por los administradores. En esta categoría de federación la responsabilidad se distribuye a distintas organizaciones. En este trabajo, la arquitectura de malla completa se eligió para implementar nuestro ambiente federado. Todas las organizaciones que operan en esta federación tienen su propio IdP conectado a una base de datos de usuario local y un número arbitrario de SP. Todas estas entidades típicamente se listan en un archivo de metadatos SAML de distribución central, que se consume por todas las entidades. Por lo tanto, el archivo de metadatos básicamente describe todo aquello que se encuentra en la federación.

En la Figura 2 se muestra la configuración final de la red federada implementada entre las instituciones educativas UABC – UCOL y una tercera, en la cual se observa que cada institución cuenta con sus propios servicios y su proveedor de identidad , cada institución decide cuáles servicios se van a compartir dentro del círculo de confianza, y además también decide qué atributos de los usuarios van a ser compartidos, tales como nombre, edad, correo electrónico, entre otros.

Fig. 2. Red federada entre Instituciones Educativas UABC-UCOL.

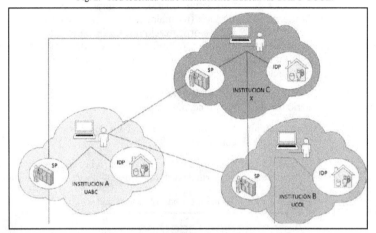

C. Procedimiento de autenticación

Una vez establecido el círculo de confianza, el usuario se podrá dirigir a cualquier servicio disponible dentro de la federación implementada. Esto se logra una vez que el usuario elige la institución de procedencia y automáticamente será redirigido al sistema de sesión de su institución, para que mediante sus credenciales (usuario y contraseña) dar paso al inicio de sesión, y solo si el sistema comprueba que es un usuario válido, lo reenviará al servicio de forma transparente. En la figura 3, se muestra el procedimiento de autenticación.

Este mecanismo de autenticación es de forma segura, ya que en ningún momento se comparten las credenciales (usuario y contraseña) de los usuarios, sólo autoriza el acceso. Una vez que la autorización sea exitosa se podrán compartir algunos atributos del usuario, los cuales previamente fueron acordados entre ambas instituciones.

Un usuario que ya ha sido validado previamente por alguna institución de la federación, tendrá el acceso total a todos los servicios disponibles y accederá de forma transparente. Esto es posible ya que cada servicio pedirá la autorización de la organización del usuario, para verificar que ya se haya identificado anteriormente de forma correcta.

D. Algunas consideraciones técnicas en la implementación

Para dar inicio con la implementación del ambiente federado, primeramente, se determinó utilizar una arquitectura de federación de malla completa, la cual se ajustaba perfectamente al tipo de ambiente con características de robustez y escalabilidad que se requería, para establecer un círculo de confianza con los mismos privilegios y restricciones para cada institución.

Como ejemplo de la heterogeneidad de la implementación, se describe la configuración de los nodos UABC y UCOL, Universidad Autónoma de Baja California y Universidad de Colima, respectivamente. Las cuales acordaron compartir recursos educativos actuales y futuros mediante un ambiente federado de colaboración. Para el nodo UABC se usó un servidor con sistema operativo Linux, Ubuntu Server, actualizado con las versiones de PHP y MySQL, además configurado con una seguridad alta. Una vez preparado el servidor, este se encuentra listo para la instalación del sistema SAML, el cual se encarga de las conexiones del sistema federado. Mediante la base de datos en MySQL, se definen los campos que serán utilizados en la federación, como son: usuario y contraseña (encriptada), además de otros atributos deseados para identificar al usuario como: matricula, edad, correo electrónico, entre otros. Una vez realizada la instalación del SAML, lo siguiente es configurar el IdP y el SP , para lo cual fue posible destinar el mismo servidor físico para ambas configuraciones, gracias a que SAML lo permite, por lo tanto, el nodo UABC aloja al IdP y SP en un mismo equipo de cómputo, dado que el servidor cuenta con los recursos suficientes para ofrecer ambos servicios.

Para establecer el círculo de confianza con el Nodo UCol, posterior a su configuración local, solo fue necesario intercambiar los metadatos, los cuales fueron agregados al archivo de configuración. Finalizando de esa manera la conexión de forma exitosa, y teniendo un inicio de sesión con la posibilidad de elegir entre ambas instituciones.

Fig. 3. Procedimiento de autenticación en la federación.

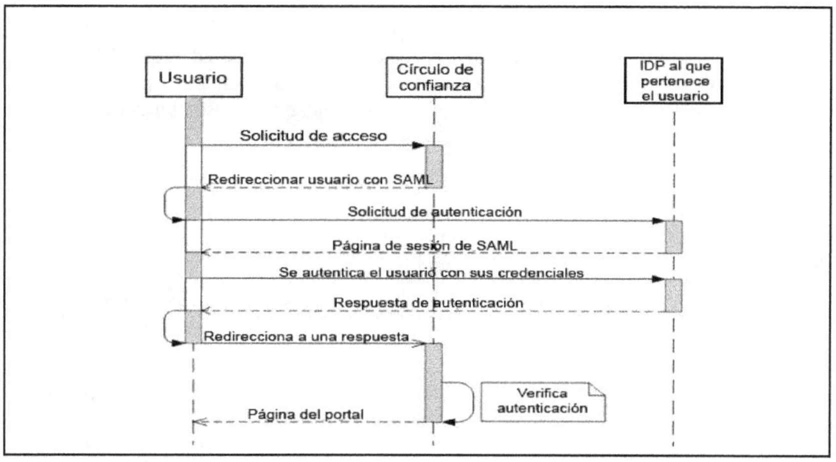

III. Servicios de Apoyo Didáctico Compartidos en la Federación UABC-UCOL

Al momento de la escritura del presente artículo, las instituciones participantes contaban con un conjunto de aplicaciones que acordaron compartir, así como implementar algunos servicios nuevos. Lo anterior en atención a un proyecto multi-institucional que realizan en conjunto con otros centros educativos de educación superior. El proyecto tiene como objetivo principal, el fortalecer el conocimiento en áreas que inciden mayormente en los índices de reprobación y deserción de estudiantes de nivel medio superior y universitarios de nuevo ingreso.

En sintonía con lo expresado por investigadores, profesores y autoridades educativas, se deben encontrar mecanismos basados en tecnología de la información, que apoyen en el proceso de enseñanza-aprendizaje de los nuevos estudiantes, a fin de contribuir al abatimiento de los índices de reprobación, rezago y deserción estudiantil; así como incrementar la eficiencia terminal de los alumnos, brindándoles apoyo a lo largo de su trayectoria escolar.

Estos son algunos de los problemas serios que la red federada implementada entre las instituciones educativas UABC-UCol buscan atender. Los servicios que al momento son compartidos en la red federada UABC-UCol son herramientas educativas que le van a permitir, primeramente, al profesor y al sistema en general, conocer el nivel cognitivo y conductual de los estudiantes de nuevo ingreso a sus respectivas universidades. Lo anterior mediante un módulo de diagnóstico implementado por la Universidad de Colima y compartido con UABC; actualmente otras universidades están interesadas en su uso. Con relación a las características técnicas del sistema, este fue implementado usando el ambiente de desarrollo .Net y opera bajo un servidor de Microsoft (IIS, por sus siglas en inglés). El módulo de diagnóstico consta de cuatro instrumentos para medir los conocimientos en matemáticas preuniversitarias, competencia de comunicación oral y escrita, hábitos de estudio y aspectos de autoestima; todos ellos considerados factores determinantes en los índices de reprobación y deserción universitaria.

Una vez que el estudiante contesta los instrumentos diagnóstico, el sistema determina en qué áreas o temáticas el estudiante debe obtener retroalimentación, áreas en las cuales el sistema lo ha identificado como vulnerable y debe incrementar sus capacidades previo inicio de su primer día de clases, para contribuir en su formación integral durante su estancia universitaria. Actualmente la federación ofrece seis servicios, los cuales son:

1. **Diagnóstico:** Sistema de diagnóstico y contextualización.

2. **SITI:** Sistema Integral de tutoría inteligente en el área de matemáticas.

3. **SEVI:** Sistema para la evaluación de vocabulario en imágenes.

4. **Koiné:** Sistema para la gestión de proyectos educativos o de investigación.

5. **Moodle:** Sistema para la gestión de cursos en línea.

6. **eRúbrica:** Herramienta para la evaluación por competencias.

Los primeros tres servicios: Diagnóstico, SITI y SEVI, impactan directamente en el proceso de aprendizaje del estudiante, partiendo de un diagnóstico, como ya se explicó, con el objetivo de identificar las áreas de atención en el alumno. Este diagnóstico es la base para conformar una serie de contenidos educativos, tales como: ejercicios, juegos lúdicos y videos, que son presentados al estudiante a través de un sistema de tutoría inteligente SITI y el mismo módulo de diagnóstico.

Los otros tres servicios: Koiné, Moodle y eRúbrica, impactan directamente en el proceso de enseñanza-aprendizaje del profesor, dotándolo de un conjunto de herramientas de apoyo para la organización y planificación de sus actividades educativas.

Es importante enfatizar que algunos de los servicios mencionados han sido ya utilizados de forma independiente a la red federada. Adicionalmente, una prueba preliminar de su uso mediante el ambiente federado fue realizado recientemente con un grupo de profesores e investigadores de tecnología educativa, obteniendo un resultado satisfactorio en su desempeño y comentarios favorables y de retroalimentación los cuales ya fueron atendidos. Así mismo, está en proceso el uso y evaluación de desempeño con estudiantes universitarios de nuevo ingreso de las instituciones participantes.

IV. CONCLUSIONES

Como resultado de este trabajo, hoy en día, se cuenta con la infraestructura de una red federada concluida y lista para que otras instituciones se incorporen y obtengan los beneficios de los servicios educativos que ahí se comparten. Se elaboraron manuales para que otras instituciones sigan el procedimiento para compartir sus servicios y formen parte de este círculo de confianza entre instituciones, y finalmente, poder contar con un portal con gran cantidad de aplicaciones educativas, donde los estudiantes puedan encontrar un mayor número de herramientas que deseen utilizar.

Durante las pruebas de conexión y uso de los servicios implementados, se ha determinado que la red federada es estable, no se han reportado fallas de seguridad.

AGRADECIMIENTOS

El presente artículo forma parte de los productos de un proyecto de investigación interinstitucional, financiado por las convocatorias: Proyectos de Desarrollo Científico para Atender Problemas Nacionales 2014, emitida por el Consejo Nacional de Ciencia y Tecnología (CONACYT) mediante el proyecto PDCPN2014-01/247698; e Integración de Redes Temáticas de Colaboración Académica 2015, emitida por el Programa para el Desarrollo Profesional Docente, para el tipo superior (PRODEP). Los autores del artículo agradecen a las instituciones por el fondo brindado para la realización de la investigación.

REFERENCIAS

[1]   D. Smith. "The challenge of federated identity management". *Network Security, 2008*(4), pp. 7-9.

[2]   "SimpleSAMLphp" , recuperado de https://simplesamlphp.org/ [agosto de 2016]

GoodVybesConnect: Un sistema de rehabilitación para masaje terapéutico a distancia en tiempo real

Oliver Pabloff [1], David Bonilla[1], Nirvana Green[1], Cristina Ramírez-Fernández[1,2], Eloísa García-Canseco[1], Alberto L. Morán[1], Victoria Meza-Kubo[1]

[1] Facultad de Ciencias, UABC, Universidad Autónoma de Baja California, Ensenada, México.
[2] Instituto Tecnológico de Ensenada, Ensenada, México.

{opabloff,david.bonilla,nirvana.green,cristina_ramirez,eloisa.garcia,alberto.moran,
mmeza}@uabc.edu.mx

Resumen. Presentamos el diseño, desarrollo y la evaluación preliminar de un sistema de rehabilitación a distancia háptico para terapia física de la espalda utilizando el dispositivo háptico Vybe. El sistema propuesto incluye funciones que permiten la administración de los programas de terapia en línea, y la aplicación de masajes (adaptables) utilizando el sensor de movimiento LEAP Motion y el dispositivo háptico Vybe. Una evaluación preliminar de usabilidad realizada con 25 adultos mayores muestra que el sistema de rehabilitación a distancia se percibe como relajante, útil y viable, ya que provee retroalimentación háptica de una manera segura, supervisada y en tiempo real.

1 Introducción

Dada la combinación de cambios demográficos, falta de recursos en el campo de salud pública y poca tecnología disponible, es imperativo el desarrollo de nuevas prácticas y tecnologías de rehabilitación, de tal forma que sean viables desde un punto de vista clínico, organizacional y económico. Durante los últimos años, la retroalimentación háptica ha mejorado la experiencia de los usuarios en el campo de la tele-rehabilitación. Sin embargo, aunque se han desarrollado algunos dispositivos mecánicos como herramientas de apoyo para sesiones de masaje terapéutico, e.g [3–5], en su mayoría, se realizan de manera tradicional, siendo necesario que terapeuta y paciente se encuentren en el mismo lugar [6].

En este trabajo desarrollamos y evaluamos GoodVybesConnect, un sistema de rehabilitación háptico a distancia en tiempo real para proporcionar masaje en la espalda. GoodVybesConnect consiste en un sistema WEB, un entorno virtual (VE), el dispositivo háptico Vybe [7] y el sensor de movimiento y gestos Leap Motion (LMC) [8]. El sistema permite en primer lugar calibrar individualmente los parámetros de entrada para la terapia, para que posteriormente, durante la ejecución de la terapia (la cual depende del movimiento de las manos del terapeuta en el entorno virtual) el paciente obtenga retroalimentación multimodal (i.e., visual, auditiva y vibro-táctil). Otra característica importante del sistema es que permite reproducir una sesión de terapia previamente grabada por el terapeuta en el horario acordado con el paciente, de acuerdo a la disponibilidad del terapeuta ó del paciente. La evaluación piloto indica que este sistema de rehabilitación háptica fue percibido como una herramienta útil que ayuda a alcanzar la relajación.

2 Trabajo Relacionado

En la literatura, existen distintas formas para el tratamiento del dolor de espalda, entre las cuales se incluyen la terapia física, acupuntura, tratamiento quiropráctico y terapia de masaje [9]. El masaje terapéutico se ha convertido gradualmente en una de las terapias más populares de la medicina alternativa y complementaria [1]. El masaje se define como la manipulación mecánica de tejidos del cuerpo con presión rítmica con el propósito de promover la salud y el bienestar. No obstante, estos procedimientos generalmente son realizados sin el apoyo de dispositivos tecnológicos y además requieren que los pacientes estén en el mismo lugar que el terapeuta [1,9]. Distintos dispositivos se han implementado e integrado como herramientas de apoyo en las sesiones de masaje terapéutico (e.g., sillas para masajes [3,5] o sistemas automáticos de masajes [4]) beneficiando en gran manera a terapeutas y pacientes. Empero, la implementación de sesiones terapéuticas utilizando estos instrumentos mecánicos requiere rutinas programadas, la supervisión local del terapeuta y programas de administración de las terapias de manera manual [10].

3 Metodología: Diseño Centrado en el Usuario

Estudio cualitativo. Para complementar nuestro entendimiento del trabajo de los terapeutas durante las sesiones de terapia, condujimos un estudio contextual para explorar el uso de tecnologías de ambientes inteligentes (por ej., interfaces hápticas y de reconocimiento de gestos, así como TICs). Realizamos dos sesiones de diseño participativo (6 horas en total) con dos terapeutas físicos en Casa Serena, un centro de terapia ubicado en Ensenada Baja California. Después del estudio, los terapeutas recomendaron: a) implementar un sistema de administración web de terapias que permita llevar control sobre su agenda, visualizar registros clínicos y las sesiones de terapia; b) implementar un entorno virtual que permita realizar una terapia de masaje de manera segura y remota, por consiguiente en tiempo real; c) la configuración de opciones (i.e., intensidad de la retroalimentación háptica, música, etc.) antes y durante la terapia, además de añadir la funcionalidad de grabar una sesión de tal forma que pueda compartirse con sus pacientes para ser reproducidas posteriormente en su casa a pesar de cambios de residencia de los pacientes o la imposibilidad de salir de sus hogares.

4 Un sistema de rehabilitación para masaje terapéutico a distancia en tiempo real: GoodVybesConnect

Descripción del sistema. La figura 1 muestra la arquitectura del sistema de rehabilitación háptica en tiempo real, de acuerdo a las recomendaciones propuestas por los terapeutas. Los terapeutas pueden configurar la sesión ajustando distintos parámetros tales como: la retroalimentación visual, la intensidad del masaje y el tipo de música. La aplicación web muestra los resultados de las sesiones pasadas del paciente mediante gráficas y tablas de datos. De igual manera, los pacientes pueden solicitar su próxima sesión, revisar su expediente, acceder a sus sesiones pasadas y comunicarse a través del chat con su terapeuta.

El entorno virtual es un sistema de tele-rehabilitación a distancia desarrollado usando Unity 5.3.4, la librería Orion para el LMC [8], y el dispositivo háptico Vybe [7]. El objetivo principal del entorno virtual es proveer un masaje remoto en tiempo real a los pacientes. Los dispositivos LMC y Vybe se utilizan como periféricos de entrada y salida respectivamente para la ejecución de la terapia. El dispositivo háptico Vybe, utilizado como cama de masajes, contiene una malla vibro-táctil con seis actuadores de bobina de voz en la parte superior del respaldo y seis motores DC en la parte baja del respaldo y en el asiento. Las bobinas de voz producen vibraciones suaves (150-250 Hz), mientras que los motores DC reproducen vibraciones más fuertes [7].

Los movimientos realizados por las manos del terapeuta son detectados por el dispositivo LMC transmitiendo en tiempo real al ambiente virtual y al dispositivo háptico Vybe. Todos los parámetros pueden ser modificados durante la ejecución de la terapia. Al concluir el masaje, el terapeuta tiene la opción de guardar la sesión y compartirla con el paciente mediante el sistema web.

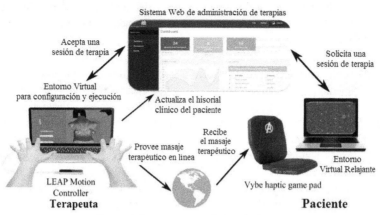

Figura 1. La arquitectura de GoodVybesConnect.

5 Evaluación piloto y resultados

El estudio de usabilidad se llevó a cabo en una universidad pública local con participantes mayores de 55 años de edad, con género y estatus social indistinto. Cada participante firmó y otorgó su consentimiento para ser videograbado durante la ejecución del masaje terapéutico (ver Figura 2.1). El ambiente virtual de GoodVybesConnect fue instalado en una computadora y la interfaz cerebro-computadora Emotiv calibrada e instalada en otra (Figuras 2.2 y 2.3). El dispositivo Vybe fue utilizado como una cama de masajes, mientras que el Emotiv se utilizó para obtener las respuestas emocionales de los participantes durante la ejecución del masaje.

Nuestras hipótesis fueron las siguientes: 1) en la encuesta de salida los participantes responderán que se sienten tranquilos, 2) la percepción de usabilidad del sistema de masaje será alta, y 3) los participantes tendrán buena percepción de la retroalimentación háptica.

El procedimiento utilizado en la evaluación consistió de un mensaje de bienvenida, una explicación inicial y un cuestionario de datos demográficos. La aplicación GoodVybesConnect fue utilizada durante 5 minutos para proveer el masaje de espalda a cada participante. El masaje que recibieron los voluntarios fue pre-grabado por un terapeuta físico. La intensidad de la retroalimentación háptica del masaje fue seleccionada al azar. Todos los participantes recibieron la misma retroalimentación auditiva durante el masaje.

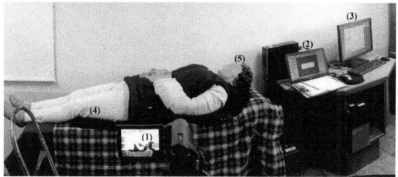

Figura 2. Participante durante la terapia de masaje. Materiales: 1) Cámara de vídeo, 2) Computadora ejecutando el entorno virtual, 3) Computadora usada para calibrar el dispositivo Emotiv, 4) Vybe haptic gaming pad usado como cama de masaje y 5) Dispositivo Emotiv usado para obtener señales cerebrales.

Los cuestionarios SUS (del inglés *System Usability Scale)* [12] y TAM (del inglés *Technology Acceptance Model*) [13] (Escala Likert 5-puntos) fueron aplicados al final del estudio. En las encuestas de entrada y salida se les preguntó a los participantes cual era su estado emocional en ese momento.

Estado de ánimo. De los 25 adultos mayores participantes en el estudio (edad promedio±std: 63.68±7.98 años de edad, 11 hombres, 14 mujeres), 32% recibieron anteriormente terapia física debido a distintas razones (e.g., problemas en el cuello o en la columna vertebral, enfermedad de Parkinson o depresión), 60% se encontraban bajo tratamiento medicado y 72% afirmó utilizar computadoras regularmente. En cuanto al estado de ánimo, 8% de los participantes se encontraban nervioso o estresados antes del masaje, 12% se encontraban en un estado neutral, 28% afirmó estar tranquilo y 52% se respondió estar contento. Durante el masaje un 8% dijo estar neutral, 84% manifestó estar tranquilo y 8% estar feliz. Finalmente, al término del masaje 4% estaban en una postura neutral; 88% tranquilos; y 8% feliz.

Usabilidad. 72% de los participantes declaró tener contacto con la computadora. El masaje fue aceptado como terapia de espalda (mediana 4.73/5), y con una alta intención de usarlo (4.72/5). Refiriéndose a la utilidad del dispositivo: 28% de los participantes mencionaron que si tuvieran el sistema disponible en casa, lo usarían una o dos veces a la semana; 28% tres o cuatro veces a la semana; 12% 5 veces a la semana; y 32% 6 o más veces a la semana. De acuerdo al tiempo: 4% declaró que lo usarían 5 minutos; 32% 10 minutos; 32% 15 minutos; y 32% 20 minutos o más. Además, la mayoría de los participantes indicaron que el sistema sería útil para ellos debido a que son adultos mayores, y preguntaron de la disponibilidad comercial de éste. Finalmente, los participantes declararon que es sumamente importante tener este tipo de productos en casa (mediana 4.84/5).

Percepción de la retroalimentación háptica. La figura 3 muestra el nivel de comodidad, placer y seguridad de la retroalimentación háptica recibida en el masaje. Los participantes mencionaron que no podrían haber imaginado recibir un masaje de un terapista a través de la computadora; siendo ésta una idea novedosa que debería ser empleada en hospitales como herramienta de soporte, salas de espera y sus propios hogares. Al final, remarcaron la importancia de generar un masaje en línea con supervisión de un terapeuta.

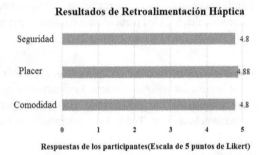

Figure 3. Percepción de la retroalimentación háptica.

6 Conclusiones y trabajo futuro

Los resultados mostrados en las secciones anteriores indican que el sistema de rehabilitación a distancia fue bien recibido por los adultos mayores. Despés del masaje muchos de ellos (96%) indicaron estar tranquilos (88%) o felices (8%). Estos resultados muestran que es factible desarrollar un sistema de rehabilitación a distancia que para dar terapia remota y supervisada a adultos mayores. No obstante, es necesario seguir evaluando la herramienta propuesta con terapeutas y pacientes, en un periodo más largo para poder confirmar las tendencias observadas, y poder establecer el alcance e impacto de estos resultados.

Referencias

1. Cherkin DC, Sherman KJ, Kahn J, Erro JH, Deyo RA, Haneuse SJ, et al. Effectiveness of focused structural massage and relaxation massage for chronic low back pain: protocol for a randomized controlled trial. Trials. 10, 96 (2009).
2. Romanowski M, Romanowska J, Grześkowiak M. A comparison of the effects of deep tissue massage and therapeutic massage on chronic low back pain. Stud Health Technol Inform. 176, 411–414 (2012).
3. Zullino DF, Krenz S, Frésard E, Cancela E, Khazaal Y. Local back massage with an automated massage chair: general muscle and

psychophysiologic relaxing properties. J Altern Complement Med. 11, 1103–1106 (2005).

4.   Buselli P, Bosoni R, Buse G, Fasoli P, La Scala E, Mazzolari R, et al. Effectiveness evaluation of an integrated automatic thermomechanic massage system (SMATH(R) system) in non-specific sub-acute and chronic low back pain - a randomized double-blinded controlled trial, comparing SMATH therapy versus sham therapy: study prot. Trials. 12, 216 (2011).

5.   Engen DJ, Wahner-Roedler DL, Nadolny AM, Persinger CM, Oh JK, Spittell PC, et al. The effect of chair massage on muscular discomfort in cardiac sonographers: a pilot study. BMC Complement Altern Med. 10, 50 (2010).

6..   McEwen S. Social work in health care when conventional meets complementary: Nonspecific back pain and massage therapy. Health and Social Work. 40, 19–25 (2015).

7..   Disney. Disney Research [Internet]. Available: https://www.disneyresearch.com/ (2015).

8..   Smeragliuolo AH, Hill NJ, Disla L, Putrino D. Validation of the Leap Motion Controller using markered motion capture technology. J Biomech. Elsevier. 1–9 (2016).

9..   Chen WL, Liu GJ, Yeh SH, Chiang MC, Fu MY, Hsieh YK. Effect of back massage intervention on anxiety, comfort, and physiologic responses in patients with congestive heart failure. J Altern Complement Med. 19, 464–470 (2013).

10.   Clar C, Tsertsvadze A, Court R, Hundt GL, Clarke A, Sutcliffe P. Clinical effectiveness of manual therapy for the management of musculoskeletal and non-musculoskeletal conditions: systematic review and update of UK evidence report. Chiropr Man Therap. 22, 12 (2014).

11.. Cernea D, Olech P-S, Ebert A, Kerren A. Measuring Subjectivity. KI - Künstliche Intelligenz. 6, 177–182 (2012).

12.   Brooke J. SUS - A quick and dirty usability scale. Usability Evaluation in Industry. 189–194 (1996).

13.   Davis F. Perceived Usefulness, Perceived Ease of Use, and User Acceptance of Information Technology. Miss Q. 13, 319–340 (1989).

Propuesta Cloud para creación de objetos de aprendizaje con tolerancia a fallos en almacenamiento de datos

Juan P. Cardona[1], Guillermo Domínguez[1] Jaime Muñoz[1] Cesar Velázquez[1] Angel Muñoz[1]

[1]Dpto Ciencias de la Computacion, Universidad Autonoma de Aguascalientes, Centro de
Ciencias Basicas, Av. Universidad 940. Col. Cd Universitaria,
Aguascalientes, Mexico
[1]jpcardon@correo.uaa.mx

Resumen—Se propone una arquitectura de Cloud computing orientada a la creación de objetos de aprendizaje y que cumpla con los requerimientos básicos de una arquitectura: escalabilidad, tolerancia a fallas en almacenamiento y seguridad en manejo de identidades, dentro de la seguridad se enfoca a la autentificación de usuario mediante un manejo de identidad federada en Cloud federada; la problemática actual es que las arquitecturas existentes de cloud computing son extensas y complejas porque están enfocados a las necesidades de grandes organizaciones dirigidas a prestar servicios de cómputo y no son sencillas de replicar; Resultados: se tiene una versión funcional enfocada a una arquitectura sencilla y replicable con énfasis en manejo de identidades y escalabilidad en almacenamiento de información, Conclusiones: es un proyecto extenso y solamente se implementó la primera fase del proyecto cloud con una versión funcional con manejo de identidad y manejo de almacenamiento de información, la evaluación de usuarios es tendiente a ser aprobatoria pero sigue el objetivo principal de proveer de un modo integrado todo lo necesario para crear objetos de aprendizaje.

Palabras clave—Cloud computing, objetos de aprendizaje, arquitecturas de software.

I. INTRODUCION

El concepto de Cloud computing existe desde los 60s y una las primeras implementaciones es el proyecto Nimbus en la Universidad de Chicago en 2008, cloud computing se le considera una evolución de los avances en Grid computing, procesamiento paralelo, computación distribuida, virtualización y Web 2.0.

Aun con el desarrollo de cloud computing en tiempos actuales se refleja una falta de consenso en su definición, Buyya et al [1] la define así "Cloud computing es un sistema distribuido y paralelo consistente en una colección de computadoras interconectadas y virtualizadas que están dinámicamente provisionadas presentadas como un conjunto de recursos basados en acuerdos de nivel de servicio (SLA Service-Level Agreement) establecidos a través de negociaciones entre el proveedor de servicios y sus clientes", para mayor claridad se muestra a continuación las principales diferencias con su antecesor Grid computing.

Grid computing está orientado hacia el alto rendimiento de computación distribuida, es un sistema descentralizado en sitios distribuidos y sin un control central, normalmente contiene recursos heterogéneos facilitando la configuración y administración.

Cloud computing provee funcionalidades y servicios centradas en el usuario para crear ambientes de computo personalizados, la infraestructura es centralizada en un servidor central que se puede extender en varios centros de computación.

El nivel de madurez de Grid computing es mayor que Cloud computing, esto es visible por el desarrollo de middleware, mientras que Grid Computing tiene un estándar bien definido de middleware para la industria WSRF (Web Services Resource Framework) generado de OGSA (Open Grid Service Architecture) [2], Cloud computing tiene una variedad de middleware que hasta ahora no forma un estándar [3], una causa de que no haya estándares de middleware de cloud computing es que maneja una gran cantidad de aplicación heterogéneas que manejan sus propios protocolos.

Grid computing fue concebido como una infraestructura para proveer servicios de computo desde supercomputadoras y clusters de computadoras mientras que Cloud computing es una solución económica de proveer recursos más abstractos y en forma de servicios, Cloud computing fue posible porque puede trabajar sobre varios protocolos de comunicación y tecnologías Web 2.0.

Uno de los principales mecanismos de Cloud computing para manejar una gran cantidad de recursos heterogéneos es la virtualización, este mecanismo permite formar un conjunto de recursos abstractos o encapsulados que le permite agilizar las funciones de inicio, provisión, configuración, migración, integración de los servicios disponibles, [4].

II. TRABAJOS RELACIONADOS

Trabajos relacionados de Cloud computing y e-learning es la implementación del The Hochschule Furtwangen University (HFU) con una estructura Cloud privada, llamada Cloud Infrastructure and Application CloudIA. Los usuarios son estudiantes que usan aplicaciones e-learning como manejadores de contenidos, quizzes, test de aplicaciones web, otros usuarios son externos y utilizan CloudIA para fines de trabajo colaborativos, esta Cloud está en funcionamiento y cubre las necesidades de e-learning de la universidad utilizando utiliza máquinas virtuales para manejo de recursos.

Algunos cursos de programación en HFUniversity requiere ambientes específicos de desarrollo, la plataforma como servicio (PaaS) es una plataforma contenedora de servlets (SCP) para cursos de java, web frameworks y middleware, esta plataforma permite a los estudiantes desarrollar, publicar y probar sus propias aplicaciones en un contenedor de servlet sin necesidad de instalar o configurar software.

Como las máquinas virtuales corren de manera independiente el administrador de la cloud puede integrar SCP con la aplicación en línea llamada Online Learning And Training (OLAT) [5] que es un LMS (Learning Management System) de código abierto, los estudiantes después de arrancar con una instancia en el SCP son capaces de solicitar recursos específicos de software.

III. RESULTADOS

Se presentan como resultados a) la implementación de una cloud federada con arquitectura reducida b) una identificación federada de usuarios la cual se propone como un mecanismo ágil de identificación y administración de identificación   b) implementación de un sistema de almacenamiento tolerante a fallos que es producto de la arquitectura propuesta y del software seleccionado para ese fin c) la evaluación de la cloud federada implementada mediante los criterios de un modelo de calidad conocido como modelo de calidad de McCall [6].

Como primer resultado se tiene una arquitectura reducida de cloud computing con la ventaja de ser más fácilmente replicable, a continuación se muestra la arquitectura propuesta:

Fig. 2. Diagrama de la propuesta de arquitectura Cloud

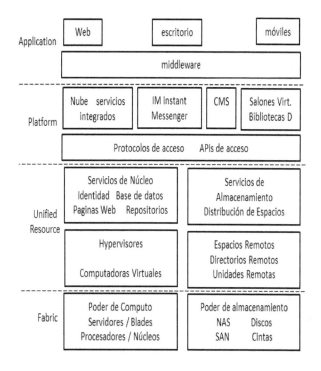

Se propuso y se implementó una identidad federada en una cloud federada donde se simplifican tanto la distribución de llave así como la identificación mutua [7] porque la actual identidad digital de las cloud tradicionales tiene el problema de seguridad cuando se incluyen múltiples clouds privadas o públicas.

Para la propuesta de tolerancia a fallas en almacenamiento se propone el software GlusterFS de propósito general para sistemas distribuidos y de almacenamiento escalable fue en base a un estudio de rendimiento de 3 softwares relacionados [6] que fueron Apache Hadoop File System (HDFS) release 1.1.2, _ GlusterFS release 3.3.1, XtreemFS release 1.4.

El primer criterio para seleccionar un software para el manejo del almacenamiento elástico o escalable es la arquitectura, el análisis indica que Apache Hadoop File System y tienen una arquitectura similar donde manejan por separado los metadatos de los datos, GlusterFS maneja integrados los metadatos y los datos con la ventaja de reducción de tráfico, otras ventajas de GlusterFS es que puede sumar todos los elementos de almacenamiento, puede replicar por diferentes esquemas, puede replicar a nivel de bloque todas las anteriores ventajas se reflejan en una mayor variedad de respuesta a situaciones de fallas.

La evaluación de la propuesta de arquitectura se realizó mediante el criterio del modelo de calidad de McCall [6], este modelo se divide en 3 grandes perspectivas y con varios criterios o variables para cada perspectiva que se enuncia a continuación:

Operación de Producto que son las características operacionales básicas, Revisión de Producto que es el análisis de las posibles resultados de falla o acierto, Transición de Producto que es la adaptabilidad a nuevas situaciones o entornos.

De cada perspectiva se derivan 11 factores de calidad y 23 criterios de calidad, para el presente estudio y por la naturaleza de operación de Cloud Computing se aplicaron 17 criterios que se trasladaron a preguntas en el cuestionario aplicado y que se muestran a continuación:

La perspectiva Revisión del Producto tiene los siguientes criterios: seguimiento, completitud, consistencia, tolerancia a errores, eficiencia de ejecución, almacenamiento, control de entrada, operatividad, capacitación, comunicatividad.

La perspectiva de Producto tiene los siguientes criterios: simplicidad, conciso, auto-descripción.

La transición del Producto tiene los siguientes criterios: expansibilidad, modularidad, independencia del sistema de software, independencia del sistema de hardware.

La encuesta se realizó con 26 profesores con experiencia en desarrollo de sistemas pertenecientes a la Universidad Autónoma de Aguascalientes, el proceso consistió en una presentación de las experiencias al desarrollar la propuesta de cloud computing, incluyendo explicaciones de la arquitectura, identidad federada, los middleware y los frameworks de programación utilizados.

En seguida hubo una sesión de preguntas y respuestas, después se les entrego el cuestionario con las preguntas-criterios del modelo de calidad de McCall [6].

El avance del proyecto de Cloud Computing de forma general es la implementación de cloud federada, identidad federada y un sistema de almacenamiento tolerante a fallos, y pruebas con la integración de varios servicios en una sola interface de usuario, por lo tanto se analizaron primeramente estas variables.

Las gráficas e interpretación se muestran a continuación:

Fig. 4. Histogramas de las principales variables desde la perspectiva del programador de la Cloud

Variable V8 Eficiencia de ejecución   Variable V7 Tolerancia a errores

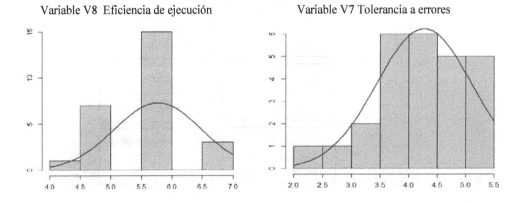

La opinión de los encuestados se ve por arriba de la media por lo que consideramos que consideran positivo el proyecto en el nivel de avance en que se encuentra, se considera que parte de la aportación de los encuestados fueron las opiniones respecto a la interface de la cloud y a servicios adicionales que pudiera tener la cloud como repositorios especializados.

Se presenta a continuación un análisis estadístico de los encuestados, el índice de alpha cronbach es de .878 con lo que se valida la consistencia interna de los datos, se generaron las variables con mayor correlación y se muestran a continuación en la siguiente tabla no. 1:

TABLE I.   Relación de variables con mayor correlacion

Variables	correlación
V5 Completitud y V8 Eficiencia de Ejecución	0.9453102
V8 Eficiencia de Ejecución y V12 Capacitación	0.9387804
V5 Completitud y V12 Capacitación	0.9166438

Las variables con mayor correlación es la de eficiencia de ejecución, completitud y capacitación, se interpretó que eficiencia de ejecución es en base al sistema de almacenamiento tolerante a fallos, y la completitud y capacitación son características del equipo de trabajo y que es muy probable que influya en el resultado final que es eficiencia de ejecución que consideramos es la principal variable a evaluar.

IV.   Conclusiones

Se propone una arquitectura de Cloud computing con los objetivos que sea reducida para que sea más fácil replicarla y que tenga niveles mínimos aceptables de tolerancia a fallos en el almacenamiento representada y evaluada en la variable "eficiencia de ejecución" y de manejo efectivo de identidades que es una de las problemáticas principales de las clouds por lo cual se propone para las instituciones educativas una cloud federada y manejo de identidad federada.

En un futuro se planean las pruebas y análisis de usabilidad de las interfaces para la creación de objetos de aprendizaje.

Referencias

[1] R Buyya et al. "Cloud computing and emerging IT platforms: Vision, hype, and reality for delivering computing as the 5th utility." Future Generation computer systems 25.6(: 599-616, 2009.

[2] K. Czajkowski, D. Ferguson, I. Foster, J. Frey, S. Graham, T.Maguire, D. Snelling, S. Tuecke. "From Open Grid Services Infrastructure to WS-Resource Framework: Refactoring & Evolution," March 5, 2004.

[3] L. Wang, et al. "Scientific Cloud Computing: Early Definition and Experience." HPCC. Vol. 8. 2008.

[4] I. Foster, et al. "Cloud computing and grid computing 360-degree compared." Grid Computing Environments Workshop, 2008. GCE'08. IEEE, 2008. Grid Computing Environments Workshop, 2008

[5] OLAT Online learning and training. (OLAT) http://www.olat.org/ ene 2015

[6] J.A. McCall, & J. A. (1977). Factors in Software Quality: Preliminary Handbook on Software Quality for an Acquisiton Manager. Information Systems Programs, General Electric Company. 1977.

[7] L. Yan, C., Rong, C., & G. Zhao, Strengthen cloud computing security with federal identity management using hierarchical identity-based cryptography. In IEEE International Conference on Cloud Computing (pp. 167-177). Springer Berlin Heidelberg 2009.

Sistema para identificar estilos de aprendizaje

Rodolfo Alan Martínez Rodríguez, Omar Álvarez Xochihua, José Ángel González Fraga, Patricia Páez Manjarrez

Facultad de Ciencias, Universidad Autónoma de Baja California

{rodolfo.martinez, aomar, angel_fraga, patriciapaez} @uabc.edu.mx

Resumen—El *estilo de aprendizaje, es una característica que el ser humano utiliza inconscientemente para asimilar nuevo conocimiento. Existen estrategias didácticas que, con base en el estilo de aprendizaje de preferencia de un alumno, ayudan a estimular positivamente el proceso de enseñanza-aprendizaje. Adicionalmente, el estilo de aprendizaje utilizado por un estudiante puede variar con el tiempo o dependiendo del área de estudio. Lo anterior, implica que, para que un maestro pueda considerar esta característica al diseñar su instrucción, éste debe conocer el estilo de aprendizaje predominante en su grupo de estudiantes, así como de manera particular, requiriéndole contar con una herramienta que le permita obtener dicha información de una manera práctica y masiva. En el presente artículo, se describe el diseño e implementa un sistema basado en tecnología Web para identificar el estilo de aprendizaje de estudiantes de diferentes niveles educativos. Adicionalmente, se presentan los resultados de la evaluación del sistema con un grupo de 165 estudiantes de niveles preuniversitarios, se reporta una diferencia significativa de la forma en que los estudiantes prefieren recibir su instrucción dependiendo del nivel educativo, sustentando la importancia de considerar dicha característica al enseñar.*

Palabras clave— **Estilos de aprendizaje, modelo VAK, tecnología educativa**

I.   INTRODUCCIÓN

El estilo de aprendizaje (EA) es una característica presente en todo ser humano, refiriéndose al hecho de que cada persona asimila el conocimiento de manera diferente y única al emplear su propio sistema de representación del aprendizaje; considerando sus rasgos cognitivos, afectivos y fisiológicos. Los rasgos cognitivos son la forma en que mentalmente los estudiantes representan los conceptos e interpretan la información, los rasgos afectivos tienen que ver con los factores motivacionales que influyen en el aprendizaje y los rasgos fisiológicos están relacionados con las actividades propias de un ser humano, en el caso específico del estudiante corresponde a su ritmo para aprender [1]. La singularidad de los EA refiere a que un estudiante asimila o reafirma conocimiento de forma diferente de acuerdo a la situación. El estilo puede mejorar o cambiar, y cuando un alumno es instruido empleando materiales y técnicas de acuerdo a su estilo de aprendizaje, aprende con mayor efectividad [2]. Para [3], las preferencias de estilo de aprendizaje requieren de una clasificación más precisa, y se definen como la manera predilecta de estudiar y aprender. No obstante, la preferencia inicial de un estilo particular, tal vez no siempre garantice que la utilización de ese estilo será efectiva. De ahí, se deduce que en ciertos casos los alumnos pueden beneficiarse desarrollando nuevas formas de aprender o un estilo adaptativo acorde al dominio de estudio.

Existen diversas teorías que abordan la identificación de los estilos de aprendizaje, ya sea de manera explícita o implícita. Por ejemplo, en [4], se categorizan a los estilos de aprendizaje como: *activos*, *pragmático*, *teórico* y *reflexivo*. Esta categorización se fundamenta en un modelo basado en la experiencia, describiendo a los estilos de aprendizaje por: alumno *activo*, es el que gusta de experiencias nuevas y acepta con entusiasmo tareas innovadoras; el *pragmático*, es experimentador y práctico ante proyectos que le atraen; el estudiante *teórico*, es metódico, objetivo y crítico, evadiendo experimentar en actividades subjetivas o ambiguas; y finalmente, el *reflexivo*, antepone el análisis y reflexión antes de actuar.

Otro modelo ampliamente utilizado es el Visual, Auditivo y Kinestésico (VAK), que considera las tres categorías: *visual*, *auditivo* y *kinestésico*, basado en los tres receptores sensoriales más utilizados por el ser humano [5]. Este modelo se sustenta en la teoría de que los estudiantes utilizan estos tres sentidos para aprender, sin embargo, enfatiza que uno de estos medios de recepción es el estilo dominante. El estilo dominante de un estudiante particular define su mejor manera de aprender o realizar una tarea, y en ocasiones puede preferir realizar una actividad de aprendizaje utilizando una combinación del estilo dominante con otro estilo diferente. La información que ingresa a nuestro cerebro entra por nuestros sentidos, es por eso que considerar al sistema de representación de conocimiento VAK resulta fundamental en la recepción de la información de quien enseña o aprende. Por ejemplo, cuando se conoce a una persona, aquellos elementos que se recuerdan con mayor facilidad sobre ese encuentro, en dependencia de nuestros canales de preferencia, son: la cara (visual), el nombre (auditivo), o la impresión (kinestésico) que la nueva persona que se conoce ha producido. Considerando la afinidad de los autores del presente artículo con el sustento teórico de la teoría de VAK, así como en el supuesto de que el EA de un estudiante puede modificarse al cambiar de un nivel educativo a otro, la implementación del Sistema de Identificación de Estilo de Aprendizaje (SIESA) fue basada en este modelo.

El sistema desarrollado tiene como objetivo ofrecer una ambiente basada en Web, que pueda ser utilizado por maestros de los diferentes niveles educativos, apoyándoles a identificar el estilo de aprendizaje de cada uno de sus estudiantes que lo utilice. Lo anterior, les permitirá implementar estrategias de enseñanza de acuerdo a la preferencia de recepción de conocimiento de cada alumno. En el presente artículo se describe el proceso de diseño e implementación del ambiente SIESA, así como los resultados de un estudio preliminar donde se identificó el EA de 165 estudiantes de distintos niveles educativos. En el estudio se obtuvieron diferencias en el EA de preferencia de los estudiantes de acuerdo a su nivel educativo, soportando la teoría de que el EA evoluciona a través del tiempo.

II. PROBLEMÁTICA Y PROPUESTA

Cuando a los alumnos se les enseña de acuerdo a su EA, se favorece su capacidad de asimilar el nuevo conocimiento de una forma más eficiente y permanente. En el proceso de enseñanza-aprendizaje, atendido diariamente a través de la interacción entre maestros y alumnos, es poco común la práctica de considerar el estilo de aprendizaje de cada educando al momento de transferirles el conocimiento. Adicionalmente, con base en investigaciones anteriores, se asume que los estilos de aprendizaje pueden cambiar a través del tiempo, e inclusive en un mismo momento pueden variar de acuerdo a la preferencia de aprendizaje del estudiante. La poca o nula consideración de un EA al diseñar instrucción conocimiento, se deriva por la carencia de una herramienta accesible, práctica, escalable y confiable que apoye en la obtención de esta información, es aquí donde se identifica un área de oportunidad para el SIESA, apoyando a maestros, así como a ambientes educativos virtuales con la capacidad de personalizar la instrucción, a mejorar la formación de estudiantes.

La solución que se plantea al problema anterior es la implementación del Sistema de Identificación de Estilo de Aprendizaje, que permita identificar el EA de los estudiantes de manera automatizada. El sistema propuesto debe ser amigable para el estudiante, y contar con la funcionalidad para mostrar los resultados obtenidos al docente a cargo, y con base en ello, éste pueda seleccionar estrategias de enseñanza favorables al aprendizaje de sus estudiantes.

III. METODOLOGÍA

La presente investigación se desarrolló utilizando un enfoque cuantitativo, con el propósito de realizar un estudio exploratorio sobre el estilo de aprendizaje de los alumnos en los diferentes niveles educativos. Con el objetivo de desarrollar y evaluar el sistema propuesto, las fases seguidas en esta investigación aplicada se estructuraron de la siguiente manera: 1) seleccionar un instrumento validado en el idioma español, que nos permitiera identificar el EA de estudiantes en un rango de entre 4 y 25 años de edad; 2) implementar el instrumento en un sistema basado en tecnología Web, que ayudará a aplicar la evaluación de forma masiva e interactiva; y 3) llevar a cabo el estudio con una muestra representativa de participantes.

Selección del instrumento de identificación del EA

Se consideró la pertinencia del uso del instrumento para la evaluación de estilo de aprendizaje propuesto por (Rita y Kenneth Dun, 1978) referenciado en [6], es un método para valorar el EA basado en los sentidos como la vía de ingreso de la información al cerebro: ojos, oídos y acciones del cuerpo. Este instrumento de evaluación, fundamentado en el modelo de VAK, está validado para utilizarse con participantes a partir de 7 años con competencia lectora, para los participantes menores a 7 años se hizo una adaptación de las preguntas mediante imágenes más descriptivas, consta de seis preguntas (ver Tabla 1). Cada una de las preguntas tiene un valor que sirve para determinar el estilo de aprendizaje de preferencia, donde a la respuesta A se le asigna el valor 1, a la respuesta B el valor 2 y a la respuesta C se le asigna el valor 3. Al final, dicho valor es contabilizado, considerando su relación con un EA, dando como resultado el estilo de aprendizaje que fue favorecido el mayor número de veces.

1. Cuando estás en clase y el profesor explica algo que está escrito en la pizarrón, te es más fácil seguir las explicaciones:	4. Cuando tienes que aprender algo de memoria:
a) escuchando al profesor. b) leyendo el libro o el pizarrón. c) o te aburres y esperas que te den algo que hacer a ti.	a) memorizas lo que ves y recuerdas la imagen. b) memorizas mejor si repites rítmicamente y recuerdas paso a paso c) memorizas a base de pasear y mirar.
2. Cuando estás en clase:	**5. En clase lo que más te gusta es que:**
a) te distraen los ruidos. b) te distrae el movimiento. c) te distraes cuando las explicaciones son demasiado largas.	a) se organicen debates y que haya diálogo. b) que los alumnos tengan que hacer cosas y puedan moverse. c) que te den el material escrito con fotos y diagramas.
3. Cuando te dan instrucciones:	**6. Marca las dos frases con las que te identifiques más:**
a) te pones en movimiento antes de que acaben de hablar. b) te cuesta recordar las instrucciones orales. c) recuerdas con facilidad las palabras exactas de lo que te dijeron.	a) cuando escuchas al profesor te gusta hacer garabatos en un papel. b) eres intuitivo, te gusta o disgusta la gente sin saber bien porqué. c) te gusta tocar las cosas y tiendes a acercarte mucho a la gente.

Tabla 1. Instrumento para identificar estilo de aprendizaje VAK

Implementación del instrumento

Para materializar el ambiente propuesto, se desarrolló un sistema para la evaluación del estilo de aprendizaje empleando una arquitectura cliente-servidor, permitiendo al usuario utilizarlo a través de un navegador Web. El SIESA se diseñó considerando los tres módulos siguientes: 1) registro de participantes, 2) aplicación del instrumento, y 3) estimación del estilo de aprendizaje del participante (ver Figura 1).

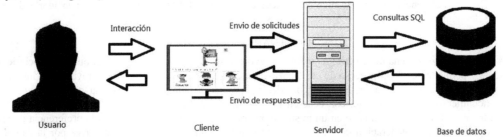

Figura 1. Arquitectura cliente-servidor implementada para el ambiente SIESA

Registro de participantes

Mediante el módulo de registro, se da la bienvenida al sistema y se solicitan los datos de identificación del estudiante, tales como su nivel educativo, grado escolar, edad y género. Se asigna un número consecutivo por participante para ser ingresado en la base de datos del sistema. La totalidad de estos datos son solicitados con fines estadísticos, ninguno de ellos es utilizado para la identificación del estilo de aprendizaje.

Aplicación del instrumento

El módulo de aplicación del instrumento consiste en una serie de seis preguntas para determinar el estilo de aprendizaje del participante, basado en el instrumento original, las cuales deben ser contestadas en su totalidad. El ambiente inicia la intervención mostrando la pregunta uno con sus tres posibles respuestas. Adicionalmente, se proporcionan las respuestas en forma de imágenes representativas (ver Figura 2der.). El sistema espera la selección de la respuesta por parte del estudiante, hasta que el usuario, por medio de un clic sobre la imagen, indique la respuesta que mejor describe su preferencia al recibir instrucción. Al momento de seleccionar una opción ésta se registra en la base de datos del sistema.

Estimación del estilo de aprendizaje

El módulo de descripción del estilo de aprendizaje, define el estilo de aprendizaje después que las seis preguntas son contestadas, mostrando una pantalla con el estilo de aprendizaje del usuario (ver Figura 2izq.).

Figura 2. Ejemplo de preguntas en la interfaz de usuario y presentación de resultado de la intervención

Diseño del estudio

El SIESA fue instalado en uno de los espacios asignados en el evento de Semana de Ciencias, organizado por la Facultad de Ciencias, de la Universidad Autónoma de Baja California. El estudio se realizó por tres días y medio, la duración total del evento, en el que el sistema estuvo disponible por aproximadamente seis horas diarias. Los participantes en la prueba llegaban en grupos de 15 o 20 estudiantes, de los cuales alrededor del 40% participaban en la evaluación. Del total de los asistentes, se logró obtener una muestra representativa con la participación de 165 estudiantes de diferentes niveles educativos, los cuales estuvieron distribuidos de la siguiente manera: 34 estudiantes de nivel preescolar, 34 de nivel primaria, 66 de nivel secundaria y 31 de nivel preparatoria. Cada participante duró en promedio entre cinco y ocho minutos en contestar el instrumento; considerando el tiempo de explicación sobre la importancia de los EA para su aprendizaje e instrucciones sobre el uso del ambiente de intervención.

IV.   RESULTADOS

Los datos obtenidos permitieron realizar un análisis transversal e integral. Primeramente, analizando la predilección de EA por nivel educativo, podemos observar que el estilo de preferencia en el nivel preescolar es el kinestésico (ver Tabla 2). Lo anterior coincidiendo con el comportamiento esperado, esto se supone debido a que los estudiantes en este intervalo de edad aprenden principalmente por efecto del movimiento y la vivencia, teniendo una inclinación a las actividades físicas como el deporte, el baile y las habilidades manuales. En este nivel educativo, con relación a los dos EA restantes, es interesante observar que los participantes en el estudio indicaron una significativa diferencia en su predilección por el EA visual comparándolo con el auditivo. En el nivel primaria, se identifica una predilección muy similar en los tres tipos de EA. Sin embargo, sobresalen los niveles kinestésico y auditivo, podemos inferir que una gran parte de los estudiantes en este nivel educativo continúan prefiriendo aprender a través de la vivencia e interacción, pero una proporción mayor consideran aprender mejor al escuchar la instrucción proveniente de sus maestros. En el nivel de secundaria se obtiene un comportamiento distinto y parcialmente inesperado. Primeramente, se observa que el EA kinestésico permanece en un porcentaje alto, similar al nivel educativo previo. No obstante, el EA de preferencia es el visual. La predilección de este estilo de aprendizaje se puede adjudicar a que los estudiantes adolescentes inician con un comportamiento de mayor independencia, implicando una predilección por buscar el conocimiento de una manera autónoma. Finalmente, en el nivel académico medio superior, se observa un decremento sustancial en el EA kinestésico, obteniendo un porcentaje de predilección similar al visual. En este nivel educativo sobresale la predilección al EA auditivo. Se puede asumir que la inclinación de estos estudiantes hacia este EA refiere a que el tipo de conocimiento transmitido tiende a cubrir nuevas áreas de estudio y contar con un mayor grado de dificultad, por consiguiente, el alumno espera obtener la instrucción y explicación detallada del experto instructor.

Estilo de aprendizaje	Visual	Kinestésico	Auditivo
Preescolar	8.8%	**61.8%**	29.4%
Primaria	26.5%	**35.3%**	**38.2%**
Secundaria	**45.5%**	34.8%	19.7%
Preparatoria	22.6%	22.6%	**54.8%**

Tabla 2. Porcentajes de estilo de aprendizaje por nivel educativo

V. CONCLUSIONES

En el presente estudio se presenta un ambiente amigable y práctico para la identificación de EA en estudiantes de distintos niveles educativos. Derivado de la aplicación del instrumento, se identificó que el uso de este sistema ayuda en el ahorro del tiempo requerido para aplicar el instrumento de intervención y agiliza el proceso de análisis de datos, apoyando a los docentes a identificar el estilo de aprendizaje de sus alumnos. Se identificó una diferencia significativa dependiendo de la edad y nivel académico atendido por el estudiante. Lo anterior es un indicador de la necesidad de implementar estrategias didácticas acordes al estilo de aprendizaje de preferencia dependiente del nivel educativo. Se plantea como trabajo futuro, realizar estudios con un mayor número de estudiantes, así como sobre su predilección de EA dependiendo del tópico o materia estudiada. Por ejemplo, su predilección de EA al estudiar ciencias, historia o matemáticas.

AGRADECIMIENTOS

El presente artículo forma parte de los productos de un proyecto de investigación interinstitucional, financiado por las convocatorias: *Proyectos de Desarrollo Científico para Atender Problemas Nacionales 2014*, emitida por el Consejo Nacional de Ciencia y Tecnología (CONACYT) mediante el proyecto PDCPN2014-01/247698; e *Integración de Redes Temáticas de Colaboración Académica 2015*, emitida por el Programa para el Desarrollo Profesional Docente, para el tipo superior (PRODEP). Adicionalmente, la investigación estuvo apoyada parcialmente con la beca de posgrado con clave 405343/267449, otorgada por el CONACYT al primer autor del presente artículo.

REFERENCIAS

[1]   Steiman, J. (2005). ¿Qué debatimos hoy en la didáctica? Las prácticas de enseñanza en la educación superior. Buenos Aires: Jorge Baudino.

[2]   Caro, E. M., & Rodríguez, A. G. (2003). Estilos de aprendizaje y e-learning. Hacia un mayor rendimiento académico. RED: Revista de Educación a Distancia, p.4.

[3]   García, P. D. J. C., Cueto, J. G. C., García, M. C. C., & Montes, G. S. P. (2015). Desarrollo de competencias en el uso de las Tecnologías de la Información y Comunicación (TIC) basados estilos de aprendizaje en alumnos de la Unidad de Aprendizaje Metodología de Investigación de la Unidad Académica de Medicina de la Universidad Autónoma de Nayarit Development of skills in the use of Information Technology and Communication. Revista educateconciencia, p.93.

[4]   González, M. L., Marchueta, J., & Vilche, E. (2013, May). Modelo de aprendizaje experiencial de Kolb aplicado a laboratorios virtuales en Ingeniería en Electrónica. In I Jornadas Nacionales de TIC e Innovación en el Aula.

[5]   Pantoja, O. Martin, Duque S. Laura & Correa, J. (2013). Modelos de estilos de aprendizaje: una actualización para su revisión y análisis. Revista Colombiana de Educación. 64.

[6]   Giraldo, C & Bedoya. H. D. Y (2006). Los estilos de aprendizaje desde el modelo V.A.K y su incidencia en el rendimiento académico en niños y niñas de grado 5 de primaria en diferentes estratos socioeconómicos en la ciudad de Pereira, Colombia. Revista electrónica de educación y Pedagogía,p.3

Sistema para la Evaluación de Vocabulario basado en Imágenes

Karla Ivette Arce Ruelas, Omar Álvarez Xochihua, José Ángel González Fraga, Adrián Enciso Almanza

Facultad de Ciencias
Universidad Autónoma de Baja California
Ensenada, Baja California, México
{karla.arce, aomar, angel_fraga, aenciso} @uabc.edu.mx

Resumen—El nivel de vocabulario de un estudiante es un factor que influye directamente en la capacidad de éste para comprender nuevo conocimiento, así como para desarrollar una adecuada expresión de ideas. No obstante, esta competencia es escasamente considerada por maestros de los distintos niveles educativos, debido al tiempo y esfuerzo que esto implica. En este artículo se describe el desarrollo del Sistema para la Evaluación de Vocabulario basado en Imágenes (SEVI), fundamentado en el Test de Vocabulario en Imágenes (TEVI-R), instrumento implementado para medir de una manera práctica, rápida e interactiva, el nivel de vocabulario de estudiantes en sus distintas etapas formativas. Adicionalmente, se presentan los resultados de un estudio piloto realizado con la herramienta.

Palabras clave—vocabulario, comunicación oral y escrita, tecnología educativa

I. INTRODUCCIÓN

Una de las principales bases para el aprendizaje en las distintas áreas de conocimiento es la compresión lectora, competencia que permite al estudiante entender adecuadamente distintos escenarios. Por ejemplo, al realizar la resolución de problemas matemáticos o la lectura de relatos históricos. Así mismo, al encontrarse en un proceso de comunicación, ya sea de forma oral o escrita, el estudiante debe de contar con la capacidad de trasmitir sus ideas de forma clara y con el vocabulario pertinente.

Se ha demostrado, a través de investigación empírica, que existe un elevado coeficiente de correlación entre el nivel de vocabulario y la comprensión lectora. Es decir, a un mayor vocabulario se logra una mejor comprensión de la lectura, y a un mayor número de lecturas se logra un mejor vocabulario [1].

Ante la necesidad de conocer el nivel de vocabulario que presentan los estudiantes en el quehacer educativo del día a día, útil para aplicar técnicas efectivas que les permitan fortalecer esta competencia, y por consiguiente desarrollen un adecuado desempeño en las distintas áreas de conocimiento, se ha llevado a cabo la implementación del Sistema de Evaluación de Vocabulario basado en Imágenes (SEVI). Sistema basado en Web que permiten medir el dominio de vocabulario de sujetos de distintas edades.

II. PROBLEMÁTICA

México se encuentra ante una realidad poco alentadora en cuanto al nivel de vocabulario presente entre los estudiantes de distintos niveles educativos [7]. Con el objetivo de incrementar el nivel de vocabulario y las habilidades de comunicación de los estudiantes, las instituciones educativas realizan acciones puntuales e invierten recursos económicos en estrategias que les permitan mejorar estas competencias, tales como la promoción y el fomento a la lectura. De igual forma, existen algunas iniciativas puntuales como "Caravana de la lectura" de Iniciativa México ó México Lee (premio a iniciativas de fomento a la lectura y la escritura) convocado por CONACULTA, SEP, OEI, editoriales, entre otras.

De acuerdo a las necesidades actuales, derivadas de los constantes avances tecnológicos, se requiere de nuevas estrategias educativas, utilizando tecnología de vanguardia que permitan monitorear y fortalecer las habilidades de lenguaje de los estudiantes de distintos niveles educativos.

La problemática presentada, nos permite identificar dos aspectos esenciales a considerar para atender de forma efectiva las deficiencias de lenguaje de los estudiantes: 1) contar con una herramienta práctica y efectiva, que permita a los maestros de los distintos niveles educativos evaluar en forma masiva y constante el nivel de vocabulario de sus estudiantes, y 2) disponer de materiales educativos que permitan fortalecer el nivel de vocabulario de cada uno de los estudiantes en forma personalizada.

III. METODOLOGÍA

El presente artículo forma parte de los productos de un proyecto de investigación interinstitucional, financiado por las convocatorias: Proyectos de Desarrollo Científico para Atender Problemas Nacionales 2014, emitida por el Consejo Nacional de Ciencia y Tecnología (CONACYT) mediante el proyecto PDCPN2014-01/247698; e Integración de Redes Temáticas de Colaboración Académica 2015, emitida por el Programa para el Desarrollo Profesional Docente, para el tipo superior (PRODEP). Adicionalmente, la investigación estuvo apoyada parcialmente con la beca de posgrado con clave 610768/588893, otorgada por el CONACYT al primer autor del presente artículo.

Con el objetivo de identificar el manejo de vocabulario de estudiantes cursando el nivel educativo básico, hasta alumnos universitarios de nuevo ingreso, se buscó diseñar un sistema basado en tecnología Web, que facilitara la evaluación de forma masiva e interactiva. El proceso de desarrollo del sistema se estructuró en 2 fases: 1) seleccionar un instrumento validado en el idioma español, que nos permitiera evaluar el nivel de vocabulario de estudiantes en un rango de entre 4 y 20 años de edad; y 2) llevar a cabo la implementación del sistema.

A. Fase 1: Selección del instrumento para la evaluación de vocabulario

En un primer plano se consideraron varios instrumentos que en mayor o menor medida satisfacían la necesidad de evaluar las habilidades de vocabulario de los estudiantes de distintos niveles educativos. Dentro del proceso de selección del instrumento se llevó a cabo la revisión de la Escala de Inteligencia de Wechsler (WISC-R), instrumento desarrollado por David Wechsler (1939), que cuenta con un apartado para medir el índice de comprensión verbal (VCI, por sus siglas en inglés), sin embargo se desestimó por la complejidad de su aplicación, ya que requiere que el sujeto diga el significado de 32 palabras de dificultad creciente [2].

Dada la resolución del equipo de investigación de utilizar un instrumento interactivo, se procedió a revisar el Test de Vocabulario en Imágenes Peabody (PVVT, por sus siglas en inglés), que evalúa la competencia de niños y adultos en el manejo del lenguaje, no obstante este se encuentra disponible solo en el idioma inglés [3]. Finalmente, se realizó el análisis de la tercera edición del Test de Vocabulario en Imágenes (TEVI-R) [4], instrumento que evalúa el nivel de comprensión de vocabulario pasivo, conjunto de palabras que un sujeto comprende aunque no las utilice de forma regular [5], del idioma español de un sujeto entre 2.5 y 17 años. La prueba consiste de 116 láminas con cuatro imágenes en cada una de ellas, que representan diferentes categorías gramaticales como sustantivos, adjetivos y verbos [6]. Dado que el TEVI-R, en su tercera edición, presentó un índice de consistencia interna de 0.98, el grupo de investigación lo dictaminó como un instrumento válido y confiable para ser implementado en un ambiente Web; considerando la autorización de sus autores.

B. Fase 2: Implementación del ambiente de aplicación

Mediante un diagrama de casos de uso se describe el concepto general del comportamiento del sistema por medio de las relaciones entre este y todos los componentes que requieren recursos de él. Por ejemplo, el actor usuario interactúa directamente con el caso de uso *Registrar usuario* para llevar a cabo el registro propio. Una vez terminado el registro, el actor SEVI se encarga de guardar la información del usuario y procede a mostrar las imágenes de la prueba, que pertenece al caso de uso *Seleccionar imágenes para cada palabra*, donde el actor usuario lleva a cabo la selección.

Fig. 1. Diagrama de casos de uso del ambiente SEVI.

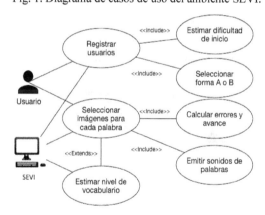

Para la implementación de SEVI se consideró conveniente el diseño de 3 módulos principales que asemejan la hoja de respuestas del instrumento original, estos módulos son: 1) registro de participante, 2) intervención y 3) estimación de nivel de vocabulario. La interacción del usuario con el ambiente a través de cada uno de los módulos es registrada en la base de datos. El diagrama de casos de uso de SEVI permite observar que al realizar el registro de un usuario se estima la dificultad con la que iniciará la prueba, así como la forma o lista de palabras que utilizará en ésta. Por otra parte el caso de uso *seleccionar imágenes para cada palabra,* permite la emisión de sonidos requeridos y el cálculo de los errores cometidos, además de permitirle al usuario continuar con la prueba o dar por terminada su sesión (ver Fig. 1).

Por medio del diagrama de secuencia podemos observar la comunicación entre los componentes que conforman el ambiente SEVI. A continuación, se presenta el diagrama de secuencia del caso de uso *Seleccionar imágenes para cada palabra*, que muestra el proceso requerido antes de mostrar las láminas de imágenes, así como el proceso por el cual pasan las selecciones de imágenes realizadas por el usuario (ver Fig. 2).

Dada la intención de aplicar el instrumento de forma masiva mediante el ambiente propuesto, en su desarrollo se utilizó una arquitectura cliente-servidor. Esta arquitectura permite al cliente, usuario que accede a una aplicación mediante un navegador Web, enviar mensajes solicitando servicios o recursos a un servidor, en el cual se hospeda la aplicación y responde con uno o varios mensajes a las peticiones realizadas por el cliente. El cliente básicamente interactúa directamente con el usuario por medio de las interfaz gráfica (GUI, por sus siglas en inglés), realizando validaciones o recibiendo respuestas del servidor; por otra parte el servidor maneja los recursos y peticiones realizados por el cliente (ver Fig. 3).

Fig. 2. Diagrama de secuencia de caso de uso *Seleccionar imágenes para cada palabra.*

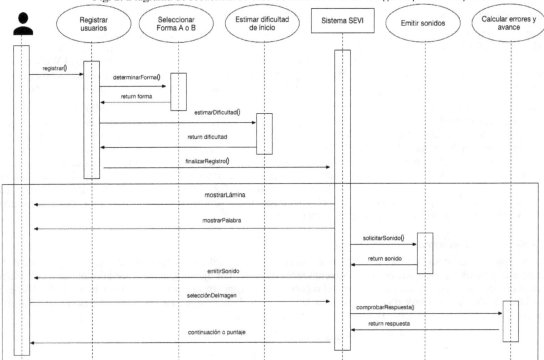

Fig. 3. Arquitectura cliente-servidor implementada para el ambiente SEVI.

El *módulo de registro de participante* permite conocer información personal del usuario, relevante para la aplicación de la prueba. Algunos de estos datos son: edad, nivel académico, grado, género y la cantidad de libros que lee al mes. La edad del usuario es requerida para el proceso de inicio de la prueba ya que esta determina el nivel de complejidad (ver Fig. 4izq.).

Fig. 4. Módulos de registro de participantes e intervención del ambiente SEVI.

El *módulo de intervención* consiste en la implementación de la funcionalidad del instrumento TEVI-R, con adaptaciones requeridas para su aplicación en un ambiente basado en Web (ver Fig. 4der.). El TEVI-R está compuesto de 116 láminas, cada una con cuatro imágenes, así como de dos formas o listas de 116 palabras con un orden fijo que reciben el nombre de *forma A* y *forma B*. La composición de palabras que consideran las formas A y B corresponde a cada una de las láminas de imágenes. Ciertas palabras incluidas en las formas necesitaron adecuaciones al español hablado en México.

Los pasos para el proceso de intervención se desglosan de la siguiente manera:

1. El usuario accede al módulo de intervención una vez completada la fase de registro de información personal.

2. SEVI selecciona de manera aleatoria una de las formas proporcionadas por TEVI-R, ya que es posible aplicar indistintamente cualquiera de ellas.

3. Se considera la edad del usuario para establecer el nivel de complejidad para el inicio de la intervención. El instrumento original proporciona la escala de complejidad con base en la edad del usuario.

4. SEVI muestra las láminas con las cuatro imágenes originales utilizadas en el instrumento TEVI-R al usuario (opciones A, B, C y D), proporciona una palabra tanto hablada como escrita (funcionalidad añadida en la versión basada en Web), y espera a que el usuario, dando clic con el dispositivo del mouse, seleccione la imagen que corresponde a la palabra indicada. Cada interacción del usuario con el ambiente es registrada en la base de datos.

5. Respetando los criterios de comienzo del instrumento original TEVI-R, se implementó un proceso de ajuste del nivel de evaluación inicial del vocabulario del usuario. Para realizar este proceso, el usuario tiene que contestar 8 láminas correctamente, de lo contrario se recorrerá la lámina de inicio hasta que el usuario complete 8 láminas con respuestas correctas, la última lámina a la que puede llegar es a la uno. En el caso de que el usuario haya tenido retrocesos de láminas, una vez completadas las ocho láminas correctas continuará en la lámina posterior al primer error obtenido y continuará con la aplicación.

6. El ambiente seguirá mostrando láminas al usuario mientras este tenga menos de seis errores dentro de las últimas ocho láminas mostradas.

7. Como alerta para el usuario, se implementó un termómetro de errores que le permite conocer que tan cerca se encuentra de terminar la prueba. Si no tiene ningún error dentro de las últimas ocho láminas, el termómetro se encuentra en color verde, si tiene de uno a tres errores se encuentra de color amarillo y de cuatro a cinco errores de color rojo (funcionalidad añadida en la versión basada en Web). Si el estudiante llega a completar seis errores, la aplicación termina y pasa al módulo de estimación de nivel de vocabulario (ver Fig. 5), de igual forma si el estudiante consigue contestar de manera correcta un consecutivo de palabras, el termómetro regresará a color verde permitiendo al estudiante continuar con la prueba.

8. Si el usuario no termina la prueba por errores consecutivos, SEVI continuará la presentación de láminas hasta la número 116. Una vez ahí, la prueba termina y pasa al módulo de estimación de vocabulario.

El *módulo de estimación de nivel de vocabulario*, utiliza la escala de medición proporcionada en el instrumento original de TEVI-R. El ambiente calcula y muestra al usuario el puntaje obtenido de acuerdo a su edad, así como la categoría a la que pertenece y el nivel de vocabulario con el que cuenta (ver Fig. 5). Además, muestra datos adicionales como el puntaje promedio obtenido en la categoría a la que pertenece el usuario y el puntaje más alto obtenido en esa categoría (funcionalidad añadida en la versión basada en Web).

Fig. 5. Módulo de estimación de nivel de vocabulario del ambiente SEVI.

IV. RESULTADOS DEL ESTUDIO

Como prueba piloto se utilizó SEVI con 283 estudiantes de distintitos niveles educativos, visitantes del evento de divulgación denominado Semana de Ciencias, organizado tradicionalmente por la institución educativa de los investigadores participantes. Durante la realización de la prueba piloto se proporcionó a los participantes el ambiente adecuado para evitar distracciones, característica mencionada en el instrumento original. Si bien, el instrumento original está dirigido a estudiantes con edades que corresponden al nivel medio superior e inferiores, también se procedió a utilizarlo para medir el nivel de vocabulario dominado por estudiantes universitarios de nuevo ingreso, con edades que fluctúan entre 19 y 25 años, con el objetivo de conocer si el estudiante ya está familiarizado con el vocabulario que debió dominar en años anteriores. La competencia en el manejo de vocabulario se determinó utilizando la escala de cinco niveles propuesta en el instrumento TEVI-R: *retraso grave*, *retraso leve*, *normal*, *muy bueno* y *sobresaliente*; correspondiendo el Nivel I a retraso grave y el Nivel V a sobresaliente.

Dentro de los resultados obtenidos, se aprecia que existe una gran cantidad de estudiantes que se encuentran en la categoría de retraso grave, mostrando un pobre vocabulario para la mayoría de los niveles preuniversitarios, únicamente el nivel de secundaria logró un desempeño correspondiente a la categoría de retraso leve.

En la Fig. 6 se presenta la distribución del nivel de vocabulario obtenido por los estudiantes de cada nivel educativo. Particularmente, en el nivel preescolar se detecta el peor desempeño con aproximadamente el 85% de estudiantes por debajo de la categoría normal, y solo un poco más del 15% considerados con un nivel normal o sobresaliente.

A modo de conclusión se realizó un comparativo general del nivel de vocabulario que presentan los distintos niveles académicos, donde se identificó un mejor desempeño a medida que incrementa el nivel educativo. Este comportamiento es constante en los primeros cuatro niveles académicos evaluados. Sin embargo, los resultados obtenidos en el nivel medio superior presentaron un decremento significativo.

Fig. 6. Comparativo del nivel de vocabulario entre niveles académicos.

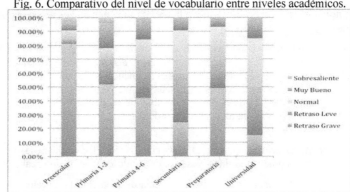

V. CONCLUSIONES

Se requiere realizar un estudio exploratorio mas a fondo y con una cantidad mayor de estudiantes de cada nivel, ya que dentro de los resultados obtenidos en la prueba piloto, por un lado, encontramos que el nivel de vocabulario incrementa a medida que el estudiante avanza en su nivel educativo, sin embargo, detectamos un retroceso en el nivel medio superior, donde incrementa la cantidad de estudiantes en la categoría de retraso grave. Es de nuestro interés realizar un análisis más exhaustivo en este nivel académico, evaluando el nivel de vocabulario de los estudiantes al ingresar y durante su estancia en esta etapa formativa. Considerando que los egresados de este nivel educativo son potenciales a ingresar a una formación universitaria, es vital realizar un monitoreo permanente del progreso en el nivel de vocabulario de estos estudiantes, así como, implementar estrategias didácticas que incrementen su nivel de competencia en el manejo del lenguaje. De igual forma se planean realizar estudios futuros para determinar si existe un impacto positivo o negativo de las herramientas utilizadas en SEVI, como la presencia del semáforo de alerta de errores.

REFERENCIAS

[1]   Stanovich, K.E. (2000). Progress in understanding reading. New York: Guilford.

[2]   Amador, J., Forns, M., y Kirchner, T. (2006). La escala de inteligencia de Wechsler para niños revisada (WISC-R). Documento de trabajo. Barcelona, España: Universidad de Barcelona.

[3]   Dunn, L.M., y Dunn, D.M. (2007). The Peabody Picture Vocabulary Test, Fourth Edition. Bloomington, MN: NCS Pearson, Inc.

[4]   Echeverría, M., Herrera, M.O., y Segure, J. (2002). *TEVI-R Test de Vocabulario en Imágenes*. Concepción, Chile: Editorial Universidad de Concepción, tercera edición revisada.

[5]   Pavez, A., Rojas, F., Rojas, P., y Zambra, N. (2013). *Habilidades semánticas y rendimiento académico en escolares de 2º y 4º año básico*. Santiago, Chile: Universidad de Chile.

[6]   Albornoz, K., Frez, N., Jaña, N., Miranda, J., y Rubilar, P. (2014). Comprensión lectora en Trastorno Específico de Lenguaje. Su relación con la comprensión narrativa, inferencias, léxico y decodificación. Santiago, Chile: Universidad de Chile.

[7]   Instituto Nacional para la Evaluación de la Educación.(2015). *Plan Nacional para la Evaluación de los Aprendizajes (Planea). Resultados Nacionales, 2015, Sexto de primaria y tercero de secundaria, Lenguaje y Comunicación y Matemáticas*. México: Secretaria de Educación Pública. Recuperado de http://planea.sep.gob.mx/content/general/docs/2015/difusion_resultados/1_Resultados_nacionales_Planea_2015.pdf.

Development of a pattern electroretinography system for the diagnosis of retinal diseases

A. López Mendoza, Postgrade and Investigation Studies Section Unit Culhuacán
National Polytechnic Institute
Mexico City, Mexico
axlmago@hotmail.com

L. Niño de Rivera y Oyarzábal, Postgrade and Investigation Studies Section Unit Culhuacán
National Polytechnic Institute
Mexico City, Mexico
luisninoderivera@gmail.com

S. Guerrero González, Postgrade and Investigation Studies Section Unit Culhuacán
National Polytechnic Institute
Mexico City, Mexico
santiagoguerrero92@outlook.com

Abstract—In this paper we present a pattern electroretinography *PERG* test utilizing different techniques to generate a checkboard pattern reversal stimulus. This study will allow to determine any possible optic neuropathy, besides it can assist in the early diagnosis of glaucomatous damage. We developed a visual stimulus software able to change the size of the checkboard, thus its position and form of the fixation point, as well as the temporal frequencies. The pattern electroretinography test can utilize two methods to generate the pattern: it either can use a *CRT* monitor and a *LED* monitor, since they have different luminance (90 to 125 cd/m^2) and temporal frequencies (4 y 8 regressions per second) values applied in two clinically healthy patients. The test provides key results for the comparison between the different techniques for the simulated stimulus of the pattern electroretinography test. Also, the difference between the latency and the amplitude is minimal, since they are decreasing as long as the temporal times increase. We conclude debating the possibilities of this system to be applied in *PERG* clinical test since our results can be compared with the ones given by any commercial system.

Keywords—checkboard reversal, electroretinography, glaucomatous damage, LED monitor, optic neuropathy, pattern electroretinography, retinal diseases, retinal dysfunction.

I. INTRODUCTION

Visual problems have been considered as the new epidemic of the XXI Century. It is estimated that in Mexico 43.24% of the general population requires optometric services, even to the fact that 80% of this group presents a visual disability that can be prevented or cured. The ocular electrophysiological tests have been very important for the clinical investigation area. However, they have acquired a major relevance due to the technological improvements standards that measure its register, most of them established by the International Society for Clinical Electrophysiology of Vision *ISCEV* [1], thus providing this study a major accessibility, sensibility, reproducibility, and ease of use for the experts of the area. The electroretinography is a retinal test used to measure the electric response of the eye cells that are light sensible (cone and rod cells), resulting in the sum of provoked biopotencials in the retina because of the light stimulus.

This test is a useful complementary technique for the detection, localization and even the prevention of any retinal and visual pathway dysfunctions. Besides, it is used to determine if the patient has an inherited acquired retinal disorder, i.e. retinitis pigmentosa, macular degeneration, retinal detachment, and such. There are two methods used to provoke an electric response in the electroretinography: flash-induced light stimulus *ERGf*, which are generally short- length white-light sparkles; and the pattern stimulus *PERG*, which are structured like a chessboard with a black and white luminance. The retinal electric response manifests as a total wave integrated by other waves. Wave A (negative) originates from the photoreceptors (cone and rod cells) represents the photoreceptors outside layer activity, which happens around 15 ms. Waves B1 and B2 (positives), are made up in the Müller and the bipolar cells, and they represent the light message for the retina, taking place in a 80 ms average. This paper presents the pattern stimulus *PERG*. Unlike the *ERGf* which is used to diagnose any diffuse dystrophies in the photoreceptors, *PERG* test is performed generally to determine the intern retinal dysfunction and the optic neuropathy, besides that it gives and early diagnosis of the glaucomatous damage, depending an existing relation between the amplitude and the visual pathways. This study can revel any possible damage of the ganglion cells function, which can be detected using any conventional analysis. The implemented display technology is crucial to induce the stimulus, since the results rely on it, especially the commercial devices utilize a cathode rays monitor *CRT*, although recent studies describe the *LED* monitor as a good substitute for the visual stimulus display *VDU* [2-5]. This is the main reason we choose the perfect replacement for the *CRT* monitor, for this study, and beyond.

II. METHODOLOGY AND RESULTS

We developed a visual stimulus system for electroretinography tests. This system represents a direct improvement to the system developed by Ph.D. Carlos Herrera [6], which has only a multifocal electroretinography test. In this paper we present the *PERG* test using different techniques to generate the stimulus: a Sun Microsystems *CRT* monitor and a Samsung S24E360HZ *LED* monitor. The proposed system consists in three functional blocks: a biopotential amplifier with acquisition data system, a signal processing software and a stimulus generating software:

A. Biopotencial Amplifier

The specific function of the biopotencial amplifier is to take a biological weak electric signal in order to increase its amplitude. Due to the fact the electric signal that came from the retinal zone is very small µv, the bandwidth has to be limited so the signals can be properly processed. Besides, they need to have high commune reject relation levels *CMRR*. The properties the amplifiers need to have in order to perform the *ERG* according to the *ISCEV* standards are shown in Table I. We used a low noise RHA2216 Intan Technologies LLC amplifier. We choose this device because it consumes a very low amount of energy. Besides it has 16 different channels. Fig. 1 shows the wiring diagram for the RHA2216 amplifier.

TABLE I
BIOAMPLIFIER SPECIFICATIONS ACCORDING TO ISCEV STANDARDS AND RHA2216 AMPLIFIER'S PROPERTIES

Characteristics	*ISCEV* Standards	RHA2216 Amplifier
Gain (dB)	40	46
CMRR (dB/min)	80	82
Bandwidth (Hz)	3 - 30	10 - 20
Input Impedance (MΩ)	10	10
Noise (µ VMRS)	2	2

Fig. 1. Wiring diagram of RHA2216 Intan Technologies LLC amplifier. It shows that the entrance has transconductance amplifiers, which can provide a gain of 100 dB.

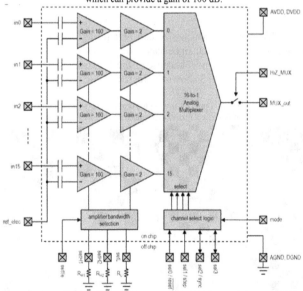

Additionally each amplifier has a Butterworth low cut frequency filter to reject noise signals. Inside it has an analogical multiplexer which drives the amplifier's signal outside the chip. Table I also presents the most important properties of the RHA2216 amplifier. The amplifier has a development system, which houses an AD7980 analogical digital converter, which closely resembles a successive approximation architecture *ADC*. This amplifier has important advantage: it's electrically isolated from the patient, as we can see in Fig. 2 because the common impedance from trajectory to ground differs between the references electrode and the amplifier's ground, provoking an open circuit and preventing any possible damage in the ocular tissue. Besides, as an extra security measurement the *ADC* architecture uses the analogic signal once since as soon as the signal enters it because it becomes digital, preventing a possible regression of the signal straight into the patient.

B. Signal Process Software

Due to the signal magnitude is about a few µV, the human body acquired biological signals are very receptive to the environment noise, although most part of this noise is eliminated by the third order Butterworth low-cut frequency filter, and the rest of the noise has to go through a digital filter. These filters help us eliminating undesired frequency components. There are many tools and filters techniques that could be applied. In this particular case we developed a Butterworth filter in MATLAB® due to the close range filter gain is very close to 1 [19], summing up the fact that this filter process a frequency response as flat as possible to the cut frequency and a slower filter drop. To properly analyse the signal we most break down each one of its frequency components. One of the most common ways to do this is with a Discrete Fourier Transform *DFT*:

$$X(k) \quad \sum_{t=0}^{N-1} x(t)e^{\left(\frac{-j2\pi}{N}\right)kt}, k \quad 0,1,\dots,N \quad 1. \tag{1},$$

where X(k) represents the *DFT* coefficients, x(t) the original succession of time and N the number of data points inside x(t). Each of the *DFT* coefficients weights the energy supply of a unique frequency component of the signal so that a frequency spectrum can be shown graphing the X(k) coefficients.

Fig. 2. PERG's components at differences frequencies (Hz).

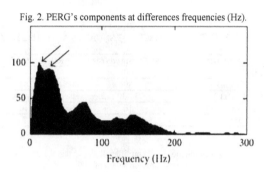

C. Stimulus Generator Software

The software generates chessboard like squares, which size can be adjusted for any specific monitor or dimension, keeping their square shape ±5%. This software also allows to change shape, size, colour and position of the fixation point within the board as required. The same goes with the temporal frequency, because of the frequency we have we can obtain a transient *PERG* of 6 rps or less, or a regular *PERG* of 10 rps or more. Fig. 3 shows the representable boards.

Fig. 3. Left - Pattern dimension of 4 mm x 4 mm with a cross fixing point in the center in form of cross.
Right - Pattern dimension of 6 mm x 6 mm with a square fixing point in the center in form of square

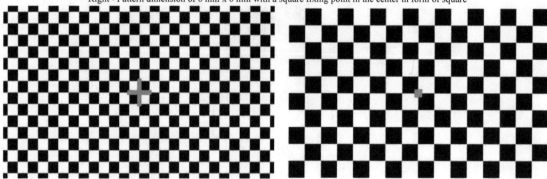

The software operation consists of the following stages:

1) Recording: Two clinically healthily msn (24 and 56 years old) where examined placing the eye electrodes, since a study made by Mohodin [14] revealed that this type of electrode gives wider amplitude responses that any other type of electrodes, besides it gives more comfort to the patient, slowing the eye movement and wading any artefacts on the signal.

2) Application of the stimulus: in order to property stimulate the retina we used two different techniques to get the pattern. Once was with a Sun Microsystems *CRT* monitor with a 70 Hz frequency and a 80 cd/m^2 luminance and the other was a Samsung S24E360HZ *LED* monitor with a 125 cd/m^2 luminance and 2 regressions frequencies (4, 8 rps) are applied to each technique. For the stimulus display calibration it was necessary to use a Sony Dsc-h300 digital cameral [27] to adjust the light and contrast parameters. According to the *ISCEV*, we have:

$$Luminosriy \quad \frac{-5.61 f^2}{S t}$$

(2),

Where f is the camera diaphragm, S the *ISO* sensibility and t the time. The recording time did not exceed a 20 minutes period per person.

3) Response Measurement: The obtained response is an initial negative wave known as N35 followed by a positive wave P50, which appears in about 50 ms and then a negative wave at 95 ms N95 [6, 20].

4) Analysis: This study shows the first results when applying this technique in two subjects. Amplitude and latency signals data are shown.

D. Results

When analysing all the obtained responses when applying the *PERG* stimulus with different monitor techniques in two clinically healthy patients we did not find any significant differences between the amplitude and the latency times. However we found significant differences when applying different temporal frequencies in a monitor. The amplitude decreased as long as the regression time increased. This happened because the regression time in the *LED* monitor is way too superior to the *CRT* monitor, giving faster times between the black and white checkboard light changes. In Table II we present a comparison of the normal amplitude and latency *PERG* values applying a temporal frequency of 4 rps between the *CRT* and the *LED* monitor. Likewise in Fig. 4 we show the signals obtained with each of the techniques

TABLE II
AMPLITUDES AND LATENCIES OF PERG OF A PATIENT APPLYING DIFFERENT LUMINANCE WITH A REGRESSION TIME OF 4 RPS

Luminance (cd/m^2)	P50 (Amplitude - μV)	P50 (Latency - ms)	N95 (Amplitude - μV)	N95 (Latency - ms)
90	361	52.62	4.23	104.27
125	325	50.8	3.9	100.3

Fig. 4. Top Left– *PERG* signal of the healthy patient when stimulated with a *CRT* monitor. Bottom Left – *PERG* signal of the healthy patient when stimulated with a *LED* monitor. Right - Comparison between the signal obtained by a Retimax system (top) and our system's signal (bottom). We can appreciate they're very similar because the amplitude and the latency time between the first and the last negative peaks show the same variation characteristics, besides that in the Retimax system the amplitude takes longer to be determined (N135).

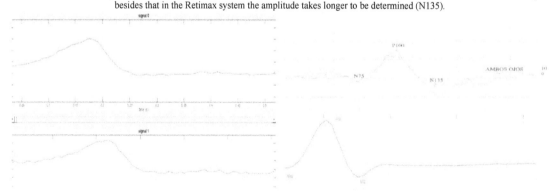

Finally in Table III we present the results when applying a regression frequency of 8 rps in both monitors

TABLE III
AMPLITUDES AND LATENCIES OF PERG OF A PATIENT APPLYING DIFFERENT LUMINANCE WITH A REGRESSION TIME OF 8 RPS

Luminance (cd/m^2)	P50 (Amplitude - μV)	P50 (Latency - ms)	N95 (Amplitude - μV)	N95 (Latency - ms)
90	5.14	103.4	7.95	142.08
125	4.53	104.32	6.10	135.2

III. Conclusions

The use of a pattern electroretinography test, it's very useful when checking the visual function and the status of the visual pathways, especially when it is applied in the early detection of glaucomatous damage. The test was applied in clinically healthy subjects to obtain reproducible theoretically data and thus to be compared with the results obtained from a commercial system (Ronald Retimax) [13], as shown in the right side of Fig. 4.

To sum up the system described in this paper can be used to perform the *PERG* clinical test since we verified that the *LED* monitor could be used while performing this type of test, which generally employs *CRT* monitor.

Acknowledgment

The authors would like to thank the authorities and personal of the Postgrad and Investigation Studies Section Unit Culhuacán for their valuable participation in this project, which was made to provided all kind of facilities to the people who need to do this clinical test.

References

[1] International Society for Clinical Electrophysiology of Vision, 2016, http://www.iscev.org

[2] C. S. Matsumoto, K. Shinoda, H. F. Matsumoto, M. H. Hideaki and A. Mizota, "Liquid cristal display screens as stimulators for visually evoked potentials: Flash effect due to delay in luminance changes", Documenta Ophthalmologica, pp. 1-11, 2013.

[3] E. A. Cooper, H. Jiang, V. Vildavski, J. E. Farrel and A. M. Norcia, "Assessment of OLED displays for vision research", Journal of Vision, pp. 1-13, 2013.

[4] C. S. Matsumoto, K. Shinoda, H. F. Matsumoto, Sasaki K. Sasaki, H. Minoda, T. Iwata, A. Mizota, "Pattern Visual Evoked Potencials Elicited by Organic Electroluminescence Screen", BioMed Research International Volume 2014, pp. 1-6, 2014.

[5] B. Nagy, S. Gemesi, D. Heller, A. Magyar, A. Farkas, "Comparasion of pattern VEP results acquired using CRT and TFT stimulators in the clinical practice", Documenta Ophthalmologica, pp. 157-162, 2011

[6] C. Herrera and L. Niño de Rivera, "Variable Array Patterns For Multifocal Electroretinography", Telecommunications and Radio Engineering, E.72, pp. 1431-1437, 2013.

[7] N. Cottaris, R. Iezzi Jr. and E. Micheli-Tzanakou, "VEP as response of the visual system to pattern convergence" in *Annual International Conference of the IEEE Engineering in Medicine and Biology Society*, Vol. 2, pp. 895-896, 1990.

[8] C. Herrera, A. Moreno, K. Chavez and V. Ponomaryov, "Acquisition and processing of ERG signals: Amplificador de biopotenciales para electrorretinografía" in *VIII Congreso Internacional sobre Innovación y Desarrollo Tecnológico*, 2010.

[9] N.Mohodin, M.Yap, "The repeability and variability of the multifocal electrorretinogram for four different electrode types", Ophthalmic Physiol Opt, vol.17, No. 6, pp530-535, 1997

[10] DIGITALHERITAGE, Calibracion del Monitor , http://w.w.w.jpereira.net/gestion-de-color

[11] J. Catalá, M. Castany, "Pruebas elextrofisiologicas:¿qué,cuándo cómo y por qué?", Documenta Ophthalmologica, 13(2):76-90, 2005

[12] ISCEV Standard for clinical pattern electroretinography, Documenta Ophthalmologica 126: 1-7, Oct. 2013

[13] ROLAND CONSULT, Electrophysiological diagnostic systems, http://www.roland-consult.com/cms/

[14] G. G. Celesia and M. G. Brigell, "Recommended standards for pattern electroretinography and visual evoked potentials," *EEG*, supply 52, pp. 53-67, 1999.

Estructura de bandas de nanocintas de grafeno

Paola Rodríguez O.
Universidad Autónoma de San Luís Potosí
San Luís Potosí, San Luís Potosí, México

Priscilla E. Iglesias V., Manuel I. Ocegueda M., Ruben C. Villarreal S., Ramón Carrillo-Bastos[*]
Universidad Autónoma de Baja California
Ensenada, Baja California, México
[*]ramoncarrillo@uabc.edu.mx

Resumen—En este trabajo se presenta un algoritmo para el cálculo de la estructura de Bandas de nanocintas de grafeno, su implementación en MATLAB y su aplicación a cintas infinitas en las dos direcciones cristalinas principales, considerando los efectos de interacción espín órbita y de deformaciones mecánicas.

Palabras clave— *Grafeno, estructura de bandas, teorema de Bloch , interacción espín-órbita, deformaciones.*

I.   INTRODUCCIÓN

La teoría de bandas para los electrones en cristales surge de introducir a la ecuación de Schrödinger un potencial periódico generado por la red de átomos que forman el cristal. Felix Bloch mostró en 1928 [1] que existe una solución general para la ecuación resultante que se puede escribir como el producto de una función periódica (con la periodicidad de la red) y una función de onda plana. De esta manera, existen modos colectivos para los electrones dentro de un cristal que se comportan como si fuesen partículas libres (sin potencial). Sin embargo, la relación entre el momento y la energía para tales modos colectivos no necesariamente es la relación cuadrática usual, E=p²/2m, e incluso en los casos que lo sea, no necesariamente la constante de proporcionalidad es el inverso del doble de la masa del electrón [2]. De hecho, muchas veces ocurre que existen regiones de energía para las cuales no existe una solución, estás se conocen como brechas de energía. Las regiones para las cuales sí existe una solución se les llaman bandas energéticas. Conocer la estructura de estas bandas y brechas de energía o equivalentemente conocer la relación entre la energía y el momento (relación de dispersión) es importante pues nos ofrece información sobre el movimiento de los electrones dentro de los cristales e incluso permite calcular de manera aproximada la respuesta de los electrones a campos electromagnéticos externos [2].

Actualmente existe un gran interés en el grafeno, material formado por una red hexagonal bidimensional de átomos de carbono. La estructura hexagonal hace que los electrones de bajas energías se muevan como si fuesen partículas relativistas sin masa y con velocidad constante, los llamados electrones tipo Dirac, haciendo de este material un semimetal con una alta movilidad electrónica [3]. Debido a la naturaleza de los enlaces que unen a los átomos de carbono que lo forman, el grafeno es el material en dos dimensiones sintetizado más fuerte conocido por la humanidad y a la vez es muy flexible, soporta deformaciones elásticas mayores al 20% [3]. La combinación de ambas propiedades y su interacción en un solo material abren la posibilidad a un nuevo campo de estudio, la elastrónica (del vocablo en inglés *straintronics*) [4]. Al ser fermiones, los electrones tienen un grado de libertad de espín, este ha sido objeto de diversos estudios que se engloban en el campo conocido como espintrónica (del vocablo en inglés *spintronics*) [5]. De esta manera, estudiar los efectos de las deformaciones mecánicas y la interacción espín-órbita en grafeno es de interés no solo académico sino también tecnológico.

Existen diferentes estructuras basadas en grafeno, como los puntos cuánticos, anillos y las nanocintas (NC) [3]. Estas últimas resultan de realizar dos cortes paralelos a distancia nanométrica en alguna dirección cristalina. Las NC de grafeno constituyen una manera viable de aprovechar las propiedades electrónicas extraordinarias del grafeno, además presentan propiedades peculiares debido al confinamiento en una de sus direcciones, haciéndolas excelentes candidatas para potenciales aplicaciones tecnológicas [6]. En el presente trabajo se describe un algoritmo para el cálculo de la estructura de bandas (EB) de NC de grafeno, así como los resultados de su implementación en MATLAB. En la sección II se presenta el modelo en el que están basados nuestros cálculos así como el algoritmo para obtenerlos. En la sección III se muestran y discuten brevemente los resultados obtenidos y finalmente en la sección IV se ofrecen las conclusiones.

II.   MODELO

A. El grafeno en aproximación de amarre fuerte

El átomo de carbono en su configuración estable tiene 6 electrones, de los cuales 2 están en el orbital 1s, otros dos en el orbital 2s y los dos electrones restantes en dos orbitales tipo p. Sin embargo, en el grafeno se lleva a cabo una hibridación de un orbital tipo s con dos orbitales tipo p para formar tres orbitales híbridos llamados sp2, que forman enlaces covalentes entre átomos vecinos (enlaces sigma), dando lugar a una red hexagonal de átomos de carbono y dejando un electrón en el orbital perpendicular al plano cristalino que permanece sin hibridizar (pz). El traslape de este orbital pz entre átomos de carbono vecinos, hace que los electrones, llamados electrones pi, puedan moverse con facilidad, con una energía de traslape entre orbitales (t) del orden de 2.8 eV [1]. Es posible describir el transporte electrónico en el grafeno mediante un hamiltoniano que considere solo la energía asociada a los saltos del electrón entre sitios vecinos, el cual, haciendo la aproximación de partícula independiente, puede escribirse como sigue:

$$H = \sum_{<i,j>} t_{ij} c_i^\dagger c_j, \qquad (1)$$

donde los índices i,j refieren a los sitios de la red de grafeno, los corchetes triangulares indican suma sobre los vecinos inmediatos, es decir se toma la aproximación de amarre fuerte, $t_{i,j}$ es la energía de traslape entre orbitales vecinos (para el grafeno perfecto es $t_{i,j} = t \sim 2.8$ eV) y los operadores $c_i^\dagger (c_j)$ son los operadores de creación (aniquilación). Usando el teorema de Bloch y considerando $t_{ij} = t$, se obtiene analíticamente de la ecuación estacionaria de Schrödinger, la siguiente relación de dispersión [1]

$$E_k = \pm t \sqrt{3 + 2\cos(\sqrt{3}k_y a) + 4\cos\left(\frac{\sqrt{3}}{2} k_y a\right)\cos\left(\frac{3}{2} k_x a\right)}, \qquad (2)$$

donde $k_x(k_y)$ es el momento en la dirección horizontal(vertical) siguiendo la convención en la Fig.1.**a**. La gráfica de la relación de dispersión de la ecuación (2) se muestra en la Fig.1.**b**, en ella se muestra que la relación de dispersión hereda la simetría hexagonal de la red. El hecho de que cerca de cero la relación muestra conos es lo que le da la naturaleza "relativista sin masa" a las excitaciones de bajas energías.

Fig. 1. **a**. La red de átomos de carbono que forman el grafeno, las direcciones cristalinas zigzag y brazo de silla están señaladas con colores rojo y azul respectivamente. **b**.Gráfica de la relación de dispersión de la Ec. (2).

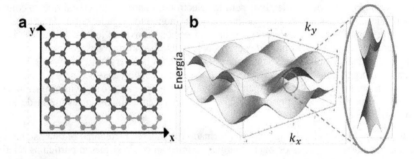

B. Nanocintas y algoritmo para el cálculo de las bandas

La geometría hexagonal del grafeno define de manera natural dos direcciones cristalinas. La dirección en la que las NC son infinitas les caracteriza, siguiendo la convención de la Fig.1.**a** las clasificamos en *zigzag* (rojo) y *brazo de silla* (azul). A esta dirección infinita la vamos a denotar por x y aprovechando la simetría de traslación en ella, podemos encontrar la EB solucionando una ecuación de la forma [7]:

$$E_k \phi = H_0 \phi + H_{-1} \exp(-ika)\,\phi + H_{+1}\exp(+ika)\,\phi, \qquad (3)$$

donde a es el parámetro de red, es decir la distancia espacial entre celdas; H_0, H_{-1}, H_{+1} son matrices de dimensión igual $n \times n$, con n el número de sitios en la celda de repetición para formar la nanocinta: H_0 está asociada al hamiltoniano de una celda y $H_{+1}(H_{-1})$ describe la conexión de una celda con su vecina de la derecha(izquierda) ; k el momento cristalino en la dirección x, mientras que el *eigenvector* ϕ y el eigenvalor E_k son las incógnitas a determinar. Para deducir la Ec. (3), hemos separado el hamiltoniano en celdas que se repiten por periodicidad y aplicado el teorema de Bloch. Así el problema de encontrar la EB de NC se reduce a solucionar el problema de eigenvalor en la Ec. (3).

Para escribir el hamiltoniano en aproximación de amarre se sigue la siguiente regla:

$$\{H\}_{i,j} = \begin{cases} t_{i,j} \text{ si } i \text{ vecino inmediato de } j \\ E_i \text{ si } i = j \end{cases} \qquad (4)$$

(C.P.R.O.) Proyecto DGAPA-PAPIME UNAM PE103514; (R.C-B.) PRODEP 2016.

con $t_{i,j}$ la integral de traslape o la energía de salto entre los sitios j e i y E_i es la energía de sitio. Si no existen potenciales externos ni deformaciones se puede fijar $E_i = 0$ y $t_{i,j} = t \approx 2.8$ eV. El esquema de la Fig.2 muestra el ejemplo para una cinta de zigzag de sólo 4 sitios, en él podemos observar las conexiones entre sitios y sus matrices asociadas con colores correspondientes. La relación que se observa en este caso para las matrices H_{+1} y H_{-1}, se cumple en general y $H_{-1} = H_{+1}{}^{\dagger}$. Siguiendo la prescripción anterior, escribimos funciones en MATLAB® para el cálculo de la EB de NC de grafeno con ambas terminaciones (véase Fig.2.**b**). En la Fig.2.**c** se muestra la salida de dicha función usando *50 sitios, e0=0, t=1* y *lattice=1*.

Fig. 2. **a**. Ejemplo de las matrices hamiltonianas para una cinta zigzag de 4 átomos. **b**. Código para el cálculo de la estructura de bandas de una cinta zigzag. **c**. salida del programa para 50 sitios, e0=0, t=1 y lattice=1

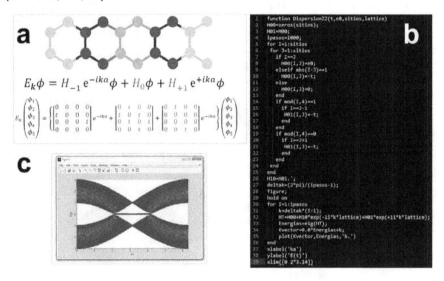

C. Deformaciones mecánicas

En presencia de deformaciones geométricas la distancia entre sitios vecinos se vuelve dependiente la posición. Sea l_{ij} la distancia entre átomos después de la deformación y $l \approx 1.42$Å distancia en equilibrio, entonces la energía de salto entre los sitios j e i es [8]

$$t_{ij} = t \cdot \exp\left[-3.37\left(\frac{l_{ij}}{l} - 1\right)\right]. \qquad (5)$$

Evidentemente si se requiere calcular la EB, estamos interesados en deformaciones que respetan la simetría en la dirección x, entonces consideramos deformaciones que dependen sólo de la coordenada vertical y.

D. Interacción espín-órbita intrínseca

Las interacciones espín-orbita se originan debido a asimetrías en el potencial que perciben los electrones al moverse en la red, se clasifican de acuerdo a su origen en intrínsecas [9] y extrínsecas o tipo Rashba [5]. Las primeras son aquellas que respetan todas las simetrías del grafeno y resultan en pequeñas brechas en la estructura de banda, mientras que las segundas resultan de la ruptura de la simetría de inversión debido a agentes externos [10]. En el presente trabajo consideramos interacción espín órbita intrínseca, principalmente por su importancia histórica ya que dieron origen a los recientemente descubiertos aislantes topológicos. En grafeno, la interacción espín-órbita intrínseca está dada por [9]

$$H_{ieo} = \sum_{\langle\langle jk\rangle\rangle} it_s v_{jk} s_{\alpha\beta}^z c_{j\alpha}^{\dagger} c_{k\beta}, \qquad (6)$$

donde el doble corchete triangular indica suma sobre los sitios j y k que son segundos vecinos más cercanos, i es el número imaginario de los complejos, t_s es la energía de salto, que en el caso de grafeno sin impurezas cumple que $t_s \ll t$, s^z es la matriz de Pauli, $v_{jk} = \pm 1$ es un término cuyo valor depende de sí al saltar el electrón del sitio j al sitio k realiza una rotación positiva o negativa según la regla de la mano derecha y los operadores $c_{j\alpha}^{\dagger}(c_{j\alpha})$ son los operadores de creación (aniquilación) en el sitio j con espín α. Usualmente cuando se introduce el grado de libertad de espín es necesario duplicar el número de sitios, sin embargo en este caso particular no es necesario ya que la matriz s^z no mezcla las especies de espín; es una matriz diagonal así podemos hacer el cálculo dos veces, cambiando el signo a v. El origen físico del término de la Ec. (6) es la asimetría espacial que experimenta el electrón al realizar saltos a segundos vecinos en una red hexagonal [9].

III. RESULTADOS Y DISCUSIONES

Los resultados se resumen en la Fig.3, en ella se muestra la EB para diferentes NC de grafeno, los resultados fueron obtenidos con códigos escritos en MATLAB y se usó un paquete comercial de graficado para facilitar la presentación de resultados. En el panel **a** se muestra la EB para una NC de grafeno *zigzag*, en ella se pueden observar los característicos estados de borde de baja dispersión (regiones dónde las curvas son casi horizontales) [1], se consideraron 244 sitios en la dirección vertical. En el panel **b** se muestra la EB de una NC *brazo de silla*, como se puede observar esta muestra características muy diferentes a la de la cinta *zigzag*, quizás la más evidente es la presencia de una brecha energética en torno al cero. La presencia de esta brecha ha sido ampliamente estudiada [1], proviene del corte y aparece siempre que el número de sitios verticales más uno no sea un número divisible entre tres. Las estructuras de bandas anteriores se pueden obtener de proyecciones a lo largo de diferentes direcciones en la Fig.1.**b**. En el panel **c** se muestran la EB de una NC zigzag de 244 con interacción espín órbita ($t_s = 0.038t$), este término modifica los estados con dispersión horizontal y se ha demostrado que los estado que permanecen a energía cero (los que forman la cruz) están protegidos topológicamente y se creen se pueden tener aplicaciones tecnológicas importantes [11]. Por último el panel **d** muestra cómo se modifica la EB de la cinta *zigzag* en presencia de una deformación gaussiana como en [12], los estados que sobresalen de los conos usuales se ha demostrado se deben a la formación de guías de onda debido a las deformaciones.

Fig. 3. Estructuras de Bandas para nanocintas: **a**. zigzab. **b**. brazo de silla. **c**. zigzag con interacción espín-órbita y **d**. con deformación gaussiana en su centro de 10A de alto y 10A de ancho.

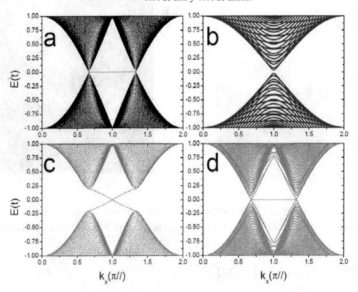

IV. CONCLUSIONES

Hemos presentado un algoritmo para el cálculo de la estructura de bandas de nanocintas y lo hemos aplicado a nanocintas de grafeno con interacción espín-órbita y deformaciones mecánicas. Consideramos que este es un buen ejercicio introductorio al estudio de la física del grafeno, el estado sólido o incluso en un curso de Física computacional.

REFERENCIAS

[1] Bloch, F. (1929). Über die quantenmechanik der elektronen in kristallgittern. Zeitschrift für physik, 52(7-8), 555-600.

[2] Ashcroft, N. W. (1976). ND Mermin Solid state physics. Saunders College, Philadelphia, 120.

[3] Neto, A. C., Guinea, F., Peres, N. M., Novoselov, K. S., & Geim, A. K. (2009). The electronic properties of graphene. Reviews of modern physics, 81(1), 109-162.

[4] Si, C., Sun, Z., & Liu, F. (2016). Strain engineering of graphene: a review. Nanoscale, 8(6), 3207-3217.

[5] Han, W., Kawakami, R. K., Gmitra, M., & Fabian, J. (2014). Graphene spintronics. Nature nanotechnology, 9(10), 794-807.

[6] Bischoff, D., Varlet, A., Simonet, P., Eich, M., Overweg, H. C., Ihn, T., & Ensslin, K. (2015). Localized charge carriers in graphene nanodevices. Applied Physics Reviews, 2(3), 031301.

[7] Y Datta, S. (2005). Quantum transport: atom to transistor. Cambridge University Press.

[8] Carrillo-Bastos, R., Faria, D., Latgé, A., Mireles, F., & Sandler, N. (2014). Gaussian deformations in graphene ribbons: Flowers and confinement. Physical Review B, 90(4), 041411.

[9] Kane, C. L., & Mele, E. J. (2005). Quantum spin Hall effect in graphene. Physical review letters, 95(22), 226801.

[10] Asmar, M. M., & Ulloa, S. E. (2013). Rashba spin-orbit interaction and birefringent electron optics in graphene. Physical Review B, 87(7), 075420.

[11] Hasan, M. Z., & Kane, C. L. (2010). Colloquium: topological insulators. Reviews of Modern Physics, 82(4), 3045.

[12] Carrillo-Bastos, R., León, C., Faria, D., Latgé, A., Andrei, E. Y., & Sandler, N. (2016). Strained fold-assisted transport in graphene systems. Physical Review B, 94(12), 125422.

Un sistema informático de apoyo a los Estudios de Impacto Ambiental

René Alain Crespo Ramos
CRECIC
Concepción, Chile
renealaincr@gmail.com

Isyed de la Caridad Rodríguez Trujillo
Universidad de Concepción
UDEC
Concepción, Chile

Resumen: Se trata de un sistema informático desarrollado mediante herramientas de software libre para apoyar la realización de los estudios de impacto ambiental llevados a cabo por la Empresa Nacional de Investigaciones Aplicadas de Cuba. Facilita la recopilación y análisis de los datos de las diferentes alternativas de un proyecto a partir de la identificación, evaluación y corrección de los posibles impactos ambientales. La implementación del sistema está sustentado sobre la metodología de Evaluación de Impacto Ambiental, Conesa y la Resolución 132/2009 "Reglamento del Proceso de Evaluación de Impacto Ambiental" del Ministerio de Ciencia, Tecnología y Medio Ambiente de Cuba. Ofrece la posibilidad de valorar las alternativas de un proyecto, teniendo en cuenta varios criterios de decisión y las preferencias del decisor, mediante el método multicriterio PRES II; unos de los criterios utilizados y de gran impacto fue el Análisis Costo-Beneficio aportando una valoración económica del proyecto. Los resultados obtenidos se ofrecen a través de la generación de informes, donde se detallan los elementos de cada alternativa y la valoración del proyecto a partir de los indicadores obtenidos a lo largo del estudio; con el propósito de apoyar las decisiones ambientales respecto a la puesta en práctica del proyecto.

Palabras clave: estudio, evaluación, impacto ambiental

I. Introducción

Desde hace algún tiempo, el uso irracional de los recursos naturales ha sido el centro de discusión en muchos eventos a nivel mundial. El desarrollo sostenible se ha convertido en una necesidad y la variable ambiental es clave en todo proyecto que se lleve a cabo. En el proceso de construcción, los materiales usados inciden en el medio ambiente a lo largo de su ciclo de vida, desde su extracción hasta su tratamiento como residuo. Las actividades de la obra constructiva provocan alteraciones perjudiciales sobre el medio ambiente, debido a la falta de inclusión de medidas preventivas en favor del entorno. El terreno en la etapa constructiva se encuentra vulnerable al cambio, debido al desbroce de tierra, deforestación, vertido de lubricantes y residuos, excavaciones y voladuras. La circulación de vehículos y uso de maquinarias provoca ruido, congestión vial y suciedad, provocando daños también a los habitantes de la zona.

En este sentido, la Evaluación de Impacto Ambiental constituye una de las herramientas de protección ambiental que fortalece la toma de decisiones a nivel de políticas, planes, programas y proyectos, ya que incorpora variables que tradicionalmente no han sido consideradas durante su planificación, diseño o implementación. La evaluación de impacto ambiental, en el contexto actual, se entiende como un proceso de análisis que anticipa los futuros impactos ambientales negativos y positivos de acciones humanas permitiendo seleccionar las alternativas que, cumpliendo con los objetivos propuestos, maximicen los beneficios y disminuyan los impactos no deseados (Conesa, 2000).

En Cuba se ha tomado una serie de medidas para proteger el medio ambiente contra los impactos ocasionados por la mano del hombre; una de ellas es exigir que todo proyecto constructivo tenga una licencia ambiental que otorga el Centro de Inspección y Control Ambiental (CICA), la misma es imprescindible para el otorgamiento de la licencia de construcción por parte de Planificación Física, permiso sin el cual no se puede ejecutar ningún proyecto. En algunos casos debido a las características de un proyecto constructivo es necesario realizar previamente un Estudio de Impacto Ambiental (EsIA). Algunos estudios de impacto ambiental son realizados por la Consultoría Ambientales Pro-Ambiente de la Empresa Nacional de Investigaciones Aplicadas (ENIA) adscrita al Ministerio de la Construcción (MICONS), debidamente acreditadas ante el CICA y amparadas por la Resolución 189/2012 y la Ley 81 del Ministerio de Ciencia, Tecnología y Medio Ambiente (CITMA). Dicho organismo rige la

Evaluación de Impacto Ambiental (EIA), teniendo como base las Guías para la Solicitud de Licencia Ambiental y las Guías Metodológicas para la realización de Estudios de Impacto Ambiental, sustentadas en la Resolución 132/2009 "Reglamento del Proceso de Evaluación de Impacto Ambiental".

En la Consultoría Ambientales Pro-Ambiente de la Empresa Nacional de Investigaciones Aplicadas (ENIA) el proceso de confección de un EsIA se realizaba de forma manual trayendo consigo:

- Lento y engorroso trabajo.
- No se seguía íntegramente lo establecido en las Guías Metodológicas para la realización de Estudios de Impacto Ambiental, por tanto:
  - La evaluación de los impactos ambientales no se realizaba de forma cuantitativa, solo cualitativa y de forma reducida.
  - La línea base ambiental que se tomaba en cuenta para la identificación de impactos era muy general.
  - No se realizaba un Análisis Costo-Beneficio del proyecto.
  - No se hacía un análisis de las alternativas de un mismo proyecto.
- Tampoco existía un almacenamiento automatizado de los EsIA, imposibilitando la reutilización de la información, el control y el análisis estadístico.

Por lo que se hizo necesario la informatización del proceso de elaboración de Estudio de Impacto Ambiental, de manera que facilitara el cumplimiento la Resolución 132/2009 "Reglamento del Proceso de Evaluación de Impacto Ambiental" en cuanto a dos cuestiones claves: análisis de alternativas de un proyecto para la identificación de la más favorable para el medio ambiente y el análisis de las relaciones entre los costos económicos y los efectos ambientales de cada alternativa.

La investigación manifiesta un valor práctico pues facilita a las unidades de la Consultoría Ambiental Pro-Ambiente de la ENIA evaluar cualitativamente y cuantitativamente los impactos ambientales y el análisis de las alternativas de un proyecto a partir de varios indicadores. Las posibilidades de realización de esta investigación partieron del apoyo del Director de Ingeniería de la Empresa Nacional de Investigaciones Aplicadas, INVESCONS, de la Directora Consultora Ambiental Pro-Ambiente de la ENIA y de las unidades de esta empresa ubicadas en Pinar del Río y Camagüey principalmente. Contando con el apoyo de la dirección de la ENIA, el sistema se puso en práctica en algunas de las unidades ubicadas en distintas provincias de Cuba. Además, el sistema está diseñado para ser utilizado en cualquier proyecto y en cualquier unidad consultora, independientemente del tipo de proyecto y de la certificación de la entidad.

II. DESARROLLO

El sistema informático desarrollado bajo el nombre SIAEIA tiene como fundamento teórico la Resolución 132/2009 "Reglamento del Proceso de Evaluación de Impacto Ambiental" y la metodología de Evaluación de Impacto Ambiental, Conesa, como base rectora. Específicamente para dar cumplimiento a lo establecido en el artículo 26, de la resolución 132/2009, inciso b) e inciso i) del Capítulo III, se implementa el Análisis Costo-Beneficio y un método de decisión multicriterio con el objetivo de apoyar las decisiones ambientales respecto a la puesta en práctica de determinadas alternativas.

A continuación se plantean algunas de las ventajas que respaldan la selección de la metodología de Evaluación de Impacto Ambiental, Conesa:

- Toma lo positivo de otras metodologías.
- La valoración cualitativa de un impacto ambiental se realiza mediante 11 atributos cualitativos.
- Permite la valoración cuantitativa de un impacto ambiental.
- Mide el impacto ambiental sobre un factor determinado.
- Mide el impacto ambiental de las acciones de un proyecto sobre el entorno.
- Permite el cálculo del impacto ambiental global del proyecto.
- Admite comparación de alternativas.
- Prevención y corrección de impactos.

Para una mayor claridad se plantea la estructura que se conformó para la base del sistema informático:

- Identificación de las acciones del proyecto potencialmente impactantes.
- Identificación de los factores del medio potencialmente impactados.
- Identificación de las relaciones causa-efecto entre las acciones del proyecto y factores del medio.
  - Matriz de Importancia.
  - Valoración cualitativa: Determinación de la importancia (I).
  - Matriz depurada.
  - Valoración cualitativa de las acciones impactantes y de los factores ambientales impactados.
  - Valoración relativa.
  - Valoración absoluta.
- Predicción de la magnitud del impacto ambiental y evaluación cuantitativa.

- Valoración cuantitativa: Determinación de la magnitud (M).
- Valor del impacto sobre un factor determinado.
- Impacto ambiental total.
- Prevención y corrección de impactos. Análisis Costo-Beneficio.
- Valoración de alternativas.
  - Paso 1: Análisis de las alternativas.
  - Paso 2: Selección de criterios.
  - Paso 3: Ponderación de los criterios.
  - Paso 4: Valoración de las alternativas para cada criterio.
  - Paso 5: Aplicación de una técnica para la ordenación o selección de las alternativas.
  - Paso 6: Análisis de sensibilidad.
  - Paso 7: Informe final y aprobación del decisor.
- Emisión del informe final.

A. Definición del sistema

SIAEIA es un software de apoyo para los especialistas que trabajan en la elaboración de EsIA, en las unidades de la Consultoría Pro-ambiente de la ENIA. El software recoge como datos de entrada la información de cada alternativa del proyecto u obra de ingeniería, a partir de una lista de acciones constructivas que se realizarán y de los factores ambientales que componen la zona donde se ejecutará el proyecto. Una vez caracterizado el entorno e identificadas todas las acciones que pueden producir una alteración sobre el medio ambiente, la herramienta permite crear un conjunto de impactos ambientales, formados por el par acción-factor ambiental. Para la valoración de dichos impactos se ofrece la posibilidad de evaluarlos cualitativamente y cuantitativamente. La evaluación cualitativa o importancia del impacto es mediante 11 atributos cualitativos planteados por el Dr. Vicente (Conesa, 2000), y la evaluación cuantitativa o magnitud del impacto es a través de indicadores ambientales. Una vez obtenidas ambas evaluaciones la herramienta tiene la opción de generar varios reportes basados en esos resultados y la posibilidad de establecer medidas preventivas o correctoras para cada impacto en pos de mitigar el daño previsto. Después de reunir los datos de cada alternativa se brinda la opción de valorar el proyecto, de acuerdo a las características individuales de cada una, obteniéndose mediante el método multicriterio PRES II multiexperto, una alternativa más viable entre las planteadas. También cuenta de la generación de un informe formal del proyecto en estudio, ganando en rapidez y uniformidad en la información entregada al CICA.

En el proceso de un estudio de impacto ambiental se pueden distinguir cuatro etapas bien diferenciadas: identificación, valoración, prevención y comunicación. Para la etapa de identificación de impactos el sistema permite introducir las acciones para cada alternativa del proyecto, susceptibles de producir impactos y los factores del medio que presumiblemente serán alterados por dichas acciones. Cada factor tiene una asignación de pesos prefijada, sin embargo se podrá modificar según la apreciación de los especialistas e importancia de estos en el entorno. El sistema permite adicionar, eliminar y modificar tanto las acciones como los factores. El siguiente paso es crear los impactos ambientales, es decir modificaciones favorables o desfavorables del medio debido a la ejecución de las acciones constructivas; obteniendo una lista de posibles impactos ambientales para cada alternativa del proyecto.

La segunda etapa comienza con la valoración cualitativa de los impactos mediante una serie de atributos definidos en la metodología. Se obtiene un valor que usualmente se denomina importancia y se clasifican a su vez los impactos en compatibles, moderados, severos y críticos. Se permite la depuración del conjunto de impactos, para tratarlos de manera diferenciada en cuanto a su relevancia y posibilidad de cuantificación. En la valoración cuantitativa se mide la magnitud del impacto para lo que se utilizan indicadores, que en un primer momento se obtiene en unidades heterogéneas, y que mediante las funciones de transformación se convierten en unidades homogéneas o comparables entre distintos tipos de impactos. Una vez obtenida la valoración cuantitativa y cualitativa se puede obtener reportes sobre las acciones más impactantes, los factores más afectados así como una valoración del impacto total producido por la alternativa en cuestión. Todos esos elementos se tienen en cuenta para tomar una decisión sobre la alternativa más viable de realización de un proyecto determinado.

El siguiente apartado es la prevención de impactos. Los impactos producidos por una determinada actividad dependen mucho de la forma en que se realice la misma, por lo que es necesario detallar las medidas preventivas o correctoras para que el impacto sobre el medioambiente sea lo menor posible. Para ello el sistema permite añadir a cada impacto ambiental un conjunto de medidas, con su relativo costo, que permitan principalmente prevenir o reducir la alteración o impacto identificado sobre el medio ambiente. También se brinda la posibilidad de realizar una nueva alternativa teniendo en cuenta las medidas definidas para cada impacto y obtener una evaluación de los impactos corregidos que permite comparar si esas medidas serán efectivas. A partir del costo de los impactos negativos y de los beneficios (en términos monetarios) de los impactos positivos se realiza una Análisis Costo-Beneficio mediante el indicador Valor Actual Neto.

Por último se brinda la opción de valorar todas las alternativas planteadas, en cuanto a varios criterios de elección y obtener la más viable según las preferencias del decisor.

B. Interfaces del sistema

En la siguiente interfaz de usuario se han introducido los datos de un estudio realizado a solicitud de la Empresa de Servicios Ingenieros Hidráulicos de Camagüey (ESIHC). Se muestra el nombre del proyecto, el inversor del proyecto (es decir el que solicita el EsIA), el ejecutor del EsIA (en este caso es la Consultoría Ambiental Pro-Ambiente de la ENIA), las coordenadas que ubican al proyecto, los especialistas que trabajan en el EsIA, el monto inicial de inversión y la fecha de realización, que en este ejemplo coincide con el día en que se introdujo los datos en el sistema. Se muestra la cantidad de alternativas de realización que tiene el proyecto y se brinda la opción de ver sus datos. Además se puede observar el menú con la opción de Valorar alternativas (en caso que hubiera más de una) y de Generar el Informe del EsIA.

Fig. 1. Datos de un proyecto en EsIA

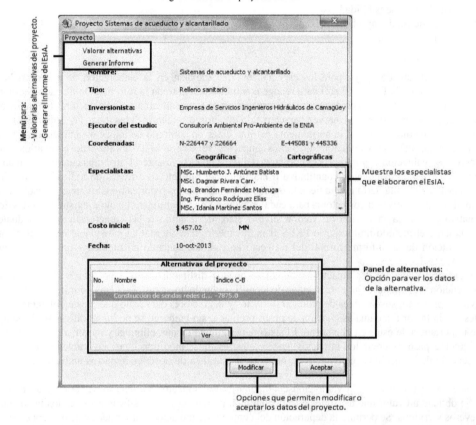

En la interfaz siguiente aparece la lista de acciones por cada fase de la alternativa y la lista de factores ambientales posiblemente impactados. Debajo se muestra una tabla con los impactos ambientales y alguna información referente a estos como: el par acción-factor que le dio origen, la importancia (evaluación cualitativa) y por ende su carácter. Se brinda un menú con la posibilidad de ver diferentes clasificaciones de impactos ambientales que organizan el trabajo para la corrección de impactos.

Fig. 2. Datos de una alternativa de proyecto

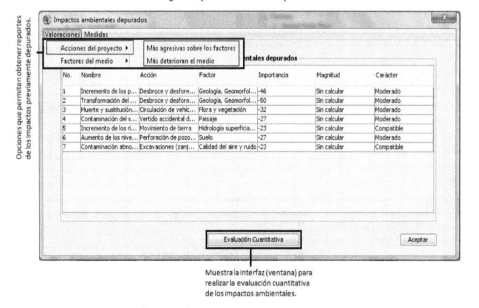

La interfaz siguiente muestran primeramente una lista de los impactos que han sido depurados y se brinda la posibilidad de obtener reportes. La opción Medidas del menú permite corregir estos impactos mediante la implantación de un plan de medidas, ver figura 4.

Fig. 3. Impactos ambientales depurados

Una vez seleccionada la opción Medidas, se brinda la posibilidad de introducir por cada impacto varias medidas, con su costo asociado y su influencia, aspecto que indica cuanto cubre o mitiga la medida el daño ocasionado por el impacto. Luego se permite modificar o eliminar el plan diseñado.

Fig. 4. Impactos ambientales depurados y sus medidas

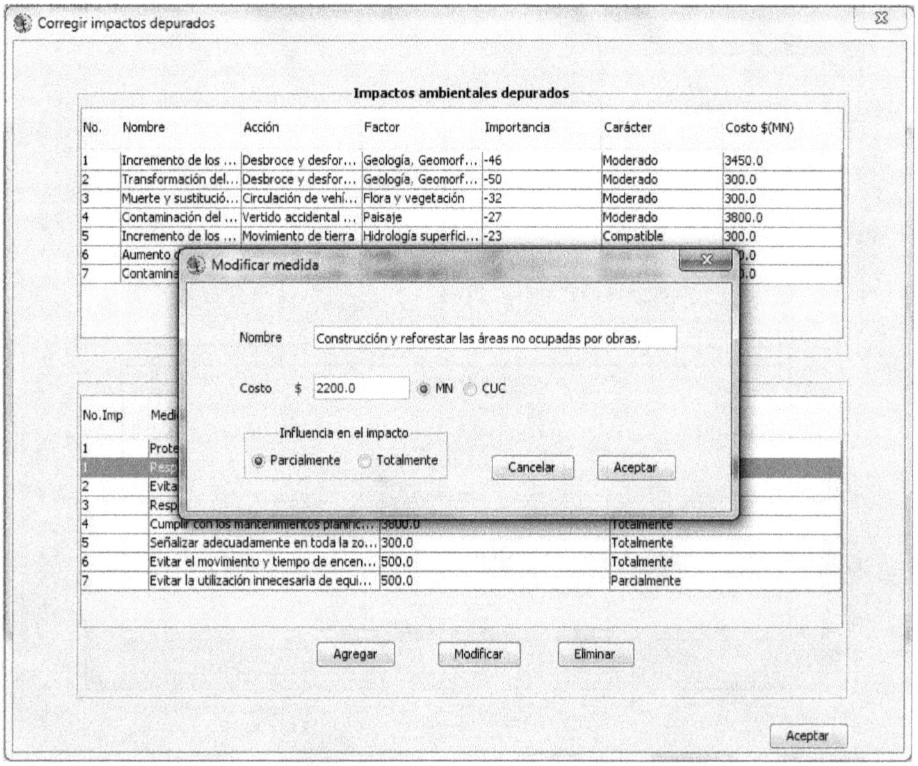

La interfaz siguiente permite a los especialistas que trabajaron en la confección del EsIA, valorar cada alternativa del proyecto de acuerdo a su apreciación en varios criterios pre-establecidos (indicadores) que fueron obtenidos a lo largo del desarrollo del EsIA. A cada criterio se le asocia una función objetivo, en dependencia si el interés es maximizar o minimizar el comportamiento de ese indicador. La opción valorar muestra la alternativa que mejor cumple con los requisitos previamente seleccionados por los especialistas.

Fig. 5. Valorar alternativas de un proyecto

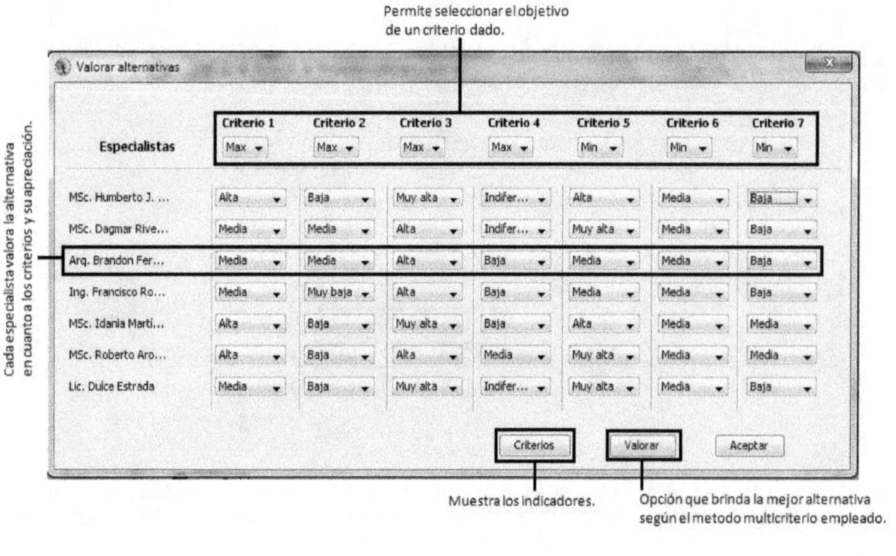

III. Conclusiones

El valor teórico de la investigación radica en la base que sustenta el desarrollo del software, debido a que combina una metodología de evaluación de impacto ambiental y la Resolución 132/2009 "Reglamento del Proceso de Evaluación de Impacto Ambiental" para el desarrollo del SIAEIA. La implantación del sistema resuelve las limitantes presentadas por la empresa con el método anteriormente utilizado para realizar los EsIA (manual), obteniendo como resultados principales:

- Permite valorar más de una alternativa para un mismo proyecto, está opción se realiza de manera automática y evita el trabajo engorroso que trae consigo el uso de cualquier método multicriterio.
- Facilita el análisis del comportamiento de una alternativa antes y después de la ejecución de medidas correctoras y/o preventivas, permitiendo la implantación de un adecuado plan de corrección.
- Compara diferentes juicios en la clasificación de un atributo de un impacto ambiental y permite observar cómo se comporta el resultado final.
- Brinda la posibilidad de hacer una valoración económica de un proyecto a partir del indicador VAN.
- Admite la opción de hacer la evaluación cuantitativa a los EsIA.
- Guarda los EsIA en una base de datos para facilitar ser consultados con facilidad cuando se requiera.
- Permite la selección de alternativas a partir de varios criterios apoyando la toma de decisiones ambientales respecto a la puesta en marcha de un proyecto.
- Genera automáticamente informes de los EsIA garantizando la uniformidad.

Se comprobó la funcionalidad y confiabilidad de la aplicación mediante la realización de pruebas basadas en casos de estudio a petición del cliente, donde se realizaron pruebas con estudios ya realizados por la Consultoría, con el objetivo de garantizarle al cliente un producto terminado que posea como principal característica la confiabilidad, se probaron 4 estudios reales y todos los impactos fueron valorados conforme a los resultados esperados. Además se realizaron pruebas unitarias automatizadas que se le realizaron al código del sistema para ver si las funcionalidades se comportaban como se esperaba, obteniéndose un resultado satisfactorio. Por último se realizaron pruebas de aceptación destinadas a verificar si las funcionalidades son operativas y hacen lo que el cliente desea, se realizó un total de 36 casos de prueba en 3 iteraciones, en cada iteración no fueron detectadas no conformidades, a lo cual el cliente quedo totalmente satisfecho con la herramienta.

IV. Referencias

[1] Aragonés, P. (2010). Apuntes para la Toma de Decisiones en Proyectos. Universidad de Valencia. España.

[2] Centro de Estudios para el Desarrollo Económico (CEDE), Ministerio de Ambiente, Vivienda y Desarrollo Territorial (MAVDT). (2000). Evaluación Económica de Impactos Ambientales en Proyectos Sujetos a Licenciamiento Ambiental, Manual Técnico. Colombia.

[3] Centro de Inspección y Control Ambiental (CICA). (2009). Guías para la realización de las solicitudes de licencia ambiental y los estudio de impacto ambiental. Ministerio de Ciencia Tecnología y Medio Ambiente (CITMA). Cuba.

[4] Conesa Fernández-Vítora, V. (2000). Guía metodológica para la evaluación del impacto ambiental, 3ra edición. Madrid: Mundi-Prensa. ISBN: 84-7114-647-9.

[5] Gómez-Senent, E., Aragonés, P., Pastor, J.P. (1997). Programa PRES II Multiexperto para la Ayuda a la Toma de Decisiones Multicriterio. Actas del III Congreso Internacional de Ingeniería de Proyectos. Sevilla.

[6] Gómez-Senent, E., Chiner, M., Chiner, M.J. (1991). PRES: Programa de Evaluación de Proyectos Sociales. VII Congreso Nacional de Ingeniería de Proyectos. Zaragoza.

[7] Henig, M. I., Buchanan, J. (1996). Solving MCDM Problems: Process Concepts. Journal of Multi-Criteria Decision Analisys. Vol. 5, pp.3–21.

Aplicando el diseño de experiencias de usuario en la construcción de interfaces de aplicaciones web con paper prototyping y balsamiq

Walter I. Manzanilla Yuit[1], Danice D. Cano Barrón[1], Humberto J. Centurión Cardeña[1]

[1] Dpto. de Ingeniería en Sistemas Computacionales, Instituto Tecnológico Superior de Motul,
Carretera Mérida – Motul Tablaje Catastral No. 383, Motul, México
[1]{walter.manzanilla, danice.cano, humberto.centurion}@itsmotul.edu.mx

Resumen. En el presente trabajo se muestran los resultados preliminares de aplicar principios y técnicas de User Xperience Design (UXD) en la construcción de interfaces de aplicación adaptando modelos existentes y usando técnicas que no se utilizan por regla general en las ingenierías. Se pretende mostrar la relevancia que los aspectos emocionales y culturales del individuo tienen sobre su percepción de la calidad de un producto de software.

Palabras Clave: Tecnología Educativa, balsamiq, mockups, paper prototyping, Customer Journey Map, UXD, interacción.

1 Introducción

La filosofía de diseño centrado en el usuario (UCD, por sus siglas en inglés) es definida por la Usability Professionals Association (UPA) como un enfoque de diseño cuyo proceso está dirigido por información sobre las personas que van a hacer uso del producto [1]. Este enfoque, nacido en el diseño industrial, establece que la utilidad de un producto puede y debe estar asociada al placer de usarlo.

Así aparecen las primeras reglas del diseño de interfaces de usuario (UID, por sus siglas en inglés), y se reconoce una tendencia en el diseño de aplicaciones a colocar al usuario como eje del diseño y a profundizar cada vez más en las implicaciones de las interacciones resultantes. Aspectos como el contexto de uso y la estética cobran relevancia significativa, y términos como usabilidad son creados para valorar con mayor precisión aspectos intangibles de las aplicaciones que determinan su aceptación o rechazo por parte de los usuarios.

El diseño de experiencias de usuario (UXD, por sus siglas en inglés) reúne esta tendencia en un enfoque que puede describirse como un enfoque holístico y multidisciplinario para el diseño de interfaces de usuario en productos digitales, que definen su forma, comportamiento y contenido. El UXD integra el diseño de interacciones, diseño industrial, arquitectura de información, diseño de información, diseño de interfaces visuales y diseño centrado en el usuario, asegurando la consistencia y coherencia en todas estas dimensiones del diseño [2].

2 Justificación

Los modelos clásicos de desarrollo de aplicaciones web describen sus fases de diseño en las características funcionales de la aplicación y las interacciones son las mínimas para conseguir funcionalidad. Las metodologías ágiles incluyen al individuo y sus interacciones dentro de su manifiesto de éxito para un proyecto, pero siguen tratándose como requerimientos técnicos de desarrollo.

El resultado son aplicaciones que funcionan pero con las que nadie querría trabajar.

3 Metodología

Este trabajo se enfoca a la aplicación de los principios del UXD en el diseño de aplicaciones web responsivas. Es un estudio exploratorio para determinar las técnicas, herramientas y principios de UXD que se proponen introducir dentro del programa de estudios de la ISC del ITS Motul Siguiendo la metodología ADDIE [7].

La población se conforma de 33 estudiantes de octavo semestre de ISC divididos en diez equipos de trabajo que se formaron por asociación simple. Todos cursaron por primera vez la clase, ninguno tenía formación previa en UXD pero si en programación web con BOOTSTRAP, PHP y MySQL.

4 Desarrollo

El UXD comprende principalmente la relación entre la arquitectura de información y el diseño de interacción durante el proceso de diseño de interfaces. No existe un modelo formal ni un proceso de desarrollo único para su implementación en un proyecto.

Las técnicas aplicables son variadas y no están sujetas a ninguna etapa en concreto. Pueden distinguirse, por ejemplo, la entrevista, consultas a expertos, mapeo, brainstorming, focus group, escenarios, personas, paper prototyping, labelling, critic design, user test, mouseTracking o eyeTracking, entre otros.

Se utiliza el proceso de tres etapas de Balsamiq[3] modificando las técnicas y productos como se muestra en la figura 1.

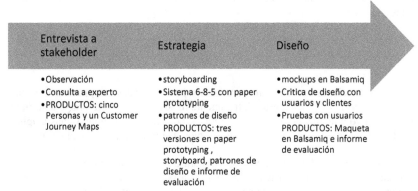

Figura 1. Proceso de implementación de UXD.

Se creó un curso en la plataforma educativa itsmotul.edu20.org que asigna las actividades que conforman cada etapa. Todos los contenidos utilizados son de acceso libre y gratuito.

El periodo de trabajo para la implementación del UXD fue de diez semanas dejando un periodo de seis semanas para la codificación del producto final.

Se realizó acorde al calendario académico para encajar con las 16 semanas que conforman el semestre.

En general, las evaluaciones tempranas se enfocaron en aspectos de diseño y de respuesta a eventos, por lo que la principal mejoría se encuentra en el aspecto visual y en el manejo de interacciones de retroalimentación. Los patrones de diseño son utilizados con mayor mesura y las acciones son más sencillas, claras y eficientes que en las interfaces originales. El aspecto estético requiere trabajo pero supera el aire amateur y anticuado que presentaban originalmente. La figura 3 muestra una interfaz inicial para seleccionar un área del instituto para levantar una queja y el prototipo en Balsamiq que lo mejora.

Figura 3. A la izquierda la versión inicial, en la derecha el prototipo mejorado.

Otras observaciones:

- El modelado de Personas necesita trabajarse más en clase. Los perfiles creados por el 60% de los equipos son vagos e inconsistentes. Falta profundizar en conceptos de perfil de usuario y segmentación.

- El 80% no diseño las interacciones siguiendo las particularidades de sus Personas.
- El customer journey map puede mejorarse para incluir aspectos que otros autores consideran relevantes, como: que siente, que piensa y que hace en cada situación el usuario. El 40% de los customer journey maps tuvieron una valoración sobresaliente.
- Los prototipos rápidos en papel (paper prototyping) son muy eficientes para evaluación rápida de temas relacionados con patrones de diseño, navegación y para identificar particularidades de los usuarios. El 90% mostró un uso superior al aceptable con la técnica.
- El 70% de los evaluadores consideró significativa la mejora en la calidad de los productos de software final.
- El 70% mejoró las interacciones.
- Balsamiq como herramienta de maquetado interactivo correctamente.
- El reunir cerca de cinco prototipos en el portafolio final de la asignatura, además de la aplicación resultante, influye positivamente en la actitud de los estudiantes. Hay una sensación de logro y perciben mejor su propia mejoría.

5   Conclusiones y trabajos futuros

Los desarrolladores deben ser capaces de producir aplicaciones que quieran ser usadas y no desechadas tan pronto son vistas porque su diseño sugiere una pésima calidad funcional. Forma y función están íntimamente ligadas, no puede valorarse una sin la otra, y los principios del UXD permiten cambiar nuestro enfoque, generalmente utilitario, por uno más completo, más amplio, capaz de crear productos de software más allá de la idea de que funcionen cuando tenemos que usarlos, por la idea de que nos guste usarlo incluso cuando no es necesario.

Se pretende trabajar en la formalización del proceso de implementación de UXD para desarrolladores web que no tienen conocimientos más allá de la ingeniería, en la implementación de nuevas técnicas con instrucciones, materiales, contenidos y plantillas creadas ex profeso, puesto que la mayoría está en inglés y pensada para escenarios muy distintos al nuestro; así como reorganizar las actividades y sesiones para que puedan correr paralelamente a otros cursos que implican la construcción de productos de software como asignaturas de programación móvil, ingeniería de software, entre otros.

Referencias

1 Hassan-Montero, Y.; Ortega-Santamaría, S.: Informe APEI sobre Usabilidad. Gijón: Asociación Profesional de Especialistas en Información, 2009, 73pp. ISBN: 978-84-692-3782-3 (2009)
2 Gabriel-Petit, P.: Glossary. User experience design. UX Matters, unpublished
3 Neil, T., Balsamiq. : UX Apprentice. http://www.uxapprentice.com/

Artículos técnicos presentados en el Consorcio de Posgrado

Cifrados que preservan formato

Cristina Vargas Puente

Dpto. de Matemáticas
Universidad Autónoma Metropolitana Iztapalapa
Ciudad de México, México
cristina_vargas21@hotmail.com

Objetivos de la investigación- El objetivo de este trabajo es realizar un estudio detallado de cifrados que preservan formato y esta manera aplicar los conocimientos tanto de matemáticas como computación para realizar una implementación computacional donde se utilice estos cifrados para garantizar la seguridad de los números de tarjeta de crédito/débito.

Trabajos relacionados- Un par de trabajos que están relacionados con la seguridad en los números de tarjeta son: "Tokenización: Una revisión al cifrado preservando el formato para el caso de datos bancarios" por F. García, R. Criado y M.I. Glez-Vasco en [5] y "Efficient Fpe Algorithm For Encryptiong Credit Card Numbers" por K. Chitra, S. Vidhya [6].

I. INTRODUCCIÓN

La introducción en la vida cotidiana de redes de comunicación, en particular de internet, ha abierto nuevas posibilidades para el intercambio de información. Al mismo tiempo, son cada vez mayores las amenazas a la seguridad de la información que se transmite. Es necesario entonces, crear diferentes mecanismos, dirigidos a garantizar la confidencialidad y autenticidad de los documentos transmitidos. Ya que se tienen distintas amenazas a la información cuando esta es transmitida por medio de redes de comunicación, es importante tomar medidas para enfrentarlas, las cuales se pueden clasificar en dos grupos: Seguridad física y Seguridad lógica. Siendo la seguridad lógica la que nos interesa, pues es en este aspecto donde se encuentran tanto la confidencialidad como la autenticidad. La confidencialidad se refiere a la posibilidad de mantener un documento electrónico inaccesible a todos, excepto a un conjunto de entidades autorizadas, tanto la propiedad de confidencialidad como autenticidad son abordadas comúnmente con técnicas *criptográficas*. La seguridad, en general, se considera como un aspecto de gran importancia en cualquier entidad que trabaje con sistemas computarizados. Además, como parte de la información que se maneja en las empresas es almacenada en base de datos. Por otro lado, los datos de estas bases están en constante riesgo, pues existen diversos factores que hacen a los almacenes de datos susceptible a ataques pues:

- La extracción de datos normalmente es transmitida mediante canales de comunicación inseguros.
- El proceso de extracción de datos produce archivos intermedios y carga archivos que contienen información sensible, pero puede que no este bien protegida.
- Los usuarios a menudo recuperan datos del almacén y crean un "mercado de datos" lo cual conduce a la distribución de copias con datos sensibles.

Debido a ello Brightwell y Smith [1] desarrollan un enfoque de cifrado para la seguridad del almacenamiento de datos que debería de cumplir con ciertos objetivos, algunos de los cuales son los siguientes:

- El enfoque debe funcionar con cualquier combinación de bases de datos que estén relacionadas.
- Correcto funcionamiento en múltiples plataformas tanto de hardware como software.
- Debe cifrar y descifrar los datos correctamente en plataformas con diferentes sistemas operativos.
- Además del cifrado a una base de datos existente, no se debe requerir ninguna cambio en la estructura de la misma.
- No debe ser dependiente de algún lenguaje de programación en particular.
- Debe ser a prueba de fallas, es decir, cualquier falla que pudiera suscitarse debe ser tal que el acceso a los datos sea denegado.

El costo a la modificación de la base de datos es una gran barrera para adoptar métodos de cifrado eficaces, ya que esto esta asociado con dos cambios que son necesarios para dar espacio a los datos que son cifrados con los métodos estándar de cifrados simétricos como son el DES y AES.

En los últimos años el cifrado que preserva formato se ha desarrollado como una herramienta de gran utilidad en criptografía aplicada. Debido a que el objetivo de este tipo de cifrado es: mediante el uso de una llave simétrica K realizar un cifrado determinista en un texto en claro X obteniendo de esta manera un texto cifrado Y con la propiedad de que este tiene el mismo formato que X.

El cifrado AES es la base de la construcción del cifrado que preserva formato que se quiere realizar, por lo cual se explica en la sección de metodología las redes de Feistel, que es la base de la construcción del cifrado AES, además de explicar lo que es un cifrado por bloques pues es precisamente en esta clasificación donde se encuentra AES.

II. Metodología

A. Cifrados por bloque

Los cifrados por bloque son llamados también *cifrados de llave simétrica* pues utilizan la misma llave para cifrar como para descifrar, en estos el texto en claro es dividido en secuencias de caracteres de longitud fija (bloques), cada uno de estos bloques es convertido en un bloque del texto cifrado con la misma longitud que del texto en claro, mediante el uso de substituciones que dependen de la llave.

B. Redes de Feistel

El cifrado de Feistel mejor conocido como *redes de Feistel* fue desarrollado por H. Feistel en 1973 [2]. El primer algoritmo que esta basado en este cifrado es el *algoritmo de Lucifer* diseñado por H. Feistel y D. Coppersmith en 1974. Este técnica es sencilla, siendo popularizada por *Data Encryption Standard*; DES [3].

Existe lo que se conoce como redes de Feistel clásica cuya construcción esta basada en rondas. la primera de ellas se describe a continuación:

1. Dado un bloque con longitud N (con N par), normalmente de 64 ó 128 bits es dividido en dos subbloques, L y R con igual longitud (N/2), donde L es conocido como lado izquierdo y R el lado derecho.
2. Se toma el lado R y se le aplica alguna función de ronda dependiendo de la llave de esta manera se obtiene un nuevo lado R el cual llamaremos R′ cuya longitud es la misma que R.
3. Se realiza la suma XOR entre el lado L y R′ obteniendo de esta manera el nuevo lado derecho R^*.
4. La parte derecha original (R) se convierte en el nuevo lado izquierdo L′.

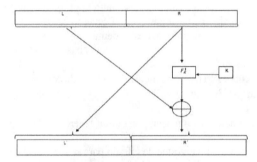

Fig. 1. Red de Feistel clásica. Esta figura muestra la primer ronda de una red de Feistel clásica cuya descripción esta dada en los pasos previos.

La construcción de una red de Feistel tiene la ventaja de ser reversible, es decir, las operaciones de cifrado y descifrado son idénticas, requiriendo únicamente invertir el orden de las llaves (o subllaves) que fueron utilizadas.

1. Feistel desequilibrada y alterna.

Es importante resaltar que las redes de Feistel cuya longitud N del bloque es par, son llamadas *redes clásicas*. En la red de Feistel clásica tanto la parte derecha como izquierda del bloque tienen la misma longitud, es decir, esta equilibrada. También es posible tener valores intermedios de longitud del lado izquierdo y del lado derecho diferentes, es decir, a=|L| y b=|R| siendo el valor de a=|L| el que cuantifica el desequilibrio y es llamado *Split*. Las redes de Feistel equilibradas se consideran un caso especial de las redes desequilibradas cuya entrada tiene una longitud N par, es decir, a=N/2.

Existen dos tipos de funciones de ronda que son utilizadas alternadamente las cuales contraen o expanden un elemento. Cada ronda *par* utiliza una de ellas mientras que una ronda *impar* la otra. A las redes de Feistel que utilizan ambas funciones alternandolas en cada ronda se conocen como *redes de Feistel alternas*.

Las redes de Feistel son clasificadas en dos tipos : el *tipo-1* son aquellas que utilizan el mismo tipo de función de ronda en cada una de ellas, el *tipo-2* son aquellas que alternan el tipo de función en cada una de sus rondas.

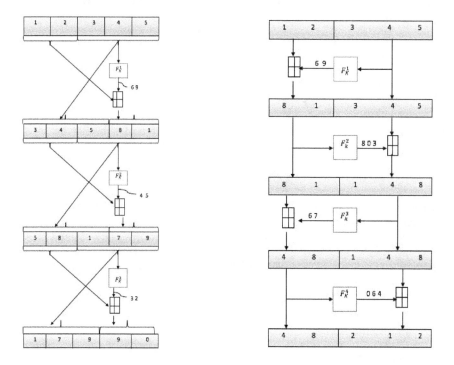

Fig. 2. Redes de Feistel desequilibrada. La figura 2.a muestra una red de Feistel del tipo-1, mientras que 2.b muestra una red de Feistel del tipo-2 cuyas rondas pares utilizan funciones de expansión y las rondas impares funciones de compresión.

III. TARJETA DE CRÉDITO/DÉBITO

El trabajo que se esta realizando esta enfocado a los cifrados que preservan formato enfocados a los número de las tarjetas de pues el manejo de éstos es considerada como información sensible, gracias a la utilización de los cifrados que preservan formato si los números de tarjeta caen en personas no deseadas estos darán la apariencia que son los números originales cuando no es así. Otra característica a considerar es el almacenamiento de estos números en bases de datos, las cuales tienen sus campos definidos con un tamaño y tipo de dato en particular por lo cual realizar el cifrado con un esquema tradicional no cumple con esta característica.

Todas las tarjetas de crédito/débito a partir de 1989 se tuvieron que adaptar a la norma ISO/TEC 7812 [7], la cual identifica la posición y significado de todos los dígitos del número de una tarjeta. Enfocándonos en las tarjetas de crédito y débito de México podemos observar que el número de estas en su mayoría cuentan con 16 dígitos, pero existen algunas con 15 dígitos como AMERICAN EXPRESS y 13 dígitos como VISA.

 Los primeros siete dígitos en la tarjeta se corresponden con el número de emisor de la empresa o entidad financiera y el país. Por cuestiones de seguridad, la información completa de los emisores y países se mantiene confidencial. Del dígito 8 al 16 del números de la tarjeta, son el código interno de la entidad financiera (Banco) para asociar la tarjeta al cliente y corresponden con sus propios criterios de numeración. Cabe mencionar que el último dígito es el que se encarga de verificar que la tarjeta sea válida, para ello se utiliza el algoritmo de Luhn-10.

A. Algoritmo de Luhn-10

Este algoritmo fue creado por Luhn, de IBM, con patente concedida en agosto de 1960 [8]. El algoritmo de Luhn detecta cualquier error en un único dígito pues verifica un número de tarjeta contra su dígito de verificación. Este algoritmo nos dice que dado un número que contenga solamente dígitos [0-9], una tarjeta de crédito/débito es válida sí y solamente si la suma de sus dígitos es igual a cero módulo 10. El algoritmo de Luhn-10 no es perfecto en la detección de dígitos intercambiados, pues el intercambio de dos de ellos consecutivos generalmente da como resultado un fallo en la suma de comprobación, pero hay casos en los cuales no son detectados.

IV. RESULTADOS LOGRADOS

Se realizó una recopilación de algunos números tanto de tarjeta de crédito como débito para implementar en ellas el algoritmo de Luhn-10 y ver que este arrojaba que dichas tarjetas eran válidas. Por cuestiones de seguridad no se darán los dígitos del número de las tarjetas y también cabe mencionar que los resultados obtenido son solo para ilustrar mejor los resultados planteados anteriormente y no se pretende generar números de tarjeta válidos. Analizando el conjunto de números de tarjeta de crédito/débito se observó que los únicos dígitos que diferían en cada uno de los números eran los que se encontraban en la posiciones 12, 13, 14 y 15 esto sin contar el dígito de verificación, analizando este hecho se plantea la ecuación lineal que se muestra en (1) con dichos valores de tal forma que al aplicar el algoritmo de Luhn-10 esta ecuación nos de los dígitos para los cuales el número de tarjeta sea <<válido>>.

$$x + z + 2y + 2u \equiv 0 \ (m\acute{o}d\ 10) \qquad (1)$$

Este problema se resolvió de dos maneras distintas siendo la primera realizando un programa en Mathematica introduciendo la ecuación x=-z-y-2u. Por otro lado, dado que en (1) se esta trabajando sobre Z_{10} y 10 se puede expresar como 2x5 entonces de dicha ecuación podemos obtener un sistema de congruencias simultáneo de dos ecuaciones: $x \equiv z \ (m\acute{o}d\ 2)$, $x \equiv 4z + 3y + 3u \ (m\acute{o}d\ 5)$ resolviendo mediante el Teorema Chino del Residuo. Resolviendo el problema se obtuvieron los valores que se estaban buscando, algunos de los cuales se muestran en la siguiente tabla.

VALORES POSIBLES			
(x,y,z,u)	(x,y,z,u)	(x,y,z,u)	(x,y,z,u)
{5,0,1,2}	{7,0,3,5}	{9,0,1,0}	{4,0,6,5}
{3,3,3,9}	{4,3,4,3}	{1,1,1,3}	{5,0,5,5}

Tab 1. Posibles valores de los dígitos restantes obtenidos resolviendo la ecuación x+z+2y+2u=0 en Z_{10}.

Se ha comenzado con la aplicación computacional que consiste en simular un cifrado que preserva format cuya base es el cifrado AES, en este trabajo se decidió utilizar el lenguaje de programación C, hasta el momento ya se tiene programado el cifrado y descifrado de AES funcionando de forma correcta.

V. RESULTADOS ESPERADOS

Se espera que la implementación computacional al final pueda arrojar los resultados deseados, es decir, si se le ingresa como texto en claro un número de tarjeta de 16 dígitos tener como resultado un texto cifrado de 16 dígitos e inversamente, es decir, al introducir el texto cifrado se espera que el texto en claro sea el que le corresponda (texto en claro original).

CONCLUSIONES

Este trabajo aborda un aspecto muy importante en la actualidad, tal como lo es la seguridad de la información más aun la seguridad de los números de tarjeta de crédito/débito haciendo una mezcla entre dos aéreas como lo son: computación y matemáticas. Se hace mucho hincapié en este aspecto pues mediante la revisión bibliográfica se pudo observar que se abordaba este tema dando más prioridad a sólo una de ellas. Otro aspecto importante es que en los artículos se habla solamente de la parte de cifrado y en este trabajo se quiere abordar tanto el descifrado como el descifrado pues de esta forma estar seguros que se esta trabajando con los datos correctos.

REFERENCIAS

[1] M. Brightwell, H. Smith. "Using datatype-preserving encryption to enhance data ware-house security.," 20th National Information Systems Security Conference Proceedings (NISSC), pp. 141-149, 1997.

[2] H. Feistel, "Cryptography and Computer Privacy", Scientific American, Volumen 228, Number 5, 1973.

[3] R. Kammer, W. Mehuron, "Data Encryption Standard (DES)", FIPS 46-3, 1999.

[4] http://www.actibva.com/magazine/productos-financieros/que-significan-\\los-numeros-de-las-tarjetas-de-credito-o-debito

[5]   F. García, R. Criado, M.I. Glez-Vasco, "Tokenización: Una revisión al cifrado preservando el formato para el caso de datos bancarios", BBVA Innovación para Riesgo, Fraude y Seguridad TI, Universidad Rey Juan Carlos. http://recsi2012.mondragon.edu/es/programa/recsi2012_submission_10.pdf.

[6]   K. Chitra, S. Vidhya, "Efficient Fpe Algorithm For Encrypting Credit Card Numbers", IOSR Journal of Computer Enginnering (IOSR-JCE), e-ISSN:2278-0661, p-ISSN:2278-8727, Volume14, Issue 6, pp.23-29, 2013.

[7]   ISO/IEC 7812-1:2006. Identification cards-Identification of issuers- Part 1: Numbering system. http://www.iso.org/iso/catalogue_detail?csnumber=66011.

[8]   R. Tervo, Secrets of the LUHN-10 Algorithm- An Error Detection Method, Depertment of Electrical and Computer Engineering, University of New Brunswick, Fredericton, NB, Canada, 2002.

Sistema basado en redes neuronales para la detección de plagas defoliadoras sobre cultivos

Karen Lucero Roldán-Serrato

Facultad de Ingeniería, Posgrado. Universidad Nacional Autónoma de México
CDMX, México
lucero.roldan@ccadet.unam.mx

José Alberto Salvador Escalante-Estrada
Posgrado en botánica. Campus montecillo. Colegio de postgraduados
Edo. De México. México
jasee@colpos.mx

María Teresa Rodríguez-González
Posgrado en botánica. Campus montecillo. Colegio de postgraduados
Edo. De México. México
mate@colpos.mx

Abstract— En este trabajo se presenta la primera etapa de desarrollo de un sistema basado en inteligencia artificial para detección de plagas defoliadoras CPB (*Colorado Potato Beetle*) y MBB (*Mexican Bean Beetle*) en fase adulto, sobre cultivos de papa y frijol. Las temporadas altas de cultivo en México, en ciertos periodos se superan los umbrales de voracidad permitidos por estos insectos, no siendo los sistemas de control tradicionales sostenibles. La importancia de este estudio basado en redes neuronales artificiales es el reconocimiento automático temprano para minimizar las pérdidas de producción y económicas. Para la realización de esta tarea se programó el clasificador neuronal LIRA (*Limited Receptive Area*) y el proceso de entrenamiento y reconocimiento del clasificador fue probado mediante dos colecciones de imágenes: 75 muestras con escarabajos CPB; 200 muestras con escarabajos MBB.

Keywords— *redes neuronales artificiales; clasificador neuronal LIRA; sistema de detección de plagas; plagas defoliadoras.*

I. INTRODUCCIÓN

En la investigación y desarrollo de sistemas automáticos para la detección de plagas defoliadoras sobre cultivos y alimentos se implementa instrumentación para medir la ocurrencia sobre el follaje a través de trampeo o aislamiento de insectos [1]. El campo de la agricultura necesita sistema de detección y reconocimiento automático de plagas, es decir, se han propuesto metodologías para localizar insectos de algunas plagas, sin embargo ésta tarea sigue siendo de suma importancia para la implementación y desarrollo de aplicaciones agrícolas con visión computacional; la proyección del presente trabajo, es aplicar técnicas de redes neuronales artificiales y la visión computacional para el entrenamiento y reconocimiento plagas defoliadoras CPB y MBB en cultivos. En el área de ingeniería, se combinan tecnologías de cómputo, electrónica y mecánica para la medición, procesamiento y diagnóstico que aporte información relevante a las actividades agrícolas, para la prevención y corrección de enfermedades y plagas en cultivos de vegetales y frutas principalmente [2] - [3]. En este sentido, el sistema de detección automática de plagas defoliadoras es a través del desarrollo de software con algoritmos basados en redes neuronales artificiales, en particular el clasificador neuronal *LIRA*. En las siguientes secciones se presenta: la revisión de literatura relacionada, algoritmo y programación del sistema de detección de plagas defoliadoras basado en el clasificador neuronal *LIRA*, así como, el análisis de los primeros resultados.

II. TRABAJOS RELACIONADOS

Reconocimientoy detección de plagas

La localización de daños en los cultivos, en particular la detección de brotes de plagas mediante áreas de inteligencia artificial, ha sido el objetivo de investigaciones en agricultura tales como la visión computacional y detección para localización y cuantificación de la presencia de los insectos en plantíos, para entornos controlados (invernaderos o cámaras de almacenamiento) [4] y en entornos in situ (campos de cultivo o huertos) [5]. El diseño de sistemas que ayudasen a medir el comportamiento de una rata, de una mosca e incluso de algún ser vivo pequeño, para describir de manera gráfica su comportamiento ante un ambiente (arena, cámara de luz, tubo de agua) [6] – [8]. Los modelos para la detección de insectos fueron basados en redes neuronales artificiales, visión computacional [9] – [11] y monitoreo en tiempo real; los resultados positivos en el reconocimiento oscilaron entre el 72% de detección hasta el 93% [6] – [8].

Los métodos tradicionales de reconocimiento de plagas requerían mucho tiempo y trabajos forzados, para resolver este problema se plantearon prototipos con procesos automáticos en el reconocimiento y detección de insectos, también se implementó técnicas como los wavelets y la regresión espectral para disminuir las altas dimensiones de las imágenes obtenidas [13]. Por otro lado los algoritmos que ya se utilizaban se comenzaron a optimizar y se lograron sistemas de software más finos de reconocimiento, como por ejemplo, se realizaron mejoras en la tasa de reconocimiento como la segmentación de imágenes en color y en escala de grises que se aplicaba en imágenes de larvas [12] y escarabajos CPB [13] "Fig. 1".

Fig. 1. Reconocimiento de plaga CPB en follaje.

Aún existen retos y aportaciones en la instrumentación y desarrollo de software con áreas de inteligencia artificial enfocados a manejo integral de plagas, nuestra investigación tiene como propósito aportar un sistema integral de análisis de condiciones para el reconocimiento de plagas, en particular el escarabajo CPB en cultivos de papa y el MBB en cultivos de frijol que son de los principales agresores que afectan la producción del cultivo, la propuesta en este trabajo es mediante visión computacional y el clasificador neuronal LIRA, con el desarrollo de métodos basados en la programación de algoritmos en lenguaje orientado a objetos y análisis en los datos en tiempo real con un diagnóstico espacial y temporal de manera automática, durante los periodos de la fisiología del cultivo; precisión y optimización en el proceso de detección de plagas defoliadoras.

III. Objetivo de la investigación

El objetivo principal de este trabajo en la etapa de algoritmos de reconocimiento de plagas defoliadoras es el desarrollo de un software dedicado a un sistema de visión computacional con uso de redes neuronales artificiales, basado en el clasificador neuronal LIRA basado en reconocimientos de imágenes, para resolver la detección, reconocimiento de plagas *CPB* y *MBB* en cultivos de papa y frijol respectivamente; considerando características reales, diversas en tamaño y forma.

IV. Metodología

A. *Base de imágenes*

Hemos recopilado una colección 75 y 200 imágenes que representan diferentes posiciones y número de escarabajos de la papa de Colorado "*CPB*" y escarabajo mexicano del frijol "*MBB*". La primera colección (*CPB*) fue obtenida de diversos sitios web en Internet, las dimensiones de éstas son de 250x180 píxeles "Fig. 2 a." [14]. La segunda colección (*MBB*) se compone de 200 imágenes propias obtenidas en los campos experimentales del Colegio de Posgraduados Estado de México, y las dimensiones son de 450 x 650 píxeles "Fig. 2 b.". Las muestras de cada tipo de plaga, serán las entradas del clasificador neuronal *LIRA*, con los procesos de entrenamiento y reconocimiento del sistema; el cual se explica en el inciso B.

Fig. 2. Muestras de imágenes con plagas defoliadoras a.CPB y b. MBB.

B. *Algoritmo del clasificador neuronal LIRA*

El clasificador neuronal LIRA (*Limited Receptive Area*) consta de cuatro capas: de entrada o de sensor (S), intermedio (I), asociativa (A) y de salida o de reacción (R) "Fig. 3".

Fig. 3. Estructura del clasificador neuronal *LIRA*

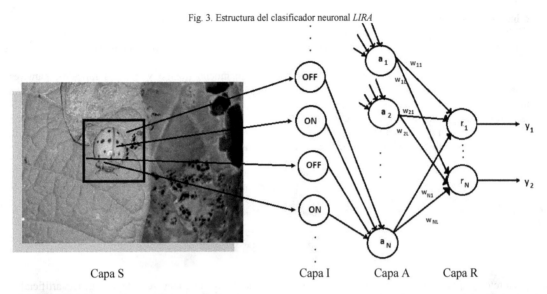

Capa S   Capa I   Capa A   Capa R

En la capa de entrada S se presenta la imagen para ser clasificada, en esta capa contiene las neuronas W x H, en donde W es el ancho y H es la altura de la imagen. Las neuronas en esta capa corresponde al valor de un píxel de la imagen y los valores que están en las salidas están en el intervalo [0, 255], donde 0 indica el brillo mínimo (negro) y 255 valor de brillo máximo (blanco). La capa S está conectada a la capa A través de la capa I por un proceso aleatorio, estas conexiones no son entrenables, es decir, no puede cambiar el valor de su peso durante el entrenamiento. La capa intermedia I contiene grupos de neuronas N, donde N es el número total de neuronas asociativas una capa. La capa I tiene dos tipos de neuronas: las neuronas que se activan ON con la presencia de 1, y las neuronas OFF con presencia de 0. Estas neuronas tienen dos estados como valores de salida {0,1}. Las conexiones entre las capas A e I son entrenables. La capa asociativa A corresponde a un extractor de características que contiene neuronas con dos estados de salida igual a 1 (estado activo) o 0 (sin estado activo). Todas las neuronas de una capa están conectadas con todas las neuronas de la capa R por cuyos pesos podrán ser modificados durante el proceso de formación. La capa R se compone de neuronas con el tipo de función de activación lineal. La clase 1 es escarabajo y la clase 0 es fondo.

V. RESULTADOS.

- La propuesta de un sistema de detección de plagas defoliadoras se basa en la extracción de la información contenida en cada imagen. En este sistema cuenta con el color, la textura y se incluyen bordes. El clasificador neuronal desarrollado para el reconocimiento de la *CPB* y *MMB* escarabajos fue programado en C ++. El clasificador de reconocimiento de patrones fue en modo supervisado, ya que requieren datos de entrenamiento que están segmentados manualmente. En este trabajo, el clasificador trabajó con las características de la imagen. El entrenamiento fue supervisado, lo que significa que la formación es reducir todos los pesos de las conexiones de la clase incorrecta e incrementar el tipo correcto; debe cumplir con dos condiciones.
    1. El número de errores definido.
    2. Obtener número fijo de ciclos de interacción para que el proceso pare al llegar al máximo ciclo.
- El entrenamiento es supervisado, es decir, nosotros fijamos el número de ciclos del proceso de entrenamiento del sistema, en esta primera etapa también se fiaron otros parámetros (Numero de neuronas, ventana de escaneo hxw y etc) se agregó la medición del tiempo de ejecución por proceso. A continuación, se presentan los resultados que obtuvimos para un ciclo de entrenamiento de 20, 40 y 60 repeticiones, con variación de ventana de escaneo h x w de 7 pixeles hasta 40 pixeles para la base de imágenes de *CPB* y *MBB*; se realizaron 3 repeticiones con las mismas condiciones para obtener resultados promedio. Otros parámetros a considerar en el sistema, "Tabla 1":
        Numero de neuronas 32 000,
        Venta escaneo [7,25]

- De acuerdo a las condiciones del clasificador en reconocimiento de escarabajos CPB y MBB, se realizó el cálculo del porcentaje correcto de detección en escarabajos en campo real de hasta un 92%.

Tabla 1. Resultados del clasificador LIRA para CPB y MBB

Ciclo Entrena	Ventana	NIR	%PromReconoce CPB	%PromReconoce MBB
20	25	5	81	82
20	20	5	80	78
40	30	5	82	73
60	15	5	83	82
60	10	5	92	89
60	7	5	89	91

VI. CONCLUSIONES

- Los cultivos de frijol y papa en México y el mundo son fuente importante de alimentación, dado los problemas que aquejan a este tipo de cultivos, respecto a plagas defoliadoras; nosotros hemos propuesto un sistema de software de detección del escarabajo de la papa de colorado *CPB* y escarabajo mexicano del frijol *MBB*. El sistema emplea el clasificador neuronal LIRA. Se evaluó la eficacia de nuestro sistema utilizando un conjunto de datos de 75 y 200 imágenes de estas plagas defoliadoras. El sistema obtenido el mejor resultado de detección para CPB del 92% y para el MBB del 91% en MBB en el reconocimiento de esta plaga. Para este último objetivo, se propuso el uso de LIRA, el cual dio resultados satisfactorios para este propósito.

- Este sistema se puede utilizar en vehículos aéreos no tripulados (*UAV*) u otro tipo de dispositivos equipados con cámaras para recolectar imágenes y con este software adaptado a cultivos reales encontrar insectos defoliadores.

REFERENCIAS BIBLIOGRÁFICAS

[1] Zhao J., Liu M., Yao M., Study on Image Recognition of Insect Pest of Sugarcane Cotton Aphis Based on Rough Set and Fuzzy C-means Clustering , 2009 Third International Symposium on Intelligent Information Technology Application, Nanchang, China, 21-22 November 2009, ISSN 1999-2459. pp. 553-555.

EJEMPLO. Eason, B. Noble, and I. N. Sneddon, "On certain integrals of Lipschitz-Hankel type involving products of Bessel functions," Phil. Trans. Roy. Soc. London, vol. A247, pp. 529–551, April 1955. *(references)*

[2] Pest Management Strategies in Crop Protection. NTIS order #PB80-120017, New York State Agricultural Experiment Station, Cornell University, Geneva, N. Y. Volume I.

[3] Ejemplo de detección de insectos en arroz 1990 http://californiaagriculture.ucanr.edu/landingpage.cfm?article=ca.v068n01p38&fulltext=yes

[4] Mundada RG, Gohokar VV. Detection and classification of pests in greenhouse using image processing. IOSR Journal of Electronics and Communication Engineering. 2013 Mar;5(6):57-63.

[5] Wang J, Lin C, Ji L, Liang A. A new automatic identification system of insect images at the order level. Knowledge-Based Systems. 2012 Sep 30;33:102-10.

[6] Shraddha Bansode, Charulata Raut, Priyanka Meshram,4 Pawar V. R, An Automatic Identification of Agriculture Pest Insects and Pesticide Controlling, International Journal of Recent Research in Electrical and Electronics Engineering (IJRREEE) Vol. 2, Issue 2, pp: (21-28), Month: April 2015 - June 2015, ISSN 2349-7815

[7] Parida A., Kothari S., Vineeth N., Real time pest detection and identification using image processing, International Journal of Advanced Research in Computer Science and Software Engineering, Vol.5,Issue 4, India 2015, ISSN 2277128X

[8] Sang R. , Yu G. , Fan W., Guo T., Image-based Automatic Recognition of Larvae, Sixth International Symposium on Precision Engineering Measurements and Instrumentation, SPIE 2010, Vol. 7544, 75443E. DOI. 10.1117/12.885399. pp 11

[9] Yuee Liu; Jinglan Zhang; Richards, M.; Binh Pham; Roe, P.; Clarke, A., "Towards Continuous Surveillance of Fruit Flies Using Sensor Networks and Machine Vision," Wireless Communications, Networking and Mobile Computing, 2009. WiCom '09. 5th International Conference on , vol., no., pp.1,5, 24-26 Sept. 2009. ISBN 978-1-4244-3693-4 doi: 10.1109/WICOM.2009.5303034

[10] Blasco J., Gomez-Sanchis J.,Gutierrez A., Chueca P. Argil R. and Molto E., Automatic sex detection of individuals of Ceratitis capitata by means of computer vision in a biofactory, Published online in Wiley Interscience: Pest Mananger 2009, Volume 65, DOI. 10.1002, pp. 99-104.

[11] Nicot P., Petri R., Paris B., Moisan S., Thonnat M., Péres P., Réseau de Capteurs pour la Détection Précoce des BIOagresseurs dans les Cultures cous Serre sans Pesticides. Bulletin GreenNet (2008-2009) ARC Inria: 2008-2009. pp. 1-11.

[12] SubbaRaoKatteda , Dr.C Naga Raju,Maddala Lakshmi Bai "Feature Extraction for Image Classification and Analysis with Ant Colony Optimization Using Fuzzy Logic Approach" An International Journal (SIPIJ), Vol.2, No.4, December 2011 , DOI : 10.5121/sipij.2011.2412

[13] Roldán-Serrato, Lucero, Tetyana Baydyk, Ernst Kussul, Alberto Escalante-Estrada, and María Teresa González Rodriguez. "Recognition of pests on crops with a random subspace classifier." In *Bioinspired Intelligence (IWOBI), 2015 4th International Work Conference on*, pp. 21-26. IEEE, 2015.

[14] Muestra de plaga CPB. Visitada Noviembre 2014 http://www.desant.net/show-news/27946/

AGRADECIMIENTOS

El presente trabajo fue desarrollado y apoyado en el grupo de Computación Neuronal del Centro de Ciencias Aplicadas y Desarrollo Tecnológico de la UNAM, bajo la tutoría de la Dra. Tetyana Baydik, en conjunto con el Departamento de Botánica en el Colegio de Postgraduados campus Montecillos; con apoyos de Beca CONACYT y Posgrado en Ingeniería Eléctrica UNAM.

Clasificación de Tatuajes mediante una Red Neuronal Convolucional

César R. Encinas R.
Dpto. de Eléctrica y
Electrónica, Instituto
Tecnológico de Sonora
Cd. Obregón, Sonora, México
cesar_rer@hotmail.com

Luis F. Rodriguez T.
Dpto. de Computación y
Diseño, Instituto Tecnológico
de Sonora
Cd. Obregón, Sonora, México
luis.rodriguez@itson.edu.mx

Jessica Beltran M.
Dpto. de Eléctrica y
Electrónica, Instituto
Tecnológico de Sonora
Cd. Obregón, Sonora, México
jessica.beltran@itson.edu.mx

Resumen — Los tatuajes han sido utilizados por pandillas y grupos criminales como identificadores hacia su afiliación, así como para representar delitos o crímenes que el sujeto ha cometido. Los tatuajes permiten que las agencias policiales puedan reconocer y clasificar criminales, convictos o prisioneros. Sin embargo, en la actualidad los métodos para reconocer los grupos criminales a los que un sujeto pertenece carecen de eficacia. En este artículo se busca implementar una red neuronal convolucional o por sus siglas en ingles Convolutional Neural Network (CNN) para resolver el problema de similaridad de tatuajes, para identificar imágenes de tatuajes y el grupo criminal o pandilla al que este pertenece.

Palabras Clave — red neuronal convolucional (CNN), similaridad de tatuajes, imágenes de tatuajes.

I.   Introducción

Los tatuajes son marcas corporales artificiales que pueden servir como una característica distintiva, ya sea de una persona o de un grupo. Consisten en una modificación del color de la piel creando un dibujo, figura o texto realizados con tinta o algún otro pigmento bajo la epidermis de un humano o animal [10]. Los tatuajes han sido utilizados por las agencias policiales durante varios años para la identificación de personas, esto debido a que los tatuajes son un complemento de la biometría suave que pueden contener información discriminativa para lograr la identificación [8]. Entre los métodos que usan las agencias policiales para identificar personas a través de tatuajes, está la búsqueda en base de datos, donde los tatuajes fueron capturados mediante fotografía y/o video. La búsqueda de tatuajes generalmente se lleva a cabo utilizando etiquetas manuales que describen el contenido de la imagen, estas etiquetas deben seguir estándares, por ejemplo el estándar estipulado por la U.S National Institute of Standards and Technology (NIST) [7], ésta se encarga de establecer las normas y estándares de avances tecnológicos .Otra forma en que se utilizan los tatuajes para la identificación de personas es realizando dibujos hablados de tatuajes a partir de la descripción de testigos.

Un gran porcentaje de los miembros de bandas criminales utilizan tatuajes para mostrar afiliación a una pandilla y resaltar acontecimientos en sus vidas relacionados a la actividad criminal [6]. Por esta razón, las agencias policiales han estado interesadas en la explotación de los tatuajes como una fuente de información para identificar, rastrear y prevenir los delitos relacionados con las pandillas [6]. Un escenario de aplicación es el uso de información del tatuaje en el momento en que el sospechoso es detenido.

En la actualidad, la mayoría de las agencias policiales tienen un registro de imágenes de tatuajes de los prisioneros [11]. Estas bases de datos se utilizan a menudo para buscar sospechosos ya que los ex convictos en los primeros años de su liberación tienen mayor riesgo de cometer otro crimen. Debido a la cantidad y tipo de información disponible en éstas bases de datos se han utilizado algoritmos de aprendizaje automático como clasificadores para identificar imágenes. Entre estos algoritmos los que han presentado el mejor desempeño son las CNN [3].

Los algoritmos de CNN han demostrado ser de gran eficacia para la clasificación de imágenes. Alex et al. [3] propusieron utilizar una CNN en el concurso de ImageNet Large Scale Visual Recognition Challenge (ILSVRC), en el ILSVRC-2010 y ILSVRC-2012, donde se demostró que las CNN tienen mejor precisión que otros algoritmos. En este trabajo, se propone usar CNNs debido a que superan otros métodos tradicionales en diversos retos en reconocimiento de imágenes, tal como en Imagenet [3].

Las CNN al igual que las redes neuronales ordinarias cuentan con neuronas con pesos y sesgo. La diferencia principal de las CNN con respecto las redes tradicionales es la arquitectura con múltiples capas interconectadas, las cuales pueden ser de los siguientes tipos: convolución, normalización, agrupación y capas totalmente conectadas.

II.   Trabajos relacionados

En la actual práctica de reconocimiento de tatuajes en el etiquetamiento provisto por el manual de NIST se tienen las siguientes limitantes: 1) la etiqueta de la clase de tatuajes no captura la información semántica en las imágenes, 2) los tatuajes a menudo contienen varios objetos y no pueden clasificarse adecuadamente y 3) las imágenes tienen clases incompletas para describir los diseños de los tatuajes [2].

Mei et al. [8] mencionan 5 casos de uso con respecto al reconocimiento de tatuajes donde se tiene:

1) **Similaridad de tatuajes:** este consiste que dada una imagen de un tatuaje se localizan tatuajes similares dentro una base de datos. Una aplicación para este caso sucede si se localiza que un sujeto porta un tatuaje que es similar al de un grupo o pandilla de donde se puede establecer si el sujeto tiene alguna afiliación a dichos grupos.
2) **Identificación de tatuaje:** dada una imagen de un tatuaje, se encuentran diferentes instancias del mismo tatuaje en la misma persona, este caso de uso sirve para identificación de personas.
3) **Región de interés:** dada una pequeña región de una imagen de un tatuaje, encontrar la imagen total del tatuaje, esto para dar soporte al reconocimiento de sujetos.
4) **Medios Compuestos:** dadas imágenes que no son tatuajes encontrar similaridad con respecto algún tatuaje, con esto se puede encontrar marcas y tatuajes.
5) **Detección de tatuaje:** dadas imágenes donde algunas son tatuajes y otras no, identificar cuales imágenes si son tatuajes, esto tiene aplicación para la construcción y mantenimiento de bases de datos.

Qingyong et al. [7] proponen una CNN para reconocer imágenes de tatuajes, donde utilizan el caso de uso de detección de tatuaje. En su trabajo desarrollaron un algoritmo para clasificar si una imagen es un tatuaje o no. Muestran que al utilizar la CNN se obtiene una mayor precisión en comparación con otros algoritmos que se utilizaron en un reto hecho por la NIST, donde lograron superar el algoritmo que alcanzo el mejor resultado en el reto.

Xing Di et al. [1] presentan una CNN profunda para encontrar imágenes de tatuajes proponiendo una función que mejora el desempeño de las CNN. En este trabajo se enfocan en 3 casos de uso detección de tatuaje, medios compuestos y similaridad de tatuajes.

La mayoría de los trabajos se enfocan en el caso de uso de detección de tatuaje, identificación de tatuaje y región de interés. Sin embargo, existe poco trabajo que busque encontrar tatuajes similares. Xing Di et al. [1] ataca este problema, pero no se enfoca en reconocer a qué grupo criminal corresponden los tatuajes.

III.   Objetivos de la investigación

El objetivo de la investigación es desarrollar una arquitectura de una red neural convolucional para reconocimiento de imágenes de tatuajes aplicado al caso de uso de similaridad de tatuajes. Esto para poder definir si el tatuaje pertenece a alguna pandilla o grupo criminal. Esta propuesta busca dar apoyo a las agencias policiales al momento de reconocer sujetos que puedan estar implicados en algún crimen y proveer información para una mejor distribución de reos en las prisiones y evitar actos criminales dentro de la misma.

A si mismo se tiene como objetivo particular generar una base de datos con imágenes etiquetadas de los tatuajes de las principales pandillas en la región del noroeste de México.

IV.   Metodología

Para lograr el objetivo planteado, la investigación se divide en las siguientes fases:

1) **Definición y selección de imágenes:** Se colaborará con una prisión del noroeste de México, se espera establecer cuales pandillas se van a identificar de acuerdo a sus necesidades, el número de tatuajes que se utilizarán y que tatuajes específicos se usarán para el reconocimiento de la pandilla.
2) **Recolección y etiquetado de las imágenes:** Se recolectarán las imágenes de bases de datos enfocadas en el área de criminología y tatuajes. Además, a partir de la colaboración con la prisión del noroeste de México, se obtendrán las imágenes necesarias para la realización de este trabajo. El etiquetado de las imágenes con respecto la pandilla a la cual pertenece cada uno de los tatuajes, se validara con la cooperación de los encargados de la prisión a colaborar y la base de datos de la NIST.
3) **Diseño de la CNN:** Utilizando MatConveNet se implementara una CNN la cual se usara para el reconocimiento de imágenes de tatuajes. Con esto se implementara´una arquitectura que permita una clasificación de imágenes de tatuajes en el caso de uso de similaridad de tatuajes, donde se busca que las imágenes puedan ser clasificadas y diferenciadas mediante el significado del tatuaje, principalmente la afiliación que represente.
4) **Validación de la CNN:** Se validará la CNN mediante el uso de las imágenes clasificadas, comparando los resultados obtenidos con esta red con el que se han obtenido en el estado del arte.

V.   Resultados logrados

Hasta el momento se ha llevado a cabo una investigación de los trabajos relacionados y se ha trabajado en el desarrollo de la propuesta para resolver el problema de reconocimiento de tatuajes similares. Se ha detectado en el estado del arte que existe un mayor enfoque en lo que corresponde a la creación de base de datos y el etiquetamiento de imágenes, el cual aplica al caso de uso de detección de tatuajes para reconocer si la imagen es un tatuaje o no. Sin embargo, aún falta desarrollo en el caso de uso de similaridad de tatuajes para identificar el particular significado de cada tatuaje y aportar esto a las bases de datos.

En la investigación realizada se encontró que las CNN son una herramienta adecuada para la clasificación de imágenes y MATLAB es una plataforma de desarrollo para implementar estos algoritmos utilizando el toolbox de MatConvNet [4]. Además esto permite un mejor desempeño de los algoritmos ya que permite utilizar la GPU para la computación de los algoritmos incrementando el procesamiento y la velocidad.

VI. Resultados esperados

En esta propuesta se espera implementar una CNN en MATLAB capaz de identificar imágenes de tatuajes y clasificarlas con respecto la afiliación, grupo o pandilla a la cual pertenezca cada uno de los tatuajes. Esto con un desempeño aproximado o superior al que se tiene en los algoritmos implementados en el estado del arte. Además, se generará una base de datos que contenga diferentes imágenes etiquetadas de tatuajes clasificados con respecto a la afiliación, pandilla o grupo criminal para futuros trabajos.

VII. Conclusiones

En el caso de las prisiones, los tatuajes son una medida biométrica útil para reconocer si los sujetos pertenecen a grupos criminales o pandillas. Debido a que actualmente la tecnología facilita el almacenamiento y acceso a información tal como imágenes, se tiene gran cantidad de imágenes sobre tatuajes de criminales y sus pandillas, por lo cual se requieren algoritmos que clasifiquen este tipo de imágenes de manera precisa. La investigación que se ha realizado hasta el momento indica que una solución eficiente para diseñar e implementar un sistema de reconocimiento y clasificación de imágenes es a partir de CNN.

Referencias bibliográficas

[1] Di, X., & Patel, V. M. Deep Tattoo Recognition.
[2] Lee, J., Jain, A., & Tong, W. (2012). Image retrieval in forensics: tattoo image database application. *IEEE MultiMedia, 19*(1), 40-49.
[3] Krizhevsky, A., Sutskever, I., & Hinton, G. E. (2012). Imagenet classification with deep convolutional neural networks. In *Advances in neural information processing systems* (pp. 1097-1105).
[4] Vedaldi, A., & Lenc, K. (2015, October). Matconvnet: Convolutional neural networks for matlab. In *Proceedings of the 23rd ACM international conference on Multimedia* (pp. 689-692). ACM.
[5] Heflin, B., Scheirer, W., & Boult, T. E. (2012, September). Detecting and classifying scars, marks, and tattoos found in the wild. In *Biometrics: Theory, Applications and Systems (BTAS), 2012 IEEE Fifth International Conference on* (pp. 31-38). IEEE.
[6] Kim, J., Parra, A., Yue, J., Li, H., & Delp, E. J. (2015, September). Robust local and global shape context for tattoo image matching. In *Image Processing (ICIP), 2015 IEEE International Conference on* (pp. 2194-2198). IEEE.
[7] Qingyong Xu, Soham Ghosh, Xingpeng Xu, Yi Huang, and Adams Wai Kin Kong, *Tattoo Detection Based on CNN and Remarks on the NIST Database*, 2016.
[8] Ngan, M., & Grother, P. (2015, March). Tattoo recognition technology-challenge (Tatt-C): an open tattoo database for developing tattoo recognition research. In*Identity, Security and Behavior Analysis (ISBA), 2015 IEEE International Conference on* (pp. 1-6). IEEE.
[9] Duangphasuk, P., & Kurutach, W. (2014, September). Tattoo skin cross-correlation neural network. In *Communications and Information Technologies (ISCIT), 2014 14th International Symposium on* (pp. 489-493). IEEE.
[10] Jessica Beltrán Márquez, *Recuperación de Imágenes de Tatuajes Basada en Contenido Visual*, Ensenada, Baja California, México, 2009.
[11] Huynh, N. Q., Xu, X., Kong, A. W. K., & Subbiah, S. (2014, December). A preliminary report on a full-body imaging system for effectively collecting and processing biometric traits of prisoners. In *2014 IEEE Symposium on Computational Intelligence in Biometrics and Identity Management (CIBIM)* (pp. 167-174). IEEE.

Modelo computacional para integración de emoción y cognición en agentes autónomos

Sergio Castellanos, Luis-Felipe Rodriguez, Luis A. Castro

Dpto. de Computación y Diseño

Instituto Tecnológico de Sonora

Cd. Obregón, Sonora, México

sergio.castellanos@hotmail.com, luis.rodriguez@itson.edu.mx, luis.castro@acm.org

Resumen—Los modelos computacionales de emociones (MCE) son sistemas de software diseñados para imitar ciertas fases y mecanismos que constituyen el proceso de las emociones humanas. Estos modelos computacionales son desarrollados para proporcionar a agentes autónomos habilidades para evaluar su entorno desde una perspectiva emocional y generar respuestas emocionales. Uno de los retos en el desarrollo de MCEs ha sido integrar la influencia de información cognitiva en los procesos afectivos implementados en este tipo de modelos. En este trabajo, se propone el diseño e implementación de un MCE dentro de un marco de trabajo, llamado InFra, el cual proporciona un entorno para el desarrollo de MCEs capaces de tomar en cuenta la influencia generada por componentes de arquitecturas cognitivas de agentes.

Palabras claves— Modelo Computacional de Emociones; Agentes Autónomos; Arquitecturas Cognitivas.

I. INTRODUCCIÓN

Los agentes autónomos (AAs) son entidades de software que llevan a cabo un conjunto de operaciones en lugar de un usuario u otro programa con un cierto grado de independencia o autonomía, y al hacerlo, emplean algún conocimiento y la representación de las metas o deseos del usuario [1]. Este tipo de sistemas inteligentes ha sido esencial para el progreso de áreas como la ingeniería de software, la interacción humano-computadora y la inteligencia artificial. En estas áreas, AAs han sido diseñados para llevar a cabo tareas en las que se requiere la imitación de los procesos cognitivos humanos, tales como el razonamiento y la toma de decisiones [2]. Por otra parte, se sabe que las emociones influyen en los procesos cognitivos. Es decir, el significado emocional de los estímulos percibidos desde el ambiente modula la operación normal de procesos como la atención, la percepción y la toma de decisiones [3]. De acuerdo con evidencia de áreas como la psicología y la neurociencia, las emociones son el resultado de la interacción de varios procesos cognitivos y afectivos, incluyendo la memoria, la percepción, la atención y la motivación [2-3].

Uno de los principales objetivos de la inteligencia artificial es construir sistemas de software que realicen tareas complejas produciendo respuestas inteligentes, es decir, sistemas inteligentes que actúan y razonan como seres humanos. En este sentido, la literatura refleja un interés creciente en el desarrollo de AA capaces evaluar y responder a estímulos emocionales [3-6]. Trabajos recientes han propuesto la incorporación de procesamiento afectivo en AAs a través del diseño de modelos computacionales de emociones (MCEs), los cuales son sistemas de software diseñados para sintetizar los mecanismos del proceso de las emociones humanas. Estos MCEs son diseñados para ser incluidos en arquitecturas cognitivas de agentes y de esta manera proporcionar a AAs mecanismos adecuados para el procesamiento de información afectiva, generación de emociones sintéticas y generación de comportamientos emocionales. Sin embargo, a pesar de la importancia de la relación entre los procesos afectivos y cognitivos en los humanos, ésta interacción no siempre es tomada en cuenta en el diseño de arquitecturas cognitivas de agentes [10]. Así mismo, aunque la literatura reporta una gran variedad de MCEs, la mayoría de estos modelos no toman en cuenta la influencia de aspectos como la personalidad, la cultura, las experiencias previas, el contexto social, el contexto físico y otros factores que pudieran ser parte de una arquitectura cognitiva y que se ha demostrado influyen en el procesamiento de emociones en los humanos [6] [8].

En el presente trabajo se pretende diseñar e implementar un MCE dentro del "marco de trabajo integrativo" propuesto por Rodríguez, Gutierrez-Garcia y Ramos [10], al cual nos referiremos como InFra (véase [10] para más detalles sobre este marco de trabajo, así como la Fig. 1). Este marco de trabajo (InFra) está diseñado para facilitar, a través de interfaces de entrada y de salida, el desarrollo de MCEs capaces de interactuar con aquellos componentes cognitivos en una arquitectura de agente que están involucrados en el proceso de las emociones (P. ej. personalidad, cultura, percepción y motivaciones del agente). Actualmente, el InFra solo provee detalles a nivel conceptual de su arquitectura y su ciclo de operación. Por lo que en este trabajo, se proporcionará también una descripción computacional de cada uno de los componentes de la arquitectura del InFra y del su flujo de operación.

Fig. 1. Integrative Framework (InFra) [10]

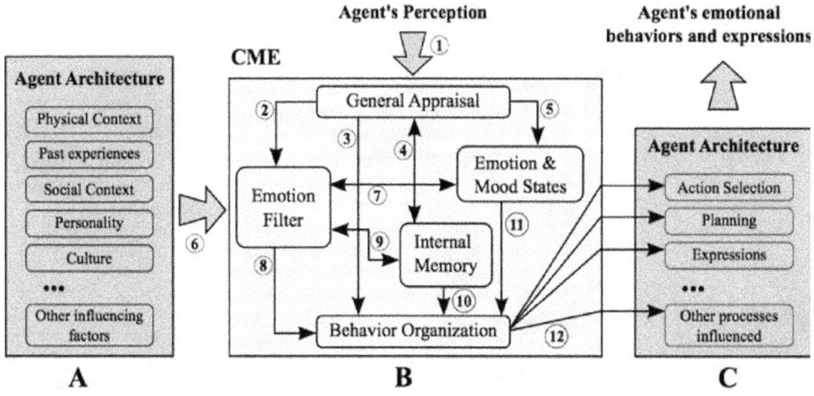

II. Trabajos relacionados

A continuación, se presenta una serie de trabajos relacionados de los cuales se hablará brevemente y se analizán para dar a conocer las características más importantes que sirvieron de apoyo y referencia en este trabajo. En base a estos, se definieron los objetivos y requisitos de nuestro modelo computacional de emociones. Además, en la Tabla 1 se resumen las características más importantes de cada trabajo relacionado, así como su aporte principal a nuestro MCE.

A. Emotions in human and artificial intelligence [8]

En el artículo, se demuestra que las emociones tienen gran influencia en el comportamiento del ser humano y la toma de decisiones. Tomando en cuenta la importancia de las emociones en el pensamiento racional humano, en este artículo, se incluye un componente emocional en un sistema inteligente. Sin embargo, no se desarrolló ningún sistema que simula esta relación (emociones-comportamiento humano), de manera que sea posible validarla.

B. FLAME-Fuzzy logic adaptive model of emotions[4]

Se toma en cuenta la relación de la influencia del proceso cognitivo en el comportamiento humano. Además, *"FLAME"* en su arquitectura presenta un MCE que resalta los sistemas de memoria y el proceso de aprendizaje como aspectos importantes en el desarrollo del proceso de afectivo. Básicamente se encargan de evaluar los estímulos emocionales desde el ambiente y generar un comportamiento adecuado desde una perspectiva afectiva. En base a este trabajo se concluyó que aspectos como la memoria y procesos de aprendizaje deben ser incluidos en nuestro MCE.

C. Alma: a layered model of affect [9]

Gebhard [9] presenta un MCE llamado ALMA, diseñado para dotar a los AAs con emociones, personalidad y estado de ánimo. Sin embargo, como se mencionó anteriormente, la mayoría de las arquitecturas de MCE no toman en cuenta otros factores importantes que influyen en el procesamiento de emociones como pudieran ser la memoria y los procesos de aprendizaje. Es a partir del este trabajos, que se hizo evidente la necesidad de generar un modelo computacional de emociones que incluya la mayor cantidad de aspectos emocionales como sean necesarios.

D. Modular FATIMA (FearNot AffecTIve Mind Architecture) [11]

Es una arquitectura para agentes autónomos que involucra la personalidad y las emociones para generar una influencia en el comportamiento del agente. Dicha arquitectura propone un esquema modular para otorgar la característica de escalabilidad. Una de las consideraciones más interesantes de este modelo es que el diseño de FATIMA incluye un proceso de valoración lo suficientemente flexible para representar diversas teorías de valoración de emociones.

E. "Modeling the Interaction of Emotion and Cognition in Autonomous Agents" [10]

En este trabajo, se hace hincapié en el modelado de la interacción entre los procesos cognitivos y afectivos en arquitecturas de agentes. Destaca el hecho de que las arquitecturas cognitivas para AAs en general no tienen en cuenta esta relación entre emoción y cognición al momento de generar comportamientos afectivos. En el artículo se propone un marco integrador para modular la valoración de estímulos emocionales percibidos por un agente de acuerdo a factores de influencia tal como la personalidad o motivaciones. Dicho marco proporciona para esto una interface de entrada y una interface de salida, las cuales facilitan la interacción entre los procesos afectivos implementados en los MCE y procesos cognitivos implementados en arquitecturas de agentes. Este trabajo es en el que basamos nuestra investigación.

TABLE I.   RESUMEN DE CARACTERISTICAS Y APORTES PRINCIPALES DE MODELOS EMOCIONALES

CARACTERISTICAS Y APORTES PRINCIPALES		
Modelo	*Características*	*Aporte al modelo computacional*
FLAME [4]	• Cuenta con sistemas de memoria y el proceso de aprendizaje. • Lleva a cabo el proceso cognitivo en el comportamiento humano utilizando lógica difusa.	Componente de memoria y módulo de comportamiento.
Alma [6]	• Dota a los AAs con emociones, personalidad y estado de ánimo.	Diseño escalable, que facilita la incorporación de nuevos componentes y que estos influyan en el proceso cognitivo y afectivo del agente.
Modular FATIMA [3]	• Propone un esquema modular para otorgar la característica de escalabilidad.	
InFra [10]	• Propone un marco integrador para modular la valoración de estímulos emocionales percibidos por un agente. • Define interfaces para la interacción entre procesos cognitivos en arquitecturas de agente y procesos afectivos en MCEs	Punto inicial para el desarrollo de MCEs cuya arquitectura toma en cuenta en sus procesos cognitivos, factores como personalidad y cultura.

III. OBJETIVOS DE LA INVESTIGACIÓN

El objetivo de este trabajo es diseñar e implementar un modelo computacional de emociones para agentes autónomos como parte del marco integrativo propuesto por [10] de manera que dicho MCE sea capaz de tomar en cuenta la influencia generada por componentes cognitivos de la arquitectura de agente en la que este modelo se incorpore.

Así mismo, como objetivos adicionales se pretende validar las *interfaces de entrada y de salida* de dicho marco integrativo y describir a nivel computacional cada uno de sus componentes.

IV. METODOLOGÍA

En esta sección, se describen los pasos que se seguirán para lograr el objetivo establecido.

1. En primer lugar, se plantea un análisis de los componentes del InFra y su ciclo de operación.

2. Enseguida se diseñará un MCE a nivel conceptual, el cual describa a un alto nivel los elementos del modelo computacional que se estará desarrollando y se corresponda con los componentes del InFra.

3. Después se fundamentará cada uno de los módulos y componentes definidos en el paso anterior mediante modelos y teorías originadas en el área de psicología y neurociencia.

4. Se diseñará la arquitectura del sistema, mostrando los componentes que se hayan definido, así como sus relaciones.

5. Luego se implementará el sistema, es decir, se procederá a desarrollar computacionalmente cada uno de los componentes definidos.

6. Enseguida, se definirá un caso de estudio para validar la propuesta.

7. Por último, se llevarán a cabo las simulaciones correspondientes y se reportarán los resultados.

V. Resultados Logrados

Hasta el momento se ha revisado el marco de trabajo definido por infra, se han analizado sus componentes y cómo éstos interactúan. Así mismo, se han identificado algunas teorías que estarán respaldando cada uno de los componentes que son parte del MCE que se está diseñando. Se ha revisado también el estado del arte para justificar el objetivo y problema de la investigación, así como la metodología a seguir. Otro de los aspectos que se han identificado son las fases que se implementarán en el MCE así como los componentes que se corresponden en el InFra.

VI. Resultados Esperados

Se espera (1) concluir con la implementación de un MCE que se corresponda con los componentes y módulos definidos en el InFra, (2) validar las interfaces de entrada y salida definidas en el InFra, (3) que efectivamente el modelo computacional resultante tome en cuenta aspectos como la personalidad, la cultura, las experiencias previas, el contexto social, el contexto físico del agente, (4) que el modelo obtenido sea capaz de emular y describir comportamientos creíbles y similares a lo de los humanos, y finalmente, (5) documentar a nivel conceptual y computacional el MCE propuesto y la arquitectura y ciclo de operación del Infra.

VII. Conclusiones

El desarrollo y aplicación de agentes autónomos (AAs) cuyo comportamiento está influenciado por las señales afectivas ha motivado el desarrollo de nuevas arquitecturas cognitivas de agente que incorporan mecanismos para modelar la interacción entre la cognición y la emoción humana. Podemos dotar a los AA de habilidades para el reconocimiento de emociones, la simulación y la expresión del sentimiento emocional y la ejecución de respuestas emocionales a través de modelos computacionales de emociones (MCE), los cuales sintetizan los mecanismos del proceso de la emoción humana. Por otro lado, el desarrollo de MCEs implica una variedad de decisiones de diseño.

Como se ha mencionado, existe una necesidad de arquitecturas que ayuden a hacer frente a este tipo de aspectos diseños aspectos. La complejidad de diseñar modelos computacionales de funciones humanas se convierte en una tarea muy difícil. Por esta razón, se ha tomado ventaja de propuestas para el diseño de MCEs. En particular, siguiendo la metodología y marco de trabajo propuesto por [7], la cual se ha decidido implementar y detallar para de esta manera generar un ambiente en el que se puedan desarrollar modelos computacionales de emociones completos, robustos, flexibles y bien documentados a través de un entorno adecuado para el desarrollo de agentes autónomos con procesamiento afectivo

References

[1]   S. Franklin and A. Graesser, "Is it an Agent, or just a Program?: A Taxonomy for Autonomous Agents," in *International Workshop on Agent Theories, Architectures, and Languages*, 1996, pp. 21-35.

[2]   X. González-Olvera and L.-F. Rodríguez, "Towards Scalable Computational Models of Emotions for Autonomous Agents," in *Proceedings of the 15th IEEE International Conference on Cognitive Informatics & Cognitive Computing*, 2016, pp. 1-9.

[3]   C. Breazeal, "Regulating human-robot interaction using 'emotions','drives', and facial expressions," in *Proceedings of Autonomous Agents*, 1998, pp. 14-21.

[4]   D. Cañamero, "Modeling motivations and emotions as a basis for intelligent behavior," pp. 148-155.

[5]   A. Ortony, "On making believable emotional agents believable," *Trappl et al.(Eds.)(2002)*, pp. 189-211, 2002.

[6]   S. C. Marsella and J. Gratch, "EMA: A process model of appraisal dynamics," *Cognitive Systems Research*, vol. 10, pp. 70-90, 2009.

[7]   L.-F. Rodríguez, J. O. Gutierrez-Garcia, and F. Ramos, "Modeling the interaction of emotion and cognition in Autonomous Agents," *Biologically Inspired Cognitive Architectures*, vol. 17, pp. 57-70, 2016.

[8]   M. S. El-Nasr, J. Yen, and T. R. Ioerger, "Flame—fuzzy logic adaptive model of emotions," *Autonomous Agents and Multi-agent systems*, vol. 3, pp. 219-257, 2000.

[9]   P. Gebhard, "ALMA: a layered model of affect," in *Proceedings of the fourth international joint conference on Autonomous agents and multiagent systems*, 2005, pp. 29-36.

[10]   J. Martinez-Miranda and A. Aldea, "Emotions in human and artificial intelligence," *Computers in Human Behavior*, vol. 21, pp. 323-341, 2005.

[11]   J. Dias, S. Mascarenhas, and A. Paiva, "Fatima modular: Towards an agent architecture with a generic appraisal framework," in *Emotion Modeling*, ed: Springer, 2014, pp. 44-56.

Red de Tiempo Real para la Animación de Marionetas Digitales mediante una Red Heterogénea de Sensores RGBD

Elisabet González Juárez

División de Estudios de Posgrado e Investigación
Instituto Tecnológico de Chihuahua
Chihuahua, México
egonzalezj@itchihuahua.edu.mx

Alberto Pacheco González

División de Estudios de Posgrado e Investigación
Instituto Tecnológico de Chihuahua
Chihuahua, México
apacheco@itchihuahua.edu.mx

Resumen—En este trabajo de tesis se presenta el diseño de un protocolo de red para generar animaciones vectoriales con base en la captura de movimiento en tiempo real usando múltiples sensores RGBD. El protocolo forma parte de la arquitectura de la plataforma FSA-MD, usando una topología de red apropiada para reducir la latencia del flujo de datos. Se emplea un servidor dedicado para adquirir los datos derivados de los sensores RGBD provenientes de los clientes de captura, para ser fusionados y transmitidos a los clientes heterogéneos para visualizar animaciones. Las pruebas preliminares muestran que el protocolo WebRTC es una opción viable porque permite adaptar una topología multipunto tipo estrella de tiempo real. Se espera que esta tecnología y el diseño del protocolo de red para la aplicación de fusión de datos, se validen de manera efectiva en etapas posteriores con clientes basados en distintas plataformas.

Palabras clave—Captura de movimiento; Protocolos de red de tiempo real; Marionetas digitales; Fusión de datos en redes de sensores

I. INTRODUCCIÓN

Tomando como referencia la arquitectura de la plataforma de fusión de sensores RGBD para la animación de marionetas digitales (FSA-MD) publicada en [1], se propone el diseño e implementación de un protocolo de red capaz de integrar y fusionar múltiples flujos de datos multimedia capturados desde diferentes sensores RGBD en tiempo real. Con esto se busca dar soporte a diversos clientes multimedia en distintas plataformas para visualizar marionetas digitales y además lograr manipular una marioneta digital por medio de uno o más sensores RGBD. La plataforma FSA-MD se apoya de las interfaces naturales de usuario (NUI). Mediante éstas es posible controlar aplicaciones a través gestos y movimientos corporales. Dentro de las principales NUI se encuentran las tangibles (TUI) [2]-[4], las de audio (AUI) [5] y las de video (VUI) [6]. Las VUI permiten operar aplicaciones utilizando sistemas de visión capaces de reconocer gestos y movimientos [7] a partir de la captura de movimiento, es decir, mediante el muestreo y registro de movimientos ya sea de seres humanos, animales u objetos [8], [9]. Los sensores RGBD se utilizan para la captura de movimiento, estos obtienen información de color y profundidad. En comparación con las cámaras CCD los sensores RGBD son más económicos, además con un solo sensor se pueden obtener resultados similares a los que generan los sistemas ópticos típicos compuestos por varias cámaras CCD. Los sensores RGBD se han utilizado en el desarrollo de diversas aplicaciones en áreas como medicina [10], [11], robótica [12], [13], control de vehículos no tripulados [14], educación, entre otras. Dentro del ámbito educativo la captura de movimiento se ha utilizado para la animación en tiempo real de marionetas digitales, las cuales son personajes animados que se utilizan en la producción de narrativas digitales y ayudan a estudiantes a comprender un tema o una asignatura [15]-[17].

En aplicaciones desarrolladas para realizar la animación de marionetas digitales [18], [19], se requiere el uso de distintos sensores RGBD para animar diferentes partes de la marioneta, ya que cada sensor ha sido diseñado para operar de manera distinta y con un solo sensor no es posible lograr animar una marioneta en su totalidad. Para utilizar varios sensores es necesario hacer una fusión de datos de la información obtenida por cada sensor RGBD. Para la plataforma FSA-MD se propone realizar esta fusión de datos implementando un protocolo de red de tiempo real. Uno de los rasgos más importantes que se debe tomar en cuenta para el protocolo es el tipo de información que se va a transmitir. Los sistemas de transmisión de video por fotogramas suelen consumir muchos recursos debido a la alta tasa de paquetes que se transfieren, especialmente en transmisión de video en tiempo real. En cambio, la ventaja que ofrece el protocolo de la plataforma FSA-MD es que no busca enviar cuadros de video si no un vector de características extraídas de cada sensor RGBD.

II. TRABAJOS RELACIONADOS

La animación de marionetas digitales puede realizarse de diversas maneras, una de ellas es mediante fotogramas clave. En esta técnica se trabaja cada animación cuadro por cuadro utilizando algún paquete de software, la desventaja de este método es que es tardado y complejo [15], [17]. El uso de la captura de movimiento en la animación de marionetas digitales ha generado amplios beneficios ya que a comparación de la técnica mencionada previamente el utilizar la captura de movimiento permite que el proceso de producción de una animación sea más rápida y sencilla de realizar, además la persona que protagoniza la animación de la marioneta puede ver en tiempo real los movimientos que se van realizando y la interacción con la marioneta digital se vuelve más fluida y simple [17]. De los diversos trabajos que existen para la animación de marionetas digitales, algunos se enfocan en la manipulación de animaciones 3D creando avatares en ambientes virtuales [20]-[22] mientras que otros se centran en animaciones 2D [18], [23]. Otro de los trabajos existentes se desarrolló en el Laboratorio de Aprendizaje Móvil del I. T. de Chihuahua [18], [19], en éste se cuenta con un sistema de captura de movimiento compuesto por un sensor RGBD y un reproductor de animación de marionetas implementado en Processing. A pesar de que existen varios trabajos relacionados con el tema de investigación, no se ha encontrado alguno que haga una fusión e integración de datos obtenidos por distintos sensores RGBD para aplicaciones de tiempo real.

III. OBJETIVOS DE LA INVESTIGACIÓN

El objetivo principal de esta investigación es diseñar un protocolo de red para un sistema basado en la plataforma FSA-MD, el cual permita manipular en tiempo real una marioneta digital a través de una red heterogénea de sensores RGBD, comunicados por este protocolo. Otro de los objetivos es diseñar dicho protocolo para integrar y fusionar múltiples flujos de datos multimedia en tiempo real. También se busca validar el protocolo de red mediante pruebas piloto utilizando diversos clientes multimedia para la reproducción de animaciones digitales en múltiples plataformas. El último objetivo es documentar todos los procedimientos necesarios para la producción de narrativas digitales basadas en marionetas animadas con múltiples sensores RGBD, esto mediante la creación de guías de usuario.

IV. METODOLOGÍA

A continuación se muestran las diversas etapas del presente proyecto de investigación de tesis:

1. *Definición del problema y revisión de literatura.* Como primer paso se plantearon algunas preguntas de investigación para poder establecer las hipótesis pertinentes. Así mismo, durante el desarrollo de la investigación se hizo una búsqueda exhaustiva del estado del arte relacionado con el tema de investigación, esta revisión de literatura incluyó una selección, clasificación, análisis y síntesis de la información consultada. También se diseñó la plataforma FSA-MD para identificar los puntos de interés a resolver por medio del trabajo de investigación.

2. *Desarrollo del proyecto de investigación.* Para el desarrollo del proyecto de investigación se deben cubrir las etapas de análisis, diseño e implementación para cada uno de los módulos de la plataforma FSA-MD. Mediante el proceso de análisis fue posible detectar las variables requeridas por cada módulo a fin de facilitar la etapa de diseño en cada uno de ellos. Una vez realizado el análisis de cada módulo se continuó con el proceso de diseño en donde se elaboró la estructura general de cada componente. En la etapa de implementación se llevó a cabo la escritura de código de acuerdo a la estructura del diseño propuesto para cada uno de los módulos.

3. *Análisis, diseño e implementación del módulo de captura de movimiento.* Los módulos de captura se encargan de adquirir la información generada por los sensores RGBD, una vez que se hace la captura se pasa a la etapa de reconocimiento en donde se identifican los puntos principales del esqueleto definido por cada sensor. De acuerdo a los puntos detectados por el sensor se genera un vector de posiciones de cada articulación. Después se trabaja con el diseño de las marionetas digitales para asignar pivotes en cada una de las articulaciones de la marioneta.

4. *Análisis, diseño e implementación de APIs y servicios web.* Es necesario contar con una API en donde se definan las funciones que describan los movimientos que realizarán las marionetas digitales, así como las funciones para el establecimiento del protocolo de comunicación. Una vez definida el API se implementa en los clientes de captura (CC) y reproductores de animación de marionetas (CV).

5. *Análisis, diseño e implementación del protocolo de tiempo real para la fusión de sensores RGBD.* El servidor de fusión de datos es el encargado de recibir los flujos multimedia provenientes de los sensores RGBD a través del protocolo de flujo de captura, para posteriormente llevar a cabo la fusión e integración de dichos flujos multimedia. Después de haber realizado esto se enviarán los paquetes de información por medio del protocolo de flujo de cuadros de animación a los reproductores de animación de marionetas.

6. *Análisis, diseño e implementación del reproductor de animación de marionetas.* Para los reproductores multimedia se tiene definido un repositorio de marionetas, definidas como gráficos vectoriales SVG. Cada marioneta debe cumplir con

una estructura en donde se identifiquen los puntos de rotación de las articulaciones de la marioneta (pivotes). Posteriormente es necesario establecer límites para el rango de movimiento de cada articulación. Una vez hecho esto los reproductores multimedia deben leer la secuencia de movimientos adquirida por los módulos de captura y procesada por el servidor de fusión de datos. Éste último recibe flujos de datos de captura de movimiento provenientes de los CC y después mezcla e integra cada uno de esos flujos para generar un solo cuadro de animación. A la salida del servidor se envía un flujo de cuadros de animación a todos los CV.

7. *Pruebas preliminares y finales.* Para validar el trabajo de investigación se han realizado pruebas pilotos con alumnos de diferentes instituciones educativas. En estas pruebas piloto los alumnos producen narrativas digitales utilizando las marionetas digitales. Así mismo deben realizarse otras pruebas para evaluar el rendimiento y calidad del protocolo de flujo de captura de movimiento y del protocolo de flujo de cuadros de animación.

V. RESULTADOS LOGRADOS

Se ha logrado concluir con la primera y segunda etapa logrando establecer correctamente las hipótesis. Esto permitió el diseño de la plataforma FSA-MD la cual consta de 3 componentes principales: a) módulos de captura de movimiento; b) un servidor para la fusión de datos RGBD; c) reproductores de animación de marionetas digitales. En cuanto a la revisión de literatura se consultó el estado del arte para establecer el marco teórico de la investigación logrando obtener tres capítulos del documento de tesis.

Para las etapas 3 y 6 se logró definir la estructura de las marionetas digitales así como el procedimiento para su diseño y elaboración. Para ello se determinó utilizar la herramienta de software Inkscape® por ser de libre y fácil uso, multiplataforma y por generar el archivo vectorial con suficiente limpieza. A partir de esto se trabajó en el desarrollo de dos métodos para reducir los tiempos de la elaboración de una marioneta digital logrando automatizar algunas partes del proceso. En cuanto al diseño de los módulos de captura y reproductor de animación de marionetas, se hizo la implementación de uno de ellos en el lenguaje de Processing y para la captura de movimiento se empleó un sensor RGBD Primesense®. El esqueleto que se utilizó es de 10 puntos.

En cuanto a la etapa 4, se ha logrado definir el API para la parte correspondiente a los movimientos del cuerpo de la marioneta. Primeramente el API se implementó en lenguaje de JavaScript para el editor en línea Live Editor Avatar Demo [24]. Gracias a este editor interactivo fue posible probar el funcionamiento de las marionetas digitales. Por medio de este editor se pueden detectar pivotes faltantes, límites incorrectos para el rango de movimiento de las articulaciones y defectos en los movimientos definidos en las funciones del API. El API también se ha implementado en el lenguaje de Processing para uno de los CC. Estos CC simulan la animación de la marioneta mediante código utilizando las funciones definidas en el API.

En la etapa 5 se hizo la elección del protocolo a utilizar para el servidor de fusión de datos. Luego de investigar las tecnologías que existen actualmente para transmisión multimedia en tiempo real se encontró el *framework* WebRTC el cual es utilizado actualmente en aplicaciones para conferencias y videoconferencias. Para esta etapa se requiere instalar un servidor web para realizar pruebas preliminares con el servidor de fusión de datos y hacer los ajustes necesarios al diseño de éste mismo.

VI. RESULTADOS ESPERADOS

Como parte de los resultados que se busca obtener se encuentra la implementación de un servidor web en una tarjeta Raspberry Pi para realizar pruebas con el WebRTC. En este servidor se espera sea posible instalar un certificado de seguridad para poder utilizar el WebRTC el cual requiere de un servidor con este tipo de seguridad. Una vez logrado esto se busca utilizar WebRTC utilizando una topología estrella y un servidor dedicado o MCU (*Multipoint Control Unit*), el propósito de este tipo de arreglo es identificar a cada uno de los participantes de la conferencia como CC o CV. Por su parte el MCU debe realizar la adquisición de los flujos multimedia de los CC y la mezcla de cada uno de esos flujos para obtener la fusión de datos y enviarla a los CV. El mayor trabajo en este tipo de conexión se centrará en el MCU el cual debe asignar un identificador o *token* a cada miembro de la conferencia, determinar el tipo de cliente que es y realizar el proceso de adquisición y fusión de datos. Las pruebas de este arreglo se harán inicialmente con datos de texto para probar la identificación correcta de cada uno de los clientes de la sesión así como también la fusión de los datos y su envío a los clientes receptores. Una vez logrado esto se harán pruebas con transmisión de datos multimedia de audio para evaluar el tiempo de respuesta, latencia y desfasamiento, además de resolver el tipo de codificación a utilizar. El siguiente paso es usar los CC para simular la animación de marionetas y enviar dicha información al servidor de fusión de datos para que sea visualizada en los CV.

VII. CONCLUSIONES

Los resultados preliminares del presente trabajo parecen indicar que el protocolo WebRTC puede ser una herramienta favorable ya que ofrece amplios beneficios como son su versatilidad para soportar distintas plataformas, el hecho de ser un *framework* nativo de los más modernos navegadores web que soportan HTML5 y que se cuenta con la disponibilidad del SDK para desarrollar aplicaciones bajo este protocolo. Otra de las principales ventajas de WebRTC es que trabaja para aplicaciones multimedia de tiempo real y se apoya de protocolos con este mismo enfoque como el RTP. Por otro lado WebRTC tiene la desventaja de que solo se puede utilizar en ambientes seguros, esto es, los servidores web en los cuales se implemente deben contar con un certificado de seguridad. Aunque existen algunos sitios que ofrecen este tipo de servicio de manera gratuita la mayoría de ellos lo hace solo durante algunos días de prueba, es por ello que esto puede llegar a generar un costo. Otra desventaja es que el SDK que existe para trabajar con iOS ha sido desarrollado en Objective-C lo que complica su inclusión en aplicaciones desarrolladas con el lenguaje Swift de iOS. En general, WebRTC es un protocolo nuevo y muy prometedor ya que a pesar de sus desventajas está logrando adentrarse en el desarrollo de nuevas aplicaciones multimedia de tiempo real. El reto para la etapa final del presente proyecto consistirá en adaptar al *framework* de una tecnología reciente como WebRTC la propuesta de diseño de un protocolo de red que satisfaga las especificaciones de la aplicación planteada para lograr la fusión de datos de múltiples sensores RGBD para sintetizar el flujo de *frames* de animación en tiempo real en base a un innovador y eficiente formato basado en gráficos vectoriales.

REFERENCIAS

[1] A. Pacheco, I. Robledo and E. Gonzalez, "Plataforma de fusión de sensores RGB-D para la animación de marionetas digitales," Revista de Tecnologías Emergentes en la Educación, vol. 1, no. 1, pp. 101-106, Jun. 2016.

[2] O. Shaer y E. Hornecker, "Tangible user interfaces: Past, present, and future directions," Foundations and Trends in Human-Computer Interaction, vol. 3, no. 1-2, pp. 1-137, January 2009.

[3] K. Matsui, T. Terada and S. Nishio, "User preference learning system for tangible user interfaces," International Conference on Complex, Intelligent and Software Intensive Systems, pp. 766-771, March 2009.

[4] N. Couture, G. Rivière and P. Reuter, "Tangible interaction in mixed reality systems," The Engineering of Mixed Reality Systems, London, Springer London, 2010, pp. 101-120.

[5] R. Steinmetz and K. Nahrstedt, "User interfaces," Multimedia Applications, Berlin, Springer Berlin Heidelberg, 2004, pp. 151-172.

[6] M. R. Ogiela and T. Hachaj, "Natural user interfaces for exploring and modeling medical images and defining gesture description technology," Natural User Interfaces in Medical Image Analysis, Springer International Publishing, 2015, pp. 205-279.

[7] O. Schreer, P. Eisert, P. Kauff, R. Tanger and R. Englert, "Towards robust intuitive vision-based user interfaces," 2006 IEEE International Conference on Multimedia and Expo, pp. 69-72, July 2006.

[8] M. Kitagawa and B. Windsor, Mocap for Artists: Workflow and Techniques for Motion Capture, Oxford: Elsevier, 2008, pp. 1-12.

[9] R. Tobón, "Optical motion capture," The Mocap Book: A Practical Guide to the Art of Motion Capture, Foris Force, 2010, pp. 13-22.

[10] J. L. Lin, H. C. Chuan, P. C. Kuan and S. M. Ni, "Assessment of range of joint motion using Kinect," Bridging Research and Good Practices towards Patients Welfare: Proceedings of the 4th International Conference on Healthcare Ergonomics and Patient Safety (HEPS), Taipei, Taiwan, 23-26 June 2014, London, Taylor & Francis Gruop, 2015, pp. 387-392.

[11] S. Das, L. Trutoiu, A. Murai, D. Alcindor, M. Oh, F. De la Torre and J. Hodgins, "Quantitative measurement of motor symptoms in Parkinson's disease: A study with full-body motion capture data," 2011 Annual International Conference of the IEEE Engineering in Medicine and Biology Society, pp. 6789 - 6792, August 2011.

[12] A. Ozgur, S. Bonardi, M. Vespignani, R. Mockel and A. J. Ijspeert, "Natural user interface for Roombots," The 23rd IEEE International Symposium on Robot and Human Interactive Communication, pp. 12 - 17, August 2014.

[13] S. W. Choi, W. J. Kim and C. H. Lee, "Interactive display robot: Projector robot with natural user interface," 2013 8th ACM/IEEE International Conference on Human-Robot Interaction (HRI), pp. 109 - 110, March 2013.

[14] J. A. Peña Palacio and S. Londoño Arevalo, "Control de vuelo a distancia de un helicóptero RC mediante una interfaz de usuario natural," 2014 9th Iberian Conference on Information Systems and Technologies (CISTI), June 2014.

[15] L. Leite and V. Orvalho, "Shape your body: Control a virtual silhouette using body motion," Proceedings of the 2012 ACM Annual Conference Extended Abstracts on Human Factors in Computing Systems Extended Abstracts - CHI EA '12, pp. 1913-1918, 2012.

[16] P. Rizzo, E. Shaw and W. L. Johnson, "An agent that helps children to author rhetorically-structured digital puppet presentations," Intelligent Tutoring Systems, Springer Berlin Heidelberg, 2002, p. 2363.

[17] L. Leite and V. Orvalho, "Inter-acting: Understanding interaction with performance-driven puppets using low-cost optical motion capture device," International Journal of Advanced Computer Science, vol. 3, no. 2, pp. 65-69, February 2013.

[18] A. Pacheco and R. Cruz, "Animating 2D digital puppets using motion capture and vectorial graphics," The Graphical Web: Visual Storytelling, 2014.

[19] A. Pacheco González, M. Ramírez Rojas and C. L. Guzmán González, "Marionetas digitales: Tecnología emergente para narrar historias con personajes animados mediante la captura digital de movimiento," Tecnologías Emergentes en la Educación, 1 ed., Distrito Federal, Pearson, 2015, pp. 161-175.

[20] J. R. Parker and C. Martini, "Puppetry of the Pixel: Producing live theatre in virtual spaces," 2011 IEEE Consumer Communications and Networking Conference (CCNC), pp. 327-331, January 2011.

[21] W. Bholsithi, N. Wongwaen and C. Sinthanayothin, "3D avatar developments in real time and accuracy assessments," 2014 International Computer Science and Engineering Conference (ICSEC), pp. 85-90, August 2014.

[22] M. Z. Patoli, M. Gkion, P. Newbury and M. White, "Real time online motion capture for entertainment applications," Digital Game and Intelligent Toy Enhanced Learning (DIGITEL), 2010 Third IEEE International Conference on, pp. 139 - 145, April 2010.

[23] J. Pan, Sketch-Based Skeleton Driven 2D Animation and Motion Capture, 2009.

[24] Live Editor Avatar Demo. (2015) [En línea]. Disponible: http://podcast.itch.edu.mx/live-editor/, Accesado en: Ago. 20, 2016.

Competencias digitales en la extensión agrícola en México

Reyna Izaguirre Minerva, Palacios Rangel María Isabel
Centro de Investigaciones Económicas Sociales y Tecnológicas de la Agroindustria y la Agricultura Mundial (CIESTAAM),
Universidad Autónoma Chapingo. Km 38.5 Carretera México-Texcoco. 56230, Chapingo, Estado de México
mine-reyna@hotmail.com, marisapalacios6@gmail.com

Bauer Mengelberg Juan Ricardo
Socioeconomía Estadística e Informática. Cómputo Aplicado,
Colegio de Postgraduados, Campus Montecillo. Km 36.5 Carretera México-Texcoco. 56230, Montecillo, Texcoco, Estado de México
jbauerm@yahoo.com

Abstract-
The development of information technology and digital communications are defining new ways to meet specific needs. These technologies have generated better conditions of use in the design, development and application in different environments. Regarding extensionism activities in Mexico, training and certification of extension agents, -before Professional Service Providers (PSP) - can support to facilitate the acquisition and transfer of knowledge in the rural sector. For this it is necessary to define the functions of the extension agent in relation to the provisions of the SAGARPA and capabilities of cell phone use to identify competencies that can be supported by digital technologies. Thus recommendations for integration of new digital strategies that can be included in the training process are generated. This research project identifies digital competencies required an extension in their training to the producer.
Keywords-component; **digital competencies, extension agents, information technologies and digital communications**

I.   INTRODUCCIÓN

El sector agrícola tiene procesos que son áreas de oportunidad digital [1]. En el entorno de la extensión agrícola se presentan múltiples y diversos problemas que tienen que ver con la necesidad de hacer eficiente el uso los recursos disponibles por parte de los agentes de extensión[2], para mejorar la comunicación entre los diferentes actores con los que se relacionan en su actividad profesional, en especial con sus productores. Los agentes de extensión carecen de una formación sólida como facilitador del aprendizaje, pero tiene la función de capacitador [3].

En México, la Secretaría de Agricultura, Ganadería, Desarrollo Rural, Pesca y Alimentación (SAGARPA) es la institución que regula las actividades de extensionismo, a través del diseño de programas para la formación de los agentes de extensión. Actualmente opera el programa de productividad rural 2016. En él se estipulan los lineamientos y características que debe cumplir para su certificación el agente de extensión. El extensionista es una persona física o moral que trabaja por contrato de obra o servicio determinado, desarrolla sus actividades en el área agropecuaria y que normalmente está adscrito a un programa federal. Entre sus funciones está proporcionar asistencia técnica y el desarrollo de capacidades, servicios profesionales, capacitación y consultoría a productores agropecuarios. El acceso a los programas de gobierno está apoyado por algunos elementos de asistencia técnica o de servicio de extensión. Por ello se considera al agentes de extensión como un intermediario para los programas de apoyo federal [4]. La labor del extensionista está orientada a dirigir al productor a tomar mejores decisiones para generar productos redituables en las actividades del campo; normalmente se trata de orientaciones personalizadas a cada situación del productor. ¿Qué necesita un extensionista para poder promover y motivar a un productor a incluir nuevas técnicas a sus maneras de hacer las cosas, que normalmente son heredadas o aprendidas de pares con quienes comparten una relación afectiva?, ¿cómo puede un extensionista aumentar su eficiencia con los recursos que cuenta?, ¿qué medios técnicas o procedimientos puede utilizar para apoyar su función y ¿cuál es la accesibilidad y limitantes a ellos?.

El extensionista cuenta con el conocimiento; el productor además tiene la experiencia y la responsabilidad ejecutora. ¿Cómo se podrían empatar estos dos aspectos con las características implícitas en su ambiente social, económico y tecnológico? Evidentemente hay una relación de comunicación entre los extensionistas y los productores. Se conocen, conviven, se relacionan e intercambian información que normalmente es técnica. Pero, ¿qué sucede cuando existen limitantes que retrasan o minimizan el contacto de asesoría técnica entre ellos?, ¿qué elementos se pueden utilizar para resolverlo? Las tecnologías digitales pueden ser herramientas valiosas que faciliten la comunicación entre los actores de la extensión. Para ello es importante identificar las competencias que tienen y las que deberían aprender los agentes de extensión. De Ketele define a la competencia como un conjunto ordenado de capacidades que se ejercen sobre contenidos de aprendizaje y cuya integración está orientada a resolver los problemas dentro de una categoría de situaciones [5]. El desarrollo de una competencia es un proceso continuo en una situación. Se debe considerar en el individuo el alcance de conocimientos, habilidades, actitudes, responsabilidades. Es importante que las competencias sean valorables, observables y mesurables para identificar resultados de aprendizaje. La identificación de las competencias de una actividad específica, permite definir su perfil considerando las cualidades individuales, profesionales, sociales y de carácter ético para ejecutar dicha actividad.

II.   METODOLOGÍA

Se analizaron los requerimientos estipulados en el programa productividad rural 2016 para la identificación de las competencias requeridas en las actividades de extensión. Se utilizó una encuesta para estudiar y analizar capacidades del agente de extensión en su actividad profesional. Las técnicas estadísticas que se utilizaron son análisis de conglomerados y análisis canónico discriminante, para lo cual se utilizó el software SAS/STAT®. Se diseñó el instrumento de recolección de datos tipo encuesta formal para generar información cualitativa. El trabajo de campo consistió en la aplicación de 272 encuestas realizadas durante el último semestre del 2012 a agentes de extensión que asistieron a los cursos de formación impartidos en dicho período en el campo experimental "El Batán" del Centro Internacional de Mejoramiento de Maíz y Trigo (CIMMYT) y con la colaboración del Centro de Investigaciones Económicas Sociales y Tecnológicas de la Agroindustria y la Agricultura Mundial. (CIESTAAM). La muestra se elaboró por conveniencia (individuos disponibles para la aplicación del cuestionario) y no mediante algún método de muestreo probabilístico.

La encuesta se dividió en dos secciones. La primera se refiere a la identificación del entrevistado, donde se solicitaron datos de tipo personal tales como años de trabajo como agentes de extensión, programa o estrategia a la que pertenece, escolaridad, edad, acreditaciones, entidad federativa y correo electrónico. La segunda identifica las capacidades en el uso de funciones del celular. Las respuestas fueron diseñadas para ser contestadas seleccionando la opción preferida con una escala ordinal, finita (0-1) donde 0= no y 1= sí.

III.   RESULTADOS

En el caso de los extensionista, las competencias que definen su perfil deben estar relacionadas con las actividades de extensión. Las principales actividades asociadas a la función del agentes de extensión son: Gestoría de apoyos, gestoría de créditos, estructura operativa de organizaciones, desarrollo técnico productivo, desarrollo organizativo y empresarial, conservación y uso sustentable de agua y suelo, operación de programas (sanidades), entre otras. Para dichas actividades es recomendable que el extensionista desarrolle estas competencias: Primera competencia: Planificar actualizaciones continuas a su formación profesional. Condiciones: (a) se capacita y certifica continuamente, (b) investiga sobre sus propios procesos de construcción del conocimiento, (c) incorpora nuevos conocimientos y experiencias a sus estrategias de capacitación, (d) aprende de las experiencias de sus pares y participa en la conformación del mejoramiento de la comunidad de asistencia técnica, (e) es responsable y comprometido en su labor, (f) se mantiene actualizado en el uso de la tecnología de la información y la comunicación (TIC). Segunda competencia: Se especializa en el área conocimiento que le compete para facilitar experiencias de aprendizaje significativo. Condiciones: (a) utiliza métodos y consistencia lógica del conocimiento que imparte, (b) valora los vínculos entre el conocimiento y los actores, (c) promueve el trabajo colaborativo, (d) promueve la transferencia del conocimiento entre productores pares (e) promueve la comunicación. Tercera competencia: Planificar los procesos de enseñanza andragógicos en la capacitación. Condiciones: (a) identificar los conocimientos previos de los productores para desarrollar estrategias de avance a partir de ellos, (b) contextualizar los contenidos de la capacitación a la realidad social de la comunidad a la que pertenecen. Cuarta competencia: Llevar a la práctica los procesos de comunicación y de enseñanza en la capacitación de manera creativa, efectiva e innovadora. Condiciones: (a) comunica ideas y conceptos con claridad en los diferentes ambientes de aprendizaje y ofrece ejemplos pertinentes a los productores (b) aplica estrategias de comunicación y soluciones creativas ante contingencias, utilizando los recursos disponibles, (c) promueve el desarrollo de las capacidades del productor de acuerdo a sus necesidades y posibilidades y en relación a sus circunstancias, (d) utiliza las TIC en el proceso de capacitación y asistencia técnica y en distintos ambientes circunstanciales.

CUADRO 1. Relación de las medias sobre las funciones que realiza los agentes de extensión en su celular. Variables: llamadas, envío de SMS, tomar fotos y video, agenda de contactos, conectarse a internet, redes sociales, WhatsApp, transmitir datos digitales, bajar música y aplicaciones, checar correos, ver videos (YouTube), Agenda de tareas, Aplicaciones GPS, Noticias, Información general y Video llamadas.

Variable	Cluster 1	Cluster 2	Cluster 3	Cluster 4	Cluster 5	Cluster 6
CelSeLla (llamadas)	1.00	1.00	0.48	0.97	1.00	1.00
CelSeSMS (envío de SMS)	0.83	1.00	0.60	0.95	1.00	0.93
CelSeFoV (tomar fotos y video)	1.00	0.58	0.00	1.00	1.00	0.86
CelSeAgC (agenda de contactos)	0.77	0.94	0.22	0.98	0.90	0.90
CelSeInt (conectarse a internet)	0.17	0.02	0.00	0.94	0.38	0.83
CelSeRSo (redes sociales)	0.03	0.00	0.00	0.97	0.00	0.06
CelSeCVW (WhatsApp)	0.24	0.00	0.00	0.71	0.00	0.33
CelSeTDD (transmitir datos digitales)	0.08	0.00	0.02	0.77	0.23	0.63
CelSeBAp (bajar música y aplicaciones)	0.11	0.20	0.00	0.54	0.14	0.03
CelSeCor (checar correos)	0.6	0.14	0.02	0.98	0.23	0.73
CelSeYTb (ver videos (YouTube))	0.00	0.20	0.00	0.71	0.38	0.10
CelSeAgT (agenda de tareas)	0.22	0.11	0.02	0.87	0.61	0.86
CelSeGPS (aplicaciones GPS)	0.08	0.00	0.00	0.63	0.80	0.40
CelSeNot (noticias)	0.04	1.00	0.00	0.78	0.00	0.53
CelSeInf (información)	0.49	0.44	0.00	0.80	0.95	0.13
CelSeVLl (videollamadas)	0.00	0.00	0.00	0.36	0.00	0.03

Fuente: elaboración propia con base a la encuesta aplicada en los cursos de formación impartidos en 2012 en el campo experimental "El Batán" del Centro Internacional de Mejoramiento de Maíz y Trigo (CIMMYT) con la colaboración del Centro de Investigaciones Económicas Sociales y Tecnológicas de la Agroindustria y la Agricultura Mundial.(CIESTAAM).

CUADRO 2. Relación de las funciones canónicas sobre las funciones que realiza el agente de extensión en su celular. Variables: llamadas, envío de SMS, tomar fotos y video, agenda de contactos, conectarse a internet, redes sociales, WhatsApp, transmitir datos digitales, bajar música y aplicaciones, checar correos, ver videos (YouTube), Agenda de tareas, Aplicaciones GPS, Noticias, Información general y video llamadas.

Variable	Can1	Can2	Can3	Can4	Can5
CelSeLla (llamadas)	0.18	0.52	0.10	-0.05	0.09
CelSeSMS (envío de SMS)	-0.11	0.04	0.06	-0.16	0.18
CelSeFoV (tomar fotos y video)	0.83	1.47	-0.28	-0.38	-0.46
CelSeAgC (agenda de contactos)	0.08	0.17	0.23	-0.08	0.20
CelSeInt (conectarse a internet)	0.27	0.03	0.15	0.86	-0.19
CelSeRSo (redes sociales)	1.92	-0.90	-0.96	-1.47	-0.84
CelSeCVW (WhatsApp)	-0.02	0.18	0.00	0.32	-0.05
CelSeTDD (transmitir datos digitales)	0.25	-0.10	-0.13	0.38	0.01
CelSeBAp (bajar música y aplicaciones)	-0.16	-0.15	-0.05	-0.16	-0.11
CelSeCor (checar correos)	0.93	0.07	0.63	0.58	-0.14
CelSeYTb (ver videos (YouTube))	0.23	-0.15	0.08	-0.01	0.53
CelSeAgT (agenda de tareas)	0.31	-0.01	-0.06	0.70	0.10
CelSeGPS (aplicaciones GPS)	0.10	0.02	-0.10	0.23	0.62
CelSeNot (noticias)	0.47	0.00	1.65	-0.40	-0.01
CelSeInf (información)	0.05	-0.19	-0.75	-0.28	1.07
CelSeVLl (videollamadas)	0.13	-0.08	-0.08	-0.1	-0.3

Fuente: elaboración propia con base a la encuesta aplicada en los cursos de formación impartidos en 2012 en el campo experimental "El Batán" del Centro Internacional de Mejoramiento de Maíz y Trigo (CIMMYT) con la colaboración del Centro de Investigaciones Económicas Sociales y Tecnológicas de la Agroindustria y la Agricultura Mundial.(CIESTAAM).

El análisis de los datos tiene como objetivo determinar las funciones que hace el agente de extensión en su celular, para identificar las competencias digitales que puede utilizar en los procesos de extensión con los productores. Por análisis de conglomerados se formaron 6 grupos de agentes de extensión, utilizando variables que definen las funciones que realizan con su celular. Los seis grupos son significativamente diferentes de acuerdo a la prueba de F Wilks.Lambda. Como son 6 grupos se obtienen 5 funciones canónicas, la primera función justifica el 69% y la segunda 12% y las 3 restantes son menores al 10%. Todas las funciones fueron diferentes (P=0.05). La función uno se distingue por uso las redes sociales y la consulta de su correo a través del celular. Lo que menos hacen es enviar SMS, el uso del WhatsApp que es una aplicación de mensajería multiplataforma que permite enviar y recibir mensajes y descargar música. La segunda función se caracteriza por el utilizar el celular para tomar fotos y pero no consultan las redes sociales, no descargan música, no utilizan el YouTube, no usan la agenda de tareas, no consultan información en general ni hacen video llamadas. La tercera función canónica muestra que realizan consultas a noticias y al correo electrónico. Lo que no hacen es el uso de las redes sociales, el GPS y transmitir datos digitales. La cuarta función canónica indica que los usuarios se conectan a Internet y utilizan la agenda de tareas. Los valores negativos indican que no consultan las redes sociales, no toman fotos y videos y no consultan información de contenido general. La última función canónica refiere a la consulta de información en general y al uso del GPS, los valores negativos son para la toma de fotos y videos y el uso de las video llamadas.

IV.   CONCLUSIONES

La identificación de las competencias que integran el perfil en cualquier profesión es un factor importante en su desempeño En el caso de los agentes de extensión que realizan actividades de capacitación, es un factor relevante que puede causar impacto en el sector agrícola. A su vez el desarrollo de la tecnología avanza de forma gradual y continua.

La segunda competencia propuesta: Se especializa en el área conocimiento que le compete para facilitar experiencias de aprendizaje significativo en sus tres condiciones puede a través del uso de TIC, formar grupos de trabajo y promover la comunicación entre productores y la transferencia del conocimiento tecnológico. En la cuarta competencia propuesta: Llevar a la práctica los procesos de comunicación y de enseñanza en la capacitación de manera creativa, efectiva e innovadora, puede ser reforzada por medios digitales a través del uso del celular para el envío de imágenes digitales y voz a través de mensajerías instantáneas. La primera condición trata sobre Aplicar estrategias de comunicación y soluciones creativas ante contingencias, utilizando los recursos disponibles. Un recurso puede ser precisamente el celular. La última condición hace referencia a la utilización de las TIC en el proceso de capacitación y asistencia técnica y en distintos ambientes circunstanciales. Aquí específicamente es el uso de las aplicaciones digitales para realizar actividades en grupo. Algunas aplicaciones como el WhatsApp, permiten formar grupos que pueden ser utilizados como medios de comunicación entre más de una persona. Según los resultados, el agente de extensión usa el celular para llamadas y mensajes SMS. El uso de WhatsUpp es menor, como lo indican los resultados. Es por ello que es importante que se incluyan temáticas de capacitación en el uso de medios digitales de comunicación dentro de los cursos de formación de los agentes de extensión para que puedan diseñar estrategias donde dichos elementos les permitan ahorrar costos de visitas presenciales en los casos pertinentes donde puedan realizar una asistencia técnica a través del celular.

V.   REFERENCIAS CONSULTADAS

[1]   R. J. Lehmann, R. Reiche, and G. Schiefer, "Future internet and the agri-food sector: State-of-the-art in literature and research," *Comput. Electron. Agric.*, vol. 89, pp. 158–174, Nov. 2012.

[2]   W. M. Rivera and V. R. Sulaiman, "Extension: Object of reform, engine for innovation," *Outlook Agric.*, vol. 38, no. 3, pp. 267–273, 2009.

[3]   Freire Paulo, *¿Extensión o Comunicación?: La Concientización en el Medio Rural.*, Vigésima p. 1993.

[4]   M. McMahon and A. Valdés, "Análisis del extensionismo Agrícola en México," *París Org. para la Coop. y el Desarro.*, pp. 1–72, 2011.

[5]   Jean Marie De Ketele, "Enfoque socio-histórico de las competencias en la enseñanza," *Profr. Rev. Curric. y Form. del Profr.*, vol. Vol. 12, N, 2008.

[6]   X. Roegiers, *Pedagogía de la integración Competencias e integración de los conocimientos en la enseñanza.* 2007.

Nao-Based Teaching Sequences

Claudia Perez-Martinez

IT Department
Tecnologico de Estudios Superiores de Chalco
Estado de Mexico, Mexico
claudia.tescha@gmail.com

Abstract— This document proposes an iterative and incremental research methodology to achieve that a robot Nao be able to implement teaching sequences in an Engineering school. The robot must improve its basic functions iteratively, and action research strategy is proposed. In the first phase of research previous works are using.

Keywords—Nao robot; Robot Services; Learning Path Generation; Action Research; Teaching Sequences

I. INTRODUCTION

Teaching by a robot can be analyzed from robotics-service perspective applied in a specific area [1], in this case the specific area is education. Nao Robot is viewed like an electronic device with some similar characteristics to human teacher. Both, robot and human teacher have moving, feeling, hearing, speaking, seeing, connecting, and thinking. Each one has very different level of skillfulness. The task is become Nao a good teacher, then some questions is appearing:

Which human teacher behaviors could be reproduced by a robot like Nao?

What is the more suitable structure of a sequence teaching for a robot like Nao?

How to implement didactic sequences using the NAO robot in engineering career?

What is the more suitable learning path to implement in a Nao robot?

To answer these questions it's necessary to know the Nao robot structure, their functionalities, and their ways to control them. In addition, it is necessary to know about the learning strategies and in general about teaching. Therefore a collaborative research is suitable. Dynamic action research is proposed to achieve that a robot Nao be able to give a classroom in an Engineering school. Previous researches will be used, these including automatic learning-path generation research [2].

II. AUTOMATION OF EDUCATIONAL PROCESSES BY ROBOTS

In 2003 UNESCO said in their publication about strategic approaches in education that "The pervasiveness of The Information and Communications Technology, ICT, is both an opportunity and a challenge". But there are many forms to do adaptability on ICT-based education. Personalization is a challenge in the use of ICT in education on diverse forms.

First, students have a lot of educational resources online, but they don't know how to choice the best for them. The search engines return thousands of links for a statement search. A better search engine would be one which answer to questions like "When Benito Juarez was born?" Although there are current works about it, there is still a pending task.

Second, each student has a different learning profile then each one need different educational resources according to their requirements. The ICT-based learning systems don't identify the student profile to select adequate educational resources for them. Intelligent Tutorial Systems, ITS, don't achieve completely this objective yet.

Finally, a personalized guide for each student is need. In a classical classroom when a student doesn't understand a topic in class he receives a special care and the teacher gives them a deeper explanation according to specific weakness of the student. In automatic learning systems it should be similar. But currently, in this kind of systems usually the teaching process is only a pre-established succession of teaching actions. It's necessary to develop more complex systems which are able to adapt their learning items consistent with the student requirements on real time.

In this last point, where the ICT-based personalization finish? What about if the personalization includes some environment more near to human teacher? What about a robot is used in classroom as a useful educational technology? What are the challenges?

III. THE NAO ROBOT

Nao Robot it's a humanoid robot, it measures 55 centimeters, with two loudspeakers, it can speech written text in eight languages, (see Fig 1).

Fig. 1. Nao Robot

This robot has two high resolution 1280x720 cameras for face detection or recognition.

Nao is able to recognize speech, and to speech by its 4 microphones.

Besides include a programming software, and Ethernet communication.

It's possible Nao moving by 25 degree freedom

The robot has an adaptive walk and an anti-self-collision system

Nao recognize sound localization

So, Nao can to move, to fell, to hear, to speak, to seek, to connect and, in one very very low and basic level, to think.

IV. LEARNING ESTRATEGY

To begin to use a robot it is desirable to know how a teaching sequence is created, and after to establish a form to implement one in a robot. The sequence of knowledge units which conforms a learning path is called High Level Active Learning Path, or simply a Learning Path [3]. A learning path is designed for a new knowledge unit to be learned; this new knowledge is named target knowledge. The learning path for target knowledge includes prior knowledge, which is necessary to understand the new knowledge [2] (see Fig. 2).

Fig. 2. Learning Path[2]

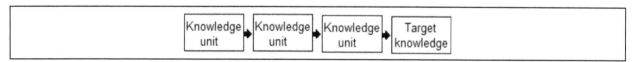

However, to determine the learning path for a particular profile, it is need first to know the desired ideal state of the student, i.e., what the student should know to understand a new knowledge unit, i.e., a generic learning path. After this, the generic learning path could be personalized by applying some learning strategy. There are various approaches to build a learning path, some of them made pre-built paths and some of them is selecting according with the student profile. Perez [2] provides a generic algorithm to build a learning path for as concepts as articles Wikipedia have (See Fig3).

Fig. 3. Process to build a learning path based on Wikipedia database [2]

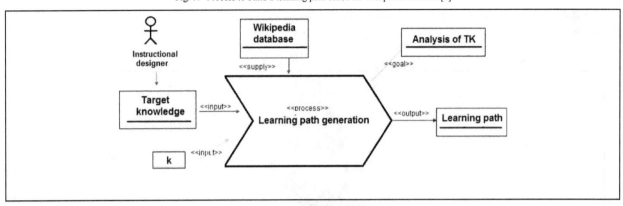

Instructional design indicates to associate an action to each knowledge unit; it is not important where it will be implemented, in a classroom, in a virtual environment, or in a robot (See Fig. 4). Then, learning path has a set of actions associated to each knowledge unit, then, a teaching sequence is done. Depending on the environment (classroom, virtual educational environment or a class with a robot) the kind of actions will be different; nevertheless, the learning path is the same.

Then, the questions are: How to implement teaching sequences in a Nao robot? How to implement a teaching sequencing? Which are the possible actions by a robot in an instructional session?

Fig. 4. Learning Path[2]

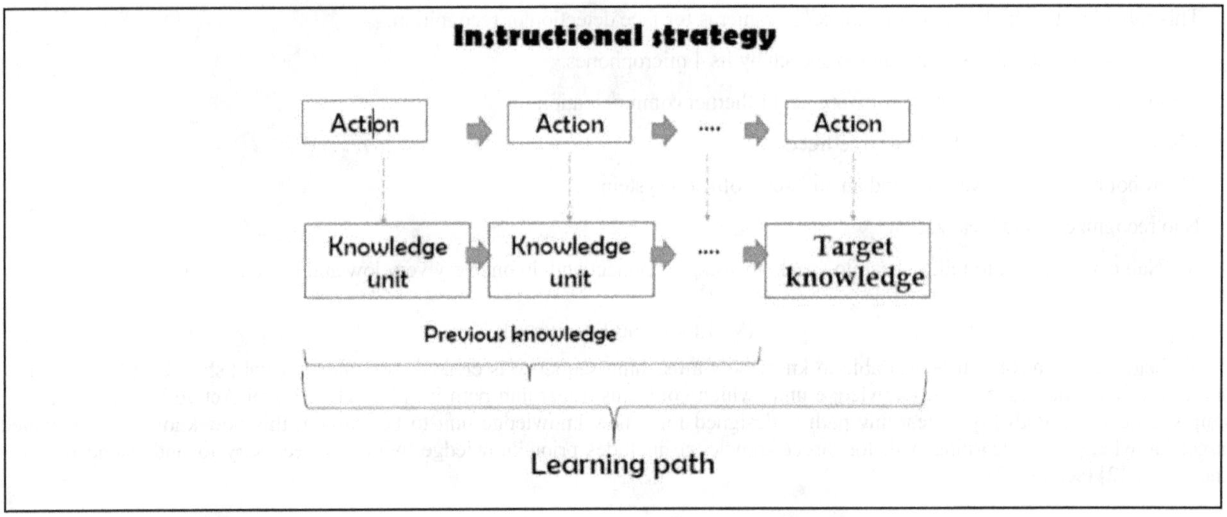

Instructional strategy

```
Action  ➡  Action  ➡  ....  ➡  Action
  ┊           ┊                    ┊
Knowledge ➡ Knowledge  ....  ➡  Target
  unit        unit              knowledge
```

Previous knowledge

Learning path

V. APPLYING A LEARNING STRATEGY FOR A NAO ROBOT

The proposal in this document is based on the idea about the human teacher and Nao robot share characteristics and functionalities, but the robot, in spite of their complex mechanisms; it has very less developed such functionalities. A human teacher can to feel, to move, to hear, to speak, to see, to connect and to think; and it could be say that a Nao robot does the same things but with a very less accuracy (See Fig. 5). Most precisely, each functionality in a Nao Robot must be programmed previously by a human (See Fig. 5).

Fig. 5. Human teching vs. Nao robot theaching

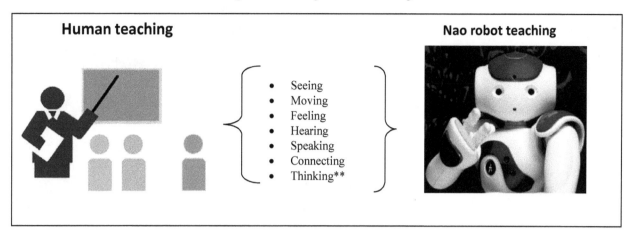

VI. PROPOSAL

An action research approach is proposed, the study object is Nao robot, and the process of research and action will be repeated iteratively, this will increment gradually its functionalities. Each achievement on functionality will be managed by an agent based system approach.

Fig. 6. Generating robot learing path

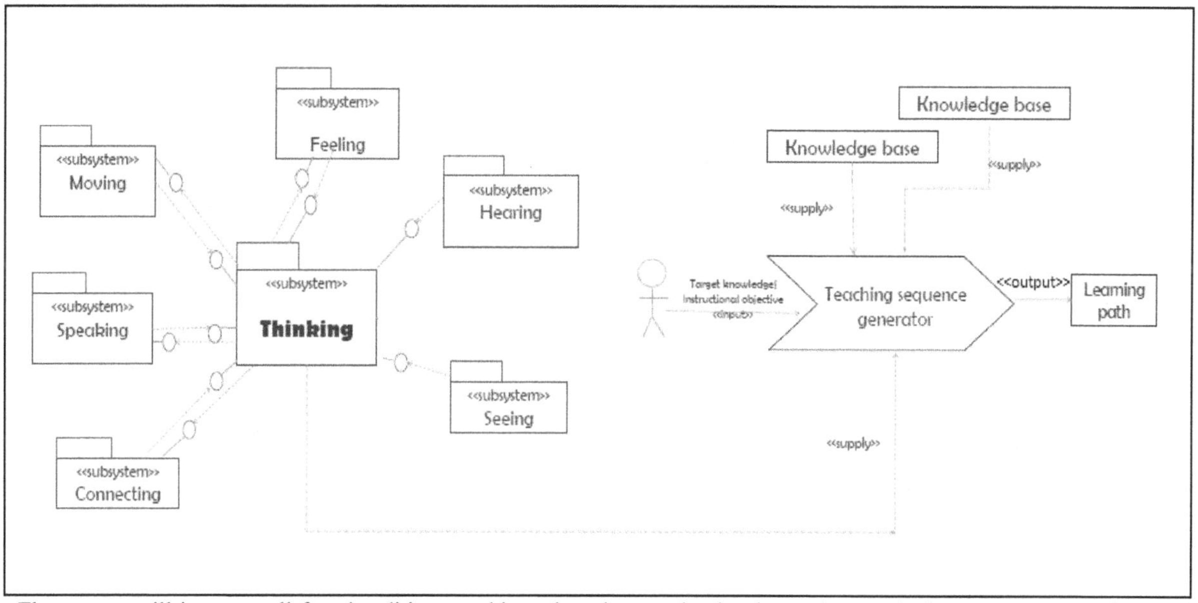

The system will integrate all functionalities to achieve the robot can be develop actions each time more accurate in teaching activity. The strategy to follow will be to do collaborative research with researchers in each area: image processing, natural language processing, robotic movements, and control.

REFERENCES

[1] ISO, 2016. ISO 13482:2014(en) Robots and robotic devices extracted March 25, 2016 from https://www.iso.org/obp/ui/#iso:std:iso:13482:ed-1:v1:en

[2] Pérez et al., 2015. Perez, C., Martinez, M., Lopez, G. Gelbukh, A. Wikipedia-based learning path generation. Journal Computación y Sistemas. ISSN 1405-5546. Vol. 19, No. 06

[3] Brusilovsky, P. (1999). Adaptive and Intelligent Technologies for Web-based Education. Künstliche. Intelligenz, Vol. 4, 19–25.

www.ingramcontent.com/pod-product-compliance
Lightning Source LLC
Chambersburg PA
CBHW060647060326
40690CB00020B/4543